惠州大亚湾开发区党工委管委会政法信访办
委托项目
《大亚湾自治规范修订完善与研究》
成　果

共同缔造

自治规范的修订

主　　编　高其才　李　箫

执行主编　张　华　杨建莉

副 主 编　廖小慧　庄伟栋

中国政法大学出版社

2024·北京

图书在版编目（CIP）数据

大亚湾自治规范修订与运行实践报告：上中下 ／ 高其才，李箫主编.--北京 ：中国政法大学出版社，2024. 12. -- ISBN 978-7-5764-1903-0

Ⅰ. D676.53

中国国家版本馆 CIP 数据核字第 2025TU0454 号

出 版 者	中国政法大学出版社
地　　址	北京市海淀区西土城路 25 号
邮寄地址	北京 100088 信箱 8034 分箱　邮编 100088
网　　址	http://www.cuplpress.com (网络实名：中国政法大学出版社)
电　　话	010−58908586(编辑部) 58908334(邮购部)
编辑邮箱	zhengfadch@126.com
承　　印	保定市中画美凯印刷有限公司
开　　本	720mm×960mm　　1/16
印　　张	49.5
字　　数	840 千字
版　　次	2024 年 12 月第 1 版
印　　次	2024 年 12 月第 1 次印刷
总 定 价	246.00 元

总　序

一

自治规范是自治组织或社会团体根据其性质和宗旨，由全体成员或多数成员商议、通过而形成的，调整的自治过程中的社会关系的，具有一定强制力的行为规范的总和。同时，自治规范也包括社会成员在长期的生产、生活实践中自然形成即俗成的规范。[1]我们应当从广义上理解自治规范。[2]

我国宪法、法律、法规、规章和规范性文件对村规民约、居民公约、行业规章、社会组织章程等自治规范进行了全面的规定。如《中华人民共和国宪法》第24条第1款规定："国家通过普及理想教育、道德教育、文化教育、纪律和法制教育，通过在城乡不同范围的群众中制定和执行各种守则、公约，加强社会主义精神文明的建设。"2014年10月中共中央出台的《关于全面推进依法治国若干重大问题的决定》提出，"增强全民法治观念，推进法治社会建设"，提高社会治理法治化水平，"发挥市民公约、乡规民约、行业规章、团体章程等社会规范在社会治理中的积极作用"。中共中央2020年12月印发的《法治社会建设实施纲要（2020-2025年）》提出，要"充分发挥社会规范在协调社会关系、约束社会行为、维护社会秩序等方面的积极作用。加强居民公约、村规民约、行业规章、社会组织章程等社会规范建设，推动社会

---

〔1〕 自治规范从某种角度可以理解为非国家法意义上的习惯法。习惯法可分为国家法意义上的习惯法和非国家法意义上的习惯法。非国家法意义上的习惯法，是指独立于国家制定法之外，依据某种社会权威和社会组织，具有一定的强制性的行为规范的总和。参见高其才：《中国习惯法论》（第3版），社会科学文献出版社2018年版，第3页。

〔2〕 高其才主编：《当代中国的自治规范——以广东省惠州大亚湾经济技术开发区为对象》，中国政法大学出版社2024年版，第6页。

成员自我约束、自我管理、自我规范"。2024年7月18日中国共产党第二十届中央委员会第三次全体会议通过的《关于进一步全面深化改革 推进中国式现代化的决定》提出"完善推进法治社会建设机制"，"健全社会治理体系"，"完善共建共治共享的社会治理制度"。

自治规范在调整社会关系、分配社会利益、满足民众需要、维护社会秩序、传承社会文化、促进社会发展等方面具有十分重要的作用。在我国的基层治理中，自治规范在凝聚组织、团结成员、整合资源、达成共识、实现目标等方面发挥着积极的功能，体现了广泛的社会、经济、政治、文化等意义。

二

广东省惠州大亚湾（国家级）经济技术开发区（以下简称"大亚湾区"）于1993年5月经国务院批准成立。辖澳头、西区、霞涌3个街道办事处，29个行政村、35个社区，陆地面积293平方公里，海域面积（含海岛）1319平方公里，户籍人口21.06万人，常住人口44.91万人。2023年，实现地区生产总值951.1亿元。[1]大亚湾石化区被列为全国重点发展的石化产业基地，是广东省唯一列入的石化产业基地，连续五年评为"中国化工园区30强"第一，2017年获评国家第一批绿色制造体系建设示范绿色园区、国家循环化改造重点支持园区。[2]大亚湾区先后获评"全国法治创建先进单位"等荣誉。当前，大亚湾区着力建设世界级绿色石化产业高地和打造国内一流开发区，聚焦高质量建设世界级绿色石化产业高地、全力打造国际一流营商环境和全力打造区域科技创新中心"三张工作清单"，[3]高质量建设世界级绿色石化产业高地和国内一流开发区，为广东在全面建设社会主义现代化国家新征程中走在全国前列、创造新的辉煌，为惠州加快打造广东高质量发展新

---

〔1〕《走进大亚湾·大亚湾概况》，载 http://www.dayawan.gov.cn/zjdyw/index.html，2024年6月6日最后访问。

〔2〕《惠州大亚湾（国家级）经济技术开发区简介》，载 http://www.dayawan.gov.cn/bdgk/kfqjj/content/post_ 4948393.html，2023年9月25日最后访问。

〔3〕《大亚湾区委书记、区管委会主任郭武飘：聚焦"三张工作清单"落实"两个战略定位"》，载 http://www.dayawan.gov.cn/gzdt/zwyw/content/post_ 4855955.html，2022年12月28日最后访问。

增长极和建设更加幸福国内一流城市做出大亚湾担当和大亚湾作为。[1]

在全面依法治国的进程中，大亚湾区的自治规范呈现出规范创制自主、规范类型多样、规范内容丰富、规范自我施行等特点。[2]大亚湾区作为国家级经济技术开发区，地理位置优越，对外交流便利，港澳同胞众多，思想文化多元，在市场化浪潮与现代化转型中涌现出各类新形态，面临着各种新问题。大亚湾区的自治规范依赖其自身的效力，通过强化社会团体及其成员的"自我约束、自我管理、自我规范"，面对民众的关注和期待，不断回应时代发展和社会实践中的痛点，在法治国家、法治政府、法治社会一体建设中迸发出了蓬勃的生命力。近年来大亚湾区积极运用自治规范调整社会关系、保障民众生活、维护社会秩序、提升基层治理法治化水平，在粤港澳大湾区高质量发展中走出了大亚湾特色，开创了和美之治的基层治理新局面。

三

根据调查，可将大亚湾区的自治规范分为基层群众性自治组织规范、社会团体规范、行业自治规范、社会组织自治规范、非正式组织自治规范等五类。[3]

为充分发挥自治规范在基层治理中的作用，不断提升治理法治化、规范化水平，实施大亚湾区党工委平安建设领导小组《关于充分发挥自治规范作用　促进基层依法治理的实施意见》的通知要求，大亚湾区党工委平安建设领导小组于2023年7月30日印发《大亚湾开发区自治规范修订与规范运行试点工作方案》，开展为期一年左右的自治规范修订与规范运行试点工作，通过试点工作总结积累自治规范良性运行的经验和做法，探索自治规范修订与规范运行工作机制。

自治规范修订与规范运行试点工作以解决自治规范制定实施过程中合意

---

〔1〕《惠州大亚湾（国家级）经济技术开发区简介》，载 http://www.dayawan.gov.cn/bdgk/kfqjj/content/post_ 4948393. html，2023 年 9 月 25 日最后访问。

〔2〕高其才主编：《当代中国的自治规范——以广东省惠州大亚湾经济技术开发区为对象》，中国政法大学出版社 2024 年版，第 464 页。

〔3〕高其才主编：《当代中国的自治规范——以广东省惠州大亚湾经济技术开发区为对象》，中国政法大学出版社 2024 年版，第 12 页。

不足、公信力不够、约束力不强等问题为导向，通过"试点—总结—修订—推广"的形式，引导社会治理的多元主体积极参与修订和完善市民公约、乡规民约、行业规章、团体章程等自治规范，凝聚群众共识，实现公共利益最大化，提高民众自我管理、自我约束、自我服务和自我监督能力，以自治促进法治，以规范推进和美网格建设。

自治规范修订与规范运行试点工作坚持党的领导，尊重群众主体地位，坚持依法修订，坚持协同联动，促进和美治理。遵循全过程人民民主原则，自治规范修订与规范运行工作坚持人民主体地位，人民群众依法自我管理、自我服务、自我教育、自我监督，依法实行民主协商、民主决策、民主管理；充分发挥人民代表大会制度在发展全过程人民民主中的重要制度载体作用，通过人民代表联络站广泛征求各级人民代表的意见和建议，群策群力，集思广益。

自治规范修订与规范运行试点工作在大亚湾区党工委平安办下设立大亚湾区自治规范修订与规范运行试点工作专班，由大亚湾区党工委专职副书记、政法信访办公室主任李箫担专班办公室设在区政法信访办公室，协调推动自治规范修订与规范运行试点工作开展。为做好自治规范修订与规范运行试点工作，清华大学法学院高其才教授团队、广东省律协、惠州市律协、惠州市法学会、大亚湾区法学会五方经充分协商，签订了工作备忘录。

结合村（社区）、企业、学校、物业、社会组织等各领域工作实际，这次大亚湾区自治规范修订与规范运行试点确定澳头街道岩前村、澳头街道妈庙村、西区街道新寮村、西区街道塘尾村、西区街道新联社区、霞涌街道义联村、霞涌街道晓联村、霞涌街道坊下社区、大亚湾水务集团、华中师范大学附属惠州大亚湾小学、大亚湾外语实验学校、海德公馆小区、牧马湖小区、大亚湾区蓝色海湾公益协会、大亚湾区物业管理行业协会等15家单位为试点单位。

自治规范修订与规范运行试点通过调研论证、修订和草拟自治规范文本、开展广泛合意、集体决策及实施执行，各试点单位各自形成一套符合法律要求、群众基础广泛、保证实施有效的自治规范，并将试点工作中形成的自治规范运作模式、保障措施等转化为长效机制。

四

在总结大亚湾区自治规范修订与规范运行试点工作基础上，大亚湾区自治规范修订和研究的成果，拟通过三部分来展现：

《大亚湾自治规范修订与运行实践报告·上》为《共同缔造：自治规范的修订》，通过总报告和15份试点单位自治规范修订报告来表达大亚湾自治规范修订的具体过程和主要成果，展示通过成员协商，共同缔造、形成具有各自特色的自治规范，较为全面地反映大亚湾地区的村规民约、居民公约、企业规范、学校制度、社会组织规范等自治规范的自我管治力和社会治理功能。

《大亚湾自治规范修订与运行实践报告·中》为《主体平权：自治规范的施行——"出嫁女"等财产权益保障问题》，从自治规范修订的视角破解"出嫁女"等财产权益保障难题。以主体平权为目标，在对引起"出嫁女"等财产权益纠纷的村规民约等自治规范进行修订的基础上，通过民主协商、人民调解、行政复议、法院审判等方式，达成既符合法律规定又能满足多方利益诉求的解决合意，妥善解决自治规范与国家法律的冲突。

《大亚湾自治规范修订与运行实践报告·下》为《诚信守约：自治规范的作用》，以大亚湾自治规范为对象，思考自治规范在依法治国中的定位与功能，探讨法治社会建设中的村规民约，揭示居民公约的社会治理作用，讨论基层社会治理中的企业"立法"，探究行业自治规范的社会治理作用，分析学校规章制度的积极作用，展示社会自发组织规范的功能，较为全面地展现大亚湾地区诚信守约的自治规范在法治社会建设和基层社会治理中的重要作用。

五

大亚湾区自治规范修订与规范运行工作得到了大亚湾区党工委管委会主要领导的全力支持，在大亚湾区党工委管委会政法信访办、大亚湾区法学会的具体组织下实施。

大亚湾区党工委书记、管委会主任郭武飘在长期的工作实践中，对基层有效治理总结了"三个好"：一是一个好的支部，二是一套好的村组工作机

制，三是一套好的村规民约等自治规范，三个方面充分联动，能有效激活基层治理要素和资源，形成聚变效能。他十分强调好的村规民约等自治规范的重要性，强调激发社会组织活力的必要性。他对这次自治规范修订与规范运行试点工作极为重视，亲力亲为，审定了试点工作方案，与五方沟通试点工作的目标和重点，多次下村（居）进行专题调研座谈。他提出自治规范修订与规范运行重在合意，就自治规范修订与规范运行中的许多问题与专家交流探讨，与主办人员交流掌握试点工作进度和问题，全过程支持这次自治规范修订与规范运行试点工作。感谢郭武飘书记的统筹指导和支持。

感谢广东省律师协会、惠州市市律师协会、惠州市市法学会的认真指导，感谢大亚湾区各有关部门、单位和街道的大力支持，感谢 15 个试点单位的积极配合，感谢具体参与人员的辛勤付出，感谢各位执笔人的认真努力。

由于大亚湾区自治规范类型多元、内容广泛、施行有殊，呈现出具体性、复杂性的状态，对之的了解和认识颇为不易。许多自治规范涉及重要的利益关系，成员之间形成共识殊为困难。因此大亚湾区自治规范修订试点工作是初步的、探索性的，需要进一步持续推进和不断完善

由于种种原因特别是我们水平所限，《大亚湾自治规范修订与运行实践报告》离当初的设想还有一定距离，书中存在不少错漏之处，有待读者诸君的批评指正。

高其才　李　箫

2024 年 6 月 24 日

目 录

上　篇

第一章
共同参与　合意创制
——大亚湾区自治规范修订试点工作报告

▲

曾韵冰等*

面对民众的关注和期待，不断回应时代发展和社会实践中的痛点，广东省惠州市大亚湾经济技术开发区（以下简称"大亚湾区"）在基层社会治理中不断进行探索，积极运用自治规范调整社会关系、保障民众生活、维护社会秩序、提升基层治理法治化水平，在粤港澳大湾区高质量发展中走出了大亚湾特色，开创了和美之治的基层治理新局面，大亚湾区获评"全国法治创建先进单位"等荣誉。

坚持以习近平新时代中国特色社会主义思想为指导，深入贯彻习近平法治思想，贯彻落实党的二十大精神，以推进社会治理体系和治理能力现代化为目标，为充分发挥自治规范作用，促进基层依法治理，大亚湾区党工委平安建设领导小组于 2023 年 7 月 30 日印发《大亚湾开发区自治规范修订与规范运行试点工作方案》，开展为期一年左右的自治规范修订与规范运行试点工作，通过试点工作总结积累自治规范良性运行的经验和做法，探索自治规范修订与规范运行工作机制。

大亚湾区自治规范修订与规范运行试点工作以解决自治规范制定实施过程中合意不足、公信力不够、约束力不强等问题为导向，通过"试点—总结—修订—推广"的形式，引导社会治理的多元主体积极参与修订和完善市民公约、

---

　　* 本章初稿的执笔人为曾韵冰、温晓文、黄高文、刘海婷、李馨、李健、杨婉怡、曾栖桐，初稿完成时间为 2024 年 8 月 5 日。

乡规民约、行业规章、团体章程等自治规范，激发自治主体在参与社会事务、维护公共利益等方面的活力，凝聚民众共识，实现公共利益最大化，提高民众自我管理、自我约束、自我服务和自我监督能力，在全区各领域逐步形成价值引领、合法合规、民众认可、管用有效的自治规范，以自治促进法治，以规范推进和美网格建设。

本章主要讨论自治规范修订试点的背景，介绍自治规范修订试点的目标，展示自治规范修订试点的安排，探讨自治规范修订试点的实施，分析自治规范修订试点的问题，提出自治规范修订试点的完善，对大亚湾区自治规范修订与规范运行试点工作做一较全面的总结。

一、自治规范修订试点的背景

大亚湾区自治规范修订与规范运行试点工作，以习近平总书记关于社会治理的重要论述为遵循，以党中央的系列决策部署为政策依据，以《宪法》[1]《村民委员会组织法》《城市居民委员会组织法》等法律法规为法律依据，以大亚湾的社会发展为现实基础，以大亚湾社会治理实践要求为出发点。

（一）以习近平同志为核心的党中央作出的一系列部署是自治规范修订试点工作的根本遵循和依据

1. 习近平总书记关于社会治理的重要论述为自治规范建设和自治规范修订试点工作提供了根本遵循

以习近平同志为核心的党中央高度重视社会治理，十八大后习近平总书记多次对社会治理工作做了指示批示。其中，习近平总书记2014年11月1日在福建调研时指出："社区在全面推进依法治国中具有不可或缺的地位和作用，要通过群众喜闻乐见的形式宣传普及宪法法律，发挥市民公约、乡规民约等基层规范在社会治理中的作用，培育社区居民遵守法律、依法办事的意识和习惯，使大家都成为社会主义法治的忠实崇尚者、自觉遵守者、坚定捍卫者。"[2] 2016年4月25日习近平总书记在农村改革座谈会上强调"要深入开展法治宣传教育，引导广大农民增强守法用法意识，发挥好村规民约、村

---

〔1〕《宪法》即《中华人民共和国宪法》，为表述方便，本书中涉及我国法律、法规，直接使用简称，省略"中华人民共和国"字样，全书统一，后不赘述。

〔2〕刘维涛等：《把城乡社区基础筑牢》，载《人民日报》2022年6月30日。

民民主协商、村民自我约束自我管理在乡村治理中的积极作用"。[1]2022年3月6日习近平总书记在看望参加全国政协十三届五次会议的农业界、社会福利和社会保障界委员并参加联组会时强调"乡村振兴不能只盯着经济发展，还必须强化农村基层党组织建设，重视农民思想道德教育，重视法治建设，健全乡村治理体系，深化村民自治实践，有效发挥村规民约、家教家风作用，培育文明乡风、良好家风、淳朴民风"。[2]习近平总书记这些关于自治规范的重要论述，为积极发挥自治规范在基层治理中的作用指明了前进方向、提供了根本遵循。

2. 党中央的系列决策部署为自治规范建设和自治规范修订试点工作提供了政策依据

党中央重视自治规范建设。中共中央2014年10月出台的《关于全面推进依法治国若干重大问题的决定》提出，"增强全民法治观念，推进法治社会建设"，提高社会治理法治化水平，"发挥市民公约、乡规民约、行业规章、团体章程等社会规范在社会治理中的积极作用"。中共中央、国务院2017年6月出台的《关于加强和完善城乡社区治理的意见》提出："充分发挥自治章程、村规民约、居民公约在城乡社区治理中的积极作用，弘扬公序良俗，促进法治、德治、自治有机融合。"中共中央、国务院2018年1月印发的《关于实施乡村振兴战略的意见》提出"坚持自治为基"，"发挥自治章程、村规民约的积极作用。"2018年修订的《中国共产党农村基层组织工作条例》第20条规定"党的农村基层组织应当健全党组织领导的自治、法治、德治相结合的乡村治理体系。深化村民自治实践，制定完善村规民约。"中共中央、国务院2019年1月印发的《关于坚持农业农村优先发展做好"三农"工作的若干意见》指出"指导农村普遍制定或修订村规民约"。中共中央2020年12月印发的《法治社会建设实施纲要（2020-2025年）》提出，要"充分发挥社会规范在协调社会关系、约束社会行为、维护社会秩序等方面的积极作用。加强居民公约、村规民约、行业规章、社会组织章程等社会规范建设，推动

---

〔1〕《谱写农业农村改革发展新的华彩乐章——习近平总书记关于"三农"工作重要论述综述》，载 https://www.12371.cn/2021/09/23/ARTI1632350759121530.shtml，2023年2月18日最后访问。

〔2〕《枝叶总关情 总书记到团组聚焦民生关切》，载 https://www.12371.cn/2022/03/07/ARTI1646640040355875.shtml，2023年2月18日最后访问。

社会成员自我约束、自我管理、自我规范"。中共中央、国务院 2022 年 1 月印发的《关于做好二〇二二年全面推进乡村振兴重点工作的意见》提出，"推广积分制等治理方式，有效发挥村规民约、家庭家教家风作用，推进农村婚俗改革试点和殡葬习俗改革"，为自治规范修订和自治规范建设提供了政策依据。

国家有关部门也重视自治规范的作用。民政部、中央组织部、中央政法委等七部门 2018 年 12 月发布的《关于做好村规民约和居民公约工作的指导意见》（民发〔2018〕144 号）指出："村规民约、居民公约是村（居）民进行自我管理、自我服务、自我教育、自我监督的行为规范，是引导基层群众践行社会主义核心价值观的有效途径，是健全和创新党组织领导下自治、法治、德治相结合的现代基层社会治理机制的重要形式。"农业农村部 2021 年 4 月印发的《关于全面推进农业农村法治建设的意见》指出："坚持以法治保障乡村治理，充分发挥法律法规、村规民约和农村集体经济组织、农民专业合作社章程等的规范指导作用。"民政部、国家发改委 2021 年 5 月印发的《"十四五"民政事业发展规划》提出："推动城乡社区全部制定居民自治章程、村民自治章程和居民公约、村规民约，并在社区治理中有效发挥作用。"

（二）《宪法》《村民委员会组织法》《城市居民委员会组织法》等法律法规为自治规范修订试点工作提供了法律依据

我国《宪法》《村民委员会组织法》《城市居民委员会组织法》等法律法规规定了基层群众性自治制度，对自治规范进行了规定。

《宪法》第 111 条规定城市和农村按居民居住地设立的居民委员会或者村民委员会是基层群众性自治组织。我国《村民委员会组织法》第 27 条第 1、2款规定："村民会议可以制定和修改村民自治章程、村规民约，并报乡、民族乡、镇的人民政府备案。村民自治章程、村规民约以及村民会议或者村民代表会议的决定不得与宪法、法律、法规和国家的政策相抵触，不得有侵犯村民的人身权利、民主权利和合法财产权利的内容。"《城市居民委员会组织法》第 15 条也规定居民公约由居民会议讨论制定。我国《宪法》第 24 条第 1 款规定："国家通过普及理想教育、道德教育、文化教育、纪律和法制教育，通过在城乡不同范围的群众中制定和执行各种守则、公约，加强社会主义精神文明的建设。"村（居）民自治中的"村民自治章程、村规民约""居民公约"，就是《宪法》这一规定中"各种守则、公约"的具体形式。

其他法律法规规章也对自治规范进行了规定。如《民法典》第 264 条规定："农村集体经济组织或者村民委员会、村民小组应当依照法律、行政法规以及章程、村规民约向本集体成员公布集体财产的状况。集体成员有权查阅、复制相关资料。"《乡村振兴促进法》第 30 条规定："各级人民政府应当采取措施丰富农民文化体育生活，倡导科学健康的生产生活方式，发挥村规民约积极作用，普及科学知识，推进移风易俗，破除大操大办、铺张浪费等陈规陋习，提倡孝老爱亲、勤俭节约、诚实守信，促进男女平等，创建文明村镇、文明家庭，培育文明乡风、良好家风、淳朴民风，建设文明乡村。"国家市场监督管理总局《互联网广告管理办法》（2023 年）第 5 条提出广告行业组织依照法律、法规、部门规章和章程的规定，制定行业规范、自律公约和团体标准，加强行业自律，引导会员主动践行社会主义核心价值观、依法从事互联网广告活动，推动诚信建设，促进行业健康发展。教育部《未成年人学校保护规定》（2021 年）第 16 条规定学校应当尊重学生的参与权和表达权，指导、支持学生参与学校章程、校规校纪、班级公约的制定，处理与学生权益相关的事务时，应当以适当方式听取学生意见。《广东省实施〈中华人民共和国村民委员会组织法〉办法》第 24 条规定村民会议行使的职权第 1 项为"制定和修改本村村民自治章程、村规民约，并报镇（乡）人民政府备案审查"。广东省《惠州市野外用火管理条例》（2023 年）第 5 条要求村民委员会、居民委员会应当组织制定防火安全公约，进行野外用火安全检查。

这些法律法规规定了村民自治章程、村规民约、居民公约、学校章程、行业规范等自治规范的法律地位和基本内容，为自治规范修订和发挥自治规范的作用提供了法律基础。

（三）社会发展是进行自治规范修订试点工作的现实基础

现代社会发展迅速，经济、科技、文化等方面的变革不断加速，新的社会关系和社会问题不断涌现。大亚湾区作为（国家级）经济技术开发区，于 1993 年 5 月经国务院批准成立，得益于优越的地理优势、港口优势、交通优势、环境优势和项目优势，加上利好政策带动，历经 30 年的发展，大亚湾区从昔日的小渔村崛起成为全国制造业百强园区。中海壳牌、中海炼油、埃克森美孚、恒力等众多大型中外企业纷纷入驻，经济总量不断提升。同时在人口、社会诉求、治理结构等方面也产生了巨大变化，新的社会阶层不断涌现，新的经济业态和社会现象不断涌现，社会结构日益多元化。

以大亚湾区人口变化为例，2000 年前，大亚湾区仅有 25 个住宅小区、2 个业委会，截至目前（6 月 30 日）共有 325 小区，成立 76 个业委会，大亚湾区由原先区批复成立的最初 5 万原住居民到当前约 60 万人（含常住人口和流动人口）。另一方面，原来的村落村小组（如南边灶村、金门塘村、荃湾村和坜下社区等）在省、市、区协调下整体搬迁，这些搬迁村的原住村民成为新"居民"。同时，由于大亚湾区毗邻深圳市，地理位置便利，楼盘房价较低，不少深圳市务工人员选择在大亚湾区买（租）房居住，跨市通勤人员数量庞大。

不同的群体有着不同的利益诉求和价值观念。然而当前社会治理的相关的法律法规存在滞后性和空白地带，这使得一些社会问题在处理时缺乏明确的法律依据，增加了社会治理的难度。一些行政部门仍然习惯于传统的管理思维和行政手段，对社会治理的现代化理念，如多元主体参与、协商共治等理解和应用不足，成效低下。另一方面，基层群众性组织依赖上级政府现象仍然存在，自治能力有待加强。在遇到问题时，过度依赖上级政府的指示和支持，缺乏自主解决问题的能力和主动性。社会组织在社会治理中作用发挥不明显，目前社会组织的数量、规模和能力还相对较弱。部分社会组织缺乏凝聚力和战斗力，难以充分发挥其在协调利益、提供服务、促进社会和谐等方面的作用。如何建立完善符合自身发展的市民公约、乡规民约、行业规章、团体章程等社会规范体系，弥补法律空白，激活群众自治成为社会发展提出的新课题。

（四）进行自治规范修订试点工作是大亚湾区社会治理实践的必然要求

近年来，大亚湾区在社会治理模式上不断创新，在社会工作方面，采取"社区+社会组织+社会工作者+社区志愿者+社会慈善资源"的"五社联动"模式，有效调动社区资源，形成合力，在网格治理方面，在"五治融合"的基础上引入"引美入治"，以综合网格为基本单元，建立健全"和美网格"治理体系。

政府正在从体制内循环的封闭状态中逐渐跳出来，调动社会力量参与社会发展建设，角色也从传统的"事事包办"转变为"群众自理"。基层管理组织结构也出现新的变化，除了党组织和政府派出机构外，一些居民自治组织、志愿者服务组织、社团组织、企业等也逐渐参与到社区的合作共建中。

在这一背景下，如何发挥好自治规范作用，引导基层群众性自治组织健康成长，民众依法自治，逐渐成为大亚湾区社会治理领域值得关注的重要课题。为此，需要进行自治规范修订试点工作，解决自治规范制定实施过程中合意不足、公信力不够、约束力不强、部分甚至与法律法规冲突等问题，充分发挥自治规范作用，激发自治主体在参与社会事务、维护公共利益等方面的活力。

二、自治规范修订试点的目标

大亚湾区自治规范修订试点工作目标包括总体目标和具体目标。

（一）总体目标

自治规范修订试点工作的总体目标为：以解决自治规范制定实施过程中合意不足、公信力不够、约束力不强等问题为导向，通过"试点—推广"的形式，引导社会治理多元主体积极参与修订和完善市民公约、乡规民约、行业规章、团体章程等自治规范，凝聚群众共识，实现公共利益最大化，提高群众自我管理、自我约束、自我服务和自我监督能力，以自治促进法治，以规范推进和美网格建设。

（二）具体目标

自治规范修订试点工作的具体目标为三方面：

（1）形成一系列实践和理论成果。从理论和实践的层面对自治规范修订与规范运行试点工作进行梳理，试点单位各自形成一套符合法律要求、群众基础广泛、保证实施有效的自治规范。由省、市律师协会、市区法学会协调牵头，按照课题出版发行的标准，总结出一套自治规范理论。

（2）探索一套可复制推广的运作模式。充分发挥试点单位的积极性、能动性和示范带头作用，在自治规范调研、论证、合意、修订、执行等方面探索形成可复制推广的运作模式。

（3）推广一批可借鉴的典型经验。发动、引导试点单位运用自治规范，加大自治规范宣传力度，及时总结推广在开展自治规范修订与规范运行中具有借鉴意义、应用价值的典型经验做法及优秀实践案例。

三、自治规范修订试点的安排

大亚湾区自治规范修订试点工作的具体范围、时间及有关安排如下：

（一）自治规范修订试点范围

自治规范修订试点范围包括村（居）自治、平安校园、物业管理、企业合规、社会组织等。

（1）村（居）自治。针对农村发生的"外嫁女"等热点问题的特征及表现形式进行调研分析，全面梳理现行村规民约、居民公约、自治章程等自治规范，对分歧较大或与现行法律法规冲突的条款广泛征集群众意见看法，做好释法说理工作，并结合法律规定、传统乡土习俗等进行修订完善。深入挖掘和固化试点单位好的经验做法和特色亮点。

（2）平安校园。对学校依法治校创建工作情况开展调研，包括学校法治教育活动的开展、法治校园文化建设、章程制度建设资料及校园周边环境等情况，探索设立和美校园治委会、学生自治组织等，为广大学生健康成长保驾护航。

（3）物业管理。深入了解小区物业管理现状、物业领域常见信访投诉、业主自治组织建设等情况。梳理修订现有物业管理文件规定，对一些做得好的物业管理模式进行总结。通过上门走访，面对面沟通等形式收集社情民意和开展宣传工作，充分调动广大业主自治意识和契约精神。

（4）企业合规。梳理企业管理制度情况，归纳总结企业日常运营中存在的法律风险点，发掘培育具有代表性、影响力的企业合规典型案例，发挥合规的社会治理功能，促进法治化营商环境建设。

（5）社会组织。梳理社会组织内部管理情况，引导社会组织开展志愿服务、参与社区治理等，在服务社会中汲取成长力量，不断提升社会组织影响力。

（二）自治规范修订试点时间

根据《大亚湾开发区自治规范修订与规范运行试点工作方案》，2023年12月前完成试点工作。但是在试点实践中，为了更好做好自治规范修订与规范运行试点工作，将各项工作措施落到实处，确保试点工作取得应有成效，试点工作延伸至2024年6月30日进行阶段性验收。

（三）自治规范修订有关安排

（1）为推动自治规范修订试点工作，成立大亚湾区自治规范修订与规范运行试点工作专班（以下简称"工作专班"），统筹协调，高位谋划推进。

大亚湾区自治规范试点工作启动后，大亚湾区党工委、区管委会高度重视，第一时间在区平安建设领导小组下设立由区领导挂帅、高校教授、省市律师协会等行业专家、职能部门等多方参与的工作专班，迅速召开自治规范试点工作会议，对试点工作进行动员部署，研究制定《大亚湾开发区自治规范修订与规范运行试点工作方案》《关于充分发挥自治规范作用 促进基层依法治理的实施意见》等实施方案，选取村居、物业小区、企业、学校、社会组织五个领域15家单位作为试点单位，明确主要任务措施和时间节点，将试点工作任务逐条逐项分解落实到具体部门具体责任人，为工作有序开展提供坚实基础。

（2）创新举措，建立"三项机制"。建立自治规范修订试点工作例会制度，由试点单位工作小组结合工作实际，定期召开工作例会，集中交流自治规范试点工作中酝酿制定、决策执行等各环节情况，研究制定阶段目标和推进重点，规范统筹自治规范试点工作，建立专家研判会机制，由工作专班会同相关部门、专家、学者以每月召开专家研判会的形式，梳理工作成效、分析短板不足，聚焦重点、难点、堵点问题深入研讨会商，剖析问题症结，推动落实解决，建立实行"双点长"制，由试点单位主要负责人担任单位"点长"，"法制副主任"、律师担任专业"点长"，充分发挥单位负责人实践经验优势和律师的专业优势、理论优势，探索形成贴合试点实际、具有鲜明地域特色的治理模式，着力提升基层治理法治化水平。

（3）强化联动，形成部门合力。自治规范修订试点工作由大亚湾区党工委管委会政法信访办公室牵头，区社会事务管理局、城乡建设和综合执法局、教育文化卫生健康局、各街道办等各职能部门按照职责分工协同推进。各职能部门根据村（居）自治、平安校园、企业合规、物业管理和社会组织五大领域，成立对应项目组，明确内部分工，协同参与试点工作落实。试点过程中，由职能部门对试点工作综合协调，强化督促指导，定期调度工作进展，检查工作成效，形成各部门齐抓共管工作局面，为试点工作扎实推进提供有力组织保障。

（4）精心组织，抓好工作落实。各自治规范修订试点单位积极按照试点工作要求，成立了由主要负责人为组长，业务负责人、管理人员为副组长，律师、群众代表等相关人员为成员的工作小组。试点单位工作小组根据试点方案要求，立足自身实际，制定试点工作的规划计划、实施步骤和保障措施，明确试点任务，细化工作责任。在全面调研梳理自治规范制定实施情况的基础上，扎实组织实施自治规范草拟文本、开展合意、集体决策、实施执行、总结推广等具体环节，积极探索自治实践路径方法，确保试点工作有序、有力、有效地开展。

（5）整合资源，集聚多方力量。在自治规范修订试点工作中，积极发挥律师团队、专家学者、"法制副主任"等专业人员的智囊作用和法学会基础广泛、联系面广的优势，着力破解治理难题。一是借助专业律师团队力量。省市律师协会派专业律师团队，围绕土地承包与流转、外嫁女土地权益等基层自治与法律不协调的问题，逐一走访调研，分析研判会商，有针对性地提出思路对策，为试点制定实施自治规范提供专业理论指导。二是凝聚专家智慧。高校专家作为工作专班成员之一，聚焦问题深入试点精准调研，通过查阅台账、实地考察、座谈交流、听取汇报等方式，全覆盖逐个把脉问诊，找短板、开"药方"，拓宽试点思路和方法路径，推动调研成果转化运用，为基层依法自治、推进治理体系和治理能力现代化提供决策参考依据。三是发挥"法制副主任"职能作用。依托"一村（社区）一法律顾问"工作制度，组织15名律师和"法制副主任"一对一下沉试点单位，采取系统梳理、合法性审查、健全完善规范等方式协助开展试点工作。

四、自治规范修订试点的实施

大亚湾区自治规范修订试点工作主要通过全面调研摸底了解自治规范基本情况，知悉自治规范面临的关键问题，广泛开展成员合意，聚焦实际需求修订、完善自治规范。

（一）村（社区）自治规范修订试点的实施

大亚湾区下辖澳头、西区、霞涌3个街道办事处、29个行政村、38个社区。同时，由于西区街道社会经济持续发展，辖区人口不断增加，出于社会治理的现实需要，近期西区街道拟新增成立河边、金锦、锦园、康雅、龙盛等 5 个社区。

从村（社区）结构上看，大亚湾区有传统农村，如妈庙村、义联村；有以海为生的古老渔村，如新村、霞新村；有岛上村落东升村；有整体搬迁变成社区，如东联社区、坳下社区；也有整体搬迁后新成立，由五湖四海的居民组成的新联社区；有主要由深圳跨市通勤人员组成的龙光社区、德惠社区；还有土地权属属于深圳，行政管辖权属于惠州的河边地。大亚湾区的村（社区）形态的多样性也促成村（社区）居民美好生活需要和村（社区）治理条件的多元化、复杂化和差异化。近年来，在大亚湾区党工委、管委会的领导下，大亚湾村（社区）用党建引领"底色"，围绕绿美大亚湾生态建设、集体经济发展、乡风文明创建等方面持续发力，94%行政村达美丽宜居村标准、村集体经营性年收入 100%超 10 万元、96%超 20 万元，创建省级民主法治示范村 6 个、市级文明村 4 个。

1. 调研摸底

为积极发展基层民主，进一步健全基层党组织领导的充满活力的村（居）民自治机制，推动村（居）民委员会规范化建设，增强村（居）民自我管理、自我教育、自我服务、自我监督能力，在大亚湾区澳头、西区、霞涌三个街道分别选取岩前村、妈庙村、塘尾村、新寮村、义联村、晓联村、新联社区、坳下社区等 8 个村（社区）开展自治规范修订试点工作。

通过全面调研摸底，发现由于历史文化、风俗民情、自然环境、经济社会沿革等的差异，大亚湾区的试点村（社区）具体存在村（社区）完全自主管理、村与物业公司共同管理等不同的自治模式。

（1）村（社区）完全自主管理类型。村（社区）完全自主管理主要有三个特点：一是以"能人"为主导、二是以依法和德教为原则，三是以实现和维护公共利益为目标。大亚湾大部分村（社区）主要为村（社区）完全自主管理。其中较为突出的主要为坳下社区和新寮村。坳下社区的周书记、新寮村的黄书记都是深得民心的"能人"，他们有着许多共同的特点，如重实干、有魄力、目光长远、心系群众等。坳下社区周书记于 2000 年弃商做"村官"，在坳下社区经历征地移民搬迁后，他积极跟进社区安置房规划建设工作，多次向有关部门协调争取，认真做通群众思想工作，取得群众支持，最终推动实现政府出资建设"两层毛坯房"落地，同时，他跳出固有思维看待问题，作出了社区围合管理、开创社区爱心食堂、统一定点放置垃圾桶等先进举措，有效解决社区内停车、垃圾管理等问题，极大地提升了居民居住的幸福感、安全感、获得感。无独有偶，新寮村的黄书记同样也是一位治村"能人"，他留日归来当"村官"，挨家挨户做通群众思想工作，通过出让宅基地的方式筹集 100 多万元作为村经济发展启动资金，而后通过成立经济综合发展公司、与外企开发建设厂房、引入大型企业在本村投资发展、采取村里出地、外商出资的村企合作模式建设农贸市场等方式，不断提高村集体经济收入，使该村成为大亚湾区村集体经济收入的领头羊。

（2）村与物业公司共同管理模式。与传统村（社区）完全自治不同，村与物业公司共同管理模式主要是采取委托设立自管社区物业公司模式对村小组进行管理，通过探索新的物业管理模式，促进基层社会治理创新，持续提升基层自治水平。如老畲村毗邻深圳，面积 4.6 万平方米（含市场面积 1.1 万平方米），共有 3 个出入口、126 栋房屋，是深惠两地务工人员租房居住的旺地，老畲村本地户籍村民仅百余人，但常住人口却高达数千人，在相当长一段时间里，老畲村存在路面坑洼不平、垃圾遍地、车辆乱停乱放、盗窃事件频发等问题，一度被认为是"脏、乱、差"的代名词。村庄治理面临一系列错综复杂的问题，治理难度大，仅靠村、村民小组单一的管理模式远远不够，为此老畲村以党建引领基层治理为主线，引导各村民小组召开户代表会议，于 2020 年 4 月自发成立了物业管理公司。物业公司按照封闭式、视频全覆盖的整体要求规范管理，从物业管理、出租屋管理、电动车管理、环境提质四方面出发，通过完善监控设备、出入口管理设备和围栏绿化，安装"人脸+门禁"识别系统，设立电动自行车集中扫码充电桩、划分停车格、双向车道、消防通道以及垃圾清理常态化等举措，统一解决管理难、停车难等问题。在老畲村与物业公司共同努力下，老畲村自我约束、自我监督、自我管理的水平得到进一步提升。

近些年来，大亚湾区村（社区）在政府指导下，开展了一些较为积极的自治探索，但也存在村干部和村民的文化程度不高、缺乏管理知识和技能、习惯于传统的行政管理方式、对自治管理的认识和理解不足等问题。上述这些因素可能导致村民在自主管理过程中感到力不从心，无法有效地参与到村组的自治管理中来。特别是部分村组干部受传统思维等因素影响，自治思路不够开阔，自治举措不够创新；村民对于没有涉及自身利益的社会管理类的事务，参与积极性不高，共同体意识较弱。

值得注意的是，自治规范修订试点村（社区）普遍存在"村弱组强"问题，大部分试点村（社区）的资金、资产、资源主要集中在村（居）民小组一级，而且村（居）民小组在"三资"管理、公共事务处理、联系群众、政府沟通等方面都表现出较强的组织、协调、动员的能力。相比村民委员会，村民小组才拥有更多的"话事权"。

经初步统计，自治规范修订试点的八个村（社区）的自治规范文件具体如下：

	村规民约	自治章程	会议纪要	村民决议	具体条例
岩前村	1	7	40	26	4
妈庙村	1	12	55	21	4
新寮村	1	1	33	100	27
塘尾村	1	12	35	3	8
新联社区	1	5	155	3	8
晓联村	1	5			5
义联村	1	11	50	3	5
坜下社区	1	4	211	175	8

根据现有收集、整理的试点村（社区）自治规范可分为四大类：①适用于村（社区）各个经济合作社的自治章程；②适用于村（居）民共同遵守的"村规民约"；③村（居）民共同决定村（社区）集体经济、集体项目、成员资格等公共事务的会议纪要、决议；④村（社区）集体表决通过议订定实施的制度、条例。

需要指出的是，大亚湾区各村（社区）民主议事决策机制相对完善，各村（社区）均根据《关于印发〈大亚湾区农村重大事项议事决策"四议两公开"工作指引〉的通知》等文件规定，建立了民主议事决策机制，约定村重大事项需通过"四议两公开"进行讨论和决定。

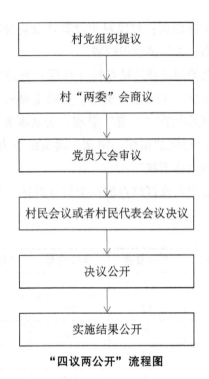

村党组织提议

↓

村"两委"会商议

↓

党员大会审议

↓

村民会议或者村民代表会议决议

↓

决议公开

↓

实施结果公开

"四议两公开"流程图

2. 明确需求

经了解，自治规范修订试点村（社区）在自治规范修订方面的需求主要为三方面：

（1）村（社区）自治规范中的集体经济组织成员资格认定及集体经济利益分配。

通过对试点村（社区）的调研不难发现，大部分外嫁女在土地权益的享有或分配上受到了歧视，违反了法律所确立的男女平等原则。集体经济组织合作社已制订的章程关于个人股东成员的资格确认问题中，普遍存在成员资格认定争议较大的情形包括：农嫁农的外（婚）嫁女，入赘婿，离婚、丧偶、再婚，农嫁居人员及其子女，农嫁军人员及子女，全日制大、中专学校的在校学生，武警部队人员、军人等，服刑期的劳改、劳教人员，原为农村集体成员现已为国家干部职工、国有企业就职人员和退休人员，外嫁女子女、超计划生育子女、非婚生子女，依法收养的子女，空挂户等。这些基本可以说是因婚育、就业、读书等产生跨区域人口流动的结果，是近几十年来时代巨变的产物。而以低流动性的静态社会为基础的股份经济合作社自治章程，往往无法成熟地应对这类新情况、新问题，造成个体的不平等、不公正和整体的失序，进而引发一系列请求街道办确认村集体经济组织成员资格的行政认定、到法院诉村集体经济组织侵害集体组织成员权益纠纷的问题，甚至出现某些村小组组长因该类案件被执行法院列入失信名单和该村小组公账被查封冻结影响村小组正常运作和村民利益分配的情形，对此村民意见较大，矛盾较为突出。如岩前村于2010年出现外嫁女维权问题，同期大亚湾印发妇女权益手册，该村外嫁女依据手册向街道、法院维权。为妥善解决外嫁女问题该村提出外嫁女补偿方案，由该村村企合作的开发商出资对每个外嫁女每人10万元的一次性补偿，但外嫁女不同意。2012年澳头街道为外嫁女村民资格认定作出行政裁决，认为外嫁女应该享有农村集体经济组织成员资格。该村外嫁女拿着行政裁决向法院提出诉讼，经一审、二审该村均败诉，村民小组集体账户被法院冻结，甚至将开发商打到村集体账户的押金一并划出来履行法院判决。还有个别外嫁女要求村小组发放股权证，甚至进京信访，这样一来股民的分红受到影响，随着也学起了外嫁女的做法，到街道、区信访办、市信访办信访。

大部分村民对街道办确认外嫁女及其子女农村集体经济组织成员资格事宜怀有疑问：首先，外嫁女已领取了一次性集体利益分配款，放弃了今后所在股份经济合作社的集体利益分配等权利，且经人民法院生效判决认可。资格对应的就是分红权，既然已经放弃，就不应再确认资格。其次，外嫁女子女大部分不在村中生活，不但子女本人没有承包经营权、自留山证、承包合同且其母亲也没有参与第二轮家庭联产承包。第三，外嫁女及其子女并没有履行相关义务，包括参加村中会议，虽然户籍在该村，但其与该村没有形成较为固定的、具有延续性的生产、生活关系，不依赖该村集体的收入作为主要生活来源。这一矛盾给村（社区）工作人员带来较大的困扰，以致需投入大量精力应对这一问题。

（2）村（社区）自治规范中的外来人口增多带来的社会治安、环境卫生和出租房风险防范。

随着城市化进程的加速，大量外来人口涌入城市周边的村居，给当地的管理带来了诸多挑战。外来人口数量的激增，给村居的社会治安、环境卫生、公共服务等方面带来了诸多问题，使得村（社区）管理面临极大的困难。通过此次调研走访，部分村（社区）因为经济较发达，外来人口相对较多，外来人口增多带来了社会治安、环境卫生和出租房风险防范问题，外来人口往往来自不同地区，给村（社区）的治安管理带来隐患。同时，由于外来人口流动性较大，管理难度较高，容易滋生各类治安问题。外来人口涌入导致村（社区）环境卫生质量下降，部分人员可能存在乱倒垃圾、乱堆杂物等行为，使得当地环境遭受破坏。出租房基本是租给外来人口，也带来诸如类似违规用水用电导致的安全保障问题、不依法文明养狗导致的卫生等甚至人身伤害问题、租赁合同不完善情况下房东权益难保障以及村规民约对租户约束力不够等各种问题。

（3）村（社区）自治规范中的停车管理。

农村地区道路系统复杂，缺少公用停车场，一间间农宅远离主要道路分布，村中无名道路普遍比较狭窄逼仄。随着农村经济的发展，村（居）民生活日益改善，大多数村（居）民都拥有了一辆甚至是多辆汽车，加上外来务工人员的涌入，带来了大量车辆，由于现有停车位紧张以及部分人员乱停乱放车辆，就可能堵塞村中无名道路，造成的拥堵很难疏导，交通管理部门缺乏对于村中无名道路违停车辆的执法权限，而村（社区）本身无执法权，只能行劝导之举，导致问题难以解决。

3. 广泛合意

在大亚湾区的自治实践中，大部分村并不刻意强调合意的意图，但是由于"四议两公开"议事决策流程的要求，在重大事务议事决策中普遍注重与村民的协商。普遍的做法为村干部将草拟形成的文本以各种形式通知村民，尤其是在村干部无法确定村民具体看法时，村干部往往采用"放出风声"的做法，试探村民态度。在确定村民意见后，再认真研究，逐一沟通，待统一大部分村民意见后，再组织民主表决。

在此次自治规范修订试点工作中，各试点村（社区）基本上沿用了上述模式。在试点工作中，基本均先由村（社区）干部、村民（居民）代表、法制副主任等人根据村（社区）实际情况进行充分协商，取得一定共识后，提出需要修改或建立自治规范的方向，个别村在座谈研讨的基础上，为全面收集群众意见，进一步采用了入户走访、问卷调查等形式，扩大意见征集的覆盖面，深入征集村民（居民）对自治规范的意见和建议，确保修订工作更加贴近村民（居民）实际需求。在初步收集民众意见后，由"法制副主任"利用律师专业知识，在法律框架下草拟文本。最后再由村（社区）干部通过微信群发送征求村民（居民）意见，统一意见后进行民主表决。

自治规范修订试点工作中，八个村（社区）对村（社区）的自治规范进行全面审查，包括内容合法性、制定程序合规性、执行有效性和可行性等方面。据初步统计，八个村（社区）全面梳理并审查村规民约等自治规范1000余份，提出修改法律意见297条。通过论证分析，发现试点村（社区）原有的自治规范不同程度存在以下问题：①计划生育的相关条款违反国家现行政策规定；②女性股东出嫁后不予分配、离婚或者丧偶后妇女不予分配违反《宪法》《妇女权益保障法》相关规定；③国家工作人员不参与分配没有法律依据（聘任制公务员除外）；④经济合作社成员应当履行的义务以及履行的程度没有明确的规定；⑤部分章程规定由村委会或者村民小组召开成员大会"审议、决定国家法律法规、规章、政策未明确的情况特殊的公民是否具备本社成员的资格"；⑥成员表决的程序性规定具有瑕疵；⑦新增购股人员资格名单并未明确公示期的时间；⑧部分章程对于社委会/董事会/理事会与监事会的架构关系认识错误。

同时，根据由街道、司法所指定专人牵头，联动村（社区）自治规范修订工作小组，深入调研村民（居民）普遍关心依法治理难点，并对其成因进行分析。对于一些村民（居民）关心但暂时未达成共识的问题，做好释法说理，争取弥合分歧。对于村民（居民）关注且已达成共识的问题，列出清单，推动形成自治规范。

4. 修订完善

根据法律规定，从规范化建设、利于长远发展等角度，按照简洁明了、便于执行的原则，八个试点村（社区）对村民普遍形成共识的内容，进行民主表决，形成自治规范。

据初步统计，八个村（社区）新议定自治规范16份，主要涉及停车管理、人居环境整治、房屋管理等方面内容，其中16份自治规范的表决通过率为100%，3份自治规范在表决过程中存在不同意见。表决通过率高的原因主要有两方面：一是各试点村（社区）议定的自治规范聚焦的是村民普遍关心的问题，为了维护公共利益而建立；二是村民（居民）对于非利益的事项，关注度不高，尤其自治规范缺乏执行力，部分村民（居民）抱着无所谓的态度。

（二）企业自治规范修订试点的实施

大亚湾区于 1993 年 5 月经国务院批准成立，是国家级经济技术开发区，拥有中海油、壳牌、比亚迪等众多国内外一流企业，形成了以石化产业为支柱，电子信息、半导体、车载工业、人工智能、医疗器械、精密仪器等为主导，港口物流等现代服务业加快发展的产业体系，是全国乃至全球闻名的石化产业新城。2024 年上半年，大亚湾区全区生产总值（GDP）479.5 亿元，增长 13.8%。工业总产值、基础设施投资、一般公共预算收入、金融机构本外币贷款余额等多项主要经济指标保持较好增长，经济回升向好态势不断巩固。

这次自治规范修订试点的企业仅一家为惠州大亚湾环境水务集团有限公司。

惠州大亚湾环境水务集团有限公司（原名惠州大亚湾石化工业区发展试点企业有限公司，下称"试点企业"），成立于 2001 年 12 月，注册资本金 4.74 亿元，是惠州大亚湾区区属一级国有企业，主营业务为供水排水污水设施投资建设运营、供应链贸易服务、工程建设管理、产业园区开发建设、水务设备及系统开发销售、碳资产投资管理、信息化设备销售及服务、物业管理、土地使用权租赁、粮食仓储服务、粮食加工、餐饮管理、交通运输服务等。自 2023 年以来，实行试点企业本部和下属企业员工总额双控制。截至 2024 年 3 月，试点企业本部及下属全资、控股企业共 283 人，本科及以上学历 230 人，占比 81.27%，全日制研究生以上人员 18 人，其中全日制博士 1 人；具有专业技术职称及各类职业资格共 236 人次，占比 83.34%，其中注册安全工程师 15 人。试点企业对下属企业实行分类分级管理，试点企业目前有二级企业 8 家，三级及以下企业 22 家，共有下属企业 30 家（含参股 6 家）。主要客户群为政府部门石化区企业、贸易类企业等。未来，以构建"水务产业平台、市场化转型平台、改革创新平台"为导向，持续推动供排污一体化改革，试点企业积极开展碳资产、环保技术设备、信息化技术设备服务、再生水等市场化业务，力争打造成为惠州市知名的"以环境水务为特色的综合产业试点企业"。

　　作为大亚湾区区属国有企业，试点企业一直高度重视合规管理建设，并将其视为企业可持续发展的重要保障，具体合规管理建设情况如下：一是在企业内部控制、公司治理方面已经搭建了全面风险管控体系；二是制定了《环境水务试点企业关键事项管控权限表》对关键事项进行表单流程化管控；三是以三定方案明确了各部门的职责和权限；四是形成"清单式"管理决策机制；五是对重要业务进行风险管控。通过以上措施的实施，试点企业基本具备了合规管理的基本框架，为企业的健康发展提供了有力保障。然而，试点企业也认识到合规管理是一个持续改进的过程，试点企业需保持合规发展，进一步加强合规管理建设。

　　试点企业自治规范修订工作专班通过实地调研、查阅资料、与试点企业高、中、基三层人员进行访谈交流，深入了解试点企业在合规建设方面的实际情况和试点企业"清单式"决策机制的构建思路、主要内容和实际运行过程中的特点。试点企业的"清单式"决策机制在构建过程中，遵循了一定的构建逻辑，试点企业"清单式"管理采用表格的方式，将决策事项的类别、概要和具体内容明确划分，提供了一个清晰的结构，使得各个决策阶段的要点和关键信息一目了然，在试点企业经营管理方面提供了更系统化和规范化的决策支持，这种图表化和流程化的管理思路使得试点企业在企业合规"三张清单"（"三张清单"包括企业合规管理体系建设《合规风险识别清单》《岗位合规职责清单》《合规流程管控清单》）的编制上具有一定的优势。其"清单式"管理模式是对"三张清单"进一步的延伸和补充，是对企业合规管理模式的进一步应用。同时，"清单式"决策机制与企业合规"三张清单"有相互补充和协同的关系，企业合规"三张清单"旨在确保企业的经营活动符合相关法律法规、并有效管理风险和控制措施，"清单式"决策机制则在此基础上，为企业制定关键决策提供了更明确和有序的流程和指引。

　　试点企业自治规范修订工作专班对试点企业的自治规范文件进行了收集、整理共 63 份制度类文件（其中公司治理类 10 项；财务管理类 12 项；人力资源管理 12 项；行政事务 15 项；采购管理 4 项；安全生产管理 3 项；风险管理 1 项，法律事务管理 2 项；廉政审计管理 2 项，纪检监督 2 项）。这些文件涵盖了试点企业的各个方面，从安全生产到投资管理，从决策流程到法律事务等。由试点企业法律顾问牵头，根据企业需求，梳理试点企业的自治规范63份，并逐一进行合法性审查，并将其中不符合现行法律法规的条例提出修改建议供企业管理层参考，为有效提高企业管理水平提供了法制保障，确保企业自治在法治的框架内进行，通过对其合法性审查，发现试点企业原有的自治规范存在以下问题：①试点企业部分岗位职责分配违反法律、行政法规的禁止性规定；②企业部分制度中涉及员工劳动报酬的条款未经工会或者职工代表平等协商等程序、在劳动合同、员工手册中无相应条款体现，违反法律、行政法规的禁止性规定；③企业部分岗位无岗位职责说明书，易造成工作职责混乱、考核依据不清晰；④企业部分制度中关于特定工作事项时限的要求与法律规定存在冲突；⑤企业部分制度条款对员工未尽到告知义务；⑥企业部分制度规定的处罚内容超出企业权限。通过本次调研工作，试点企业对试点企业现有自治规范进行了法律审查，并结合试点企业发展要求，试点企业对原有自治规范文件与现行规定不一致的地方以及与经济社会发展要求相违背的制度进行及时清理，做到"应废尽废、应改尽改、应立尽立"。同时，坚持"谁制定、谁清理，谁起草、谁负责"原则，将清理任务分解至试点企业各责任部门，由各部门先行梳理、编制目录，逐件提出"废改立"意见建议，经试点企业总经理办公会讨论审定后，统一报备至制度管理部门，其中废止6项、修改11项、新制定7项。

通过调研发现，试点企业内部合规运行机制不够完善，需通过合规风险识别评估预警、业务流程合规审查、重大合规风险事件处置、合规风险事件报告、违规问题整改、违规问题监督、合规管理有效性评价等进行PDCA循环、恒常化管理，加快建立健全试点企业合规管理制度体系，完善合规管理组织架构，明确合规管理责任，推进《合规风险识别清单》《岗位合规职责清单》《合规流程管控清单》落实，不断提高合规化管理能力。

自2023年以来，试点企业从组织体系、运行体系、保障体系三个层面搭建风险管理体系、设置了风险管理"三道防线"、并制定《风险管理工作指引（试行）》完成了风险管理的制度建设。围绕2023年工作计划，重点关注了投资业务、供应链业务风险，并按照风险分层管理的原则，协同相关部门对试点企业投资业务、供应链业务进行了风险梳理与识别，且对识别的风险拟定了风险管理措施，形成了《风险管理清单》，并经相应的管理层批准后落实。

　　本次企业自治规范修订试点工作开展以来，按照《中央企业合规管理办法》第13条、第14条、第15条规定，试点企业初步建立了合规风险管控的三道防线。合规风险管控的第一道防线责任人是企业的业务部门及职能部门，对本部门的合规管理流程编制风险清单和岗位职责清单，第二道防线是合规管理部门，负责起草制定合规的基本制度和各种规章制度，开展合规管理的有效性评价和违规调查，建立起合规流程嵌入企业经营的防线，第三道防线，是纪检监督室和审计管理部等监督追责部门，负责对合规落实进行监督。同时拟定了《合规管理办法（草案）》，并经广泛征集试点企业各职能部门及下属企业各业务部门及业务骨干意见后，于2024年4月7日通过试点企业党总支审议，后续将按照程序报董事会审批后发布。初步满足试点企业内部控制合规性的目标要求，持续推进试点企业风险管理体系的完善，建立健全环境水务合规管控"三张清单"，为试点企业高起点合规化发展奠定基础。

　　同时，试点企业通过制订并推广应用合规"三张清单"将试点企业合规风险落地管理。从试点企业每一项业务出发，有效梳理出新的试点企业各部门各岗位涉及的业务范围的事项清单，议定了合规管理执行层面的《合规风险识别清单》《岗位合规职责清单》《合规流程管控清单》。

　　（1）《合规风险识别清单》。根据《惠州大亚湾区管委会财政国资金融局所属企业合规管理办法（试行）》要求，结合试点企业实际，围绕以下12个重点领域：投资融资、合同管理、劳动用工、决策机制、市场交易、招标采购、工程质量、财务税收、安全环保、知识产权、商业伙伴和其他需要重点关注的业务领域进行合规风险识别、分析、评估，结合对风险发生的可能性、影响程度、潜在后果等方面进行合规风险分级，识别出74项合规风险点、193个风险描述，形成试点企业的《合规风险识别清单》。

　　当发生业务变更，或者新规出台等其他重要的变化，则需及时和定期进行合规风险再识别、再分析和再评估，结合实际情况逐步覆盖企业全员、全领域、全过程。实现合规流程的动态管理，建立起动态更新的风险识别清单，逐步推广至下属各公司。

　　（2）《岗位合规职责清单》。针对已识别的合规风险，从岗位或者部门主责两个方面入手，通过对员工的岗位职责，和部门主责的业务内容范围，对照试点企业制度中相关的职责要求，梳理出合规风险防范对应的履职事项，检索每一个业务对应需要遵守的合规义务，合规义务包括公开的法律法规强制性标准制度，也包括政策性法律法规和国际性文件，还有上级主管单位的监管文件等，按照业务归口原则，建立起部门职责的合规业务清单。

（3）《合规流程管控清单》。将合规审查作为必经程序嵌入经营管理流程，重大决策事项的合规审查意见还应当由专业法律服务机构出具法律意见书，对决策事项的合规性提出明确意见。业务及职能部门、合规管理部门依据职责权限完善审查标准、流程、重点等，定期对审查情况开展后评估。

（三）学校自治规范修订试点的实施

大亚湾区高度重视教育事业，坚持将教育事业放在优先位置，加大各层次教育资源供给力度，全区实行 12 年免费教育政策，除了国家规定的 9 年义务教育免费外，大亚湾户籍在区内就读高中也享受免费教育。截至 2024 年，大亚湾区共有 51 所公办学校。这些学校包括小学、初中和九年一贯制学校等。大亚湾区的学校普遍配备了完善的硬件设施，如篮球馆、400 米塑胶跑道、足球场、田径场、音乐厅、羽毛球馆、实验室、功能室和图书馆等。同时，大亚湾区积极开展与国内名校的合作办学，成功引进了北京师范大学、华中师范大学等名校开展合作办学，共享优质教育资源。大亚湾区通过新建和扩建学校、引进优质教育资源以及实施多项教育政策，不断提升区域内的教育水平，为学生提供更好的教育资源和学习环境。

为进一步健全基层党组织领导的充满活力的校园自治机制，推动校园规范化建设，增强学校自我管理、自我教育、自我服务、自我监督能力，提高平安校园建设水平，这次自治规范修订试点选取了惠州大亚湾区外语实验学校（原广东外语外贸大学附设大亚湾外语实验学校，下称"外语实验学校"）这一 12 年一贯制的民办全寄宿国际化外国语学校和华中师范大学附属惠州大亚湾小学（下称"大亚湾华附一小"）这一由大亚湾区管委会、华中师范大学和企业三方合作办学的公立学校等两所学校为试点学校。

外语实验学校依法制定了内容比较完善并经主管部门批复的学校章程，学校章程向全体教职工、学生及家长公示，学校的办学活动围绕章程进行。学校有完善的与章程相配套的各项管理制度，先后依照有关教育法律法规制订了完善教育教学制度、人事管理制度、财务管理制度等。学校各项管理制度公开，建立相应档案，制度汇编成册。在保障基本管理制度正常运作的同时，学校还通过建立"量子管理"制度，摆脱自上而下的控制模式，让每一个系统能够实现自我组织。

大亚湾华附一小建立了坚持党的领导、依法自治、自主办学、多元共治、监督问效、公平与可持续发展的六维学校规范自治模式，强调学校内部的自主办学和多元共治，并将依法治校、建设现代学校制度、以生为本、追求公平而有质量的教育等理念整合起来，形成一个具有创新性与时代意义的改革框架。

不过，两所试点学校在管理结构、自主权以及运营模式等方面表现出自治的差异性。

在自治规范修订试点过程中，我们收集了两所试点学校的自治规范文件共 28 份（其中外语实验学校 21 份、大亚湾华附一小 7 份）。这些文件涵盖了试点学校的各个方面，包括学校章程、薪酬管理、学生守则、校舍规定、应急处理等。自治规范试点工作小组对试点学校现有自治规范进行了法律审查，未审查发现违反法律、行政法规强制性规定的内容。结合学校实际发展情况，大亚湾华附一小新修订自治规范 7 份，外语实验学校修改自治规范 1 份、新议订自治规范 2 份。总结此次两所试点学校修订的自治规范的特点，主要有以下两方面：一是组织管理具有单向性。比如，大亚湾华附一小制定的自治规范分别是《教师工作实绩量化评估方案及细则》《学生"文明行为"检查值周工作规范》《家委会工作规范》等，均是针对教师、家长、学生等单一主体所形成的制度规定，缺乏多元主体协同联动的育人队伍和协商共治的机制模式。二是学校自治多为垂直化管理，两个试点学校在管理实践中，大多采取自上而下的方式，从领导制定、中层传达、教师执行、学生实行，自上而下的决策执行无疑会在一定程度上影响学校的办学活力。

在学校自主办学过程中，外语实验学校建立"去中心化"的组织架构，推行项目负责制，让每位教师都成为领导者，最大限度发挥教师的价值；推行全出竞进的全员组阁制，极力实现教职工的资源优化配置，激发全体教职工的活力；制定学校课程实施路径：小班化教学——跨学科融合制——高年级选课走班制——导师制，精准为学生提供学习成长的沃土，用优质的"服务"为学生发展保驾护航；制定班级公约，创造良好的学习环境和竞争氛围，提高学生自我约束能力；成立学生社团，在社团中每一个学生都是领导者，自主决定学习内容，按照自己的意愿组成、选择社团，丰富课余生活的同时提高学生自治能力。而大亚湾华附一小建立学校自治运行机制，制定系统自治制度，使自治行为有法可依，有章可循，确立学校自治环节流程，定期落实自治各项工作；抓准规范自治重点项目，根据教育的发展和评价新要求制定科学的教职工认同的《教师工作实绩量化评估方案与细则》《专业技术职称评定竞争性评估细则》；不断提高规范自治成效。

在自治规范修订试点中，两所试点学校需要在提高升学率、提高学生文明道德水平、反校园霸凌及校外霸凌、加强跟家长的沟通和协同、完善家长委员会、净化学校周边环境、强化校园安全治理力量等方面继续征求教职员工和学生、学生家长意见，广泛合意，形成共识，进一步议订和完善学校自治规范。

（四）物业自治规范修订试点的实施

根据第七次全国人口普查，大亚湾区目前常住人口约 45 万人，物业小区共 318 个，主要集中在西区街道，已成立业委会的小区共 81 个，物业企业共 104 家。

小区物业管理是基层治理的重要内容，是社会治理的末梢，是国家治理体系的根基。为积极促进基层民主的繁荣发展，持续健全基层党组织领导下充满活力的物业小区自治机制，大力推动物业的规范化建设工作，有效增强物业小区的自我管理、自我教育、自我服务、自我监督的效能，这次大亚湾区自治规范修订工作挑选了牧马湖小区、海德公馆小区这两个物业小区作为试点单位。

自治规范修订试点工作开展过程中，试点单位成立了由物业公司经理、员工、法律顾问等组成的自治规范修订试点工作小组。工作小组采取座谈交流、实地走访、查阅资料、随机询问等方式，详细了解试点物业小区自治机制和物业企业内部自我管理制度。

牧马湖小区总户数 1330 户，截至 2024 年 4 月已收楼 1262 户，收楼率是 94.88%，常住约有 350 户，常住率 26.31% 左右；由碧桂园生活服务集团股份有限公司大亚湾分公司提供物业管理服务。海德公馆小区，截至 2024 年 4 月已交付 3757 户，交楼率 86%，入住约 480 户，入住率 12%；由深圳市金地物业管理有限公司提供物业服务。

两个试点物业均是物业公司管理类型。物业公司管理类型是根据物业管理委托合同对物业的房屋建筑及其设备、市政公用设施、绿化、卫生、交通、治安等管理项目进行维护、修缮和整治，并向物业所有人和使用人提供综合性的有偿服务，物业小区管理是物业管理最常见也是最主要的形式。该管理类型主要有两个特点：一是物业公司拥有经过培训的专业人员，具备丰富的物业管理经验和专业知识；二是遵循行业标准和规范进行管理，服务流程相对固定和标准化。其优势在于能够迅速响应和处理各种物业管理问题，保障小区的正常运转，且能承担物业管理中的各种风险和责任，减轻业主的负担。但该管理类型也存在一些不足，如可能收取较高的物业管理费用，导致业主的经济压力，且业主难以全面了解物业公司的运作和费用使用情况，较容易滋生物业公司与业主的矛盾，需要妥善处理。

在试点过程中，发现物业小区业主参与物业管理积极性不高的情形：①部分业主对物业公司的工作流程、财务状况等缺乏了解，认为物业公司存在不透明、不公平的操作，从而对其缺乏信任，不愿意参与其中。例如，业主不明白物业费的具体用途和收支情况，怀疑物业公司存在乱收费或资金滥用的现象。②一些业主可能更关注个人的居住需求和利益，而对小区整体的公共利益关注较少。当个人利益与公共利益发生冲突时，往往选择优先满足个人利益，忽视了对物业管理的积极参与。比如，对于小区公共区域的绿化改造，部分业主因可能影响到自己的停车位而表示反对。③业主们往往忙于工作和个人事务，没有足够的时间和精力投入物业管理中。④物业公司没有提供有效的参与渠道，或者对于业主的意见和建议未能给予及时、有效的反馈和处理，使得业主感到自己的参与没有产生实际效果。比如，业主提出的小区垃圾清理不及时的问题长期得不到解决，导致业主对参与管理失去信心，不愿意再继续参与物业管理。

按照要求，收集到牧马湖小区、海德公馆小区的自治规范文件有临时管理规约、客户关系管理规程、社区文化及社区圈层工作规程、服务监督热线落地及推广管理规程客户物品代收规程、关于噪声扰民倡议书、宠物管理档案及管理规定等共14份。这些物业自治规范可分为两大类：一是适用于物业公司内部的自治管理规定。如在组织架构方面，明确了各级管理人员的职责和权限，以确保决策的高效性和责任的明确性；在服务标准方面，详细制定了各项服务的质量要求和操作流程；在员工管理方面，包括招聘、培训、绩效考核等制度。二是适用于业主共同遵守的公约。如在公共区域使用方面，明确了业主对小区道路、绿地、停车场等公共区域的正确使用方式；在房屋使用方面，规定了业主对房屋的装修、改造应遵循的原则和程序，以确保不影响房屋结构安全和小区整体美观；在邻里关系方面，倡导业主之间相互尊重、和睦相处，对于噪声扰民、宠物管理等容易引发邻里纠纷的问题作出了相应约束。这两大类物业自治规范相辅相成，物业公司内部的自治管理规定有助于提升服务质量和运营效率，而业主共同遵守的管理规约则有助于营造和谐、有序的小区居住环境。

根据物业自治需求，由两个试点单位的"法制副主任"、律师等对 14 份自治规范逐一进行合法性审查，并提出修改建议。在审查后发现：①《海德公馆（住宅及地下车库）住宅临时管理规约》及《泰丰花园临时管理规约》是由建设单位在售房前单方面制订的，具有暂时性、过渡性，虽然临时管理公约对有关物业的使用、维护、管理，业主的共同利益，业主应当履行的义务，违反公约应承担的责任等事项作出了约定，但并未体现全体业主的共同意志，随着时间的推移往往会出现临时管理公约内容不够完整规范，无法适应现实发展需要，无法匹配业主需求的情况。②部分管理规程未广泛征求业主意见。如牧马湖小区的《客户关系管理规程》《社区文化及社区圈层工作规程》《管家综合管理规程》《客户信息管理规程》《客户物品代收规程》《管家微信管理规程》《服务监督热线落地及推广管理规程》《客户档案/资料管理规程》。以上管理规程现已重新经过讨论并征求意见后予以修订。③因海德公馆及牧马湖小区均未成立业主委员会，且海德公馆的常住率为 26.31%左右，牧马湖小区的入住率 12%，召集业主参与表决的难度较大，故部分关于增设电单车充电棚等小区重大事务文件的表决程序存在瑕疵。

在自治规范修订试点过程中，牧马湖金地小区物业针对增加电动车充电桩，制定园区充电棚等设施改造方案，确定改造内容进行公示，作出《关于园区增加电动车充电桩的公示》是聚焦于业主在生活便利性方面的需求。海德公馆小区物业结合小区及属地实际情况作出的《业主诉求响应机制》是聚焦于小区业主对于物业服务质量的期望而制定的相关的监督和评价机制，其主旨是为完善诉求管理和考核，高效、快速处理客户诉求，从而进一步提升业主满意度。

特别是牧马湖金地小区物业探索成立由社区"两委"干部、社工、网格员、社区居民代表、小区物业代表以及村（社区）法律顾问、物业所工作人员等相关专业人员组成的"和美议事委员会"，采取"线上+线下"形式召开"和美共议会"，定期研究解决物业小区治理中的热点、难点问题，通过"五个一"工作法（一月一例会、一事一邀请、一人一主张、一议一主旨、一季一回头），实现群众操心事、烦心事、揪心事共同摸排、共同商议、共同积极，构建多元主体参与的协同治理模式。

通过本次物业自治规范修订试点工作，今后应当进一步重视以下几方面：①应当深入了解小区业主在生活便利性方面的需求。这包括小区停车位的合理规划与分配，以满足日益增长的车辆停放需求；优化小区内的公共交通线路，方便业主出行；设立便捷的快递收发点，提升业主收取快递的效率。②关注小区的安全性需求至关重要。如制定严格的门禁制度，确保非小区人员的出入得到有效管理；安装足够且性能良好的监控设备，覆盖小区的关键区域；建立应急响应机制，以应对火灾、盗窃等突发安全事件。③考虑到业主对居住环境质量的要求，自治规范应涵盖小区的环境卫生管理。明确垃圾的分类、收集和清运流程，保持小区环境的整洁；规范宠物的饲养，防止宠物粪便影响公共卫生；加强对小区绿化的养护，营造优美的绿色空间；通过宣传、监督等，解决高空抛物问题，以免发生高空坠物危害。④针对小区业主的社交和文化活动需求，自治规范可以鼓励组织各类社区活动，如邻里节、亲子活动等，增进业主之间的交流与互动；提供公共活动场地的使用规则，保障业主能够公平、有序地使用这些资源。⑤要根据小区业主对于物业服务质量的期望，制定相关的监督和评价机制。明确物业公司的职责和服务标准，建立业主对物业服务的反馈渠道，确保物业公司能够持续改进服务，满足业主的物业服务需求。解决业主因为不同种类（别墅、高层）收取的物业费不一致问题引发不满，避免造成物业公司与业主之间矛盾激化。

（五）社会组织自治规范修订试点的实施

在全面依法治国新时代，各式各样、大大小小的社会团体都是法治建设的重要力量，它们除了参与国家法治建设之外，其本身以章程为依据实现自我治理也是法治社会建设不可或缺的重要方面。据统计，截至 2024 年 3 月底，大亚湾区注册登记社会组织 159 家，其中社会团体 81 家（含行业协会商会 13 家、公益协会 12 家、枢纽型社区社会组织 8 家），民办非企业单位 78 家（含民办教育 39 家，社会工作机构 22 家），社会组织从业人员超过 3000 人（含专职人员 2270 人）。伴随着经济社会各项事业的快速发展，社会组织作为社会建设的一支有生力量越来越受到重视，社会各界对社会组织在各个领域发挥作用的期待也与日俱增，如何发挥社会组织自治力量，激发基层治理新活力逐渐成为社会治理新课题。

这次自治规范修订试点选择了惠州大亚湾区物业管理行业协会（以下简称"大亚湾物业协会"）及惠州大亚湾区蓝色海湾公益协会（以下简称"蓝色海湾协会"）这两家社会组织，均是依法设立的登记管理机关为惠州市大亚湾区民政局的非营利性法人、社会团体。

大亚湾物业协会成立于 2017 年，是一家促进大亚湾区物业行业发展，维护会员的合法权益，协调会员之间关系，沟通会员与政府、社会的联系，传达政府政策意图，规范执业行为，弘扬职业道德，倡导公平竞争，促进惠州大亚湾区物业管理行业的创新、交流与合作，推动惠州大亚湾区物业管理行业的进步的社会组织，现有 102 家会员单位。

蓝色海湾协会成立于 2019 年，是组织、动员社会力量致力于海洋环境保护的宣传、监督和建设，推动大亚湾保护区沿海自然生态环境保护的管理、污染防治与治理，促进海洋经济发展，弘扬海洋文化；组织交流、协作，增强民众海洋环保意识，实施可持续发展战略，促进人与自然和谐共存，为发展惠州沿海海洋生物资源的可持续发展作出贡献的公益性社会团体。目前有 110 名会员，注册志愿者 560 人，其中骨干志愿者 20 多名。协会被评为 4A 社会组织、惠州市最佳志愿服务组织、大亚湾公益事业杰出贡献。

社会组织自治是指社会组织在遵循国家法律法规和相关政策的基础上，通过制定内部规章制度，实现自我管理、自我服务、自我监督的一种治理模式。它强调社会组织内部成员的参与和协作，以及协会与外部环境的互动和协调。根据行政参与程度划分，社会自治的自治模式有两大类。一是行政引导型自治模式。政府通过制定相关政策、法规或提供资金支持等方式，引导协会发展，其内部管理规范更为丰富且有更高的强制效力，引领行业的健康发展，典型的如全国及各地的律师协会，就是典型的由国家法律法规支持且司法部门紧密联系合作的社会组织，其对会员包括律所及律师的自治管理拥有较大的强制效力。二是完全自主型自治模式。在该模式下没有或极少有政府干预，社会组织的自治权得到最大满足，但同时社会组织的内部管理较为松散，且相关的惩戒措施一般都偏软且较难真正落实，该模式下的自治组织一般以为成员提供服务为主要宗旨。

本次两家社会组织试点单位大亚湾物业协会及蓝色海湾公益协会都是完全自主性自治模式，没有政府强有力的政策或资金的支持，依靠自身的业务积累行业影响力。其中由于大亚湾楼盘众多，物业纠纷频发，大亚湾物业协会提高整体物业水平方面被法院及政府寄予更高期望，大亚湾物业协会也在物业服务纠纷争议调解工作中向法院提供更多的协助配合。蓝色海湾公益协会从成立至今一直完全自主自治，公益活动的组织及发展与会长及骨干理事会员的努力息息相关，近年来取得越来越多的公益效果。但社会组织自治也面临管理疲软、资金不足及人员匮乏等问题。

在自治规范修订试点过程中，对大亚湾物业协会及蓝色海湾协会的现有自治规范文件进行了全面梳理、合法性审查。其中大亚湾物业协会自治规范共计19份，包括章程1份及内部制度16份、会员管理办法1份、自律公约1份，蓝色海湾协会自治规范共计17份，包括章程1份及内部制度15份、志愿者管理制度1份。

这些社会组织自治规范的表现类型可分为两大类，一类是社会组织章程及内部管理制度，一类为行规行约。社会组织章程及内部管理制度，主要规定社会组织本身权力决策运行的规则及内部治理相关管理规定，这是社会组织活动的基本准则，亦是社会组织实现民主决策与自律管理的基本保证。设立社会团体法人应当依法制定法人章程。社会组织章程明确规定了关于社会组织的治理结构等重要事项，包括社会组织的名称、地址、宗旨、业务范围、会员、组织机构及职权、资产管理及使用规则、修改程序、终止程序及终止后的财产处理及其他事项等。此外，社会组织的内部管理制度依据章程制定，具体而言包括法人证书保管制度、印章管理制度、档案管理制度、信息披露管理制度、财务管理制度、会员管理制度、项目管理制度、志愿者管理制度，等等。

行规行约是社会组织根据章程规定的权限和范围制定的有关行业自律的某一方面的具体规范，包括"会员公约""自律公约""行为规范"等，核心内容包括社会组织成员共同拟定的开展活动需要遵守的行业准则，以及违反执业纪律、职业道德的惩戒规则等。另外，"行业标准"作为行规行约是相对较独特的自治规范，行业的社会组织除了要求成员遵循国家已有的技术/服务标准外，可根据实际情况拟定高于国家标准的行业标准，以引导、促进技术进步。

目前大部分社会组织存在重章程轻行规的现象。从规范层次上看，虽然章程是协会的根本规范，行规行约是对成员行为的具体规范，属于章程的下层次，但是从具体操作层面上看，行规行约对成员、行业发展及社会的影响更为具体和直接。从法律效力上看，作为民间性的社会组织所制定的自治规范主要取决于同业的自觉遵守，这种基于契约和组织而产生的规范力量，其效力来自成员的承认。特别是章程只适用于那些通过加入该社会组织这一自愿行为接受章程管辖的成员，会员一旦退出该社会组织，章程对他们就不再适用。对于社会组织自治规范的强制性是极其有限的，也是辅助性的。社会组织自治规范的实施首先以激励、诱导性措施为主，如对执行自律规范的企业在行业内进行表彰、宣传和必要的奖励等，对积极参与公益性活动的会员或志愿者进行荣誉性表彰等。如果有严重违反社会组织章程的行为导致的制裁可能是"除名"，对于违反行规行约的行为则采取"警告、业内批评、公开曝光、开除会员资格"等惩戒措施，这些措施主要是谴责性的。这也是前往所述社会组织管理疲软的主要原因。

对两家试点社会组织自治规范进行审查后，发现两家试点社会组织相关章程、内部管理制度及内容已相对完备，但部分具体的条款存在冲突或较为笼统等问题，需要进一步修改完善。具体而言，在两个社会组织的章程及规则制度中，存在以下问题：①会员大会或会员代表大会作为最高权力机构的混淆，需统一章程及管理规定中关于最高权力机构的表述，如蓝色海湾协会的章程中规定会员大会是最高权力机构，并未规定会员代表大会的职责及权利，而协会的组织架构图及职责中又将会员代表大会列为权力机构，需要统一调整组织架构图及职责的表述。②组织机构及负责人产生、罢免等规定不完善或不合理，如《大亚湾物业协会章程》第18条关于会员大会的职权规定了包括选举及罢免监事长及监事，因此第 29 条中规定"监事会设置监事长 1 名、监事 2 名，由监事会推举产生"与会员大会的职权有冲突，且监事会推举产生本会监事长也是权责划分不合理的，需删除"由监事会推举产生"的内容，避免与会员大会的职权冲突。③章程其他规定及制度内容的不足，如大亚湾物业协会《分支机构管理制度》第五章关于组织机构的规定内容中，第 17 条规定分支机构不设理事、常务理事，但第 17 条规定分支机构负责人及第 18 条分支机构人员组成中提及"理事长""副理事长"等表述，条款内容有冲突，需修改为"分支机构负责人指分支机构主任，根据本会常务理事会决议聘任"。第 37 条规定"本办法由办公室负责解释"，而第 38 条规定"本制度由常务理事会解释"，两条规定对于本制度的解释权限有冲突，建议删除第 37 条规定，保留第 38 条规定，由常务理事会解释，蓝色海湾协会《人事管理制度》在考勤管理、薪酬管理及奖惩制度章节中存在扣款或罚款的部分规定，需注意的是法律并未赋予用人单位扣款或罚款的权利，因此相关的扣款或罚款的事项没有法律效力，建议相关的扣款或罚款的事项建议予以修改调整，可通过绩效及奖金进行调节从而实现人事管理的目的，等等。总体而言，两家社会组织章程及内部管理制度规定内容基本未违反《民法典》等相关法律的强制性规定，部分条款存在冲突或笼统等问题，在本次合法性审查中提出相关意见后，两家社会组织相应通过相关的流程进行修订完善。

在自治规范修订过程中，大亚湾物业协会对 2017 年 7 月召开的第一届第一次大会上全体会员表决通过后未更新的行业自律公约和会员管理办法，结合行业实际情况已重新修订，以保障物业公司服务质量，降低物业公司与业主之间的冲突。在完善行业自律公约及会员管理办法时着重考虑业主与物业公司可能产生冲突的地方，并加以完善。如：①保障业主知情权、监督权、决策权，例如对社区公共收益履行收支分配约定与收支公示义务，对社区公共权益的利用及权益归属进行说明并公示等。②规范物业服务企业从业人员行为，倡导企业党员发挥模范带头作用。③保障业主或其他单位对本协会会员进行监督，并提供举报、投诉方式等。修改后在协会群公示及走访会员单位时向各会员单位宣贯，大家都认同以上修改内容，并表示会遵守相关规定。

为了使会员能更积极及更好地为协会活动提供支持，蓝色海湾协会建立油费经费补贴制度。在本次自治规范修订试点过程中蓝色海湾协会表决通过了《惠州大亚湾区海湾公益协会财务管理制度》，该制度特别就油费补贴的标准进行了确定，以保护参加者的公益热心及积极性。通过将油费补贴标准具体落实在管理制度中，则更能确保补贴分配的公平性、公正性、公开性以及规范化。为保障海洋知识科普活动的开展，在本次自治规范试点过程中表决通过的《惠州大亚湾区海湾公益协会财务管理制度》，也增加了对科普讲师的经费补贴规定。通过对海洋科普专业知识的讲师进行费用补贴，可以留住更多的人才保障协会公益活动持续性地开展。通过落实会员油费补贴及讲师补贴等事项，并明确到具体的财务管理制度中，将更有利于提高会员和讲师的黏度及积极性，从而为协会公益事业的开展提供更有力的保障。

五、自治规范修订试点的问题

自治规范修订与良性运行试点工作是推进基层治理体系和治理能力现代化的重要举措。通过试点工作，可以探索出适合本地实际情况的自治规范模式，提高基层自治的效率和质量，增强居民的参与感和满意度。然而，在实际推进过程中，自治规范修订与良性运行试点工作也面临着民众合意不够、基层自治能力不足、法律法规和政策支持不强、理论指导实践作用不大等问题和困难。

（一）民众合意不够

民众合意是自治规范修订和良性运行的基础，虽然大亚湾区在民主议事、民主决策等有很好的基础，但还是存在参与度的欠缺、信息不对称导致群众合意不足等问题：

（1）参与度的欠缺。不少民众对社会治理工作缺乏正确的认识，认为这只是政府或基层组织的工作，与自身关系不大。这种认知误区导致他们在试点中积极性不高，参与意愿淡薄。

（2）信息不对称导致民众合意不足。在自治规范的议订和施行过程中，社会自治组织未能充分、及时地向民众传递准确、全面的信息，仅仅简单发送文本征求意见。有些民众对自治规范的内容、目的、意义及预期效果了解有限，难以形成清晰的判断和共识。

（3）缺乏有效的沟通和反馈机制进一步加剧了民众合意不足的问题。在实践中，政府与自治组织、政府与民众、自治组织与民众的沟通渠道不够畅通，民众的意见和建议难以得到及时有效的反馈和处理。如在自治规范修订试点工作中，有村民认为，与其与村委会对接沟通，不如直接通过12345热线或信访渠道反映问题，得到解决和反馈更具有可能性。

（二）基层自治能力不足

自治组织是自治规范建设的重要载体和实施主体，其能力水平直接影响到自治规范建设的质量和效果。然而，目前一些自治组织存在能力不足的问题，主要表现在以下几个方面。

（1）基层干部对自治工作的重要性认识不足，对自治规范认识不够，缺乏主动作为的意识和能力。部分试点单位将自治规范修订与良性运行试点工作作为一项行政任务推进，甚至个别干部提出区有关部门提供一份自治规范模板给各试点单位，由各试点单位在模板上进行修改。

（2）缺乏专业知识和技能。基层自治工作往往需要一定组织能力、协调能力和法律、财务等专业知识的人才，但是现实中这类人才相对匮乏，如在试点工作中，虽然各试点单位均派驻了律师，但是离自治规范修订和良性运行试点工作的要求还有一定距离。

（3）自治规范内容不科学。一些自治规范过于原则和抽象，缺乏具体的操作流程和标准，导致自治规范无法落地实施。一些自治规范制定后长期不变，没有根据实际情况的变化及时进行调整和完善，导致自治规范滞后于时代发展和群众需求。一些自治规范没有充分考虑本地的实际情况和居民的需求，照搬照抄其他地区的经验和做法，导致自治规范与试点单位实际脱节，无法解决实际问题。

（三）法律法规和政策支持不强

自治规范建设需要有明确的法律法规作为支撑和保障。然而，目前我国在基层自治方面的法律法规还不够完善，存在一些模糊和空白地带。例如，对于自治组织的职责权限、议事决策程序、监督机制等方面的规定不够具体和明确，导致在实际工作中容易出现职责不清、权力滥用、决策不科学等问题。此外，对于自治规范的法律效力和适用范围也缺乏明确的界定，使得自治规范在实施过程中面临着合法性和权威性的质疑。在自治规范修订过程中，如在村民研究设置村民义务过程中，村民提出通过村规民约设置了村民义务，在不违反强制法律规定的情况下，法院能否认可的问题。

（四）理论指导实践的作用不大

一方面，是自治规范理论体系有待进一步完善。自治规范理论体系不完善首先体现在其概念界定的模糊性上。对于自治规范的内涵和外延，学术界和实务界尚未达成统一的共识。这导致在实际操作中，对于哪些规范属于自治规范，哪些不属于自治规范，缺乏明确的判断标准。如在对自治规范文件梳理工作中，需要收集整理哪些资料，不同试点单位均有不同理解，导致第一次收集整理的资料各不相同。其次，自治规范的理论体系缺乏系统性。缺乏对自治规范的整体架构和内在逻辑的深入探讨。在试点开始之初，大部分单位及工作人员虽然对自治规范有所了解，但多停留在乡规民约、社区公约、行业规章等概念，对于如何修订自治规范、推动自治规范良性运行以及构建自治规范体系缺乏理论指导，这使得实践中的自治规范缺乏足够的理论支撑，难以实现有效的创新和完善。

另一方面，实践中对自治理论不熟悉的问题也是重要影响因素。基层治理主体，如村民委员会成员等对自治规范的理论知识了解有限，在制定和执行自治规范时，往往凭借经验和直觉，缺乏科学的理论指导。而公众对自治规范的认识和理解也存在不足。很多人不清楚自己在自治中的权利和义务，对自治规范的遵守和参与积极性不高。这在一定程度上削弱了自治规范的实施效果。

六、自治规范修订试点的完善

大亚湾区自治规范修订试点工作取得了积极的成效。为进一步完善自治规范修订试点、推进自治规范建设、充分发挥自治规范的作用，需要推动民主协商广泛开展，着力加强基层自治能力和依法办事能力建设，加大政策支持和引导，推动自治规范理论体系学术研究。

（一）推动民主协商广泛开展

完善自治规范重在合意，关键在民主参与。需要建立健全更加便捷的民主协商机制和平台，建立民主监督和反馈机制，全社会营造民主协商氛围。

（1）建立健全更加便捷的民主协商机制和平台。建立多样化、多层次的民主协商平台，如社区协商议事会、网络共议等，确保不同群体都有机会参与协商。同时，明确民主协商的规则和程序，包括议题的提出、讨论的流程、决策的方式等，使民主协商过程规范、透明、有序。此外，借助互联网、大数据等技术，拓宽民主协商的渠道和范围，提高民主协商的效率和便捷性。如通过在线问卷调查、视频会议等方式，让更多的人能够参与到协商中来。

（2）建立民主监督和反馈机制。对民主协商达成的共识和决策的执行情况进行跟踪监督，及时向参与者反馈执行进度和效果。对于执行不力的情况，要追究责任并进行整改，确保民主协商成果能够真正落实。

（3）营造民主协商氛围。通过媒体、网络、社区活动等多种渠道，向广大民众普及民主协商的重要性和价值，鼓励民众主动关心社区事务、社会问题，让每个人都认识到自己是社会治理的一分子，自己的意见和行动能够对社会产生积极影响。同时，对于积极参与协商并取得良好成果的案例，进行表彰和奖励，树立榜样，引导更多人参与到协商的过程中来。

（二）着力加强基层自治能力和依法办事能力建设

完善自治规范以能力为基础。加强培训宣传，提升社会各方力量对自治规范的认识，推动政府、基层社会治理主体将自治规范建设作为社会治理重要内容开展。同时，通过媒体、社区活动等多种途径，向社会大众普及自治规范的重要性和相关知识，提高公众对自治规范的认知和参与度。同时，吸纳有热情、有能力、有专业知识的民众参与自治规范建设，不断充实队伍力量。注重对各类自治组织成员的培训和教育，通过定期组织学习交流活动、参加专题培训课程等方式，增强成员的自治意识和法治素养。

（三）加大政策支持和引导

完善自治规范，充分发挥自治规范的作用，需要完善相关法律法规，出台具体的指导政策，建立健全监督和评估机制。

（1）完善相关法律法规。修改《村民委员会组织法》《城市居民委员会组织法》等法律法规，明确自治规范在社会治理中的地位和作用，界定其权力范围和责任边界，使自治规范的议订和执行有法可依。同时，加强对自治规范的合法性审查，确保其与国家法律法规相协调，避免出现冲突和矛盾。

（2）出台具体的指导政策。充分发挥党委在基层社会治理中"协调各方"的领导核心作用，建立党委牵头，组织、政法、民政、司法行政、农业农村、妇联等部门各司其职、密切配合的领导协调机制，制定专门方案，明确自治规范的定位、具体形式及修订完善的工作目标、程序步骤和重点内容。

（3）建立健全监督和评估机制。对自治规范的执行情况进行定期监督和检查，确保其得到切实有效的落实。同时，构建科学合理的评估体系，对自治规范的效果进行全面、客观的评估。根据评估结果，及时调整和完善相关政策，为自治规范的完善提供依据。

（四）推动自治规范理论体系学术研究

为完善自治规范，应当加大对自治规范理论体系学术研究的投入，搭建自治规范理论学术交流与共享平台，开展自治规范理论教育培训，推动地方政府部门与高校、科研机构和企业开展合作。

（1）加大对自治规范理论体系学术研究的投入。通过提供稳定的资金保障，鼓励科研机构和学者积极投身于自治规范理论这一领域的研究，为自治规范理论体系的构建和完善提供坚实的物质基础。

（2）搭建自治规范理论学术交流与共享平台。组织各类学术研讨会、论坛、讲座等活动，为学者、政府官员、社会组织代表等提供交流的机会。同时，利用互联网技术，建立专门的自治规范研究数据库和网络平台，方便研究成果的发布、共享和传播。这样不仅能促进学术研究的深入开展，还能提高研究成果的应用转化率。

（3）开展自治规范理论教育培训。在高校和研究机构开设相关课程和专业方向，培养具备法学、社会学、管理学等多学科背景的复合型人才。同时，加强在职培训和继续教育，提高现有研究人员和实务工作人员的素质和能力。此外，吸引具有丰富实践经验的社会治理工作者参与学术研究，为研究队伍注入新的活力。

（4）推动政府部门与高校、科研机构和企业开展合作，将学术研究成果应用于实际的自治实践中。通过实践检验和反馈，不断完善自治规范理论体系。如在某些地区开展自治规范试点项目，与学术研究团队合作，共同探索以解决问题为导向的有效的自治模式和规范。

下 篇

第二章
完善村组双重自治
——大亚湾区澳头街道岩前村自治规范修订工作报告*

▲

刘　志

一、引言

　　岩前村隶属澳头街道，为整体搬迁村，辖区总面积约 26 万平方米，下辖岩前一村、岩前二村、岩前三村、米岭村、新村、长岭头村等 5 个村民小组和 1 个居民小组。岩前村共有户籍人口 554 户，共 2100 人，常住人口约 8000 人。岩前村集体经济收入主要来自市场档位、商铺、综合楼出租等，2023 年村集体经济收入约 375 万元。

　　岩前村村民喜爱篮球，村篮球赛成为村民参与健身的重要形式，也是乡亲街坊共叙乡情、融洽村民感情、拉近干群关系的方式。村民积极参与的春节前夕的年前大扫除也是岩前村的一大优良传统。这整洁了村域环境，提升了村民爱护家园的意识，增强了全村的凝聚力。

　　自治规范修订工作开始以后，岩前村按照要求成立了村党支部书记为牵头人，村治保主任、村文书、村法制副主任为成员的专项工作小组，由法制副主任具体指导自治规范修订和规范运行试点工作。岩前村通过参与专家研判会议、与村法制副主任会谈、召开村委会议等方式就自治规范的修订工作进行研讨，理清了思路。岩前村对原有的自治规范进行整理，通过召开村委班子会议、村民代表大会、村民户代表会议、安排专人入户等多种方式征集

----

　　* 本章初稿完成时间为 2024 年 4 月 19 日。

村民意见，并通过掌上村务、四级联户群、宣传栏等方式加大自治规范修订和自治规范内容的宣传力度，议订了新的自治规范以破解自治中的难题，完善自治规范体系。

岩前村紧密依托村民代表大会、村民议事会等民主机制，广泛动员村民参与，注重保障村民的知情权、参与权、表达权和监督权，确保修订工作能够真正体现村民意愿、符合村情实际，完善村组双重自治，营造优良村域学风，力争解决治理难题，自治规范修订工作取得了一定的成效。

二、完善村组双重自治

在自治规范修订工作中，岩前村整理出了本村目前存在并生效的自治规范共9份，包括岩前村民委员会及下辖的6个村（居）民小组的经济合作社章程共7份；2019年8月21日由村"两委"干部、村民代表、党员大会修订通过的《岩前村高考奖励措施》；2023年1月11日由岩前村全体村组干部、村民代表、党员大会修订通过《澳头街道岩前村村规民约》。这些自治规范为岩前村依法实行自治发挥了积极的作用。

为创建文明和谐的村庄，推进依法治村，维护公共秩序，规范村民行为，实现自我管理、自我教育、自我服务，根据《村民委员会组织法》及有关法律法规规定，经岩前村全体村组干部、村民代表、党员大会议讨论，特议订了《澳头街道岩前村村规民约》20条。

村规民约作为村民自治的产物，体现了村民在自治过程中的意志和需求。《澳头街道岩前村村规民约》的制定，是经过全体村组干部、村民代表、党员大会讨论通过的，这体现了村民在自治过程中的广泛参与和民主决策。同时，村规民约的内容涵盖了社会秩序、村风民俗、精神文明建设等方面，这体现了村民对自治内容的全面关注和需求。村规民约作为村民自治的重要载体，是村民依法自治的重要表现形式。《澳头街道岩前村村规民约》明确规定了村民应当遵守的行为规范，如爱党爱国、学法守法、移风易俗、文明养犬等，这些规范既是村民共同遵守的行为准则，也是村民自治的具体体现。

在执行和监督方面，《澳头街道岩前村村规民约》由村民委员会负责执行，村民代表大会负责监督，这体现了村民自治的自我管理、自我教育、自我服务功能。同时，对违反村规民约的行为，村民委员会有权依法进行调解和批评教育，这体现了村民自治的自我约束和自我纠正功能。

《澳头街道岩前村村规民约》的议订，在岩前村形成了一种积极向上、和谐共处的良好风气。通过规范村民的行为，引导村民遵守法律法规，尊重社会公德，维护村容村貌，从而营造一个整洁有序、文明祥和的居住环境；还能够促进村民之间的团结互助，增强集体荣誉感和归属感，使大家更加积极地参与到村庄建设和发展中来。同时，还培养了村民的自治意识和责任感，自我管理能力和水平得到进一步提高，为构建和谐社会打下坚实的基础。

在此基础上，岩前村以村（居）民小组为基本单位依法实行村与村（居）民小组的双重自治。

我国《村民委员会组织法》规定以村民委员会为村民自治基本单元，村民委员会根据村民居住状况、人口多少，按照便于群众自治，有利于经济发展和社会管理的原则设立。同时，村民委员会可以根据村民居住状况、集体土地所有权关系等分设若干村民小组，属于村民小组集体所有的土地、企业和其他财产的经营管理以及公益事项的办理，由村民小组会议依照有关法律的规定讨论决定。这表明村民小组具有有限的自治权。历史经验表明，以村民小组或自然村为基本单元的村民自治，赋予村民小组或自然村完整的村民自治权，取得了较好的社会效果。因此，中共中央、国务院《关于实施乡村振兴战略的意见》提出"继续开展以村民小组或自然村为基本单元的村民自治试点工作"。进行以村民小组或自然村为基本单元的村民自治试点，使村民自治的基本单元多样化、多类型，这能够激活村民小组或自然村的自治能力，提升乡村治理的具体效果，有助于根据乡村具体情况实施乡村治理。

由于岩前村人口较多、村民居住范围相对较广，村民利益虽求大同却也存小异，导致村民参与村民自治存在一定困难。为激发岩前村的自治活力，岩前村积极贯彻落实了法律规定和政策方针，除依法设立岩前村民委员会外，还依据本村具体情况，设立了五个村小组和一个居民小组，在不违反法律法规和《岩前经济合作社章程》的前提下，允许各村（居）民小组结合实际情况，制定适用于小组成员的村（居）小组章程，充分实现基层自治。

目前岩前村及下辖各村（居）小组正在生效的《经济合作社章程》共有7份，包括《大亚湾区澳头街道办事处岩前经济合作社章程》《大亚湾区澳头街道办事处岩前村村委会岩前一村村民小组集体股份合作企业股份制章程》

《大亚湾区澳头街道办事处岩前村村委会岩前二村村民小组集体股份合作企业股份制章程》《大亚湾区澳头街道办事处岩前村村委会岩前三村村民小组集体股份合作企业股份制章程》《大亚湾区澳头街道办事处岩前村村委会米岭村村民小组经济合作社章程》《大亚湾区澳头街道办事处岩前村村委会新村村村民小组集体股份合作企业股份制章程》《大亚湾区澳头街道办事处岩前村村委会长岭头村村民小组股份经济合作社章程》。

岩前村《岩前经济合作社章程》《澳头街道岩前村村规民约》与各村（居）民小组村民小组集体股份经济合作社章程并行对于岩前村自治有着重要的意义，两者共同构成了岩前村自治的基础框架和运行机制。村自治规范的议订和施行，可以保障村民通过民主选举、决策、管理和监督等方式参与到村级事务中，实现自我管理。同时，村民（居）小组自治规范的议订和执行，使得基层自治能够细化到每个小组，增强了民主管理的实效性。

三、营造优良村域学风

习近平总书记强调，要把实施乡村振兴战略、做好"三农"工作放在经济社会发展全局中统筹谋划和推进。乡村振兴最终要靠人才，而人才的培养要靠教育。乡村教育事业的发展，无疑是乡村振兴战略的重要支点，对接和服务好乡村振兴战略，是教育部门和教育工作者义不容辞的责任与担当。实施乡村振兴战略，就要优先发展农村教育事业。对乡村来说，教育既承载着传播知识、塑造文明乡风的功能，更为乡村建设提供了人才支撑，在乡村振兴中具有不可替代的基础性作用。正因为此，党和政府把包括公共教育在内的基础设施建设的重点放在农村，优先发展农村教育事业。

岩前村充分认识到了教育对农村发展的重要性，这一认知源于村民对乡村振兴战略的深刻理解和对未来农村发展的长远规划。教育是乡村振兴的根基，是培养新时代农民、推动农村现代化的关键。为了激发岩前村学子的学习热情，培养更多优秀的人才，岩前村在广泛听取村民意见的基础上，结合本村实际，因地制宜地制定了《岩前村励学措施（修订稿）》。

《岩前村励学措施（修订稿）》分为考学奖励措施和继续教育奖励措施。凡参加普通高考、研究生考试、保送、单（特）招的学生，根据录取结果分别进行奖励。①考取北京大学、清华大学并就读的考生，给予一次性奖励

30 000 元/人；②参加博士联考并被相关院校录取就读的学生，给予一次性奖励 5000 元/人；（3）参加研究生考试并被相关院校录取就读的学生，给予一次性奖励 4000 元/人；（4）考取重本院校并被相关院校录取就读的考生，给予一次性奖励 3000 元/人；（5）考取本科院校并被相关院校录取就读的考生，给予一次性奖励 2000 元/人；（6）考取专科院校或高等职业院校并被相关院校录取（全日制专科），给予一次性奖励 1000 元/人。继续教育奖励措施方面包括：①参加军队院校士兵考学、提干并被相关院校录取就读的学生（全日制），给予一次性奖励 3000 元/人；②专科院校或高等职业院校通过专插本考试进入本科层次阶段学习的学生（全日制），给予一次性奖励 1000 元/人。

《岩前村励学措施（修订稿）》明确规定了对岩前村考取（重点）本科、硕士研究生、博士研究生，取得优异成绩的学生给予物质奖励和荣誉表彰，以此鼓励岩前村广大学子努力学习，追求卓越。这一自治规范的出台，得到了村民代表会议的一致通过，体现了村民对教育的高度重视和对人才的热切期盼。《岩前村励学措施（修订稿）》的议订与实施，不仅激发了岩前村学生的学习动力，也提升了整个村域的教育水平。越来越多的村民开始重视孩子的教育问题，积极为孩子创造良好的学习环境，为岩前村的教育事业注入了新的动力和活力。

《岩前村励学措施（修订稿）》需要经过村民代表会议的通过。展望未来，岩前村将继续坚持教育优先发展的原则，不断完善教育方面的自治规范和激励机制，努力营造尊师重教、崇尚知识的良好氛围，营造了"立志向学，砥砺前行"的优良村域学风。通过村民的共同努力，岩前村的教育事业一定会取得更加辉煌的成就，为乡村振兴提供强有力的人才保障。

四、力争解决自治难题

自自治规范修订工作开展以来，岩前村村"两委"、工作小组多次就如何更好实现基层自治这一问题进行探讨，并针对本村目前存在的部分亟待解决的问题议订了《岩前村人居环境整治长效管理机制自治公约（征求意见稿）》（2024 年 1 月 19 日由村"两委"干部会议初步通过），《岩前村车辆停放管理规定（征求意见稿）》《岩前村出租房管理规定（征求意见稿）》等自治规范草案，力争解决自治难题，进一步推进岩前村的发展。

（一）议订《岩前村人居环境整治长效管理机制自治公约（征求意见稿）》

中国要美，农村必须美。习近平总书记指出："要持续开展农村人居环境整治行动，打造美丽乡村，为老百姓留住鸟语花香田园风光。"〔1〕改善农村人居环境，是实施乡村振兴战略的一项重点任务。各地区各部门把农村人居环境整治提升作为提高农民生活品质的重大工程，稳步提升村容村貌，大力改善生态环境，让广袤乡村成为广大农民宜居宜业的美丽家园。

在当今时代，随着城市化的快速推进，农村人居环境问题逐渐受到人们的广泛关注。农村作为我国经济社会发展的重要基础，其人居环境的优劣直接关系到农民的生活质量和农村的可持续发展。而人居环境公约，作为一种社会规范和行为准则，对于指导和规范农村人居环境的改善具有重要意义。为做好岩前村人居环境整治长效管理机制工作，根据广东省贯彻落实国务院农村人居大检查反馈意见整改方案的要求、中共惠州大亚湾区委农村工作领导小组办公室《关于全域推进农村人居环境整治建设生态宜居美丽乡村的行动方案》《大亚湾区农村人居环境整治长效管护工作方案》等文件精神，结合岩前村实际，议订了《岩前村人居环境整治长效管理机制自治公约（征求意见稿）》。

《岩前村人居环境整治长效管理机制自治公约（征求意见稿）》内容包括总则、人居环境整治内容、奖惩、附则等四章，共 14 条。《岩前村人居环境整治长效管理机制自治公约（征求意见稿）》是规范岩前村全体村民的自治规范，旨在通过村民自治的方式，推动岩前村的人居环境整治工作，提升村民的生活质量。该公约涵盖了人居环境整治的多个方面，包括房前屋后、墙体地面、"门前三包"以及公共卫生文明等，并规定了相应的奖惩措施。首先，该公约强调了村民的主体地位，鼓励广大村民积极参与人居环境整治工作。通过成立领导小组和巡查队伍，负责日常巡查和考核，发现问题并及时上报处理。同时，公约还规定了奖惩制度，对表现优秀的村民进行表彰和奖励，对违反规定的村民进行惩罚，以此来激发村民的积极性和主动性。其次，该公约注重环境整治的长效性。通过制定奖惩制度方案，并经村民代表会议表决通过，公示无异议后实施，确保了环境整治工作的持续性和稳定性。此外，公约还规定了经费来源，由经联社负责，为环境整治工作提供了资金保

---

〔1〕习近平：《坚决打好污染防治攻坚战 推动生态文明建设迈上新台阶》，载 https://www.12371.cn/2018/05/19/ARTI1526735275136639.shtml，2023 年 3 月 3 日最后访问。

障。最后，该公约还强调了法治意识的重要性。在执行过程中，如果公约与有关法律、法规、规章及政策抵触时，以法律、法规、规章及政策的规定为准，并依照有关法律、法规、规章及政策的规定进行修改。这体现了岩前村在推进人居环境整治工作的同时，也注重依法行政，保障村民的合法权益。

制定《岩前村人居环境整治长效管理机制自治公约（征求意见稿）》是岩前村推进人居环境整治工作的重要举措。它通过村民自治的方式，明确了环境整治的目标和任务，规定了相应的奖惩措施，为岩前村的人居环境整治工作提供了有力的制度保障。

《岩前村人居环境整治长效管理机制自治公约（征求意见稿）》已于2024年4月19日由岩前村村"两委"干部会议通过，有待村民代表会议表决通过。

（二）议订《岩前村车辆停放管理规定（征求意见稿）》

为进一步提升岩前村村民文明交通意识，倡导文明出行，解决车辆乱停乱放、交通拥堵的问题，保障村域道路的正常通行。岩前村针对辖区路段存在（非）机动车乱停乱放、占用人行道等违规现象，议订了《岩前村车辆停放管理规定（征求意见稿）》，进一步规范辖区（非）机动车停放秩序，减少道路交通安全、消防安全等隐患，提升村域形象。

《岩前村车辆停放管理规定（征求意见稿）》共四条，主要围绕规范车辆停放秩序、保持道路通畅、保障交通安全而议订，其内容涵盖了管理范围、停车位管理原则、机动车停放规范以及违规行为的责任承担等方面。该规定明确了管理范围为岩前村辖区范围内，包括主、次干道停车位及街巷房前屋后的所有户外停车位，确保了管理的全面性和针对性。在停车位管理方面，规定采取了一车一位、总量控制的原则，并实行先到先停的方式，避免了停车位的混乱和争夺。同时，对于违反停车规定的行为，如跨车位、跨线停车，占用消防通道、故意堵塞出入口等，都进行了明确的禁止和处罚，有力地维护了停车秩序和公共安全。此外，该规定还强调了机动车驾驶人的文明行车要求，如减速慢行、礼让行人、禁止鸣笛、使用远光灯等，以进一步提升村内的交通安全水平。

尽管《岩前村车辆停放管理规定（征求意见稿）》具有一定的指导意义和管理作用，但在效力上存在一定的局限性，原因在于该规定属于村规民约的范畴，其强制执行力相对较弱，主要依赖于岩前村村民等的自觉遵守和岩前村村委会的监督管理。因此，待该规定落地生效后，在实际执行过程中，岩前村仍需加强宣传教育力度，提高村民的法律意识和文明素养，同时配合相关执法部门的监督检查，确保规定的有效实施。

《岩前村车辆停放管理规定（征求意见稿）》已经 2024 年 4 月 19 日的岩前村党支部召开的党员大会通过，有待村民代表会议表决通过。

（三）议订《岩前村出租房管理规定（征求意见稿）》

村民自建出租房是随着城市化发展、人口增长衍生出的提供住房租赁服务的场所，一定程度上缓解了城市房屋供给矛盾，满足了外来人口对于住的需求。自建房出租给岩前村民带来了收益，但也因为管理不规范等，容易导致安全事故发生。一栋农村自建房里，往往集中租住着几户人家，电线私拉乱接、电瓶车违规在室内充电等现象较为常见，存在较大的消防隐患。岩前村自建房数量较多，也不可避免地存在上述问题，为有效解决岩前村自建出租房的消防安全管理难题，岩前村聚焦农村自建出租房消防安全管理顽症难题，宣传群防群治观念，议订了《岩前村出租房管理规定（征求意见稿）》，力图从源头上建立长效管理机制，全力攻坚整治隐患顽症。

《岩前村出租房管理规定（征求意见稿）》共 9 条，首先界定了适用范围和定义，明确了出租屋的范畴和管理对象。接着，详细规定了出租屋信息管理制度，要求出租人、管理人或中介服务机构及时报送相关信息，确保信息的准确性和完整性。在职责方面，规定明确了村民委员会、出租人、管理人以及承租人和共同居住人的责任和义务。其中，出租人和管理人被赋予了重要的治安与消防安全责任，包括但不限于核查租客身份、维护房屋安全、及时消除隐患等。承租人和共同居住人则需遵守相关规定，确保房屋的安全使用。此外，规定还列出了出租屋内禁止的行为，并强调了火灾等紧急情况下的应对措施。这些规定旨在营造一个安全、和谐的居住环境，保障村民的生命财产安全。

《岩前村出租房管理规定（征求意见稿）》已经 2024 年 4 月 19 日的岩前村党支部召开的党员大会通过，有待村民代表会议表决通过。

（四）尽力化解外嫁女财产权益纠纷

为了支持和配合中海壳牌、中海炼油项目顺利落户大亚湾，岩前村于 2003 年底整体搬迁至黄鱼涌安置区，并于 2006 年通过外出学习深圳、东莞等先进村做法通过"四议事两公开"成为大亚湾区首批股份制改革村庄，对外嫁女、原籍外出户进行一次性补偿。据统计当时岩前村有 111 名外嫁女，其中 100 人愿意接受一次性补偿，先后获得澳头街道、大亚湾区、惠州市先进基层党组织，还受邀到大亚湾区管委会分享改革经验。

随着村集体经济不断壮大，岩前村于 2010 年出现外嫁女维权问题，同期大亚湾出现妇女权益手册，岩前村外嫁女按照手册向澳头街道、人民法院维权。为妥善解决外嫁女问题，岩前村提出外嫁女补偿方案，由村企合作的开发商出资对外嫁女进行每人 10 万元的一次性补偿。但外嫁女不同意，澳头街道于 2012 年为外嫁女做出行政决定，认为外嫁女应该享有农村集体经济组织成员资格。岩前村的外嫁女拿着行政决定向人民法院提出诉讼，经一审、二审，岩前村均败诉，村民小组集体账户被法院冻结，甚至将开发商打到村集体账户的押金一并划出来履行法院判决，还有个别外嫁女为了让村民小组发放股权证甚至进京信访。这样一来股民的分红受到影响，随着也学起了外嫁女的做法，到街道、区信访办、市信访办信访。

岩前村大部分村民对街道办确认外嫁女及其子女农村集体经济组成成员资格事宜怀有疑问：①外嫁女已领取了一次性集体利益分配款，放弃了今后所在股份经济合作社的集体利益分配等权利，且经人民法院生效判决认可。资格对应的就是分红权，既然已经放弃就不应再确认资格。②外嫁女子女大部分不在村中生活，不但子女本人没有承包经营权、自留山证、承包合同，且其母亲也没参与第二轮家庭联产承包，没有履行相关义务，包括参加村中会议。虽然户籍在岩前村，但其与本村没有形成较为固定的、具有延续性的生产、生活关系，不依赖本村集体的收入作为主要生活来源。

这 11 位外嫁女财产权益纠纷给岩前村带来较大的困扰，以致需投入大量精力应对纠纷化解问题，在一定程度上成为自治规范修订的重点工作，需要花大力气推进。

五、结语

自治规范不仅是村庄管理的基石，更是保障村民权益、促进村庄和谐稳定发展的关键。因此，对自治规范及时进行修订和完善，是适应村庄发展变化、提升村组治理效能的必然要求。

岩前村下一阶段需要召开村民代表会议，表决通过《岩前村励学措施（修订稿）》《岩前村人居环境整治长效管理机制自治公约（征求意见稿）》《岩前村车辆停放管理规定（征求意见稿）》《岩前村出租房管理规定（征求意见稿）》，尽快让这些自治规范生效以发挥积极作用。同时广泛收集村民对《澳头街道岩前村村规民约》的意见，进一步作修改，细化其规范。

　　同时，岩前村宜通过广播、公告栏、微信群等多种渠道，加强对自治规范和自治规范修订工作的宣传，提高村民对自治规范和自治规范修订的知晓率和参与率。组织开展自治规范知识讲座、培训等活动，提高村民对自治规范的理解和认同，为自治规范发挥作用奠定基础

　　为解决外嫁女财产权益纠纷这一自治难题，岩前村应当积极面对，全员参与（党员、村民代表、股民户代表）一同修订规范，进一步完善各小组股份制章程，可以考虑吸借鉴其他村做法，如外嫁女以户为单位进行分配又或者外嫁女一份其配偶或子女一份进行分配，再通过召开村民（户）代表会议解决外嫁女及其子女问题。

　　通过自治规范修订工作，岩前村实行村居自治是一项长期而艰巨的任务，需要村民、村委会、村民小组等各方共同努力。自治规范是保障村民权益、促进村庄和谐稳定发展的重要基础。在推进自治规范修订的过程中，只有建立健全的自治规范体系，才能确保村民的基本权利得到保障，才能实现村庄的长治久安和繁荣发展。因此必须始终坚持以村民为中心的发展思想，把保障村民权益放在首位，不断完善自治规范体系，为村庄治理提供有力支撑。自治规范修订必须坚持民主原则，充分尊重村民的主体地位和民主权利。在修订过程中，需要广泛征求村民意见，深入了解他们的需求和关切，切实反映他们的意愿和诉求，使修订后的自治规范能真正体现民意、凝聚民心，发挥其应有的作用。自治规范修订还需要注重实效性和可操作性。在自治规范修订过程中，要结合实际情况，选取有代表性的议题进行重点突破，通过具体案例的分析和实践经验的总结，推动自治规范的落地施行。要推进村居自治规范还需全社会共同参与。政府要发挥主导作用，加强统筹协调和资源整合，社会组织等要积极参与其中，发挥各自优势，广大村民更要动员起来，发挥主动性和积极性，通过各种方式表达自己的意见和建议。只有形成合力、形成共识，才能发挥自治规范在基层治理中的积极作用，为建设和美岩前提供规范基础和制度保障。

第三章

聚焦自治重点　建设和美乡村

—— 大亚湾区澳头街道妈庙村自治规范修订工作报告*

▲

李思敏

一、引言

妈庙村位于大亚湾中心区域，毗邻淡澳河、虎头山公园及红树林景区。该村辖区总面积 8.3 平方公里，下辖一村、二村、三村、四村、沙井、洗马湖、何屋、陈屋、虎爪、上围、下围等 11 个村民小组。全村共有常住人口 13 979 人，其中户籍人口 3645 人（925 户），外来人口约 10 334 人。妈庙村党总支成立于 2016 年，下设党支部 3 个。妈庙村村"两委"班子 7 人，其中支委班子 7 人、村委班子 7 人，实现书记、主任一肩挑和"两委"班子 100% 交叉任职目标。同时配备法制副主任 1 名、公共服务平台工作人员 1 名及计生专干 3 名。[1] 妈庙村始建于 1644 年。该村古建筑遗存较多，文化底蕴深厚，有着"古建筑博物馆"的美誉。村内有古石屋、客家围屋、碉楼、宗祠较多，现有存卢楼、竹林堂、李番鬼英、英满楼、四和堂等 30 多栋古建筑，李氏宗祠、苏氏宗祠等 5 座宗祠以及北帝庙、天后宫等人文景观。[2] 妈庙村既是拥有众多古建筑的古村落，也是被高楼围绕的城中村，是较为典型的城中古村。

---

* 本章初稿完成时间为 2024 年 4 月 10 日。

〔1〕《妈庙村基本情况》，妈庙村民委员会提供，2023 年 2 月 14 日；《妈庙村简介》，妈庙村民委员会提供，2023 年 2 月 14 日。

〔2〕《广东省自然村落历史人文普查表》，妈庙村民委员会提供，2023 年 2 月 14 日。

在进行自我管理、自我教育、自我服务的过程中，妈庙村注重发挥村规民约的积极作用，通过制定和实施村规民约来维护村庄秩序、改善村庄环境、分配集体收益、提升村民文明程度。该村制定的《妈庙村村规民约》为大亚湾优秀村规民约并被大亚湾区民政局推荐参评"广东百篇优秀村规民约（居民公约）"称号。[1]

按照要求，结合本村实际情况，妈庙村稳步推进自治规范修订工作，聚焦自治重点，建设和美乡村。妈庙村通过传达相关精神、专题研讨、入户调查等方式了解村民对自治规范修订的意见和建议，明确自治规范修订的重点和难点，不断推进自治规范修订工作。

二、聚焦自治重点

在自治规范修订过程中，妈庙村以问题为导向，聚焦自治重点进行建章立制，在人居环境、自建房、乡村矛盾纠纷排查调处、车辆停放管理、养犬管理等方面进行自治规范议订，以发展基层民主，依法实现村民自治。

（一）议订《妈庙村农村人居环境整治长效管护工作方案（草案）》

在妈庙村下辖 11 个村小组中，均存在相当部分村户乱堆乱放杂物的现象。这不仅导致了潜在的消防风险，还直接影响了妈庙村居的美观，垃圾乱丢也是妈庙村令人较为头疼的问题之一。与地处于偏远乡镇较为封闭的农村不同，妈庙村是区街道办事处下辖村，地处城市，往来过路的市民较多，而地面的干净程度直接影响了路过市民对妈庙村的初步印象，上述情况均不利于妈庙村生态文明的建设，还或将对妈庙村计划打造的"风情街"项目产生消极影响。因此，在推进自治规范修订工作的过程中，妈庙村村"两委"干部与法制副主任以人居环境方面问题为切入点，在广泛征求意见的基础上，于 2024 年 1 月议订了具有长效性的人居环境公约即《妈庙村农村人居环境整治长效管护工作方案（草案）》，从"加强村民的生态文明意识"、"强化门前三包责任落实"等方面来规范解决妈庙村人居环境方面存在的问题。

《妈庙村农村人居环境整治长效管护工作方案（草案）》首先明确了管护的内容，包括卫生保洁、基础设施、安全文明等三个方面。其中，卫生保

---

〔1〕《大亚湾区优秀村规民约之"红色力量"约出文明好生态》，载 http://www.dayawan.gov.cn/hzdywmzj/gkmlpt/content/4/4480/post_ 4480890. html#4289，2023 年 4 月 8 日最后访问。

洁涵盖了房前屋后、公共区域、生活垃圾、建筑垃圾、绿化管护等方面，基础设施包括"四小园"建设、"四美"行动、污水设施运维、农村厕所管护和"三线"管护等，安全文明涉及消防安全、建房安全和交通安全等内容。其次，《妈庙村农村人居环境整治长效管护工作方案（草案）》明确了管护标准，具体规定了各项工作的要求和指标，如"门前三包"机制、垃圾清理要求、绿化植物管理等，为实施工作提供了具体的操作指南。再次，《妈庙村农村人居环境整治长效管护工作方案（草案）》详细阐述了管护的权责分工，明确了各级单位和个人在管护工作中的责任和义务，强调了村组作为实施主体的重要性，同时也提出了鼓励群众参与、承包管护和支持社会力量参与的方式。此外，《妈庙村农村人居环境整治长效管护工作方案（草案）》提出了多种管护方式，包括引导群众管护、鼓励承包管护、支持社会管护和实施制度管护，以适应不同地区和情况的需要，提高管护的灵活性和有效性。最后，方案明确了保障措施，强调了组织领导、村民自治和宣传引导的重要性，为确保方案的有效实施提供了有力保障。

《妈庙村农村人居环境整治长效管护工作方案（草案）》将在进一步完善之后提请村民代表大会审议和表决。这对巩固妈庙村人居环境整治和美丽乡村建设成果，实现妈庙村长效管护的规范化、制度化、常态化具有积极作用。

（二）议订《妈庙村自建房管理公约（草案）》

农村自建房工程中或多或少地存在一些问题，如安全设施不到位、未依法进行备案、楼层违建等，妈庙村同样存在上述问题。虽然政府有关部门已出台相关管理条例，但妈庙村部分村民们的意识较为淡薄，对法律法规的内容也不甚清楚，从而难以避免在自建房的建设过程中发生问题。因此，有必要在法律法规的基础上结合妈庙村的实际情况对自建房的建设流程加以更细化的规范。在自治规范修订过程中，通过广泛征求意见，在村民的共同参与下，妈庙村法制副主任与妈庙村村干部共同努力，于2024年2月议订了《妈庙村自建房管理公约（草案）》，并计划在下一阶段完成对该草案的修改、审议等工作，并表决通过。

《妈庙村自建房管理公约（草案）》旨在通过一系列详细的规定和措施，加强对妈庙村内自建房的管理，确保建筑工程的质量、施工的安全以及有效规避可能出现的各种纠纷。公约涵盖了自建房的规划、报建、施工、验收等各个环节，要求所有权人严格遵守相关部门的要求，并聘请有资质的建筑工匠进行施工。同时，《妈庙村自建房管理公约（草案）》还强调了施工合同的签订、保险的购买、工人身份的确认以及工程押金的缴纳等重要事项，以确保整个建筑过程的规范性和安全性。此外，《妈庙村自建房管理公约（草案）》还规定了村民小组、经济合作社在自建房管理中的职责，包括收集、审核和归档备案资料，发放身份认可证，监督施工现场等。同时，《妈庙村自建房管理公约（草案）》还鼓励村民积极参与监督，对发现的违规行为进行举报和投诉。

《妈庙村自建房管理公约（草案）》对妈庙村的村民自治具有重要的意义。首先，它体现了村民自治的原则，即由村民自己制定规则，自我管理、自我教育、自我服务。通过公约的制定和执行，村民能够更加直接地参与到自建房管理中来，增强对自己事务的控制力。其次，公约有助于提高自建房的工程质量和施工安全。通过明确的规定和措施，可以有效地防止因施工不当而导致的安全事故和质量问题，保护村民的生命财产安全。最后，公约还有助于规避和减少纠纷。在自建房建设过程中，由于各种原因可能会产生纠纷。通过公约的规定和执行，可以明确各方的权利和义务，有效地预防和解决纠纷，维护村庄的和谐稳定。《妈庙村自建房管理公约（草案）》是妈庙村自治规范修订过程中村民自治的一项重要实践，它体现了村民的自治意识和能力，有助于促进妈庙村的和谐发展。

（三）议订《乡村矛盾纠纷排查调处制度（草案）》

在主要以亲缘关系为聚居基础的农村，当村民之间存在某一纠纷时，尽管存在可适用的国家法律规定，但仅靠"对簿公堂"式的纠纷解决机制显然不利于事后的和睦相处。虽然我国当下鼓励公民以诉讼的方式维护自身合法权益，却也形成了多元化纠纷化解机制，力求在缓解司法压力的同时更好地处理纠纷，维护社会关系的稳定。譬如调解，既能避免因对抗式诉讼的剑拔弩张影响和睦，又能在各退一步海阔天空中解决纠纷。从法理的角度来看调解协议的本质，会发现这属于"当事人约定"（合同），而这种"约定的权利"被法律实证主义者哈特视作法律赋予公民的"立法权"，只要不违反法律法规、公序良俗，这种基于内心真意的"立法"便是有效的，虽然效力只及于当事人。实际上，生活于田间乡野的农村村民，在与本村村民存在纠纷时，大多都倾向于以调解的方式处理。

基层矛盾的发现与化解影响着国家的稳定与和谐，村民委员会作为基层群众性自治组织，担负着办理本村的公共事务和公益事业，调解民间纠纷，协助维护社会治安等职责。在实际操作中，妈庙村民委员会存在有效的分工机制，总体上能处理好村里的大小事务，但由于分工不够详细，并且缺乏监督机制，有时在面对较为复杂的问题时未能较好地解决（如某个问题的解决存在职能交叉导致不知谁应接手），从而未能及时化解问题。为提高村委会的工作效率，及时排查基层矛盾风险，维护妈庙村和谐融洽的环境，村法制副主任在村"两委"干部的提议下，在广泛征求村民意见的基础上，议订了适用于妈庙村的《乡村矛盾纠纷排查调处制度（草案）》。

《乡村矛盾纠纷排查调处制度（草案）》旨在通过村级组织建立的矛盾纠纷排查调处机构，对乡村范围内的矛盾纠纷进行定期、系统的排查、调处和管理。《乡村矛盾纠纷排查调处制度（草案）》规定了一系列的具体制度，如排查制度、分流制度、归口管理和移送制度、联动联调制度、回访制度、档案管理制度、培训制度和考核制度等。这些制度共同构成了一个完整的乡村矛盾纠纷排查调处体系，旨在及时发现、有效化解矛盾纠纷，维护乡村社会的和谐稳定。通过该制度的实施，期盼能达到以下效果：及时发现矛盾纠纷，通过定期排查和重要时期的每日排查，可以及时发现苗头性、倾向性的突出问题，防止矛盾纠纷的扩大和升级。有效分流和处理矛盾纠纷，根据矛盾纠纷的类别、性质，分流指派到相应的负责人进行处理，可以确保矛盾纠纷得到专业、有效的解决。促进部门协作和联动，归口管理和移送制度以及联动联调制度，可以促进不同部门之间的协作和联动，形成合力解决矛盾纠纷；增强调解的公正性和权威性：调解人员的选拔、培训和考核制度，可以确保调解人员具备专业的知识和技能，提高调解的公正性和权威性；促进矛盾纠纷的化解和社会稳定：通过回访制度和档案管理制度，可以及时跟踪调解协议的履行情况，确保矛盾纠纷得到彻底解决，维护乡村社会的和谐稳定。

《乡村矛盾纠纷排查调处制度（草案）》有待妈庙村在召开村民代表大会时表决通过。

（四）准备草拟车辆停放管理规范

随着村民日益富裕，村户多已购入私家车，由于妈庙村的房屋建筑多为自建房，并未像商业住宅小区一样有明确划分的停车区域，故有村民在自家门前搭起了停车棚。但时常有村民将自家的车停入他人的停车棚，从而引发纠纷，还有的村民直接将车停在路口，导致其他车辆不能正常通行，甚至发生过村里发生火灾堵住消防车进不来的事故。

由于村里的路不属于开放性的公路，故在一定程度上缺乏法律法规的监管，而此前村委干部多从道德、说理的层面对不规范停车的村民进行规劝，但效果甚微。在自治规范修订工作的过程中，妈庙村村"两委"干部与法制副主任将其列入以自治规范的形式加以解决的各项问题清单中，并计划在下一阶段进行调研，广泛征求村民意见和建议，看是否支持以公开批评等方式对不规范停车的村民进行通报。

（五）准备议订《妈庙村养犬管理公约》

饲养犬只干扰他人正常生活、放任犬只恐吓他人、驱使犬只伤害他人等情况在妈庙村有不同程度的存在。惠州市人民政府 2010 年出台《惠州市养犬管理办法（试行）》这一规范性文件，但从施行情况来看效果并不理想。《惠州市养犬管理条例（草案修改稿征集意见稿）》于 2023 年 7 月开始向社会各界公开征求意见，[1]这表明妈庙村一直存在的村民养犬不规范的问题即将迎来破解之法，但考虑到该条例尚未通过审议，仍处于立法阶段，到成功颁布并发生效力还有不少流程，另考虑到村民接受这一条例也需要一定时间。基此，妈庙村法制副主任提议，可以从该《惠州市养犬管理条例（草案修改稿征集意见稿）》中提取出相关的规定，议订《妈庙村养犬管理公约》，以自治规范的形式提前让村民适应近两年内或将颁布并生效的《惠州市养犬管理条例》，同时也能在该条例尚未出台前对妈庙村的养犬活动进行规范。妈庙村村"两委"干部对此持赞同意见，并计划在下一阶段具体落实该设想。

此外，在自治规范修订试点工作中，妈庙村法制副主任与村干部、村民小组组长共同对妈庙村的 11 个小组长期存在的、对村民（或小组内成员）具

---

［1］《惠州市养犬管理条例》是为了加强养犬管理，规范养犬行为，保障公众健康和人身安全，维护社会公共秩序，构建文明和谐社会环境，根据有关法律法规，结合惠州市实际制定的条例。由惠州市人民代表大会常务委员会于 2024 年 4 月 25 日发布，自 2024 年 10 月 1 日起施行。

有普遍效力但未成文自治规范进行了整理，具体包括村民议事规则、高考学子激励、特定节日开展公益活动、定期关爱老人等内容，均计划在后续的工作中将其书面化，形成独具妈庙村特色的自治规范。

三、建设和美乡村

通过自治规范修订，妈庙村致力于建设和美乡村，计划在和风乡业、和风乡貌、和风乡建等方面着力，全面推进妈庙振兴。

（一）建设和美乡业

富民兴村需要有产业依托，在建设和美乡业方面，妈庙村计划开展的项目有：①四村村民小组盘活闲置用地。四村村民小组盘活闲置用地，主要是充分利用操场坝附近13 000平方米闲置用地，拟引进驾校，进一步发展壮大村集体经济。②妈庙村苏苗墩2972平方米市场项目。苏苗墩有2972平方米闲置用地，妈庙村为推进产业振兴，盘活闲置资源，拟开发市场项目，带动村集体经济发展。

（二）建设和风乡貌

为使环境整洁有序，妈庙村拟通过各种途径筹集资金开展以下项目：

（1）妈庙上、下围公园提升。开展乡村绿化行动，对妈庙上、下围公园进行清洁，更换绿化带，提升美丽乡村质量。计划把原有矮密、枯萎的绿植铲除平整，改造成镂空砖与绿草相间，并按照间距种植灌木。

（2）妈庙陈屋杂门顶段护坡修缮。妈庙河杂门顶段护坡建成于20世纪90年代，高约10米，长约150米，护坡与村道落差约2米，距离约4米，坡面杂草丛生，石头松落。现计划对其进行改善提升，提升村容村貌，按照现行的护坡建设标准修缮，高度约12米，长度约150米，护坡建成后将与村道持平，村道至护坡的距离可规划为停车位。

（3）妈庙村一组闲置地建设休闲小广场。妈庙一村村民小组在妈庙河旁（城市之光后面），有一块约800平方米的村集体闲置地，现在该用地为菜地，杂乱无章，影响环境整洁。拟将此用地建设为一村休闲小广场，安装运动器材，周边绿化。

（4）建设虎爪村庄公园。利用虎爪村庄北侧山体拟新建休闲公园。虎爪村村庄北侧山体面积约为1万平方米，拟将该山体建为虎爪村庄公园。公园依山而建，公园内可建设运动小广场、观光台、凉亭、休闲便道等。

（5）妈庙村辖区内人居环境整治项目。主要整治内容为积存垃圾清理、建筑垃圾清理、杂草杂物清理、环境改善提升等。

（6）妈庙一村、二村、三村、四村"三线"治理项目。计划把妈庙一村、二村、三村、四村这四个村民小组凌乱的电线、电话线等"三线"进行规范。确保管线整齐、美观、安全。

（7）山村水塘公园改造项目。古村落项目其中有一项是山村水塘公园建设，加快推进公园改造工程，打造一个文化艺术色彩浓郁的"大观园"。

（8）草堆岭公园整治项目。为有效提升公园品质，消除安全隐患，对设备设施进行维护维修，并对园区内树木进行全面的修剪。

（三）进行和美乡建

为塑造岭南风貌，妈庙村拟开展以下建设项目：

（1）四村锡光堂房屋、村道提升。四村村民小组锡光堂老旧房屋约有 10 幢，外墙砂浆脱落，门前屋后相对较乱，拟统筹进行外立面改造，与文旅项目相呼应，提升文旅项目外部环境。因四村民小组是古村落项目中的一部分，对老旧房屋外墙进行统一粉刷时，需与古村落外观进行统一规划，村道较小，无法行车，建议用复古街砖统一铺设。

（2）妈庙村上、下围动迁移民村改造封闭式管理。妈庙上、下围村民小组为 1995 年动迁移民。辖区内现有房屋 227 幢，户籍人口约 276 人，常住人口约 1700 人。目前集体经济收入仅靠出租闲置学校用地年收入 10.8 万元，集体无实业，无可持续发展项目，辖区主要出入口位于北侧，与大湾大道衔接。辅助出入口位于南侧，与虎爪村小组相通，主要辅助出入口设置双向智能收费闸区域内可规划停车位约 600 个，主干道总长约 550 米，宽 16 米，可设置双向停车位，支干道总长约 3700 米，宽 8 米，可设置单向停车位。

同时，为提升妈庙村基础设施，妈庙村拟开展如下金澳学校南侧闲置土地硬化底等十二项建设：

（1）金澳学校南侧闲置土地硬化底。金澳学校南侧闲置土地杂草丛生，经常有建筑垃圾偷倒，多次清理仍容易形成卫生黑点，现需平整并硬底化处理，提升村容村貌。平整硬底化面积约 3000 平方米，硬底化后将规划成停车场，同时修建便道与中心二路衔接，解决大湾大道放学时间拥堵问题。

（2）苏苗墩山体道路改造。苏苗墩老围山项目前居住村民五户，出入沿用山体便道，雨天易滑且没安装防护栏，存在安全隐患，需修建成带斜坡的阶梯。山体道路改造宽约 2 米，长约 110 米，采用混凝土施工，道路内侧修建成斜坡方便自行车通行，外侧修建成阶梯加装防护栏，保证行人安全。

（3）妈庙桥头街规划停车位。桥头街是妈庙及光亚学校的主要交通要道，无规划固定停车位，导致车辆乱停乱放。村道至村民房屋距离约 5 米，可统筹规划停车位约 35 个。

（4）四村村民小组停车场。四村村民小组的操场坝闲置土地约 7000 平方米，目前个别村民在此种菜和果木，环境比较杂乱。拟平整硬底化作为临时停车场。配合古村落项目使用，村民小组负责清表和土地租用问题，四周用铁丝网围圈、混凝土硬底化，设置智能停车收费闸。

（5）妈庙村一组大井面村道硬化底。妈庙村一组大井面村道还没有硬体化，影响村民出行，尤其是雨水天气到处是积水，周边杂草丛生，拟硬底化村道和排水管网，天然气管道等配套设施一并建设。新建村道为四纵一横。总长度约 600 米，宽度 5 米至 6 米，新建道路均采用沥青混凝土路面。硬底前需铺设自来水管道，三线管道，燃气管道，雨污管道。

（6）妈庙一组停车场。充分利用妈庙河至中莘 1829 小区之间的闲置土地建设临时停车场，增加村民小组集体收益。用地面积约 3000 平方米，拟平整后作为集体临时停车位使用，设置智能停车收费闸口，约能规划 150 个车位。

（7）教师村消防通道项目。为加强消防通道管理，确保消防通道畅通，拟在进出教师村主要路面设置消防车通道，按照消防车通道近宽规划。禁停标线，标线中央位置沿行车方向标注内容为"消防车道，禁止占用"等警示字样，在消防车通道两侧设置警示牌提示，严禁占用消防车通道。

此外，妈庙村还准备进行置换用地"三通一平"项目、滨河三路市政规划路项目、龙海三路市政规划路项目、全域柏油路项目、虎爪市政规划路推进等建设。

妈庙村在近期计划开展上述项目建设，待项目完工后需要议订一定的制度予以规范。由此，可以和美乡建项目建设为进路，进一步推进妈庙村的自治规范修订工作。

四、结语

自治规范的修订是一项复杂的工作。妈庙村的自治规范修订在村民的共同参与、村干部和法制副主任的努力下取得了一定的成效，但也需要看到自治规范修订工作难度大、村干部自身建设不足、村民工作难开展、惩罚机制难落实等现实状况。

目前，村（居）自治规范修订工作在我国仍属于较为前沿的强化基层自治制度的一项探索。妈庙村作为大亚湾区第一批试点村，虽然在全国范围内已有较为成熟的经验可供借鉴，但由于各地区的乡风民情差异较大，经济文化发展水平也不一，因此仅适用于特定村（居）的自治规范的形成过程并不具备可复制般的参考性，只能给妈庙村干部等提供可能的思路，具体是否可行还需摸着石头过河，工作难度较大。

在自治规范修订试点工作难度大，且修订自治规范工作属于村（居）自行"立法"的范畴，既要以已有的习惯性规则为基础形成相关的自治规范，又要就村民中以普遍性、常态性为特征存在的问题探索出化解机制，并以自治规范的形式呈现，同时还需保证所制定的自治规范在法治的轨道内运行，不得违反上位法的规定，村干部没有相对过硬法学知识储备的前提下，上述工作较难进行。在自治规范修订试点工作中，妈庙村中确也存在干部产生畏难情绪、工作积极性不高的情况。

在自治规范修订试点工作中，通过下村（小组）入户、召开会议等方式开展村民工作、调研民意时发现，村民普遍对制定妈庙村特有的自治规范持消极态度。由于村民接受教育水平较低，具有一定的局限性，难以理解制定自治规范对于村（居）实现长远性的高效自治的重要性，认为自治规范会让自己负担此前并不具有的义务，给自己的生活带来不必要的限制。要做好村民这一思想工作，还需村干部与政府有关部门久久为功，进一步提升村民的法治观念。

从法理层面来看，惩罚往往以作为对违法者的制裁手段的面目呈现在大众面前，由于惩罚直接影响到公众的权利，因此在我国法律体系中，除非有上位法有着明确的惩罚性规定，有权制定下位法的立法机关才能在不违反上位法规定的前提下，制定更为细化的惩罚性规定，严格恪守公法体系的"法无授权皆禁止"原则。而妈庙村议订自治规范的依据来源于《村民委员会组织法》，该法律并未赋予村民大会、村民代表大会、村民委员会等制定附加惩罚措施的自治规范的权力。尽管基于基层群众自治组织的特殊地位，仍具备制定该类规范的可能，但在如何让村民会议或村民代表会议表决通过，依旧存在难题。即便顺利通过，当有村民违反该规范时，除精神性的惩罚能以通报批评等方式加以实现外，物质性的惩罚很难保证落实到位。

基此，妈庙村需要认真总结已有自治规范修订的实践，广泛动员村民，充分发扬民主，在集思广益、群策群力的基础上，进一步推进村民自治，不断提升村民的自治意识和自治能力，推进和美妈庙建设。

第四章
以修订促完善　以自治促发展
——大亚湾区西区街道新寮村自治规范修订工作报告*

▲

朱伟峰　杨丽红

一、引言

大亚湾区西区街道新寮村位于大亚湾区西区街道西部，北邻惠阳区，西接深圳市坪山新区，于 1999 年 5 月设立。目前全村总面积 0.5 平方公里，有新一村民小组、新二村民小组、新三村民小组、新四村民小组、新五村民小组、新六村民小组等 6 个村民小组。新寮村辖区内有 683 栋房屋，户籍人口约 2500 人，常住人约 15 000 人。

随着村内经济的不断发展、进驻企业的不断增加以及毗邻深圳等原因，近年来，新寮村的外来人口数量不断上升，随之而来的是流动人口管理困难、停车管理不规范、治安隐患增大、出嫁女纠纷增多等一系列治理难题。

面对现实问题，在自治规范修订过程中，新寮村全面修订自治规范，以修订促规范完善，以自治促全面发展，进一步做强做大集体经济，不断推进乡村文化发展，提高村民的自治意识和自治能力，提升村民的幸福感和满足感，建设和美新寮。

二、全面修订自治规范

按照要求，为开展自治规范修订工作新寮村于 2023 年 8 月 1 日召开会议，

---

* 本章初稿完成时间为 2024 年 4 月 10 日。

经村"两委"班子研究决定成立自治规范修订工作小组，由党总支书记、村委会主任为组长，村法制副主任和村"两委"干部为成员组成的自治规范工作小组，明确了各小组成员的职责。

经梳理、总结后，新寨村原有《新寨村村规民约》《新寨村村民委员会自治章程》《新寨村红白理事会章程》《新寨村丧事简办制度》《新寨村婚事简办制度》《新寨股份联合社章程》《新寨村奖教奖学制度》《新寨村"门前三包"责任管理制度》《新寨村妇女儿童之家服务制度》《新寨村妇女议事会制度》《新寨村经济联合社财务管理制度》《新寨村村民委员会财务管理制度》《治安保卫委员会主要职责制度》《新寨村务监督委员会工作制度》《新寨村村民代表会议制度》《农贸市场管理制度》等自治规范。

新寨村自治规范修订小组为推动自治规范修订工作有效开展，开始制定自治规范修订的工作计划，推动自治规范建设工作。一方面，坚持以习近平新时代中国特色社会主义思想为指引、以社会主义核心价值观为遵循、以法律法规为底线，引导群众有序、合法表达自己的意愿，通过协商的形式，形成集体的智慧。另一方面，坚持公开、公正，广泛讨论，多方征求意见，反复修改完善，由村民会议、党员会议表决通过，并备案公布，广泛宣传，确保村规民约修订工作的每个环节都合法合规。自成立自治规范工作小组以来，自治规范工作小组成员通过走访入户与村民面对面访谈调查、在新寨村中入户走访和在村民群里征求村民意见等多种形式，发动村民集思广益，为后续村规民约的实施筑牢民意基础，也让自治规范工作小组了解自治规范落实现状及确定改进方向，对新寨村内现行的村规民约进行认真盘点和梳理，分析存在的问题，提出有针对性的改进办法和措施，以便新寨村的自治规范修订后更好适应新时代发展。结合村情实际拟定草案和之前的自治规范会同驻村法律顾问一起进行合法性审查，发现存在的合法性问题和适用性问题，确保内容条款符合法律规范，修订过程符合法定程序。根据工作计划，自治规范工作小组定期召开新寨村座谈会、召开新寨村村民会议共同讨论现行自治规范的合理性、适用性及修订方向，坚持公开、公正，广泛讨论，多方征求意见，反复修改完善，由村民会议、党员会议表决通过，并备案公布，广泛宣传，确保村规民约修订工作的每个环节都合法合规。

目前新寨村的村规民约已新增新生育政策、森林防火、河长制等内容，新修订了《新寮村人居环境文明公约（草案）》，已经交给法制副主任审核，并交到街道办备案，等上村民代表大会表决。同时对原有自治规范中存在问题、有争议的内容，结合上级部门、专家及律师意见，完善修改后向村民讲解，争取早日达成共识，不断完善自治规范。

（一）审查股份联合社章程

新寮村委托法制副主任对原有的《惠州大亚湾区西区街道新寮股份联合社章程》进行了合法性审查，提出以下修改建议：①第13条第2款第4项规定，非合法夫妻生育的子女不确认为股东。根据《民法典》第6条、第1071条规定，非婚生子女享有与婚生子女同等的权利，任何组织或者个人不得加以危害和歧视。建议修改该条款。②第13条2款5项规定，与本村集体经济组织成员结婚后，两年内未生育子女离婚的，自离婚日起，不论户口是否在本村，自动取消集体经济组织成员资格。根据《妇女权益保障法》规定，任何组织和个人不得以妇女未婚、结婚、离婚、丧偶等为由，侵害妇女在农村集体经济组织中的各项权益。建议修改该条款。③第24条对于股东大会议事规则规定有缺漏。根据《广东省农村集体经济组织管理规定》第10条规定，农村集体经济组织成员大会，应当有本组织具有选举权的成员的半数以上参加，或者有本组织2/3以上的户的代表参加，所作决定应当经到会人员的半数以上通过。建议完善该条款。④第31条规定理事会成员必须是本社股东，社委会由7人组成，设理事长1名，但同时规定村党组织书记为本社的理事长（不是本社股东、由上级委派的党组织书记，可以采用聘任的形式聘请），关于理事长是否应为本社股东存在矛盾，建议根据实际情况予以调整统一表述。

这些方面最突出的为出嫁女分红方面规范。

因历史原因，新寮村出嫁女权益分配事件比较突出。在自治规范修订过程中，在征求村民意见的前提下，新寮村村委会决定由点到面，逐渐引导形成共识。2024年1月17日，新寮村党总支书记主持召开村小组长会议提出关于出嫁女权益分配的调解协议书模板，各小组长同意通过人民调解协议书模板，通过村小组长将会议内容反馈给各村小组的村民。2024年1月18日新寮村与村法制副主任一起召开人民调解协议书及相关表格审议会议，共同讨论协议书是否符合法律法规等问题（如处置子女集体权益条款存在效力瑕疵等），商定修改后定下模板，并多签一份交至上级部门备案，同时按规定履行所有决策程序。

按照自治流程，新寮村于 2024 年 2 月 5 日召开村民代表大会上的会议，应到 48 人，实到 39 人。会议决议事项之一为同意出嫁女利益分配解决方案：

（1）新寮经济联合社将出生在新寮村原籍出嫁女（已领取一次性补偿的出嫁女除外）及其所生的户籍登记在新寮村的子女（含所生后代）单独认定为一个集体经济组织成员（认定出嫁女本人），出嫁女及其所生的子女（含子女所生后代）共同享受新寮经济联合社一人份的集体经济成员权益。

（2）出生在新寮村原籍出嫁女及其所生的户籍登记在新寮村的子女（含所生后代）自愿放弃小组合作社集体经济组织成员资格的，可增加享受一人份的新寮经济联合社的一个集体经济组织成员权益（认定出嫁女本人）。

（3）对已领取一次性补偿的出嫁女，经核实无异议的，对其及其所生的户籍登记在新寮村的子女（含所生后代）自愿放弃小组合作社集体经济组织成员资格的，可共同享受新寮经济联合社一人份的集体经济成员权益（认定出嫁女本人）。

（4）以上符合条件出嫁女在签订协议书后应撤回其本人及其子女后代的所有诉讼、资格认定并从签订之日起享受上述权益，其出嫁女本人自死亡之日户口迁出或者发生其他法律法规规定丧失集体成员资格情形之日起终止集体经济组织成员资格，其后代均无条件放弃任何成员权益，不再要求新寮经济联合社支付任何利益。

截至 2024 年 4 月 10 日，新寮村已有 7 个出嫁女签订协议，缓解新寮村权益分配的矛盾突出问题。解决出嫁女分红方面取得了积极的进展。

（二）议订《新寮村人居环境文明公约（草案）》

全面提升农村人居环境质量，是乡村振兴的重要组成部分。但是，农村人居环境整治的过程却非坦途，会遇到村民不理解、不配合，一直展现脏、乱、差现象。为全面推进新寮村人居环境整治提升工作，着力解决当前新寮村卫生与秩序存在的突出问题，努力营造整洁有序的人居环境，进一步加强人居环境的长效管理机制，树立美丽家园共同建设的风尚。

（1）议订《新寮村人居环境文明公约（草案）》。新寮村要把社会主义新农村建设得美丽宜居，自治规范修订小组通过入户调查访谈，结果显示大部分村民愿意履行《新寮村人居环境文明公约（草案）》，大家均想营造整洁有序的人居环境，树立美丽家园共同建造的风尚。为此，根据村民提出的建议，自治规范修订小组在制订公约之初，便将规范家禽养殖、合理处置生活垃圾、拆除乱搭乱建和私拉乱挂等，要求各户村民保持家前屋后和出租屋的卫生整洁纳入到公约中，同时，为了使公约具有约束力，在公约中设置了奖惩条款，对各方的责任和奖惩予以明确。

在奖惩方面，鼓励村内所有单位和人员，自行开展环境美化行动，如：清理房前屋后杂物保持整洁、种花植绿、垃圾分类等，村委会将不定时举办人居环境系列评比活动，对于评比活动排名靠前的屋主、租客、单位等给予公开表扬和奖励。

《新寨村人居环境文明公约（草案）》将进一步完善，再由通过村民会议表决通过后正式施行。

（2）村里配备一支保洁队伍，保洁员组成 3 小队按时对各自区域保洁，每支小队每月轮流更换保洁区域，提升了每个保洁员工作积极性。跟进人居环境负责人如发现村内存在卫生问题，他通过微信沟通群告知保洁员进行及时的清扫和整治，以此扎实推进人居环境整治。同时，定期召开例会，相关负责人汇报当月的工作情况，并对下一次的工作进行安排。依靠人居环境整治模式，全面推进新寨村人居环境整治提升工作，着力解决当前新寨村卫生与秩序存在的突出问题。

为了全面提升村人居环境整治效果，达到村民自治效力，在"三八"国际妇女节来临之际，即 2024 年 3 月 6 日上午由黄振忠书记主持召开人居环境整治座谈会，共召集 50 人本村妇女代表（6 个村小组平均人数）参与会议，座谈会上黄振忠书记给各位现场妇女展示新寨村"门前三包"典型户，鼓励村中妇女发挥主人翁精神，鼓励大家向典型户学习，共同提升新寨村人居环境整治效果。齐抓共管，实行"门前三包"，积极响应人居环境整治行动，进一步提升村容环境，共建美好家园，力促做到以家庭"小美"助推乡村"大美"，为建设新寨村生态宜居的美丽乡村贡献巾帼力量。

（三）《惠州大亚湾区西区街道新寨股份联合社章程》的审查

新寨村委托法制副主任对原有的《惠州大亚湾区西区街道新寨股份联合社章程》进行了合法性审查，提出以下修改建议：①第 13 条第 2 款第 4 项规定，非合法夫妻生育的子女不确认为股东。根据《民法典》第 6 条、第 1071

条规定，非婚生子女享有与婚生子女同等的权利，任何组织或者个人不得加以危害和歧视。建议修改该条款。②第 13 条第 2 款第 5 项规定，与本村集体经济组织成员结婚后，两年内未生育子女离婚的，自离婚日起，不论户口是否在本村，自动取消集体经济组织成员资格。根据《妇女权益保障法》规定，任何组织和个人不得以妇女未婚、结婚、离婚、丧偶等为由，侵害妇女在农村集体经济组织中的各项权益。建议修改该条款。③第 24 条对于股东大会议事规则规定有缺漏。根据《广东省农村集体经济组织管理规定》第 10 条规定，农村集体经济组织成员大会，应当有本组织具有选举权的成员的半数以上参加，或者有本组织 2/3 以上的户的代表参加，所作决定应当经到会人员的半数以上通过。建议完善该条款。④第 31 条规定理事会成员必须是本社股东，社委会由 7 人组成，设理事长 1 名，但同时规定村党组织书记为本社的理事长（不是本社股东、由上级委派的党组织书记，可以采用聘任的形式聘请），关于理事长是否应为本社股东存在矛盾，建议根据实际情况予以调整统一表述。

《惠州大亚湾区西区街道新寮股份联合社章程》中这些需要修改的条款主要涉及外嫁女分红方面问题。

因历史原因，新寮村外嫁女权益分配事件比较突出。在自治规范修订过程中，在征求村民意见的前提下，新寮村决定由点到面，逐渐引导形成共识，解决这一问题。2024 年 1 月 17 日，新寮村党总支书记主持召开村小组长会议提出关于外嫁女权益分配的调解协议书模板，各小组长同意通过人民调解协议书模板，通过村小组长将会议内容反馈给各村小组的村民。2024 年 1 月 18 日新寮村村"两委"干部与法制副主任一起召开人民调解协议书及相关表格审议会议，共同讨论协议书是否符合法律法规等问题（如处置子女集体权益条款存在效力瑕疵等），商定修改后定下模板，并多签一份交至上级部门备案，同时按规定履行所有决策程序。

按照自治流程，新寮村于 2024 年 2 月 5 日召开经济联合社成员代表大会。会议应到 48 人，实到 39 人，会议有效。会议决议事项之一：同意外嫁女利益分配解决方案：

（1）新寮经济联合社将出生在新寮村原籍外嫁女（已领取一次性补偿的出嫁女除外）及其所生的户籍登记在新寮村的子女（含所生后代）单独认定

为一个集体经济组织成员（认定外嫁女本人），出嫁女及其所生的子女（含子女所生后代）共同享受新寮经济联合社一人份的集体经济成员权益。

（2）出生在新寮村原籍外嫁女及其所生的户籍登记在新寮村的子女（含所生后代）自愿放弃小组合作社集体经济组织成员资格的，可增加享受一人份的新寮经济联合社的一个集体经济组织成员权益（认定外嫁女本人）。

（3）对已领取一次性补偿的外嫁女，经核实无异议的，对其及其所生的户籍登记在新寮村的子女（含所生后代）自愿放弃小组合作社集体经济组织成员资格的，可共同享受新寮经济联合社一人份的集体经济成员权益（认定出嫁女本人）。

（4）以上符合条件外嫁女在签订协议书后应撤回其本人及其子女后代的所有诉讼、资格认定并从签订之日起享受上述权益，其外嫁女本人自死亡之日户口迁出或者发生其他法律法规规定丧失集体成员资格情形之日起终止集体经济组织成员资格，其后代均无条件放弃任何成员权益，不再要求新寮经济联合社支付任何利益。

截至 2024 年 4 月 10 日，新寮村已有 7 位外嫁女签订协议，缓解新寮村权益分配的矛盾突出问题。外嫁女财产权益问题解决取得了一定的进展。

（四）修订《新寮村奖教奖学制度》

新寮村重视高兴教劝学，鼓励本村子弟勤奋学习。为深入贯彻国家关于教育的重要论述，坚持优先发展教育事业、加快推进教育现代化、建设教育强国，新寮村坚持把人才培养建设作为核心工作，多措并举扎实推进人才培育，深入开展奖教奖学，成立教育基金会，出资赞助辖区公办学校开展各类教学活动，大大丰富教学内容，提高学生积极性。

早在 2012 年新寮村工作人员就对 50 户居民进行调查访谈，经调查，100% 以上的村民认可实施奖励制度，并认为这是树立典型、传递正能量的好方法，能营造奖教重学的氛围。根据入户调查访谈数据，新寮村于 2012 年 7 月 16 日召开新寮村成员代表大会，会议应到 39 人，实到 37 人。会上，在对该决议事项进行表决时，村民无一例外地均投了赞成票（具体决议事项：为鼓励我村学生就读大学，每届高考生持大学录取通知书到村委会给予一定的奖励。其中重点本科奖励 8000 元，一般本科奖励 5000 元，专科奖励 3000 元）。

随着时间的推移，村内考上大学的人数越来越多，越来越多人注重提高自己的学术能力和水平，选择读研深造，原有的奖学制度不能完全满足村内的实际发展情况，经村"两委"班子提议，决定在原有奖学制度的基础上新增对"专插本"和"考研"学生的奖励。该提议一提出，获得大多数村民认可。新寮村逐渐形成并不断完善《新寮村奖教奖学制度》。

据统计，新寮村 2021 年领取奖教奖学金 3 人，发放奖教奖学金 11 000 元，2022 年领取奖教奖学金 8 人，发放奖教奖学金 55 000 元，2023 年领取奖教奖学金 9 人，发放奖教奖学金 65 000 元，目前已发放奖教奖学金共 61 人。

根据经济社会的发展，新寮村于 2023 年 1 月 6 日召开成员代表大会，对《新寮村奖教奖学制度》进行了一定的修订，进行了补充：对本村经济集体成员子女学历提升给予一次性奖励：①大专学历提升到本科学历的一次性奖励 5000 元（仅限于通过参加统招专升本的全日制专升本，即 3 年专科+2 年本科）；②本科学历提升到研究生学历的一次性奖励 20 000 元（国外院校颁发的硕士学位证书，必须通过中国教育部留学服务中心的认证，香港、澳门颁发的硕士学位证书必须在中国教育部承认的港澳院校名单上。）凭录取通知书或毕业证书领取奖励。

《新寮村奖教奖学制度》激励着新寮学子勤学进取、奋发有为，努力成为促进国家和社会发展的社会栋梁。

（五）议订红白理事会制度

为贯彻落实乡村振兴战略要求，充分发挥村规民约、自治组织的积极作用，约束村民攀比炫富、铺张浪费的行为，破除婚丧嫁娶中不良风气，推动移风易俗，树立文明节俭新风尚，新寮村于 2022 年 6 月 16 日成立了红白理事会。

（1）加强制度建设。红白理事会是办理群众婚丧事务的基层社会组织，会长由党组织把关，推举新寮村一位村"两委"干部担任。他具有德高望重、甘于奉献、崇尚节俭、组织协调能力强、在村内有一定影响力的党员和群众，各村民小组组长为理事会成员。在各小组会议上大力宣传红白理事会的意义，红白理事会在尊重群众意愿、遵守婚丧等相关法律法规的基础上，议订了《新寮村红白理事会章程》《新寮村丧事简办制度》《新寮村婚事简办制度》。

（2）倡导婚事新办。新寮村红白理事会协助当事人举办现代文明、庄重节俭的婚礼，树立健康文明婚俗新风，引导广大青年树立新型婚恋观，提倡量力而行，节俭消费。新寮村红白理事会鼓励结婚仪式从简，严格控制宴席规模和档次，积极推进集体婚礼、"爱心"婚礼等新型婚礼，摒弃滥发请柬、大摆筵席、"天价"彩礼、高额礼金、借机敛财等陋习。

（3）倡导丧事简办。新寮村红白理事会协助事主举办文明节俭的丧葬活动。积极推行丧葬活动戴黑纱白花、鞠躬默哀、播放哀乐，压缩丧葬时间，简化合并程序，控制丧事规模，有效遏制出大丧、办长丧行为。提倡节俭吊唁祭祀，严禁大摆宴席、铺张浪费、借机敛财。加强丧葬活动管理，杜绝妨碍公共秩序、危害公共安全、侵害他人合法权益和污染环境的行为，坚决取缔封建迷信活动。

同时新寮村红白理事会加强对村民的宣传教育，充分利用广播、宣传栏、标语、微信等多种形式、多种载体向村民进行广泛宣传，做到家喻户晓、人人皆知，营造勤俭节约、喜事新办、丧事简办、厚养薄葬、移风易俗、和谐文明的良好社会氛围，为红白理事会基层服务组织发挥作用夯实群众基础。

（六）出租房规范管理

新寮村地处城乡接合部，出租屋数量多，外来流动人口越来越多涌入新寮村，由此带来的治安、停车等问题也越来越多，为此新寮村加强对出租房的规范管理。①村通过四级联户群宣传出租屋管理的相关政策，及时加强产权人和租客的政策意识。②定期召开出租屋专项整治会议，签订出租屋安全管理承诺书，约束产权人和租客落实治安安全责任。③加强消防宣传，张贴海报和竖立安全提示牌，尤其是在人员频繁进出的出入口、出租公寓楼门口，标语和漫画非常醒目，时时提醒村居民提高消防安全意识。④通过党建引领人格化、具体化，逐步破解出租屋管理难问题，目前主要问题是提升租客的综合素质，形成人人自律的"我爱我家"良好现象，提升出租屋管理体系。⑤通过"一村一警"模式，最大限度地把新西派出所民警投放到村。新寮村经常面临因出租房管理产生的问题，如聚众赌博、打架斗殴等，原先这些纠纷村委会都难以处理，为了增强治理的效能，新寮村村委会将有关情况反映给公安等相关部门，通过"一村一警"模式加强管理。同时，新寮村村委会干部协调公安等政府职能部门，通过走访向房东耐心讲解治安管理规定，宣讲租赁房屋规范化管理的重要性，通过房东约束好租客，或者要求房东将租房合同拿到新寮村村委会进行统一备案，加大对流动人口信息的掌握，加强人员管理。

（七）停车管理制度

新寮村地处城乡接合部，车辆多、出入口多、管理难度大，需要加强规范管理，按照停车管理制度进行管理。新寮村联防队加强巡逻，对乱停车辆，发现之后贴"禁止停车"标识牌，给车主警告作用，大大改善了车辆乱停乱放的现象。辖区内村民群众需按照"先到先停"的原则将车辆文明停放在村内规划的停车位，任何单位和个人不得利用杂物、摩托车等设置障碍物方式霸占车位作为私用，不得将私人车牌号码涂画到公共道路。新寮村村委会不定期对以上不文明行为进行全面集中整治。

在此基础上，在自治规范修订过程中，新寮村于2024年2月20日的联席会议上讨论提出了新寮村社区化管理事项，并增加在《新寮村2024—2025年"百千万工程"高质量发展项目计划推进清单（初稿）》中。2024年3月16日，大亚湾区西区街道办书记带队到新寮村调研社区化管理模式，提出为了维持辖区内的正常秩序，促进辖区内的发展和繁荣，满足辖区内村民群众物质和文化活动等特定需要而进行的一系列的自我管理或行政管理活动。通过工作协调安排，大亚湾区"百千万工程"指挥办、区政法信访办、区经济发展和统计局、区公安分局、交警大队、新西派出所、区城乡建设和综合执法局、区市场监管局、西区街道办多部门于2024年3月19日参加了新寮村社区化管理推进会，充分探讨如何配合推进新寮村社区化管理的工作。新寮村社区化管理预计2024年下半年启动，2025年年末完成项目。这将大大改善新寮村停车管理的问题。

（八）智能化公章管理制度

在自治规范修订过程中，新寮村于2023年11月13日召开"两委"班子会议，讨论确定新寮村使用智慧印章系统事项，并确定了管理人员，后召集村民小组组长熟练操作印章使用，并制定用章管理登记表。目前智能化公章管理使用情况良好，在村民自治中体现公开公平公正。

智能化公章管理制度的关键是建立健全村组印章的使用管理制度，在上级部门加强对村组印章使用管理的指导下，指导村民委员会建立村组印章使用的审批登记、备案制度，并纳入村民自治章程或村规民约修订范围之中，村组印章要有专人保管，保管人由村党组织、村民委员会提名并经村民代表会议讨论后决定。为防止乱用印章，一般情况下印章使用的审批人与印章保管人不得为同一人。村党组织书记村民委员会主任、村民小组长一般不宜直接保管印章。凡涉及贷款、承包、对外签订合同等重大问题需使用印章时，按"四议两公开"要求，决议通过后并经村党组织书记、村民委员会主任、村民小组组长签字后方可使用。对违反印章使用管理规定的，要视情节轻重给予批评教育，造成严重后果的要追究当事人的法律责任。

村民委员会、村民小组要加强对印章和印章使用的管理，既要严格遵守印章管理规定和印章使用审批程序，又要方便群众的生产和生活。不得以欠交税费等为借口，在村民办理参军、公共事务、公益事业等手续时，拒绝使用印章，也不得借机吃、拿、卡、要，增加村民负担。

三、做强做大集体经济

通过自治规范修订，激发村民的共建共享积极性，不断做强做大集体经济，促进新寮村的经济发展。

20世纪90年代，新寮村只是一个偏僻的小村庄。由于缺乏工业、商业等实体经济，村集体发展和村民生活面临困境，当时新寮村村委会还面临500多万元的欠款。就在村里情况一筹莫展的时候，新寮村人黄振忠毅然决然辞去原有工作，回到家乡带领村民一同创业。农村要发展，首要是发展壮大村集体经济，当时面临的首要难题是缺乏启动资金。经过深思熟虑，黄振忠书记决定利用出让村里的9块宅基地所获得的100多万元作为发展村集体经济的启动资金。办法是想出来了，但是如何劝说全体村民同意利用100多万元发展集体经济成了又一难题。有村民提出反对意见：你一年轻人凭什么保证投入100多万元就能得到收益？万一资金石沉大海怎么办？为此，黄振忠书记挨家挨户做群众思想工作，教育引导村民要树立长远发展目光，并解释村地理位置优越，只有吸引企业投资才能增加人流量，有人流量才会有消费，有消费就会有商机。经过他的不懈努力，全村人举手表决同意将100多万元作为村经济发展的启动资金，最后撬动千万村集体经济收入。

21世纪初，为了进一步解决村内的经济发展问题，解决当地农民的生活、就业问题。新寮村党总支黄振忠书记经常前往经济发达村庄学习先进经验，并把先进的发展经济理念带回村里，经过村"两委"班子充分酝酿讨论并统一共识后，决定结合村实际情况，进一步规范利用村内资源。黄振忠书记提出建市场的设想，该想法得到了新寨村村"两委"班子的支持，在将村里出地建设新寨农贸市场的想法告知村民后，得到了村民一致认可。后来经开会表决，村里利用回拨土地建设新寨市场，其中30间门店通过公开抽签的方式由村民承包出租，既增加了集体收入，又解决了部分村民的生活出路问题。市场设立后，有群众反映环境卫生无专人管理、管理服务缺失的问题，同时村委会干部也在日常工作中发现市场存在一定的脏乱差和管理不到位的问题，经村委会商议和村民提议，针对市场环境不佳的问题，决定对市场进行全面升级改造，设定整齐划一的摊位，由摊主抽签取得摊位的方式，减少因市场摊位产生的矛盾。同时利用村集体资金聘请专人打扫市场卫生，同意由各摊主自行负责所在摊位卫生，对卫生不到位的摊主进行公告批评等措施，解决环境问题。

通过做强做大集体经济，充分利用地域优势，结合工业区环抱的有利条件，新寨村确立了以"工业带动商业，工商联动"的发展模式，全面动员社员积极参与融入村集体经济发展当中，通过村企合作建厂房，引进农贸市场开办，土地租赁等方式促进集体经济发展。由20世纪90年代的家庭人均收入小于865元，到2020年家庭收入突破15万元。以村委会"筑巢"、村民投资的方式，鼓励和帮扶村民开店经商，既解决村民就业又增加了生活来源。经过几年的发展实践证明，"以工带商、工商联动"的发展模式是符合新寨村的实际的，同时，集体经济实现了负债数百万元到每年产业收入超一千万元的逆袭蜕变。2022年新寨村集体经济经营收入达到1589万元，2023年集体经济收入突破1900万元。

新寨村集体经济不断壮大的主要原因是近年来新寨村坚持村民自治，一直沿用"四议两公开"的方式决定村内的重大事项，通过村民反映和村委会日常工作收集村民诉求，之后由村党组织提议（广泛征求党员、村民代表和广大村民的意见，充分考虑绝大多数村民的切身利益，对拟议定事项的可行性、可操作性进行科学论证，并结合上级法律政策、本村实际和村民意愿，拟定初步方案），再通过村"两委"商议（经村"两委"会员充分讨论论证，必要时邀请专业人士参加会议补充修改方案），然后召开党员大会审议（在党员中充分酝酿并征求村民意见），之后召开村民代表会议（接受到会人员质询，并及时做好解释答复，形成合意表决），表决通过后，对决议进行公开（公告期间内，村"两委"成员、全体党员和村民代表要主动深入群众征求意见、做好工作，并对收集的意见建议进行认真分析、调查，确有必要的，对决议事项做进一步补充和完善），最后公开实施结果。

新寨村村"两委"班子深刻认识到听民声才能得民意。在日常自治过程中，针对村民反映的诉求，能解决的村委干部会立即解决，不能解决的会予以记录，必要时会邀请行业专家，并向政府职能部门反映，通过寻求外力帮助的方式，共同商讨解决。同时，村委会干部也会结合日常工作中发现的问题，进行定期研讨会商，思考解决对策，形成初步解决思路后，便通过召集村民开会讨论、日常询问等方式，听取村民意见，在充分了解民众需求后改进解决方案。通过"群众反映→村委商议→听取民意→修改提议→开会决议→形成合意"的方式，极大凝聚了村民共识，并在经济发展方面，表决通过了出租土地、升级改造市场等事项。

（1）2023年1月6日召开新寨村成员代表大会，会议通过的决议事项之一为：关于沙梨顶3082.63平方米土地临时出租的建议。为提高集体经济收益和整改高铁桥下乱摆乱卖问题，结合文明城市相关工作部署，大亚湾区西区街道办事处已下拨人居环境整治工作经费约50万元专项用于平整该地块，该地块作为临时摆卖疏导点。经新寨村村"两委"班子成员及监督委员会商议，于2022年12月16日经新寨村党总支党员大会审议通过。具体出租条件如下：该地块承租人仅可用作临时摆卖疏导点使用；该地块硬底化、水、电建设由承租人负责建设并按西区街道办事设计方案要求实施；租赁时间为5年；地块起租价格为：10元/平方米（税费由承租方承担）；所有配套设施均、临时报建等手续和费用由承租方承担；免租3个月为建设期，并按程序委托"农村三资交易平台"挂网交易。

（2）在2023年7月5日召开新寨村成员代表大会，会议通过的决议事项之一为：关于新寨农贸市场早餐档升级改造的提议。为进一步优化新寨村农贸市场经营环境和提高村集体经济收益，经2023年6月9日党总支部党员大会审议通过，同意开展新寨农贸市场早餐档升级改造工程，纳入改造商铺为25号~39号商铺，共计15个商铺，工程项目估算投资含税约60万元（含主体工程、排水排污、排油烟、建设前期服务费等）增加工程签证不得超出工程总价的 10%，费用支出在村集体经济收益中列支。建设完成后租赁条件：商铺原租金每月每铺 2500 元/月，改造后调整为每月每铺 3500 元起，经营面积约 33 平方米；租赁合同期限为 3 年；并按程序委托"农村三资交易平台"挂网交易。

（3）2024 年 2 月 5 日新寮村召开成员代表大会上，会议通过的决议事项之一为：关于 2096 平方米土地筹划建设新寮村商业中心项目的提议。为盘活村集体用地，进一步提高村集体经济收益，经过一年多的努力，该地块的用地手续已经完成，经 2024 年 2 月 2 日党总支部党员大会审议通过，同意启动新寮村商业中心项目，委托设计院对该项目开展建设方案设计，设计费用控制在总预算 2% 左右（约 30 万元），费用支出在村集体经济收益中列支。项目投入资金约为 2000 万元，经研究，提出两个方案供参考。方案一：目前全村 855 名集体组织成员，按每人 3 万元的份额入股投资，整个项目总股份由资金入股和土地价值评估构成，按占股比例分配收益，村经济联合社占土地股份，集体经济组织成员可通过停止 2 年集体分配作为资金入股。方案二：通过向银行贷款作为项目资金，重点考虑利息开支。这还需要广大成员代表（股东）村民提出其他可行方案。

通过村民自治，新寮村不断发展集体经济，提高了村民的收入，村民的获得感和幸福感不断得以提升。

四、推进乡村文化发展

通过自治规范的修订，新寮村通过各种形式重视文化弘扬和传承，不断推进乡村文化发展。

新寮村文化底蕴丰厚，乡风文明淳厚，村内现存三圣宫 1 座、历史宗祠 1 座，两处被评定为大亚湾区不可移动文物。不可移动文物是先民在历史、文化、建筑、艺术上的具体遗产或遗址，它们弥补了文字和历史等记录不足之处，涵盖了政治、军事、宗教、祭祀、居住、生活、娱乐、劳动、社会、经济、教育等多方面领域。不可移动文物是传统优秀文化的实物载体和历史记忆的传承纽带，对于传承历史文脉具有十分重要的意义，为研究新寮村建筑特色及民间习俗提供了珍贵的实物资料。

　　依托新寮村党群服务中心和党建文化主题公园，新寮村党组织提出结合传统节日面向党员群众开展做艾粄、萝卜粄、咸蛋黄粽子、甜皮咸馅茶果、鸭汤银针粉、花生黑芝麻糯米糍等民俗活动。因为传统美食不仅是食物，更是文化和历史的承载者。每一种传统美食都有其独特的故事和背景，反映了本村文化的深厚底蕴。所以越来越多的群众加入到活动中来，通过制作和传承传统美食，群众保留了过去的记忆，维系了党群的联系，并为后代传承文化奠定了基础。每一项活动开展前做好方案预算进行备案，账目对村民公开公示，符合村民自治的规范。共享美食是一种情感交流的方式，能够增进党群服务中心与村民之间的了解和友谊，构建和谐的党群关系。

　　唱歌不仅能排解孤独、陶冶情操，而且能锻炼心肺功能、延年益寿。新寮村的老人逢每周二、五上午，天气好的情况下自发聚集在党群服务中心老人活动室开展唱响红歌活动，工作人员也配合老人活动，通过电脑与大显示屏为他们播放歌曲跟唱。唱歌活动同时增加社交活动：唱歌可以作为社交活动的一部分，帮助老年人与他人交流，避免孤独，减少焦虑和抑郁情绪，增强记忆力，唱歌时记忆歌词的过程有助于提高记忆力，集中注意力唱歌能够锻炼和提升记忆力。目前经常参与唱歌的老人有 20 人左右，较为熟练练习歌曲达 50 首左右，如有适当的活动安排，老人们也积极参与活动，展示老年人积极向上的精神面貌。

　　新寮村经济发展了，思想文化也要同步提升。为了丰富村民的精神生活，凝聚村民团结力量，结合上级部署及本村实际，新寮村定期开展读书会、亲子教育、文体教学等"党建引领+"活动。为了不断丰富村民群众的精神生活，凝聚村民群众团结力量，由新寮村村"两委"班子提议并商议在集体经济收益中拨款 10 万元，作为一年日常文体活动开支。村工作人员随后入户征求村民意见时，村民 100% 都同意，不过有 20% 的村民提出怎么保证这笔资金的使用效果是否良好。经过村"两委"干部向提出疑问的村民解释，20% 的村民也理解和予以支持。新寮村并于 2023 年 7 月 5 日的村民代表大会决议议题中新增一项：为进一步加强新寮村精神文明建设，每年从集体经济收益中拨款 10 万元，作为文体活动开支项目经费。

　　在目前物质已满足的生活中，还需继续提升村民群众的凝聚力，新寮村计划接下来组建两支队伍：①新寮村麒麟（醒狮）队。让传统的麒麟（醒狮）文化发扬光大，让村儿童青少年感受传统文化的底蕴和魅力，培养新时代的文化接班人，增强新寮村的凝聚力。②新寮村中老年人太极队。主要目的是强身健体和修心养性，强调团结和谐、注重队风建设。太极拳队的活动也旨在弘扬中国传统文化、活跃新寮村文化生活、增进村民群众之间的友谊和和谐。

五、结语

新寮村的自治规范修订取得了积极的成效，村民的共同参与程度有了一定的提高，村的自治能力和自治水平有了一定的推进。

当然，自治规范的修订是一个长期的过程，新寮村已经议订人居环境文明公约草案和奖惩制度草案还暂未表决，需要继续推进；涉及外嫁女财产权益纠纷还需要继续处理；原有的新寮村股份联合社章程进行了审查，但修订工作涉及村民利益，特别是经济利益方面内容难度较大，需要较长的时间，较大努力去推动形成共识；股份联合社章程部分条款只能约束村集体经济成员，对外来流动人口约束力不强；股份联合社章程部分现行条款与现行法律不一致，但是符合大部分村民意愿，较难调整。

新寮村今后将强化集体经济发展的优势，充分盘活土地资源，保障两个商业项目 2024 年启动建设。力争在 2026 年前，推动集体经济收入突破 2000 万元大关。同时，抓好社会治理，借鉴大亚湾区老畲村三大屋村民小组的物业治理模式，依托和美网格平台，谋划成立新寮物业公司，在新寮新村试点推行物业围合管理，着力破解辖区社会治理管理难题。新寮村也不断推进各项民生工程落地，如三线下地、内涝点整治、老人活动中心建设等，天然气进村等惠民工程。新寮村将以村经济联合社为试点全面落实股份制改革，计划股份联合社章程换届修订时增加关爱公务员家属内容，给新寮村人才留住对家乡的念想。

为巩固自治规范修订的成效，新寮村需要进一步加强沟通、宣传力度，广泛征求村民意见，加快村民集体形成共识；与律师等专业团队加强沟通，形成合法有效的解决办法；加强与党政有关部门联系，及时解决费用问题，让相关部门提供政策支持；进一步组织动员村民参与，共同监督村规民约运行，推进村规民约落地生根，发挥自治规范在建设和美新寮中的积极作用。

第五章

全面审查股份合作经济社章程
依法实行村民自治

—— 大亚湾区西区街道塘尾村自治规范修订工作报告*

▲

朱伟奇　　王立平　　胡美茹

一、引言

大亚湾区西区街道塘尾村位于大亚湾区龙虎山下，风景秀美、钟灵毓秀，人杰地灵。塘尾村迄今已有 300 多年的历史，1672 年为塘尾明星社，中华民国至 1950 年为塘尾村，1953 年土改后称塘尾乡，1958 年为塘尾大队，1985 年为塘尾管理区，1999 年为塘尾居民委员会，2001 年为塘尾村民委员会。塘尾村常住人口 3100 人，户籍内人口 1646 人。塘尾村下辖聚合、墩顶、新屋、横跨、石一、石二、老围、茶壶耳、松山下、沿湖、海隆、珠古石、富口等 13 个村民小组。塘尾村集体经济主要来源为上级财政下拨、通信铁塔租金、利息收入、房屋和土地租金等。

按照要求，塘尾村于 2023 年 8 月 22 日开始动员部署自治规范修订工作，经村"两委"班子研究决定成立以党总支书记、村委会主任为组长，以党总支副书记、村委会副主任为副组长，以村法制副主任、党总支委员和村委会副主任、两位党总支委员和村委会委员、两位党总支委员为成员的自治规范修订工作小组。工作小组通过进行合法性审查、召开座谈会、入户走访征求

＊ 本章初稿完成时间为 2024 年 4 月 7 日。

意见、召开村民会议、发放问卷调查、在村民群里征求意见等方式推进自治规范修订工作，动员村民共同参与修订自治规范，全面审查经济联合社及下各股份合作经济社章程，进一步依法实行村民自治制度，建设和美塘尾。

二、共同参与修订自治规范

塘尾村原有的自治规范主要为成文且已通过村民会议表决通过并施行的规范，包括塘尾经济联合社和股份合作经济社章程共12份，即《惠州大亚湾区西区街道塘尾经济联合社章程》《惠州大亚湾区西区街道墩顶股份合作经济社章程》《惠州大亚湾区西区街道富口股份合作经济社章程》《惠州大亚湾区西区街道海隆股份合作经济社章程》《惠州大亚湾区西区街道横跨股份合作经济社章程》《惠州大亚湾区西区街道聚合股份合作经济社章程》《惠州大亚湾区西区街道老围股份合作经济社章程》《惠州大亚湾区西区街道石二股份合作经济社章程》《惠州大亚湾区西区街道松山下股份合作经济社章程》《惠州大亚湾区西区街道新屋股份合作经济社章程》《惠州大亚湾区西区街道沿湖股份合作经济社章程》《惠州大亚湾区西区街道珠古石股份合作经济社章程》；已制订相应的章程并已实施；《塘尾村人居环境文明公约》1份，经2014年1月15日村民代表大会讨论表决通过将《塘尾村村规民约》修订为《塘尾村人居环境文明公约》并已实施；塘尾村《停车管理公约》《出租屋文明公约》《文明养犬公约》等涉及日常保洁、垃圾分类处理、卫生巡查、区域奖励评比、自建房建筑管理等制度若干份；朱熹《朱子家训》等。

此外，还有未成文的经村民会议表决通过已施行的各村民小组针对老人、大学生、当兵入伍等特定人群的慰问和奖励规范。

同时，石一村民小组、茶壶耳村民小组正在积极推进股份合作经济社章程的议订工作，章程现尚未议订完成。

在自治规范修订过程中，塘尾村充分发挥党员、干部的模范带头作用，广泛动员村民共同参与，发挥村民的主动性和积极性。塘尾村引导村民出智出力共同参与村自治规范修订工作，集民意、汇民智，大胆探索创新，努力用新办法解决新问题，用新机制推进新活动，确保自治规范修订后能够持续有效、成果共享。同时，塘尾村采取走访入户、座谈会、村民会议、建立村民微信群、网格群、参与问卷调查活动、参加培训和文艺或专项宣传活动、做志愿者等方式广泛动员村民共同参与自治规范修订，实现自我服务、自我管理，参与监督管理，推进和美网格建设，为村自治规范修订和运行出谋献策。塘尾村还利用各种媒介大力宣传与村民生产生活密切相关的法律法规，开设专题法律知识讲座，增强村民的法律意识，提升村民的自治意识和自治能力。

在自治规范修订过程中，塘尾村充分认识开展自治规范修订工作的重要意义，将自治规范修订与规范运行工作当作自己的"责任田"，充分利用村工作小组力量，积极主动找切入点开展工作，营造良好的自治规范修订氛围，鼓励村民等自治主体参与建言献策。塘尾村作为自治规范修订工作试点单位之一，在深入贯彻落实上级文件精神的基础上，结合本村实际，开展自治规范修订工作的深入探索，并考虑从尊法守法、移风易俗、传统文化、特色文化、公共文化服务、激发自治主体活力等方面入手，将这些范围内具有合意的亮点和事项等内容形成自治规范文本，科学议订和完善具有本村特色的议事规则和清单。

通过半年多的努力，目前塘尾村的自治规范修订试点工作取得了阶段性进展。

三、全面审查各股份社章程

塘尾村在自治规范修订中，重点对塘尾经济联合社的章程和 11 个村民小组的股份合作经济社的章程进行合法性审查。

2023 年 10 月 9 日，塘尾村对自治规范文本进行梳理汇总，委托村法制副主任对自治规范开展合法性审查并形成合法性审查报告。

塘尾村法制副主任对塘尾村的自治规范进行合法性审查时，除了审查条款内容还进行程序性审查，即自治规范是以一个什么样的合意制定的、有无经过合法民主程序作出以及用什么方式推动执行，等等。

塘尾村法制副主任对塘尾村原有惠州大亚湾区西区街道塘尾经济联合社及下辖墩顶股份合作经济社、富口股份合作经济社、海隆股份合作经济社、横跨股份合作经济社、聚合股份合作经济社、老围股份合作经济社、石二股份合作经济社、松山下股份合作经济社、新屋股份合作经济社、沿湖股份合作经济社、珠古石股份合作经济社的《章程》《塘尾村村规民约》进行了合法性审查，提出了 96 处修改意见。

（一）塘尾村经济联合社章程和村民小组股份合作经济章程的总体意见

塘尾村经济联合社章程和村民小组股份合作经济章程在订立方面，程序上符合相应的法定程序，载明了应当载明的如下事项：①名称和住所；②业务范围；③成员资格及入社、退社和除名；④成员的权利和义务；⑤组织机构及其产生办法、职权、任期、议事规则；⑥成员的出资方式、出资额，成员出资的转让、继承、担保；⑦财务管理和盈余分配、亏损处理；⑧章程修改程序；⑨解散事由和清算办法；⑩公告事项及发布方式；⑪附加表决权的设立、行使方式和行使范围；⑫需要载明的其他事项。

（二）《惠州大亚湾区西区街道塘尾经济联合社章程》的合法性审查

《惠州大亚湾区西区街道塘尾经济联合社章程》存在以下需要修改之处：①第 9 条本社成员资格界定：第 1 款第 1 项"原塘尾大队户口保留在本社所在地的原籍村民（不含外嫁女），履行法律、法规、规章、政策和本社章程规定义务的"，该规定合法性存在争议，建议修改为"原塘尾大队户口保留在本社所在地的原籍村民，履行法律、法规、规章、政策和本社章程规定义务的"。②第 9 条第 4 款下列人员不能成为本社股东：第 6 项"非合法夫妻及其所生子女"，根据《民法典》第 6 条、第 1071 条规定，非婚生子女享有与婚生子女同等的权利，任何组织或者个人不得加以危害和歧视。该章程条款关于非婚生子女不确认为股东的规定违反了《民法典》的规定，建议修改。

（三）《惠州大亚湾区西区街道墩顶股份合作经济社章程》的合法性审查

《惠州大亚湾区西区街道墩顶股份合作经济社章程》存在以下需要修改之处：①第 13 条"本社股东资格界定"，建议修改为"本社个人股东资格界定"。②第 16 条第 2 款规定"本社股东嫁出或死亡的，取消股权配置，根据当年本社经济状况，经股东户代表会议表决同意后给予一次性适当补偿"，该规定合法性存在争议，建议修改为"本社股东死亡的，取消股权配置，根据当年本社经济状况，经股东户代表会议表决同意后给予一次性适当补偿；本社股东嫁出，在另一村集体经济组织享有分红，则在本社取消其成员资格和股权配置，反之，则应保留外嫁女的成员资格和股权配置"。③第 23 条规定"股东大会是本社的最高权力机构。股东大会由年满 18 周岁、具有完全民事行为能力的全体股东组成"。建议修改为"股东大会由集体股东和年满 18 周岁、具有完全民事行为能力的全体个人股东组成。"

（四）《惠州大亚湾区西区街道富口股份合作经济社章程》的合法性审查

《惠州大亚湾区西区街道富口股份合作经济社章程》存在以下需要修改之处：①第13条"本社股东资格界定"，建议修改为"本社个人股东资格界定"。②第13条第2款第6项"界定日前嫁出、死亡、户口迁出的人员，按本村小组村民户代表会议表决的方案处理，不确认为本社股东"，该规定合法性存在争议，建议修改为"界定日前死亡、户口迁出的人员，按本村小组村民户代表会议表决的方案处理，不确认为本社股东。本社股东嫁出，在另一村集体经济组织享有分红，则在本社取消其成员资格和股权配置，反之，则应保留外嫁女的成员资格和股权配置"。③第16条第1款规定"界定日起至2015年12月31日止，期间本社股东嫁出、户口迁出或死亡的，股权保留至2015年12月31日止，从2016年1月1日起取消股权配置"，该规定合法性存在争议，建议修改为"界定日起至2015年12月31日止，期间本社股东户口迁出、死亡的，股权保留至2015年12月31日止，从2016年1月1日起取消股权配置，本社股东嫁出，在另一村集体经济组织享有分红，则在本社取消其成员资格和股权配置，反之，则应保留外嫁女的成员资格和股权配置"。④第23条规定"股东大会是本社的最高权力机构。股东大会由年满18周岁、具有完全民事行为能力的全体股东组成"，建议修改为"股东大会由集体股东和年满18周岁、具有完全民事行为能力的全体个人股东组成。"

（五）《惠州大亚湾区西区街道海隆股份合作经济社章程》的合法性审查

《惠州大亚湾区西区街道海隆股份合作经济社章程》存在以下需要修改之处：①第13条"本社股东资格界定"，建议修改为"本社个人股东资格界定"。②第13条第2款下列条件的村民不能成为本社股东：第5项"非合法夫妻及其所生子女、户籍不论是否在本村"，根据《民法典》第6条、第1071条规定，非婚生子女享有与婚生子女同等的权利，任何组织或者个人不得加以危害和歧视。该章程关于非婚生子女不确认为股东的规定违反了《民法典》的规定，建议修改。③第16条第1款"本社股东嫁出（包括事实婚姻）、迁出（包括出国、出港、户口迁出）或死亡的，股份分红至当年12月31日止，截止后取消股权分配"，该规定合法性存在争议，建议修改为"本社股东迁出（包括出国、出港、户口迁出）或死亡的，股份分红至当年12月

31 日止，截止后取消股权分配，本社股东嫁出，在另一村集体经济组织享有分红，则在本社取消其成员资格和股权配置，反之，则应保留外嫁女的成员资格和股权配置"。④第 23 条规定"股东大会是本社的最高权力机构。股东大会由年满 18 周岁、具有完全民事行为能力的全体股东组成"，建议修改为"股东大会由集体股东和年满 18 周岁、具有完全民事行为能力的全体个人股东组成。"

（六）《惠州大亚湾区西区街道横跨股份合作经济社章程》的合法性审查

《惠州大亚湾区西区街道横跨股份合作经济社章程》存在以下需要修改之处：①第 13 条"本社股东资格界定"，建议修改为"本社个人股东资格界定"。②第 16 条第 2 款"本社股东嫁出的，取消股权分配"，该规定合法性存在争议，建议修改为"本社股东嫁出，在另一村集体经济组织享有分红，则在本社取消其成员资格和股权配置，反之，则应保留外嫁女的成员资格和股权配置"。③第 23 条规定"股东大会是本社的最高权力机构。股东大会由年满 18 周岁、具有完全民事行为能力的全体股东组成"，建议修改为"股东大会由集体股东和年满 18 周岁、具有完全民事行为能力的全体个人股东组成"。

（七）《惠州大亚湾区西区街道聚合股份合作经济社章程》的合法性审查

《惠州大亚湾区西区街道聚合股份合作经济社章程》存在以下需要修改之处：①第 12 条"本社股东资格界定"，建议修改为"本社个人股东资格界定"。②第 13 条"下列条件的村民不能成为本社股东：……（五）非合法夫妻及其所生子女、户籍不论是否在本村"，根据《民法典》第 6 条、第 1071 条规定，非婚生子女享有与婚生子女同等的权利，任何组织或者个人不得加以危害和歧视。该章程条款关于非婚生子女不确认为股东的规定违反了《民法典》的规定，建议修改。③第 26 条规定"股东大会是本社的最高权力机构。股东大会由年满 18 周岁、具有完全民事行为能力的全体股东组成"，建议修改为"股东大会由集体股东和年满 18 周岁、具有完全民事行为能力的全体个人股东组成"。

（八）《惠州大亚湾区西区街道老围股份合作经济社章程》的合法性审查

《惠州大亚湾区西区街道老围股份合作经济社章程》存在以下需要修改之处：①第 13 条"本社股东资格界定"，建议修改为"本社个人股东资格界定"。②第 13 条第 2 款"下列条件的村民不能成为本社股东：……5. 非合法夫妻及其所生子女、户籍不论是否在本村"，根据《民法典》第 6 条、第 1071 条规定，非婚生子女享有与婚生子女同等的权利，任何组织或者个人不得加以危害和歧视。该章程关于非婚生子女不确认为股东的规定违反了《民法典》的规定，建议修改。③第 16 条第 2 款"本社股东嫁出的或死亡的，取消股权分配"，该规定合法性存在争议，建议修改为"本社股东死亡的，取消股权分配；本社股东嫁出，在另一村集体经济组织享有分红，则在本社取消其成员资格和股权配置，反之，则应保留外嫁女的成员资格和股权配置"。④第 23 条规定"股东大会是本社的最高权力机构。股东大会由年满 18 周岁、具有完全民事行为能力的全体股东组成"，建议修改为"股东大会由集体股东和年满 18 周岁、具有完全民事行为能力的全体个人股东组成"。

（九）《惠州大亚湾区西区街道石二股份合作经济社章程》的合法性审查

《惠州大亚湾区西区街道石二股份合作经济社章程》存在以下需要修改之处：①第 13 条"本社股东资格界定"，建议修改为"本社个人股东资格界定"。②第 13 条第 2 款"下列条件的村民不能成为本社股东：……5. 非合法夫妻及其所生子女、户籍不论是否在本村"，根据《民法典》第 6 条、第 1071 条规定，非婚生子女享有与婚生子女同等的权利，任何组织或者个人不得加以危害和歧视。该章程条款关于非婚生子女不确认为股东的规定违反了《民法典》的规定，建议修改。③第 23 条规定"股东大会是本社的最高权力机构。股东大会由年满 18 周岁、具有完全民事行为能力的全体股东组成"，建议修改为"股东大会由集体股东和年满 18 周岁、具有完全民事行为能力的全体个人股东组成"。

（十）《惠州大亚湾区西区街道松山下股份合作经济社章程》的合法性审查

《惠州大亚湾区西区街道松山下股份合作经济社章程》存在以下需要修改之处：①第 13 条"本社股东资格界定"，建议修改为"本社个人股东资格界定"。②第 13 条第 2 款"下列条件的村民不能成为本社股东：……5. 非合法夫妻及其所生子女、户籍不论是否在本村"，根据《民法典》第 6 条、第 1071 条规定，非婚生子女享有与婚生子女同等的权利，任何组织或者个人不得加以危害和歧视。该章程条款关于非婚生子女不确认为股东的规定违反了《民法典》的规定，建议修改。③第 16 条第 1 款"本社股东嫁出（包括事实婚姻）、迁出（包括出国出港、户口迁出）或死亡的，股份分红至当月止，截止后取消股权分配。（以上人员发生在本村 1.3 万平方米回拨地处理前的，经股东大会讨论确定，可给予一次性适当补偿；发生在处理后的，不给予补偿）"，该规定合法性存在争议，对嫁出人的处理，建议修改为"本社股东嫁出，在另一村集体经济组织享有分红，则在本社取消其成员资格和股权配置，反之，则应保留外嫁女的成员资格和股权配置"。④第 23 条规定"股东大会是本社的最高权力机构。股东大会由年满 18 周岁、具有完全民事行为能力的全体股东组成"，建议修改为"股东大会由集体股东和年满 18 周岁、具有完全民事行为能力的全体个人股东组成"。

（十一）《惠州大亚湾区西区街道新屋股份合作经济社章程》的合法性审查

《惠州大亚湾区西区街道新屋股份合作经济社章程》存在以下需要修改之处：①第 12 条"本社股东资格界定"，建议修改为"本社个人股东资格界定"。②第 13 条"下列条件的村民不能成为本社股东：……（五）非合法夫妻及其所生子女、户籍不论是否在本村"，根据《民法典》第 6 条、第 1071 条规定，非婚生子女享有与婚生子女同等的权利，任何组织或者个人不得加以危害和歧视。该章程关于非婚生子女不确认为股东的规定违反了《民法典》的规定，建议修改。③第 26 条规定"股东大会是本社的最高权力机构。股东大会由年满 18 周岁、具有完全民事行为能力的全体股东组成"，建议修改为"股东大会由集体股东和年满 18 周岁、具有完全民事行为能力的全体个人股东组成"。

（十二）《惠州大亚湾区西区街道沿湖股份合作经济社章程》的合法性审查

《惠州大亚湾区西区街道沿湖股份合作经济社章程》存在以下需要修改之处：①第 13 条"本社股东资格界定"，建议修改为"本社个人股东资格界定"。②第 13 条第 2 款"下列条件的村民不能成为本社股东：……5. 非合法夫妻及其所生子女、户籍不论是否在本村"，根据《民法典》第 6 条、第 1071 条规定，非婚生子女享有与婚生子女同等的权利，任何组织或者个人不得加以危害和歧视。该章程条款关于非婚生子女不确认为股东的规定违反了《民法典》的规定，建议修改。③第 16 条第 1 款"本社股东嫁出（包括事实婚姻）、迁出（包括出国出港、户口迁出）或死亡的，股份分红至当年 12 月 31 日止，截止后取消股权分配"，该规定合法性存在争议，对嫁出人的处理，建议修改为"本社股东嫁出，在另一村集体经济组织享有分红，则在本社取消其成员资格和股权配置，反之，则应保留外嫁女的成员资格和股权配置"。④第 23 条规定"股东大会是本社的最高权力机构。股东大会由年满 18 周岁、具有完全民事行为能力的全体股东组成"，建议修改为"股东大会由集体股东和年满 18 周岁、具有完全民事行为能力的全体个人股东组成"。

（十三）《惠州大亚湾区西区街道珠古石股份合作经济社章程》的合法性审查

《惠州大亚湾区西区街道珠古石股份合作经济社章程》存在以下需要修改之处：①第 13 条"本社股东资格界定"，建议修改为"本社个人股东资格界定"。②第 13 条第 2 款"下列条件的村民不能成为本社股东：……5. 非合法夫妻及其所生子女、户籍不论是否在本村"，根据《民法典》第 6 条、第 1071 条规定，非婚生子女享有与婚生子女同等的权利，任何组织或者个人不得加以危害和歧视。该章程条款关于非婚生子女不确认为股东的规定违反了《民法典》的规定，建议修改。③第 16 条第 1 款"本社股东嫁出（包括事实婚姻）、迁出（包括出国出港、户口迁出）或死亡的，股份分红至当年 12 月 31 日止，截止后取消股权分配"，该规定合法性存在争议，对嫁出人的处理，建议修改为"本社股东嫁出，在另一村集体经济组织享有分红，则在本社取消其成员资格和股权配置，反之，则应保留外嫁女的成员资格和股权配置"。④第 23 条规定"股东大会是本社的最高权力机构。股东大会由年满 18 周岁、具有完全民事行为能力的全体股东组成"，建议修改为"股东大会由集体股东和年满 18 周岁、具有完全民事行为能力的全体个人股东组成"。

这些修改意见，比较集中在外嫁女股权方面。因历史原因，在各村民小组的股份合作经济社和塘尾经济联合社的章程关于个人股东成员的确认中，普遍存在取消外嫁女的股权配置、停发外嫁女的股权分红问题。这次通过自治规范修订将与感觉法律不符的内容进行了修改。

以上《章程》修改内容已经按照相关法定程序，经村民代表会议讨论有效表决通过，现已施行。

四、依法实行村民自治制度

塘尾村在自治规范修订过程中，实行民主选举、民主决策、民主管理、民主监督，由村民依法办理自己的事情，坚持群众路线，广泛吸引村民共同参与，充分发挥村民的主体作用，调动村民的积极性、主动性、创造性，依法实行村民自治，重点做好人居环境、村道管理、停车管理、出租屋管理、鼓励奖励、文明养犬等方面工作，在把维护村民的合法权益、促进村民共同富裕作为出发点和落脚点，促进村民持续增收，不断提升村民的获得感、幸福感、安全感。

（一）人居环境

在自治规范修订工作中，根据国家法律、法规和政策的有关规定，塘尾村根据原议订的《塘尾村村规民约》及《朱子家训》等规范，结合本村的实际，将原简单的口诀式的村规民约修改成具有详细条款内容的《塘尾村人居环境文明公约》，细化了每个条款的内容，让每个村民都能一目了然。

《塘尾村人居环境文明公约》分为总则、提倡导向、村事务管理、精神文明建设、社区环境卫生、社区治安管理、消防安全、婚姻家庭、规划建设、违约处理、附则等11章，共55条，经2024年1月15日村民代表会议讨论通过现已施行。《塘尾村人居环境文明公约》目的是为大力弘扬优良村风、民风、家风，加强村民自我教育、自我管理、自我约束，营造平安稳定、团结和谐、安居乐业的社会环境，建设美丽、幸福、文明新村。

近年来，塘尾村扎实推进雨污分流改造、村道路面沥青铺设、村庄美化绿化等工程，积极开展农村破旧泥砖房清理整治和农房风貌管控提升行动。目前已铺设污水管网7.48公里，铺设沥青路面约650米；完成多个村民小组风貌提升，排水系统更新及文体活动设施建设，停车场、篮球场升级改造，大大提升人居环境。

塘尾村持续推进人居环境综合整治，对村民聚居点进行秀美屋场打造，评选"美丽庭院"；村庄进出口有特色标志，主要路段、屋场、景观有标识介绍；村内给排水管道，电力、电信、电视、广播等杆线整改设置规范；有效治理"脏、乱、差"和"黄、赌、毒"，扫黑除恶；主干道路、公共区域和房前屋后适度绿化美化；村民住房整洁美观，生活生产用品有序存放，推进生活垃圾源头分类减量。

塘尾村因地制宜打造美丽山塘等自然景观，依法依规加强对村内合法历史古迹的修缮和保护，保持村庄特有的自然风光和古迹、特色民宅、古树名木。塘尾村还注意挖掘历史人文典故、传统民俗文化，利用发展沿革、风土人情、红色历史、典故传祖训家规等乡村特色文化充实村庄文化内涵，弘扬地方文化特色，推动乡村文化繁荣兴盛。

（二）村道管理

塘尾村将原有已规划好的村道管理再进行完善，力争做到：

（1）按照"规划好、建设好、管理好、养护好、运营好"的标准创建"五好农村路"，实施道路硬化、亮化、美化，全面完成村公路建设年度考核目标任务。新改建农村公路应符合当地政府的规划要求且满足当地相关建设标准。

（2）村道以改善村容村貌为基本原则，落实各项治理措施，切实提升农村公路路边环境，确保全街农村公路及两厢达到"十无"要求（无垃圾、无杂堆、无违建、无裸土、无滥呆、无毁损、无污物、无淤沟、无占道、无乱挂）。

（3）交通物流：高水平建设"四好农村路"，设立并落实路长制，村组道路畅通，道路安防及标识齐全加快推进城乡公交一体化建设，加强物流服务，设立快递综合收发点，推进电子商务进村入户。

（三）停车管理

近年来，随着经济社会的发展，人民生活水平的提高，机动车保有量不断增长，村居机动车"停车难""乱停车"等问题日渐突出，严重影响村民获得感、幸福感、安全感。

为有效解决当前停车管理方面存在的突出问题，在充分征求村民等意见的基础上，塘尾村议订了《停车管理公约》，目的是充分利用村居公共道路资源，在现有停车泊位的基础上，进一步盘活存量停车泊位资源，优化停车泊位，对新建、改建、扩建的道路、住宅周边合理增设停车泊位，最大化满足周边村民"停车难"问题，以便加强对道路公共停车泊位停车情况的执法检查，整顿"僵尸车""罩衣车"等长期霸占停车泊位影响道路通畅和公共安全的问题，营造良好的停车环境。

（四）出租屋管理

出租屋的承租主体主要为流动人口，而流动人口是市场经济条件下一支主力军，但其在为乡村、城市建设和发展注入活力作出贡献的同时，也给乡村、城市管理和正常秩序带来了一定的负面影响。近年来，随着大亚湾区经济建设的不断发展，流动人口不断增加，治安隐患也相对增多，另外因此而引发的拆迁纠纷、施工单位之间的债务纠纷、工头与民工之间的劳资纠纷等时有发生，为治安稳定工作带来相当的难度。

基于此，塘尾村对辖区内流动人口进行了广泛的调研和深入的分析，着重调研如何在新形势下加强出租屋管理、流动人口管理工作、如何加强流动人口的思想教育、如何探索加强流动人口管理新路子。第一，建立服务管理工作体系和有效的工作制度，计划制订《出租屋文明公约》，并经通过村民代表会议表决通过。第二，采取设立宣传点、宣传栏、悬挂宣传横幅、下发宣传资料等形式积极开展流动人口服务管理宣传工作。第三，做好出租屋流动人口调查统计工作，建立网格化服务管理模式。把社区作为一个大网格，进行合理划分，在划分的每个小网格设立一个信息采集点，配备一名兼职协管员，实现无缝连接，落实服务管理全覆盖。第四，建立一站式服务的模式。增设流动人口服务窗口，为广大群众提供暂住登记、办理暂住证、居住证、房屋租赁介绍、法律咨询等一站式服务。第五，建立职能部门联动工作模式，做到责任到人，职责明确。

塘尾村出租屋和流动人口管理由过去的单纯管理变成了现在的以教育和服务为主要手段的综合管理，既能保证流动人口管理工作的规范有序，又使得流动人口知情懂法，遵纪守法的自觉性明显提高，还让流动人口感受到了"自家人"的温暖。

（五）鼓励奖励

为鼓励本村青年踊跃报名参军，鼓励本村学生勤奋学习，塘尾村对当兵和升学进行奖励。具体为：

（1）为响应国家号召，鼓励本村子女适龄青年踊跃报名参军，保家卫国，塘尾村村委会决定推出当兵奖励方案，对本村子女当兵奖励 2000 元，勉励他们在绿色军营建功立业，充分发挥自己的长处，为国防建设添砖加瓦。

（2）为了促进村里的教育事业发展，提高本村村民的文化素质，塘尾村村委会决定推出升学奖励方案，鼓励村里的中小学生积极学习，为村里的发展做出贡献。经村民会议讨论决定，从 20 世纪 90 年代开始，对本村子女升学进行奖励，且标准不断提高。现金奖励标准为考上大专奖励 3000 元，考上本科奖励 4000 元，考上重点本科奖励 5000 元。

（六）文明养犬

为进一步规范村民文明养犬行为，维护良好的公共秩序和村容环境，切实强化村民养犬管理意识，营造规范、文明养犬的良好社会氛围，塘尾村村委会议订了《文明养犬公约》，张贴在村公示栏，在村内广泛开展"文明养犬从我做起"宣传活动。村委会工作人员和志愿者为辖区村民发放文明养犬倡议书，并向村民讲解不拴犬链、犬只随地便溺等现象对村民生活及环境造成的不利影响，提醒养犬的村民出门遛犬要拴链牵引、主动避让行人和车辆、犬粪便要及时清理、安抚犬类保持安静等。

文明养犬事关每个人生活，也事关村居文明发展，让文明养犬成为一种习惯，是大家共同的责任。宣传文明养犬目的也是让爱犬人士进一步增强健康养犬、文明养犬、依法养犬的意识，促使养犬村民遵守文明养犬承诺，及时清理狗便，争做文明人，创建人与动物和谐的美好家园。

塘尾村的自治规范修订促进了村民的民主参与。村民自治使村民成为公共事务的主体，增强了村民的民主参与意识和能力。通过村民自治，村民可以直接参与决策和管理，实现自己的利益诉求，进一步培养了村民的民主意识和参与意识。自治规范修订有利于改善村居管理，促进社会公平。村民拥有了自治权，就成为村管理的主体，而不是被动管理的对象，就可以更好地参与管理，发挥在村居管理中的重要作用，有村民参与的管理，有利于村居更好地开展有利于决策的科学合理，避免盲目性有利于贯彻实施，并取得实效。村民自治可以实现资源的公平分配和社会公正。通过自治规范修订和村民自治，村的财务管理和决策权都掌握在村民手中，避免了权力滥用和腐败现象的发生，保障了财务资源的公正分配，提高了村的整体福利水平。通过自治规范修订，塘尾村村集体凝聚力增强。村民自治有助于增强村居的凝聚力和团结互助精神。通过集体讨论、协商决策，村民之间的沟通和交流得到加强，形成了共同的目标和利益诉求，使村居成员更加团结一心。

通过自治规范修订工作，塘尾村计划建立积分制。如可利用捐赠的资金和物资，整合村里便民小超市开设积分超市功能，对积极参与共同缔造活动的村民给予积分奖励，用于兑换生活物资，激发群众参与热情。经走访村民和经村民代表会议讨论，部分村民认为村委会现没有此项资金的预算和来源，最终此项制度未获得会议讨论通过。后续需要向村民做广泛宣传，提高村民的认同度，积极参与捐赠，做到取之于民，用之于民！塘尾村也计划建立责任制。实行村干部包组、党员包户、群众"门前三包"责任制，发动组长、党员、保洁员、轮值村民组建"村组管家"，牵头开展环境卫生评比，村组安全巡查、卫生督导，形成村庄治理人人有责的浓厚氛围。塘尾村还计划进一步实行村务公开。在村组公共活动区设立共同缔造"工作栏"和"积分榜"，及时张贴公布意见建议、共建清单、村组管家、评先评优、积分变动等内容，提升工作透明度，推动村民共同参与、共同缔造活动制度化、常态化。

通过自治规范修订，塘尾村需要继续推进历史遗留问题的解决。如外嫁女分红问题的处理和解决。充分发挥村自治意思、村民代表的主观能动性，合法合规对外嫁女是否享有以及享有多少股村集体分配权益需要进行村民会议的表决。特别是对已经签订了一次性领取权益的外嫁女是否具备享有村集体分配权益进行探讨，根据既往案例，大亚湾区人民法院对已经领取了一次性领取权益的外嫁女再提出享有村集体分配权益的主张不予支持的判例，能否对这部分的外嫁女的需求发生约束力尚需多方进行论证，尤其是要尊重村民代表会议（户代表会议）的合法表决。这需要做细致的沟通和交流。

五、结语

塘尾村是大亚湾区一个历史文化底蕴深厚的村庄，朱子文化对村民有广泛的影响。自 2017 年以来，大亚湾区西区街道办联合塘尾村党总支部设立朱子学堂项目，长期利用周末时间组织开展"童蒙养正"班及"教子有方"班，为村中青少年群体及居家妇女讲解朱子文化内涵，培养本土朱子文化导师队伍。这不仅让文明和谐乡风吹进村民心里，同时也激发了村民的主人翁意识、遵守公约意识。自治规范修订进一步提升了村民的自治意识。

自治规范议订和施行过程中合意不足、公信力不够、约束力不强等问题的解决需要一个长期的过程，自治规范修订需要村民的共同参与，不断凝聚村民共识，实现公共利益最大化，提高村民自我管理、自我约束、自我服务和自我监督能力，以自治规范推进和美网格建设，不断满足人民对美好生活的向往。

第六章
充分调研征求意见　针对问题修订规范
——大亚湾区西区街道新联社区自治规范修订工作报告*

▲

叶小芳

一、引言

　　大亚湾区西区街道新联社区于 2004 年 12 月经大亚湾区管委会批准成立。新联社区管理服务范围面积达 0.124 平方公里，有华园、骆塘、石仔岭、岭下等 4 个居民小组。新联社区位于西区上杨移民安置区内，东面与东联村相连，西邻塘尾村，南面与干部小区及场下社区相邻，北邻西街苑及上杨村下杨小组，无耕地面积。新联社区地理位置优越，环境优美，交通便利，现已成为西区街道商业中心地带的主要构成部分。新联社区共有住宅 549 栋，常住人口约 13 548 人，流动人口约 9923 人，主要为湖北、湖南、四川等外来人口。

　　新联社区重视居民自治，注重通过自治规范进行自我管理、自我服务。新联社区于 2019 年 12 月 10 日社区代表大会表决通过了《新联社区居民公约》，居民公约主要包含家风道德、文明素质、公共秩序、治安管理、环境卫生等方面的内容，宣扬善良风俗，旨在建立和谐稳定的社区秩序。内容均为倡导性、引导性，无强制性、惩罚性，无激励机制。该居民公约已推行多年，居民公约的精神对社区的管理和发展发挥了积极的作用。新联社区还于 2020 年 10 月 18 日社区代表大会表决通过了《新联经济联合社章程》，该章程系新

---

　　* 本章初稿完成时间为 2024 年 4 月 10 日。

联社区开展自治工作的重要文件和依据，运用较广。

新联社区将这些自治规范运用于自治工作中，取得了卓越的成效。新联社区作为一个村改居的新型社区，具有非常大的特殊性，从问题社区转变为示范社区，新联社区实现由乱到治蜕变新生，自治规范发挥了积极的作用。新联社区居民来自五省十九市，人员流动性大、人口结构复杂、生活风俗习惯不同，邻里之间的"小事""琐事"摩擦容易升级为大矛盾多纠纷，引发信访事件。新联社区通过广泛沟通，社区居民逐渐形成共识，齐心协力，共同努力通过自治规范改变新联社区面貌。如针对车辆乱停乱放，乱丢垃圾，商户违规占道经营等开展集中整治，以居民公约引导居民文明停放，规范经营，自觉做文明城市践行者和守护者，取得了较好的效果。

特别是，新联社区通过自治，集体经济收入从 2019 年开始实现了零的突破。新联社区摆脱"等靠要"思想，强化社区自身的"造血功能"，通过成立社区理事会和代表成员大会，推进新联综合市场一至三层商铺成功竞标出租等重大社区事务。短短三年，新联社区从无集体经济收入发展到 2022 年底集体收入达到 300 多万元，社区居民真正享受到了集体经济发展带来的成果，极大提升了居民获得感和幸福感，社区也更加地团结稳定。新联社区名下有一块面积为 16 909 平方米的土地，为盘活土地资源，为集体创造收益，新联社区拟就该土地进行开发。如何开发，资金如何分配等难题摆在新联社区面前。针对新联社区的特点，新联社区充分利用自治规范的作用，做深做细居民工作，巧妙打好"感情牌"，开展广泛的宣传活动，新联社区干部上门入户一户户做沟通、宣传工作，充分答疑解惑，争取获得居民最大化的支持，从每个居民一个意见，最终到绝大部分人统一想法、形成共识。2019 年 1 月 15日，新联社区与惠州市泰达联房地产开发有限公司签订《合作开发协议》，新联社区就名下面积为 16 909 平方米的土地与泰达联公司开展合作开发，2 亿元的集体资产的分配方案最终通过居民大会进行表决，赞成分配方案的代表超过 98%。该项工作的艰难程度不亚于一场战役，最终高通过率的结果归功于新联社区居民自治，全程由居民决策，最大程度动员居民参与，是广泛的居民意志的集中体现，做到了政府放心、居民满意。该项工作也成了新联社区集体经济发展的开端，标志着新联社区通过居民自治方式实现集体经济发展。

在自治规范修订过程中，新联社区在此基础上充分调研征求居民意见，针对问题修订自治规范，进一步提升居民自治意识，不断推进居民自治。

二、充分调研征求意见

按照自治规范修订工作的要求，新联社区组建自治规范修订工作小组，全面统筹协调，保障新联社区自治规范修订工作稳定有序开展。工作小组由社区党总支书记为牵头人，以两位副书记、治保主任、一位公共服务人员、法制副主任等作为成员，由法制副主任指导本社区开展自治规范修订试点工作。

新联社区组建自治规范修订工作小组深入居民开展调研工作，通过调研充分征求居民意见。工作小组通过线上问卷调查、线下入户调研的方式充分了解新联社区居民对自治规范修订的意见和建议。

为充分了解新联社区居民对新联社区自治规范修订工作的意见和建议，广泛动员居民参与自治规范修订的过程中，2024年2月2日开始，新联社区开展了为期一周的问卷调查活动。本次调查问卷共设置14个题目，共收集到有效调查问卷111份。

新联社区线上的问卷调查通过问卷星设置调查问卷，依托新联社区居民群等平台进行推送转发，动员居民积极参与并提供意见和建议。

调研问卷具体包括如下内容：

（1）社区环境。社区环境是居民生活中的重要因素之一。社区环境反映社区的治理管理程度及居民的整体素质。因此，在调查的居民范围里，100%的新联社区居民都认为需把"社区环境美化"写入《新联社区居民公约》。其中"绿化维护"在环境治理方面显得更得居民重视，其次是"文明养宠"，要加强对宠物的管理，最后为"广告清理"和"道路整洁"。

（2）公共秩序维护。公共秩序是社区治理能力的重要体现，直接关系居民的日常生活便利，良好的秩序管理能够提高居民的生活质量。因此，在调查的居民范围里，71.2%的新联社区居民认为需把"公共秩序维护"写入《新联社区居民公约》。其中，需要加强对车辆停放管理，减少车辆乱停乱放以致道路堵塞现象。其次是"垃圾处理"，规范垃圾处理时间以及规范处理地点。再次为"高空抛物"和"噪声扰民"，切实保障居民出行安全和提高居民作息质量。

（3）矛盾解决纠纷。良好的社区关系需要良好的人际关系维持，因此良好的矛盾纠纷解决方式也对建设美好社区环境起到重要作用。在调查的居民范围里，61.3%的新联社区居民认为需把"矛盾纠纷解决"写入《新联社区居民公约》。该内容主要包括"克制不良情绪""促进邻里和睦""营造良好风气"，以此来降低居民之间的矛盾率，更好地营造和谐美好的社区氛围。

（4）精神文明倡导。加强居民精神文明建设，能够提高社区居民的思想道德、科技文化素养和民主法治意识。根据调查结果显示，64.9%的新联社区居民认为需把"精神文明倡导"写入《新联社区居民公约》，以"爱国主义"为主，再从"志愿服务""民俗家风""伦理道德"方面加强居民的精神文明建设。

（5）出租房管理。基于社区发展以及外来人口的涌入，社区需要根据时事变化来对社区房屋租赁的有关事项做出相应调整。调查结果显示，65.8%的新联社区居民认为需要把"出租房管理"写入《新联社区居民公约》。其中，关于"明确租赁合同的内容"是社区居民的关注热点。其次是"明确房屋租赁当事人的责任"及"明确不能出租房屋的情形"，通过对以上方面明确租赁双方在租赁过程中的应尽注意事项，规范租房管理模式和指导模式，从而减少租赁双方因租赁事宜而产生的风险。

（6）普法宣传。随着新时代的到来，普法宣传已经成为全社会法治建设的重要方面。根据调查结果，61.3%的新联社区居民认为需要把"普法宣传"写入《新联社区居民公约》。普法宣传的方式能够大大提高居民的普法兴趣，因此公约需要对普法方式的多样化加以规定，从而提高居民的普法热情。其次是"解决纠纷的方式"以及"法律明白人的培育"。因此，社区开展普法宣传活动，需要更加贴近居民的需求和实际问题，提高居民的法律素质，进而更好地建设文明社区。

（7）奖惩看法。无规矩不成方圆，行为规范需配合奖惩制度才能更好地发挥其作用。因此，根据调查结果，81.1%的新联社区居民能够接受通过一些惩罚手段，可以提高居民的自觉性，而有18.9%的居民则表示不能接受奖惩制度。也有其他居民表示，加强社区日常管理要以教育为主、惩罚为辅。对行为不文明者先进行约谈，多次约谈后仍不整改者再以公示方式对其加以通报批评。

（8）完善制度方式。调查结果表明，77.5%的新联社区居民认为需要加强监督机制，让居民能够更加自觉遵守公约；76.6%的居民认为需要加强公约的宣传力度，通过潜移默化来提高居民对公约的知晓度和认可度；63.1%的居民认为需要加强纪律处分力度，从而提高公约的公信力和严谨性。

同时，新联社区自治规范修订工作小组利用各种机会进行线下入户调研。如以传统节日春节为契机，法制副主任叶律师购买了新春福字等礼品，在社区干部的带领下入户居民家中。叶律师向居民宣传社区自治规范修订工作，邀请居民调整调查问卷，并就相关问题充分了解居民的意见建议。大部分居民表示对惩罚性措施均表示勉强接受，小部分居民表示反对惩罚性措施，希望奖励、引导的方式治理社区。其中一位居民（退休教师）向社区提出了多项建议，建议加强传统文化载体建设，加强老年人文化娱乐设施建设，通过张榜宣传、物质奖励等方式宣传社区优秀人才（例如考上大学）、好人好事（例如见义勇为等）等。

通过线上与线下的调查，新联社区充分征求居民对自治规范和自治规范修订的意见、要求和建议，为新联社区自治规范修订奠定了民意基础。

三、针对问题修订规范

在新联社区干部和居民的共同参与和努力下，在自治规范修订过程中，新联社区修订了《新联社区居民公约》，议订了《新联社区人居环境整治公约》《新联社区出租房管理公约》《新联社区议事规则》《新联社区奖励制度》等新的自治规范。其中《新联社区人居环境整治公约》已于2024年1月20日通过社区居民大会表决通过，其他规范待进一步完善后由社区居民大会表决。

（一）修订了《新联社区居民公约》

新联社区对原有《新联社区居民公约》进行合法性审查并对内容做了21处修订，具体如下：①《新联社区居民公约》第四章精神文明部分，第14条在原来规定的基础上新增"对考试重点大学的学生奖励1000元，并通过张榜等方式进行表彰"。②第四章精神文明部分，第15条在原来规定的基础上新增"扶贫济困善良风尚，老人过世后500元，重大病慰问500元以上，设立专门新联基金对有困难弱势群体进行帮扶"。③第五章社区环境卫生部分，新增第21条、第22条，内容为呼吁社区居民爱护公共基础设施和资源，共同参与火灾防治工作。④第六章社区治安管理部分，新增第27条、第28条、第29条、第30条，内容有关贯彻宪法实施，倡导每位社区居民做到遵纪守法，不干违法犯罪之事；尊重他人隐私权，实现"静音社区"，避免噪声扰民；规范停车管理，不占道不霸用停车位。⑤新增第七章消防安全部分，新增第31条"加强户外用火管理，严防火灾发生"，新增第32条"家庭用火做到人离火灭，严禁将易燃易爆物品堆放户内，定期检查、排除各种火灾隐患"，新增第33条"加强社区防火设施建设，定期检查消防池、消防水管和消防栓，保证消防用水正常"，新增第34条"对区内、户内电线要定期检查，损坏的要请电工及时修理、更新。严禁乱拉乱接电线"，新增第35条"加强居民尤其是少年儿童用火用电知识宣传教育，提高全体居民消防安全知识水平和意识"，以落实消防安全主体责任，达到消除消防安全隐患，维护辖区平安稳定的目的。⑥新增第八章婚姻家庭部分，新增第36条"婚姻大事由本人作主，反对包办干涉，提倡男女青年适龄婚育，优生优育"，确保居民公约与《人口与计划生育法》立法精神保持一致。新增第37条"夫妻地位平等，共同承担家务劳动，共同管理家庭财产，反对家庭暴力"，以此贯彻《反家庭暴力法》的实施，维护平等、和睦、文明的家庭关系，促进家庭和谐、社会稳定。新增第38条"父母应尽抚养、教育未成年子女的义务，禁止歧视、虐待、遗弃女婴，破除生男才能传宗接代的陋习"，贯彻《宪法》关于男女平等基本国策的规定；新增第39条"倡导尊老、敬老、爱老的良好风尚，理解和帮助老人"，让"老有所依""老有所养""老有所乐"，以《老年人权益保障法》法治精神滋养社区。⑦新增违约处理部分，新增第43条"对于违反本公约的行为，居委会组织将依法采取相应的通报、批评教育、告诫、警告等措施，并可以视情况向有关部门报告"，新增第44条"对于情节严重、影响恶劣的违约行为，居委会组织将依法向有关部门报告"，新增第45条"对于故意违反法律法规、严重扰乱社会秩序的行为，居委会组织将依照有关法律法规和程序进行处理，必要时将向司法机关报告"，实现居民自治与社会治理有机统一，通过共建共治共享的社会治理格局，打造人人有责、人人尽责、人人享有的社会治理共同体，不断提升治理能力和水平，迈向社会治理体系的现代化进程。

（二）议订了《新联社区居民公约（上墙版）》

在自治规范修订过程中，新联社区干部和居民认识到德教是乡村治理现代化的道德支撑，是个体对乡村公共生活的价值遵循与底线原则。德教没有强制性，它是一种软治理，在乡村治理运行中，它以传统优秀文化、村规民约和现代先进理念为依托，通过强化道德的教化功能，形成乡村公共意识、维护乡村秩序、推进乡村治理现代化。基此，新联社区为重塑德教体系，议订了《新联社区居民公约（上墙版）》。

新联社区居民公约（上墙版）

热爱祖国拥护党，遵纪守法好公民。尊老爱幼承传统，邻里团结互关照。

勤劳致富兴家业，勤俭节约树榜样。家庭暴力坚杜绝，妇女权利重保障。

学法懂法善运用，依法维权有遵循。如遇纠纷多商量，互谅互让解争端。

严禁私搭与违建，居住用房不经营。公共楼道不占用，身居高处不抛物。

饲养宠物不扰邻，垃圾分类记心上。人人远离黄赌毒，参与扫黑与除恶。

良好家训传承好，邻里和睦勿争吵。移风易俗要抓牢，大操大办不提倡。

垃圾分类要做好，干湿毒害考智商。爱犬粪便要清理，勿让爱犬把人伤。

防火安全要自查，危险物品禁存放。想要整洁和安全，勿让私物占楼道。

损人利己不能干，互帮互助是模范。人人行为要规范，偷鸡摸狗不要沾。

以诚相待莫行骗，当心行骗把命干。封建迷信要远离，崇尚科学讲正气。

孝敬父母是本分，生老病死要孝顺。教育子女走正道，邻里乡亲引为傲。

森林防火记心间，山林失火把责担。雨季来临要防范，勤察勤防避水淹。

环境卫生勤打扫，互评互议坚持好。践行核心价值观，共建和谐好社区。

《新联社区居民公约（上墙版）》强调"移风易俗要抓牢，大操大办不提倡"，推进移风易俗，弘扬时代新风。针对社区部分家庭存在的陈规陋习现象，新联社区通过制定文明公约、开展文明家庭、文明居民等评选活动，激励居民践行文明行为。新联社区还加强宣传教育，提高居民对移风易俗的认识和意识。通过宣传栏、微信公众号等渠道，宣传移风易俗的重要性和意义，引导居民树立正确的价值观和生活观。通过以上措施推动新联社区形成健康向上的社会风尚。

《新联社区居民公约（上墙版）》强调"良好家训传承好，邻里和睦勿争吵"，传承家风家训，弘扬良善的民俗文化。新联社区通过组织文化活动和宣传教育，弘扬传统美德，倡导文明新风尚，让居民亲身感受民俗家风的魅力，增强对民俗家风的认同感和自豪感，从而促进家庭和睦与邻里和谐。此外，新联社区选取一些在民俗家风方面表现优秀的家庭作为社区示范点，以点带面地推广好的经验和做法，激发其他居民的积极性和参与度。新联社区倡导敬老爱老，扶贫济困善良风尚，老人过世后发给 500 元，重大病慰问发给 500 元以上，设立专门新联基金对有困难弱势群体进行帮扶。

（三）议订和施行了《新联社区人居环境文明公约》

为全面推进新联社区人居环境整治提升工作，着力解决当前新联社区卫生与秩序存在的突出问题，努力营造整洁有序的人居环境，进一步加强人居环境的长效管理机制，树立美丽家园共同建造的风尚，新联社区经过居民的广泛参与议订了《新联社区人居环境文明公约》，并于 2024 年 1 月 20 日通过社区居民大会表决通过后施行。该公约就社区的居民住宅、规范居民日常行为规范、住宅施工、垃圾排放、门户巷道整洁、规范停车、动员居民开展环境美化行动等方面作了相关规定。

（1）居民住宅方面，强调新联社区居民、商户应履行"门前三包"责任，保持自身住宅周边环境的干净卫生，爱护公共卫生，保持道路整洁，保护国家土地资源和公共绿地等基础设施的完整，不得随意侵占、挪用，同时，明确禁止违章搭建行为。如有以上不文明行为，经警告且屡教不改，则居委会将会在村内公开通报批评并强行清理。

（2）规范居民日常行为方面，规定新联社区居民、商户应自行清理房前屋后杂物，不能在公共区域乱堆乱放、晾晒杂物，并禁止乱涂画、乱张贴、乱拉挂和搭建行为。如有上述不文明行为，居委会将通知其限期整改，所属屋主或企业逾期拒不整改的，居委会将在社区内公开通报批评；屡教不改的，居委会将强行清理。

（3）住宅施工方面，规定新联社区居民、商户在建房、修缮房屋等施工期间必须文明施工，建筑物料应当规范堆放并做好覆盖、围蔽，建筑废料、垃圾、废水要及时清理，物料堆放期间禁止影响车辆通行和环境卫生，并做好安全防护措施。屋主建房时，建筑材料、垃圾不得随意堆放；建筑垃圾要及时清理，并保证消防通道畅通。同时应做好相应的围蔽工作，并做好安全防护措施等。如发现违反上述规定的，新联社区居委会将发出限期整改通知，屋主逾期拒不整改的，居委会将在社区内公开通报批评。

（4）垃圾倒放方面，强调新联社区辖区范围内禁止偷倒一切垃圾、偷排有害废弃水等污染物。如发现有偷倒行为者，将在社区内公开通报批评，并要求偷倒垃圾者清理违规偷倒点及周边范围的卫生垃圾。并且对严重偷排行为者，将报执法部门依法处理。

（5）门户巷道整洁方面，规定新联社区各商铺和个体经营者要认真落实"门前五包"责任，自己门前自己清理，严禁乱堆乱放，保证巷道通畅、干净。禁止在绿化带、树沟花池、路面等公共区域随意倾倒污水、垃圾，如发现后经教育仍不整改的，新联社区居委会将在社区内公开通报批评；情节严重的将反映给市场监督部门，依法给予行政处罚。

（6）规范停车方面，要求新联社区居民群众需按照"先到先停"的原则将车辆文明停放在社区内规划的停车位，任何单位和个人不得利用杂物、摩托车等设置障碍物方式霸占车位作为私用，不得将私人车牌号码涂画到公共道路。新联社区居委会将不定期对以上不文明行为进行全面集中整治。

（7）动员居民开展环境美化行动方面，鼓励新联社区内所有单位和人员，自行开展环境美化行动，如：清理房前屋后杂物保持整洁、种花植绿、垃圾分类等，保护国家土地资源和公共绿地等基础设施的完整，不得随意侵占、挪用。新联社区居委会将不定时举办人居环境系列评比活动，对于评比活动排名靠前的屋主、租客、单位等给予公开表扬和物质奖励。

（四）议订了《新联社区奖励制度》

经居民合意，并且结合社区在对人居环境整治作了相关规定的基础上，新联社区有针对性地作出《新联社区奖励制度》，形成社区激励机制，以此来提高居民自觉整治环境的积极性和主动性。

（1）实行保洁员队伍管理制度。保洁员实行分路段、分区域清扫，并实行绩效考核。对于清扫、保洁、收运质量较差的保洁员，《新联社区奖励制度》规定第一次落实不到位进行提醒，二次进行约谈，三次予以辞退。

（2）实行网格化管理制度，发现消防安全隐患、社会治安问题、食品药品安全隐患、环境污染问题、各类矛盾纠纷以及各种可疑人员、违法犯罪行为，应及时报告社区相关工作人员。《新联社区奖励制度》规定社区党总支书记、社区委会主任为一级网格长，全面负责全社区清洁工作；其他班子成员为二级网格长，负责所包抓的小组公共区域卫生并对居民宅前屋后卫生进行监督；各小组长为三级网格长，负责各自辖区内卫生整改、监管，实行绩效考核。

（3）实行志愿服务制度。《新联社区奖励制度》规定每月组织广大党员、群众开展一次志愿服务活动，全天集中开展社区清洁行动。对参加志愿者在积分超市进行积分兑换物品。

（4）实行定期保洁制度。《新联社区奖励制度》将每月第一周周一定为社区清洁日，组织全社区群众开展环境卫生清洁活动。清洁日当天所有网格长对自己包抓区域进行宣传发动，保证清洁日出实效。

（5）实行检查评比制度。《新联社区奖励制度》规定新联社区居委会每月不定期开展一次环境卫生检查评比活动，评比结果在村务公开栏和人员密集场所进行公示，并通过微信群、大喇叭和张贴公示等形式发布红榜，对清洁户予以红榜表扬或制作锦旗流动张贴。

（6）实行考核优秀奖励。《新联社区奖励制度》规定筹措专项资金用于人居环境整治工作，组织开展月、季度、年度考核，并分别设置一等奖、二等奖、三等奖若干名，分别给予100元~2000元不等的金额奖励。

（五）议订《新联社区出租房管理倡议书》

随着社区发展，外来人口逐渐增多，为避免出现因租房规范而引发纠纷，新联社区议订了《新联社区出租房管理倡议书》，新增出租房管理制度，以此来加强房屋租赁管理。该制度通过明确出租人与承租人的权利与义务，以及在房屋租赁过程中的应注意事项，以此来增强双方的自我维权意识，从而降低因房屋租赁带来的潜在风险。

（1）房屋出租人的责任方面，《新联社区出租房管理倡议书》在租客实行实名制入住、确保房屋没有法律法规禁止出租的情形、加强对出租房屋使用的检查和监督、租赁合同要明确租赁的基本事项、依据合同约定履行房屋的维修义务并确保房屋和室内设施安全等方面提出了要求。

（2）承租人的责任方面，《新联社区出租房管理倡议书》提出合理使用房屋、规范用水用电行为、禁止在租房内做法律法规所禁止的事项、转租需取得出租人书面同意、禁止夜归的同时大声喧哗等。

（3）对于房屋租赁当事人的责任方面，《新联社区出租房管理倡议书》明确规定房屋租赁须经相关部门进行登记备案，以及备案所需材料。

通过以上倡议书，新联社区以公约形式规范出租房管理，在明确出租人与承租人双方义务的同时，也能提高居民的自治观念和法律意识。

（六）议订了《新联社区议事规则》

在自治规范修订中，新联社区探索社区协商模式，议订了《新联社区议事规则》，以认真贯彻落实共建共治共享社会治理理念，通过下沉治理力量、整合议事内容、优化议事流程、创新议事机制，打造新时代议事治理新模式，不断提升基层治理能力和治理水平。

（1）搭建协商议事平台，明确协商议事主体。《新联社区议事规则》规定就涉及居民切身利益的公共事务、公益事业以及居民反映强烈、迫切要求解决的实际困难和问题等进行协商，以实现公共利益和居民利益的最大化。

（2）规范协商议事制度。《新联社区议事规则》将社区协商始终体现到居民自治全过程，建立居民沟通协调制度，建立健全居民会议、社区协商议事会等议事制度，建立各方代表参与利益调处、驻村单位共建协商制度。

（3）规范社区工作协商程序。《新联社区议事规则》围绕公益事业建设、公共事务管理、产业发展、调解矛盾纠纷等事项，制定切实可行的协商方案、开展民主协商讨论、实行民主表决、及时公布公开等程序开展灵活多样的协商活动。

四、提升居民自治意识

在试点过程中，新联社区特别注重发挥居民的主体作用。为了广泛动员居民共同参与自治规范工作，新联社区采取多种方式联合发力，不仅增强了居民的归属感和责任感，也促进了居民之间的互动和交流，同时也助力居民共同建设安全舒适、整洁优美、民主文明、团结互助的文明社区。一是通过召开会议、座谈会等形式，让居民了解自治规范的重要性和必要性，增强居民的参与意识；二是利用社区宣传栏、微信群等渠道，发布自治规范的相关信息和工作动态，吸引居民的关注和参与，同时鼓励居民提出自己的意见和建议；三是组织志愿者队伍，开展环境卫生整治、文明劝导等活动，引导居民积极参与社区治理。通过多种多样的形式，新联社区了解居民对社区公约等自治规范修订的意见和建议，进一步提升居民的自治意识。

通过自治规范修订试点工作，新联社区环境卫生有了显著改善。在自治规范修订的推动下，新联社区的环境卫生状况得到了有效整治和美化。垃圾分类、绿化种植等方面的工作得到了有效落实，社区的整体环境变得更加优美宜居。居民生活品质得到提高，公共秩序得到了良好维护。自治规范的实施，增强了居民的归属感和凝聚力。新联社区内的矛盾和纠纷得到有效化解，居民之间的关系更加和谐。新联社区氛围更加和谐。

通过交流、沟通、宣传以及号召居民参与到社区管理建设中，新联社区居民对社区事务的关注度和参与热情得到提高。许多居民积极参与到社区管理中来，为社区的发展献计献策。通过修订、议订和施行自治规范，新联社区居民的自我管理、自我服务能力得到了明显提升，社区自治水平得到了显著的提升。

在自治规范修订过程中，新联社区自治规范修订工作小组深深地认识到自治规范修订需要广泛征求居民的意见和建议，确保自治规范修订工作符合居民需求。新联社区外来人口数量多，居民来自 5 省 19 市，人员流动性大、人口结构复杂、生活风俗习惯不同，人口比例严重倒挂给社区治理带来严峻考验。相较于村，新联社区的自治规范修订工作的开展可能难度更大，施行过程中也可能遇到更多的情况需要处理。同时，工作小组也深刻体会到居民的力量是无穷的，社区自治规范修订的成功施行离不开居民的参与和互动。只有充分发动和依靠居民，了解居民的所需所想，新联社区的自治工作才能取得实质性的进展。新联社区需要时刻关注居民的需求和反馈，及时调整和完善自治规范的内容和实施方式，要加强居民之间的互动和交流，促进社区内部的和谐与稳定，陌生人社会才能转变为熟人社会，居民观念高度一致，居民团结一条心，各项工作开展才能取得更好的成效。

同时，在修订、议订自治规范时，要充分考虑社区居民的实际需求和实际情况，注重自治规范具有可行性和可操作性。在施行过程中，要注重自治规范的实际效果和居民的反馈意见，及时进行调整和完善，确保自治规范真正为居民所接受、为居民所遵守。例如惩罚性措施，虽然大部分线上问卷填写的是可以接受惩罚性措施，但是，根据法制副主任现场与居民交流获知，居民对惩罚性措施的接受度是很低的，而且居民对惩罚措施的严厉性的把控、如何实施、是否公平、对外来人员如何实施等存在担忧。新联社区居民的这些担心、看法需要认真对待。

虽然在整体程度上来说，新联社区居民在社区事务的参与度得到提高，但仍存在部分居民对参与自治规范修订和施行的积极性有待提高的情况。因此，新联社区需要进一步加大宣传力度，提高居民对自治规范修订工作的认识和参与热情。新联社区希望看到居民的自我约束和自觉遵守规章制度的意识得到显著提升。共同建设一个文明、和谐的社区。通过自治规范的实践，培养居民的自治能力，使他们能够更好地参与到社区治理中来，推动社区的持续发展。新联社区需要加强宣传教育和引导工作，培养居民的公民意识和法治观念让他们自觉成为社区治理的参与者和服务者。

五、结语

社区自治规范是社区居民共同遵守的行为准则，对于维护社区秩序、促进社区和谐发展具有重要意义。通过修订、议订和施行自治规范，可以有效解决社区居民之间的矛盾和纠纷，增强居民的归属感和凝聚力。

社区自治规范是实现社区和谐发展的重要保障。新联社区认识到自治规范的修订和施行是一个长期而艰巨的任务。它需要新联社区不断地进行探索和实践，不断地总结经验和教训，才能不断完善和发展。社区自治规范是一个动态的过程，需要随着社会的发展和居民的需求进行不断地创新和发展。要关注社区发展的新趋势和新问题，及时调整和完善自治规范，使其更好地适应社区发展的需要。新联社区需要保持耐心和毅力，持之以恒地推进自治规范的实施工作。因此，在未来的工作中，新联社区将继续关注自治规范的创新和发展，并根据实际情况的变化制定相应的措施，为推动社区的和谐与稳定做出更大的贡献。自治规范需要注重平衡各方面的利益关系。只有做到公平公正、公开透明，才能赢得广大居民的信任和支持。新联社区需要建立完善的监督机制，确保自治规范的执行过程公正无私、有据可依。

在日后进行的社区普法工作过程中，新联社区应更加注重宣传方式方法和普法形式的创新，从而让居民从多种角度吸收法律知识，理解居民自治。

新联社区应利用好春节、元宵节等中国传统节日，积极创新宣传方式。运用各媒体平台，加大新媒体新技术运用，通过图解、动漫、短视频等丰富多彩的形式使法治宣传更加贴近基层、贴近群众，增强活动互动性和参与度，提高居民的参与感，推动社区在经济、文化、教育等方面的全面发展，提升居民的生活质量和幸福感，进一步通过自治规范解决社区存在的问题、推动社区的和美治理。

通过自治规范修订工作，新联社区将进一步解决社区的环境卫生、公共设施、社区服务等方面存在的不足，尽快表决通过已有的《新联社区奖励制度》《新联社区出租房管理倡议书》等自治规范草案，不断优化和完善自治规范，探索符合新联社区和谐稳定、行之有效的自治规范，发挥自治规范的积极作用。

在此基础上，新联社区需要进一步建立健全社区自治组织，明确各组织的职责、义务和权力，建立健全监督、评估和反馈机制，完善社区治理结构，提高社区治理水平，建立自治规范的长效作用机制，增强社区自治的效能。

期待新联社区能够进一步提升自治规范的效果，推动新联社区的和谐、稳定和发展。同时通过这些努力教育培养居民的社会公德、职业道德和家庭美德，共同构建一个安全舒适、整洁优美、民主文明、团结互助的文明社区。新联社区始终坚持以人民为中心的发展思想，将集体共识的成果转化为发展前进的动力，让新联社区自治规范落地、生根、开花，并由全体居民共享成果。

第七章
全面了解村组自治难点　努力解决特殊人群分红
——大亚湾区霞涌街道义联村自治规范修订工作报告*

▲

廖文滔

一、引言

大亚湾区霞涌街道义联村位于霞涌街道东部，东临上角村、晓联村，西与霞涌、霞新、新村村交界，北交铁炉障山脉，南枕大亚湾海域，辖区总面积 10 平方公里，下辖沙排、河坝、移新、东莞、岭东、岭西、下澳、下莲塘、上沙、下沙等 10 个村民小组。全村户籍人口共有 857 户，常住居民 850 户。全村总人口约 3928 人，其中户籍人口 3328 人，外来人口约 600 人。

自 2023 年 7 月大亚湾区开展自治规范修订工作动员以来，在区政法信访办、霞涌街道办的指导下，义联村成立了以村总支书记为牵头人，以村法制副主任和两名村干部为成员的工作小组，由村法制副主任指导本村开展自治规范修订试点工作。在试点工作过程中，区政法信访办司法行政组、霞涌司法所等为义联村提供了思路和建议，指导义联村充分发掘并提炼已有的好经验、好做法，引导义联村结合实际，大胆尝试推出新的村规民约；霞涌街道挂点义联村的党工委副书记多次来村指导，强调自治规范对村民自治和维护辖区和谐稳定的重要性；法制副主任充分发挥专业优势，对本村原有的自治条例进行了合法性审查，同时为新修订的自治规范草稿提供法律意见，确保

---

* 本章初稿写作时间为 2024 年 4 月 22 日。

不与上位法发生冲突。通过半年多的努力，目前义联村在自治规范试点工作上已取得了阶段性进展。

义联村自治规范修订具体工作包括：①2023 年 8 月 11 日，霞涌街道党工委召开义联村股份制制定及义联村自治规范修订专项工作动员部署会，按《霞涌街道自治规范修订运行专项工作方案》初稿要求，经区政法信访办和霞涌街道办事处研究决定，将义联村与晓联村、坽下社区作为霞涌街道的试点村（居）。义联村指导组为驻村工作组。②2023 年 8 月 14 日，由霞涌街道党工委副书记主持召开义联村自治规范工作研判会，了解义联村自治规范工作的热点和难点，村民对义联村停车管理、人居环境、外嫁女分红等方面提出了自己的意见。③2023 年 9 月 7 日，村党总支书记主持召开义联村自治规范修订试点工作推进会，村代表和村民小组组长参加会议，针对 8 月 14 日研判会上提出的热点难点问题提出对策和建议。同日霞涌街道党工委副书记联同区政法信访办人员到村指导自治规范修订工作，重点讨论本村公职人员分红、股东私生子的入股和香港户口迁回本村的相关问题。④2024 年 2 月 29 日，村党总支书记主持召开村民代表会议，会议就《义联村人居环境文明公约》《义联村停车规范管理公约》进行民主表决，会议应到 57 人，实到 49 人，两项公约均 100% 全票通过。

按照要求，义联村在自治规范试点工作中认真审查村组自治规范，全面了解村组自治难点，努力解决特殊人群分红，共同参与实现乡村振兴，取得了明显的成效。

二、认真审查村组自治规范

在自治规范试点工作过程中，义联村法制副主任发挥专业优势，对本村原有的自治条例进行了合法性审查，同时为新修订的自治规范草稿提供法律意见，确保不与上位法发生冲突。

义联村的自治规范包括村与村民小组两类。义联村村级现有已成文已表决的自治规范主要有五件：①村委会经济联合社章程 1 份，《惠州大亚湾区霞涌街道义联经济联合社章程》；②村规民约 1 份，《义联村村规民约》；③村规民约河长制补充规定 1 份；④人居环境文明公约 1 份，《义联村人居环境文明公约》；⑤停车规范管理公约 1 份，《义联村停车规范管理公约》。

义联村村民小组的自治规范主要为股份合作经济社章程，共有 10 份：《大亚湾区霞涌街道移新股份合作经济社章程》《惠州大亚湾区霞涌街道河坝经济合作社章程》《惠州大亚湾区霞涌街道上沙股份合作经济社章程》《惠州大亚湾区霞涌街道下沙股份合作经济社章程》《惠州大亚湾区霞涌街道沙排股份合作经济社章程》《惠州大亚湾区霞涌街道东莞股份合作经济社章程》《惠州大亚湾区霞涌街道岭东股份合作经济社章程》《惠州大亚湾区霞涌街道岭西股份合作经济社章程》《惠州大亚湾区霞涌街道下澳股份合作经济社章程》《惠州大亚湾区霞涌街道下莲塘股份合作经济社章程》。

同时，义联村未成文的自治规范还有各村小组针对老人、大学生等特定人群的奖励和慰问规范等。

对这些自治规范进行全面梳理审查后，共发现 46 条存在的问题并提出修改建议，具体如下：

（1）对《大亚湾区霞涌街道移新股份合作经济社章程》的审查：

第一，第 12 条第 2 款规定，入赘到本村的纯女户方，户口已迁入的男方及其所生的前 2 位子女为可享受配股人员。根据 2021 年 8 月 20 日全国人大修改后的《人口与计划生育法》第 18 条规定，一对夫妻可以生育三个子女。章程中规定前 2 位子女可享受配股已与修改后的《人口与计划生育法》规定不符，且所有子女都应享有平等的公民权利，因此建议删除对子女数量的限制，所生的子女都可享受配股。

第二，第 13 条第 3 款规定，户口在本村的外嫁女的配偶及子女，不纳入为本社股东。该规定合法性存在争议，如户口在本村的出嫁女及其配偶、子女经行政确认具有本村的村民资格及享有村民利益，应当纳入本社股东。第 4 款规定非婚生育的子女不确认为股东。根据《民法典》第 6 条、第 1071 条规定，非婚生子女享有与婚生子女同等的权利，任何组织或者个人不得加以危害和歧视。该章程关于非婚生子女不确认为股东的规定违反了《民法典》的规定，建议修改。

第三，第 16 条第 2 款规定符合购股条件的第一胎小孩需上环证、第二胎需结扎或 2 个月内的医院有效证明。目前实施的《人口与计划生育法》不再强制实施上环、结扎等计划生育措施。建议修改为提供子女的《出生证明》。

第四，第 16 条第 3 款规定违反计划生育政策的购股后，第三胎停止 5 年

分红、第四胎停止 10 年分红、第五胎停止 15 年分红。如前所述,《人口与计
划生育法》规定可以生育 3 个子女,且目前已解除了计划生育政策对生育的
限制,因此建议对该条规定予以适当调整。

第五,第 18 条规定股东代表大会是本社的最高权力机构,由股东大会选
举产生。该条既然规定股东代表大会的股东代表由股东大会选举产生,那最
高权力机构应当是股东大会。章程未规定股东大会的召开及职权,建议增设
相关条款。

第六,建议增设规定股东代表大会的决议表决通过的人数,如对于一般
事项决议,须经表决权过半数通过,对于章程修改、资产处置等重大事项的
决议须经表决权总数的 2/3 以上通过等。

第七,第 19 条关于董事会的权利范围略为宽泛,建议进行细化及修改,
如第 2 点推选选举董事长修改为推选董事长人选,选举董事长的职权由股东
大会或股东代表大会行使,审议批准本计划修改为执行经股东代表大会表决
通过的经营计划等。

第八,第 20 条规定"董事会下设监事会",实质上董事会及监事会均同
由股东代表大会选举产生,建议修改为监事会为本社的内部监督机构。同时
建议增加监事会的职权范围及决议形成规则。

第九,第 27 条规定章程修改及解释权归董事会。对于章程的修改应规定
由股东大会或股东代表大会行使。

第十,章程中对于股东的权利义务、股东大会、股东代表大会、董事会
及监事会的职权等,以及对应的决议表决流程等的规定有缺漏,有待进一
步完善。

(2) 对《惠州大亚湾区霞涌街道河坝经济合作社章程》的审查:

第一,第 18 条规定修改章程需经 1/3 以上的成员联名提议或社区党组织
提议。但根据第 13 条规定,合作社的组织机构包括成员大会、成员代表大
会、社委会、民主理财监督小组。社区党组织不是合作社的组织机构,第 18
条建议修改为经 1/3 以上的成员联名提议或社委会提议。

第二,第 22 条中第 1 款规定社委会成员必须是本社成员,社委会由 7
人组成,设社长 1 名等。但是第 2 款规定社区党组织书记为本社的社长
(不是本社成员、由上级委派的党组织书记,可聘任)。该两款规定关于社

委会的社长是否应为本社成员是有矛盾的，建议根据实际情况予以调整统一表述。

（3）对《惠州大亚湾区霞涌街道上沙股份合作经济社章程》《惠州大亚湾区霞涌街道下澳股份合作经济社章程》《惠州大亚湾区霞涌街道下沙股份合作经济社章程》的审查：

第一，第8条第5款规定户口在本村的外嫁女，实行一次性协议补偿。该规定是否违反《妇女权益保障法》，对该规定的合法性尚有争议。

第二，第12条、第13条关于违反计划生育的按罚款处理的相关规定，与2021年《人口和计划生育法》修订后的规定及立法精神有违，建议删除关于罚款的规定。

第三，第23条规定股东代表大会是本社的最高权力机构，由股东大会选举产生。该条既然规定股东代表大会的股东代表由股东大会选举产生，那最高权力机构应当是股东大会。章程未规定股东大会的召开及职权，建议增设相关条款。

（4）对《惠州大亚湾区霞涌街道下莲塘股份合作经济社章程》的审查：

第一，第6条第1款第4项规定户口在本村的出嫁女实行一次性补偿解决。该规定是否违反《妇女权益保障法》，对该规定的合法性尚有争议。

第二，第6条第2款第2项规定非合法夫妻及非婚生育的子女不确认为股东。根据《民法典》第6条、第1071条规定，非婚生子女享有与婚生子女同等的权利，任何组织或者个人不得加以危害和歧视。该章程关于非婚生子女不确认为股东的规定违反了《民法典》的规定，建议修改。

第三，第10条、第11条关于违反计划生育的按罚款处理的相关规定，与2021年《人口和计划生育法》修订后的规定及立法精神有违，建议删除关于罚款的规定。

第四，第21条规定股东代表大会是本社的最高权力机构，由股东大会选举产生。该条既然规定股东代表大会的股东代表由股东大会选举产生，那最高权力机构应当是股东大会。章程未规定股东大会的召开及职权，建议增设相关条款。

（5）对《惠州大亚湾区霞涌街道沙排股份合作经济社章程》的审查：

第一，第12条、第13条规定，户口在本村的外嫁女户口在本村的女方形成实事婚姻的，不列入为股东。该规定合法性存在争议，如户口在本村的外嫁女及女方经行政确认具有本村的村民资格及享有村民利益，应当纳入本社股东。

第二，第 13 条规定婚外生育的子女不列入股东。根据《民法典》第 6 条、第 1071 条规定，非婚生子女享有与婚生子女同等的权利，任何组织或者个人不得加以危害和歧视。该章程关于非婚生子女不确认为股东的规定违反了《民法典》的规定，建议修改。

第三，第 5 章股东代表大会内容，未规定股东代表大会的议事规则。第 18 条规定股东代表大会是本社的最高权力机构，由股东大会选举产生。该条既然规定股东代表大会的股东代表由股东大会选举产生，那最高权力机构应当是股东大会。章程未规定股东大会的召开及职权，建议增设相关条款。

第四，第 6 章董事会规定的董事会的部分职权与股东代表大会的职权完全重合，如审议批准本社年度计划，财务预算，及时做好年终分配等，两个权力机构的职权应当有所区别并设置两个机构的权力阶梯。该章内容没有体现董事会议事规则。此外，监事会是监督机构，不应下设于董事会，建议表述予以修改。关于董事会及监事会成员规定每届由村小组干部直接过渡的规定，与前文由股东代表大会选举产生有矛盾且程序存在瑕疵。对于首届董事会及监事会成员可以由村小组相关干部直接过渡，但是过渡之后任期满后，建议仍应股东大会选举产生。

第五，第 25 条规定关于章程的修改及解释权归董事会。对于章程的修改属于重大事项，应当由股东代表大会表决通过。

(6) 对《大亚湾区霞涌街道东莞股份合作经济社章程》的审查：

第一，第 13 条规定户口在本村的外嫁女及其配偶、子女，不纳入本社股东。该规定合法性存在争议，如户口在本村的出嫁女及女方经行政确认具有本村的村民资格及享有村民利益，应当纳入本社股东。此外，该条第 4 款规定非婚生子女不纳入本社股东。根据《民法典》第 6 条、第 1071 条规定，非婚生子女享有与婚生子女同等的权利，任何组织或者个人不得加以危害和歧视。该章程关于非婚生子女不确认为股东的规定违反了《民法典》的规定，建议修改。

第二，第 14 条第 2 款及第 3 款规定，符合条件购股的第一胎小孩需上环证、第二胎需结扎或 2 个月内的医院有限证明，第三胎停止 5 年分红等，与 2021 年《人口和计划生育法》修订后的规定及立法精神有违，建议修改调整。

第三，第 18 条规定股东代表大会是本社的最高权力机构，由股东大会选举产生。该条既然规定股东代表大会的股东代表由股东大会选举产生，那最高权力机构应当是股东大会。章程未规定股东大会的召开及职权，建议增设相关条款。

第四，第 19 条关于董事会的权利第三、四点与第 18 条股东代表大会的权利第一、三点有重复，建议设置不同权力机构的职权阶梯。

第五，第 20 条规定董事会下设监事会规定不合理。监事会应当是监督机构，与董事会平行。

第六，第 25 条规定关于章程的修改及解释权归董事会。对于章程的修改属于重大事项，应当由股东代表大会表决通过。

(7) 对《惠州大亚湾区霞涌街道岭东股份合作经济社章程》的审查：

第一，第 12 条第 2 款规定入赘到本村的纯女户方，户口已迁入的男方及其所生的前 2 位子女可享受配股。该规定违反 2021 年《人口和计划生育法》修订后"可生育 3 个子女"的规定。建议修改。

第二，第 13 条第 1 款规定，户口在本村的外嫁女不享受配股。该规定与该规定合法性存在争议，如户口在本村的出嫁女及女方经行政确认具有本村的村民资格及享有村民利益，应当纳入本社股东。

第三，第 13 条第 2 款规定，非婚生育的子女不能享受本社股东资格。根据《民法典》第 6 条、第 1071 条规定，非婚生子女享有与婚生子女同等的权利，任何组织或者个人不得加以危害和歧视。该章程关于非婚生子女不确认为股东的规定违反了《民法典》的规定，建议修改。

第四，第 14 条第 4 款规定第三孩不能购股。该规定违反 2021 年《人口和计划生育法》修订后规定可生育 3 个子女的规定。建议修改。此外，该规定中要求上环、结扎等也与《人口和计划生育法》修订后的规定及立法精神有违，建议删除相关限制。

第五，第 18 条规定股东代表大会是本社的最高权力机构，由股东大会选举产生。该条既然规定股东代表大会的股东代表由股东大会选举产生，那最高权力机构应当是股东大会。章程未规定股东大会的召开、职权及议事规则等，建议增设相关条款。

第六，第 17 条关于董事会的权利第三、四点与第十六条股东代表大会的权利第一、三点有重复，建议设置不同权力机构的职权阶梯。

第七，第 18 条规定董事会下设监事会规定不合理。监事会应当是监督机构，与董事会平行。

第八，第 25 条规定关于章程的修改及解释权归董事会。对于章程的修改属于重大事项，应当由股东代表大会表决通过。

（8）对《惠州大亚湾区霞涌街道岭西股份合作经济社章程》的审查：

第一，第 12 条第 2 款规定入赘到本村的纯女户方，户口已迁入的男方及其所生的前 2 位子女可享受配股。该规定违反 2021 年《人口和计划生育法》修订后"可生育 3 个子女"的规定。建议修改。

第二，第 13 条第 1 款规定，户口在本村的外嫁女不享受配股。该规定与该规定合法性存在争议，如户口在本村的出嫁女及女方经行政确认具有本村的村民资格及享有村民利益，应当纳入本社股东。

第三，第 13 条第 2 款规定，非婚生育的子女不能享受本社股东资格。根据《民法典》第 6 条、第 1071 条规定，非婚生子女享有与婚生子女同等的权利，任何组织或者个人不得加以危害和歧视。该章程关于非婚生子女不确认为股东的规定违反了《民法典》的规定，建议修改。

第四，第 14 条第 2 款规定第三孩不能购股。该规定违反 2021 年《人口和计划生育法》修订后规定可生育 3 个子女的规定。建议修改。此外，该规定中要求上环、结扎等也与《人口和计划生育法》修订后的规定及立法精神有违，建议删除相关限制。

第五，第 18 条规定股东代表大会是本社的最高权力机构，由股东大会选举产生。该条既然规定股东代表大会的股东代表由股东大会选举产生，那最高权力机构应当是股东大会。章程未规定股东大会的召开及职权，建议增设相关条款。

第六，第 17 条关于董事会的权利第三、四点与第 16 条股东代表大会的权利第一、三点有重复，建议设置不同权力机构的职权阶梯。

第七，第 18 条规定董事会下设监事会规定不合理。监事会应当是监督机构，与董事会平行。

第八，第 25 条规定关于章程的修改及解释权归董事会。对于章程的修改属于重大事项，应当由股东代表大会表决通过。

（9）对《惠州大亚湾区霞涌街道义联经济联合社章程》的审查：

《惠州大亚湾区霞涌街道义联经济联合社章程》的内容未违反法律强制性规定。

在对原有自治规范进行认真审查的基础上，义联村积极推动各村民小组进行股份制改革。义联村下辖 9 个股份经济合作社、1 个经济社，股份制全部都已经到期。2023 年，岭东股份合作经济社经全社股东表决，已经完成股份制改革，已上交街道进行验收。另外 8 个股份经济合作社正在研究讨论，还未完成。接下来，义联村村委会将联合霞涌街道办、法制副主任，对下辖 8 个股份经济社、1 个经济社到期后重新制定章程的相关事宜进一步深入研究，解决好热点、难点问题，争取顺利完成股份制改革。

三、全面了解村组自治难点

在自治规范修订试点工作中，义联村注重全面了解村组自治难点，以有针对性地解决问题。义联村的这些村组自治重点、难点主要为人居环境、停车管理等。

（一）议订人居环境自治规范

在人居环境方面，在自治规范修订征求意见时，义联村村民提出了以下意见：第一，保护环境是好事，但如果制定惩罚性措施，涉及我们村民的个人利益的，我们无法接受；第二，自家门前的卫生我们可以自己打扫维护好，但是公共区域我们村小组没有多余的集体资产可以请人打扫；第三，现在自己在农村围一个鸡窝养鸡都不行。对此，村干部认为：第一，农村村民养鸡养鸭是人之常情，但是不能乱围乱建；第二，治理好脏乱差的生活环境会大大提升我们村村民的幸福感。

经过广泛交流、沟通，为深入贯彻习近平生态文明思想，落实广东省委

"1310"具体部署，[1]义联村在区政法信访办、霞涌街道办、霞涌司法所的指导下，结合区农业农村部门出台的农村环境保护相关规定，在借鉴其他村组好经验好做法的基础上，起草了一份符合义联村实际情况的《义联村人居环境文明公约》草稿。该草稿的奖惩机制力度恰当，较容易实现，能够对村民的行为起到约束作用。该草案已于2024年2月29日表决通过，正式生效。

《义联村人居环境文明公约》共9条，公约提出义联村辖区内所有人员应树立爱环境、讲卫生讲文明的意识；要自觉爱护社区公共设施，禁止破坏绿化和公共设施，禁止在公共用地擅自种植植物或农作物、丢弃杂物和垃圾；禁止将车辆停放到篮球场范围内，禁止在球场或健身设施上晾晒衣物或被子。如发现有以上不文明行为的，村委会将给予口头警告；屡教不改的，村委会将在村内公开通报批评，并移交相关执法部门依法处理；辖区内村民群众应自行清理房前屋后杂物，不能在公共区域乱堆乱放、晾晒杂物，禁止乱涂画、乱张贴。村委会每年组织评比活动，对于先进的个人或家庭，优先纳入"文明户"等荣誉称号的评比，给予精神奖励、适当的物质奖励，现金奖励。违反公约的，除触犯法律的交由有关部门依法处理外。视情形可作出如下处理：予以批评教育；村内通报；劝导恢复原状或作价赔偿；不得参与"文明户"等荣誉称号评选。

同时，在保护水环境方面，为落实惠州市、大亚湾区关于全面推行河长制的要求，保护水资源、防治水污染、改善水环境，修复水生态，义联村结合本村实际情况，由村委会牵头起草了《村规民约补充规定》，并于2022年8月1日经村民代表大会表决通过。该补充规定旨在进一步强化村民共同管理河湖的意识，让村民意识到保护水环境是每个村民的责任，共同的家园必须

---

〔1〕"1310"为广东省委在"百千万工程"方面的部署，即"1"锚定"走在前列"一个总目标；"3"激活改革、开放、创新"三大动力"；"10"奋力实现"十大新突破"，即：纵深推进新阶段粤港澳大湾区建设在牵引全面深化改革开放上取得新突破；始终坚持实体经济为本、制造业当家，在建设更具国际竞争力的现代化产业体系上取得新突破；一体推进教育强省、科技创新强省、人才强省建设，在实现高水平科技自立自强上取得新突破；深入实施"百县千镇万村高质量发展工程"，在城乡区域协调发展上取得新突破；全面推进海洋强省建设，在打造海上新广东上取得新突破；深入推进绿美广东生态建设，在打造人与自然和谐共生的现代化广东样板上取得新突破；扎实推进文化强省建设，在交出物质文明和精神文明两份好的答卷上取得新突破；用心用情抓好民生社会事业，在推动共同富裕上取得新突破；扎实推进法治广东平安广东建设，在构建新安全格局上取得新突破；坚定不移加强党的全面领导和党的建设，在营造良好政治生态上取得新突破。

由大家共同爱护、共同管理。

义联村的《村规民约补充规定》共 5 条，主要内容为：本村所有村民都有保护水环境的义务，遵守水环境保护法律法规，争当河流水库保护志愿者，积极主动参与爱河护河宣传，并及时劝阻破坏水环境及水利设施等行为，禁止在河道、水库管理范围内倾倒、堆放、埋、丢弃生活垃圾、建筑物垃圾、家禽粪便及排放生产、生活污水等，禁止在河道、水库水域内电、毒、炸鱼等破坏生态环境的行为，禁止在行洪、排涝、输水河道内设置影响行水的建筑物、构筑物、障碍物或者种植阻碍行洪的林木或者高秆物，禁止在水库大坝、河道堤防和护堤地进行建房、种、开渠、打井、存放物料、开采地下资源等活动。

（二）议订停车管理方面规范

在自治规范修订征求意见时，义联村村民提出了以下意见：第一，我家门前经常有车辆乱停乱放导致我们出行不便；第二，村里的公共地方经常给某些村民霸占出租。对此，义联村的村干部认为：第一，把村里全部空地科学合理规划出停车位，由村委会集中管理；第二，村民可以根据自家的停车情况提前跟村委会报备；第三，村民要明大德，守公德，严私德，齐心做好停车管理，方便你我他出行。

在广泛交流、全面征求意见的基础上，为加强义联村范围内的停车管理，规范义联村车辆停放和收费行为，构建简约高效的义联村停车治理体系，提升义联村精细化管理水平，进一步完善义联村自治规范规划建设，强化义联村自治管理手段和联防联控措施，根据《道路交通安全法》《广东省农村公路条例》《广东省农村集体资产管理条例》《广东省农村集体经济组织管理规定》和《惠州市停车场建设与管理办法》等法律法规，义联村议订了《义联村停车规范管理公约》，村民代表会议于 2024 年 2 月 29 日表决通过。《义联村停车规范管理公约》包括总则、组织管理、停车管理、服务管理、管理制度、违规惩处、附则等 7 章 22 条，内容全面。公约提出车主应在停车时遵守停车场的规定，确保个人及车辆的安全，规范停车行为，防止出现车辆溜车、未及时有效锁闭车辆、不在车位线范围内停车、违规堵塞造成他人车辆无法正常出入等问题产生。公约要求义联村停车场管理单位应确保收费公正、透明，提供电子收费和现金收费服务，满足多元化支付需求。公约提出义联村停车场管理单位发现车主违反停车场管理规定的，应及时加强文明劝导，制止违反公约行为，若车主不听劝导，应予以限制车辆进出和提供服务等一系列动态措施，直至车主改正错误，针对车主在义联村停车场管理中的停车场违规停车、线路占用行为，破坏公共设施等违反公约行为，管理单位应根据具体情况实施相应的惩处措施。

（三）新增禁毒方面自治条款

为贯彻落实惠州市委、市政府和大亚湾区党工委、区管委会有关禁毒工作决策部署，进一步全面加强和改进禁毒工作，重拳打击毒品犯罪活动，最大限度地预防和减少毒品违法犯罪活动，营造更加安定和谐的社会环境。义联村村委会在原《义联村村规民约》中新增了一个条款"加强禁毒宣传工作，提高居民禁毒意识，维护村居和谐稳定"，该村规民约条款草案已于2023年9月5日经村民代表大会表决通过后生效。这加强了对毒品危害性的宣传，为接下来开展禁毒相关工作进一步提供了规范基础。

（四）完善村民议事规则

在整个霞涌街道，义联村无论是面积、人口还是村小组数量，都属于较大规模的，治理难度较高。义联村重视村民自治，在自治规范修订过程中，通过形成村民代表会议机制，在高效争取村民合意方面取得了显著成效。在村委会的大力推动下，义联村在每10户至15户里选出1个村民代表，需要特别指出村民代表是村民根据自己真实意愿选举产生。现在全村一共有55位村民代表，有重大事项必须经村民代表表决。村民代表为5年一届，有1/3以上是中共党员。2023年，有村民代表签名且形成了会议纪要的村民代表大会约12次。

义联村村"两委"班子及各村小组团结一致，通过55名由村民选举产生的村民代表形成的村民代表会议机制，义联村彻底解决了原来在换届选举过程中存在的不稳定因素，使得换届选举能够平稳过渡。同时，本村所有的重大事项均能通过村民代表会议形成合意，充分发挥了党组织领导下的民主集中制优势，保障了村民当家做主的权利，村民的幸福感、获得感均得到了提升。

（五）完善慰问制度

义联村大部分有集体经济收入的村民小组，均有在特定节日向特定人群发放补贴进行慰问的传统。例如，本村集体经济较雄厚的岭东村小组、岭西村小组，经村民商议和表决，在每年的三八妇女节，向 18 岁以上的女性村民发放 200 元节日补贴，在每年的五四青年节，向所有 18 岁以上的村民发放 200 元节日补贴。发放此类补贴的资金，来源于两大块：一是以前年度征地拆迁等补偿款的结余资金；二是目前正在履行的停车场外包合同带来的经济收入。

同时，义联村有的村民小组如岭东村民小组和岭西村民小组积极筹集社会资金，设立了教育基金和老人基金。为激励本村年轻的村民追求上进，努力求学，针对考上大专和本科以上的村民，按照 2000 元/年/人和 3000 元/年/人的标准，从教育基金支出，一直补贴到毕业为止。针对 70 岁以上的村民，按照 500 元/年/人的标准，一直发放到老人去世为止。教育基金和老人基金的经费主要来源于本村乡贤企业家的自愿赞助。虽没有形成相关成文的章程、公约，但每年仍然按约定发放奖励。

四、努力解决特殊人群分红

在自治规范修订过程中，义联村针对本村面临的实际状况，努力解决外嫁女等特殊人群分红等财产利益问题。

在征求意见时，对于外嫁女分红方面，义联村村民提出了以下意见：①嫁出去的女儿怎么可以分我们老祖宗留下的资产，他父亲和兄长都不同意分给她们；②有些外嫁女结婚了享受两边的分红，这样就会损害我们子孙后辈的利益，不同意分给他们；③外嫁女也是我们的子孙，应该也要给予分红，即使结婚了，只要户口还在我们本村就是我们本村人，但是要履行我们村里的义务。

针对这些意见，义联村的村干部强调，要规范、与时俱进地及时修改章程，随着经济发展迅速，之前村里很多的章程跟不上客观事实的变化，对于这些变数就要及时修正章程，对于集体经济组织成员身份的进入、退出机制需要先通过村民大会表决规范下来，不能出现问题之后再去用滞后的章程解决当下的问题。

现实中，义联村有的村民小组外嫁女利益纠纷问题比较突出。如移新村民小组有两个方面的纠纷。第一方面为因股份制度积累股问题产生了相关的矛盾。2021 年因惠霞一号公路征地产生约 1 亿元的补偿款，按当时的股份制章程规定，积累股占 40%，约有 4000 万元，由于此笔款项一直没有有效利用，2022 年村民自发要求进行分红，经多次调解后，最后村民通过决议积累股由 40% 调整为 10%，把这一矛盾调解完成。第二方面为外嫁女诉求要与股东同等待遇，按股份合作经济社章程规定，外嫁女不属于股东，不能按股东同等待遇。由于部分的外嫁女不同意章程规定，经过霞涌街道办事处的确权，经过人民法院初审、二审终审，有三批外嫁女在法院的强制执行下已强制执行，强制把分红款划扣，第一批 4 人，每位约 10 万元，第二批 6 人，每位约 14 万元，第三批 1 人，约 14 万元。

对于外嫁女财产利益纠纷，村民自治的结果与法院判决的结果，往往南辕北辙。村民们出于自身利益优先的考虑，往往表决结果是对外嫁女不分配或者少分配财产利益。然而一旦外嫁女起诉到人民法院，法院判决结果往往是支持外嫁女的诉求。对于这种现象，移新村民小组经多次会议讨论，关于外嫁女是否为股东问题、再婚或再娶现有两个草案：①再婚嫁人的妇女以结婚登记日期满 7 年后方可入股；②再婚嫁人的妇女以结婚登记日期起应支付原入股金额的 20 倍金额方可入股。现两个草案正在讨论，待表决。

同时，在义联村，自 2020 年开始，各村民小组村民陆续有提出关于特殊人群分红的问题，如公职人员分红、股东私生子的入股、香港户口迁回本村者等，各村民小组干部都有在村内做工作，同时也征求村民的意见。村民们提出的意见存在分歧：

（1）关于公职人员分红问题，一种意见认为公职人员不应该与本村村民同等分红；另一种意见认为公职人员应该与村民同等待遇，一样是村内的村民，是本村村民的后代；还有一种意见认为按现在的规定，公职人员是可以享受的。

（2）关于股东私生子的入股问题，一种意见认为私生子属于个人的事情，也是本村村民的后代，可以享受集体的分红；另一种意见认为私生子属于个人的道德问题，不能享受集体分红。

对此，义联村村干部意见认为：①综合多数村民的意见，结合村干部意见，在不违规的情况下，将公职人员列入分配群体；②按国家的政策，私生子的入股问题，仍然要大多数村民表决来决议；③香港户口迁回本村的，以村民表决决议为好。

目前，义联村村民正在商议的热点难点问题包括女性股东出嫁后、离婚或者丧偶后妇女股东身份及分配问题、国家工作人员股东身份及分配问题、非婚生育小孩股东身份及分配问题、离婚后再娶入新的配偶入股问题等。对于这些比较热点的问题，义联村村民自治规范的规定既有与现行的法律法规相冲突，也有历史遗留问题。目前义联村的解决思路倾向是以大多数村民意愿结合现行的法律规定，多与村民沟通，多说服成见逐步形成合意来解决历史遗留问题。

五、共同参与实现乡村振兴

在自治规范修订过程中，义联村注重村民的共同参与实现乡村振兴，通过盘活土地用于停车场收费，建造自来水厂，解决用水问题，壮大集体经济。义联村还建设村史馆，传承乡土文化，守住义联村的历史文化根脉。

（一）盘活土地用于停车场收费，壮大集体经济

据村民、住宿餐饮业主及旅客的反映，大亚湾黄金海岸现阶段周边的实际情况存在旺季游客占道停车及节假日堵车影响村民。为解决这一问题。同时积极按照党的二十大报告提出的全面推进乡村振兴，坚持农业农村优先发展，扩大文化和旅游消费，大力发展度假休闲旅游。义联村岭东村民小组、岭西村民小组、下沙村民小组的村民在外因（新冠疫情）内因（村民民生）的双重压力下，村民小组经过充分讨论分析及商议，从村集体的实际情况出发结合自身的地理位置优势、政府政策支持及游客的消费水平等条件，规范黄金海岸周边无证停车场事宜，制定升级改造村集体停车场方案及部分商业配套设施项目。

改造停车场方案实行公开对外竞投招租进行改造。在霞涌街道办代表、义联村村委会代表及村民小组班子成员的现场见证监督下，采取按照价高者取的方式，最后选出竞标投价最高者为统一承租改造运营管理方。通过这次的整治改造升级后，对黄金海岸周边相关停车服务及旅游商业配套设施服务有了极大的改善及提升，带动了义联村岭东村民小组、岭西村民小组、下沙村民小组集体经济年收入增加1300多万元。这既解决了民生问题，增加了集体收入，同时也解决了村民的就业困难问题。

（二）建造自来水厂，解决用水问题，壮大集体经济

一直以来，义联村村民的饮用水安全都是一个难题。主要水源来于石翁

坑直流水和鱿鱼湾水库的水，此水源没有经过任何的过滤处理，水的质量难以得到保障。为了保障村民安全饮水，经义联村村委会多次召开会议认真分析、评估、走访听取各方意见、实地勘察，义联村村"两委"干部和村民代表一致认为，租用义联村下澳村民小组与沙排村民小组下澳山的各一部分山地建设一个饮用水过滤净化池，解决饮水质量问题，让村民得到实惠，饮上放心水。建设水厂的资金有一部分是义联村村委会自筹，另外霞涌街道办事处、大亚湾区管委会相关部门、惠州市人大工委等相关部门支持部分，约共投入 2000 万元。兴建滤水厂前，义联村充分征求各村民小组村民意见，结合实际情况开会经村民表决，整个过程中没有一名村民提出异议。目前水厂每年收入大概 100 万元，除去运营成本还有盈余。义联村这一水厂的建设完成，不仅大大降低了村民日常用水成本（收费 1.6 元每立方米），同时还为聚真线路板厂、黄金海岸、停车场等相关单位提供便利用水，增加村集体收入。

（三）建造村史馆

村史馆浓缩着一个村庄的过往，记录着一个村庄的现在，寄托着一个村庄的未来，是收藏保护和开发利用村落历史文化资源、宣传展示村情村貌的公共文化服务场所，也是培育和践行社会主义核心价值观、加强乡村精神文明建设、开展新时代文明实践活动的重要载体，更是传承乡土文化、推动乡村文化振兴的重要平台。为满足义联村村民的精神文化需求，在健全乡村公共文化服务体系、提升乡村公共文化服务水平。在大亚湾区管委会的大力支持下，义联村于 2023 年斥资 250 万元建设义联村村史馆。在建设前期充分收集民意，得到全体乡亲乡贤的全力支持，利用本村原兵房旧址作为村史馆建设点。村史馆的建成将会更好地留住义联村的乡情故事，守住义联村的历史文化根脉。目前，义联村是大亚湾区唯一一个正在打造村史馆的村。村史馆建成后，将会展示各有关历史变迁的物品、照片、报章等，展示内容涉及村情介绍、人物故事、物件共三方面。目前村史馆在全体乡亲乡贤的全力支持下，正在有序建造中。

六、结语

自治规范修订是一项具体的工作，需要做耐心细致的思想工作，通过广泛沟通、多方征求意见，形成合意。义联村村干部通过"和美网格"共建机制，走访入户了解民情村情，多措并举让村民广泛参与，积极收集村民对本村自治方面的合理诉求，尽量把能够代表大多数村民利益且合理合法可实现的诉求，紧扣村规民约是为民服务这一核心，确保不脱离实际、不纸上谈兵，形成有效的村规民约，取得了较好的效果。

义联村今后需要更多地开展法制讲座和相关活动，增强村民的法治意识，加强对自治规范的宣传力度，特别是股份制等内容的宣传，提高村干部和广大村民的自治意识。同时，对个别未按程序制定和修改的、内容不合实际、操作性差的，从实际出发清理整改，成为名副其实的"民约"。对于村民反应比较强烈的问题，要主动做好法律法规政策解释，发挥"枫桥经验"精神，发挥自治规范的积极作用，努力做到矛盾不上交、就地解决，建设和美义联。

义联村还建议各村民小组建立保险基金，从集体资产中固定一部分资产作为村民的保险基金，为村民、社员或者特殊群体按照一定比例配备重疾险、医疗险以及意外险，进一步提高村民的安全感和幸福感。

第八章

审查修订规范　推进乡村善治

——大亚湾区霞涌街道晓联村自治规范修订工作报告*

▲

李定南

一、引言

晓联村位于大亚湾区霞涌街道东面，辖区总面积 5.7 平方公里，下辖径东、径西、晓阳等三个村民小组。全村共有 999 户，常住居民 560 户，全村总人口约 3984 人，其中户籍人口 3784 人，外来人口约 200 人。村民的收入来源主要依靠种植业、旅游业等，也有部分打工收入。

晓联村一直重视村民自治工作，按照《村民委员会组织法》等法律法规和政策议订了不少村民自治规范，主要包括村层面的《晓联村村民委员会村务自治章程》《惠州大亚湾区霞涌街道晓联经济联合社章程》《晓联村红白理事会章程》《晓联村红白理事会工作纪律》《晓联村婚事简办制度》《晓联村丧事简办制度》，还有村民小组层面的《惠州大亚湾区霞涌街道径东股份合作经济社章程》《惠州大亚湾区霞涌街道径西股份合作经济社章程》《惠州大亚湾区霞涌街道晓阳小组股份合作经济社章程》，以及各村民小组未成文但一直推行的奖励或慰问的若干规定。这些自治规范在保障农村村民实行自治、由村民群众依法办理自己的事情、发展农村基层民主、维护村民的合法权益、促进乡村振兴等方面发挥了积极的作用。

自 2023 年 7 月开展大亚湾区自治规范修订工作动员部署以来，在区政法

---

* 本章初稿完成时间为 2024 年 4 月 19 日。

信访办、霞涌街道办的指导下，晓联村成立了以村书记为牵头人，以法制副主任、村"两委"干部为成员的自治规范修订工作小组，由法制副主任指导开展自治规范修订和规范运行试点工作。在开展试点工作过程中，区政法信访办司法行政组、霞涌司法所为本村提供了思路和建议，用丰富的理论知识和通俗易懂的沟通方式，指导晓联村充分发掘提炼已存在的好经验、好做法，引导本村结合实际，探索推出新的村规民约，进一步提升村民的幸福感、获得感；霞涌街道挂点领导多次参与指导，强调村规民约对于村民自治和维护辖区和谐稳定的重要性；法制副主任充分发挥自身的专业优势，对本村原有的自治章程进行了合法性审查，同时协助村干部草拟新的村规民约，并为新修订的村规民约草稿提供法律意见，确保不与国家法律发生冲突；村干部以解决实际问题、热点问题为出发点，利用业余时间联合驻村法律顾问走访辖区内的村民，收集村民不同的意见和看法，做好相关的记录，在充分征集民意基础上，通过召开村干部会议、村小组座谈会等方式进一步研究讨论自治规范修订工作。

具体而言，晓联村在自治规范修订方面召开了以下会议：①2023 年 8 月 8 日，晓联村召开村"两委"干部会议，收集本村现有的已形成文本的章程、村规民约等自治规范性文件，收集本村现有但未形成文本的优良风俗，并对村规民约工作进行部署。②2023 年 11 月 10 日，法制副主任将晓联村各章程的审查报告提交村，并针对各章程提出修订建议。③2024 年 1 月 10 日，晓联村召开村干部会议，针对人居环境公约各条款进行讨论，并由法制副主任整理意见，拟定人居环境公约初稿。④2024 年 1 月 29 日，晓联村召开各小组村民代表大会，将章程审查报告、修订建议以及下发人居环境公约至各村民代表，在会上征集各代表意见，并由各代表落实到各村民的意见征集。⑤2024 年 3 月 4 日，晓联村召开村干部会议，整合村民针对外嫁女享受分红、外嫁女分配宅基地、外嫁女多头占、私生子及超生人员的分红权等问题提出的意见，结合村民意见探索制定符合法律规定的章程。⑥2024 年 1 月 16 日，晓联村召开村干部会议，针对本村禁黄赌毒、禁放烟花爆竹部署收集村民意见形成草案的工作，同时探讨各小组争取将升学奖励及慰问老人等优良风俗以形成文本形式的村规民约的可行性。⑦2024 年 3 月 4 日，晓联村召开村干部会议，针对初步形成的各类新制定的村规民约部署召开村民大会或村民代表大会表决事宜。通过前期积累和最近半年多来的努力，目前晓联村在自治规范修订工作方面取得了阶段性进展。

在自治规范修订过程中，晓联村村"两委"干部牵头，充分考虑村民之间的亲属关系，结合村民房屋分布就近原则，在全村以每 10 户至 15 户为单元，逐一组织村民代表选举，在每 10 户至 15 户里选出 1 个村民代表。村民代表是村民根据自己真实意愿选出，村委会不干涉选举投票。全村共产生了 41 名村民代表，积极就自治规范修订提出意见和建议。晓联村的村组干部还入户对村民进行解释，收集不同的意见形成汇总。同时，通过"和美网格"共建机制，全村 6 个网格的网格员在日常入格开展工作的过程中，走访入户，征集一线民意民策，紧扣村规民约是为民服务这一核心，确保不脱离实际、不纸上谈兵。此外，由霞涌司法所联合村法律顾问、村"两委"干部组成多个调研小组，深入各村民小组走访入户调研，采用入户座谈、问卷调查等方式，切实了解村情民意，关注村民热点难点问题和急需解决方面问题，为自治规范修订工作提供扎实基础。

二、审查修订规范

在自治规范修订过程中，晓联村请法制副主任对原有的自治章程（《晓联村村民委员会村务自治章程》《惠州大亚湾区霞涌街道晓联经济联合社章程》《惠州大亚湾区霞涌街道径东股份合作经济社章程》《惠州大亚湾区霞涌街道径西股份合作经济社章程》《惠州大亚湾区霞涌街道晓阳小组股份合作经济社章程》）进行了合法性审查。2023 年 11 月 10 日，法制副主任将晓联村各章程的审查报告提交给村，并针对各章程提出修订建议。

（一）《晓联村村民委员会村务自治章程》

程序合法性审查方面，该自治章程经村民会议表决通过，成立程序符合法律规定。

在条款内容合法性审查方面，鉴于该自治章程于 1999 年经村民会议表决通过，而《村民委员会组织法》于 2018 年 12 月 29 日进行了修改，该自治章程存在与之大量不一致之处，同时在近 20 年时间里国家已废除了部分政策，该自治章程亦应与此相适应。具体为：①"第二章 村民会议和村民代表会议"需完善，具体参考《村民委员会组织法》。②"第八条"中"讨论落实人口出生计划"应审慎对待，生育权是公民的自主权利，严格执行出生计划容易侵犯公民权益。③"第六章 集体经济管理"，因本村三个村小组均已成立股份合作经济社，本章应予以修改。④"第七章 社会治安管理"村委会没有执法权，对执法、罚款等描述应予以修改。⑤"第八章 计划生育管理"应结合我国现行计划生育政策修改。⑥"第十章土地山林管理"对执法、罚款等描述应删除，或采用其他措施；有关建房的约定应依据现行法律规定予以修改。⑦"第十一章 农业生产管理"对执法、罚款等描述应删除，或采用其他措施。⑧"第十二章 财务管理"中财务管理应根据现有政策予以调整；除现金管理外，还应增加第三方结算平台资产管理、银行资产管理等。⑨"第十三章 殡葬改革管理"对执法、罚款等描述应删除，或采用其他措施。⑩"第十四章 社会团体管理"对执法、罚款等描述应删除，或采用其他措施。

鉴于本村已成立经济联合社，建议该自治章程可与《惠州大亚湾区霞涌街道晓联经济联合社章程》合并。

(二)《惠州大亚湾区霞涌街道晓联经济联合社章程》

程序合法性审查方面，该自治章程经村民会议表决通过，成立程序符合法律规定。条款内容合法性审查方面，该自治章程暂未发现与现行法律冲突之规定。

(三)《惠州大亚湾区霞涌街道径东股份合作经济社章程》

程序合法性审查方面，该自治章程经村民会议表决通过，成立程序符合法律规定。

条款内容合法性审查方面，存在以下问题：①"第二章第九条"限定纯女户一个女儿及其户口迁入本村的配偶可以入股参与分红的章程约定与现行法律相冲突，纯女户的其他女儿招郎入赘亦可参与分红。②"第二章第九条"出嫁女实行一次性协议补偿后不纳入为股东的章程约定与法律相冲突，户籍未迁出的外嫁女未在男方所在户籍享受集体分红的亦可享受本村分红，除外嫁女另行与股份合作社签署协议外；另外嫁女自愿签署只代表其本人，如其子女户籍在本村，亦应当对其子女分红。③"第二章第九条"财政在编人员定义不明确，如为在编公务员、事业单位在编人员采用一次性补偿系与现行法律相冲突，对上述人员可试行对其家属奖励等形式。④"第二章第十四条"限制再婚配偶购买股份与现行法律相冲突。可与"第三章第十七条""第三章

第十八条"结合权利修订。⑤"第三章 股份管理第十五条"限制违反生育政策生育的小孩的分红与现行法律相冲突。⑥"第三章 股份管理第十八条"规定"丧偶再婚的，现任妻子继承前妻股份，不再增股"。该规定与法律相冲突，前妻股份作为其名下个人资产，其去世后个人财产应依相关法律实行继承。⑦议事规则需要进一步完善。

（四）《惠州大亚湾区霞涌街道径西股份合作经济社章程》

程序合法性审查方面，该自治章程经村民会议表决通过，成立程序符合法律规定。

条款内容合法性审查方面，主要存在以下问题：①"第三章第十二条"限定纯女户与户口迁入的男方所生育的前2位子女可参与配股分红与相关法律相冲突。②"第三章第十三条"规定出嫁女实行一次性协议补偿后不纳入为股东的章程约定与法律相冲突，户籍未迁出的外嫁女未在男方所在户籍享受集体分红的亦可享受本村分红，除外嫁女另行与股份合作社签署协议外，另外嫁女自愿签署只代表其本人，如其子女户籍在本村，亦应当对其子女分红。③"第三章第十三条"限制非婚生育的子女的股东资格与相关法律相冲突。④"第三章第十三条"规定对享受国家待遇的国家工作人员一次性补偿与相关法律相冲突，对上述人员可试行对其家属奖励等形式。⑤"第三章第十六条"限制再婚配偶购买股份与现行法律相冲突。⑥"第三章第十六条"强制上环、结扎等规定与法律相冲突。⑦"第三章第十六条"限制违反生育政策生育的小孩的分红与现行法律相冲突。⑧议事规则需要进一步完善。

（五）《惠州大亚湾区霞涌街道晓阳小组股份合作经济社章程》

程序合法性审查方面，该自治章程经村民会议表决通过，成立程序符合法律规定。

条款内容合法性审查方面，存在以下问题：①"第二章第六条"认定外嫁人员不具有股东资格与现行法律相冲突。②"第二章第七条、第八条、第三章第十七条、第三章第二十八条"规定限制了非婚生育的子女的股东资格与相关法律相冲突。③"第二章第八条"规定外嫁女实行一次性协议补偿后不纳入为股东的章程约定与法律相冲突，户籍未迁出的外嫁女未在男方所在户籍享受集体分红的亦可享受本村分红，除外嫁女另行与股份合作社签署协议外，另外嫁女自愿签署只代表其本人，如其子女户籍在本村，亦应当对其子女分红。④ "第二章第八条" 规定对享受国家待遇的国家工作人员一次性补偿与相关法律相冲突，对上述人员可试行对其家属奖励等形式。⑤ "第三章第十一条" 限制再婚配偶购买股份与现行法律相冲突。⑥ "第三章第十二条、十四条" 限制对不符合生育政策的子女入股与现行法律相冲突。⑦ "第三章第二十条" 限定纯女户仅能有一位女儿与户口迁入的男方及其所生育的子女可参与配股分红与相关法律相冲突。⑧议事规则需要进一步完善。

上述自治规范进行合法性审查，主要是排查与法律法规相冲突的部分，并对其中不符合现行法律法规的条例提出修改建议供村民会议表决，为有序分配村民利益和规范村民义务提供了法制保障，确保村民自治必须在法治的框架内进行。

晓联村自治规范存在的问题主要集中在外嫁女财产权益和宅基地分配方面。目前三个小组面临的问题都比较棘手，矛盾比较突出，村民意见比较强烈，形成共识并修改规范的难度较大，需要做深入的沟通，以期达成利益平衡。

1. 晓阳村民小组自治规范修订面临的困难

晓阳小组有村民 126 户、597 人，经济主要来源为位于碧桂园银滩花园的商铺租赁（目前还在走着三资流程，未正式启动合作），故目前村民小组每年收入有 0 元，人均每年分红约为 0 元。由于本小组已无土地可用于征收分红，且在 2016 年已对外嫁女进行了一次性补偿，故在外嫁女分红问题上争议不大，主要的争议焦点在于宅基地分配问题，由于晓阳村民小组可供宅基地分配土地不足，目前尚有部分村民未分得宅基地。在国家鼓励多生育小孩的政策大前提下，更多的村民担忧如外嫁女及其子女后代享有村民资格待遇，将无法保证本村村民后代宅基地分配权，这一问题在晓阳村民小组格外突出。

2. 径东村民小组自治规范修订面临的困难

径东村民小组有村民 293 户、1307 人，目前小组每年收入有 60 万元，经济主要来源为位于绿色港湾矿产林地出租、碧桂园梵高的海商铺租赁以及村小组门前办公楼出租，人均每年分红约为 2000 元。

由于径东村民小组目前仍有部分集体土地未征收，虽在 2016 年已对外嫁女进行过一次性补偿，但仍有少数外嫁女不同意一次性补偿，导致出现外嫁女状告村民小组和经济合作社的现象。典型案例为外嫁女张女士及其两个儿子状告径东村民小组和经济合作社，经法院一审、二审审理，现判决已生效，张女士及其两个儿子获得分红款奖金 300 万元人民币，而径东村民小组村民反映分红都没有张女士及其两个儿子多。在本案的影响下，结合本村固有观念，径东村民小组对外嫁女享受村民资格待遇一事显得尤为抵触，以至于径东村民小组和经济合作社在开会讨论决定不再针对上述案件提起再审申请后，仍有少数村民联名集资欲提起再审申请。

同样突出的还有宅基地分配问题，虽然径东村民小组仍有部分集体土地，但同样与晓阳村民小组一样面临不够分配的情况。在国家鼓励多生育小孩的政策大前提下，更多的村民担忧如外嫁女及其子女后代享有村民资格待遇，将无法保证本村村民后代宅基地分配权。

3. 径西村民小组自治规范修订面临的困难

径西村民小组有村民 438 户、1880 人，目前小组每年收入有 500 万元，经济主要来源为位于径西村小组林地出租给绿色港湾矿产的租金。目前尚有一宗位于径西村小组对面的商住用地及一宗位于西区龙海路的工业用地，由于未进行开发，两宗土地每年均需要缴纳土地闲置费，在扣去各类租赁收入后，本小组人均每年分红约为 2500 元。

径西村民小组相对于晓阳、径东两个村民小组而言，外嫁女财产权益问题更加突出。由于径西村民小组仍有大量土地尚未开发利用，在经过晓联村其他两个村民小组的征收分红后导致的外嫁女矛盾，径西村民小组的村民对外嫁女分红问题更为抵触。

径西村民小组除了面临外嫁女分红及宅基地分配不足的两种情形外，同时还面临着外嫁女"两头占"的难题。由于晓联村普遍存在各村民小组间通婚的情况，部分径西村民小组女性在嫁给径东村民小组、晓阳村民小组的男性后，并未将户口迁移，而早年径东村民小组、晓阳村民小组已经经历了征地分红，这部分径西村民小组的女性同样享受了径东村民小组、晓阳村民小组的分红待遇。目前这部分径西村民小组的女性户籍仍保留在径西村民小组，而在径西村民小组的未来，无论是集体土地征地分红抑或是两宗建设用地的村企合作，外嫁女则可以在享受完径东村民小组、晓阳村民小组的分红待遇后再享受径西村民小组的分红待遇。针对这一问题，径西村民小组村民认为如让外嫁女享受村民资格待遇，则是对本村村民的不公平。

综上，晓联村各村民小组在法制副主任对各小组的股份合作经济社章程审查并提出修改意见后，并未能达成一致共识来修改章程。针对这一状况，法制副主任提出建议：外嫁女按本小组集体财产评估价值按100%缴纳股本入股，本村村民按本小组集体财产评估价值的一定折扣比例入股的方式阶段性解决外嫁女分红问题。部分村民对此方案表示认可，部分村民则认为该方案仍旧无法解决宅基地分配问题。对此各小组在修改章程上虽召开多次会议，但仍旧无法达成修改章程的共识。这成为这次自治规范修订工作的难点问题，需要继续做工作。

三、推进乡村善治

在自治规范修订过程中，晓联村根据村和各村民小组的实际情况，将原有的慰问老年人和奖励升学制度、红白理事会制度等良善自治规范予以坚持，并根据需要准备新议订人居环境整治、禁止黄赌毒、禁止燃放烟花爆竹等方面新的自治规范，不断推进乡村善治，建设和美晓联。

（一）慰问老年人和奖励升学制度

为了让村民充分享受到村集体经济的红利，慰问年迈老人，激励年轻人奋发向上，晓联村部分有条件的村民小组设立了老年人慰问基金、升学奖励基金，形成了比较明确的制度。例如径东村民小组，按照每人每年200元的标准，向本村民小组70周岁以上的老人发放慰问金；按照每人1000元的标准，向本村民小组考上本科的村民发放一次性奖励金。上述两项基金均通过村民小组集体经济资产拨款。这一规范促进了尊老重学良好村风的形成。通过使用集体资产慰问老弱病残、奖励升学，既让村民充分享受到了集体经济的红利和让老弱病残的村民感受到了村集体的温暖，又激励了村民奋发图强的意志，为国家和社会源源不断地输送人才，实现了良好的社会效果。

（二）红白理事会制度

为贯彻落实中央、省、市、区乡村振兴战略要求，充分发挥红白理事会和村规民约的积极作用，约束村民攀比炫富、铺张浪费的行为，破除婚丧嫁娶中不良风气，推动移风易俗，树立文明节俭新风尚，晓联村积极响应上级要求，推动成立了由本村党组织领导下的红白理事会。晓联村红白理事会议订了《晓联村红白理事会章程》《晓联村红白理事会工作纪律》《晓联村婚事简办制度》《晓联村丧事简办制度》等，完善了规范，健全了组织，建立了运行机制。晓联村红白理事会的职责和任务为贯彻执行上级婚嫁丧娶政策、法令和规定，引导群众开展移风易俗活动，耐心做好群众思想工作；大力宣扬勤俭持家、厚养薄葬等理念，主持或协助事主操办婚丧事宜，制止铺张浪费、盲目攀比和封建迷信等不良风气，主动为群众排忧解难。红白理事会共设理事7名，其中会长1名，副会长1名，成员5名，由村民推荐选举产生。这一规范为弘扬新风尚、推进文明乡风奠定了制度基础。

（三）人居环境整治提升长效管理机制自治公约

为贯彻省、市、区关于加快改善农村人居环境、建设生态宜居美丽乡村的工作部署，晓联村在区政法信访办、区社会事务管理局、霞涌街道办、霞涌司法所的指导下，结合大亚湾区出台的农村环境保护相关规定，在借鉴其他城市村社区的好经验好做法的基础上，法制副主任协助村干部结合本村实际情况，起草了一份《晓联村人居环境整治提升长效管理机制自治公约》草稿。目前，该草稿将待村民会议表决通过后实施。

晓联村严格按照农村人居环境整治攻坚工作方案的部署，明确工作目标。对发现的问题限期整改，确保发现1处、整治1处，深入推进村人居环境整治工作。村"两委"干部组织力量对村庄的环境整治黑点、村民的房前屋后散杂空地进行打造，提升了村容村貌。晓联村加大宣传和整治力度，动员广大党员、村民积极参与到人居环境整治行动中来，每月定期组织党员和村民开展"美丽家园"清洁大行动，建立人居环境整治长效机制，已投入资金多达800万元，极大地提升了人居环境。

（四）禁止黄赌毒公约

为维护晓联村治安环境的和谐稳定，充分发动村民力量从源头上遏制黄、赌、毒等危害村民身心健康的不稳定因素，经晓联村村委会、驻村法制副主任、霞涌司法所共同商议，拟在晓联村议订《晓联村关于禁止黄赌毒公约》。晓联村辖区面积大，村民居住地较分散，村道错综复杂，且位置靠山近海，容易出现治安问题的隐蔽角落。晓联村拟制定的《晓联村关于禁止黄赌毒公约》旨在进一步深化群防群治，发动全体村民的力量共同维护本村的治安环境，从而让每一个人都成为美丽家园的守护者。

（五）禁止燃放烟花爆竹公约

大亚湾区管委会于2020年1月1日发布了《惠州大亚湾区管理委员会关

于全区禁止燃放烟花爆竹的通告》，全面禁止在大亚湾辖区燃放烟花爆竹的行为。然而近些年每逢春节前后，据村民反映仍发现有不少在大亚湾区范围内特别是在乡村和海边燃放烟花爆竹的行为。晓联村位置靠山，农田众多，树木枝繁茂密，且传统气息浓厚。为了配合上级部门有效防范火灾等重大安全事故的发生，减少空气污染，保障村民的生命财产安全，营造宜居生活环境，适应新时代社会发展需要，晓联村拟在充分征求村民意见的基础上议订《晓联村关于禁止燃放烟花爆竹公约》，充分发挥村民的力量去发现本村辖区内的违法违规燃放行为。

（六）醒狮队规范

为大力弘扬优秀传统文化，丰富村民精神文明生活，晓联村下辖的晓阳村民小组自 2023 年起，通过村民自愿报名参加的方式，自发组建起一支 10 人的醒狮队，队员全由本村村民组成。醒狮队特别邀请专业舞狮师傅前来授课，设施设备和经费主要来源于上级拨款和本村乡贤赞助。醒狮队坚持传承优秀非物质文化遗产，后续将在完善组织规范、活动规范、经费规范的基础上广泛参加传统节日活动、庙会活动和民俗欢庆活动，为村民带来欢乐。村民自发重建的醒狮队，有助于推动乡村文化振兴，更好地提高乡村干群凝聚力，进一步凝聚乡情，提高村民获得感、幸福感。下一步，晓联村和晓阳村民小组将以醒狮队为抓手，擦亮民俗文化招牌，继续写好文化兴村这篇文章。

（七）农作物采摘节规范

希望田园专业合作社位于晓联村径西村民小组，环境山清水秀，农作物零污染，距离小径湾海滨沙滩不到两公里。希望田园专业合作社成立于 2021 年 9 月，通过土地承包的方式租赁本地村民的田地用于种植玉米、水稻、地瓜、葡萄、火龙果等作物，从而改变了田地丢荒的状态。合作社占地面积 480 亩，在发展种植业的同时植入了观光休闲、亲子田园采摘等多种业态。为扭转农产品滞销的状态，让各地的朋友们都能品尝到来自晓联村的优质农作物，晓联村村"两委"决定从 2021 年起，每年举办一次农作物采摘节，通过多元化的宣传推广机制，助力乡村振兴。晓联村在总结已举办的农作物采摘节经验的基础上，逐渐形成了农作物采摘节规范，形成了制度化的活动。

四、结语

在自治规范修订过程中，晓联村坚持以下三方面的原则：①因地制宜，尊重村民意愿。要议订切合晓联村实际的自治规范，就必须充分相信村民，只有真诚实意发展民主，村民才会积极创造出具体的自治规则，使晓联村建立拥有自己特点、进行民主治理的自治规范。在不违反民主治理的基本原则上，允许村民有不同的做法。不宜实行"一刀切"和照搬别村的做法。②加强宣传，培养意识。基层自治是民主的基石，基层自治对于培养公民意识起着重要的作用。要做好村民自治工作，作为村组干部要深入到农户家中，走近村民，多倾听村民的声音。在推动自治工作中带动村民从"站着看"到"跟着干"。培养村民的自治意识，真正让村民完成"幕后"向"台前"角色转换，走上村民自治的舞台，成为充满自治的主体，共同参与，使村民在基层自治的实践中都有责任参与决策和管理，促使他们更加关注社会和公共利益，培养公民的社会责任感和奉献精神。③完善农村文化建设。不同地区都有不同的文化特色，农村的文化建设同样不能忽视，它在村民自治中有极为重要的作用。通过文化建设的形式，可以让优秀的文化教育进入农村，让农民感受到现代化的风气。通过完善的文化教育和渠道的建设，可以帮助农民树立新型的审美意识和观念，避免一些思想上的盲区和极端化的观念。加强农村文化建设，可使民主自治意识深入民心，自治规范意识蔚然成风。

在现有自治规范修订工作的基础上，晓联村需要进一步动员村民积极参与，进行充分的协商和沟通以形成共识，在以下几方面继续努力：①进一步加强领导。切实加强村党组织对村民自治工作的领导，并充分发挥村级党组织的领导核心作用和党员的先锋模范作用，确保村民自治工作向正确的方向发展和有序进行。②继续加强与村民小组、村民的交流，充分征集村民对本村存在问题的改善诉求，结合实际在不违反现行法律法规且符合大多数居民合意的方向上探索出台新的村规民约，目前拟在禁黄赌毒、禁烟花爆竹方面制定相关村规民约，并将村里目前实行的升学奖励及慰问老人的良俗以村规民约方式形成规范性文本，同时探索人居环境公约奖惩机制以保证人居环境公约有效实施。③推进工作速度，将法制副主任开展过合法性审查的自治章程修改草案，在征集村民意见建议后，提交晓联村村民会议进行表决。加大工作力度，尽力达成利益平衡，形成广泛共识，将三个村民小组的股份合作经济社章程进行修改后通过。④与农村法治建设相结合。大力发展农村基层民主，通过实行民主选举、民主决策、民主管理、民主监督等方式，落实和保障广大农民群众的民主权利；加强法治宣传教育，加强对村民公约的内容和典型事例特别是股份制等方面的宣传，提高村组干部和党员、村民的认识。⑤着力提高村民的科技、文化和道德素质。广泛深入地开展思想道德教育，加强农村精神文明建设，提高村民的思想道德素质，促进道德约束与依法治理的配合，从更深、更高的层次上推进村民自治工作。⑥进一步完善制度。大力加强村民自治制度建设，并且根据本村实际情况发展的需要，不断完善村民自治制度和相关规范，更好地推进村民自治工作步入规范化、制度化的法治轨道，不断提高乡村治理水平。

第九章

充分收集民意　全面修订规范

——大亚湾区霞涌街道坬下社区自治规范修订工作报告 *

▲

钟昆旻

一、引言

大亚湾霞涌街道坬下社区居民委员会是因石化项目需要从原霞涌街道霞涌村分离成立的独立社区，于 2007 年 5 月经大亚湾区管委会批准成立，整体搬迁至大亚湾区西区上杨移民村。坬下社区为村改居的社区，下辖三个居民小组，分别为坬下小组、坬下塘小组、坬下山小组。坬下社区本地户籍人口有 163 户，共 842 人，外来流动常住人口 800 来户，约 2500 人，主要是河南、湖北、四川籍人员。社区的主要经济来源依靠出租整体搬迁补偿取得商铺（面积约 1300 平方米）和房屋（面积约 4000 平方米），每年的租金收入约人民币 200 万元。

自 2023 年 7 月大亚湾区启动自治规范修订工作以来，坬下社区根据区政法信访办公室的要求，在霞涌街道办、霞涌司法所的指导下，成立了以社区党支部书记为组长、法制副主任和一位社区干部及三位居民代表为成员的自治规范修订工作小组，召开了动员部署会议，启动了坬下社区自治规范修订工作。

在自治规范修订过程中，坬下社区通过召开座谈会、个别征求意见等形式，充分收集民意，听取居民对社区自治规范施行和修订的看法，在社区居

＊ 本章初稿完成时间为 2024 年 4 月 17 日。

民公约、人居环境、出租屋管理、停车管理、沿街商户管理、志愿者管理、家庭诚信积分制等方面全面修订和议订规范，并尽力解决"外插户"社区股份资格问题，以推进圻下社区的和谐发展，进一步提升圻下社区的自治能力和自治水平。

二、充分收集民意

为做好自治规范修订工作，圻下社区自治规范修订工作小组注重居民意见的收集，通过各种方式了解各方态度，充分发扬民主，集思广益。

居民是基层治理的最基本元素，必须充分发挥广大居民在这次自治规范修订工作中的积极性，让他们共同参与，贡献智慧和力量。为此，圻下社区首先安排自治规范修订工作小组成员入户走访，了解居民普遍关注的议题，达到有效吸引居民参与其中的目的。其次，通过集中宣讲、扫楼等方式让居民了解到居民公约、村规民约对日常生活的重要性以及如何参与、如何发表意见等。最后通过表决听取居民对自治规范修订的意见，进一步完善各项已草拟的自治规范内容。

同时，圻下社区多次召开社区干部和居民代表参加的座谈会，听取对自治规范修订的意见和建议，确定了一批本社区需要完善自治规范的事项。

圻下社区自治规范修订工作小组重视以往的成功经验的梳理、总结。2024 年 1 月，圻下社区"两委"召集各村小组长和部分居民代表召开座谈会，也邀请霞涌司法所、社区法制副主任参加。会议主要总结以往多年来在本社区能够有效推动的民约，都有哪些特点，在推动过程中做对了哪些工作。根据与会者的意见，过去自治规范方面成功的经验主要基于以下几个方面：①社区干部既要对国家法律法规和政策敏感，又要时刻为居民利益着想。②社区所议订的民约，没有违反当时的法律法规，没有与当时的政策相冲突。③在制定民约的过程中，结合本社区的实际情况，广泛听取民意，把工作做到了群众心坎上，切实抓住了绝大多数居民的合理诉求，解决了主要矛盾。④向居民解读政策法规，一定要用他们能听懂的朴实言语去传达，站在居民角度去帮助理解。⑤社区干部要带头致富，只有经济提高了，居民的幸福感、获得感才会更高，从而更加支持政府和社区干部的工作。

为做好本次自治规范修订工作，圻下社区自治规范工作小组在总结以往成功经验的基础上，结合本村现阶段情况，拟计划在社修改区居民公约，在家庭诚信积分制、出租屋管理、沿街商户管理、停车管理、人居环境、志愿者管理等方面制定新的民约，并委托法制副主任起草了 7 份草案。2024 年 2 月 5 日，社区自治规范修订工作小组分别走访了 3 个小组内的数十户居民家庭，就上述 7 份草案中比较有争议的条款，充分征集了各方意见。具体如下：

（1）关于议订《坜下社区居民公约》，社区干部、居民代表们对公约草稿内容提出了四点异议：一是，做不到"不乱拉乱接电线，不在建筑物的楼梯间、楼道、疏散通道、安全出口处停放电动自行车或为电动自行车充电"。因为社区里目前没有公共充电站，也未规划专门停放电动自行车的地方。二是，做不到"携犬出户时准备好清理犬粪的工具，及时妥善处理犬在户外排出的粪便，保持社区环境卫生"。因为养狗居民的素养普遍达不到这种觉悟，嫌麻烦，社区干部也很难第一时间发现狗粪。三是，做不到"自觉开展移风易俗活动，反对封建迷信及其他不文明行为，提倡喜事新办，不铺张浪费，丧事从俭，不搞陈规陋俗"。由于坜下社区是村改居，土著居民原本也是霞涌的村民，传统风俗上还是坚持农村特色，社区干部和居民都不建议将该条款纳入《坜下社区居民公约》。四是，奖惩机制无法落实，还额外增加社区干部的工作量。

（2）关于议订《家庭诚信积分制实施方案》，居民们均表示："意义不大，难以落实。一是会大大增加社区干部的工作量，二是涉及惩罚性措施，居民们出于自身利益考量，不会投赞成票，三是社区层面所能落实到的诚信积分兑现方式，几乎都是兑换低值易耗的日用品、通报表扬等，不足以吸引居民的兴趣。"社区有位党员联想到自己曾经去参观学习过的湖南省长沙市岳麓区桔子洲街道学堂坡社区的情况，并与居民们分享该社区在诚信积分制方面的好做法："学堂坡社区与周边的三甲医院、银行等民生服务机构建立了合作关系，对于本社区诚信积分达到一定数值的居民，在医院能享受一些快捷服务和优先待遇，在银行贷款能获得更大的信贷额度。"居民们听后表示："这些需要上级部门去协调，如果我们坜下能享受此类待遇，相信居民们会大力支持诚信积分制在本社区推动。"但就目前坜下社区的情况，居民们普遍认为还无法实行诚信积分制。

（3）关于议订《坜下社区出租房屋管理公约》，居民们建议可以增加

"房东必须要求所有租客在入住时要先扫'粤居码'上传身份信息"条款，以便于社区网格员和公安机关实时掌握房屋出租情况，加强治安管理。

（4）关于议订《沿街商户自治管理规定》，居民们普遍支持："占道经营问题时有发生，且会出现连带效应，只要有一家商铺占道，其他商铺也会有样学样，严重影响人行道秩序。"部分社区干部表示："对于我们社区出租的沿街商铺占道经营问题，既要维护公共秩序，又要善待租户，我们社区没有执法权，需要街道执法部门的配合，建议增加相关条款。"

（5）关于议订《坜下社区停车管理公约》，由于社区在2016年以后已进行围合并设置统一出入口，所以社区内停车秩序相对较好。经过走访调研，目前唯一难解决的问题是进入小区内的三轮车数量无法控制。社区一直有要求每栋楼最多登记一辆三轮车，并派发1个出入闸机的电子卡片。但实际情况是，一辆有登记的三轮车打开闸机后，其他未登记的三轮车也跟着进来，社区内三轮车数量一旦多起来，停车秩序就会乱，尤其是晚上宵夜档收摊后，流动商贩们的三轮车都跑进来了。这是一个棘手的问题，目前还没有更好的管理方式。居民普遍认为即使在公约里加入了相关条款，也难以产生实质性的约束力。

（6）关于议订《坜下社区人居环境文明公约》，居民们普遍认为惩罚性措施难以落实，表决通过的可能性很低，原因有两方面：一是影响到了个人利益和名声，居民会本能地抵触；二是由于坜下社区是村改居，本质上还是农村熟人社会，社区干部也是从居民中被推选出来的代表，干群之间往往具有各种宗族关系，若需要由社区干部来执行惩罚性措施，将会有很多顾虑，且容易破坏宗族关系，进而影响干群关系。

（7）关于议订《志愿者管理制度》，由于志愿服务具有无偿性，且是为社区提供服务，对社区和居民个人都只有好处，没有坏处，所以居民们都没提出异议。

通过广泛征求意见，坜下社区自治规范工作小组和社区"两委"干部全面了解了居民对社区自治规范修订的态度，掌握了居民对社区自治规范的要求，为修订自治规范提供了基础。

三、全面修订规范

按照自治规范修订工作的要求，坜下社区全面梳理了原有的《坜下社区居民公约》《惠州大亚湾区霞涌街道坬下股份经济联合社章程》《惠州大亚湾区霞涌街道坬下股份合作经济社章程》《惠州大亚湾区霞涌街道坬下山股份合作经济社章程》《惠州大亚湾区霞涌街道坬下塘股份合作经济社章程》《坬下村民小组关于完善股份制补充条款决定（2012 年）》《坬下股份合作经济社补充条款（2018 年）》《关于坬下股份合作经济社的小孩读书原户籍股民户口迁出迁回本社讨论会议纪要（2024 年）》《关于坬下塘村小组小孩读书原户籍村民户口迁出迁回本村小组讨论会议纪要（2023）》《霞涌街道农村人居环境"门前三包"星级家庭评选活动实施方案》《临时停车收费标准》《党群联席会议制度（一）》《党群联席会议制度（二）》《"四议两公开"决策程序（一）》《"四议两公开"决策程序（二）》等自治规范文件 16 份，对之进行了合法性审查，修订完善自治规范文件 15 份，对审查发现自治规范与国家法律法规相冲突的内容提出审查意见 3 份，建议废止自治规范文件 1 份（《坬下社区居民委员会计划生育村民公约》）。

（一）对现有《惠州大亚湾区霞涌街道坬下股份合作经济社章程》《惠州大亚湾霞涌街道坬下山股份合作经济社章程》进行合法性审查，提出了修改意见

（1）对《惠州大亚湾区霞涌街道坬下股份合作经济社章程》进行审查后，发现有两方面与国家法律不一致，需要进行修改。

第一，该章程"第十一条（二）下列情形之一的人员，界定为本社的出资认购人员：本社股东资格界定日之后，本社股东结婚和符合计划生育政策生育第一孩，其妻和其小孩，股东婚后无生育人员依法领养的小孩可认购本社股东。购股人员按当年股东评审股金 50% 认购股权，可享受本社股东同等股份分配。"

上述内容与 2021 年 8 月 20 日全国人大修改后的《人口与计划生育法》第十八条"一对夫妻可以生育三个子女"的规定相冲突，建议修改为："第十一条（二）下列情形之一的人员，界定为本社的出资认购人员：本社股东资格界定日之后，本社股东结婚和符合《人口与计划生育法》规定生育的小孩，其妻和其小孩及股东婚后无生育人员依法领养的小孩可认购本社股东。购股人员按当年股东评审股金 50% 认购股权，可享受本社股东同等股份分配。"

第二，该章程"第五十二条　自本章程通过之日起，凡违反计划生育政

策，超生二孩（胎）以上者不含第二孩（胎）停止夫妻双方七年股份分红，处罚从其超生小孩出生之日起算起，并且要按规定落实措施。第五十三条属本社持股人员，夫妻双方生育第一孩后，要按照计生服务部门规定时间，每年进行季度查环查孕，违者每次罚款 200 元，并且按规定落实避孕节育措施、补救措施，如未按时落实（除特殊情况外）停止其夫妻双方的股份分配。（从规定落实日期开始）直到落实后才恢复其股红分配。"

上述内容与 2021 年 8 月 20 日全国人大修改后的《人口与计划生育法》第 18 条"一对夫妻可以生育三个子女"的规定相冲突，建议删除。

（2）对《惠州大亚湾区霞涌街道坂下山股份合作经济社章程》进行审查后，发现有一方面与国家法律不一致，需要进行修改。

该章程第 10 条规定：股东资格界定。下列情形之一的人员，界定为本社的出资认购人员：本社股东资格界定日之后，本社股东结婚和符合计划生育政策生育第一孩及二孩，其妻和其小孩，股东婚后无生育人员依法领养的一孩及二孩可认购本社股东，再婚人员也只能生两个小孩。购股人员按当年股东评审股金 20% 认购股权且最多可认购和当地股东同等的股权，交清认购款后才可享受本社股东同等股份分配。

上述内容与 2021 年 8 月 20 日全国人大修改后的《人口与计划生育法》第 18 条"一对夫妻可以生育三个子女"的规定相冲突。建议修改为：第 10 条，股东资格界定。下列情形之一的人员，界定为本社的出资认购人员：本社股东资格界定日之后，本社股东结婚和符合《人口与计划生育法》规定生育的小孩，其妻和其小孩及股东婚后无生育人员依法领养的小孩、再婚人员符合《人口与计划生育法》规定生育的小孩均可认购本社股东。购股人员按当年股东评审股金 20% 认购股权且最多可认购和当地股东同等的股权，交清认购款后才可享受本社股东同等股份分配。

（二）对《坂下社区居民委员会计划生育村民公约》进行审查

审查后，发现许多内容与国家法律不一致：①凡违反《广东省人口与计划生育条例》行为的村民，家庭无资格参加"文明户"的评选。②婚前管理。村民在登记结婚时应与村委会签订《计划生育村民自治合同》，并自觉参加办事处举办的新婚学习班，不按时参加的，缴交违约金 100 元。③生育及收养申报。村民生育或办结收养手续收养子女，应在 10 天内告知村委会，逾期不报的，缴交违约金 200 元。④按政策只能生育一个子女的村民，应在子女出生 3 个月内办理《独生子女父母光荣证》。不按时办理的，缴交违约金 100 元，夫妻双方当年不得享受年终分红，办理后次年才可恢复。⑤及时落实避孕、节育措施。已生育一孩的育龄妇女在产后 3 个月内（剖腹产的 6 个月内）应首选上环，已生育两个以上子女的，42 天内一方应首选结扎措施。对不按时落实措施，又无特殊情况（须医生检查），缴交违约金 300 元。⑥村民因节育措施失效，应及时补环，计划外怀孕的要及时采取补救措施（人流），造成中、大月份（怀孕 3 个月以上）引产的，一切费用自付。对擅自取环的，一次性收违约金 300 元。⑦季度查环查孕。按照领准生证时签订的《计划生育村（居）民自治合同》第 2 条第 7 项不论有无收到《查环查孕通知单》都要自觉参加查环查孕。凡是未能准时参加本村季度（3 月、6 月、9 月、12 月）查环查孕的村民，或外出务工未能按时寄回查环查孕证明的，每缺一次，收取违约金 100 元，以此类推，缺四次以上者，除缴纳违约金外，当年不得享受年终分红和集体福利待遇。⑧村民不得请人代替查环查孕、提供假查环查孕证明，如有违反，一经查实，缴交违约金 3000 元。⑨村民不得包庇、窝藏违反计划生育对象，或造谣惑众、刁难、围攻、谩骂计划生育工作人员，如有违反，除缴交违约金 3000 元外，还要书面公开检讨，情节严重的由公安机关依法追究刑事责任。同时夫妇双方不得享受当年集体股份分红和集体福利待遇。⑩违反计划生育的夫妇和家庭成员不得享受集体股份分红和集体福利待遇。⑪违约金管理。扣缴村民违约金收支情况每月在计划生育要务公开栏公布，主要用途为：一是，独生子女保分健费和办理养老保险费；二是，实行计划生育受术者的术后随访费用；三是，实行计划生育的独生子女户用纯二女特困户困难补助；四是，计划生育服务网络、宣传网络建设费用；五是，计划生育活动的其他费用。

上述内容明显违反了 2021 年 8 月 20 日全国人大修改后的《人口与计划生育法》第 18 条"一对夫妻可以生育三个子女"、第 20 条"育龄夫妻自主选择计划生育避孕节育措施，预防和减少非意愿妊娠"、第 38 条"计划生育技术服务人员应当指导实行计划生育的公民选择安全、有效、适宜的避孕措施"等规定。建议废止《坜下社区居民委员会计划生育村民公约》。

（三）外嫁女分红方面的规范

坜下社区的三个居民小组在议订的"股份合作经济社章程"均对外嫁女

的权益制定了保障妇女权益的条款。其中：①《惠州大亚湾区霞涌街道坽下股份合作经济社章程》在2012年7月经股东代表大会讨论修改通过："第三十三条　在股东界定日起，持股权的外嫁女在本社发股权证后参加第一次分配日起，婚后外嫁女参加第一次分配后按领结婚证之日起，仍可享受十五年股权分配，期满后所持股权由本社收回。"②《惠州大亚湾区霞涌街道坽下塘股份合作经济社章程》在2014年12月经股东代表大会重新修订通过："第十五条　本社女性股东成年后结婚外嫁外村及本村者，从登记结婚之日起，可再享受十五周年股份的全额分配，期满十五周年股份份额自动取消。"③《惠州大亚湾区霞涌街道坽下山股份合作经济社章程》在2020年经股东代表大会修改讨论通过："第三十二条　在股东界定日（2007年10月1日）起，持股权的外嫁女在本社发股权证后参加第一次分配日起，按领结婚证之日起，仍可享受十五年股权分配，期满后所持股权由本社收回。"

上述三个居民小组修订的章程均明确了女性股民结婚后（即外嫁女）可享有15年村集体分红的权利，从根本上解决了外嫁女的财产权益纠纷。

"外嫁女"作为一个特殊的女性群体，在集体经济和家庭财产分配中经常处于弱势地位。相应的"外嫁女"能否获得权益，以及是否具有农村集体经济组织成员资格等问题引发诸多矛盾，而各地司法实践中对此认定的裁判标准不一。坽下社区三个居民小组的股份合作经济社章程修订之前，各小组的外嫁女均存在不同的纠纷。为了解决"外嫁女"纠纷，兼顾社区居民利益和保护成年女性的婚后权益，坽下社区在多次收集、综合居民意见后决定统一修改各居民小组各股份合作经济社章程，明确了外嫁女婚后可享有15年集体分红的权利。各居民小组修订股份合作经济社章程后成效明显，目前坽下社区不存在外嫁女上访或诉讼的情况。

（四）激励参军、激励教育事业方面的规范

坽下社区和各居民小组对此有一些规定。为鼓励适龄青年参军入伍，坽下社区通过会议纪要的形式明确规定：凡是参军入伍的青年均按照每人3000元标准发放奖励金。此举不仅增强了军属家庭的国防观念和荣誉感，鼓励了全村有志青年为国防和军队建设贡献力量，还营造了爱国拥军、尊崇军人的浓厚社会氛围。除奖励金之外，坽下社区还考虑对入伍青年高标准落实股份分红福利待遇，高标准设立奖励性补贴项目（对入伍青年及家属进行奖励和节日慰问）等。同时，《惠州大亚湾区霞涌街道坑下塘股份合作经济社章程》第 20 条也规定了"参加入伍当兵的一次性奖励人民币 3000 元"。

优秀学子为国家发展提供了人才支柱，提升了国家发展的建设基础和人才力量。坑下社区旨在通过奖励措施激发广大学子的学习积极性，促进坑下社区教育事业的不断提高。2023 年 4 月，坑下社区"两委"通过会议纪要形式明确了坑下社区爱心助学的优良传统。2023 年度"金秋助学"活动，奖励情况如下：大专 1000 元，本科 2000 元，重点本科 3000 元，研究生 4000 元。社区符合条件的应届学子，凭录取通知、户口本及身份证到党群服务中心领取。奖励金在社区出租房屋的收益中支付。坑下社区下一步将以上约定完善为成文的自治规范，以便长期施行。此前，社区提议各居民小组在制定"股份合作经济社章程"时均要加上奖励升学的条款。其中：①《惠州大亚湾霞涌街道坑下股份合作经济社章程》"第三十七条　属本社的年轻股东，应好学向上，本社拿出一定的奖学金实行奖励，凡考上国家重点大学 A 线奖励 3000 元人民币，考上本科 B 线奖励 2000 元人民币，考入大专线奖励 1000 元人民币。"②《惠州大亚湾区霞涌街道坑下塘股份合作经济社章程》"第二十条 本社所有股东不得用个人持有的股份份额进行抵押或抽资退股。属本社年轻股东应好学向上，本社每年拿出一定奖学金实行奖励，凡考上国家重点本科大学的奖励人民币 3000 元，考上本科的奖励人民币 2000 元，考上大专的奖励人民币 1000 元，凭入学通知书及学校收款收据方可领取。"③《惠州大亚湾区霞涌街道坑下山股份合作经济社章程》"第三十六条　属本社的年轻股东，应好学向上，本社拿出一定的奖学金实行奖励，凡考上国家重点大学 A 线奖励 3000 元人民币，考上本科 B 线奖励 2000 元人民币，考入大专线奖励 1000 元人民币。"上述奖金均由各居民小组合作经济社的经营收入中支付。

近些年来，坑下小组、坑下塘小组不断有居民提出，为了让小孩接受更好的教育，根据现行政策，在义务教育阶段就读优质学校需要学区房户口。然而根据小组的经济合作社章程，如果把户口迁出将会丧失股东资格，这一规定非常不利于促进本社区居民子女的教育事业发展，建议补充约定。于是坑下塘小组、坑下小组分别在 2023 年 4 月、2024 年 2 月通过了关于原户籍股民户口迁出迁回的约定，内容大致如下：为了让居民子女享受优质教育资源，结合现行教育政策，原户籍股民因子女教育需将户口迁出本小组的，其本人和随户迁出的子女依然保持股东资格。在完成小学至高中阶段教育后，三年内要把户籍迁回本小组。逾期未迁回的，本人及子女仍可享受集体红利，但子女的配偶和后代不再享受。

（五）关怀社区老人、残疾、特困人员等方面的规范

为了关心、帮扶弱势群体、送去社区温暖，维护社会和谐，坽下社区"两委"于 2022 年 12 月通过会议纪要的形式，明确每年组织慰问活动。对社区 60 岁以上的老人、残疾人、特困人员发放慰问金，关心弱势群体的生活。慰问金发放标准：社区内 60 岁至 79 岁老人每人发放 500 元；80 岁以上高龄老人每人发放 1000 元；老党员、残疾人员、经济困难户、重病人员等每人发放 500 元。另购买一批生活物资慰问重大疾病人员、社区教跳舞的老师及流动人口的困难家庭。以上抚慰经费均由工委专项经费支出。社区慰问老弱残活动既能全面、准确了解 60 岁以上老年人、残疾人、特困人员的现状和需求，也切实为他们办了实事，解决了难题，在社区内形成了关爱老人、残疾人、困难群众的良好氛围。

（六）人居环境方面的规范

2007 年 5 月，坽下社区从霞涌整体搬迁到现址，原本在辖区内的篮球场位置设有垃圾投放点，本是方便居民就近扔垃圾。但一段时间后发现，这个垃圾存放点带来了较严重的卫生问题，既污染空气、影响美观，又滋生蚊虫，还可能传播细菌，影响了社区的人居环境。于是社区书记在居民代表会议上提出，建议在辖区范围内不再设置垃圾投放点，家庭厨余垃圾全部丢到社区外面去，这一建议得到了居民们的广泛支持。从那以后，社区环境卫生有了显著好转。

但是撤掉了垃圾投放点，也会引起另一个现象，就是居民有时嫌走出社区外面丢垃圾太麻烦，会把垃圾暂时放在自家门前路边，这种现象一旦多起来，同样会影响环境卫生。为了遏制这种现象，社区干部一般是通过视频监控，实时掌握每条巷子的情况，发现后就警告提醒。

为进一步贯彻党中央、国务院关于改善农村人居环境的重大决策部署，实施乡村振兴战略。按照区管委会、街道办文件要求，向优秀、示范村居学习，坚持因地制宜，分类确定治理标准和目标任务，自治规范修订工作小组在充分听取居民意见的基础上，起草了《坽下社区人居环境文明公约》，针对

社区居民需求，突出对社区卫生与秩序、社会治安、停车规范等方面形成了具体规范。但少数居民对《圻下社区人居环境文明公约》草稿中"无自（圈）养家禽"的内容还不能接受，认为饲养家禽是传统习俗，不饲养家禽不符合生活实际。经社区干部多次跟饲养家禽的居民解释，饲养家禽会影响社区的整体卫生环境和形象，也可能传播疾病，不符合建设文明城市要求，不能因为个人喜好或习惯而影响文明城市建设的大局。经过耐心说服，少数居民基本接受了"无自（圈）养家禽"的约定。《圻下社区人居环境文明公约》草稿已完成，等待表决通过后将对社区的人居环境起到积极作用。

另外，针对人居环境，社区也正在研究激励机制，主要是从两个方面着手：一是对卫生环境做得好的居民进行物质奖励，奖品主要是生活日用品，资金来源可以是街道拨款或者集体资金拨款；二是对做得好的环卫工人进行额外奖励，目前负责社区内清洁的是上级部门聘请的第三方公司的环卫工人，工资上级部门承担，但为了让社区环境更加美丽，圻下社区拟计划设计出一套额外的激励机制，由社区集体资金对做得好的环卫工人进行额外奖励。

（七）停车管理方面的规范

随着经济发展和生活水平的提高，居民的汽车拥有量越来越多。为进一步加强圻下社区交通秩序，解决道路交通拥挤、车辆乱停乱放、居民临时停车难等问题，也为了加强社区内消防和治安管理。2016 年社区"两委"经研究后决定积极动员和组织居民自治力量，社区在原有围墙范围内统一车辆出入口，用社区集体收益投资设置收费道闸，收取外来车辆停放费用，加强了社区内车辆的停放管理。经过多年的运作并在广泛听取社区居民意见的基础上，圻下社区自治规范修订工作小组草拟了《圻下社区停车管理公约》草案，分别对车辆管理、停放、收费标准、违规管理等各方面作出规范。以此保障社区道路通畅及更好的管理停车秩序，维护社区及居民的整体利益。

《圻下社区停车管理公约》草案的停车收费按照社区内车辆类型，根据政府指导价和市场情况进行动态调节，按本地区最低的停车收费标准收取外来车辆的停车费，停车费收入属于集体收益，明确用于社区基础设施建设、公共管理开支等方面。

（八）出租屋管理方面的规范

随着经济社会发展，人口流入趋势明显，为促进居民自建房出租房屋管理进一步规范化，消除治安、消防等方面隐患，切实保障广大人民群众的财产和人身安全。圻下社区自治规范修订小组把出租屋管理内容拟成《圻下社区出租房屋管理公约》草案，落实出租房屋谁出租谁管理的主体责任。例如，出租人应当承担的责任：出租人应当主动登记承租人信息、签订书面租赁合同；不向无身份证明的人出租房屋；要定期检查出租房屋的状况，发现出租房屋出现安全隐患或违法现象时要及时整改或向有关部门报告。承租人应当承担的责任：不得将出租房屋用于赌博、卖淫嫖娼、吸毒等违法犯罪行为；严禁存放易燃、易爆、有毒等危险品，严禁高空抛物，不得随意堆放物品，不得随意停放车辆（含电动自行车），不得乱丢垃圾，不得私拉、乱接电线，不在室内停放电动自行车或为电动自行车充电，不得改变房屋结构，不得搭建违章建筑等。以上若实施得当，不仅可以提高租户的生活质量，还有利于提升社区的形象和社会治安，也关系到社区创文工作，因此出租房屋的管理工作非常重要。

社区居民均表示支持《圻下社区出租房屋管理公约》草案，实施后无论对社区的人员管理、消防安全、人身财产安全均能够产生促进作用，要落实好《圻下社区出租房屋管理公约》各项约定。

（九）沿街商铺管理方面的规范

圻下社区沿街商铺多间，涵盖餐饮、休闲、商超、副食品零售、五金等，业态种类丰富便民的同时，却也存在很多问题。商铺门前车辆乱停乱放、商家占道经营、违规设置户外广告、餐饮油烟排放、噪声污染、卫生脏乱差等现象较为突出，给社区居民安全、美观、有序的居住和营商环境带来较大影响，圻下社区自治规范修订小组草拟的《沿街商户自治管理规定》，倡导沿街商铺经营者自觉规范经营行为，搭建起社区、商铺、居民三方联动平台，协同有关部门，促成沿街商铺门前公共区域共管共治。

根据对居民及商户的走访调查得知，目前圻下社区大多数居民、商户认同《沿街商户自治管理规定》草案，可以引导商户自觉遵守自治管理制度，有效化解商居矛盾，打造社区洁净秩序。

圻下社区将尽快召开居民大会，将《圻下社区居民公约》《圻下社区人居环境文明公约》《圻下社区停车管理公约》《圻下社区出租房屋管理公约》《沿街商户自治管理规定》《志愿者管理制度》提交居民大会讨论表决。

自治规范修订工作提高了坜下社区居民的自治意识，进一步推进了坜下社区的自治，产生了积极的治理作用。①形成制度规范、工作制度健全的自治机制。坜下社区党支部和居民委员会严格落实"三会一课"制度，运用"四议两公开"议事决事，充分保证广大居民对社区事务的知情权和参与权，发挥重大决策事项按照规定办事，经党员、居民代表大会讨论通过社区各项事务及建设等事项。②落实共商共议，"社区事"变"家家事"。坜下社区发挥自治强基作用，逐步建立健全"三层一议"议事会制度，由社区居委会、社会组织、居民代表三方定期召开例会和临时会议共同协商解决社区问题，切实聆听社区居民意见建议，共同参与社区治理，做到"凡事好商量，凡事多商量"，"小事不出门，大事不出村"。③有效解决了外嫁女利益纠纷问题。在霞涌街道8个村（居）中，坜下社区（村改居）的集体经济状况位居前列，但已多年未出现外嫁女因利益纠纷而引发的上访或诉讼问题。能够维持这一局面，在大亚湾区所有涉及利益分配的村当中，都属罕见。这一切都得益于章程中约定的给外嫁女分红15年的条款，有效减少了基层矛盾纠纷，降低了诉讼率，节约了司法资源。④通过奖励升学、奖励参军、慰问老弱病残、因入学而迁户口的相关约定，既让坜下社区居民充分享受到了集体经济的红利，又激励了居民奋发图强的意志，为国家和社会源源不断地输送人才，实现了一举两得的效果。⑤通过对坜下社区进行封闭式管理并对外来车辆收费，既减少了外来车辆长期占用本社区停车位的现象，又增加了集体收入，还在一定程度上保持环境卫生整洁、防止了车辆乱停乱放现象。

四、尽力解决"外插户"社区股份资格问题

坜下社区下辖管理有坜下、坜下塘、坜下山三个居民小组，其中坜下居民小组和坜下塘居民小组的居民是本地原住民，坜下山居民小组的居民是外地迁入的居民。因石化项目建设的需要坜下、坜下塘、坜下山三个小组从原霞涌街道霞涌村村委会分离出来成立的独立坜下社区居民委员会，坜下社区在石化项目建设的整体搬迁补偿取得商铺（面积约1300平方米）和房屋（面积约4000平方米），为坜下社区目前资产，也是坜下社区实行股份制改造的资产。

坜下社区进行股份制改造需要确认成员资格，进行股民资格认定。对此，

坂下社区的居民就出现了严重分歧：

坂下居民小组和坂下塘居民小组的居民认为坂下社区在石化项目建设的整体搬迁补偿取得商铺和房屋是政府基于对坂下居民小组和坂下塘居民小组原有的土地、山林征收补偿而取得的财产，坂下山居民小组的居民是外地迁入的居民，不享有征收前土地、山地的权利，同时，坂下山居民小组的居民在原籍还享有土地、山林的权利，故无权享有坂下社区的资产，不能享有坂下社区的股份制改造的股份资格。

而坂下山居民小组的居民认为坂下社区的资产是政府对新设立社区的支持而注入的资产，该资产属于包括坂下山居民小组的居民在内的全体坂下社区居民所有；同时，政府在石化项目建设征收时已对坂下居民小组和坂下塘居民小组原有的土地、山林另行作出了征收补偿，故坂下山居民小组的居民依法享有坂下社区的股份制改造的股份资格。

由于利益问题，双方存在明显的意见对立。

对此，坂下社区党支部和居民委员会也没有统一意见。最早坂下社区"两委"提出建议：坂下山居民小组的居民可以按一定比例享有坂下社区的股份制改造的股份资格，即坂下居民小组和坂下塘居民小组的居民与坂下山居民小组的居民的股份资格比例为 10：8，但坂下山居民小组当时因外嫁女问题还未解决，担心外嫁女也要提出坂下社区股份资格，而没有同意该方案。

外嫁女问题解决后，坂下山居民小组提出坂下社区的股份资格时，坂下居民小组和坂下塘居民小组的居民只同意与坂下山居民小组的居民的股份资格比例为 10：3.5，坂下山居民小组不同意该方案。

现在坂下居民小组和坂下塘居民小组的大多数居民认为坂下山居民小组居民不能享有坂下社区的股份资格。一旦通过坂下山居民小组居民不能享有坂下社区的股份资格的方案，将引发坂下山居民小组居民集体上访，或者造成坂下居民小组和坂下塘居民小组居民与坂下山居民小组居民内部冲突，严重影响社区的团结、稳定。

要解决坂下社区股份资格问题，需要明确坂下社区资产来源是何种性质：是对征收坂下居民小组和坂下塘居民小组原有的土地、山林征收补偿而取得的财产？还是政府对新设立社区的支持而注入的资产？这个问题应当由拨入坂下社区资产的政府部门来界定。

为了解决因圳下山居民小组居民参与圳下社区股份制改造而降低了圳下居民小组和圳下塘居民小组居民的股权收益，建议政府增加对圳下社区扶持和资产投入，让圳下居民小组和圳下塘居民小组居民体会到即使圳下山居民小组居民参与了圳下社区股份资格，也没有影响原有的股权收益。因此，这个问题只有政府主导参与才能解决。

至 2024 年 8 月，圳下社区的"外插户"社区股份资格问题仍然合意中。政府有关部门、街道、社区干部、居民小组长和居民在积极地进行沟通，期待通过耐心的思想工作，双方能够以大局为重，互谅互让，在相互理解的基础上达成一致，彻底解决这一问题。

五、结语

圳下社区自治规范修订进一步完善了社区的各项规章制度，促进了社区各项工作开展，凡事有章可循，确保社区工作依法行事。同时，通过自治规范修订进一步提高了圳下社区居民的自治意识，增强了社区居民的主人翁精神，积极参与社区事务管理，加强了社区居民的法治意识和规范意识。

在自治规范修订过程中，圳下社区对于涉及利益分配的敏感问题，国家法律法规和政策又无明确界定时，采取择中的约定，往往比"一刀切"地偏向其中一方，更能息事宁人，也就是双方各退一步。如本社区的给外嫁女分红 15 年的约定，就是一个较好的范例。这既照顾到了各方的利益，又维系了村民之间的情感纽带。居民关系和谐，在日后推动其他工作过程中，也能减少许多阻力。这就提升了社区的自治能力和自治水平。

圳下社区自治规范修订工作表明，一个村居有积极作为的干部以及相对和谐的居民关系，往往更能够得到政府部门的青睐，获得更多的资源支持和优先考虑，这也会进一步夯实本社区的发展潜力，更好地推进村居发展。

圳下社区今后将加大社区新修订自治规范的宣传力度，提升规范内容在居民中的知晓率。社区通过各类宣传服务活动，解读自治规范的具体内容，推行自治规范的意义及好处等，引导居民正确践行社区的自治规范，破除陈规、摒弃陋习，提倡文明新理念，树立和谐文明新风尚，并通过深入沟通、凝聚共识努力解决"外插户"社区股份资格问题，建设和美圳下。

第十章
全员共同编制"三张清单"完善合规风险管理体系

—— 大亚湾环境水务集团有限公司自治规范修订工作报告 *

▲

赵丽航　黄高文

一、引言

企业合规是指企业在经营、管理活动中，依照法律法规规章、国家政策、行业规范、商业道德以及内部规章制度，确保企业的各项活动合法合规。企业合规的主要内容包括法律法规遵守、行业规范遵循、内部规章执行、通过识别、评估和应对各种合规风险来进行合规风险管理、通过员工培训提高员工的合规意识和遵守规则的能力、通过建立有效的监督机制，确保合规执行、通过对供应商、合作伙伴等进行合规审查形成对合作伙伴的合规管理。企业合规的意义在于：一是降低风险：减少法律纠纷、财务损失等风险。二是保护声誉：维护企业的良好形象和声誉。三是增强竞争力：提高市场竞争力。四是确保可持续发展：为企业的长期发展提供保障。五是满足社会期望：符合社会对企业的要求和期望。

我国"十四五"规划明确将"引导企业加强合规管理，防范化解境外政治、经济、安全等各类风险""推动民营企业守法合规经营"作为主要内容。2022年5月，广东省国资委印发《省属企业"合规管理强化年"行动方案》，

＊　本章初稿完成时间为 2024 年 4 月 9 日。

要求各省属企业结合行业特点和企业实际研究制定"合规管理强化年实施方案"通过找准定位、强化对标，分类别、有重点地推进各项工作，重点难点，加快补短板、强弱项，实现省属企业合规管理理念、文化更加先进，合规管理制度、流程更加完善，合规管理实效更加突出，企业由"被动合规"向"主动合规"转变，依法治企能力水平进一步提升。惠州市国资委将2024年定为惠州市所属企业高质量发展"管理提升年"，要求全市各国资国企完善合规管理制度建设、建立合规管理体系框架、培育企业合规管理文化。惠州大亚湾区管委会财政国资金融局高度重视大亚湾区区属国有企业（下称"区属国有企业"）合规经营管理，推动、指导区属国有企业加强合规管理，不断提升区属国有企业依法经营、合规管理水平，切实防控风险，为深化改革与高质量发展提供了重要支撑和可靠保障。2024年1月23日，惠州大亚湾区管委会财政国资金融局印发了《大亚湾区管委会财政国资金融局所属企业合规管理办法（试行）》，从合规管理履职、合规管理制度体系、合规管理考核、合规管理文化、合规管理重点、信息化建设等方面对区属国有企业经营管理行为和员工履职行为提出了更明确的合规要求。大亚湾区各区属国有企业虽普遍已按照法律、行政法规、国家政策、行业规范的要求进行合规管理，部分合规管理的制度、行为、体系也已书面化，但至今未有一区属国有企业形成完整的可参照、推广的区属国有企业合规建设体系，区属国有企业缺乏可参照、借鉴、学习的合规建设体系，难以对区属国有企业自身合规管理的效果进行评估，也无法有效地进行持续改进。

惠州大亚湾环境水务集团有限公司（原名惠州大亚湾石化工业区发展集团有限公司，下称"大亚湾环水集团"），成立于2001年12月，注册资本金4.74亿元，为大亚湾区区属一级国有企业，主营业务为供水排水污水设施投资建设运营、供应链贸易服务、工程建设管理、产业园区开发建设、水务设备及系统开发销售、碳资产投资管理、信息化设备销售及服务、物业管理、土地使用权租赁、粮食仓储服务、粮食加工、餐饮管理、交通运输服务等。环水集团对下属企业实行分类分级管理，集团目前有二级企业8家，三级及以下22家，共有下属企业30家（含参股6家）。主要客户群为政府部门、石化区企业、贸易类企业等。截至2024年3月，集团本部及下属全资、控股企业共283人，本科及以上学历230人，占比81.27%，具有专业技术职称及各类职业资格共 236 人次，占比 83.34%。未来，大亚湾环水集团以构建"水务产业平台、市场化转型平台、改革创新平台"为导向，持续推动供排污一体化改革，积极开展碳资产、环保技术设备、信息化技术设备服务、再生水等市场化业务，力争打造成为惠州市知名的"以环境水务为特色的综合产业集团"。

在企业经营中，大亚湾环水集团实行"清单式"决策机制。"清单式"管理采用表格的方式，将决策事项的类别、概要和具体内容明确划分，提供了一个清晰的结构，使得各个决策阶段的要点和关键信息一目了然，这种图表化和流程化的管理思路遵循了一定的构建逻辑，在经营管理方面提供了更系统化和规范化的决策支持。

在自治规范修订试点过程中，大亚湾环水集团作为唯一一家企业试点单位，根据《中央企业合规管理办法》《关于进一步深化法治央企建设的意见》《关于加强地方国有企业法治建设的指导意见》等规范性文件精神，进一步探索和完善合规管理体系，在集团的"清单式"管理模式的基础上，在规章制度合规审查基础上，全员参与共同编制《合规风险识别清单》《岗位合规职责清单》《合规流程管控清单》这"三张清单"，教学合规风险落地管理，完善合规风险管理体系，力求提高集团沟通效率、流程规范性和持续改进能力，提升集团的运营效率和决策质量，增强集团竞争力和适应能力，为集团的可持续发展奠定坚实的法治和自治基础，依法自主进行企业经营，为社会提供优质服务。

二、规章制度合规审查

大亚湾环水集团作为大亚湾区区属国有企业，一直高度重视合规管理建设，并将其视为企业可持续发展的重要保障，具体合规管理建设情况如下：一是在企业内部控制、公司治理方面已经搭建了全面风险管控体系；二是制定了《环境水务集团关键事项管控权限表》对关键事项进行表单流程化管控。三是以三定方案明确了各部门的职责和权限。四是形成"清单式"管理决策机制。五是对重要业务进行风险管控。通过以上措施的实施，集团基本具备了合规管理的基本框架，为企业的健康发展提供了有力保障。然而，集团也认识到合规管理是一个持续改进的过程，集团需保持合规发展，进一步加强合规管理建设。

为利用自治规范的修订试点工作进一步推进企业合规风险管理体系建设，大亚湾环水集团制定《惠州大亚湾环境水务集团有限公司自治规范修订与规范运行专项工作方案》，明确集团作为试点企业要担负起主体责任，集团主要负责人切实履行好"第一责任人"职责，强化人员、经费等工作保障，成立自治规范修订运行工作小组，由集团党总支书记、集团董事长任组长，由集团党总支委员、集团审计管理部负责人、企业管理部负责人、集团创融公司风控部负责人、集团法务、外聘专项法律顾问广东宝晟律师事务所大亚湾分所律师团队组成工作小组，采用内部联席机制，整合集团各部门力量，齐抓共管，推进本次专项工作。

经工作小组多次讨论，最终确定本次企业合规试点工作的主要任务为：一是把握合规管理的关键领域。明确国企经营管理中存在或可能存在较高风险或较大影响力的关键领域，强化对这些领域进行重点关注、重点指导、重点支持等。二是把握合规管理的关键环节。明确国企经营管理中涉及合规要求的重要环节，建立健全这些环节的法律审查制度，加强对重大经营决策、重要业务活动、重点项目投资等方面的法律咨询和审查，防止违法违规行为发生。三是形成合规审查闭环管理机制。建立健全合规审查的记录保存、结果反馈、问题整改、效果评估等制度和流程，确保合规审查工作有始有终、有迹可循、有法可依。

按照本次自治规范修订的基本要求，结合企业发展要求，大亚湾环水集团首先对规章制度进行合规审查，对原有规范性文件与现行规定不一致的地方以及与经济社会发展要求相违背的制度进行及时清理，做到"应废尽废、应改尽改、应立尽立"。同时，坚持"谁制定、谁清理，谁起草、谁负责"原则，将清理任务分解至集团各责任部门，由各部门先行梳理、编制目录，逐件提出"废改立"意见建议，经集团总经理办公会讨论审定后，统一报备至制度管理部门。

截至 2024 年 4 月，大亚湾环水集团系统各部门共梳理清理现有制度（内容）64 项，其中废止 6 项、修改 11 项、新制定 7 项，在试点工作开展初期已有制度类文件继续有效 46 项。这是推动集团在法治轨道上持续高质量发展、防范合规违规风险、进一步提升依法治企能力的坚实基础。具体如下：

（1）废止了6项制度。为进一步做好自治规范的管理工作，集团对现行有效的制度文件进行了全面清理，废止了6项集团制度文件，被废止的文件不再作为集团管理的依据。

（2）修订了11项制度，分别为《中共惠州大亚湾环境水务集团有限公司总支部委员会议事规则（2024年修订版）》《惠州大亚湾环境水务集团有限公司董事会议事规则》《惠州大亚湾环境水务集团有限公司总经理办公会议事规则》《惠州大亚湾环境水务集团有限公司合同管理制度（2024年修订）》《惠州大亚湾环境水务集团有限公司投资管理制度（试行）》《大亚湾环境水务集团外派董事、监事、高级管理人员管理制度》《惠州大亚湾环境水务集团有限公司资产租赁管理办法（2024修订版）》《惠州大亚湾环境水务集团有限公司安全生产管理制度》《惠州大亚湾环境水务集团有限公司风险管理工作指引》《惠州大亚湾环境水务集团有限公司法律事务管理办法（2024年修订）》《惠州大亚湾环境水务集团有限公司业务招待及差旅费用管理办法》等。

（3）新制定了7项制度，分别是《因私出国（境）管理办法》《安全生产一岗双责管理规定》《惠州大亚湾环境水务集团有限公司安全风险分级管控办法》《惠州大亚湾环境水务集团有限公司关联交易管理制度》《惠州大亚湾环境水务集团有限公司公司债券信息披露管理制度》《惠州大亚湾环境水务集团有限公司融资管理制度》《合规管理办法（草案）》等。

由此，大亚湾环水集团进一步完善了企业的规章制度，为企业依法合规经营奠定了更为坚实的基础。

三、编制"三张清单"

在规章制度合规审查基础上，大亚湾环水集团全员参与编制《合规风险识别清单》《岗位合规职责清单》《合规流程管控清单》这"三张清单"。

自2023年以来，大亚湾环水集团从组织体系、运行体系、保障体系三个层面搭建风险管理体系、设置了风险管理"三道防线"、并制定《风险管理工作指引（试行）》完成了风险管理的制度建设。围绕2023年工作计划，重点关注了投资业务、供应链业务风险，并按照风险分层管理的原则，协同相关部门对集团投资业务、供应链业务进行了风险梳理与识别，且对识别的风险拟定了风险管理措施，形成了《风险管理清单》，并经相应的管理层批准后落实。

本次企业合规试点工作，按照《中央企业合规管理办法》第 13 条、第 14 条、第 15 条规定，集团初步建立了合规风险管控的三道防线。合规风险管控的第一道防线责任人是企业的业务部门及职能部门，对本部门的合规管理流程编制风险清单和岗位职责清单；第二道防线是合规管理部门，负责起草制定合规的基本制度和各种规章制度，展开合规管理的有效性评价和违规调查，建立起合规流程嵌入企业经营的防线；第三道防线，是纪检监督室和审计管理部等监督追责部门，负责对合规落实进行监督。同时拟定了《合规管理办法（草案）》，并经广泛征集集团各职能部门及下属企业各业务部门及业务骨干意见后，于 2024 年 4 月 7 日通过大亚湾环水集团党总支审议，后续将按照程序报董事会审批后发布。初步满足集团内部控制合规性的目标要求，持续推进集团风险管理体系的完善，建立健全环境水务合规管控《合规风险识别清单》《岗位合规职责清单》《合规流程管控清单》这"三张清单"，为集团高起点合规化发展奠定基础。

本次试点大亚湾环水集团联合外聘法律顾问，结合自治规范审查情况，编制"三张清单"。自试点工作开展以来至 2023 年底，集团编制出了第一版的"三张清单"，但在编制其中的《岗位合规职责清单》《合规流程管控清单》内容时，无法顺利编制下去，于是试点工作小组决定在企业内部对第一版"三张清单"开展模拟场景的实用性评估。

经评估，大亚湾环水集团试点工作小组认为第一版"三张清单"之间无法形成闭环、逻辑性不够，实用性不够充分。在对第一版"三张清单"仔细研究后发现，第一版"三张清单"以环水集团的制度为出发点进行编制，由于环水集团不同的制度涉及的岗位、流程数量不一，有些制度涉及多个岗位，可能存在一个制度对应多个岗位、多个业务流程的情形。所以从环水集团的制度出发，到了《岗位合规职责清单》《合规流程管控清单》方面的内容容易形成混乱，无法一一对应，此外，由于每个企业的制度之间的差距是比较大的，以制度为出发点制定的"三张清单"也存在推广适应性不足的问题。

而如果从大亚湾环水集团每一项业务出发，不仅可以与《岗位合规职责清单》《合规流程管控清单》一一对应，逻辑性更强，其他企业如果有相同业务的，也可以直接借鉴使用试点企业的"三张清单"，更有利于试点成果的推广和应用。按照这一思路，大亚湾环水集团合规管理部门有效梳理出新的环水集团各部门各岗位涉及的业务范围的事项清单，在全员参与的基础上编制、制定了合规管理执行层面的《合规风险识别清单》《岗位合规职责清单》《合规流程管控清单》这"三张清单"。

（1）《合规风险识别清单》。根据《惠州大亚湾区管委会财政国资金融局所属企业合规管理办法（试行）》要求，结合集团实际，围绕投资融资、合同管理、劳动用工、决策机制、市场交易、招标采购、工程质量、财务税收、安全环保、知识产权、商业伙伴和其他需要重点关注的业务领域等 12 个重点领域进行合规风险识别、分析、评估，结合对风险发生的可能性、影响程度、潜在后果等方面进行合规风险分级，识别出 74 项合规风险点、193 个风险描述，形成大亚湾环水集团的《合规风险识别清单》。

《合规风险识别清单》由业务信息区（包括一级业务板块、业务节点等）、风险信息区（包括风险点名称、风险内容描述、风险来源、具体判定依据、风险类型、风险等级等）、管理信息区（包括风险防范措施、责任部门等）等构成。如一级业务板块为"企管部"，业务节点为"日常经营管理"，风险点名称为"政策环境风险"，风险内容描述为"国家政策的变化给集团带来的不确定影响，如产业政策环境风险、财政政策风险、货币政策风险、贸易政策风险等"，风险来源为"风险提示"，具体判定依据为"国家时事政策"，风险类型为"其他合规"，风险等级为"低"，风险防范措施为"及时收集更新政策信息，必要时咨询专业机构"，责任部门为"企管部"。

当发生业务变更，或者新规出来等其他重要的变化，则需及时和定期进行合规风险再识别、再分析和再评估，结合实际情况逐步覆盖企业全员、全领域、全过程。实现合规流程的动态管理，建立起动态更新的风险识别清单，逐步推广至下属各公司。

（2）《岗位合规职责清单》。针对已识别的合规风险，从岗位或者部门主责两个方面入手，通过对员工的岗位职责，和部门主责的业务内容范围，对照大亚湾环水集团制度中相关的职责要求，梳理出合规风险防范对应的履职事项，检索每一个业务对应需要遵守的合规义务，合规义务包括公开的法律法规强制性标准制度，也包括政策性法律法规和国际性文件，还有上级主管单位的监管文件等，按照业务归口原则，建立起部门职责的合规业务清单。

《岗位合规职责清单》由岗位信息区（包括所属部门、岗位名称等）、岗位合规义务区［包括岗位职责描述、岗位所在业务流程、集团对岗位的管理要求（管理义务来源）、岗位的法定要求（法定义务来源）、岗位类型等］、管理信息区（包括岗位合规责任、合规风险及违规后果、岗位现任人员管理部门和监督部门）等内容构成。如企业管理部经理岗位，岗位职责描述为"负责统筹集团的制度管理、公司治理、经营管理、风险管理和法律事务管理等工作"。岗位所在业务流程为"1. 部门内部请示审核人、备案人；2. 下属公司上报集团审批事项（权责清单外等）审核人、备案人；3. 其他参与流程审核"。集团对岗位的管理要求（管理义务来源）为"1. 部门制度，2. 部门职责"。岗位的法定要求（法定义务来源）为"《中华人民共和国企业国有资产法》第10条：国有资产受法律保护，任何单位和个人不得侵害。第17条：国家出资企业从事经营活动，应当遵守法律、行政法规，加强经营管理，提高经济效益，接受人民政府及其有关部门、机构依法实施的管理和监督，接受社会公众的监督，承担社会责任，对出资人负责。国家出资企业应当依法建立和完善法人治理结构，建立健全内部监督管理和风险控制制度"。岗位类型为"管理岗位"，岗位合规责任为"1. 从事经营活动，应当遵守法律、行政法规；2. 通过加强经营管理，提高经济效益；3. 依法建立和完善法人治理结构；4. 建立健全内部监督管理和风险控制制度"。合规风险及违规后果为"《中华人民共和国企业国有资产管理法》第71条和第73条、《中华人民共和国刑法》第382条第2款、384条第1款、387条、388条、397条、406条等"。岗位现任人员管理部门和监督部门为"现任人员：×××；管理部门：企业管理部；监督部门：审计管理部、纪检监督室"。

（3）《合规流程管控清单》。将合规审查作为必经程序嵌入经营管理流程，重大决策事项的合规审查意见还应当由专业法律服务机构出具法律意见书，对决策事项的合规性提出明确意见。业务及职能部门、合规管理部门依据职责权限完善审查标准、流程、重点等，定期对审查情况开展后评估。《合规流程管控清单》由业务信息区（包括控制部门、业务名称、业务流程等）、管控信息区（包括控制目标、控制措施、控制责任、控制频率等）、评价信息区（评价程序、评价内容等）等构成，如控制部门为"企管部"，业务名称为"风险管理"，业务流程为"年度风险控制管理方案"，控制目标为"1. 通过缩短流程执行周期以提高工作效率；2. 通过精细化管理提高受控程度；3. 通过流程节点数量减少以降低成本投入；4. 通过流程节点把控提高企业效益；5. 通过流程优化管理提高资源合理配置程度；6. 通过制度或规范使隐性漏洞显性化或明晰化；7. 通过信息管理系统固化流程，减少执行中的波动；8. 通过配套制度文件的完整性、规范性来保障工作质量/服务质量/产品质量；通过良好的质量提高顾客满意度，促进公司健康持续发展"，控制措施为《惠州大亚湾环境水务集团有限公司章程》《审计署关于内部审计工作的规定》《广东省内部审计工作规定》等，控制责任为由企管部发起→部门分管领导发表意见→总经理审批→总经理办公室审议→董事会最终审批，控制频率为年管控。

《合规风险识别清单》《岗位合规职责清单》《合规流程管控清单》这"三张清单"内容全面，涵盖大亚湾环水集团生产、经营的各个方面，规范明确、清晰，为企业进一步的依法合规发展奠定了基础。

四、合规风险落地管理

在自治规范修订试点过程中，大亚湾环水集团通过制订并推广运用《合规风险识别清单》《岗位合规职责清单》《合规流程管控清单》这"三张清单"，将合规风险落地管理，具体运用到日常的企业经营过程中。

大亚湾环水集团准备于 2024 年 6 月开展培训，7 月起试行《合规风险识别清单》《岗位合规职责清单》《合规流程管控清单》这"三张清单"，2025 年 1 月对试行情况进行总结，着手对"三张清单"进行修改完善并制订 2025 年的实施工作计划。

为持续推进合规风险管理，大亚湾环水集团今后需要在全员共创共建的基础上进一步完善内部运行机制、培育合规文化、强化内部审计和监督机制、引进合规管理体系的外部认证。

合规风险管理体系建设需要全员的共创共建。以合规管理落地性、实用性为导向，通过宣传和交流、考核等手段，确保大亚湾环水集团及下属企业全体员工全面理解和把握合规管理的内容与要点，为其在企业经营和开展业务中的运用奠定坚实基础。将"三张清单"逐步融入集团下属公司的供排污、工程建设、投资、供应链等主营业务流程，细致观察其在实际操作中的表现与效果，在运用过程中，密切关注并记录"三张清单"的实用性情况，包括是否能有效解决问题、提高效率等。

（1）完善内部运行机制。通过合规风险识别评估预警、业务流程合规审查、重大合规风险事件处置、合规风险事件报告、违规问题整改、违规问题监督、合规管理有效性评价等进行 PDCA 循环、恒常化管理，加快建立健全集团合规管理制度体系，完善合规管理组织架构，明确合规管理责任，推进《合规风险识别清单》《岗位合规职责清单》《合规流程管控清单》这"三张清单"的落地、落实，不断提高合规化管理能力。

（2）培育合规文化。加强内部控制及"三张清单"的培训和推广，培养合规文化。通过"三张清单"将合规行为准则及其延伸的合规风险管控措施纳入大亚湾环水集团及下属企业的日常经营管理行为中，加强合规相关的内部培训，提高员工的合规意识和风险意识，使员工能够正确理解和遵守内部控制制度和规程，从而防范违规。

（3）强化内部审计、监督机制。内部审计可以定期对内部控制制度执行情况进行监督和评估，并及时发现问题和风险，避免违规行为的发生，进一步提高大亚湾环水集团的合规风险管理水平。

（4）引进合规管理体系的外部认证。逐步推进集团及各下属企业在主营业务范围进行 ISO37301 合规管理体系认证，帮助集团进一步规范内部管理流程和操作规程，提高集团及各下属企业的整体管理水平。通过内部运行机制和外部认证机制相结合，实现集团合规管理水平的不断提升。

依据实际业务的运用经验，大亚湾环水集团需要进一步仔细检查"三张清单"是否存在遗漏或不足之处，针对发现的漏洞与缺陷，及时进行补充和完善，使其更加全面和精准。通过不断地实践与改进，让"三张清单"日益完善，具备更强的适用性和可操作性。将合规要求融入大亚湾环水集团及下属企业全体员工的日常管理与业务经营中，真正做到有效防范合规风险的发生，并通过复盘措施，检讨合规管理的实用性，实现合规管理体系的不断完善，使其真正具备可复制和推广的价值。

五、结语

在这次企业合规自治规范修订过程中，大亚湾环水集团进一步规范了规章制度，取得了编制《合规风险识别清单》《岗位合规职责清单》《合规流程管控清单》这"三张清单"、完善合规风险管理体系等成果，进一步提升了企业依法合规经营的理念和水平。

企业合规自治规范修订是加强企业合规管理、培育世界一流企业、推动国有经济高质量发展的客观要求；是贯彻落实全面依法治国战略，推进国企依法自主管理的应有之义；也是践行"一带一路"倡议，开展国际化经营的必由之路。

在企业合规管理体系建设中，"三张清单"作为合规运行的重要抓手，其编制和落实是合规管理体系建设的重要环节，需要企业高度重视，加强统筹协调和协同配合，解决合规管理体系建设的重难点工作，实现企业高质量健康发展。大亚湾环水集团的探索具有积极意义，值得重视和借鉴，并期待其尽快全面施行，充分发挥自治规范在企业经营管理中的作用。

第十一章
规范学校自治　共建美好教育
——华中师范大学附属惠州大亚湾小学规范修订工作报告 *

▲————————————

罗　晓　吴剑锋

一、引言

华中师范大学附属惠州大亚湾小学（以下简称"大亚湾华附一小"）位于粤港澳大湾区深圳都市圈中心的深圳市坪山区、惠州市大亚湾区两区融合部。学校始建于 2014 年 9 月 1 日，由惠州市大亚湾区管委会、华中师范大学和惠州东圳房地产公司三方合作办学，现有 30 个班级，1289 名学生，92 位教职员工。在首任校长叶祥佳"阳光引悟"办学理念的引领下，短短六年成长为大亚湾区乃至惠州市内有较高知名度的学校。2020 年 8 月以来，接任校长罗晓在传承的基础上创新，构建"阳光引悟"办学理念 2.0 版，提出"阳光引悟 向美而行"，书写以"共创美好教育，共享教育美好"为主旨的"美好教育"新篇章。学校文化理念为各美其美 美美与共；校训为博学雅行，阳光向美；校风为知行合一，至善至美；学风为崇德尚真，各美其美；教风为德艺双馨，求精求美。

大亚湾华附一小的规划愿景激发着美好教育发生，校园文化浸润着美好教育生长，素养提升工程促进着美好教育发展，丰富多彩的活动彰显着美好教育风采，校家协同育人增添着美好教育力量。"美好教育"办学理念深入人心，《中国教育报》《南方日报》对此都做了专题报道。

———————————

＊ 本章初稿完成时间为 2024 年 4 月 17 日。

在大亚湾区管委会的坚强领导、华中师范大学的精心指导和东圳房地产公司的全力保障下，大亚湾华附一小取得了长足的发展。学校先后荣获全国少先队优秀集体、全国青少年足球进校园特色学校、广东省文明校园先进单位、广东省心理健康特色学校、广东省依法治校先进单位、广东省信息技术2.0试点学校、广东省义务教育标准学校、广东省绿色学校、广东省健康促进学校等殊荣，惠州市红旗大队部、惠州市家校共育示范学校、惠州市三八红旗单位、惠州市"三育人"文化育人精品项目学校。学校教育教学质量从初期的稳步提升到如今的稳居前列，连年荣获全区"教书育人先进单位"称号，教师先后出版"阳光引悟""美好教育"系列专著共8册。其中"阳光引悟"荣获广东省基础教育教学研究成果奖。

历经近十年的发展，大亚湾华附一小正面临规章制度的进一步修订完善。借大亚湾区自治规范修订运行试点学校的春风，大亚湾华附一小启动此项工作，以此保障学校迈向新的发展阶段。

二、着力自治：开展自治规范试点工作的过程

大亚湾华附一小认真落实《大亚湾开发区自治规范修订与规范运行试点工作方案》，以解决自治规范制定实施过程中合意不足、公信力不够、约束力不强等问题为导向，组织干部、师生、家长、学生积极参与学校章程、制度、规程等自治规范的修订工作，凝聚大家共识，实现公共利益最大化，提高大家自我管理、自我约束、自我服务和自我监督能力，以自治促进法治，以规范推进和美学校建设。

按照自治规范修缮运行试点的要求，大亚湾华附一小成立自治规范修订工作小组，组织学习，开展调研，着力自治，全面修订学校的规章制度。

（一）成立专班，落实责任

为了加强领导，提高工作成效，大亚湾华附一小特成立工作小组。工作小组组长为党支部书记兼校长，副组长为法律顾问、党支部副书记、两位副校长、家委会会长等。

为落实责任，大亚湾华附一小建立了"三层三线"管理框架，"三层"指的是法律顾问、校级党政领导组成的决策层，由组长管理负责；中层干部组成的管理层，由副组长管理负责；教职员工、学生、家长组成的执行层，

由中层干部对口管理负责。"三线"指的是服务线、德育线、教学线，"三层"通过"三线"进行分项管理。

（二）组织学习，营造氛围

大亚湾华附一小认真学习自治规范修订的有关文件，进一步明确工作任务目标，不断提升自治规范修缮运行水平。

通过法治教育和校务公开，运用专题学习、发放资料、展板宣传、公众号发布等形式，营造办事依法、遇事找法、解决问题用法、化解矛盾靠法的法治环境，让维护师生合法权益这件事大家都能看得到、感受到。带领教职员工加强学习，形成思想共识，为执行自治奠定坚实思想基础；收集建议，加强培训（解答），为正确自治提供有力智力保障；畅通渠道，校务公开，为有效自治增添正向力量；加强引导，依据法规制止违法违纪行为，为和美自治保驾护航。

（三）组织调研，发现问题

按照要求，大亚湾华附一小认真组织调研。学校对照教育发展的要求，发现《学校章程》需要将党组织领导校长负责制写进章程，实现学校管理体制的改革；发现《教师实际量化评估》需要增加增值评价和"争先创优"评价，《教师专业技术职称评定竞聘考核细则》需要严格把好"论文"关，做好差异性评价；发现家校沟通需要有"规则"；发现学生安全管理需要有"规范"。

从2023年8月至2024年4月，大亚湾华附一小按照要求一月一报告学校自治规范进展情况。学校建立由律师、专业教育管理工作者组成的校内外学校干部队伍治理学校，让依法治校队伍专业化，开辟法治宣传长廊，让法制校园文化建设序列化，纳入国旗下讲话、"专题教育"课程，让法治教育形成常态化机制。根据学校自治组织的构成，遵循民主、科学、公正、法治原则，完善与落实校务委员会工作制度、教职工大会制度、家委会工作制度、少代会（学生会）工作制度、学术委员会工作制度，确保学校各自治组织依法依规规范修订运行。

（四）着力自治，修订规范

在修订规章制度时，大亚湾华附一小坚持党对学校教育工作的全面领导，牢牢把握学校民主政治的正确方向，充分发挥校委会、工会、家委会、少代会、学术委员会作用广泛自治，通过"调研、修订"方式，促进学校自治的多元主体参与——共治。在制定和修缮自治规范时，做到有政策和法规依据，不能想当然；立足大局，不只站在部门或个人利益立场上；运用法治思维正确自治，用发展解决发展中的问题，不停留在过去，让刚的"法治"与柔的"服务"互动，让人心服口服。始终坚持系统思考、统筹安排，做到政治、法治、自治、德治、智治结合，家校社共育促进学校协同共治。涉及教师利益的由工会组织，通过教职工大会发起发动，组织学习讨论，广泛征求意见，修订通过后方执行。涉及学生工作的由学校大队部组织，大队辅导员组织少先队中队学习、讨论、征集意见，修订通过后，传达并落实。涉及家长的由学校校家协调员牵头，家委会组织调研、学习、征求意见，修订通过后再发给全体家长，班级家委会带领执行。

大亚湾华附一小试点项目为"平安校园"，目标：对学校依法治校创建工作情况开展调研，包括学校法治教育活动的开展、法治校园文化建设、章程制度建设资料及校园周边环境等情况，探索设立和美校园治委会、学生自治组织等，为广大学生健康成长保驾护航。

经历一年的总结梳理、反思改进、修订部分制度（细则），并有效运行于学校管理，大亚湾华附一小重点突破的工作包括学校、教师、家长、学生四个层面。

其中，在规范修订过程中，大亚湾华附一小发现随着办学时间的累积，个别老教师工作积极性有所下降，但在职称评审和评优评先上又占用大量的名额，严重打击影响了年轻老师的工作的积极性，通过谈心谈话等形式，学校领导深入了解青年教师的思想动态和要求，发现大多数教师普遍关注绩效管理和公平的职称评审，但此前学校相关绩效管理的规定已经无法适应学校的管理。如个别老教师只要完成好职称评审的课时要求，他可以不参加上级或学校组织的任何竞赛，可以不完成任何规定课时外的工作任务，但在职称评审上他还是能向上一级。为优化绩效考评，在职称评审上向积极工作的教师倾斜，激发教师工作热情，经过学校自治规范修订小组调研后提议，经过教师代表大会提出修订完善《教师工作实绩量化评估方案及细则》《年度专业技术人员（教师）岗位竞聘量化积分细则》《争先创优绩效奖评选细则》和《学校章程》，2024 年 1 月 8 日，学校全体教职工大会召开，会议表决通过了新修订的《教师工作实绩量化评估方案及细则》《年度专业技术人员（教师）岗位竞聘量化积分细则》《争先创优绩效奖评选细则》《学校章程》《学生文明行为检查值周工作规范》《家委会工作规范》和《学校家长沟通管理规程》。

以教育部《全面推进依法治校实施纲要》为指南，着力规范内部治理结构和权力运行规则，充分反映广大教职员工、学生的意愿，凝练共同的理念与价值认同，体现学校的办学特色和发展目标，突出科学性和可行性，根据《教育法》《义务教育法》《教师法》《未成年人保护法》等法律法规，结合市区教育局工作要求和本校实际，大亚湾华附一小 2023 年修改了 2014 年起草的章程。修订后的《学校章程》共有总则、分则、附则等三章 62 条，分则具体规定了举办者与学校、组织机构与管理体制、学校与教职员工、学校与学生、教育教学管理、学校安全管理、经费与资产管理、学校与家庭、学校与社区、学校办学的监督等，全面规范学校的办学行为。

大亚湾华附一小系列规章制度的修订完善，丰富了学校的管理，深受教师、家长和学生的欢迎。特别是家委会工作规范方面，《学校家长沟通管理规程》的实施和家校直通车的开通，在遇到一些涉及学生利益、安全的事项上，家长能直接打开手机微信留言，留言后学生各级领导能直接阅读和处理，教育部门也能看到学校处理的过程和结果，大大减少了沟通的时间和精力。家长遇到一些小问题，再也不用担心怎么提意见，再也不用担心提意见是否会对老师造成影响，家长再也不用拨打市民热线或者通过网络问政去求证，学校也因此使家校关系更亲密，减少了社会矛盾。

二、追求善治：开展自治规范试点工作的经验

从教育发展的态势看，学校治理面临着传统社会向现代社会转型过程的新挑战。其一，政治观念民主化对学校治理的挑战，伴随社会的转型，公民意识觉醒，公民的权利意识、民主观念有所提升，对教育服务和教育管理的民主化、人本化的要求越来越高。其二，经济利益多元化对学校治理的挑战，社会转型中的阶层多样化、利益多元化、矛盾复杂化、需求差异化，对教育服务供给的总量、结构、种类、质量都提出了新的要求。其三，信息技术普及化对学校治理的挑战，信息技术的发展也让学校治理面临前所未有的调整，

在信息社会，即时通信的信息共享技术很容易让教育舆情从学校事件（地方性事件）成为全国性的公众事件，演变为教育舆情危机，对学校和政府的应急管理能力和风险管理能力提出了前所未有的挑战。这就不同程度地要求学校开放办学，吸引社区、家长积极参与学校治理，形成共同参与学校治理的新格局。同时要求转变管理方式，摒弃传统粗放的管理方式，转向更为精细化的管理方式，满足人民群众对教育的多样化和个性化需求。此外还要求实现技术治理与情感治理、刚性治理与弹性治理、正式机制与非正式机制的结合，处理好与舆论的关系，善于利用舆论引导家长和社会尊重学校教育的管理，营造良好的办学氛围。

"学校自治"是相对于政府对学校的"他治"而言的，涉及学校依法依规自主办学和民主管理、分权管理、多元共治。

大亚湾华附一小在学校层面进行"二次分权"，让教师拥有"专业自主权"。政府给学校放权属于"一次分权"，学校把政府下放给学校的权力进一步下放，属于"二次分权"。二次分权，可以有效改变学校尤其是学校主要负责人大权独揽进行"独治"的问题。二次分权主要是面向学校的二级机构和社团组织，如年级组、学科组、教研组等，以及教职工代表大会、学生代表大会、学术委员会、家长委员会、学生会等。二次分权减少学校行政权力对于教育教学等专业事务的过多干涉和不当干预，扩大年级组、学科组、教师的学术权力，增进办学的专业性，提高教育教学质量，使教代会、学代会、学生会、家委会等真正成为代表和维护师生利益的民主参与平台，提升学校管理的民主化水平。

大亚湾华附一小完善多元主体参与学校决策的制度，使学校决策更加科学合理。这里的多元主体类型广泛，校外的主体包括家长、社区、专业组织等，校内的主体包括教师和学生。《中国教育现代化 2035》要求建立社会参与学校管理机制，鼓励学校开放办学，努力形成家长、社区、行业协会等共同参与学校治理的格局。师生可作为个体对学校决策直接提出个人意见与建议，也可以通过教代会、学代会、工会、学生会等参与学校决策。此外，学校领导班子成员也是学校治理的重要主体，应该集体参与学校决策。集体领导、集体决策可防止主要领导独断专行，避免决策失误，实质上也是多元共治。领导班子讨论重大问题时，每个成员都要充分、真实表达个人意见，主要领导要"末位表态"。2022年1月中共中央办公厅印发的《关于建立中小学校党组织领导的校长负责制的意见（试行）》明确要求，学校党组织会议和校长办公会议（校务会议）要坚持科学决策、民主决策、依法决策。讨论决定学校重大问题，应当在调查研究基础上提出建议方案，经学校领导班子成员特别是党组织书记与校长充分沟通且无重大分歧后提交会议讨论决定。

班级层面进行"三次分权"，让学生获得"学习自主权"。"三次分权"是相对于政府向学校的"一次分权"、学校向校内和师生的"二次分权"而言的班级管理层面的分权，即把教师所拥有的班级管理权下放给学生、家长。例如，班主任可以让全班学生民主推荐中队长、小队长、班委人选，可以把联系社区让学生参加社区服务的工作委派给家委会，可以科学适量布置作业让学生有更多自主支配的时间等等。由于小学生的利益表达比较微弱，就需要限制学校、教师、家长的权力，减少后者所布置的过量、重复性的作业，减少后者所施加的过度、苛刻的管理，尤其要防止个别班主任滥用权力对学生造成伤害。健全多元主体参与班级决策的制度，减少班级决策失误。班级层面的决策涉班干部推选、学生评优、排座位、班级公约、班级活动计划的制定，家委会如何产生、如何开会决策，等等。这些都需要学生、家长参与决策，不能由班主任个人说了算。由于存在信息不对称问题，集体决策可以有效防止班主任由于掌握信息不充分而导致的决策失误甚至错误。另外，就班级事务和学生发展问题，班主任还需要与承担本班教学任务的科任教师沟通商议，全面了解学生的学习状况。

班主任要担当元治理角色，有序有效推进班级民主管理。班主任的元治理作用与政府、学校相似，主要包括主导设计班级多元共治的制度与平台，确保学生、家长、科任教师等主体充分表达各自利益诉求；对家长间、学生间的利益分歧进行整合，保护学生的合法权益和长远利益；统筹规划班级工作，重点加强家校协同育人；对班级层面的教育治理效果进行评估，并在职权范围内对家长、学生的不尽责行为予以问责。

在学校治理中，重点和难点是扩大与保障学校、教师、学生的自主权。需要通过一次、二次、三次分权，为学校、教师、学生减负，让学校拥有更多的办学自主权，让教师拥有更多的专业自主权（教学自主权），让学生拥有更多的学习自主权。自主带来自由，带来活力，带来学校、教师、学生更好的发展。

如何做到学校自治规范化，这是一个长期的课题，是学校治理现代化的要求，是一项系统工程，不仅需要政府、学校、社会组织相互配合，形成必要的联动机制，而且也需要学校自身加大改革力度，实现学校内部治理的法治化、民主化、科学化，进而达到充分调动学校师生员工、家长的积极性、创新性，实现新时代学校组织发展、育人方式的重新建构，提高人才培养质量的根本目的。

为此，大亚湾华附一小积极探索学校规范自治现代化，从"自治"走向"共治"；学校规范自治常态化，从"共治"走向"长治"；学校规范自治长效化，从"长治"走向"善治"，实现美好教育的目标。

（一）学校规范自治现代化，从"自治"走向"共治"

大亚湾华附一小的学校规范自治包含党的领导、依法自治、自主办学、多元共治、监督问效、公平与可持续发展等六个维度、六个层面。

1. 坚持党领导下的学校自治是前提

学校层面的多元共治同样会引发"谁来负责"的问题，在学校自治的大前提下，担当元治理角色的是学校。但是学校是个抽象的概念，具体而言，学校治理中的元治理角色应是学校党组织。党组织是学校层面多元共治的设计者、发起者、推动者，要整合多元利益诉求，统筹规划全校工作，解决治理中的碎片化问题，并对学校治理的效果进行评估与问责。党组织强化政治功能，加强对重大事项、重要问题的政治把关，政治引领、思想引领、组织引领、主体引领，解决多主体有效参与的规范短板。需要注意的是，党组织是一个集体，不是书记也不是校长个体。大亚湾华附一小学校层面的元治理是通过学校党组织集体领导去发挥作用的。《关于建立中小学校党组织领导的校长负责制的意见（试行）》规定，党组织"履行把方向、管大局、作决策、抓班子、带队伍、保落实的领导职责"。学校党组织实行集体领导和个人分工负责相结合的制度。凡属重大问题都要按照集体领导、民主集中、个别酝酿、会议决定的原则，由党组织会议集体讨论作出决定。

2. 合法合规自主办学是学校自治的先决条件

目前大亚湾华附一小所拥有的办学自主权的主要依据是教育部等八部门《关于进一步激发中小学办学活力的若干意见》，要求"保障学校办学自主权"，主要涵盖"保证教育教学自主权""扩大人事工作自主权"和"落实经费使用自主权"。

对于学校而言，一方面与政府保持积极有效的互动，向政府争取合理的自主权空间，明确双方可支配的权力清单和责任清单制度（每年惠州市教育局有工作清单），清单之外的事项由学校自主施行，另一方面加强学校章程建设，进一步完善决策与监督机制，用好办学自主权，不断提高自主办学能力。学校如果能用好办学自主权，能自主发展，取得多方认可的良好绩效，就有理由、有底气向政府争取更多更实的办学自主权，学校与政府之间相互制衡、相互促进，用绩效换自主的良性互动机制就能建立起来，从而为学校治理现代化与可持续发展创造更有利的条件。

3. 依法治校是学校自治的核心特征

依法自治，是学校自治的根本依据和手段，意味着加强教育法治保障，依法治教、依法治校，用法治思维和法治方式化解学校教育中的矛盾和冲突，意味着学校治理的方式要从管控规制向法治保障转变。

与依法自治配套的综合自治，是学校治理的其他依据和手段，意味着要综合运用法律以外的道德约束等其他手段来进行学校治理，治理手段从单一的法治手段向德治、法治、自治等多种手段综合运用转变，体现了刚性治理与柔性治理的结合。

2020 年教育部等八部门《关于进一步激发中小学办学活力的若干意见》，要求"完善内部治理"。大亚湾华附一小坚持科学决策、民主决策、依法决策。学校发展规划、重要改革、安全稳定等重大事项和涉及师生员工切身利益的重要问题，由学校党政领导班子集体研究决定，并充分听取广大师生的意见，主动接受监督。加强学校基层党组织和党员队伍建设，充分发挥党组织战斗堡垒作用和党员先锋模范作用，强化党建带团建、队建，加强学校党组织对共青团、少先队工作的具体领导和支持保障。学校要认真落实教职工代表大会或教职工全体会议制度，对学校重要工作进行审议、听取意见。学校要建立家长委员会，每学期至少召开 1 次家长委员会会议，积极配合学校做好教育教学工作，完善家校协同育人机制。加快推进学校章程建设，完善各项规章制度，增强自主管理、自我约束能力。由此可见，依法治校不仅要依从各种正式法律条文，而且要加强学校章程与配套制度建设，对于法律没有明文规定的事项，依从章程和制度的规定，确保治理合法合规，也合情合理。

4. 多元共治是学校自治的根本路径

大亚湾华附一小的学校自治强调多元参与和民主决策。尊重多种利益相关者，让他们充分表达自己的意见与诉求，并以适当方式参与协商、监督乃至决策，有效回应和平衡多方利益，增加治理的民主性与有效性。但必须明白的是，多元共治并不是说什么事务都需要所有利益相关者广泛而深度地参与，都要同等参与。这种看上去广泛而平等的参与，与传统组织中由处于权力金字塔顶端的领导者在大事小情上大包大揽，同样都是危险的。它不仅可能降低决策与管理的效率，而且可能在一定程度上破坏决策的质量。决策应由具备专业技能、相关经验丰富，且掌握信息多的专业人士主责，辅以其他利益相关者的适度参与，从而兼顾专业、民主与效率。

校长用好分权与授权，既明确各个部门、机构（如教代会、家委会、学生会）、岗位的职责权限，又建立健全各项事务的议事流程与配套制度，建立权力边界清晰、权责一致、运行顺畅、充满活力的多元共治工作体系。

5. 监督问效是学校自治的保障

自治与共治都需接受监督。为防止自治滥用或失控，学校建立健全校务公开与民主监督制度，确保治理公开透明，把权力放在阳光下，让每个主体的治理行为都接受监督，每个主体都为自己的治理行为负责。权力与监督相互依存、对立统一，不能只有权力没有监督问责，也不能过分强调监督问责而压制了权力的运作空间。

自治与共治运行都要有成效。为提高自治的规范性和实效性，每年进行工作总结，总结经验以便传承，发现问题以便修缮，确保这项工作跟上教育发展的步伐。

6. 公平与可持续发展是学校自治的终极追求

推动规范自治的目的不是为了学校得心应手地管理教师、学生乃至家长，而是协同各种力量为学生提供公平而有质量的教育，从而促进全体学生全面而有个性地成长，确保教育的效率与公平，完善学校自主管理，建设和美的学校，推动学校可持续发展，这是衡量学校规范自治成败的重要标准。为此，大亚湾华附一小在过程上切实保障师生的各项权益，基于师生成长的特点与主客观需求分析与改进工作，在结果上切实提高学校管理效率和公平，提升每个学生、教师及家长的实际获得感，将学校建设成学生喜爱、教师幸福、家长满意、社会认可的学校。

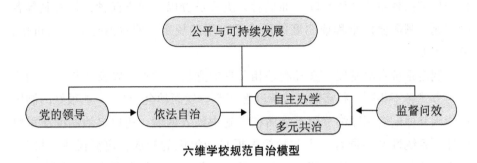

六维学校规范自治模型

将六个维度整合起来不难发现，它们既相互制约又相互促进。进一步审视这个模型，我们发现，学校自治的每个维度其实并不陌生，它们早已存在于学校管理改革政策与实践层面中。实际上，大亚湾华附一小的学校自治规范化与我国长期推行的教育改革思路一脉相承，但它特别强调学校内部的自主办学和多元共治，并将依法治校、建设现代学校制度、以生为本、追求公平而有质量的教育等理念整合起来，形成一个具有创新性与时代意义的改革框架。从这一意义上而言，学校规范自治是一场全方位的深刻变革，正在推动学校管理现代化的迭代升级。

（二）学校规范自治常态化，从"共治"走向"长治"

长治久安，学校规范自治走向良性循环，这种持续性和稳定性，对学校的稳步持续发展至关重要。从管理的角度来看，常态化可以帮助学校更好地制定长期规划和决策，如果能预测到某种变化趋势，并且能够有效地应对，那么就可以更好地适应变化，以达到更长远的目标。从发展的角度看，常态化还可以促进长期稳定和可持续发展，如果"学校教育教学目标绩效考核"以常态化的方式运作，就可以稳定地为学校教育发展贡献，并且有利于减少不必要的不确定性和风险。

给予学校规范自治，让"共治"走向"长治"，大亚湾华附一小主要的做法为建立学校自治运行机制、确立学校自治环节流程、定期落实自治各项工作、抓准规范自治重点项目、不断提高规范自治成效。

1. 建立学校自治运行机制

谁有权力参与决策、权力来自哪里、参与哪些事务的决策、参与决策的哪个环节、以何种方式参与、议事规则怎么安排、怎样制衡与监督权力、如何与外部治理主体合作互动、谁最后为决策负责以及建立何种纠错机制等各种问题，都需要以章程或制度的形式予以明确规定，使自治行为有法可依，有章可循。

制定系统自治制度。各种利益相关者的立场、诉求，以及参与治理的程度与方式各不相同，很多制度改革经常"牵一发而动全身"，一项很好的制度可能因其他配套制度细节跟不上而在实施中陷入困境，所以自治制度注重整体性、系统性与协同性。为此学校根据自治组织的构成，遵循民主、科学、公正、法制的自治原则，建立校务委员会工作制度、教职工大会制度、家委会工作制度、少代会（学生会）工作制度、学术委员会工作制度，确保学校各自治组织依法依规规范运行。

大亚湾华附一小各项制度的建立或修订，以民主参与的方式，广泛征求意见与建议，对各项制度进行系统性梳理、分析与改进，有效预见并规避可能遭遇的问题，为深入推动有关改革提供有力的保障。

2. 确立学校自治环节流程

大亚湾华附一小首先明确学校自治的环节。一方面是由事前、事中和事后全链条自治，而且不同环节的治理重点不同，充分考虑到每个环节的重要作用。另一方面，治理的各个环节的作用不是平均的，实践中也不是齐头并进，而是有着优先次序、轻重缓急、治标治本的关系。源头治理侧重从事前的风险管理入手，发挥在事前提前预防、预警的作用，将事故扼杀在萌芽状态。事后在总结反思找到漏洞后，及时进行制度修缮。

此外，明确自治的流程。依据法律法规，尊重民意，进行自治规范制度修缮的基本流程为专项调研—起草文件—"三重一大"—传达文件—征求意见—修订文件—教代会等通过—执行文件，各自治组织均按此流程开展工作。

3. 定期落实自治各项工作

大亚湾华附一小将各自治组织的工作纳入学校发展规划与工作计划，定期召开校务会、教职工大会、家委会、少代会、学术委员会，根据教育事业发展和学校治理需要开展工作，一项工作完成后启动修缮岗位职责和各项管理制度。

4. 抓准规范自治重点项目

教师是参与学校规范自治的主体，也是引领学生自治、家委会参与的主要力量，为此，学校将校务会、教代会作为重点自治主体，抓好"三重一大"和教职工大会制度落实。涉及大家关注的利益问题，按照制度所确定的流程和要求决策。大亚湾华附一小根据"党组织领导校长负责制"修订"三重一大"议事规则，根据教育的发展和评价新要求制定科学的教职工认同的《教师工作实绩量化评估方案与细则》《专业技术职称评定竞争性评估细则》，让教师感受到公平公正，感受到自己工作成果被认可。以公平、公正、公开为原则，做到有教育文件依据；有评分历史传承；有各部门的参与；有动态过程记录；有加分扣分依据；有多元增值评价，得到教师们广泛认可。

教师工作实绩量化评估方案

为全面贯彻党的教育方针，落实中共中央、国务院印发的《深化新时代教育评价改革总体方案》等系列文件精神，践行美好教育理念，改进结果评价，强化过程评价，探索增值评价，健全综合评价，学校根据岗位职责和所承担的工作任务，从德、能、勤、绩、廉五个方面全面考核评估教师工作实绩情况，各占 20%、18%、18%、24%、20% 比重。具体评估细则如下：

一、德

依据《新时代中小学教师职业行为十项准则》和学校课室、功能室财产管理规定等制定。

1. 坚定政治方向。坚持以习近平新时代中国特色社会主义思想为指导，拥护中国共产党的领导，贯彻党的教育方针；不在教育教学活动中及其他场合有损害党中央权威、违背党的路线方针政策的言行，得 2 分。

2. 自觉爱国守法。忠于祖国，忠于人民，恪守宪法原则，遵守法律法规，依法履行教师职责；不损害国家利益、社会公共利益，或违背社会公序良俗，得 2 分。

3. 传播优秀文化。带头践行社会主义核心价值观，弘扬真善美，传递正能量；不通过课堂、论坛、讲座、信息网络及其他渠道发表、转发错误观点，或编造散布虚假信息、不良信息，得2分。

4. 潜心教书育人。落实立德树人根本任务，不违反教学纪律，敷衍教学，或擅自从事影响教育教学本职工作的兼职兼薪行为，得2分。

5. 关心爱护学生。严慈相济，诲人不倦，真心关爱学生，严格要求学生，做学生良师益友；不歧视、侮辱学生，严禁虐待、伤害学生，得2分。

6. 加强安全防范。增强安全意识，加强安全教育，保护学生安全，防范事故风险；不在教育教学活动中遇突发事件、面临危险时，不顾学生安危，擅离职守，自行逃离，班主任所在班级没发生安全事故，科任教师上课期间没发生安全事故，得2分。

7. 坚持言行雅正。为人师表，以身作则，举止文明，作风正派，自重自爱；不与学生发生任何不正当关系，严禁任何形式的猥亵、性骚扰行为，得2分。

8. 秉持公平诚信。坚持原则，处事公道，光明磊落，为人正直；不在招生、考试、推优、保送及绩效考核、岗位聘用、职称评聘、评优评奖等工作中徇私舞弊、弄虚作假，得2分。

9. 规范从教行为。勤勉敬业，乐于奉献，自觉抵制不良风气；不组织、参与有偿补课，或为校外培训机构和他人介绍生源、提供相关信息，得2分。

10. 营造美好环境。爱惜学校财产公物，服从学校安排，班主任积极参与课室的财产管理、清洁卫生；非班主任积极参与功能室的环境美化、财产管理、清洁卫生，得2分。

二、能

（一）德育部分

依据《中小学德育工作指南》《中小学班主任工作规定》等制定。

1. 班主任

（1）因材施教20分：全面了解班级内每一个学生，深入分析学生思想、心理、学习、生活状况。关心爱护全体学生，平等对待每一个学生，尊重学生人格。采取多种方式与学生沟通，有针对性地进行思想道德教育，促进学生德智体美劳全面发展。有特异体质（含残疾）及心理、特长学生记载表，每月每人帮扶指导或个别谈话不少于1次，每缺1人扣5分，每缺1次记录扣1分。

（2）规范管理20分：认真做好班级的考勤、课间（含入室即静入座即学）纪律、卫生、路队、两操、文化等日常管理工作，每日安排到人、检查考评在案，维护班级良好秩序，培养学生的规则意识、责任意识和集体荣誉感，营造民主和谐、团结互助、健康向上的集体氛围。指导班委会和少先队工作。班务日志缺1天记录，扣1分，无班级管理志愿者小岗位扣5分；班级岗位落实不到位扣5分；缺班级文化建设项目一项扣5分。

（3）活动丰富20分：组织、指导开展学校及班级的主题班队会（日）、文体娱乐、社会实践、春（秋）游等形式多样的活动，注重调动学生的积极性和主动性，并做好安全防护工作。学校布置的专题班级活动、班队会缺一项扣5分，每项活动参与不积极主动、应付敷衍酌情扣1分-3分。

（4）多元评价20分：组织做好学生的综合素质评价工作，指导学生认真记载成长记录，实事求是地评定学生操行，向学校提出奖惩建议。根据学生特长向学校提出"六美"学生评比结果，缺1人扣0.5分；学生操行评定没有因人而异扣5分；学生成长记录缺1人扣1分。

（5）协同共育20分：经常与任课教师和其他教职员工沟通，主动与学生家长、学生所在社区联系，努力形成教育合力。没有成立家委会扣2分，家委会工作落实效果不好一项扣2分，志愿者值勤未落实扣2分，家长学校参与率未达95%扣2分，家访未达标扣2分。非班主任班级班风总体评价好中差各扣0分、2分、4分。

（6）教育成效（加分项）：班风好，班集体积极向上，至善至美，评为学校文明班集体等集体荣誉。校级集体荣誉一等加3分，二等加2分，三等加1分，学生获一等奖1人加0.5分，二等奖1人加0.3分，三等奖1人0.1分。学校推荐参加展示学校风采的市区活动，视成效加分。

2. 副班主任

（1）学科渗透20分：立德树人，激发学习兴趣，培养学生良好学习习惯，注重学科德育渗透。备课无德育目标扣5分，要交学科德育渗透资料未交扣5分。

（2）参与管理20分：教书育人，管理好课堂纪律，管理好分工的操队、路队组织，检查中，发现课堂组织纪律不好，扣5分；在课堂发生安全小事故扣10分。

（3）参与活动20分：配合班主任开展教育活动，对于分工事项不推诿。未参加1次活动扣5分；参与未担当具体工作扣5分。

（4）组织竞赛20分：按照学校工作安排，根据学科特点组织竞赛活动，发展学生爱好特长。未参与组织扣20分，参与但未履行组织职责扣10分。

（5）协同共育20分：班主任不在学校，主动顶岗做好学生管理；及时组织家长参加家长学校，打考勤，做检测，收心得。未顶岗一次扣5分，家长学校管理缺一项扣4分。

（6）教育成效（加分项）：配合班主任管理，班级班风学风好。班级集体荣誉获班主任一半奖分。学生视组织者给分。

3. 干部

（1）学习引领20分：自觉学习党教育方针政策，熟悉分管工作的政策文件精神，在落实上级工作前对教师进行培训。没学习国家教育方针政策文件扣5分，没有组织培训扣5分，没有培训稿扣5分。

（2）接受任务20分：每天及时接受上级文件，思考落实举措，及时跟分管领导商量，取得最佳方案（安排）。未及时收宣教局邮箱文件扣1分，未及时落实扣2分，受到批评扣5分。

（3）履职尽责20分：建立分管工作常规管理机制，实行计划、执行、协调、评估闭环管理。缺运行机制扣5分，常规管理缺1个环节扣3分。每月对教师德育绩效考核有弄虚作假1人扣5分。

（4）工作协作20分：部门与部门间、部门内部工作协同共进，全面推进协同育人机制。不参与协作扣5分，协作中推诿扣5分。

（5）带头示范20分：各项工作起模范带头作用，发挥示范引领作用。无正当理由不参加学校集体活动1次扣5分，周值勤迟到一次扣2分，周值勤反馈缺1次扣5分。

（6）管理成效（加分项）：部门工作特色突出、成效显著，受到上级表扬表彰。指导教师获省市区奖，分别加10分、5分、2分，组织指导学生获奖，分别加每人5分、3分、1分，获集体荣誉视参与组织情况加分。

4. 其他人员

（1）服务育人20分：热爱教育事业，积极参加学校学习培新，不断提高业务水平，工作能力得到不断提高。业务培训缺1次扣5分，工作未按规范做 1 次扣 5 分。

（2）行为规范 20 分：遵守学校纪律，发挥正向示范作用，语言文明，服务热情。师生反映有不文明服务现象，如骂人、发牢骚 1 次扣 10 分。

（3）履职尽责 20 分：明确工作职责，自觉做好各项常规工作。出现工作不及时，1 次扣 5 分；出现工作失误 1 次扣 10 分。

（4）工作协作 20 分：服从学校安排，做好各项协作性工作。出现工作推诿 1 次扣 10 分。工作不按时完成扣 5 分。

（5）工作成效 20 分：赢得分管领导好评，获得师生好评。工作出现失误扣 10 分。

（6）超工作量（加分项）：担当工作职责之外的突击性工作。视工作量加分。

德育考核"能"部分总分 9 分。正副班主任按照月平均分积分，干部和其他人员一学期评分一次，排名前 20% 的计满分 9 分，排名前 40% 的计 8 分，排名前 60% 的计 7 分，排名前 80% 的计 6 分，排名后 20% 的计 5 分。

（二）教学部分

根据《义务教育学校管理标准》和学校以往考核细则，教学常规积分总分 9 分。按照月平均分计分，排名前 20% 的计满分，排名前 40% 的计 8 分，排名前 60% 的计 7 分，排名前 80% 的计 6 分，排名后 20% 的计 5 分。

三、勤

1. 一个学期内，按照上下班作息时间打卡考勤，每迟到或早退（缺卡）1 次扣 0.2 分，迟到早退超过 1 节课扣 0.5 分。

2. 一个学期内，在升旗仪式、校内各类会议或活动、学校考勤抽查时未在岗的，每次扣 0.5 分。

3. 一个学期内，上课迟到、提前下课（体育课下课时需要先集合）每次扣 1 分。

4. 一个学期内，每旷工半天扣 2 分，旷工 3 天以上计 0 分。

5. 一个学期内，病假每天扣 0.5 分，事假每天扣 1 分，病假累计 15 天以上或事假累计 10 天以上计 0 分。

6. 一个学期内，每代课 1 节奖励 0.2 分，加班（根据工作量）奖励 0.5 分，学期合计最多不超过 2 分。

7. 教学工作量超过学校平均水平（分班主任与非班主任），按照周课时计算超工作量，每超 1 课时奖励 0.5 分，奖励最多不超过 5 分。

四、绩

（一）制定依据

依据中共中央、国务院《深化新时代教育评价改革总体方案》，具体依照以下内容制定：

1. 坚持把师德师风作为第一标准。坚决克服重科研轻教学、重教书轻育人等现象，把师德表现作为教师资格定期注册、业绩考核、职称评聘、评优奖励首要要求，强化教师思想政治素质考察，推动师德师风建设常态化、长效化。健全教师荣誉制度，发挥典型示范引领作用。

2. 突出教育教学实绩。把认真履行教育教学职责作为评价教师的基本要求，引导教师上好每一节课、关爱每一个学生。探索建立中小学教师教学述评制度，任课教师每学期须对每个学生进行学业述评，述评情况纳入教师考核内容。完善中小学教师绩效考核办法，绩效工资分配向班主任倾斜，向教学一线和教育教学效果突出的教师倾斜。完善国家教学成果奖评选制度，优化获奖种类和入选名额分配。

3. 强化一线学生工作。各级各类学校要明确领导干部和教师参与学生工作的具体要求。落实中小学教师家访制度，将家校联系情况纳入教师考核。

（二）考核细则

1. 教学质量（12 分）

（1）教学质量积分总分 12 分。"五率"积分同年级排名第一的计 12 分，其他教师计分按照"五率"得分/第一名教师"五率"得分 12 分。担任两个或以上学科的教师分学科或者班级按照课时权重比例折算后计分。一二年级语数教师及非文字学科教师按照评定等次计分，A 等取语数英学科年级最高平均分，B 等取全校语数英教师平均分，C 等取语数英最低年级平均分。

（2）教学质量奖励积分最高为 5 分。其中学科类排名区前 6 名依次奖励该学科任课教师（与同年级平均分最高分相差 5 分及以上的不予奖励）5 分、4.5 分、4 分、3.5 分、3 分、2.5 分；区级质量（与本年级上一次监测比较）每提升 3 个位次奖励 1 分；校级质量提升根据班级语数英学科教学质量基础与提升幅度（缩小差距）酌情奖励 0.5 分—5 分。

2. 争先创优（12分）

（1）教师综合素质积分

上级政府及上级宣教行政部门组织的评选活动获得荣誉，个人按校、区、市、省、国家级依次计1分、2分、3分、4分、5分，专业协会组织获取荣誉的按下一级别执行。线上、处室工作获得区、市、省、国家级荣誉，主要负责人依次计1分、2分、3分、4分。

（2）教师赛课（上课与说课等学科素养比赛）积分

上级宣教行政和业务管理部门组织的现场赛课及教师学科素养大赛获奖，校级一、二、三等奖依次计2分、1.5分、0.5分；区级一、二、三等奖依次计4分、3分、1分；市级一、二、三等奖依次计8分、6分、2分；省级一、二、三等奖依次计16分、12分、4分；国家级一、二、三等奖依次计32分、24分、8分。其他部门组织获奖按下一级别相应等级执行。

其他非现场的录像课等折半积分。获优秀课奖，视获奖设置情况确立计分；示范课按同等级赛课获奖的一等奖标准计分，公开课按同级赛课获奖的二等奖标准计分，研讨课按同级赛课获奖的三等奖标准计分。

（3）教师作品发表积分

教师作品发表按校、区、市、省、国家级依次计1分、2分、3分、6分、10分。

作品发表在国家、省必须是有正式出版社的刊号刊物，发表在市、区、校的必须是同级专业教研刊物。纯论文汇编类的期刊、增刊等一律视为区级期刊。

作品发表在校级及以上官方网站、公众号，按同级别折半予以计分。

（4）教师论文、案例、经验交流等获奖计分

各级宣教行政或业务管理部门的获奖，校级一、二、三等奖依次计1分、0.5分、0分；区级一、二、三等奖依次计2分、1.5分、1分，市级一、二、三等奖依次计4分、3分、2分，省级一、二、三等奖依次计6分、5分、3分，国家级一、二、三等奖依次计10分、8分、6分。其他部门组织获奖的按下一级别的相应等级执行。

（5）课题研究成果积分

研究课题通过上级有关部门立项、中期报告、结题验收，相应给课题主

持人按区、市、省、国家级依次计1分、2分、3分、4分。课题组成员按区、市、省、国家级依次计0.4分、0.8分、1.2分、1.6分。

（6）教师辅导或组织学生获奖积分

①学生获个人奖的辅导教师积分

由政府和教育部门组织的，按学生获奖人数给班主任或辅导教师计分，每生校级一、二、三等奖依次计0.3分、0.2分、0.1分；区级一、二、三等奖依次计0.5分、0.4分、0.3分；市级一、二、三等奖依次计1分、0.8分、0.5分；省级一、二、三等奖依次计2分、1.5分、1分；国家级一、二、三等奖依次计5分、4分、3分。

教师辅助外聘教师组织学生参加区级及以上比赛获优秀组织一二三等奖的，计分按辅导老师计分标准的一半。辅导学生作品发表，按同级别获一等奖标准予以计分。获国家发明专利品，每项专利奖辅导老师计10分。

②学生获集体奖的辅导教师积分

由政府和教育部门组织的，集体参赛学生，5人以上（含5人）获奖，且有学校的获奖证书可视为集体奖，校级一、二、三等奖依次计2分、1.5分、1分；区级一、二、三等奖依次计4分、3分、2分；市级一、二、三等奖依次计8分、6分、4分；省级一、二、三等奖依次计16分、12分、8分；国家级一、二、三等奖依次计32分、24分、16分。

获团体表演奖、精神文明奖、优秀奖，按下一级二等奖标准给予辅导教师积分。

团体奖与个人辅导奖不累计计分，取其高分计分。

争先创优计分转化方法：积分为0分的争先创优分为0分。除积分为0分的外，学期积分按照排名顺序，每5个百分点为一档，从高到低分别计12分、11分、10.5分、10分、9.5分、9分、8.5分、8分、7.5分、7分、6.5分、6分、5.5分、5分、4.5分、4分、3.5分、3分、2分、1分。

五、廉

依据《中国共产党组织工作条例》《中国共产党纪律处分条例》《新时代中小学教师职业行为十项准则》制定。

有不落实廉洁教育任务的或不遵守廉洁纪律的具体表现，视情节轻重酌情扣分。

1. 依法执教：贯彻习近平新时代教育思想，落实社会主义核心价值观，坚决执行用人标准，无利于职务之便为他人谋利益；无利用不正当手段谋取荣誉，无从事有悖社会公德、职业道德、家庭美德的活动。满分4分。

2. 爱岗敬业：安教乐教，敢于奉献，无违规参与经济实体、社会团体兼职赚取酬金或从事有偿中介；无违规课后组织补课；无介绍学生到课外机构牟利。满分4分。

3. 关爱学生：教育学生堂堂正正做人，清清白白做事，积极开展廉洁教育活动，无歧视学生、体罚和变相体罚学生现象；无利用职权在座位调动、评优评先中优亲厚友谋取利益现象。满分4分。

4. 廉洁从教：维护教师立德树人的良好形象，没有接受家长的红包礼物、宴请以及旅游、健身、娱乐等活动安排；没有要求家长为自己的事情说情；没有向家长推销任何商品、向学生推销教辅资料赚取报酬；没有违反公共财物管理制度，化公为私。满分4分。

5. 为人师表：遵守规范，以身作则，清廉公正有爱心。没有比排场、比阔气现象；没有大办婚丧喜庆事宜，造成不良影响，或者借机敛财；没有穿奇装异服、穿着邋遢现象；在评优评先中没有拉票行为；没有参与吸毒贩毒、赌博、邪教等。满分4分。

附件一：华师附小教学常规月积分细则

1. 教学常规总分50分。其中备课20分，上课计5分，作业及批改计10分，辅导计5分，单元作业计5分，研究级会议记录计5分。具体得分以每月常规检查结果为准。

2. 教学课时积分。每周（含课后服务、学校安排的代课）每1课时计1分，朝读每节计0.5分，体育教师组织出操每次计0.5分。每月按4周计算。

3. 职务工作积分。参照广东省职称评审关于干部职称评审课时"学校领导每周至少4课时、中层干部每周至少6课时，教师每周14课时"要求，学校及干部职务课时计10分，中层（正职）干部每周课时计8分，中层副职及处室助理每周根据工作量积4课时~6课时，年级组长、教研组长或备课组每周积1课时，同时兼任年级组长、教研组长或备课组长的，每周最多计1.5分。根据《中小学班主任工作规定》"班主任工作量按照当地教师标量课时工作量的一半计入教师基本工作量"规定，班主任每周计5分。每月按照4周计算。

5. 不断提高规范自治成效

为了力促其执行落到实处，在制度体系下不断提高执行能力，更好生发即时效应、后续效应，除了民主集中制订立制度，提高师生对其认同感和接受度以外，大亚湾华附一小还需做好四个方面工作。一是领导执行做表率，书记校长，在执行方面必须身体力行，积极发挥"引领"和"指导"的作用，其他校领导和中层干部是执行者的风向标，必须率先垂范，增强学校的凝聚力和执行力。二是班子维护权威性，通过规范程序产生规章制度，已经符合绝大多数人的利益，就应成为"内部宪法"，任何人必须遵守，一旦发现制度执行不力，要查明原因，并根据不同情况做好相应完善工作。三是坚持结果为导向，执行力是以结果为导向的，根据执行力结果的不同给出相应的奖励或处罚，教职员工对自己的职责任务负有全责，同样也对结果负有全责。四是给予相应自主管理，年组自主管理，将课后服务的工作安排交给年组，课务协调交给年组，为弹性上班奠定基础，教师专业发展自主，建立自主学习机制，开展灵活多样校本培训，给教师课程开发的自主权与自由度，教师自主管理、自主调控、自主激励、自主评价。五是实施发展性评价，完善教师自主发展途径，把评价与教师自主发展有机结合起来，调动教师"我要发展"内驱力，在评价过程中享受"我在发展"乐趣。

（三）学校规范自治长效化，从"长治"走向"善治"

《中国教育现代化 2035》聚焦教育发展中的突出问题和薄弱环节，立足当前，着眼未来，将"更加注重共建共享"作为面向教育现代化的基本理念，将"推进教育治理体系和治理能力现代化"作为推动教育现代化的战略任务，这给学校规范自治指明方向。再则教育利益关系日趋复杂，教育矛盾和问题交织叠加，大量的教育矛盾纠纷集中在校闹、师生关系、校园欺凌等领域。

学校要切实注重源头预防，健全化解机制，不断增强治理的前瞻性、系统性和针对性，畅通和规范诉求表达、做好利益冲突协调，完善教育矛盾纠纷多元预防化解综合机制，善于用法治思维和法治方式防范风险，依法及时、就地解决合理诉求，这就要求大亚湾华附一小学校自治从"长治"走向"善治"，在加强多方能力建设、及时修订规章制度、关注个性化情感化等方面下功夫。

1. 加强多方能力建设

面向未来的学校规范自治应加强人本化、专业化建设。人本化是学校管理体现以人民为中心的发展观和治理观，目标的人本化意味着学校自治不是为了治理而治理，而要服务于学生德智体美劳五育并举的全面发展，服务于学生核心素养的培育。队伍的专业化是指学校自治主体应接受过专业系统训练，意味着打造专业化的学校干部队伍和治理团队。就校长而言，校长要在现代学校治理体系中发挥领导力，首先要更新观念，牢固树立依法治校、以人为本、五育并举、以德为先、因材施教等理念；其次要修德立行，具备正直、谦虚、诚信、勤勉、友善、耐心等优良品质；此外还要具备引领学校发展所需的各种知识（如政策、心理学知识）、技能（如沟通技能、数据分析技能）与能力（如规划、研究能力）。值得注意的是，在现代学校自治体系中，治理主体是多元的，因而治理主体的能力建设也不能局限于针对校长的培养。在多元共治的背景下，要切实加强治理主体的能力建设，让他们具备参与治理的基本能力。应该说，治理能力是一个外延很广的宽泛概念，是一项涵盖多种理念、品质、知识、技能与能力的复合体，需要持续培养和培训，要特别关注教师、学生、家长等传统管理体制没有给予足够重视的治理主体，通过多样化的培训、研讨与实践，提高他们的民主参与意识和民主管理能力，使他们能理性表达利益诉求，善于倾听与沟通，并站在学校发展高度进行协商互动和参与决策，避免决策失误。

2. 及时修订规章制度

新时代的教育高速度发展，学校自治现代化的目标要指向更高质量、更加公平、更可持续的教育。教育改革的政策相继颁发，对学校工作、教师工作等提出新要求，这些均需大亚湾华附一小将此及时纳入岗位职责、工作制度的制定、修缮运行中，才能确保学校发展进入正确运行轨道。

3. 关注个性化、情感化

教育需要的差异性要求学校自治更加精准、更加精细，以满足人民群众的个性化教育需要。

大亚湾华附一小自治的程序过程和方式方法不仅要民主合法、公平正义，更关注教师、学生等相关主体的心理体验和情感需要，让师生、家长在自治管理的过程中体会到切实的获得感、幸福感和安全感。

四、结语

学校规范自治强调的是民主管理，是更广泛、更直接、更深入的民主管理，越是接地气的民主，就越是实质性的民主。通过大亚湾华附一小学校规范的修订，这种实质性民主将会不断增强，越来越会带来更好的学校管理，会带来更好的教育，会建设更加和美的学校，实现美好教育。

第十二章
共同参与　注重激励
—— 大亚湾区外语实验学校自治规范修订工作报告 *

▲

杨　明　杨文娟

一、引言

惠州大亚湾区外语实验学校（原广东外语外贸大学附设大亚湾外语实验学校）成立于 2016 年，2017 年 9 月正式开学。是由深圳市君跃投资有限公司创办的一所 12 年一贯制的全寄宿国际化外国语学校。教育学段涵小学、初中、高中三个层次，其中小学有 48 个班，初中 24 个班，高中 21 个班。现拥有教职工 400 人，学生 3500 人。学校以双语教学和国际课程为主要特色，定位为现代化、国际化教育创新型学校。

大亚湾区外语实验学校自成立以来，坚持党对学校各项工作的全面领导，逐步完善学校各级各类规章制度，建设各级各类组织体系。随着教育改革的不断深入，学校自治逐渐成为发展的重要趋势。大亚湾区外语实验学校依法制定了内容比较完善并经主管部门批复的学校章程，学校章程向全体教职工、学生及家长公示，学校的办学活动围绕章程进行。学校有较为完善的与章程相配套的各项管理制度，先后依照有关教育法律法规制订了完善教育教学制度、人事管理制度、财务管理制度、学生管理制度、师资管理制度、后勤保障制度、安全管理制度等。学校各项管理制度公开，建立相应档案，管理规范、制度汇编成册。

---

* 本章初稿完成时间为 2024 年 4 月 10 日。

目前学校正面临着教育改革的巨大挑战和机遇。作为教育改革的重要组成部分，大亚湾区外语实验学校按照大亚湾区的要求积极进行自治规范修订和运行试点工作，得到了广大教职员工的关注、认可和共同参与。这是一项重要的工作，在促进学校管理的科学化、规范化，提高学校办学水平，更好地服务于学生的全面发展方面具有重要的意义。

基此，自2023年7月自治规范修订动员部署以来，在大亚湾区管委会、驻点律所等指导下，大亚湾区外语实验学校成立了自治规范修订工作小组，由法制副主任协助指导开展自治规范修订和规范运行试点工作。工作开展以来，大亚湾区外语实验学校按照摸底数、清问题、听建议、促落实的方式推动自治规范完善修订。

围绕学校发展总体布局，构建创新管理发展理念，结合学校已有部分管理规章制度，大亚湾区外语实验学校拟定了促进家校沟通之间的《惠州大亚湾区外语实验学校三级家长委员会工作职责》、关于高中生自主管理规范的《惠州大亚湾区外语实验学校高中生在校守则》。截至2024年2月1日，大亚湾区外语实验学校共有自治规范7份，分别为《惠州大亚湾区外语实验学校章程》及相应学校内部机构职责、《惠州大亚湾区外语实验学校三级家长委员会工作职责》（新修改）、《惠州大亚湾区外语实验学校薪酬管理制度》、《惠州大亚湾区外语实验学校义务教育阶段学生在校守则》、《惠州大亚湾区外语实验学校高中生在校守则》、《惠州大亚湾区外语实验学校宿舍管理规定》、《惠州大亚湾区外语实验学校应急处置制度》。目前，以上文件经学校理事会审议讨论，下一步将经过家长委员会代表会议、学生会、教职工代表大会等会议表决通过。

大亚湾区外语实验学校在自治规范修订过程中主要推行分权赋能的项目负责制、推行全出竞进的全员组阁制、注重激励的教师薪酬制度建设，完善学校的规章制度，以进一步推进学校的善治和发展。

二、推行分权赋能的项目负责制

在保障基本管理制度正常运行的同时，大亚湾区外语实验学校通过建立"量子管理"制度，摆脱自上而下的控制模式，让每一个系统都能够实现自我组织，进行自治管理。

大亚湾区外语实验学校按照自治的理念建立"去中心化"的组织架构，推行分权赋能的项目负责制，让每一位教师都成为领导者，在共同参与中最大限度发挥教师的价值。

学校的各个部分不是像机器一样按照固定的程序运行，它更像农业种植，必须把种子、环境、土壤、气温、降水等因素囊括其中，成为一个"自组织生态系统"。组织中的每一个人，都通过自己的行为与其他人产生互动，相互影响，并带动发展。因此，所有人都相互关联，每一个人都是领导者，就成了新型组织架构的基本特点。

通常认为一个好校长能够领导一所好学校。然而现实中校长这一角色在团队中很容易形成"中心化"的思维定势："我（你）是领导，我（你）说了算。"与这一思维方式相匹配的是等级明确的金字塔式科层组织结构。我们都知道，无论水平多么高，在传统科层制组织架构下，校长的理念都很难保证不走样地落实到每一个孩子身上。逐层衰减的理念影响力、单一的文化压抑多元个体的舒展，困扰着每一位校长。每天都在被动完成任务的教师，将陷入职业倦怠，不再有创造的激情。

大亚湾区外语实验学校领导意识到，只有把每一位老师、家长和学生等都发展成校长的合作伙伴，才能一起创造出更多教育价值，实现自己的教育梦想。只有将每个人看作特殊的能量球，放手发挥创意，才能"自下而上"地为学校注入源源不绝的动力。因此，从 2011 年起，大亚湾区外语实验学校就在校内推动"去中心化"，重建组织架构，让每个老师成为领导者，建设学校生活新生态。

大亚湾区外语实验学校实行分权赋能，让每个人都成为团队不可或缺的人。校长努力做一个不像校长的校长，做好服务，搭台子让每个老师有机会找到自己喜欢和擅长的领域，帮助其成为这个领域的专家，敢于决策，敢于担当。学校推行项目负责制，将权力重心下移到每一个人。学校相信每一个人都有领袖潜质，都可以成就一番事业。为此建立申报通道，谁都可以申请做学校大大小小不同的项目负责人。

学校发展中传统的金字塔式科层管理架构被破解，去中心化网状互联互通的管理架构逐步形成。这样的组织架构减少了强势行政干预，想做事的人比较容易做成事，这样的组织架构没有从上到下的命令，更看重的是基于需求而产生的由内而外的力量。这样的组织架构中，影响力来源更强调非职权的影响力，更像中国传统道家的智慧，更加关注人与人、人与世界的关系。学校校长的任务就是引导大家去找到正确的"道"，来帮助他们寻找更好的方式实现自我成长。

"把'人'放在中央，用'爱'打底，帮助每一个人都成为更好的自己，人人都成为创客"，成了大亚湾区外语实验学校教师团队共同的价值追求，青年教师的激情很快被激发出来。如刚工作第二年的李老师因为酷爱跳绳，特别想让学校的孩子、老师、家长们了解"花样跳绳"的魅力，激发大家跳起来的内在动力，他联系了在全国有影响力的上海跃动跳绳队来学校进行表演，同时在没有经验，条件并不充分的情况下，成功承办了国家体育总局主办的全国花样跳绳比赛，来自全国各地的跳绳教练员、裁判员和运动员云集学校，让孩子、老师、家长们一饱眼福，看到了"一根绳子舞出来的精彩"。大赛过后，人人舞动起跳绳，不仅自己跳，带领更多人跳。在李老师的带动下，更多的跳绳项目负责人涌现出来。

更可喜的是，大亚湾区外语实验学校在各个领域都涌现出了多个李老师这样的老师。他们在自己喜欢的领域大胆承担项目，主动做事，努力盘活资源做成事，成为团队不可或缺的一分子，也成了这个领域名副其实的领军人物，极大地影响着学校的发展。每一个教师员工都成为更好的自己，学校就成了一个大的创客空间，人人创造，时时创造，处处创造，把每一件小事都做出了教育的味道，合作伙伴关系式的管理文化就这样成就了一个不一样的有活力的团队，每个人都在各自的领域积极参与学校事务，成为该领域的领导者。

三、实施全出竞进的全员组阁制

为自我发展、自主治理，大亚湾区外语实验学校推行全出竞进的全员组阁制，极力实现教职工的资源优化配置，激发全体教职工的活力。

大亚湾区外语实验学校认为学校发展的力量应该是自下而上从孩子们、老师们、家长们那里生长出来的，是每一个个体被充分信任后的"我愿意""我喜欢""我要做""我选择"驱动的。

分配工作时，传统学校的做法通常在学期初由教导处自上而下地予以安排。这一安排就带来了很多接下来发展的弊端：被动的老师很难主动去解决成长中的问题，遇到困难推诿、抱怨、找理由是情理之中的。被动的老师大都是线性思维，解决问题的能力也越来越弱。更要引起注意的是，被动安排在一起的一群人很难形成一支真正有凝聚力的团队，他们的互动不仅不会碰撞出新的火花，反而会形成负能量场，既不会发现新问题，更不会解决问题，成长就不会真实发生。因为有了这样的思考，有了"去中心化"管理架构的组织保障，我们实施了"全出竞进的全员组阁制"。大亚湾区外语实验学校全校上下达成共识，岗位选择上只有"心甘情愿，一切才变得简单"，选择自己相信的，相信自己所选择的，然后才能心无旁骛、全力以赴把选择的做正确。

2022 年 9 月 1 日制定的大亚湾区外语实验学校《人事管理制度》第七章"考评制度"第 36 条中对全员组阁制进行了规定："学年末所有人都参与年级组阁，记录受欢迎指数，根据选岗落地情况分出三种不同状态的老师。被各年级争抢受欢迎程度高的老师无疑状态最佳，状态绩效调升。能找到岗位但各年级受欢迎程度一般的老师，状态一般，状态绩效不变，找不到岗位需要校长团队协调才能有工作岗位的老师状态不佳，需要调减状态绩效。"

在大亚湾区外语实验学校，"我是谁？我在哪里？"每个人穷尽一生都在寻找答案。贯穿全年，每一个人都对自己在新学年进行这样的思考定位，每个人都把自己思考的结果写在"岗位申请表"中，提交公共平台。当一个学年即将结束时，所有人都能看到你的诉求。校长服务团队根据大家的意愿经过反复沟通交流，首先确定年级、学科等常规项目负责人，没有门槛，唯一的标准就是判断个人和岗位之间相互需求的迫切程度，反复沟通中校长服务团队便把学校发展方案逐一分解到每一个年级和每一个项目，同时也就这个年级或者学科的具体愿景、目标和可能预见的困难与老师互动交流，直到双方能够"心甘情愿"达成共识，才能确定一个项目负责人。

每年 6 月，大亚湾区外语实验学校的教师们就开始抓住一切机会，让别人进一步了解自己的课程成果，每一个教师都朝着心仪的团队和岗位全力以赴，让团队选择自己，努力让自己获得更多可选的机会。每一个团队也在不断对话中争取自己理想的合作伙伴。岗位互选、团队组阁引导每一个人都在不断向内思考。一些刚入职的青年，一开始往往心浮气躁，便会遭遇各种拒绝，但只要不放弃，经过一番努力都能够成长为团队争抢、不可或缺的老师。

这中间只隔了一个内心自我发现与觉醒。全出竞进的岗位互选正是给每一个教师生命创造了这样的对话成长机会。全出是为了更好地进入。每年一次，每个人都离开自己的岗位，经历了自我对话、团队对话、学科对话的过程，在回头看和向前展望的评估选择过程中，产生的向内的力量足以促使每个人更好地反思自己。组阁中团队看中的不是哪一个人的学历高，也不是谁有什么耀眼的荣誉，而是看重日常教育教学生活中每一个教师的生命样态。在这个过程中，负责人和每一个教师都有充分自主选择的权利，在最大程度上实现教师资源的优化配置，激活教师活力。新青年教师经常被各年级争抢，甚至开出优厚的条件吸引。当然也有特级教师、骨干教师在岗位互选中遭遇危机，需要私人定制帮扶后才能找到岗位。不仅仅是新教师，每一个教师都在这个过程中获得不一样的成长。

"选择"让大亚湾区外语实验学校的学校治理更有活力，每个干部和教师都共同参与，主动承担责任，都积极向上成长。不仅是教师岗位，其他服务岗位的每一个人因为有了选择的机会，也感受到尊重和信任的力量，都努力把每一件小事做出教育的味道。如后勤服务中心把给师生提供就餐服务的食堂服务做成厨育课程，让每一个孩子爱上厨房，爱上做饭，获得未来幸福自己和幸福家人的能力，他们协同课程中心和家长提升中心一起，让每一个家里的厨房变成厨育的教室，让每一个家里做饭的大人变成厨育的老师，推动更多人关注培养孩子的家务劳动能力。

四、建设重激励的教师薪酬制度

在自治规范修订过程中，大亚湾区外语实验学校建设重激励的教师薪酬制度，教师评价与薪酬管理制度更加完善

传统精细化评价无法完全量化出教师的工作，基于这样的考量和反复研讨，大亚湾区外语实验学校选择用信任作黏合剂，实施模糊评价，以减少评价对师生的干扰，聚焦于"人"，推动每一个生命全身心地投入师生共同的学习成长中。

从传统精细化评价到模糊评价，这是一次艰难的蜕变。因为在公办体制内，至今还遗留了一些传统评价方式的影响，而北师青附卓越校区有更大的自主空间，才有这样彻底的变革。在建校之初，大亚湾区外语实验学校就花

了很大精力讨论"如何评价能评出干劲、评出力量、不打击到任何一个老师"这样的话题。大亚湾区外语实验学校发现，无论用什么样的方式都很难清晰地量化出教师的全部劳动，也无法确保公平公正地评价任何一名教师的教育教学成绩。体制内的老师按职称分等级取酬是举国统一的分配方案，有的老师一旦评上职称就没有了干劲，这成了学校治理中需要解决的一个难题。"多劳多得、优劳优酬"的绩效发放，也无法将老师们的显性和隐性劳动囊括其中，这是由教育本身的复杂性决定的。讨论一度陷入沉默，在这个看似无解的问题面前，大亚湾区外语实验学校清楚地认识到：在找到合适的评价方式前，慎用传统的评价方式来"框"教师，否则将得不偿失。

教育是一件复杂的事情，如果不能全面精准量化，能否就从整体入手进行模糊评价呢？在学校合作伙伴关系式网状组织架构下，有全出竞进团队组阁等学校治理的变革行动后，大亚湾区外语实验学校创造出了一套以信任为黏合剂的模糊评价的具体操作方案。

为此每个月末和大型活动后，大亚湾区外语实验学校教师发展中心发放匿名模糊评价调查表，让每个老师从德、能、勤、绩、廉等方面，对全体教职员工进行无记名评价，评价只设置满意和提醒两个选择项。如果后台数据显示某个老师被多次提醒，学校管理团队就会以帮助教师的信念，去全面了解该老师近期的工作状态，并与老师进行深度沟通，促进老师们的成长。评价方面主要包括：

状态管理绩效——状态管理目标引领：

从宏观：

1. 根植于内心的修养。

2. 无需提醒的自觉。

3. 以约束为前提的自由。

4. 为别人着想的善良。

从中观：

四有好老师：

1. 有理想信念，这是实现中国梦的思想基础，体现思想育人的导向。

2. 有道德情操，这是教书育人的前提条件，体现道德育人的导向。

3. 有扎实知识，这是教师的起码要求，体现知识育人的导向。

4. 有仁爱之心，这是教师职业所需，体现和谐育人的导向。

从微观：

德：少抱怨、多担当、为学生服务意识强，具有海纳百川的海文化自觉性。

能：对所教学科承担任务有研究、有成果、学生有兴趣、成绩有提高。

勤：主动想事、主动做事、主动成事。

绩：教学质量高，评价好，课内课外组织学生有序、有法、有智慧、有艺术。

廉：廉洁、自律，不把个人利益看得过重，不斤斤计较。

学：善于接受新事物，有创新精神，能创造性做事。

礼：主动遵守规章制度。

按照《人事管理制度》，大亚湾区外语实验学校据此全员、全程、全方位地评价：学校人事至少每月一次或重要事件、重要节点都要发放一次网上模糊评价模板和标准（全年不少于 20 次）。全员参与模糊评价，校长团队进行满意指数和提醒指数的调研。学校管理层对提醒较多的教师进行沟通，交流问题，提出改进目标，关注工作状态调整情况。一般情况下不与状态绩效直接挂钩，但如果直接影响学校发展和对外声誉，被约谈老师没有状态调整的迹象，则在沟通达成共识后直接与状态绩效挂钩，进行当月状态绩效调减。如：二课申报就是一次模糊评价的关键事件，对于学校"所有人都要报二课"的要求，申报的和不申报展现了不同的状态，申报的做好记录，没有申报的逐一谈话，关注后续改进情况，这一过程中的自然状态下的每个人的行为表现全部记录模糊评价大数据。

模糊评价是以信任为底色的。团队无条件信任每一名教师，这种信任不仅仅是一种观念上的认识，还需要用具体行为来保障甚至需要投入更多精力来建立和维护。比如，大亚湾区外语实验学校没有考勤，建校至今没有用打卡签到这样的方式来评定老师的出勤，老师们根据自己服务的学生的需求而约定到校时间，这样的约定是团队建设的基础，是个人建立公信力非常重要的途径，也是获得别人信任的最基础的条件，更是每一个人状态的体现。老师们在这种评价方式中，获得来自学校和所在团队的信任，能够更加轻松，更加自主地探索实践和创新，主动成事，在这个过程中获得工作的成就感！

模糊评价在开放的、信息共享的背景下来进行才会更有意义。学校的薪酬分配方案也要与之相匹配，不是按职称取酬，而是变成了一个完全契约。这一年，每一个人朝着自己既定目标付出和兑现的薪酬，与岗位确定时双方约定完全一致，信任这座桥梁就越来越坚固，一个良好的教育生态就初步形成。

为达到这个目标，一套公平、透明、激励性强的薪酬制度是不可或缺的。为此，大亚湾区外语实验学校实施了学校薪酬制度的自治规范建设，旨在提升教师的工作满意度，激发其工作积极性，并最终提升学校的教育质量。

重激励薪酬制度自治规范建设的核心方面包括：①激励性：通过设立明确的薪酬等级和晋升制度，鼓励教师不断提升自己的专业能力，同时激发其教学热情。②公平性：我们确保薪酬制度对所有教师公平，依据教师的资质、经验、绩效进行合理的薪酬分配。避免因性别、学段、年龄等因素产生的不公平现象。③公开透明：让教师清楚了解薪酬计算方式，使他们对自己的薪酬有明确的认知，增加信任感。④教师参与：鼓励教师参与到薪酬制度的制定和调整过程中，让制度更具民主性。

在整个薪酬制度的制定和实施中，大亚湾区外语实验学校抓住关键因素，重视具体落实。首先，具体调查与分析。大亚湾区外语实验学校首先对当前的薪酬制度进行了深入的调查和分析，找出现有制度的问题和不足。其次，制定方案。根据调查结果，学校制定了详细的薪酬制度，包括薪酬等级、晋升制度、绩效评价标准等。再次，根据教师反馈学校将方案向全体教师公布，收集他们的反馈意见，进行必要的调整。最后，在实施与监督过程中，获得大多数教师的支持后，学校开始实施新的薪酬管理制度，并设立专门的监督机制，确保薪酬制度的顺利施行。

经过一段时间的实施，新的薪酬管理制度取得了显著的成果。①教师满意度提高。教师们普遍认为新的薪酬制度更加公平合理，提高了他们的工作满意度。②激发工作积极性。新的制度有效激发了教师的工作积极性，他们更加主动地参与到学校的教育教学中。③提升学校教学质量。教师的工作积极性和满意度的提高，直接提升了学校的教学质量。④促进学校发展。优质的教师队伍是学校发展的基石，新的薪酬管理制度为学校的长远发展提供了有力保障。

此外，大亚湾区外语实验学校《人事管理制度》第五章"工资福利制度"还规定了教职工的福利：

第十八条 学校为职工提供的福利：

（1）教职工结婚每人送500元礼品（凭本人结婚证领取），由工会组织。

（2）教职工生病住院，慰问费用500元，视教职工住院病情较严重慰问费1000元—1500元。由工会组织，学校领导参加。

（3）教职工直系亲属去世，直系亲属［父母、妻子（丈夫）、子女］去世慰问金500元，花圈费500元，共1000元，由工会组织。

（4）3.8妇女节，女性教职工每人送200元的礼品，工会负责组织派送。（按照女性职工每人200元预算给教职工发放福利）

（5）春节福利，工会组织每年一度的"新春团拜会"设置若干奖项，以抽奖方式进行，每位在职职工发放春节慰问品。（抽奖50+演出服装50+聚餐100+新年礼包400元=600元/人/年）

（6）每年组织教职工体检一次-满一年以上（含一年）的教职工，根据低于区宣教局组织民办学校教师标准每人每年600元，由工会组织。（长期病假和休产假教职工不享受节日补贴）

（7）每年一次旅游活动。（学校工会统一组织）

（8）每学期团建活动200元/人。

第十九条 根据学校有关放假或休假的决定，职工可以享受带薪休假的福利。

未来，大亚湾区外语实验学校将继续完善薪酬管理制度，使其更加适应学校的发展需求。同时，学校也将更加关注教师的个人成长，为其提供更多的职业发展机会，实现学校与教师的共同发展。

五、结语

由于教育的重要价值，学校管理自治规范修订和运行的复杂性和挑战性不言而喻。这不仅是一个技术性的工作，更是一个涉及人文、心理和社会因素的综合性任务。

一个学校的自治程度，直接影响其教育质量和学生的学习环境。只有当学校拥有足够的自治权，才能更好地适应社会发展的需要，为学生提供更优质的教育。

　　如何平衡各方利益，如何调动教职工和学生的积极性，如何制定合理的管理制度，都是需要思考和解决的问题。学校管理自治规范建设不是一个短期项目，而是一个需要长期投入和持续改进的过程。

　　在与团队成员的协作中，团队的力量是非常重要的。每个人都有自己的长处和短处，只有通过充分的沟通和协作，才能实现整体的目标。每个人之间更好地与他人合作，如何发挥自己的优势，为团队做出更大的贡献。

　　在自治规范修订和运行过程中，大亚湾区外语实验学校根据自身的目标和特点就上述诸方面做出了积极的探索和制度建设，期待进一步的完善，实现科学化、规范化、精细化、人性化、科学化、自治化管理模式，巩固和提高学校的教育教学水平，树立良好的学校形象，不断提升学校的知名度、美誉度。

第十三章
修订物业内部规范　推进业主自我治理
——大亚湾区海德公馆小区自治规范修订工作报告*

▲

梁红霞

一、引言

　　始建于 2018 年的大亚湾海德公馆小区由碧桂园集团开发建设，共 10 栋楼，总户数为 1330 户，建筑面积 15.48 万平方米。截止 2024 年 4 月，已收楼 1262 户，收楼率为 94.88%；常住户有 350 户，常住率 26.31% 左右。海德公馆小区由碧桂园服务大亚湾地区公司提供物业服务。

　　自治规范修订工作开展以来，在大亚湾区管理委员会城乡建设和综合执法局、社区律师的指导和帮助下，大亚湾海德公馆小区成立了由碧桂园服务大亚湾地区公司城市总经理担任组长，城建局网格员、社区律师以及物业各部门负责人担任小组成员的自治规范修订工作小组。修订工作小组按照规范修订要求，广泛征求业主、居民等意见，对物业公司内部和小区各项管理制度等文件进行研判。在此基础上，海德公馆小区自治规范修订工作主要分为物业内部自治规范修订和业主自治规范修订两方面，以更好地向业主提供更为贴心的服务，完善小区自治组织的运作机制，提高自治组织的运作效率和透明度，进一步推进小区自治。

_____

* 本章初稿完成时间为 2024 年 4 月 17 日。

二、修订物业内部规范

在自治规范修订过程中，海德公馆小区物业公司根据原有相关管理制度，结合小区及属地实际情况，对《管家考核办法》《业主满意度考核办法》《业主诉求响应机制》《现场品质管理细则及管理办法》《装修管理办法》等物业内部规范进行修订，以完善物业内部相关制度，并能更好地贴合小区业主和居民的需求，促使物业公司员工能够更好地为业主和居民提供服务，促进物业公司和业主的关系融洽。

为做实做强凤凰管家团队，以客户满意为宗旨、以业绩达成为导向，进一步推动凤凰管家服务品质提升，物业制定了《管家考核办法》。这一规范适用于海德公馆小区凤凰管家服务，其中新入职管家、调职至新项目管家设置 3个月保护期，保护期内可由单位根据实际情况参照执行。考核遵循公平、公正、公开和业绩导向、优胜劣汰的原则。凤凰管家月度绩效考核成绩应用于月度绩效等级评定、月度绩效奖金计发、末位淘汰、降职降薪等。凤凰管家月度绩效等级，由各单位根据凤凰管家的月度绩效考核成绩及单位内排名，制定相应规则并进行绩效 S/A/B/C 等级的综合评定和强制分布。考核对象的年度考核等级，由各单位根据年度绩效得分、单位内绩效排名等进行评价，并确保符合公司级年度绩效评估方案要求。

为激励各部门不断提升现场品质，强化各部门自主管理能力，第一时间发现业主不满和需要整改的问题，提升小业主满意度，物业议订了《业主满意度考核办法》，从 2023 年 9 月开始实施。考核形式为 400 电话抽查+管家每月通过企业微信发送满意度调研链接进行调查，400 电话抽查 6 户：1 分—3分为不满意，4 分—5 分为满意；企业微信链接全覆盖发送给所有业主：1 分—3 分为不满意，4 分—5 分满意，满意的户数除以抽查的户数，400 电话抽查成绩和企业微信链接成绩各取 50% 为月度满意度成绩。业主满意度的考核应用：①考核月度满意度 100 分的部门——正激励 3000 元；②考核月满意度≥95 分的部门——正激励 2000 元；③考核月满意度≥90 分的部门——正激励500 元；④考核月满意度低于 80 分的部门——部门负责人负激励 500 元；⑤考核月满意度低于 70 分的项目负激励 1000 元；⑥考核月满意度低于 65 分的部门——部门负责人负激励 2000 元。以上正负激励在各部门当月绩效体现。

为完善诉求管理和考核，高效、快速处理客户诉求，从而进一步提升业主满意度，物业议订了《业主诉求响应机制》。为切实做好客服对客服务、诉求响应，高效、快速处理业主诉录，增加业主与管家服务的黏性，进而助力满意度提升，规范管家面对业户诉求及时性，特要求如下，①企业微信60分钟内回复，包括不限于业主群、业主个人微信回复，遇前台值班、长时间会议、培训等应提前发送朋友圈温馨提示，企微昵称同步修改为（前台值班/会议中/休假中），夜间信息如无法及时回复，次日管家上班后应爬楼进行回复再发送通知类信息（上午9点前）；项目经理，楼栋长应100%进入所转楼栋业主群，对管家进行帮扶及指导。（2）电话类诉求30分钟内回复：报事、报修、投诉类电话，需接报后30分钟内回复为及时响应；响应后要求8小时内处理完成，完成后均要电话回复给投诉报事人；未接听电话，因信号不好挂断电话，需在30分钟内给予回应；以上时间段剔除中午12：00-14：00，18：00—第二天08：30前。

为规范完善海德公馆小区物业公司各部门不断提升服务品质，强化自主管理能力，通过物业服务现场的品质管控，进一步加强对物业服务质量的监督，确保物业服务工作始终处于受控状态，从而建立长效机制，议订了《现场品质管理细则及管理办法》。小区的品质检查为工作小组对小区内各楼栋进行季度（月度）监评、红线检查、专项检查（包含管家检查、诉求检查、安防检查、设施设备检查、环境和绿化检查、风险检查等）暗访检查：工作小组对小区进行全年不定时暗访检查，以及对暗访检查不合格项进行阶段性复查等。检查形式包括但不局限于：神秘暗访、夜间突访、业户拜访、员工访谈、查阅资料、现场检查等，不提前通知，随时随机，形式不限。检查过程中，检查小组将通过各种方式（包括但不限于视频、照片、音频、管控系统采集的数据、分析图表等）对扣分项进行记录，形成检查报告至所属海德公馆物业公司各部门。

为规范小区装饰装修管理，明确装修管理责任权属及标准，物业议订了《装修管理办法》。物业负责装饰装修手续的咨询和业务受理、负责对装饰装修资料加具意见、负责装饰装修备案登记资料的复核和装饰装修档案资料的存档、对装饰装修图纸进行审查、对装饰装修单位进行管理与监督、按照物业管理相关法律、法规对违规装修行为进行劝阻、制止和上报政府主管部门。

对这些物业内部规范进行修订，进一步完善了物业企业内部的规章制度，健全了企业的治理制度，为物业企业依据规范进行自我治理奠定了规范基础。

三、修订业主自治规范

按照要求，在大亚湾区城乡建设和综合执法局、永盛社区居委会等的指导下，海德公馆小区自治规范修订工作小组在社区律师协助指导下开展自治规范修订工作。在制定《试点单位海德公馆自治规范修订和规范运行工作方案》基础上，规范修订工作小组多次召开研讨会议，广泛入户走访，按照摸底数、清问题、听建议、促落实的方式推动业主自治规范的修订完善。

（1）共同参与自治规范修订。修订业主自治规范关键在业主、居民的共同参与。海德公馆小区规范修订工作小组积极找寻积极热心正能量的业主代表特别是退休党员或者教师共同参与规范修订工作，挖掘小区自治组织的潜力。同时组建小区志愿者服务队伍，通过志愿者传播小区自治精神并参与其中。物业管家还上门拜访，动员业主积极参与和谐小区建设。小区定期组织全民劳动，热心业主积极参与其中，提升小区整体居住环境。

小区开展积极向上的社区文化活动，丰富小区业主文化生活，在活动中植入文明养犬、高空抛物、噪声扰民、小区建设意见征询等内容，通过业主群、朋友圈、社区公告、热心业主互相通知等多种方式邀约业主积极参与各项活动，营造小区业主、居民自我管理的氛围。

海德公馆小区自开展小区自治规范修订工作以来，协同社区共同举办10余场社区文化活动，如亲子抓鱼活动、开学季活动、中秋节游园晚会、十一我爱祖国、垃圾分类、写对联、亲子风筝活动、乒乓球大赛、3.8女神节活动、摄影大赛、义剪活动、植树节活动、爱心义诊活动。通过活动提供交流平台积极发动小区居民参与，提升居民归属感，促进小区居民与居民、小区居民和物业之间的交流和互动，增强邻里之间的联系和友谊。

同时在物业公司和社区的引导和配合下，海德公馆小区业主们自发组建了歌舞团、乒乓球友团、爱心服务队等热心社团，为小区自治贡献一份力量。

（2）自治规范工作小组首先请律师对《海德公馆临时管理规约》进行了

审查。律师审查意见如下：①程序方面：《海德公馆临时管理规约》由物业公司单方制定，未经业主同意，但因物业公司属于前期物业，在业主尚未成立业委会的情形下制定该临时规约并无不妥，待业委会成立以后可以按照民主程序重新制定正式的小区管理规约。②合法性审查：《海德公馆临时管理规约》的条款总体上不违反相关法律、法规的规定，但个别条款表述上稍有不妥，需修改完善。以上审查意见暂未征求业主意见。由于海德公馆小区目前还未成立业委会，暂未达到法律规定的修改条件。待条件具备后即进行修订完善。

（3）议订《海德公馆睦邻公约》。自治规范工作小组在广泛征求业主、居民意见的基础上，议订了包括睦邻友好篇、相互关爱篇、梦想成真篇等内容的《海德公馆睦邻公约》，为小区居民和谐相处、睦邻友好提供引导，为小区业主自治创造条件。

（一）睦邻友好篇

邻居见面问你好，主动热情常微笑
社区活动勤参与，朋友多多心欢喜
邻居很久不在家，帮助照看人人夸
房屋维修要配合，乐于支持和帮助
不往窗外乱抛撒，晾晒浇灌防滴水
拾获邻居晾晒物，妥善保管及时送
孩子自尊要呵护，公共场合不责罚
孩子之间小冲突，自家孩子先教导
独居老人常关怀，远亲不如咱近邻
社团组织一家亲，传播快乐和爱心

（二）相互关爱篇

公共场所讲文明，谈话绝不大嗓门
清晨夜晚要安静，室内音响音量降
公共场所衣得体，生活处处讲礼仪
乘车购物需排队，尊老爱幼我做起
指定地点放烟花，平日燃放需同意

婚丧乔迁循传统，公共秩序不妨碍

乘坐电梯要小心，不要低头玩手机

开车进入不鸣笛，音响设备要调低

进入小区慢行车，不开远光让行人

指定位置停车辆，遵守规则讲文明

（三）梦想成真篇

日常购物和买菜，环保竹篮购物袋

公共餐饮去就餐，自备打包小饭盒

不用物品不闲置，热心慈善多捐赠

公共地块不占用，栽种植物不文明

宠物要养需办证，疫苗定期来注射

遛狗需用牵引带，及时清理排泄物

公共环境要维护，自觉带走废弃物

生活垃圾要处理，细心分类也容易

近行倡导自行车，低碳环保更健康

大凡小事多帮忙，邻里帮帮正能量

（4）议订《小区宠物管理规定》。为加强小区宠物豢养管理，保障小区业主的人身安全和健康，维护小区公共秩序和环境卫生，结合本小区实际情况，议订海德公馆《小区宠物管理规定》20条，进行文明养宠自我管理。

《小区宠物管理规定》小区准予豢养上述小型犬、猫、鸟等动物，不准饲养家禽家畜（包括鸡、鸭、鹅、羊、猪、兔、牛、马等），禁止饲养具有攻击性的烈性犬和大型犬，养犬人需具有完全民事行为能力。养犬人携犬出户时，应当束犬绳，并由完全民事行为能力人牵领。不得在道内、架空层或人流较多区域内遛犬，并主动避让老人、孕妇、儿童及残疾人。凡本小区内饲养犬类的养犬人必须持有动物防疫监督机构出具的《动物健康免疫证》；养犬人必须到所住地的区、县公安机关办理登记注册，领取《养犬登记证》，并保证每年检查一次；养犬人必须持《动物健康免疫证》和《养犬许可证》到小区进行登记备案，否则视为无证豢养行为；养犬人应为所饲养犬只进行一年一次注射预防狂犬病疫苗。合理饲养和管理所养犬类，避免饲养犬只狂吠，影响他人家中人时，应将犬只妥善安置小区主要道路、广场等业主活动场所30米范围内，以及在重大节假日或者小区举办重大活动期间请勿遛犬。遛犬时，应当避让老年人、残疾人、孕妇和儿童。养犬人应文明遛犬并携带宠物粪便袋或垃圾袋，及时清除犬只所排泄的粪便。对未能及时清理犬只粪便的行为，物业客服中心有权要求养犬人进行清理。饲养的宠物犬不得干扰他人的正常生活，如所养犬只狂吠不止，建议戴上犬口罩，确保小区安静。对于不采取措施的，物业客服中心有权向公安机关举报，由公安机关采取相应措施。对小区内饲养的具有攻击性的烈性犬和大型犬，物业客服中心将对养犬人进行劝阻，若不听劝阻，物业客服中心有权向公安机关举报。对违反规定者物业管理人员有权进行管理和制止，对无证犬、无登记犬，物业客服中心有权向公安机关举报。所养犬只伤害他人时，养犬人应及时把伤者送往正规医疗机构进行救治，并立即通知物业客服中心，并且对于受害人要给予一定赔偿。如养犬人所养犬只侵扰他人，物业客服中心以书面责令整改无效后，有权采取强制措施或通过公安机关予以制止及通过法律诉讼向养犬人追讨赔偿。宠物死亡，养主必须及时与畜牧兽医部门联系，在其指导下对宠物尸体进行处理。严禁随意丢弃，严禁在小区内火化或深埋宠物尸体。凡在小区内乱窜，无养犬人牵领管理的犬只，物业客服中心将视为流浪狗，并组织专门人员抓捕，或赶出小区，以确保小区环境整洁、卫生、安全。

为落实《小区宠物管理规定》，小区物业建立文明养宠管理档案，将业主房号、业主姓名、宠物种类、宠物名字、宠物免疫证书、是否有定期注射疫苗、检疫记录日期、宠物电子照片等相关资料信息登记文档，随时备查。

小区不定期通过微信线上朋友圈、业主群、一对一发送文明养宠宣传，线下通过电梯间、小区大堂公告栏和园区大公告栏公示文明养宠倡议书、宣传海报等方式多方面宣传引导文明养宠常识。

由物业和热心业主组成的工作小组对所有养宠的业主进行上门走访，对每一户养宠家庭进行文明养宠宣传，并要求宠物主人签署宠物豢养承诺书。

宠物豢养承诺书

本人是_____（房号）_____业主，并为上述登记宠物的合法监管人，本人承诺遵守海德花园碧桂园服务公司的小区宠物豢养规定及一切条款，并配合小区物业管理部门做好本人豢养的宠物监管。若因本人监管不善，所造成的宠物扰民或伤人事故，由本人承担一切责任，并按规定妥善处理宠物。

特此确认

业主签名：

日　期：

为落实《小区宠物管理规定》，由物业每周不定期在小区内监督不文明养宠行为，发现有不文明现象如遛狗不牵绳、狗狗随处大小便、犬只大声吠叫等及时制止并进行教育，若一户发现多次将在业主群行为曝光。

开展文明养犬主题宣传活动，活动中准备有奖问答环节，准备牵引绳、宠物衣服、宠物玩具、宠物零食等吸引养宠业户参与，通过宣传活动，呼吁小区居民从自身做起，依法规范养犬，共同建设文明安全宜居的居住环境。

此外，小区物业制作文明养犬调研问卷，定期向业户群体发送问卷，收集问卷答卷资料，以确保能够第一时间了解养犬最新动态，及业户所反馈的最新情况和关注的点。

（5）议订《关于禁止高空抛物的倡议书》。鉴于高空抛物行为严重危害，海德公馆小区在征求业主、居民意见的基础上议订了《关于禁止高空抛物的倡议书》。

关于禁止高空抛物的倡议书

尊敬的业主：

高空抛物行为，极易造成环境破坏、财产损失甚至人身伤害，给自己、邻里、小区都会带来不必要的麻烦！在全面建设和谐社会的今天，为杜绝这一现象，海德公馆服务中心特向各位业主家人发出如下倡议：

高空抛物者，需全额赔偿造成的经济损失，情节严重者将追究其刑事责任。请全体业主朋友共同监督高空抛物的不良行为，杜绝高空抛物。

请勿随意向楼下丢弃烟头。

请勿随意向楼下泼洒污水。

请勿随意向楼下丢抛垃圾。

衣物、拖把及地垫的晾晒：尽量避免将刚清洗的衣物、拖把及地垫等悬挂在阳台或扶手上，防止高空"滴水"。

请留意检查浴室窗台、阳台护栏及墙头放置的物品是否存在安全隐患，防止高空坠物。

阳台植物养殖：使用喷壶浇灌，适量用水，尽量避免因浇灌不当引起高空"洒水"。

在此，衷心地倡议各位业主与我们共同努力，杜绝高空抛物行为，共同建设和谐、温馨的美好家园！

同时，小区降低高空抛物事件发生的措施：①普及高空抛物的危险性及肇事者可能承担的法律责任。②举行社区文化观看露天电影时，在电影正式播放前面阶段播放高空抛物造成严重后果的新闻事件，加深居民对高空抛物危险性的认知。③对家里有孩童或者老人的家庭注意进行走访，讲解高空抛物危害，告知业主照看好家里的孩子和老人，杜绝往楼下乱扔杂物。④对小区阳台上挡墙上摆放花盘拖把杂物等现象的业主进行劝阻，以免发生高空坠物危害。⑤对经常出现高空抛物的楼栋，由工作小组牵头约社区民警一同上门走访抵制高空抛物行为。

(6) 议订《文明小区减噪降噪倡议书》。噪声扰民影响小区居民的生活质量，容易引发邻里矛盾。为此，海德公馆小区在征求业主、居民意见的基础上议订了《文明小区减噪降噪倡议书》，预防噪声污染，共建美好家园。

文明小区减噪降噪倡议书

亲爱的居民朋友们：

创建文明城市，共建美好家园，小区是文明城市创建的重要组成部分，为打造"文明、和谐、宁静、有序"的小区环境，营造"人人有责、人人参与、人人受益"的噪声污染防治良好社会氛围，我们发出如下倡议：

一、言谈举止，文明有礼。在小区公共场所活动时，不喧哗、尖叫、打闹和大声嬉笑，保持小区安静的环境。

二、邻里之间，互谅互让。请将家中的电视、音响、乐器等发出声响的电器音量尽可能调低，避免对周边居民产生干扰。

三、合理安排，控制噪音。室内装修活动时，合理安排作业时间，不在法定休息日、节假日全天及工作日 12：00—14：00，18：00—8：00 内施工，施工时请关闭门窗，减轻噪声对周边居民朋友产生的影响。

四、管好爱犬，避免扰民。家有爱犬的住户，请照顾好自己的爱犬，避免犬吠扰民。

五、请勿鸣笛，防止误报。车辆进入小区请勿鸣笛，检查车辆防盗报警系统，防止误报影响周边住户。

六、放轻脚步，轻挪轻放。22：00 之后，请勿拖动、搬移桌凳或穿硬底鞋来回走动，避免产生噪声，影响楼下邻居休息。

七、场地合理，文明健身。科学设置活动地点，不在小区内开展广场舞、歌唱等活动，以不占道、不扰民为前提，尽量选择远离居住集中区的活动地点。

八、适度娱乐、健康生活。自觉保持环境宁静，请勿在小区公共场所内聚众打牌、打麻将。

九、及时教育，正面引导。培养孩子的好习惯，不在公共区域大声喧哗，正面引导、安抚孩子的负面情绪，共同营造小区安静的环境。

文明风吹大家园，和谐小区满眼春。小节之处显大德，细节之中见文明，让我们携起手来，从现在做起，从自我做起，从身边的小事做起，同心同德、万众一心，共同打造一个安静有序、整洁舒适、环境宜居、文明和谐的宁静小区。

海德公馆物业服务中心

在业主自治规范修订后，海德公馆小区形成了《海德公馆临时管理规约》《海德公馆睦邻公约》《小区宠物管理规定》《关于禁止高空抛物的倡议书》《文明小区减噪降噪倡议书》和禁止电动车上楼等规章制度和业主共识，业主自治规范较为完善，业主自治逐步展开，产生了积极的效果。

四、结语

通过修订物业内部规范和业主自治规范，提高了物业服务和管理效率，海德公馆小区业主们可以充分参与其中，因此所有的管理工作都可以高效有序地进行，并迅速得到反馈和解决。修订小区自治规范后，热心业主们具有了较高的管理决策权，他们可以保障各项管理工作的公开、公正和透明，使得业主们的权益得到了更好的保护。在自治管理模式下，业主们的利益是与小区的管理质量直接相关的，因此业主们会更加认真地履行自己的义务，共同参与小区的管理和维护，促进小区环境的改善。在小区自治规范修订过程中，居民与居民之间、居民和物业之间的交流和互动增加了，促进了邻里之间的融洽关系，通过有效良性沟通也加深了物业与业主之间的关系，做到真正的物业、业主是一家，增强居民的归属感和幸福感，提升了小区的和谐度。

在自治规范修订工作过程中，小区依靠规范进行自治面临一些困难。如海德公馆小区由惠州本土开发商开发，受大环境影响，开发商经营状况每况愈下，资金回收困难，导致开发商营销前期承诺赠送给业主的家电无法兑现，从2020年收楼以来已达三年之久，赠送的问题一直没有解决，除上述空调赠送问题外还存在承诺买房赠送物业管理服务费一直未兑现的问题，涉及业主近300户。由于开发商的原因导致业主产生不满情绪，导致对小区物业服务和小区自治管理存在一定的影响。这需要通过具体沟通等逐步予以解决。

小区通过物业企业引导的居民自治，一方面有助于凝聚居民对于小区建设的认同感和归属感，顺滑各项关系，化解各种纠纷矛盾，聚合建设和美小区的力量，具有居民全员动员优势；另一方面是居民提升自我管理、自我服务能力的有力载体，有助于建设小区和谐有序、守望相助的社会氛围。

为更好地推进小区自治，需要推动更多业主、居民对小区物业临时管理规约等自治规范条款的认知，提高居民对自治规范的自我约束功能的认识，通过自治规范解决业主在小区居住时经常发生的不文明行为对业主居住感受的影响及邻里之间矛盾的化解；进一步完善居民自治规范，建设更多的社会组织，强化社区自治和服务功能，服务业主和居民；加强对小区公共设施的保护和维护，营造一个安全、整洁、文明、和谐的小区环境；在尊重自治原则的同时，引入更多的社会力量和资源，以促进小区的和谐发展，不断推进小区自治，建设和美之治。

第十四章
小区自治的"立"与"新"
——大亚湾区牧马湖小区自治规范修订工作报告 *

▲

张　洲　李巧珍

一、引言

随着经济社会的发展和人民生活水平的提高，物业管理行业在我国迅速发展，各地物业管理企业和从业人员数量迅速增加。物业服务发展，各种矛盾随之产生，这些矛盾严重影响许多人的日常生活，也给社会造成了不和谐的因素。

物业管理作为一个新兴的行业，尚未形成一套制度化和规范化的管理方式，加上有的物业公司由原来的房管所转制而来，对物业管理的职责不清，而新成立的物业公司素质又参差不齐，所以在物业的管理中出现了各种问题，特别是近几年物业管理中出现最多的问题是物业管理纠纷，且呈上升趋势，成为物业管理中的突出矛盾。

如何妥善处理物业管理纠纷，完善物业管理自治规范显得尤为重要。大亚湾选择牧马湖小区物业作为试点物业来进行自治规范修订，目的就是寻找解决物业服务纠纷的路径，以更好推进大亚湾社会基层依法自治的工作。

大亚湾泰丰牧马湖项目由丰泰城房地产开发有限公司开发，丰泰城房地产开发有限公司成立于 2014 年 7 月 18 日，注册地位于惠州大亚湾西区大亚湾大道 218 号牧马湖 4 栋 1 层。牧马湖项目坐落于惠州大亚湾西区大亚湾大道

---

* 本章初稿完成时间为 2024 年 4 月 19 日。

218号，项目占地面积约56平方米，其中教育用地11平方米。牧马湖物业小区作为住宅小区，于2018年12月30日开始交付由深圳市金地物业管理有限公司提供物业服务，具体为深圳市金地物业管理有限公司惠州泰丰花园物业管理服务中心。截至2024年4月19日泰丰牧马湖项目已交付2415户，入住率约为10%（暂不具备成立小区业主委员会条件）。小区临近深莞，来大亚湾买房投资型居多，住户多为深惠两地通勤人员。因项目投资客户较多，物业费应收收缴率高达79%。

物业管理公司结合本小区现状主要提供线下、企业微信、物业APP以及公众号等多方式联合推广服务。物业管理公司目前主要是使用"临时管理规约"开展服务，但该规约相对而言是规范性模板指导文件，不够具体和完善，且相关业主甚至是物业管理公司未必全然了解具体内容，致使业主与物业在履职与监督中存在权限不明确情况。

在自治规范修订工作中，牧马湖小区在物业管理公司的具体推动下，成立组建了由物业企业党员牵头、法制副主任协助、有关部门工作人员、业主代表等参与的自治规范修订工作小组。在具体的规范修订过程中，牧马湖小区注重"立"：完善管理公约，体现"新"：共建合家思维，进一步推进小区的和谐自治，提升居民的获得感和幸福感，实现小区的和美之治。

二、"立"：完善管理规约

小区自治规范修订工作实际上是对日常物业管理工作的检验。牧马湖小区尽管日常服务工作都是严格按照规章制度规范运作。但为了将试点工作做得更完善，牧马湖小区物业的公司及项目部都专门成立了工作领导小组，公司领导及项目部负责人担任副主任，并制定了详细的工作计划，以确保自治规范修订工作能顺利进行，并借此机会进一步提高物业管理服务水平和小区治理水平。

牧马湖小区物业首先进行自治规范修订工作的前期准备与摸底排查工作，具体措施为：①明确物业管理服务范畴，将物业服务项目、有偿服务明细价格表等通过多方式公示告知住户，通过形成的规范性文件来管理并服务住户，做到有章可循，为业主提供质价相符、周到细致的服务。②物业服务公司扩宽服务领域，除做好本职管理服务工作的同时亦扩宽增值、细化服务（加强沟通和活动的开展等），通过服务细化来提高业主满意度进而达到共赢局面。③物业开展客户访谈 100 多户、组织业主代表沟通会多次，开展便民活动、重大节日陆续开展活动，赢得好评。通过倾听和交流了解业主需求、物业管理不足及需完善范畴，以提升服务质量。④征集居民诉求和改造意见，让业主发声、参与，制定小区充电棚等设施改造方案，确定改造内容进行公示。

通过摸底与排查初步得悉小区内的问题以及业主所需，进一步坚定试点工作的目的就是解决业主之所急、业主之所需，听取民意规范管理，进而扩展服务领域达到社区自治、业主自治局面。

在此基础上，牧马湖小区自治规范修订小组全面梳理并引导小区的自治规范修订，规范物业有效管理和小区业主自治，建设和谐社区。

牧马湖小区现有 9 件自治规范文件，包括《临时管理规约》《客户关系管理规程》《社区文化及社区圈层工作规程》《管家综合管理规程》《客户信息管理规程》《客户物品代收规程》《管家微信管理规程》《服务监督热线落地及推广管理规程》《客户档案/资料管理规程》。牧马湖小区自治规范修订小组对这些管理规程进行全面修订，完善物业内部治理规范，提升物业服务水平。

如《社区文化及社区圈层工作规程》的目的为增进物业与业户、业户与业户的沟通和交流，促进物业服务好感度，提升客户满意度；营造健康、和谐的社区文化氛围，推进社区精神文明建设。适用于开展云服务活动、社区文化及社区圈层活动。依据业主的年龄、兴趣爱好、阶层需求等组织社区兴趣社团或业主专项交流活动，如儿童和青少年群体：可根据资源情况组织一些兴趣班，如：舞蹈班、音乐班、游泳班、绘画班等；中青年群体：可组织成立球类、户外运动等圈层，开展竞技比赛等活动；中老年群体：可结合云服务内容在小区内组建"长青社"，组织成立书法班、合唱团、戏曲小组、棋牌类小组、乐队、模特队等。社区圈层形成一定规模，组成社团组织时由物业管理服务中心进行张贴公示，根据当地政策要求，视情形向政府相关机构进行备案。社团组织内部制定活动规则和活动计划，管家需做好社团核心成员（如团长）的日常沟通和关系维护工作、物业服务中心每年组织各兴趣社团参与的活动不少于 1 次，可与社区活动结合进行并按期组织活动。社团成立后，应关注社团健康、规范发展，坚持社团自我管理、自筹费用的原则，充分尊重社团的内部管理运作权利，必要时在能力范围内给予支持和协助。

在自治规范修订过程中，牧马湖小区自治规范修订小组了解到物业管理公约或物业服务手册等文件一般都是原开发商在房屋销售时已形成的，而物业公司是后进驻小区的，即该管理公约一定程度上未必能真正体现和发挥公平公开及合法合理。

对此，修订小组重点就牧马湖小区的《临时管理规约》进行审核，并发现存在的风险点数量为3个，提出修改意见的数量为10个。主要体现为：

（1）《临时管理规约》第三章"物业的使用"部分第7条规定："业主应按设计用途使用物业。因特殊情况需要改变物业设计用途的，业主应在征得相邻业主书面同意后，报有关行政主管部门批准，并告知物业管理公司。"修订小组建议明确改变用途需征得相邻业主、相关部门批准以及告知物业管理公司后才可实施使用。本条款未予明确，存在模糊的情形。

修改后的规范为："业主应按原设计用途使用物业。因特殊情况需要改变物业设计用途的，明确改变用途后征得相邻业主书面同意、相关部门批准以及告知物业管理公司后才可实施使用。"

（2）《临时管理规约》第五章"物业的维修养护"部分第24条规定："非经物业管理服务中心同意，本物业管理区域内一切堆放或放置在公共区域的物品均视为废弃物，物业管理服务中心有权清理而无须事先通知。"建议物业管理服务中心在清理前需告知/提醒业主，设置宽限自清期，待宽限期届满后再行无偿清理。与此同时，也要明确物业公司就清理的废弃物无补偿/赔偿的法律责任。以减少后续不必要的纷争。

修改后的规范为："非经物业管理服务中心同意，本物业管理区域内禁止一切堆放或放置在公共区域的物品及杂物行为。物业在清理前告知/提醒业主，要求7日时间自行清理；在物业提醒时间内未及时清理者：物品均视为废弃物，物业人员可无偿清理，物业公司就清理的废弃物无任何补偿/赔偿的相关法律责任。"

（3）《临时管理规约》第六章"业主的共同利益"部分第29条规定："利用物业共用部位、共用设施设备进行经营的，应当在征得相关业主、物业管理公司同意后，按规定办理有关手续，业主所得收益主要用于补充专项维修资金。"建议调整为：优先用于补充专项维修基金（另提议细化提成标准），如有剩余再用于其他用途。

修改后的规范为："利用物业共用部位、共用设施设备进行经营的，应当在征得相关业主、物业管理公司同意后，按规定办理有关手续，业主所得收益优先用于补充专项维修基金，如有剩余再用于业主共用的其他用途。"

（4）《临时管理规约》第八章"附则"部分第 39 条规定："本人已详阅《临时管理规约》全部内容，为维护及促进良好秩序，本人/本公司现同意承诺及遵守上述管理规约内的一切条款及内容。"建议涉及免除或减轻物业服务单位责任，加重业主责任的条款内容应加粗加黑，以提醒业主知悉签署事项。

牧马湖小区已将《临时管理规约》的修改意见进行修订小组内部开会讨论并通过，且征求业主、居民意见后又与小区进行沟通。目前，牧马湖小区已完成集体表决程序进而形成书面决定，修改后的《临时管理规约》现适用于牧马湖小区的日常自治管理。

三、"新"：共建合家思维

在自治规范修订过程中，牧马湖小区的物业服务企业依法按照小区规范和物业企业规范，加强服务并规范管理试点单位各类人群，开展线上想家、线下管家、提供 24 小时服务保障等，创新式的共建合家思维。

对业主，牧马湖小区物业提供优质服务并给予业主"家"的关怀，提供黏性服务。

（1）线上"想家"服务。随着科技的进步，线上服务成了现代生活的重要组成部分。牧马湖小区物业紧跟时代潮流，推出了线上"想家"服务平台，为业主提供更加便捷、高效的服务体验。

（2）线下"管家"服务。除了线上服务外，牧马湖小区物业提供了线下"管家"服务，为业主提供更加贴心、周到的服务体验。

（3）社区活动组织。牧马湖小区物业定期在线上平台发布社区活动信息，如聚餐、户外野炊、运动会等，鼓励业主积极影响与参与其中。这些活动不仅增进了邻里间的交流互动，也增强了社区的归属感，让业主感受到家的温暖。

（4）公益活动推广。牧马湖小区物业还通过线上平台积极推广公益活动，如环保宣传、垃圾分类、爱心捐赠等。这些活动不仅展现了物业的社会责任感，也提升了业主对物业的认可度，形成了良好的社区氛围。

（5）家庭教育活动。为了促进家庭间的关系，牧马湖小区物业还定期举办线上家庭教育活动，如亲子阅读、亲子游戏等。这些活动不仅增进了家庭成员之间的感情，也增强了业主对物业的信任和认可。

（6）消费促销活动。牧马湖小区物业定期举办小区范围内的消费促销活动，如发放优惠券、赠送日常小礼品、派发小礼物等，吸引业主积极参与其中、社区消费，从而形成成熟的小区经济生活圈。这不仅提高了业主对小区的黏合度和对物业服务的满意度，也促进了社区内部商业的发展与繁荣，进一步提高小区人流量。

（7）专题讲座。牧马湖小区物业还定期举办专题讲座，如房屋维修、安全知识、文明养犬、民法典普法宣传、消防知识等，在提升业主的知识水平和法律素养的同时，也增强对物业的信任感。这些讲座不仅满足了业主的学习需求，也提高了物业的服务质量。

（8）个性化需求满足。牧马湖小区物业会根据客户的具体需求，提供定制化的服务。无论是家庭维修、物品代收还是其他个性化需求（如节日贺卡、春节赠送春联等），物业管家都会尽心尽力地满足业主的需求，让业主感受到贴心的服务体验。

同时，牧马湖小区物业还就租住人员情况形成登记、出租房/车位如何规范使用进行管理规程说明，加强房屋出租、车位使用等管理。为营造家的氛围，物业掌握小区拟进行租赁活动的房屋信息并在确定租赁关系成立后及时前往物业管理处登记（包含业主、租客相关人员基本信息、留存相关证件和租赁合同），以确保租赁活动的合法性和规范性；加强房屋出租管理，引导业主、租客相关人员遵守小区内的各项规定和公共秩序，维护小区的和谐与安全，保障整体小区的居住安全与环境；协助处理房屋租赁业务中的投诉和纠纷事宜，确保整体小区、租赁双方等的权益得到保障。下一步需要制定相应的出租管理规程，以更好地规范业主、租客的行为。

为营造家的氛围、形成合家思维，需要进一步针对小区自治的突出问题，规范小区日常自治管理。

（1）完善小区车辆/自行车/充电桩等安装/停放事宜。停车难是居民们反映的热点问题之一。随着小区居民车辆的增多，停车位的需求也日益增长。

然而，现有的停车位数量有限，停车布局也不尽合理，导致停车难、停车乱的问题时有发生。为了解决这一问题，牧马湖小区物业计划对停车场进行改造，增加停车位数量，优化停车布局。同时，我们还将引入智能停车管理系统，通过科技手段提高停车效率，减少停车纠纷。

（2）规范业主养宠行为，提倡文明饲养宠物事宜。小区内不文明养犬（包括未及时处理宠物的排泄物、遛狗时未使用牵引绳或携带宠物进入明禁宠物进入的公共场所、随意吠叫等行为）都是小区居民或物业或相关部门所较多反映的情形。文明饲养宠物是每个宠物主人的责任和义务，对此，牧马湖小区物业通过宣传法律知识引导业主自觉遵守规定，后期拟关注宠物健康（包括定期查看宠物接种疫苗）、开展训练宠物行为课程培训等方式，来共同营造一个文明、和谐的小区环境，以减少因养宠物造成的不和谐声音。

（3）定期检查公共设施安全隐患，及时提升小区整体形象。小区的公共设施存在着老化严重、使用体验差的问题，座椅的皮革已经褪色开裂，健身器材的零部件经常损坏，儿童游乐设施则缺乏更新和维护等安全隐患。为此，牧马湖小区物业将计划对这些设施进行全面的更新，添置新设施，希望采购环保、耐用、美观的材料设施，与此同时，公共设施的设计也将更加人性化，满足不同年龄段居民的需求。例如，试点单位将更换休闲座椅，使用耐磨、防水的材料，增加座椅的舒适度和耐用性；健身器材将进行升级，增加更多的功能，满足不同居民的健身需求；儿童游乐设施也将进行更新，增加更多的娱乐项目，让孩子们在玩耍的同时也能锻炼身体等。

（4）加强小区绿化覆盖率和改造率，美化小区环境。牧马湖小区物业还注意到小区内的绿化环境有待提升。虽然小区内有一定的绿化面积，但绿植的种类和数量相对较少，景观的层次感和美观度也有待提高。对此，牧马湖小区物业计划对绿化带进行改造，增加更多的绿植种类和数量，打造四季有绿、三季有花的美丽景观。同时，还将增设休闲步道、景观灯等设施，为居民们提供一个更加舒适、宜人的休闲环境。

（5）加强小区安全监控安全管理，提高小区防范能力。为了保障小区居民的安全，牧马湖小区物业将对现有的安全监控系统进行升级。新的系统将采用高清摄像头、智能识别技术等先进技术，实现无死角监控和实时预警。同时，还将加大安保人员的培训和巡逻力度，提高小区的安全防范能力。这些确定的修缮项目旨在全面提升小区的生活品质、环境品质和安全品质。牧马湖小区物业将以"居民需求导向，问题优先解决"为原则，确保每个项目都能真正满足居民的需求。同时，牧马湖小区物业也期待居民们能够积极参与和支持修缮工作，共同为小区的美好未来贡献力量。

（6）规范小区广场舞的活动并扩宽文娱项目内容，丰富居民生活。广场舞作为一种大众健身方式，在小区内受到许多居民的喜爱。试点单位也有一群广场舞爱好者，广场舞的开展存在一定的噪声污染和安全隐患（如参与者的身体损伤或与其他居民发生纠纷等）。为了规范广场舞活动，牧马湖小区物业采取了一系列措施，具体表现为：首先，先制定合理的规定，明确广场舞活动的时间、地点等要求，以达到相应居民只能在指定场所进行不干扰居民休息的运动；其次，为了规范噪声污染音乐音量问题，牧马湖小区物业特意自费提供音响设施给居民使用，该音响会对音量进行有效设置从而一定程度上和谐管理。牧马湖小区物业后期亦将结合小区人口的增加而考虑成立羽毛球、乒乓球兴趣小组，以增加居民之间的良好互动。

（7）设置楼栋长分群制度，解决小区日常纠纷和信息传送工作。结合小区入住率尚未达到成立业主委员会等因素，为了更好管理小区（细化至每个楼栋），牧马湖小区物业采用楼栋长分群管理手段，即楼栋长可以通过分群管理更好地了解每个楼栋的居民需求，以及存在的具体问题。与此同时也可与居民建立紧密联系收集意见和建议，以更好地服务贴近居民的实际需求。当然，楼栋长分群除了可更好地服务居民，还可发挥国家法律和地方政府政策宣讲员、可向社区或公安机关及时上报小区安全隐患的信息报送员，也可以是作为协调居民纠纷矛盾的调解员，当然，在业主委员会尚未成立时亦可作为物业监督员，时刻监督并协助物业解决小区管理上的问题。

牧马湖小区物业希望通过这些改变使小区成为居民温馨的家，从而提高居民们的日常生活品质，提升小区的整体形象。

在物业管理领域，客户关系管理与维护已成为提升服务质量和品牌形象、实现物业企业自治和小区自治的关键要素。为了在这一领域取得突破，牧马湖小区物业建立了一套完善的客户关系管理体系，通过线上"想家"、线下"管家"的服务模式，为业主提供了全方位、多层次的服务体验。

（1）建立稳固的客户关系基础。首先，为了与业主建立稳固的关系基础，牧马湖小区物业采取了多种措施。首先，通过定期回访、问候等方式，物业管家主动与业主保持联系，了解他们的需求和期望。这种主动沟通的方式不仅增强了客户对物业的信任，还使物业管家能够更好地掌握业主的需求变化，从而提供更加贴心的服务。

其次，牧马湖小区物业注重客户服务的质量。他们通过提供热情、专业、高效的服务，使业主感受到试点单位的真诚和关怀。无论是日常的维修、保养工作，还是突发事件的应对处理，物业管家都能够迅速响应，为业主提供及时、有效的解决方案。

（2）重视客户反馈，持续改进服务。为了不断提升客户满意度，牧马湖小区物业非常重视客户反馈。他们通过设立投诉建议渠道、定期开展满意度调查等方式，收集业主对物业服务的意见和建议。针对业主反映的问题和不足，物业会及时进行分析、整改，并将改进结果反馈给业主，形成良性的互动循环。

此外，牧马湖小区物业还鼓励业主参与到物业服务的改进过程中来。他们通过开展业主座谈会、征集优秀服务案例等活动，激发业主的参与热情，共同为提升物业服务质量出谋划策。

（3）创新服务模式，提升服务品质。在客户关系管理与维护方面，牧马湖小区物业不断探索创新服务模式。他们结合业主的实际需求和市场发展趋势，推出了一系列具有特色的服务项目。例如，针对老年业主群体，试点单位提供了健康咨询、生活照料等贴心服务；针对年轻业主群体，则推出了智能家居、线上缴费等便捷服务。

同时，牧马湖小区物业还注重与其他行业的合作与交流，借鉴先进的管理理念和技术手段，不断提升物业服务的专业化和智能化水平。这些创新举措不仅满足了业主的多元化需求，也提升了试点单位的服务质量和品牌形象。

总之，客户关系管理与维护在物业管理领域、小区和谐治理具有举足轻重的地位。通过建立稳固的客户关系基础、重视客户反馈、创新服务模式等措施，牧马湖小区物业较为成功地提升了客户满意度和服务质量。通过提高业主、居民、物业工作人员等将小区视为家的意识，让每个人都能像爱护自己的家一样爱护小区，共同为小区的繁荣和和谐贡献力量。

通过自治规范修订工作，牧马湖小区自治规范修订小组不仅关注自治规范文本的修改，更着眼于物业服务质量的提升。物业服务是小区居民日常生活中不可或缺的一部分，因此，将着力规范物业服务，确保每一位物业人员都能以专业、负责的态度为居民服务。在物业管理服务和小区自治过程中，总有一些优秀的物管人员、业主和住户脱颖而出。他们不仅在自己的岗位上尽职尽责，还积极为小区的和谐、安全、舒适作出贡献。为了鼓励这种行为，牧马湖小区物业拟制定评定标准，通过月度、年度等多方式的评比，对表现优秀的人员进行适当的表彰和奖励。当然，也可以采用积分制度，就物业员工的表现（包括员工的工作表现、工作态度、客户满意度与否等多方面）、业主和住户的表现予以评定。这种表彰和奖励不仅是对他们个人工作、参与小区自治的肯定，更是对小区居民共同营造和谐家园氛围的鼓励和引导。

四、结语

大亚湾区的自治规范修订工作，拟通过牧马湖小区等试点工作达到小区内部事务基本自治管理。物业服务企业通过细致入微的服务提升业主的满意度，进而构建和谐的社区环境。不管是物业参与小区自治抑或是业主参与其中，主要方式和目的为依据法律法规、根据民主原则建立自治组织、确立自治规范，以达到自行管理小区内部区域事务的目的。小区自治体现了自治精神，即业主、居民等对自身事务等的自我管理、自我服务和自我处理，实际上就是其权利的自我支配和处理的自由。

在自治规范修订过程中，牧马湖小区物业依法按照规章制度进行物业自治和小区自治，物业服务质量得到了提升，业主满意度也有提高。今后需要继续坚持客户至上的服务理念，不断创新服务模式，为业主提供更加优质、贴心的服务体验。他们将通过持续优化客户关系管理体系、加强员工培训与提升、拓展服务领域等方式，不断提升物业服务水平和竞争力。从牧马湖小区实践看，小区的物业自治和业主自治之间的相互协调，形成一个微观的"家"的生活单元，即是小区日常生活和居住的环境。而小区自治中通过物业公司自治和业主自治相结合的方式，协调处理物业管理区域内的相关问题，进而与社会治理自治相补充，共同推动社会基层治理的完善和发展，实现社区的持续发展和居民的幸福生活，实现大亚湾区的和美之治。

第十五章
全面审查协会规章制度　凝聚社会爱海公益力量
——大亚湾区蓝色海湾公益协会自治规范修订工作报告*

▲

路小轩　黄紫龙

一、引言

以社会团体、基金会和社会服务机构为主体组成的社会组织，是我国社会主义现代化建设的重要力量。据统计，截至 2024 年 3 月底，大亚湾区注册登记社会组织 159 家，其中社会团体 81 家（含行业协会商会 13 家、公益协会 12 家、枢纽型社区社会组织 8 家），民办非企业单位 78 家（含民办教育 39 家，社会工作机构 22 家），社会组织从业人员 3000 余人（含专职人员 2270 人）。

惠州大亚湾区蓝色海湾公益协会成立于 2019 年 11 月 29 日，由协会会长、5 位顾问、5 名副会长、21 名理事等组成领导机构，现有 110 名会员、注册志愿者 560 人，其中骨干志愿者 20 多名。协会各项目都有负责人，并能独立完成各项目实施。协会有专职人员 1 名，兼职 3 名（不包括项目负责人）。

大亚湾区蓝色海湾公益协会的前身是环大亚湾海洋环保志愿服务队。环大亚湾海洋环保志愿服务队是 2015 年在大亚湾水产资源省级自然保护区管理处、团区委和区文明办的扶持下成立的。大亚湾区民政局是协会的注册单位，大亚湾水产资源省级自然保护区管理处、惠州市生态环境局大亚湾分局是业务指导单位。大亚湾区蓝色海湾公益协会主要开展海洋生态环境保护及净滩等公益活动，与省市内外公益机构开展联合活动；开展与生态环境保护相关

---

* 本章初稿完成时间为 2024 年 4 月 10 日。

的各种科普、宣传教育及培训，承办与海洋生态环保相关的专题项目研讨课题；开展鸟类、海洋生物等野生动植物的观测、救助及科普活动；参与社区建设，环境保护、献血、应急救护培训、交通和消防宣传等志愿性公益活动；承接各项相关公益活动。

大亚湾区蓝色海湾公益协会目前已有八位优秀的项目负责人和领队、十几位骨干志愿者。内部治理也逐渐完善规章制度，慢慢形成一套体系，逐渐成形。每场活动开展已经变得有条不紊，如成功地承办了由中国海洋发展基金会发起的第七届全国净滩公益活动，联动了22个沿海城市，发动了8座城市3800多人参加，产生了良好的社会反响。

大亚湾区蓝色海湾公益协会还与中广核惠州核电有限公司、大亚湾环境水务集团达成了公益共建，与中海壳牌、华德石化等多家企业共同组织公益活动。协会获得了中国海洋发展基金会、创绿家、深圳市社会公益基金会、北京市朝阳区环境研究所等的公益资助。

自2023年7月开展大亚湾区自治规范修订工作动员部署以来，大亚湾区蓝色海湾公益协会成立了由协会会长牵头、协会聘请的法律顾问具体负责并担任"点长"、协会工作人员等参与的修订工作小组。小组每月至少召开一次讨论会（线上/线下），集中对修订工作内容、进度、存在问题和下步工作思路、工作路径、工作目标等进行交流。协会召开了两次内部座谈会和一次较大范围的协会自治规范修订座谈会。

协会规范修订工作开展以来，大亚湾区蓝色海湾公益协会按照摸底数、清问题、听建议、促落实的方式，充分发挥会员参与，制定了工作计划，全面审查协会规章制度，推动自治规范完善修订，取得了积极的成效。

二、全面审查协会规章制度

在规范修订过程中，大亚湾区蓝色海湾公益协会首先全面梳理协会的规章制度，全方位摸清协会规范的底数。截至2024年4月，大亚湾区蓝色海湾公益协会共有规章制度17份，分别为《惠州大亚湾区蓝色海湾公益协会章程》《会员代表大会制度》《志愿者管理制度》《关爱弱势群体制度》《项目管理制度》《培训管理制度》《办公室消防安全管理制度》《法人证书保管制度》《固定资产管理制度》《人事管理制度》《财务管理制度》《信息披露制度》

《重大活动备案报告制度》《重大事项报告制度》《组织架构图及职责》《档案
管理制度》《印章管理制度》。

在此基础上，大亚湾区蓝色海湾公益协会就规范修订进行问卷调查、合
法性审查和初步修订，逐步推进自治规范修订工作。

（一）问卷调查

大亚湾区蓝色海湾公益协会发动协会志愿者及会员参与自治规范修订，
向协会内会员发放调查问卷，收集、了解协会自治规范实施的情况、存在的
问题。

大亚湾区蓝色海湾公益协会自治规范修订与规范运行工作调查问卷

1. 您的姓名是＿＿＿＿＿＿

2. 您的年龄＿＿＿＿＿＿

3. 您是否在协会担任职位？

□有，担任＿＿＿＿＿＿

□没有

4. 您是否会经常参加协会的活动？（单选）

□经常，基本每次都参加。

□偶尔，有时候参加。

□从不

5. 您认为协会在开展活动过程中还存在哪些问题需要改进？

6. 区党工委为推进基层治理法治化、规范化，制定了《关于充分发挥自
治规范作用 促进基层依法治理的实施意见》《大亚湾开发区自治规范修订与
规范运行试点工作方案》等工作文件，您认为以下本组织已制定的相关自治
规范中，有哪些需要进行完善的？

（1）《协会章程》

（2）《协会组织架构图及职责》

（3）《办公室消防安全管理制度》

（4）《大亚湾区蓝色海湾公益协会固定资产管理制度》

（5）《档案管理制度》

（6）《法人证书保管》

（7）《关爱弱势群体制度》

（8）《会员代表大会制度》

（9）《惠州大亚湾区蓝色海湾公益协会财务管理制度》

（10）《培训管理制度》

（11）《人事管理制度》

（12）《协会信息披露制度》

（13）《协会重大活动备案报告制度》

（14）《协会重大事项报告制度》

（15）《项目管理制度》

（16）《印章管理制度》

（17）《志愿者管理制度》

我认为需要完善的资质规范有（可写序号）：＿＿＿＿＿＿＿＿＿＿＿＿＿

主要完善的建议有：＿＿＿＿＿＿

7. 您认为协会还需要制定哪方面的自治规范？在制定过程中需重点完善哪些方案和措施？

□不需要再制定

□需要再制定，我认为还需要制定＿＿＿＿＿＿＿＿＿＿＿＿＿＿＿＿＿＿＿

＿＿＿＿＿＿＿＿＿＿＿＿＿＿＿＿

8. 您对协会自治规范修订与规范运行工作是否还有其他建议？

□无

□有，＿＿＿＿＿＿＿＿＿＿＿＿＿＿＿＿＿＿＿＿＿＿＿＿＿＿＿＿＿＿＿

2023 年 12 月 15 日，大亚湾区蓝色海湾公益协会组织部分成员参加了规范修订座谈会并填写自治规范修订调查问卷。协会共发放并回收问卷二十余份，针对协会自治规范的修订具体征求了会员的意见。

通过问卷的发放和回收，大亚湾区蓝色海湾公益协会更全面地了解了会员等对协会规章制度现状的态度和意见，为修订协会规范明确了方向、奠定了基础。

（二）合法性审查

为充分发挥自治规范在社会治理中的积极作用，促进协会依法治理高质量发展，大亚湾区蓝色海湾公益协会聘请律师进行协会规范的合法性审查工作。

大亚湾区蓝色海湾公益协会目前初步制定有章程和各项管理制度，能够依照管理制度进行基本的运作。经审查，《惠州大亚湾区蓝色海湾公益协会章程》未违反《民法典》等法律的强制性规定，《协会组织架构图及职责》《会员代表大会制度》未违反法律法规的强制性规定。

协会的《办公室消防安全管理制度》《档案管理制度》《法人证书保管》《培训管理制度》《印章管理制度》《项目管理制度》《关爱弱势群体制度》属于协会日常管

规范修订工作座谈会

理制度，由协会依照协会章程及协会工作实际情况执行并发布，其内容未违反法律法规强制性规定，但是仍需加强协会相关证照、印章管理，避免因证照、印章管理不善造成的风险。其中《关爱弱势群体制度》涉及向会员发放小额补贴或慰问品，根据《民法典》第 87 条、第 92 条的规定，为公益目的成立的非营利法人不向出资人、设立人或者会员分配所取得利润，终止时不得向出资人、设立人或者会员分配剩余财产，协会的相关服务补贴需注意不得违反法律和章程规定。在符合以上条件的情况下，第 3 项所列自治规范未违反法律法规的强制性规定。

《人事管理制度》属于协会的人员管理制度，协会作为非营利法人，是合法的用人单位，应当按照《劳动法》《劳动合同法》等相关法律法规制定合法的用人管理制度，根据协会的性质和工作开展，建立与协会性质和工作相适应的员工聘用、考核、管理制度。需要注意的是法律并未赋予用人单位擅自扣款和罚款的权利，对于相关扣罚工资的事项需通过用人单位制定管理制度、考核制度来进行考核，对劳动者绩效、奖金等进行调节。在符合上述要求的情况下，《人事管理制度》未违反法律法规的强制性规定，已对相关条款予以修改和调整。《志愿者管理制度》未违反法律法规的强制性规定。

大亚湾区蓝色海湾公益协会《固定资产管理制度》《财务管理制度》符合《慈善法》对非营利社会组织的相关规定和《民间非营利组织会计制度》第 8 条等的规定。

　　大亚湾区蓝色海湾公益协会《信息披露制度》《重大活动备案报告制度》《重大事项报告制度》为协会依照《慈善法》等法律规定的章程所议订，所建立内部的信息披露、活动报备制度未违反法律法规的强制性规定。

　　在审查时，也发现大亚湾区蓝色海湾公益协会章程和规章制度中一些需要修改的内容：

　　(1)《惠州大亚湾区蓝色海湾公益协会章程》中的个别内容存在误差，引用的管理规范尚未制定。同时，关于最高权力机构是会员大会还是会员代表大会，协会其他制度规定与章程规定内容有冲突。其中《协会章程》规定协会最高权力机构是会员大会，但《组织架构图及职责》与《会员代表大会制度》则规定是会员代表大会是本会的最高权力机构。会员大会与会员代表大会是不同的权力机构，建议协会根据会员数量及实际运行情况设置最高权力机构。协会章程是协会组织机构的权利基础，因此配套的制度须与章程规定保持一致，避免冲突。如设置会员代表大会，则应在章程中规定会员代表的产生办法、职权以及会员代表大会的召开等。此外，《惠州大亚湾区蓝色海湾公益协会章程》中有关组织机构和负责人产生、罢免及会议召开的规定尚不完善、权责存在一定的不合理等。如未规定会员大会多久召开 1 次、召开程序，未规定副会长设置几名，章程规定选举和罢免会长、副会长的职权是理事会，该职权的行使权力机构建议调整，因会长是协会的负责人及法定代表人，对于会长、副会长的选举及罢免建议应调整由最高权力机构即会员（代表）大会行使，章程规定秘书长是专职，但根据走访了解，协会仅有会长是专职，如实际情况与章程不符，建议章程无须规定秘书长是专职，避免与章程的冲突。

　　另外需要注意的是，《惠州大亚湾区蓝色海湾公益协会章程》规定会长、副会长及会员收取会费的标准，但未规定如未缴纳会费时，对会长、副会长的职务任免及会员是否视为自动退会等没有规定或约束。考虑到协会是公益性质，不宜过于严苛，如对于确有特殊困难的会员，可经申请并由理事会决议同意免除会费，也可设置一定的会费缴纳的宽限期，如在宽限期内仍未缴纳会费，则建议考虑设置一定的约束如自动退会或职务的终止等。

　　还有《惠州大亚湾区蓝色海湾公益协会章程》中未规定信息披露相关内

容，但《信息披露制度》第 1 条规定是依据协会章程制定信息披露制度。对于公益目的的社会团体，信息披露是增强社会信任的重要事项，建议在章程中补充关于信息披露的内容。

（2）惠州大亚湾区蓝色海湾公益协会《组织架构图及职责》《会员代表大会制度》的整体未违反法律法规的强制性规定，会员大会与会员代表大会的管理制度目前落实存在一定困难，运行尚不顺畅。协会组织结构图中显示会员代表大会是最高权力机构显然与协会章程的规定不符，会员代表大会因未在章程中明确列为权力机构，其设置缺乏章程规定的合法基础。在职责的表述中也同时存在会员大会及会员代表大会的表述，存在一定的混淆。因此建议与协会章程保持一致，统一将会员代表大会表述为会员大会。

（3）惠州大亚湾区蓝色海湾公益协会《会员代表大会制度》方面，因协会章程规定最高权力机构为会员大会，而非会员代表大会，且章程中并未规定会员代表的产生办法、职权及会员代表大会的召开等。因此《会员代表大会制度》的设置与协会章程规定不符，其设置没有章程规定作为合法存在的基础。如考虑到会员人数较多的具体情况，召开会员大会有实际障碍，确实有必要设立会员代表大会制度的，则需首先对协会章程进行修改并在章程中明确设置会员代表大会制度。如无需设立会员代表大会制度，则该《会员代表大会制度》应予以废止。

（4）惠州大亚湾区蓝色海湾公益协会《关爱弱势群体制度》涉及向会员发放小额补贴或慰问品，根据《民法典》第 87 条、第 92 条的规定，为公益目的成立的非营利法人不向出资人、设立人或者会员分配所取得利润，终止时，不得向出资人、设立人或者会员分配剩余财产，协会的相关服务补贴需注意不得违反法律和章程规定。

在《档案管理制度》中，建议增加会员名册，对会员情况进行记载，如会员情况发生变动时修改会员名册。同时档案管理中建议增加保存会员大会、理事会等决议的原始记录以及证照、印章使用的审批、登记等记录。

《项目管理制度》应进一步结合已开展的项目完善操作细节，增强其常态化的现实可操作性。

《人事管理制度》属于惠州大亚湾区蓝色海湾公益协会的人员管理制度，协会作为非营利法人，是合法的用人单位，应当按照《劳动法》《劳动合同法》等相关法律法规制定合法的用人管理制度，根据协会的性质和工作开展，建立与协会性质和工作相适应的员工聘用、考核、管理制度。但是，并未赋予用人单位擅自扣款和罚款的权利，对于相关扣罚工资的事项需通过用人单位制定管理制度、考核制度来进行考核，对劳动者绩效、奖金等进行调节。

《志愿者管理制度》建议考虑直接建立一个协会会员及志愿者互助金管理制度，以提升会员的凝聚力。

《重大事项报告制度》主要是协会内部的重大事项报告制度，因根据协会章程并未设置常务理事会，因此关于奖励及处罚条款中规定由常务理事会决定的奖惩事项修改为由理事会决定。

大亚湾区蓝色海湾公益协会《固定资产管理制度》《财务管理制度》由于协会人力资源限制，不能完全实行和落实，存在一定风险，需要在运行过程中根据实际情况修订调整，可以根据财务管理情况进一步制定细化的财务监督和管理办法。

针对这些审查意见和协会规范存在的问题，大亚湾区蓝色海湾公益协会截至 2024 年 4 月已修订并由会员大会表决通过《惠州大亚湾区蓝色海湾公益协会章程》，对大亚湾区蓝色海湾公益协会《档案管理制度》《财务管理制度》《项目管理制度》《印章管理制度》进行了初步修订，有待进一步征求意见、修改完善后讨论通过。大亚湾区蓝色海湾公益协会还草拟了《资金管理办法》和《资金监督办法》的框架，准备进一步征求意见。

按照安排，大亚湾区蓝色海湾公益协会视情况开展外出交流调研活动，借鉴学习其他优秀公益协会的内部管理制度及工作开展情况。同时，进一步在实践中验证协会规范的合理性和实际可操作性，根据实际情况进行进一步的修改。

三、推进海洋生态环境保护

大亚湾区蓝色海湾公益协会自成立以来，按照章程和已有规章制度进行运作，积极开展活动，在推进海洋生态环境保护做出了一定的成绩。

（一）协会规范运作

4 年来，大亚湾区蓝色海湾公益协会共召开 8 次理事会、4 次会员大会。

目前协会有专职人员 1 名、兼职 4 名，几年来新增理事 15 人，退出理事 10 人，变更了办公地点，有独立的财务管理。

大亚湾区蓝色海湾公益协会严格依法依规进行活动，严格遵守协会章程和规章制度，会议有记录，活动有总结。如 2020 年 12 月 26 日协会召开第一届第二次会员大会，有相对完整的会议纪要如下：

会议日期	2020 年 12 月 26 日	地点	西区二楼小礼堂
开始时间	上午 9：00	结束时间	上午：11：30
参会人员	民政局领导、各企业嘉宾、协会全体理事会成员、会员		
会议主要内容 本次会员大会区民政局黄主任出席并讲话，会议由刘副会长主持。 区生态环境分局邱主任、团大亚湾委会员、区志愿者联合会朱秘书长、市自然资源局梁主任等出席会议，还有中广核惠州核电有限公司党委、中建五局等大型企业应邀出席。 参加本次大会的会员有 78 人，实到 60 人，超过 2/3，符合章程规定，此次会议有效。 现将会议有关事项纪要如下： 举手表决通过协会秘书长任命； 协会副秘书长做工作报告； 监事对 2020 年度协会财务做了报告； 协会会长做了 2021 年规划； 为爱心企业颁发"爱心牌匾"； 表彰了一些表现优秀的志愿者。			

2022 年 11 月 14 日，大亚湾区蓝色海湾公益协会召开第一届第七次理事会，有会议纪要如下：

会议日期	2022 年 11 月 14 日	地点	协会办公室 （澳头赤角街 146 号）
开始时间	上午 9：00	结束时间	上午：11：00
参会人员	线下参加人员：路某某、刘某某、蒋某某、胡某、王某某、陈某某、贺某、胡某某、李某某、杨某某、李某某、吴某某、陈某、沈某某、洪某某 线上参加人员：姜某某、龚某某、郑某某、曾某某		

会议主要内容
一、会议议题：
1. 会长对当前形势以及协会的发展方向做了总结分析；
2. 项目负责人讨论协会各项目开展情况；
3. 会议讨论与广东红树林港湾工程有限公司合作财务情况，以及协会 2022 年财务收支情况；
4. 会议讨论何某某、马某某等退出理事会，李某某由副会长转为理事；
5. 会议讨论曾某某、杨某某工作职责；
6. 会议讨论 2022 年第四次会员大会相关事项。
二、会议决议事项：
1. 会议中会长就党的二十大召开对于环保公益组织利好的几个方面，协会十大项目的发展方向没有错，将会坚定不移走下去；
2. 项目负责人周某、陈某某、胡某、贺某、陈某就公益净滩、红树修复、观鸟、海洋课堂以及应急救护项目开展情况做了汇报，以及提出了各自的建设意见；
3. 会长对与广东红树林港湾工程有限公司合作财务支出情况做了汇报，以及协会 2022 年财务收支情况；
4. 会议讨论通过了何某某、马某某等退出理事会，李某某由副会长转为理事；
5. 会议讨论通过了曾某某、杨某某工作职责；
6. 会议讨论 2022 年第四次会员大会时间暂定在 12 月上旬，采取线上线下结合形式开展。
协会理事会成员 25 人，参加 19 人，超过 2/3，符合《章程》规定，所决议事项有效。

现有会议纪要及协会资料显示，大亚湾区蓝色海湾公益协会基本能够按照已制定的自治规范进行自我管理，且从 2020 年至 2022 年，相关内容又逐步完善，并在 2023 年底完成了第二届换届选举和第二届第一次会员大会的召开。

（二）协会积极开展多种多样的海洋保护公益活动

如为凝聚社会爱海公益力量，提升全民海洋资源保护意识，大亚湾区蓝色海湾公益协会于 2023 年 1 月 12 日，在大亚湾泡泡海海滩开展了"为海行动，见'圾'而动"公益净滩活动。300 多米的海岸线，项目领队周君带领大家做起了海滩垃圾分类，清理海滩垃圾重量 18.6 公斤、1720 件。

为践行绿美广东、绿美惠州大行动，不断推进惠州生态文明的建设，惠州市林业局于 2023 年 2 月 2 日在大亚湾红树林公园海贝亭开展"2023 年惠州市'世界湿地保护日'宣传活动"，大亚湾区蓝色海湾公益协会作为协办单位，组织 50 人参加了宣传活动。会长作为志愿者代表向广大市民朋友宣读了

"保护湿地、共建绿美惠州"倡议书。

2023 年 10 月 21 日上午 9 点，大亚湾区西区团工委、大亚湾区蓝色海湾公益协会联合组织志愿者进行河小青护河活动。这次护河活动、巡河活动内容丰富多彩，注重生态环境教育，旨在讲好水文化，做好水资源保护宣传。

为维护生态平衡，保护物种的多样性，贯彻落实"三生四层"惠州生态核电理念，[1]围绕生态核电建设，中广核惠州核电有限公司联合大亚湾区蓝色海湾公益协会在 2023 年常态化开展"建设生态惠核，守护美丽岸线"植树主题活动。2023 年 11 月 21 日上午由惠核电团委青联主办，工程质量安质团支部、直属团支部、青联分会承办，有约 30 人组成的志愿者队伍在惠东烟墩岭沙滩上进行红树种植。

通过这些海洋保护公益活动，大亚湾区蓝色海湾公益协会凝聚爱海社会力量，组织、动员社会力量致力于海洋环境保护的宣传、监督和建设，推动大亚湾保沿海自然生态环境保护的管理、污染防止与治理，促进海洋经济发展，弘扬海洋文化，组织交流、协作，提高民众海洋环保意识，实施可持续发展战略，促进人与自然和谐共存，为发展惠州沿海海洋生物资源的可持续发展作出贡献，共建美丽生态大亚湾。

四、结语

大亚湾区蓝色海湾公益协会在建立和完善规章制度的基础上，积极开展活动，做好海洋资源保护和水资源保护宣传，守护美丽海岸线，促进海洋生态环境保护，不断凝聚社会爱海力量，提升全民海洋资源保护意识，在推进生态文明建设方面作出了一定贡献。

---

〔1〕 中广核惠州核电有限公司深入分析了地方生态文明建设实际情况后，研究提出了"三生四层"的生态核电理论。"三生"是指共生、互生和再生，它明确了核电项目与周边自然、经济和社会人文发展的关系，共生是前提，互生是基础，再生是目标。其中，"共生"是指核电项目采取措施尽最大可能降低对自然和社会人居环境的扰动，实现核电项目和谐融入周边自然和社会环境，在保护中发展；"互生"是指核电项目与周边区域共享基础设施，共谋生态改善和生态发展，为公众创造良好的生态环境；"再生"是指将区域资源禀赋与绿色电力消纳相结合，按照低碳、绿色、循环发展的理念，建立可持续发展的产业链，实现绿色协同发展，通过发展实施更好的生态保护，提供更多的优质生态产品。"四层"是从空间上勾勒出核电与区域相互作用的地理范围。第一层是核电站核心区，第二层是紧密层，是核电生产生活紧密相关的稔平半岛，第三层是关联层，覆盖惠州市和深汕合作区，第四层是扩展层，延伸至粤港澳大湾区。

由于大亚湾区蓝色海湾公益协会目前经费来源单一，相关项目运作主要依靠合作单位的经费支持，建议政府相关部门可以在开展相关项目运作时，一是优先考虑大亚湾区蓝色海湾公益协会或者提供更多平台可以让协会对接相关的公益活动资源，二是可以考虑将大亚湾区蓝色海湾公益协会现有的项目与政府现有相关的工作相结合，充分利用协会的资源开展活动，规范协会自我管理的同时也可以促进协会健康良性发展，为大亚湾和美治理贡献更多力量。

社会组织在加强和创新社会治理、激发社会活力等方面具有积极作用。大亚湾区蓝色海湾公益协会在规范修订和完善的基础上按照国家法律和中共中央办公厅、国务院办公厅于 2016 年 8 月发布的《关于改革社会组织管理制度促进社会组织健康有序发展的意见》的基本要求，不断完善协会自身管理制度，加强协会自身建设，将协会建设成为共建共享、制度齐全、结构合理、功能完善、诚信自律、充满活力的社会组织。

第十六章

发挥协会规范功能　探索行业健康发展

——大亚湾区物业管理行业协会自治规范修订工作报告 *

▲

蒋　双

一、引言

随着经济社会的发展，我国的物业行业规模不断扩大。截至 2024 年 4 月，广东省惠州市大亚湾区在管物业企业有 92 家，其中有 13 家企业已成立了党支部，共有 308 个物业小区，已成立业委会的小区共 72 个。

惠州大亚湾区物业管理行业协会于 2017 年 7 月 28 日在大亚湾区民政局登记成立，系由大亚湾区 47 家物业公司自愿发起成立的行业性、非营利性社会组织。协会共有会长 1 名、常务副会长 10 名、副会长 8 名，主要由大亚湾区各物业公司负责人担任，协会下设秘书处负责日常事务工作。截至 2024 年 3 月底，协会共有会员单位 95 家。协会的宗旨是遵守宪法、国家法律法规和国家政策，遵守社会道德风尚，弘扬爱国主义精神，以行业自律，促进大亚湾区物业行业发展，维护会员的合法权益，协调会员之间关系，沟通会员与政府、社会的联系，传达政府政策意图，规范执业行为，弘扬职业道德，倡导公平竞争，促进大亚湾区物业管理行业的创新、交流与合作，推动惠州大亚湾区物业管理行业的进步。大亚湾区物业管理行业协会于 2020 年 6 月荣获大亚湾区民政局颁发的 "3A 级社会组织" 称号，2021 年 1 月荣获大亚湾区群团工作部颁发的 "爱心社会组织" 称号，2021 年 5 月荣获大亚湾区区委组织部

---

* 本章初稿完成时间为 2024 年 4 月 19 日。

颁发的"新时代基层党建创新大赛机制创新类项目优秀奖"。

为规范大亚湾区物业管理行业协会行为，加强自治规范，促进协会及行业高质量发展，确保自治规范修订工作能顺利完成，大亚湾区物业管理行业协会成立修订工作小组，定期召开会议讨论规范修订。如按照要求于2023年8月成立惠州大亚湾区物业管理行业协会自治规范修订工作小组，小组成员由协会常务班子及律师、秘书处工作人员组成，组长由协会会长担任，副组长由协会秘书长袁晓红担任。成立自治规范修订工作小组后，分别于2023年10月、11月、12月及2024年1月、2月、3月召开了讨论会，集中对协会自治修订工作内容、进度进行汇报，讨论交流目前存在问题和下步工作思路、工作路径、工作目标等。

按照要求，大亚湾区物业管理行业协会全面梳理审查协会规范，认真修订完善协会规范，充分发挥协会规范功能，促进协会发挥积极作用，推进物业管理行业的高质量发展，为大亚湾的和美之治作出贡献。

二、全面梳理审查协会规范

大亚湾区物业管理行业协会通过梳理协会规范、外出交流和收集协会会员单位意见等方式，全面弄清协会规范现状和修订重点。

为进一步摸清自治规范底数，为自治规范修订工作奠定坚实基础，大亚湾区物业管理行业协会自治规范修订工作小组于2023年8月对协会规范进行了全面梳理。经梳理，协会共有自治规范20份，其中包括章程1份（《惠州大亚湾区物业管理行业协会章程》）、自律公约1份（《惠州大亚湾区物业服务行业自律公约》）、会员管理办法2份（《惠州大亚湾区物业管理行业协会会员管理办法》《惠州大亚湾区物业管理行业协会会员积分管理办法》）、组织架构及分工1份（《惠州大亚湾区物业管理行业协会组织架构及职权》）、内部制度15份（包括《财务管理制度》《人事管理制度》《工作人员管理制度》《固定资产管理制度》《报销管理办法》《信息公开制度》《公章印鉴的使用管理制度》《档案管理制度》《安全生产管理制度》《民主选举制度》《理事会制度》《监事会制度》《重大活动备案报告制度》《分支机构管理制度》《法人证书管理制度》）。

同时，大亚湾区物业管理行业协会开展外出交流调研活动，借鉴学习其他优秀行业协会的内部管理制度及行业工作开展情况。如 2023 年 10 月 13 日，大亚湾区物业行业协会组织会员单位共 45 余人参加以"发展高质量　服务新征程"为主题 2023 年中国国际物业管理产业博览会，以了解物业管理全产业链中最具代表性的新技术、新产品、新服务。2023 年 11 月 17 日，大亚湾区物业管理行业协会组织会员单位走进金地智慧服务集团粤东区域，与东莞市物业管理行业协会秘书长等深入交流两地物业管理经验，共同谋划提升物业服务品质。为进一步加强协会自身建设，提高协会工作技能，积极学习兄弟协会的先进经验和典型做法，提升为会员单位服务水平，大亚湾区物业管理行业协会分别于 2023 年 10 月 16 日及 11 月 23 日与惠州市物业协会和惠阳区物业协会座谈交流。

为充分发挥协会桥梁纽带作用，反映会员意见诉求，不断总结、创新、提升协会的服务水平，大亚湾区物业管理行业协会自治规范修订小组设计了如下的调查问卷：

调查问卷

各会员单位：

您好！非常感谢您在百忙之中抽空填写《惠州大亚湾区物业管理行业协会自治规范相关文件意见调查问卷》，本次调研旨在收集协会会员单位对本协会自治规范内容的意见以及建议，包括但不限于协会章程、物业行业自律公约、会员管理办法、协会内部各项规章制度等，感谢您的支持和配合。

一、您在本协会的职务（　　　）

A. 理事会单位（含会长单位、常务副会长单位、副会长单位、理事单位）

B. 监事会单位（含监事长单位、监事单位）

C. 一般会员单位

二、对于协会章程您的意见是（　　　）

A. 同意　　　B. 不同意［建议及意见（　　　　　）］

三、对于行业自律公约您的意见是（　　　）

A. 同意　　　B. 不同意［建议及意见（　　　　　）］

四、对于协会会员单位管理办法您的意见是（　　　）

A. 同意　　　B. 不同意［建议及意见（　　　　　）］

五、对于协会内部管理制度您的意见是（　　）

A. 同意　　　　B. 不同意［建议及意见（　　　　　）］

六、您对协会有哪些建议？

七、您认为大亚湾区物业行业存在什么显著的问题？有什么解决建议？

调查问卷通过线上或线下的方式发放，收集协会会员单位对以上自治规范内容的意见和建议。经统计，大多数会员单位对自治规范乃至于协会自治提出的意见是无意见。

通过这些工作，大亚湾区物业管理行业协会为全面修订完善协会规范奠定了基础。

三、认真修订完善协会规范

修订完善协会规范时，大亚湾区物业管理行业协会聘请法律顾问对协会内自治规范开展合法性审查，修改行业自律公约及会员管理办法，修改会员积分管理办法，优化会员管理方式，促进行业的健康发展。

（1）针对自治规范合法性审查工作量大、内容广、开展此项工作的专业性的实际，大亚湾区物业管理行业协会充分发挥律师专业力量，由法律顾问对协会内自治规范开展合法性审查。审查中，法律顾问遵循着"公平、合法、有效"的原则，对协会的十九份规范性文件进行了合法性、合规性审查，并且出具了审查报告，具体指出部分条款不齐全或不尽合理，建议调整。

经审查，本律师倾向于认为，贵会提供的十九份文件内容较为完整，且未违反现行相关法律、行政法规强制性规定。但存在部分条款不齐全或不尽合理，建议调整，具体如下：

1.《惠州大亚湾区物业管理行业协会章程》第 15 条中"会员一年不交纳会费或不参加本会活动的，视为自动退会"，建议补充明确自动退会的条件，例如满足一年不交纳会费或不参加活动 x 次，经协会通知后一定期限内仍不改正，视为自动退会，或经协会通知后仍不改正，经会员大会/理事会通过，予以除名。需在通知中告知被通知会员单位不改正的相应后果。

2.《惠州大亚湾区物业管理行业协会章程》第 23 条存在两个"（十）"，序号错误，并直接影响第 25 条经理事会授权职权的范围，建议对第 23 条、

第 25 条进行修改。

3. 为维护贵会的权益，建议在《惠州大亚湾区物业管理行业协会章程》第 46 条中补充证书、印章等因公需携带外出办事的相关流程或规范。

4.《惠州大亚湾区物业管理行业协会财务管理制度》第 13 条中存在歧义及冲突，例如 2000 元以上的低值易耗品是报会长批准还是由秘书长审批，建议修改。

5. 为维护贵会的权益，建议在《惠州大亚湾区物业管理行业协会财务管理制度》第 13 条中以及《惠州大亚湾区物业管理行业协会固定资产务管理制度》中补充固定资产实物管理以及盘点的时间。

6. 为维护贵会的权益，建议在《惠州大亚湾区物业管理行业协会固定资产管理制度》中补充固定资产责任人相关内容，例如固定资产的保修、固定资产丢失的后果、固定资产人为损坏或自然使用损坏的后果等。

7. 为维护贵会的权益，建议在《惠州大亚湾区物业管理行业协会固定资产管理制度》中补充明确固定资产盘点的时间以及负责人员、申请固定资产以及报废固定资产的流程或规范。

8.《惠州大亚湾区物业管理行业协会报销管理办法》第 5 条中存在用词错误，"现行"应为"先行"，建议修改。

9. 关于《惠州大亚湾区物业管理行业协会报销管理办法》第 5 条，在会长出差时遇急付款情况，建议申请人员通过微信、短信等方式申请，由会长批准回复，后补纸质材料更为合理，也可以更好地留下依据。

10. 为维护贵会的权益，建议在《惠州大亚湾区物业管理行业协会报销管理办法》中补充对报销费用相应的收据、发票、合同等凭证要求。

11. 为维护贵会的权益，建议在《惠州大亚湾区物业管理行业协会档案管理制度》中明确短期、长期具体的时间或时间段，建议明确档案销毁所需的审批流程及人员，建议补充档案借阅的相关流程或规范。

12. 关于《惠州大亚湾区物业管理行业协会分支机构管理制度》，分支机构类似于公司的分公司，无独立法人资格，若产生纠纷，分支机构的权利义务都需要由协会承担。为维护贵会的权益，建议补充对分支机构在财务、人员、活动上的管理、监管等内容。

13.《惠州大亚湾区物业管理行业协会会员管理办法》第 8 条存在歧义，

建议明确"建立合同关系"的各方为何方。

14. 关于《惠州大亚湾区物业管理行业协会会员管理办法》第14条、第17条，为保障业主的知情权，建议对公共收益建立的共管资金账户、对社区公共权益的利用及权益归属进行公示，接受业主监督。

15. 关于《惠州大亚湾区物业管理行业协会会员管理办法》第23条存在歧义，其中"企业"仅指协会会员单位，还是包括其他的企业，建议明确。

16. 关于《惠州大亚湾区物业管理行业协会会员管理办法》第43条至第46条，该几条规定的行为规范不应仅限于党员，任何从业人员都应遵守，建议修改。

17. 关于《惠州大亚湾区物业管理行业协会会员管理办法》第52条，建议补充电话、邮箱等投诉监督方式，方便协会会员或其他企业个人进行投诉监督。

根据律师意见，大亚湾区物业管理行业协会将根据实际情况，按照《会计法》《民间非营利组织会计制度》等进行具体修改，不断修订完善协会的规章制度。

（2）行业自律公约和会员管理办法是行业自治的重要规范。大亚湾区物业管理行业协会于2017年7月召开的第一届第一次大会上全体会员表决通过了行业自律公约和会员管理办法，后未进行更新。

为进一步保障物业企业服务质量，降低物业企业与业主之间的冲突，按照这次自治规范修订工作的要求，在完善行业自律公约及会员管理办法时，大亚湾区物业管理行业协会着重考虑业主与物业公司可能产生冲突的地方，并加以完善。基于以上考虑，结合行业实际情况，在广泛征求意见的基础上，大亚湾区物业管理行业协会于2023年10月对行业自律公约及会员管理办法进行了重新修订。

重新修订的内容主要包括：第一，保障业主知情权、监督权、决策权，如对社区公共收益履行收支分配约定与收支公示义务、对社区公共权益的利用及权益归属进行说明并公示等；第二，规范物业服务企业从业人员行为，倡导企业党员发挥模范带头作用；第三，保障业主或其他单位对本协会会员进行监督，并提供举报、投诉方式等。

修改后的行业自律公约和会员管理办法在协会微信群进行公示，并在走访会员单位时向各会员单位进行解释和说明。会员普遍认同以上修改内容，并表示会遵守相关规定。

（3）为加强协会对会员企业的管理，优化会员管理方式，对会员以定量为主的模式进行管理和评价，通过量化会员企业在经营管理、参与行业活动和履行社会责任等方面情况，同时也为会员评价和行业表彰打下基础。大亚湾区物业管理行业协会于2019年11月19日召开的第一届常务理事会第八次会议上审议通过了《惠州大亚湾区物业管理行业协会会员积分管理办法》。这一会员积分管理办法主要是借鉴广东省物业管理协会及其他物业协会的积分管理办法，并结合我区物业行业实际情况进行制定，但一直没有修改。在这次自治规范修订工作时，大亚湾区物业管理行业协会在总结以前施行实践基础上，于2023年11月1日进行了修改。

修改后的会员积分管理办法将加分分为基础分、会费积分、培训积分、会议与活动积分、其他（成功介绍其他物业企业入会的）等，扣分包括违反《物业管理条例》以及相关物业管理法律法规并经查实的等七方面。积分作为选举理事以上单位、协会年度评优活动的重要参考，优先参加协会推荐类活动。

在2022年度大亚湾区物业管理行业评优评先活动中，根据这一积分管理办法评选出了27家优秀会员单位。在2023年度大亚湾区物业管理行业评优评先活动中，评选出了惠州卓泰物业管理有限公司6家等为突出贡献单位、广东全心物业服务有限公司等20家为先进单位、惠州新力置地物业服务有限公司等23家为优秀会员单位广东龙光集团物业管理有限公司惠州分公司的龙光玖龙府等27个为大亚湾区物业服务示范项目、22人为优秀职业经理人、46人为优秀项目经理、69人为爱岗敬业、9人为先进个人。这对提高和扩大物业服务行业的影响力，提升物业企业的服务水平，向社会公众宣传物业人的政治素质、专业水平和高尚情操，通过表彰提高从业人员的社会责任感和荣誉感，提升社会对物业行业的认知度，激励和促进行业健康发展，具有重要意义。

会员积分管理办法对调动会员单位的积极性，发挥协会宣传引导、沟通交流、教育培训、理论探索作用，活跃行业沟通氛围，为会员单位打造一个更优质的行业互动平台，推动行业同步发展，帮助会员单位共同进步，具有积极作用。

四、充分发挥协会规范功能

随着社会主义市场经济的深入发展和城市管理体制改革力度加大，物业管理服务工作在取得进步的同时矛盾纠纷也日益突出，已成为各级政府关心、群众关切、社会关注的重点、难点、热点问题。一方面社区及小区成为社会转型期各种社会矛盾的首发地和聚集地；另一方面随着社会经济的发展，小区居民生活水平逐步提升，小区居民对小区环境、卫生、治安、娱乐、社交等高层次的社会需求日益提高，个人维权意识也显著提升，但由于大亚湾区物业行业起步晚且处于一个较低的层次，行业的整体薪资水平较其他行业偏低许多，因此愿意从事物业管理的专业性人才比较匮乏，这就导致大亚湾区物业管理水平和质量参差不齐，近几年来业主和物业管理公司之间的矛盾纠纷日益凸显。

物业行业在不断发展壮大的同时也面临较多困难和问题，需要认真总结和面对，需要通过协会规范的修订和各方面的共同努力，充分发挥协会规范功能，进一步促进行业协会自治和行业自治，促进行业的健康发展。为此，大亚湾区物业管理行业协会结合自治规范修订工作和之前工作实际从物业服务提供方角度进行了思考。

（一）业主委员会方面的问题与建议

业主委员会方面问题主要有：①业委会整体"软实力"不足。业委会委员的自身专业能力是实施小区自治最大的瓶颈。从前期已成立的业主委员会成员组成来看，部分是无业人员，部分是从事中介、保险、装修等职业，大多数业委会成员不具备相应的法律、经济、物业管理等专业知识，而业主委员会是业主大会的执行机构，承担着小区千家万户业主对小区公共事务的合法权益的维护管理责任，不仅需要业主委员会成员具备一定的专业知识，还需具备热心公益的心态。然而现实情况是成立业主委员会没有具体的资质和能力要求，也未进行上岗培训，导致业委会管理混乱。②业委会缺乏制约和监管机制，制度存在盲区。部分业委会成员对于自己的权利与义务了解不够，理不清业委会与物业公司的权责利关系，与物业企业易引发群体矛盾和事件。部分小区成立业主委员会后，业主委员会的个别成员利用监督物业公司的权利乱作为、乱维权，将业委会的权利当作一把利剑，跟物业公司谈条件、要好处的现象屡见不鲜，如果未达到他们的要求，则鼓动业主闹事或不按程序要求更换物业公司等，"物闹"在我市愈演愈烈，物业工作越来越难做。③财务管理不规范，账务处理不透明。物业服务企业作为专业运作公司，具有完善的财务管理体系，接受国家财税相关部门的监管。业委会成员中的物业管理人才数量有限，导致其在提供服务后往往没有相应的专业人员进行财务管理，部分业委会成员将业主的公共收益以各种名目擅自挪用或滥用，导致业主的合法权益受到严重侵害。这种财务上的不规范，账目上的不透明，容易让业主产生腐败忧虑，并由此产生纠纷与矛盾。④不法组织扰乱物业行业。业委会成立了自己的组织（惠联社），该组织不仅公开与政府对抗，同时通过纠集并指导小区业主成立业委会或是利用业委会作为工具，在业主群制造矛盾、煽风点火，部分小区会存在房屋质量问题，但房屋质量问题责任主体是开发商，借此混淆视听，把责任归咎于物业身上，扩大物业服务瑕疵，甚至找借口激怒物业员工，留下证据。在业主群里不断挑事、抹黑物业公司，对物业服务人员进行人身攻击，辱骂不断，通过一系列操作，获取其他不明真相业主的信任与支持，从而诱导业主更换现有物业公司，引进关联物业公司，从而谋取私利。⑤基层工作人员法律知识和物业知识了解不够。容易被一些"职业物闹"的业主震慑而妥协，形成了一种"谁声音大谁有理"的歪风。

对业主委员会存在的这些问题，大亚湾区物业管理行业协会建议填补法律空白，专门制定业委会自治相关的法律法规，建立更加完善的业委会监管机制，具体可采取的措施如下：①在选举业委会时对候选人予以严格把关和指导，对不符合要求的要给予清退，倡导党员优先、公职人员优先。而且要经过相关法律法规和物业知识培训。②加强街道、社区对业主委员会及其相关组织的日常运营指导与监督，发现问题及时予以纠正与处理。对违法违规的业委会人员要及时给予清退和补选。每年对业委会人员要进行考核和评价。③对街道、社区业务相关负责人员及工作人员进行专业的法律知识和物业知识进行培训，让其熟练掌握业委会相关法律知识以及沟通技巧；④街道、社区在小区内积极组织物业管理相关培训和普法宣传活动，加大面向居民的普法力度；⑤推动业主委员会成立基层党组织，让党员干部发挥模范带头作用；⑥赋予业委会法人资格，让业委会这一组织承担起法人应有的责任与义务，如开具发票等，接受财税部门的监管和审计，承担起法人单位的相关责任，以此来提高业委会成员的行为自律和财务公开。

（二）房屋维修资金方面的问题与建议

房屋维修资金方面的问题主要为：①老旧小区存在部分业主没有缴交维修资金的情况，导致维修资金无法动用。②启用紧急维修资金，需要消防部门出具整改通知书，该通知书要求物业企业必须在一个月内完成整改，否则对企业进行处罚，而实际上从审批到维修整改完毕很难保证在一个月内完成，尤其是重大维修项目，因此该项规定不符合实际情况。③部分老旧小区没有或维修资金严重不足，缴存、续筹维修资金困难，导致公共设施设备得不到及时维修。④启动专项维修资金的条件严格、过程繁杂，且部分业主不同意使用维修资金甚至阻挠使用，导致审批手续迟迟未推进，据不完全统计，惠州市关于消防方面的维修资金的申请时间动辄半年，多则两年甚至更久，导致消防设施设备处于半瘫痪或完全瘫痪状态，不能发挥其应有的作用，存在巨大的安全隐患，一旦发生火灾事故，后果不堪设想。

对此，大亚湾区物业管理行业协会建议：①开辟消防专项维修资金使用的绿色通道，提高相关资金使用的灵活性与便捷性。解决消防安全管理问题要有相关配套的政策和技术支持，落实相关职能部门管理职责，推进落实网格式管理。建议住建部门、消防大队、维修资金中心联合建立紧急维修资金使用管理政策，开辟消防专项维修资金使用的绿色通道，从制度上优化维修资金使用流程，原则上30万元以下的费用，经相关部门实地查勘情况属实的，可直接进入审批环节，不仅缩短了审批流程与时限，也提升了审批效率，对消除老旧小消防安全环境有重要作用，同时赋予基层社区居委会及高层老旧小区消防设施功能性隐患，改善网格化管理对消防安全管理工作的义务，对小区消防设施设备大、中修启动维修资金申请有建议及署名的权利。鼓励物业企业与全体业主签署可以利用公共收益支付开展消防安全宣传、消防应急演练、设置微型消防站、配备常用消防救援器材等费用的协议，鼓励物业企业投保消防安全责任险。同时，对于申请维修资金过程中，业主如果反对申请使用的，也需签名并附上承担的责任说明，在一定程度上可以减少业主恶意阻挠使用维修资金。②加大消防安全宣传力度，规范落实消防安全管理工作。根据相关法规要求，对于消防安全相关问题，物业企业需要及时劝阻违法违规行为，不听劝阻者可上报至有关部门，然而在日常管理过程中，经常出现小区业主将车辆或杂物停放在消防通道的情况，因物业没有执法权，只能通过劝阻的方式，但是收效甚微，业主依然我行我素置之不理，导致生命通道被堵塞，存在严重的消防安全隐患。针对上述情况，建议明确相关职能部门管理职责，统筹推进落实网格化管理，设立相关举报奖励制度，通过行政手段处理消防违法违规行为，从而更加有效地做好消防安全管理工作，消除和减少消防安全隐患。③建议参照《深圳市物业专项维修资金管理办法》，按月缴纳日常维修资金，日常维修资金由业主在按月缴纳物业管理费时一并缴纳，物业公司收缴后按时缴存至维修资金专用账户，这样可以确保维修资金账户资金充裕（深圳市标准为：带电梯每平方米 0.25 元，不带电梯每平方米 0.15 元，按月收取）。

（三）房屋承接查验方面的问题与建议

目前关于物业方面的投诉大部分是工程质量问题，但是开发商在处理工程遗留问题时往往不直接对接业主，而是由物业公司作为传话筒代为处理，甚至有的开发商让物业公司承担部分或全部维修费用，导致业主潜意识认为工程质量问题由物业公司负责，但是物业公司无力解决工程维修问题，只能向开发商发函告知维修，维修时间不稳定，从而让业主认为物业公司不作为，增加业主与物业企业的矛盾。

对此，大亚湾区物业管理行业协会希望能够借助政府力量规范和有效监督承接查验工作落实提出以下两点建议：①建议住建局将开发商取得物业承接查验备案登记作为开发商办理竣工验收备案登记证书的必备条件之一，项目符合各项要求和标准方可进行交付，这样能够较大程度地降低后期纠纷与矛盾。②在项目交付前，物业企业接到地产公司承接查验需求通知后，向属地物业部门提交承接查验需求申请，由物业管理部门审批后安排第三方机构开展承接查验工作，承接查验及首次复查费用由开发商承担，物业企业无需承担费用。如复查整改项目不合格，需再次复查，则按照 3000 元/次标准收取开发商费用。

（四）物业管理费方面的问题与建议

大亚湾的物业小区，因其业主群体存在特殊性，入住率不高，长期被拖欠物业费困扰，业主不缴费的理由五花八门，如工程质量问题、与原开发商的纠纷问题、渗漏水问题、高空抛物问题、小区违建问题等，由于业主自治机制不完善，导致部分业主拒交物业费，很难快速推进，想利用业主自治机制基本不可能，通过法律起诉收取物业费时间太漫长（1年至2年）。从2002年至今21年的时间，惠州市最低工资标准已经调整了4倍，人均工资上涨了5倍，但一半以上的物业小区管理费还是停留在过去十几年前的标准，0.6元/平方米至1.4元平方米之间，调费更是难上加难，导致物业企业尤其是管理老旧小区的物业企业经营困难，举步维艰。

为此，大亚湾区物业管理行业协会建议：

（1）针对管理费收缴方面的建议。物业费是基于物业公司与业主之间的合同而产生的费用，制订物业管理收费标准应符合国家规定，符合物业管理的客观规律，为避免纠纷，原业主在做房屋买卖时，物业公司应核实其物业费、水电费等费用是否已经结清，对于没有缴清物业管理费的业主实行产权限制，使他们在房产交易、产权转让等方面无法办理手续，这样将会迫使业主从自身的利益出发，缴纳或补缴物业管理费、水电费等。对于欠费业主制定相关法律约束条款，对党员、干部欠费效仿其他城市（如江苏徐州、四川达州、湖北武汉等城市，对党员干部欠费，都出台了相关惩戒措施）制定相关惩戒措施。对于恶意欠费业主，应纳入个人征信黑名单。对于没有按时缴纳物业管理费的业主，取消其成为业委会成员资格。按国家规定标准验收备案交付的房屋，业主不能以保修和质量等原因拒交物业服务费用，保修和质量等原因应向开发建设单位追责。因惠州投资客、外地客户较多，法院工作繁重，导致物业费诉讼周期过长（1年至2年），可以效仿、参考外地城市向法院申请支付令的形式去解决，如辽宁、大庆、海南、安徽、重庆以及其余20多个省市均有支付令督促物业费缴费情况。

（2）针对物业管理费标准方面的建议。鼓励物业服务收费实行市场调节机制、政府根据不同配套设施的住宅设立基准价格，在物业合同约定的服务质量不变的前提下每年物业管理费的调整与物价指数并轨、随物价指数的变化而自动变化，合理科学解决物业管理费调费难的社会矛盾。采用一费制。为减少矛盾、有利于国家节能减排政策，鼓励物业服务收费一费制、逐步取消水电公摊。

（3）针对物业管理费调费方面的建议。可以参照《惠州市普通住宅物业服务等级标准（参考）》及收费标准，不断提升服务质量，实现质价相符，最终达到调费的目的。

（五）物业从业人员方面的问题与建议

目前存在物业从业人员社会地位低、不受尊重的现象。部分业主不清楚物业的职责范围，物业人员常常受"夹心气"，业主认为"物业是小区管家"，负责看家护院的，对物业从业人员缺乏尊重，或在业主群对物业人员进行人身攻击，肆意辱骂，或直接将其不满情绪撒在物业人员身上，甚至对物业人员拳脚相向，这也导致许多优秀的物业人才逃离惠州，造成人才流失。

对此，大亚湾区物业管理行业协会建议：（1）政府相关部门加大小区业主法治宣传力度，让物业和业主知法、懂法、用法，尤其是与业主生命安全息息相关的法律知识，如物业管理条例、消防类、治安类、高空抛物类、安全用电类、文明养犬类等方面。（2）建议将惠州市物业行业精英及优秀管理人员推荐为惠州市人大代表。物业管理走进千家万户，承担着居委会，城管，消防，派出所等部分职责，物业管理本身是社会化、专业化的产物，工作职责包括设备的维护和保养，环境卫生、安全消防、清洁绿化、小区住户迁入迁出等管理，承担了部分政府基层管理职能。物业从业人员立足于人民群众，了解民生，有参政的先天优势，担任人大代表能提出更符合行业发展与实际的解决方案。

（六）关于基层治理方面的问题与建议

住宅小区作为社会治理的末端，部分政府部门因人手不足等原因将原本属于他们的工作职能"转移"给物业企业，凡是小区内的事项要求物业公司自行处理好，如小区内发生违规搭建、侵占共用部位、堵塞消防通道等问题时，因为物业公司没有执法权，仅通过劝阻的方式收效甚微，当物业公司将有违规行为但不听劝阻的业主上报至相关部门时，处理效率较低甚至充耳不闻，这就导致小区的违规行为较难制止和处理。

为此，大亚湾区物业管理行业协会政府牵头成立由各职能部门组成的物业管理专项治理专班，专门协调处理住宅小区的管理问题，并加大行政联合检查和对违法违规行为的惩戒力度，抓若干反面典型并从严从重处罚，形成有效震慑。同时，在小区内积极推动居民成立党支部，让支部成员积极参与到小区的各项治理工作中去，如果不具备成立党组织人数条件的，可以成立功能性党组织，同样发挥基层党组织的战斗堡垒作用。

五、结语

随着大亚湾房地产行业的蓬勃发展，物业服务行业也保持了快速发展的态势，从无到有，从小到大，从"助力"到"主力"，从"附属"到"担当"，物业服务企业逐步从幕后走向台前。特别是近十年，一大批全国优秀上市物业企业进驻大亚湾，开启了物业独立的市场化运营时代。十年前，物业还是开发企业的一个保障部门，现在已经发展成为与千家万户安居乐业息息相关的重要的民生行业，成为基层社会治理的一个重要部分，关乎人民群众美好生活愿望的实现。

大亚湾区物业管理行业协会自成立以来积极议订规章制度，开展各项工作加强行业自律，规范行业行为，如加强多元化多层次岗位培训，提升从业人员专业素质，深化行业交流与合作，提升行业形象和影响力，在通过协会自治推进行业自治方面发挥了积极的作用。

不过，大亚湾区物业管理行业协会作为社会组织，对会员单位不具有也不能具有管控力，所以很多情况下协会只能对会员单位提出建议，倡导会员单位履行自治规范等文件，而会员单位实际是否履行则协会较难控制，这影响了协会自治规范效力的发挥。在会员管理上，协会作为政府和企业之间的桥梁和纽带，对会员单位主要是起到监督和建议的作用，虽然已制定会员管理办法及行业自律公约，但对于不遵守相关规定的会员单位，无强制管理权。这是协会目前遇到的主要问题，也是需要通过修订协会规范进一步着力解决的问题。

附　录

中共惠州大亚湾经济技术开发区工作委员会平安大亚湾建设领导小组

惠湾平安组发 [2023] 1号

关于印发《关于充分发挥自治规范作用　促进基层依法治理的实施意见》的通知

区党工委平安大亚湾建设领导小组各成员单位：

《关于充分发挥自治规范作用促进基层依法治理的实进基层依法治理的实施意见》业经区党工委平安大亚湾建设领导小组同意，现印发给你们，请结合部门职能和工作实际认真贯彻落实。

中共惠州大亚湾经济技术开发区工作委员会

平安大亚湾建设领导本组（章）

2023 年 7 月 30 日

关于充分发挥自治规范作用　促进基层依法治理的实施意见

自治规范作为自治主体通过民主方式议定和修改并共同遵守的规范，在办理公共事务和公益事业、维护社会治安、调解民间纠纷、保障群众利益等方面有着不可或缺的作用，且在基层治理中有独立发挥作用的空间。党对自治规范工作高度重视，党的十八大以来，中央提出系列要求、作出系列部署。中共中央《关于全面推进依法治国若干重大问题的决定》指出，"发挥市民公约、乡规民约、行业规章、团体章程等社会规范在社会治理中的积极作用"。《法治社会建设实施纲要（2020-2025年）》提出，"充分发挥社会规范在协调社会关系、约束社会行为、维护社会秩序等方面的积极作用。加强居民公约、村规民约、行业规章、社会组织章程等社会规范建设，推动社会成员自我约束、自我管理、自我规范"。为落实党中央精神，进一步做好大亚湾区自治规范运行工作，总结积累自治规范良性运行的经验和做法，充分发挥自治规范在基层依法治理中的积极作用，特制定本实施意见。

一、指导思想

坚持以习近平新时代中国特色社会主义思想为指导，深入贯彻习近平法治思想，贯彻落实党的二十大精神，以推进社会治理体系和治理能力现代化为目标，以解决自治规范制定实施过程中合意不足、公信力不够、约束力不强、部分甚至与法律法规冲突等问题为导向，把充分发挥自治规范作用作为推动基层依法治理常态化、长效化的重要内容，激发自治主体在参与社会事务、维护公共利益等方面的活力，凝聚自治主体目标共识，在全区各领域逐步形成价值引领、合法合规、群众认可、管用有效的自治规范，促进基层依法治理能力更加精准全面，以自治推进和美网格建设。

二、基本原则

（一）坚持党的领导。加强区党工委、街道党工委及村委对各类自治主体和自治规范运行工作的领导，确保党的路线方针政策在各项工作得到全面贯彻落实。

（二）坚持合法合规。自治规范不得与党的方针、政策和国家的法律法规相抵触，不得有侵犯群众人身权利、民主权利和合法财产权利的内容，不得减免法定的制定程序。

（三）坚持发扬民主。广泛发动自治主体充分酝酿讨论，把制定完善自治规范作为集中民愿、集合正能量、宣传自治规范、营造共同遵守氛围的过程。

（四）坚持价值引领。践行社会主义核心价值观，聚焦树新风、治陋习，聚焦中华民族优秀传统文化和传统美德，促使自治规范贴近实际、贴近群众、贴近发展。

（五）坚持因地制宜。从实际情况出发，尊重不同风俗习惯、历史文化等因素，充分考虑群众接受程度，突出特色、通俗易懂、简便易行。

三、工作内容

（一）全面摸清底数。市民公约、乡规民约、行业规章、团体章程等自治规范是社会关系的重要调节器，对基层依法治理工作具有积极作用。各街道各部门要了解基层治理需求，找准自治规范空间，彻底摸清本领域自治规范的底数。

（二）开展论证分析。对本领域自治规范进行全面审查，包括内容合法性、制定程序合规性、执行有效性和可行性等方面，并形成自治规范审查结果清单；深入基层调研本领域依法治理难点，并对其成因进行分析，形成治理思路和计划。

（三）广泛形成共识。通过座谈交流、入户走访、公示公告、问卷调查等形式，畅通自治主体对于自治规范制订和修改、施行等表达意见建议的渠道，使自治规范成为自治主体表达诉求、参与管理的民主实践，成为自主制订制度、自主遵守制度的法治实践。

（四）制定完善自治规范。对于自治主体内部已达成合意的，未形成书面文本的，提炼形成自治规范；对于已达成合意，但与当前法律规定相冲突的，积极开展释法说理工作，并依法修订自治规范；对于内部无法达成共识，容易造成矛盾纠纷，引发信访、诉讼等的，如外嫁女问题，认真倾听各方意见，理顺症结，结合实际，逐步引导各方达成既符合法律规定又能满足多方利益诉求的解决合意。

（五）推动全面实施。引导自治主体通过集体民主决策，形成系统完备、科学规范、运行高效的自治规范，并做好自治规范的宣传和解读工作。充分发挥法律顾问或者"法制副主任"专家角色，加强对自治规范制定和执行过程中的法律指导。

（六）加强指导监督。各街道各部门可以根据本领域实际情况，制定各项切实可行的自治规范指导性文件，对自治规范制订和修改、施行等环节进行指导，为自治主体提供可操作的规范和指南。同时，建立健全自治规范监督机制和奖惩机制，确保自治规范运行有效。

（七）强化支持保障。为了保障自治规范能够充分发挥作用，促进基层依法治理，各街道各部门可以探索建立政府投入和引导、社会力量支持、自治主体自我补充相结合的多元经费投入机制。同时，通过各种方式提供人力物力保障，大力支持自治活动。

五、工作要求

（一）提高思想认识。各街道各单位要提高对自治规范在基层治理和法治建设中积极作用和重要意义的认识，结合部门职能，认真研究推进发挥本领域自治规范作用的办法措施，不断激发自治规范的活力，助推基层依法治理提质增效。

（二）形成工作合力。各有关部门要加强协作配合，围绕"党委领导、政府负责、民主协商、社会协同、公众参与、法治保障、科技支撑"的社会治理体系，努力形成推动自治规范良性运行的强大合力。

（三）加强宣传力度。各街道各单位要加大宣传力度，充分运用好本单位线上线下等途径宣传自治规范重要意义、基本内容，营造良好舆论氛围，激发群众参与热情。同时，及时总结和推广先进典型和创新做法。

（四）坚持以点带面。区属有关单位要落实我区开展自治规范修订与规范运行试点工作的具体举措，在全区范围内选择若干个具有典型意义的村（社区）、行业部门作为试点单位先行先试，积累经验、探索规律，为促进大亚湾基层依法治理高质量发展提供理论和实践依据。

中共惠州大亚湾经济技术开发区工作委员会平安大亚湾建设领导小组

惠湾平安组发〔2023〕2号

关于印发《大亚湾开发区自治规范修订与规范运行试点工作方案》的通知

区党工委平安大亚湾建设领导小组各成员单位：

《大亚湾开发区自治规范修订与规范运行试点工作方案》业经区党工委平安大亚湾建设领导小组同意，现印发给你们，请结合实际认真贯彻实施，并及时将开展试点实践过程中好的经验做法和案例及时报送区法学会。

中共惠州大亚湾经济技术开发区工作委员会

平安大亚湾建设领导本组（章）

2023 年 7 月 30 日

大亚湾开发区自治规范修订与规范运行试点工作方案

为充分发挥自治规范在基层治理中的作用，不断提升治理法治化、规范化水平，实施区党工委平安建设领导小组《关于充分发挥自治规范作用 促进基层依法治理的实施意见》的通知要求，通过试点工作总结积累自治规范良性运行的经验和做法，探索自治规范修订与规范运行工作机制，特制定本方案。

一、预期目标

一是形成一系列实践和理论成果。从理论和实践的层面对自治规范修订与规范运行试点工作进行梳理，2023年底前，试点单位各自形成一套符合法律要求、群众基础广泛、保证实施有效的自治规范。由省、市律师协会，市、区法学会协调牵头，按照课题出版发行的标准，形成《大亚湾区自治规范修订试点实验报告》《从自治规范修订的视角破解外嫁女难题》《自治规范在基层依法治理中的作用》。

二是探索一套可复制推广的运作模式。充分发挥试点单位的积极性、能动性和示范带头作用，在自治规范调研、论证、合意、修订、执行等方面探索形成可复制推广的运作模式。

三是推广一批可借鉴的典型经验。发动、引导试点单位运用自治规范，加大自治规范宣传力度，及时总结推广在开展自治规范修订与规范运行中具有借鉴意义、应用价值的典型经验做法及优秀实践案例。

二、工作原则

一是坚持党的领导。充分发挥党总揽全局、协调各方的领导核心作用，在区党工委、街道党工党工委及村委的领导下开展自治规范修订与运行试点工作，牢牢把握基层民主政治的前进方向。

二是尊重群众主体地位。坚持尊重群众自治原则，不得以行政名义代替群众意愿，充分发扬民主，使协商成为制修订的重要环节，深化群众自治。

三是坚持依法修订。将法治精神融入自治规范修订与规范运行试点工作中，在修订运行自治规范的同时，培育群众的法治意识，增强群众依法办事的自觉性，提升全区基层自治水平。

四是坚持协同联动。各行业主管部门积极整合资源，加大对自治规范修订与规范运行试点工作的支持力度，广泛引导和发动各自治主体参与自治规范修订与规范运行，达成共识。

五是促进和美治理。树立系统思维，将推进自治规范修订与规范运行试点工作作为和美网格建设的重要环节，推动政治、法治、自治、德治、智治相结合，促进和美网格建设。

三、组织机构

为推动试点工作顺利开展，经充分协商，在区委平安办下设立大亚湾区自治规范修订与规范运行试点工作专班，成员构成如下：

总召集人：李　箫　区党工委专职副书记、政法信访办公室主任

副召集人：高其才　清华大学法学院教授

　　　　　杨择郡　广东省律师协会副会长

　　　　　陈　杰　惠州市法学会副会长、秘书长

　　　　　曾韵冰　惠州市律师协会副会长

成　员：（略）　区政法信访办公室副主任

　　　　（略）　区政法信访办公室副主任

　　　　（略）　区党建办副主任

　　　　（略）　区公安分局副局长

　　　　（略）　区法院党组成员、副院长

　　　　（略）　区财政国资金融局副局长

　　　　（略）　区社管局党组副书记

　　　　（略）　区教育文化卫生健康局党组副书记

　　　　（略）　区政法信访办公室二级主任科员

　　　　（略）　区法学会常务副会长

　　　　（略）　区城乡建设和综合执法局副局长

　　　　（略）　澳头街道党工委副书记、政法书记

　　　　（略）　澳头街道办事处副主任

　　　　（略）　西区街道党工委副书记、政法书记

　　　　（略）　西区街道办事处人大工委副主任

　　　　（略）　霞涌街道党工委副书记、政法书记

　　　　（略）　霞涌街道办事处副主任

　　　　（略）　区法学会秘书长

工作专班办公室设在区政法信访办公室，由廖小慧、庄伟栋同志具体负责，协调推动自治规范修订与规范运行试点工作深入开展。

四、试点单位

结合村（社区）、企业、学校、物业、社会组织等各领域工作实际，确定澳头街道岩前村、妈庙村，西区街道新寮村、塘尾村、新联社区，霞涌街道

义联村、晓联村、坊下社区，大亚湾水务集团，华中师范大学附属惠州大亚湾小学、大亚湾外语实验学校，海德公馆小区、牧马湖小区，惠州大亚湾区蓝色海湾公益协会、惠州大亚湾区物业管理行业协会等 15 家单位作为试点单位。

五、主要任务措施

（一）准备阶段（2023 年 7 月）

1. 形成多方合意。广泛与多方进行协商，建立协作工作备忘录，稳定工作架构和工作内容，合力推进大亚湾开发区自治规范修订与规范运行试点工作。

2. 明确工作架构。成立由区党工委专职副书记、政法信访办主任为总召集人，有关法学专家团队为副总召集人，行业主管部门分管领导为成员的自治规范修订与规范运行试点工作专班。各行业主管部门根据村（居）自治、平安校园、企业合规、物业管理和社会组织五大领域，成立对应项目组，由分管领导担任负责人，具体负责发动和指导监督试点单位开展自治规范修订与规范运行试点工作。

3. 建立工作机制。建立自治规范修订工作例会机制和专家研判会机制，定期听取试点工作进度情况汇报、交流经验做法、分析破解存在问题，建立实行"双点长"制，由试点单位主要负责人担任单位"点长"，"法制副主任"、律师担任专业"点长"，通过开展调研论证、听取民意、集体决策、广泛宣传等，推动自治规范修订与规范运行试点工作的组织落实。

4. 选定试点单位。在全区范围内，选取部分村（居）、行业部门作为试点单位，由试点单位结合工作实际，撰写试点单位自治规范修订与规范运行工作计划，成立由自治主体的管理人员代表、律师、群众代表等成员组成的自治规范修订工作小组。

（二）实施阶段（2023 年 8 月-12 月）

1. 调研论证。各自治规范修订工作小组全方位对试点单位自治规范制定和实施情况进行调研梳理，逐条逐项审核各类自治规范，形成原始资料台账，确定问题清单。认真调研辖区、单位常见的信访问题以及社会关注问题，对一些与现行法律规定不一致的条文、规范进行论证分析，全面准确摸清试点单位的情况和规范修订需求。

2. 草拟自治规范文本。各自治规范修订工作小组根据法律规定，结合试点单位的具体情况，从规范化建设、利于长远发展等角度，对自治规范依法进行修订，按照简洁明了、便于执行的原则草拟文本，逐条逐项论证。

3. 开展广泛合意。由各试点单位"法制副主任"、律师等专业点长牵头，对修订草案的重点条款和争议条款先与单位点长、党员骨干等进行充分协商，取得一定共识后，由自治规范修订工作小组通过公示公告、走访群众、求论意见、重点解释说明等方式，与试点单位的群众广泛合意，不断完善规范条款。

4. 集体决策及实施执行。各自治规范修订工作小组推动试点单位按照法定程序，对修订后的自治规范进行集体决策，形成符合试点单位实际和发展需求的自治规范，予以公告并推动有效实施。

（三）总结推广阶段（2023 年 12 月）

1. 形成成果。各试点单位各自形成一套符合法律要求、群众基础广泛、保证实施有效的自治规范；总结上报试点期间的经验做法，形成经验材料和典型案例等实践成果；专业团队结合试点工作，形成《大亚湾区自治规范修订试点实验报告》《从自治规范修订的视角破解外嫁女难题》《自治规范在基层依法治理中的作用》等理论成果。

2. 强化宣传推广。各试点单位要通过公告公示、入户走访、举办活动等方式，广泛对新修订的自治规范进行宣传，增强自治规范知晓率和认同感；各行业主管部门要加强对试点工作的典型报道、舆论引导，将试点工作中形成的自治规范运作模式、保障措施等转化为长效机制，并在全区进行推广。

六、工作要求

（一）加强组织领导。试点单位要将自治规范修订工作作为法治建设、社会治理工作的重要环节来抓，区党建办、区政法信访办公室、区财政国资金融局、区教育文化卫生健康局、区社管局、区公安局、各街道办等相关部门要派员加入试点单位自治规范修订小组，下沉试点单位参与修订工作。区政法信访办公室司法行政组要制定项目备忘录，明确职责分工，建立沟通运作机制，确保各项试点任务措施落实到位。

（二）加强与技术指导对接。组建高校专家、省市律协专业团队，编写策划方案，制定自治规范问答清单等文件。省市律协派遣团队下沉试点单位，全程跟进试点工作。高校专家每月定期听取试点单位自治规范修订小组汇报，并进行指导交流。区各有关单位及试点单位专人对接，组织参与技术指导活动。

（三）加大资金保障。通过项目备忘录的形式，明确试点单位资金筹措方式、保障渠道、资金规模以及分配方式。同时，加大财政资金统筹整合力度，在财政资金的基础上，鼓励有关部门、企业、团体投入资金参与试点工作，推动资金筹集、保障渠道多元化。区法学会与财政国资金融局牵头，会同有关单位制定工作资金筹措使用方案，明确"基本保障+补贴+奖励"的资金使用方式，补贴参与试点工作相关人员的交通、通讯等费用，保障试点工作顺利开展。

大亚湾开发区自治规范修订与
规范运行工作备忘录

经高其才教授团队、省律协、市律协、市法学会、区法学会五方充分协商，对大亚湾开发区自治规范修订与规范运行工作形成如下备忘文件：

一、项目内容

本项目以解决自治规范制定实施过程中合意不足、公信力不够、约束力不强等问题为导向，通过"试点——推广"的形式，引导社会治理的多元主体积极参与修订和完善市民公约、乡规民约、行业规章、团体章程等自治规范，凝聚群众共识，实现公共利益最大化，提高群众自我管理、自我约束、自我服务和自我监督能力，以自治促进法治，以规范推进和美网格建设。

（一）试点内容

1. 村（居）自治

针对农村发生的"外嫁女"等热点问题的特征及表现形式进行调研分析，全面梳理现行村规民约、居民公约、自治章程等自治规范，对分歧较大或与现行法律法规冲突的条款广泛征集群众意见看法，做好释法说理工作，并结合法律规定、传统乡土习俗等进行修订完善。深入挖掘和固化试点单位好的经验做法和特色亮点。

2. 平安校园

对学校依法治校创建工作情况开展调研，包括学校法治教育活动的开展、法治校园文化建设、章程制度建设资料及校园周边环境等情况，探索设立和美校园治委会、学生自治组织等，为广大学生健康成长保驾护航。

3. 物业管理

深入了解小区物业管理现状、物业领域常见信访投诉、业主自治组织建设等情况。梳理修订现有物业管理文件规定，对一些做得好的物业管理模式进行总结。通过上门走访，面对面沟通等形式收集社情民意和开展宣传工作，充分调动广大业主自治意识和契约精神。

4. 企业合规

梳理企业管理制度情况，归纳总结企业日常运营中存在的法律风险点，发掘培育具有代表性、影响力的企业合规典型案例，发挥合规的社会治理功能，促进法治化营商环境建设。

5. 社会组织

梳理社会组织内部管理情况，引导社会组织开展志愿服务、参与社区治理等，在服务社会中汲取成长力量，不断提升社会组织影响力。

（二）成果推广内容

探索建立试点工作阶段性成果评价机制，总结形成各领域成果推广清单，积极研究形成专著、研究报告、典型案例等有关成果，在全区推广应用。对于优秀试点成果，积极支持推荐申报各类奖项。

二、工作目标

从理论和实践的层面对自治规范修订与规范运行试点工作进行梳理，研究论证自治规范在依法治区体系以及在解决外嫁女等实践难题的重要作用，为促进大亚湾基层依法治理高质量发展提供理论和实践依据。具体形成成果如下：

（一）实践成果

2023年底前，试点单位各自形成一套完备、可运作、可复制的自治规范。

（二）理论成果

高其才教授团队、省律师协会、市律师协会、市法学会、区法学会五方以专家研判会等形式对试点工作提供专业指导，互相配合，分工合作，并按照课题出版发行标准，形成《大亚湾区自治规范修订试点实验报告》《从自治规范修订的视角破解外嫁女难题》《自治规范在基层依法治理中的作用》。

三、试点调研名单

（一）村（社区）

岩前村、晓联村、新寮村、妈庙村、塘尾村、义联村、坜下社区、新联社区

（二）校园

大亚湾外语实验学校

华中师范大学附属惠州大亚湾小学

（三）企业

大亚湾水务集团

（四）物业

牧马湖小区

海德公馆小区

（五）社会组织

惠州大亚湾区物业管理行业协会

惠州大亚湾区蓝色海湾公益协会

四、主要实施方式

（一）信息调研

收集试点单位当前自治规范制定和实施有关资料，组织法学专家、律师团队、"法制副主任"等队伍参与村规民约、自治章程等规范的合法性和规范性审查。

（二）实地走访

通过与主管单位和街道开展座谈、现场走访等形式，形成基层依法治理难点清单。选取具有典型代表性的村（社区）、企业、学校、社会组织作为试点调研对象，剖析难点清单在试点对象的具体表现形式，形成治理思路和计划。

（三）问卷调查

下沉试点村（社区）、企业、学校、社会组织，并对不同主体开展问卷调查，听取民情民意，收集意见建议，广泛对自治规范修订与规范运行工作开展宣传。

（四）交流座谈

自治规范修订工作小组至少每周召开一次周例会，集中对工作内容、进度进行汇报，讨论交流存在问题和下步工作思路、工作路径、工作目标等。

（五）专家论证

课题组每月至少召开一次专家研判会，会同有关部门、专家，对试点单位工作情况进行审核，并视情况开展现场核实。

（六）案例分析

交流考察先进地区成功经验和做法，分析其化解典型问题事例的方法和经验，提炼其中普遍性价值。

（七）引导形成合意

对于试点单位内部已达成合意的，未形成书面文本的，提炼形成自治规范，对于已达成合意，但与当前法律规定相冲突的，积极开展释法说理工作，引导形成共识，依法修订自治规范。对于内部无法达成共识，容易造成矛盾纠纷，引发信访、诉讼等的，如外嫁女问题，认真倾听各方意见，理顺症结，结合试点单位实际，逐步引导各方达成既符合法律规定又能满足多方利益诉求的解决合意。

（八）推动集体决策

结合试点单位实际，形成一套具有各自特色的自治规范文稿，并依照法律规定程序，通过集体民主决策，形成具有自我约束力的自治规范。

（九）推动自治规范实施

认真做好自治规范的宣传和解读工作，确保试点单位内部认可和执行自治规范。充分发挥法律顾问或者"法制副主任"专家角色，指导试点单位依法做好自治规范的具体实施。

（十）成果报送

各试点单位如认为试点任务已基本完成，应按照"成熟一个、报送一个"的原则，围绕试点任务完成情况特别是试点成果的先进性、示范推广价值等方面形成报告进行报送。

五、资金管理框架

（一）筹措资金来源

1. 财政专项经费。

2. 积极归并项目成员单位性质相近、使用范围相近的经费。

3. 引入协会、企业等社会资金。

4. 其他费用。

（二）资金执行管理

本项目由省市律师协会，依托"法制副主任"制度，安排律师进驻试点单位自治规范修订小组，受试点单位委托，共同开展大亚湾区自治规范修订与规范运行试点工作。高其才教授团队、省律师协会、市律师协会、市法学会、区法学会五方以专家研判会等形式对试点工作提供专业指导，互相配合，分工合作，并根据委托调研、总结、撰写、出版《大亚湾区自治规范修订试点实验报告》《从自治规范修订的视角破解外嫁女难题》《自治规范在基层依法治理中的作用》。

各自治规范修订工作小组在申报项目资金需求时，要严格按照流程提交佐证材料，并合法合规使用资金。

（三）资金使用计划

本项目资金使用以"补贴+奖励+委托"的方式。

在项目开始前，各试点单位要编写设计《项目策划案》《项目调查问卷》《项目任务分解》等文件，并申请支配项目补贴费用，包括设计费、调研费、律师服务费、培训推广费、交通费、通讯费等内容。

在总结评选阶段，制定考核评选方案，由省市律协牵头对参与试点工作的律师或个人表现优秀的进行表彰，并发放奖励。一是按典型案例/经验材料被课题组、省级或以上采用情况进行奖励；二是按发表论文、出版著作等试点调研成果进行奖励；三是根据试点调研中解决思路的先进性、可行性及推广难度、经济效益、社会效益、生态效益等指标设定等级并进行奖励。

委托专门团队调研、总结、撰写、出版《大亚湾区自治规范修订试点实验报告》《从自治规范修订的视角破解外嫁女难题》《自治规范在基层依法治理中的作用》，为促进大亚湾基层依法治理高质量发展提供理论和实践依据。

六、组织运行框架

（一）课题组

为推动试点调研工作，成立由区党工委为书记、管委会主任担任总召集人，区党工委副书记、政法信访办主任李箫同志，高其才教授及省市律师协会、市区法学会担任召集人，相关行政单位有关领导为成员的大亚湾区自治规范修订与规范运行课题组。

1. 课题组负责项目的统筹协调和督促检查，为自治规范修订小组提供必要的研究环境、时间和经费保障。

2. 课题组每月至少召开一次专家研判会，会同有关部门、专家，对试点单位工作情况进行审核，并视情况开展现场核实。

3. 课题组要对各自治规范修订工作小组报送的典型案例和经验材料等试点调研成果进行审核评定，并对其中优秀的给予一定奖励。

（二）项目组

根据村（居）自治、平安校园、企业合规、物业管理和社会组织五大领域，成立对应项目组，由行业主管部门分管领导担任负责人，具体负责发动试点单位开展自治规范修订工作、组织成立试点单位的自治规范修订工作小组、研究解决试点单位开展各种过程中遇到的困难和问题等。

（三）自治规范修订工作小组

自治规范修订工作小组由自治主体成立，包括不但限于自治主体的管理人员代表、律师、群众代表等，可以由试点单位"法制副主任"、法律顾问作为试点单位"点长"，在试点单位开展自治规范修订工作。

1. 自治规范修订工作小组负责统筹协调村（社区）两委干部、校长、行政单位工作人员、志愿者等形成合力，落实试点工作。

2. 自治规范修订工作小组要撰写试点单位工作计划、制作调查问卷、实地访谈纲要、试点调研进程记录等，并全方位对试点单位自治规范制定和实施情况进行调研，对一些与现行法律规定不一致、常见的信访问题以及社会关注问题等可能引发风险隐患的条款进行论证分析，全面摸清试点单位的底数。

3. 自治规范修订工作小组通过实地访谈、调查问卷等形式，对自治规范修订与规范运行工作做好宣传，听取群众民情民意，收集意见建议。

4. 自治规范修订工作小组每周至少召开一次周例会，集中对工作内容、进度进行汇报，讨论交流存在问题和下步工作思路、工作路径、工作目标等。

5. 自治规范修订工作小组根据法律规定，结合试点单位的具体情况，从规范化建设、利于长远发展等角度，对自治规范进行合法性审查，推动形成试点单位的集体合意，修订有关条款。

6. 自治规范修订工作小组推动试点单位按照法定程序，对修订后的自治规范进行集体决策，形成符合试点单位实际和发展利益的自治规范，并推动实施。

7. 自治规范修订工作小组在试点研究过程中，要及时、全面、系统地收集原始资料及有关数据，整理工作情况，认真总结经验，形成典型案例和经验材料。

签名处

李　箫（签名）高其才（签名）杨择郡（签名）

陈　杰（签名）曾韵冰（签名）

后 记

━━━━━━━━━━━━━━━━━━━ ▲ ━━━━━━━━━━━━━━━━━━

　　本书为《大亚湾自治规范修订与运行实践报告》的上册，为我们承担的"大亚湾自治规范修订完善与研究"项目的最终成果之一。

　　为充分发挥自治规范作用，激发基层群众性自治组织等基层社会组织的活力，促进基层依法依规治理，大亚湾区党工委平安大亚湾建设领导小组于2023年7月开始进行大亚湾区自治规范修订与规范运行试点工作。我们团队承担了相关项目，深度参与了这项工作。2023年7月17日下午，我与区党工委专职副书记、区政法信访办公室主任李箫交流自治规范修订与规范运行试点工作，初步形成项目框架。2023年9月7日~8日我参加了区政法信访办公室召开的试点工作调研会，会议确定了试点工作的思路。2023年10月15日~18日，我到大亚湾区就自治规范修订进行了专题调查。其中10月17日中午，与大亚湾区党工委郭书记一起午餐，交流有关自治规范修订与规范运行试点工作的认识。10月17日下午参加区政法信访办公室召开的自治规范修订试点工作研判会，每个试点单位谈了试点工作进展情况和存在的困难、下一步的计划，广东省律师协会、惠州市法学会、惠州市律师协会等五方各家谈了对自治规范修订与规范运行试点工作的理解。2023年12月22日，我参加了区政法信访办公室召开的自治规范修订与规范运行试点工作会议，试点村社区共同交流自治规范修订工作开展情况，探讨工作推进思路。2024年1月24日~25日，我到大亚湾区进行专题调查。其中1月24日下午，与大亚湾区党工委郭书记、大亚湾区党工委李副书记、广东省律师协会杨会长等去上角村、晓联村等处调研。1月25日上午，我参加区政法信访办公室召开的自治规范修订与规范运行试点工作专家研判会，各试点单位分享当前试点过程中的经验做法，大家围绕试点工作中的热点、难点问题进行深入交流和充分讨论。2024年3月13日~15日，我和张华到大亚湾区进行专题调查，与大亚湾区政法信访办公室有关领导等交流了有关情况，逐一与15个试点单位讨论试点工作进展，进一步明确试点工作的目标和任务，并具体交流试点工作报告的撰写。2024年7月13日~15日，我到大亚湾区进行专题调查。其中7月14日下午，我与大亚湾区政法信访办公室有关领导、广东省律师协会杨副会长等交流了相关情况，7月14日下午，我与大亚湾区党工委郭书记等交流了自治规范修订与规范运行试点工作的看法和我们承担项目的进展情况。

经过近十个月的试点工作，2024年4月开始，大亚湾区15个自治规范修订与规范运行试点单位陆续完成了试点工作报告初稿，广东宝晟（大亚湾）律师事务所和广东卓凡（大亚湾）律师事务所也分别完成了试点工作总报告和从自治规范修订的视角破解出嫁女难题初稿。我阅读了这些初稿，与有关方面交流了对这些初稿的意见，并根据自治规范修订与规范运行试点工作基本精神和原则等对这些报告的初稿进行了修改。

本书内容包括上篇自治规范修订与规范运行试点工作总报告和下篇15个自治规范修订与规范运行试点单位的十五篇试点工作报告，并附录了《关于充分发挥自治规范作用　促进基层依法治理的实施意见》《大亚湾开发区自治规范修订与规范运行试点工作方案》《大亚湾开发区自治规范修订与规范运行工作备忘录》。这些报告反映了大亚湾区自治规范修订与规范运行试点工作的基本过程，表达了自治规范修订与规范运行试点工作的主要内容，总结了自治规范修订与规范运行试点工作的重要成果，体现了自治规范修订与规范运行试点工作的初步收获，较为全面地展示了体现共同缔造精神的大亚湾区自治规范修订与规范运行试点工作，以进一步发挥自治规范在基层依法治理中的作用，充分激发社会组织的活力，深入推进法治国家和法治社会建设，建设和美大亚湾。

本书由我和李箫担任主编，共同确定基本思路和主要内容，由张华和杨建莉担任执行主编，由廖小慧和庄伟栋担任副主编，协助我们做了不少具体的工作。全书的质量由我承担全责。

感谢本书各位作者的支持和配合。特别是广东宝晟律师事务所曾韵冰律师、广东宝晟（大亚湾）律师事务所温晓文律师等进行了认真调查，付出了辛勤的劳动，向她们致以谢意。

感谢在我们进行大亚湾调查时给予大力支持和全力配合的大亚湾区党工委管委会政法信访办等单位和个人。大亚湾区党工委管委会政法信访办领导的信任为本书的完成奠定了坚实的基础。

感谢大亚湾区党工委书记管委会主任郭武飘先生的大力支持和统筹指导。

由于时间关系和我们水平所限，本书仅为初步的总结，可能存在错漏和不足，敬请读者诸君提出批评意见。

高其才

2024 年 8 月 15 日于樛然斋

惠州大亚湾开发区党工委管委会政法信访办
委托项目
《大亚湾自治规范修订完善与研究》
成　果

主体平权

自治规范的施行

——"出嫁女"等财产权益保障问题

主　　编　高其才　李　箫

执行主编　池建华　杨建莉

副 主 编　廖小慧　庄伟栋

中国政法大学出版社

2024·北京

图书在版编目（CIP）数据

大亚湾自治规范修订与运行实践报告:上中下 / 高其才，李箫主编.--北京 : 中国政法大学出版社，2024. 12. -- ISBN 978-7-5764-1903-0

Ⅰ. D676.53

中国国家版本馆 CIP 数据核字第 2025TU0454 号

出 版 者	中国政法大学出版社
地　　址	北京市海淀区西土城路 25 号
邮寄地址	北京 100088 信箱 8034 分箱　邮编 100088
网　　址	http://www.cuplpress.com (网络实名：中国政法大学出版社)
电　　话	010-58908586(编辑部) 58908334(邮购部)
编辑邮箱	zhengfadch@126.com
承　　印	保定市中画美凯印刷有限公司
开　　本	720mm×960mm　1/16
印　　张	49.5
字　　数	840 千字
版　　次	2024 年 12 月第 1 版
印　　次	2024 年 12 月第 1 次印刷
总 定 价	246.00 元

总　序

一

　　自治规范是自治组织或社会团体根据其性质和宗旨，由全体成员或多数成员商议、通过而形成的，调整的自治过程中的社会关系的，具有一定强制力的行为规范的总和。同时，自治规范也包括社会成员在长期的生产、生活实践中自然形成即俗成的规范。[1]我们应当从广义上理解自治规范。[2]

　　我国宪法、法律、法规、规章和规范性文件对村规民约、居民公约、行业规章、社会组织章程等自治规范进行了全面的规定。如《中华人民共和国宪法》第 24 条第 1 款规定："国家通过普及理想教育、道德教育、文化教育、纪律和法制教育，通过在城乡不同范围的群众中制定和执行各种守则、公约，加强社会主义精神文明的建设。" 2014 年 10 月中共中央出台的《关于全面推进依法治国若干重大问题的决定》提出，"增强全民法治观念，推进法治社会建设"，提高社会治理法治化水平，"发挥市民公约、乡规民约、行业规章、团体章程等社会规范在社会治理中的积极作用"。中共中央 2020 年 12 月印发的《法治社会建设实施纲要（2020-2025 年）》提出，要 "充分发挥社会规范在协调社会关系、约束社会行为、维护社会秩序等方面的积极作用。加强居民公约、村规民约、行业规章、社会组织章程等社会规范建设，推动社会

---

　　[1]　自治规范从某种角度可以理解为非国家法意义上的习惯法。习惯法可分为国家法意义上的习惯法和非国家法意义上的习惯法。非国家法意义上的习惯法，是指独立于国家制定法之外，依据某种社会权威和社会组织，具有一定的强制性的行为规范的总和。参见高其才：《中国习惯法论》（第 3 版），社会科学文献出版社 2018 年版，第 3 页。

　　[2]　高其才主编：《当代中国的自治规范——以广东省惠州大亚湾经济技术开发区为对象》，中国政法大学出版社 2024 年版，第 6 页。

成员自我约束、自我管理、自我规范"。2024 年 7 月 18 日中国共产党第二十届中央委员会第三次全体会议通过的《关于进一步全面深化改革 推进中国式现代化的决定》提出"完善推进法治社会建设机制"，"健全社会治理体系"，"完善共建共治共享的社会治理制度"。

自治规范在调整社会关系、分配社会利益、满足民众需要、维护社会秩序、传承社会文化、促进社会发展等方面具有十分重要的作用。在我国的基层治理中，自治规范在凝聚组织、团结成员、整合资源、达成共识、实现目标等方面发挥着积极的功能，体现了广泛的社会、经济、政治、文化等意义。

二

广东省惠州大亚湾（国家级）经济技术开发区（以下简称"大亚湾区"）于 1993 年 5 月经国务院批准成立。辖澳头、西区、霞涌 3 个街道办事处，29 个行政村、35 个社区，陆地面积 293 平方公里，海域面积（含海岛）1319 平方公里，户籍人口 21.06 万人，常住人口 44.91 万人。2023 年，实现地区生产总值 951.1 亿元。[1]大亚湾石化区被列为全国重点发展的石化产业基地，是广东省唯一列入的石化产业基地，连续五年评为"中国化工园区 30 强"第一，2017 年获评国家第一批绿色制造体系建设示范绿色园区、国家循环化改造重点支持园区。[2]大亚湾区先后获评"全国法治创建先进单位"等荣誉。当前，大亚湾区着力建设世界级绿色石化产业高地和打造国内一流开发区，聚焦高质量建设世界级绿色石化产业高地、全力打造国际一流营商环境和全力打造区域科技创新中心"三张工作清单"，[3]高质量建设世界级绿色石化产业高地和国内一流开发区，为广东在全面建设社会主义现代化国家新征程中走在全国前列、创造新的辉煌，为惠州加快打造广东高质量发展新

---

〔1〕《走进大亚湾·大亚湾概况》，载 http://www.dayawan.gov.cn/zjdyw/index.html，2024 年 6 月 6 日最后访问。

〔2〕《惠州大亚湾（国家级）经济技术开发区简介》，载 http://www.dayawan.gov.cn/bdgk/kfqjj/content/post_ 4948393.html，2023 年 9 月 25 日最后访问。

〔3〕《大亚湾区委书记、区管委会主任郭武飘：聚焦"三张工作清单"落实"两个战略定位"》，载 http://www.dayawan.gov.cn/gzdt/zwyw/content/post_ 4855955.html，2022 年 12 月 28 日最后访问。

增长极和建设更加幸福国内一流城市做出大亚湾担当和大亚湾作为。[1]

在全面依法治国的进程中，大亚湾区的自治规范呈现出规范创制自主、规范类型多样、规范内容丰富、规范自我施行等特点。[2]大亚湾区作为国家级经济技术开发区，地理位置优越，对外交流便利，港澳同胞众多，思想文化多元，在市场化浪潮与现代化转型中涌现出各类新形态，面临着各种新问题。大亚湾区的自治规范依赖其自身的效力，通过强化社会团体及其成员的"自我约束、自我管理、自我规范"，面对民众的关注和期待，不断回应时代发展和社会实践中的痛点，在法治国家、法治政府、法治社会一体建设中迸发出了蓬勃的生命力。近年来大亚湾区积极运用自治规范调整社会关系、保障民众生活、维护社会秩序、提升基层治理法治化水平，在粤港澳大湾区高质量发展中走出了大亚湾特色，开创了和美之治的基层治理新局面。

三

根据调查，可将大亚湾区的自治规范分为基层群众性自治组织规范、社会团体规范、行业自治规范、社会组织自治规范、非正式组织自治规范等五类。[3]

为充分发挥自治规范在基层治理中的作用，不断提升治理法治化、规范化水平，实施大亚湾区党工委平安建设领导小组《关于充分发挥自治规范作用　促进基层依法治理的实施意见》的通知要求，大亚湾区党工委平安建设领导小组于 2023 年 7 月 30 日印发《大亚湾开发区自治规范修订与规范运行试点工作方案》，开展为期一年左右的自治规范修订与规范运行试点工作，通过试点工作总结积累自治规范良性运行的经验和做法，探索自治规范修订与规范运行工作机制。

自治规范修订与规范运行试点工作以解决自治规范制定实施过程中合意

---

[1] 《惠州大亚湾（国家级）经济技术开发区简介》，载 http://www.dayawan.gov.cn/bdgk/kfqjj/content/post_ 4948393.html，2023 年 9 月 25 日最后访问。

[2] 高其才主编：《当代中国的自治规范——以广东省惠州大亚湾经济技术开发区为对象》，中国政法大学出版社 2024 年版，第 464 页。

[3] 高其才主编：《当代中国的自治规范——以广东省惠州大亚湾经济技术开发区为对象》，中国政法大学出版社 2024 年版，第 12 页。

不足、公信力不够、约束力不强等问题为导向，通过"试点—总结—修订—推广"的形式，引导社会治理的多元主体积极参与修订和完善市民公约、乡规民约、行业规章、团体章程等自治规范，凝聚群众共识，实现公共利益最大化，提高民众自我管理、自我约束、自我服务和自我监督能力，以自治促进法治，以规范推进和美网格建设。

自治规范修订与规范运行试点工作坚持党的领导，尊重群众主体地位，坚持依法修订，坚持协同联动，促进和美治理。遵循全过程人民民主原则，自治规范修订与规范运行工作坚持人民主体地位，人民群众依法自我管理、自我服务、自我教育、自我监督，依法实行民主协商、民主决策、民主管理；充分发挥人民代表大会制度在发展全过程人民民主中的重要制度载体作用，通过人民代表联络站广泛征求各级人民代表的意见和建议，群策群力，集思广益。

自治规范修订与规范运行试点工作在大亚湾区党工委平安办下设立大亚湾区自治规范修订与规范运行试点工作专班，由大亚湾区党工委专职副书记、政法信访办公室主任李箫担专班办公室设在区政法信访办公室，协调推动自治规范修订与规范运行试点工作开展。为做好自治规范修订与规范运行试点工作，清华大学法学院高其才教授团队、广东省律协、惠州市律协、惠州市法学会、大亚湾区法学会五方经充分协商，签订了工作备忘录。

结合村（社区）、企业、学校、物业、社会组织等各领域工作实际，这次大亚湾区自治规范修订与规范运行试点确定澳头街道岩前村、澳头街道妈庙村、西区街道新寮村、西区街道塘尾村、西区街道新联社区、霞涌街道义联村、霞涌街道晓联村、霞涌街道坳下社区、大亚湾水务集团、华中师范大学附属惠州大亚湾小学、大亚湾外语实验学校、海德公馆小区、牧马湖小区、大亚湾区蓝色海湾公益协会、大亚湾区物业管理行业协会等15家单位为试点单位。

自治规范修订与规范运行试点通过调研论证、修订和草拟自治规范文本、开展广泛合意、集体决策及实施执行，各试点单位各自形成一套符合法律要求、群众基础广泛、保证实施有效的自治规范，并将试点工作中形成的自治规范运作模式、保障措施等转化为长效机制。

四

在总结大亚湾区自治规范修订与规范运行试点工作基础上，大亚湾区自治规范修订和研究的成果，拟通过三部分来展现：

《大亚湾自治规范修订与运行实践报告·上》为《共同缔造：自治规范的修订》，通过总报告和 15 份试点单位自治规范修订报告来表达大亚湾自治规范修订的具体过程和主要成果，展示通过成员协商，共同缔造、形成具有各自特色的自治规范，较为全面地反映大亚湾地区的村规民约、居民公约、企业规范、学校制度、社会组织规范等自治规范的自我管治力和社会治理功能。

《大亚湾自治规范修订与运行实践报告·中》为《主体平权：自治规范的施行——"出嫁女"等财产权益保障问题》，从自治规范修订的视角破解"出嫁女"等财产权益保障难题。以主体平权为目标，在对引起"出嫁女"等财产权益纠纷的村规民约等自治规范进行修订的基础上，通过民主协商、人民调解、行政复议、法院审判等方式，达成既符合法律规定又能满足多方利益诉求的解决合意，妥善解决自治规范与国家法律的冲突。

《大亚湾自治规范修订与运行实践报告·下》为《诚信守约：自治规范的作用》，以大亚湾自治规范为对象，思考自治规范在依法治国中的定位与功能，探讨法治社会建设中的村规民约，揭示居民公约的社会治理作用，讨论基层社会治理中的企业"立法"，探究行业自治规范的社会治理作用，分析学校规章制度的积极作用，展示社会自发组织规范的功能，较为全面地展现大亚湾地区诚信守约的自治规范在法治社会建设和基层社会治理中的重要作用。

五

大亚湾区自治规范修订与规范运行工作得到了大亚湾区党工委管委会主要领导的全力支持，在大亚湾区党工委管委会政法信访办、大亚湾区法学会的具体组织下实施。

大亚湾区党工委书记、管委会主任郭武飘在长期的工作实践中，对基层有效治理总结了"三个好"：一是一个好的支部，二是一套好的村组工作机

制，三是一套好的村规民约等自治规范，三个方面充分联动，能有效激活基层治理要素和资源，形成聚变效能。他十分强调好的村规民约等自治规范的重要性，强调激发社会组织活力的必要性。他对这次自治规范修订与规范运行试点工作极为重视，亲力亲为，审定了试点工作方案，与五方沟通试点工作的目标和重点，多次下村（居）进行专题调研座谈。他提出自治规范修订与规范运行重在合意，就自治规范修订与规范运行中的许多问题与专家交流探讨，与主办人员交流掌握试点工作进度和问题，全过程支持这次自治规范修订与规范运行试点工作。感谢郭武飘书记的统筹指导和支持。

感谢广东省律师协会、惠州市市律师协会、惠州市市法学会的认真指导，感谢大亚湾区各有关部门、单位和街道的大力支持，感谢15个试点单位的积极配合，感谢具体参与人员的辛勤付出，感谢各位执笔人的认真努力。

由于大亚湾区自治规范类型多元、内容广泛、施行有殊，呈现出具体性、复杂性的状态，对之的了解和认识颇为不易。许多自治规范涉及重要的利益关系，成员之间形成共识殊为困难。因此大亚湾区自治规范修订试点工作是初步的、探索性的，需要进一步持续推进和不断完善

由于种种原因特别是我们水平所限，《大亚湾自治规范修订与运行实践报告》离当初的设想还有一定距离，书中存在不少错漏之处，有待读者诸君的批评指正。

高其才　李　箫

2024 年 6 月 24 日

目 录

第一章
实现平权："出嫁女"等财产权益问题及其解决

▲

杨择郡等 *

一、引言

自改革开放起，国家依法确定农村集体经济组织在发展中实行"统分结合的双层经营体制"至今已四十余年。自从人民公社制度退出历史舞台以来，因集体经济组织制度的改革工作是渐进的，无法一步到位，致使集体经济组织在发展过程中遭遇许多问题，而这些问题及围绕这些问题产生的矛盾纠纷又因我国社会近些年经济的高速发展而愈发凸显。

首先，集体经济组织缺少明确健全的收益分配机制，村民自治规范及各项内部管理制度不完善、缺失或无法落实执行。受地区经济发展水平参差所限，部分农村集体经济组织无法通过运营获得持续收益，导致农村集体经济组织收益分配的频率低且金额有限，收益分配具有临时性及不确定性的特点，因少量的收益分配导致集体经济组织成员对分配机制缺乏关注。然而，这类农村集体经济组织一旦突然面临巨额的收益需要分配时，过往的分配机制则缺乏借鉴和参考的意义。而另一类型是经济发展水平较高的农村集体经济组织，集体收益分配能够成为成员的重要收益来源，则成员容易对分配机制产生严重分歧。缺乏明确健全的收益分配机制会导致部分集体经济组织成员的财产性权益受到损害，进而引发矛盾与纠纷。

其次，集体经济组织易受传统观念及风俗习惯影响。过去传统的乡村社

---

* 本章执笔人为杨择郡、戴秋生、师斌、董华萍、刘彬、戴文生、魏瀚锐、刘政营。

会人员流动较少，同时欠缺配套的法律法规，由此传统观念及风俗习惯建构的宗族社会网络不但可以提供一定的社会保障功能，还能体现组织功能，一定程度上可促进个人利益与集体利益的融合。随着中国社会经济的高速发展，人员流动速度激增及法律法规制度的完善，乡村社会个体利益的实现不再单纯依附于村集体，而且原有集体经济组织其所具备的公共组织和社会保障功能相应降低。传统观念及风俗习惯的正面影响在持续减弱，但是其对集体经济组织的负面影响却日渐凸显，包括但不限于男女不平等、非婚生子女不平等以及集体封闭性高等情况，使得法律法规预设的集体经济组织各项职能的发挥和权利的行使受限，村民自治制度难以发挥应有的效用，集体经济组织成员的个人利益与村集体利益产生摩擦及冲突。

最后，集体经济组织内部决策程序的缺位加剧了上述矛盾纠纷。由于村民自治制度，集体经济组织内部进行决策的问题较多，也更为复杂，存在将集体经济组织内部每位成员的个人意志通过表决程序向集体意志转化，进而形成集体行动的必然路径。在农村集体经济组织内部表决决策过程中，时常由于对成员个人利益的逐利性，忽略了集体经济应当体现长期存续，服务社会的属性。同时，部分对个体利益的决策忽视了成员身份平等的原则，形成不当的特权，缺乏对弱势群体应有的关注。对于"外嫁女"群体而言，上述问题尤为凸显。集体经济组织如需实现内部表决决策的民主、合法、合理，必须依赖于一系列的决策程序设定、决策规则和方式等，通过科学决策避免矛盾纠纷的产生及激化。

近年来，随着惠州大亚湾经济技术开发区（以下称"大亚湾区"）的城市化、工业化的加快推进及乡村经济的快速发展，大亚湾区内大量农村集体资产得以开发利用。与上述的集体经济组织所面临的问题类似，大亚湾区集体经济飞速发展的同时，集体经济组织内部关于集体经济组织成员个人权益与集体权益间的矛盾纠纷亦愈发凸显，尤其是"出嫁女"等群体与集体经济组织之间的矛盾纠纷愈发难以调和。

一方面，是集体经济组织成员资格问题。大亚湾区辖区内，集体经济组织否认"出嫁女"集体经济组织成员资格的现象较为普遍，从而衍生出的关于其成员资格认定及集体权益分配等矛盾。受制于农村传统观念及风俗习惯影响，部分集体经济组织依据会议决议、村规民约、合作社章程等规定，"外嫁女"自登记结婚或按照当地习俗举办婚礼时起或实际生育后，不考虑其户籍是否迁出本集体经济组织或其是否享受配偶户籍所在地集体经济组织权益分配等因素，认为"外嫁女"不再属于集体经济组织成员，停止对其分配相关集体权益。集体经济组织认为"外嫁女"本人不再具备集体经济组织成员资格的情况下，对其所生的子女的集体经济组织成员资格亦不认可。根据大亚湾区辖区内的实践情况，认定集体经济组织成员资格的职责由行政机关履行。部分"外嫁女"集体经济组织成员资格的认定因案件事实时间跨度较大、年代久远且缺乏相关书面材料，行政机关难以查清案件事实，是目前认定其成员资格的主要难点之一。申请人的户籍登记、迁移情况作为行政机关认定资格的主要依据。然而，由于我国过去数十年发展过程中，户籍管理制度存在操作不一的情况，导致农村集体经济组织中存在多重户籍、"外插户"及"空挂户"等现象。对于此类人员的资格认定申请，鉴于年代久远且缺乏相关书面证明材料，行政机关在开展调查工作时难以查清相关事实，导致成员资格的认定存在冲突，即可能会影响集体经济组织中其他成员的利益与申请人的合法权益。此外，对于"外嫁女"集体经济组织成员资格缺乏明确的认定标准。我国虽然已颁布并施行《农村土地承包法》《村民委员会组织法》等一系列法律法规、规范性文件和政策文件对集体经济组织成员的合法权益进行保护，但是我国尚未专门针对集体经济组织成员资格认定问题制定全国范围通行的法律法规，上述规定仅对资格认定问题作出原则性规范，而缺乏详细具体的操作指引，并且对于实现权利的程序性规定及救济途径亦未作明确规定。目前，在广东省范围内多适用《广东省农村集体经济组织管理规定》第15条的规定，作为集体经济组织成员资格认定问题的主要依据之一，大亚湾区辖区内对集体经济组织成员资格的认定主要采取"户籍+义务"的认定标准，即申请人的户籍首先应在被申请的集体经济组织所在地，然后申请人需对其是否有履行集体经济组织成员义务提供基本的证明材料。然而，在实践过程中仍存在认定标准不够明确的问题，目前关于申请人是否履行了集体经济组织的义务，申请人及集体经济组织均难以提供相关证明，且申请人也存在不清楚成员义务内容的情况。这亦导致行政机关在实践中，存在主要根据申请人户籍情况认定集体经济组织成员资格的现象，而对于其是否履行义务的审查则流于形式。因此，还应明确申请人履行相关义务的标准。并且，部分村民可能因外出务工或创业等情况，不全部依靠村集体收入作为主要收入、生活来源，在当前社会的发展现状下，要求申请人证明是否履行集体经济组织的义务以及与村集体是否形成长期、稳定的居住生活关系的要求可能存在一定的难度。从目前大亚湾区辖区内的现状来看，大多数申请人及正享受集体权益分配的组织成员都已经在城市工作生活。若因申请人已到城市工作生活，便认定其未履行相关义务，则与大亚湾区辖区内现状不符，亦有失公平，集体经济组织的权益仍是申请人生产、生活的重要保障。因此，应综合考量申请人是否已与集体经济组织形成较为固定的、具有延续性的生产、生活关系。

另一方面，是集体经济组织成员财产性权益分配问题。农村和城市郊区的土地，除由法律规定属于国家所有的以外，属于农民集体所有，集体经济组织成员基于其成员身份享有对集体土地的所有权，土地是农民生活的保障，集体土地是集体经济组织财产性权益的基础与核心。随着我国社会的高速发展，对集体土地的利用已不仅限于保障集体经济组织成员的基本生活，集体土地视开发利用情况可发挥增加集体收入、提升集体生活水平的作用。从目前大亚湾区辖区内的实际情况来看，集体经济组织财产性权益的收益来源主要为两种：一是因城乡一体化建设征用农村集体土地的征收补偿款，以及利用集体建设用地使用权所获得的收益，由此引发了集体经济组织应如何合理分配及留存财产性权益的矛盾纠纷。财产性权益的留存，是指将征收补偿款或利用集体土地经营所得的收益，部分留在农村集体经济组织内用于村集体的公共事务。从集体经济组织的发展、管理、经营以及提供服务等方面以及发展农村集体经济、提高农民生活质量、进行乡村振兴等角度看，村集体进行财产性权益的留存具有必要性和合理性。但现实中由于村民自治规范的缺失，财产性权益具体留存的操作流程、分配及留存比例或是使用范围方面都出现了诸多问题。二是从惠州市内司法及行政处理的实践情况来看，对于集体经济组织成员资格的认定及其财产性权益的处理是分离的。集体经济组织成员先获得资格确认后，由于集体经济组织仍对其不予进行财产性权益分配，集体经济组织成员需要另行提起民事诉讼以争取该部分财产性权益，甚至可能需要通过多次诉讼或多次申请强制执行的方式来获取该部分财产性权益，此举可能会导致司法资源的浪费。并且，由于案涉的财产性权益可能早就完成了分配，导致集体经济组织成员确认资格后，仍无法获得应有的权益，其权利无法落到实处。

随着"外嫁女"维护自身合法财产权益的意识日渐增强，上述矛盾纠纷愈加尖锐，逐步发展成"外嫁女"难题，持续的矛盾纠纷易激化上升为群体性信访事件，造成社会不稳定因素增加，严重危害农村生产、生活的稳定发展，不利于农村经济的发展与社会长治久安，因此"外嫁女"难题亟需解决。

本章拟通过对大亚湾区的集体经济组织自治规范对"出嫁女"等财产权益的具体规定的讨论，分析"出嫁女"等财产权益保障成为难题的原因，探讨通过修订自治规范解决"出嫁女"等财产权益纠纷，为从主体平权角度解决"出嫁女"等财产权益纠纷提供初步的意见。

二、自治规范对"出嫁女"等财产权益的具体规定

自治规范是村民进行自我管理、自我服务、自我教育、自我监督的行为规范，也是健全和创新党组织领导下自治、法治、德治相结合的现代基层治理体系的重要形式，是进行基层治理的重要内容。

为了让村规民约在乡村治理中发挥出重要指导作用，逐步培育村民参与治理的主体意识，引导广大村民参与村规民约的制定，发挥村规民约在基层治理中的作用，特别是解决"出嫁女"等财产权益保障难题，首先需要了解自治规范对"出嫁女"等财产权益的具体规定。

（一）大亚湾区村（居）自治规范对"出嫁女"等财产权益的规定

我们收集了共计91份大亚湾区村（居）自治规范，包括村规民约、合作社章程、重大事项形成的会议决议等，其中对"出嫁女"等财产权益的规定主要体现在集体经济组织章程关于集体经济组织成员资格界定方面。

总体来看，大亚湾区集体经济组织章程关于集体经济组织成员资格界定的主要规范为关于"纯女户配偶及其子女的成员资格及集体权益分配"的规定、关于"外嫁女及其子女的成员资格及集体权益分配"的规定、关于"婚迁人员及其所生子女的成员资格及集体权益分配"的规定、关于"违反计划生育政策所生育子女、非婚生子女，其集体经济组织成员资格及集体权益分配"的规定、关于"出港、澳、台或出国户籍未发生变动的人员及其配偶、子女的成员资格及集体权益分配"的规定、关于"因读书、服兵役户籍发生变动的成员资格及集体权益分配"的规定等。

1. 关于"纯女户配偶及其子女的成员资格及集体权益分配"的规定

经对 91 份大亚湾区村（居）自治规范进行审查和分析发现，部分集体经济组织章程规定："本村纯女户有股东资格的一个女儿，如夫妻离婚，从离婚之日起，取消男方的股权配置；其所生子女，若离婚时依法判决或者离婚协议确定随父的，股权配置随父的股权配置取消而取消；若其再婚，所生子女必须符合计划生育政策，且入户本村方可享有本社 10 股的股权配置。"

经过对自治规范修订试点村（居）走访调查发现，部分集体经济组织章程规定，符合"纯女户"家庭男方"入赘"情况的人员，其一家均具有集体经济组织成员资格。部分集体经济组织章程规定，允许其一女及所生育子女享有股权配置及村集体权益分配，如其配偶将户籍迁入村的，也可具备集体经济组织成员资格及享受村集体权益分配；部分集体经济组织章程规定，应要求"纯女户"的配偶"入赘"并将户籍迁入村小组并且要求其所生子随女方姓，才能认为其配偶和子女具有集体经济组织成员资格及享受村集体权益分配。但"纯女户"家庭中，只能一个女儿的配偶以"入赘"的方式及子女具备集体经济组织成员资格并享受村集体权益分配，其他女儿的配偶及子女均不具备集体经济组织成员资格且不得享受村集体权益分配。

2. 关于"外嫁女及其子女的成员资格及集体权益分配"的规定

部分集体经济组织章程规定："以下情况之一的，股权分配或股份分红按以下方法处理：本社股东嫁出或死亡的，取消股权配置，根据当年本社经济状况，经股东户代表会议表决同意后给予一次性适当补偿。"

经对自治规范修订试点村（社区）走访调查，部分集体经济组织章程规定，只要是出生在本村且户籍未发生变动的"出嫁女"，出嫁后的 5 年内无论户籍是否发生变动，均具有集体经济组织成员资格及享受村集体权益分配。下一个 5 年开始，无论户籍是否变动均不再具备集体经济组织成员资格也不再继续享受村集体权益分配。

有的集体经济组织的章程规定，制定集体经济组织章程之前的"出嫁女"均不再具备集体经济组织成员资格及不能继续享受村集体权益分配，村小组在制定股份制改革时，已统一对"出嫁女"进行协商签订《协议书》并领取一次性补偿款。在制定集体经济组织章程后，只要在股东名单内的女性，即便嫁出、户口迁出也永久享有集体经济组织成员资格并享受村集体权益分配。部分村小组在 2011 年至 2012 年期间开展对全部"出嫁女"进行协商签订《协议书》并领取一次性补偿款的工作，"出嫁女"本人同意领取一次性补偿款后不再继续享受村集体权益分配。在此之后，"出嫁女"就需要在出嫁后将户籍迁出，并按合作社章程约定进行退股。

一些集体经济组织的章程规定，当年嫁出去的"出嫁女"具备集体经济组织成员资格还能享受当年的村集体权益分配，会和"出嫁女"就集体经济组织成员资格和村权益分配问题进行协商，双方协商后签署领取一次性补偿 5 万元的协议。结婚第二年开始，不再具备集体经济组织成员资格也不能继续享受村集体权益分配，"出嫁女"所生子女即使出生入户母亲户籍所在地且履行村民义务的，也不具备集体经济组织成员资格且无权享受村集体权益分配。

3. 关于"婚迁人员及其所生子女的成员资格及集体权益分配"的规定

一部分集体经济组织章程规定："本村有配股权的村民夫妻双方已办理离婚手续，而女方户籍尚在本村且未再婚的，可享有本社 10 股的股权配置，若女方再婚，取消其股权配置。若男方再婚的，其再娶入的妻子户口迁入本村，需要在其前妻放弃本社股东资格后，方可享有本社 10 股的股权配置；再婚妻子带来的子女不能享受本社的股权配置；其再婚所生的子女必须符合计划生育政策，且入户本村后，方可享有本社 10 股的股权配置。""下列条件的村民不能成为本社股东：与本村集体经济组织成员结婚后，两年内未生育子女离婚的，自离婚日起，不论户口是否在本村，自动取消集体经济组织成员资格。"

经对试点村（社区）走访调查，有的集体经济组织的章程规定，如果因结婚将户籍迁入本集体经济组织的成员，在离婚以后也继续享有集体经济组织成员资格及村集体分配权益，如果"嫁入"本村后两年内夫妻双方生育子女的，可以享受 5 股的股权配置，其本人和子女都具有集体经济组织成员资格并享受村集体权益分配。但如果"嫁入"或新生人口在半年内没有购买剩下 5 股的，均按照 50% 享受村集体权益分配。如果双方生育子女的情况下登记离婚的，如果男村民或男村民的前妻又再婚的，需要调查了解男村民的前妻是否存在集体经济组织成员资格"两头占"及户籍是否迁出本集体经济组织的情况，根据情况召开集体经济组织成员大会进行表决其是否具备集体经济组织成员资格或是否享受村集体权益分配。

一些集体经济组织的章程规定，凡嫁给我村男成员并将户籍迁入我村后，均具备集体经济组织成员资格和享受村集体权益分配。但夫妻双方离婚后，男成员的前妻再婚之后将户口迁出的，取消其集体经济组织成员资格及村集体权益分配，再婚的配偶和子女将户籍迁入我村的，也均不认可其集体经济组织成员资格和享受村集体权益分配。

有的集体经济组织的章程规定，原则上是因婚姻关系将户籍迁入本集体经济组织的成员，只认可男成员其中一个配偶的集体经济组织成员资格及村集体权益分配，如果男成员的前妻不退出其成员资格和村集体权益分配的，男成员的现任配偶不具备集体经济组织成员资格也不得享受村集体权益分配。但也有双方在未登记结婚的情况下生育子女的，如果其本人和子女户口入户本集体经济组织的，也认可其集体经济组成员资格和享受村集体权益分配。

4. 关于"违反计划生育政策所生育子女、非婚生子女，其集体经济组织成员资格及集体权益分配"的规定

有部分集体经济组织章程规定："在界定日前，本村有配股权的村民违反计划生育政策，已按照政府计生部门规定缴清社会抚养费后，且小孩入户本村的，夫妻双方及子女均可享有本社 10 股的股权配置；未按照政府计生部门规定缴清社会抚养费的，夫妻双方可享有本社 10 股的股权配置，超生小孩需在缴清社会抚养费且入户本村后，方可享有本社 10 股的股权配置。在界定日后，本社股东违反计划生育政策的，按以下规定处理：（1）超生一胎，停止夫妻双方一年的股份分红，超生小孩需要在一年后，缴清社会抚养费后入户本村，方可享有本社 10 股的股权配置及股份分红，处罚从其超生当年算起；（2）超生二胎，停止夫妻双方五年的股份分红，超生小孩需要在五年后，缴清社会抚养费后入户本村，方可享有本社 10 股的股权配置及股份分红，处罚从其超生当年算起；（3）超生三胎，停止夫妻双方 14 年的股份分红，超生小孩需要在 14 年后，缴清社会抚养费后入户本村，方可享有本社 10 股的股权配置及股份分红，处罚从其超生当年算起。""下列条件的村民不能成为本社股东：非合法夫妻及其所生子女，户籍不论是否在本村；违反计划生育的本村集体经济组织成员的子女：一是超生的子女年满 8 周岁后才能享受周期内的一半股权配置，剩余一半股份可以购买，下一界定周期自动转为村集体经济组织成员，享受 60 股的股权配置。"

对自治规范修订试点村(社区)走访调查发现,有些集体经济组织的章程规定,未登记结婚的夫妻及其所生育子女,户籍不论是否在本集体经济组织,均不具备集体经济组织成员资格及不得享受村集体权益分配。部分村(社区)规定,对于集体经济组织成员违反计划生育的超生人口的,没有限制其村集体权益分配和集体经济组织成员资格。但出生的新生人口必须要户口在本集体经济组织才具有集体经济组织成员资格及享受村集体权益分配,户籍出生入户本集体经济组织第二个月开始具备集体经济组织成员资格及享受村集体权益分配。

某些集体经济组织的章程规定,为免出现违背公序良俗的情况,非婚生子女以父母领取结婚证为准,父母没有领取结婚证的情况下,其所生子女不具备集体经济组织成员资格也不能享受村集体权益分配。男成员没领取结婚证的,本人享有集体经济组织成员资格和村集体权益分配,未婚女性即使将户籍迁入本集体经济组织,也不具备集体经济组织成员资格且不能享受村集体权益分配。有些集体经济组织的章程规定,非婚生子女一律不认可其集体经济组织成员资格也不得享受村集体权益分配,以子女出生时父母是否为合法夫妻为标准,即使其父母补办登记结婚手续的,也不认可其集体经济组织成员资格及不得享受村集体权益分配。有的集体经济组织的章程规定,即使跟随父亲或母亲将户籍及时迁入村集体经济组织的,继子女一律不认可其集体经济组织成员资格且不得享受村集体权益分配。

5. 关于"出港、澳、台或出国户籍未发生变动的人员及其配偶、子女的成员资格及集体权益分配"的规定

一部分集体经济组织章程规定:"出港、出国户籍未迁出及户口迁出村小组的集体经济组织成员,仍然享受本周期内的股权配置,下一周期,自动取消其集体经济组织成员资格及权益分配""本社股东迁出(包括出国、出港、户口迁出)或死亡的,股份分红至当年 12 月 31 日止,截止后取消股权分配""原户籍在本村,现在居住在港、澳、台或国外,如返回内地或国内结婚,其夫妻双方和子女不配置股权,如入户户口按空挂户处理。"

对自治规范修订试点村(社区)走访调查发现,有集体经济组织的章程规定,出国移民的集体经济组织成员户口还保留在本集体经济组织的,也承认其继续具备集体经济组织成员资格并享受村集体权益分配;不管是否出境、

出国，如果将户籍迁出、迁入或注销的集体经济组织成员，均不再具备集体经济组织成员资格和不再享受村集体权益分配。死亡或者迁出户籍的集体经济组织成员，当月还能享受村集体权益分配，次月开始就不再继续享受村集体权益分配也不再具备集体经济组织成员资格。某集体经济组织的章程规定，因出港、出国户籍未迁出及户口迁出集体经济组织的集体经济组织成员，在章程制定的5年周期内具备集体经济组织成员资格及享受村集体权益分配，下一个周期开会表决确认是否具备集体经济组织成员资格和是否享受村集体权益分配。有些集体经济组织的章程规定，原户籍在本集体经济组织未将户籍迁出或注销的集体经济组织成员，但现已居住港、澳、台或国外的，如返回国内结婚的，其夫妻双方和其子女均不具备集体经济组织成员资格也不得享受村集体权益分配，如户籍迁入本集体经济组织的，按空挂户处理。

有集体经济组织的章程规定，移民的集体经济组织成员或者获得外国永久居民身份的集体经济组织成员，不应再继续具有集体经济组织成员资格且不再继续享受村集体权益分配，但其配偶或者子女户口还在本集体经济组织的，可以继续享有集体经济组织成员资格和村集体权益分配。有些集体经济组织的章程规定，因为没有设定股权固化的周期，所以集体经济组织制定章程之后，只要名字在股东名单里的"出嫁女"，即便嫁出、户口迁出、出港、出国也还是永久享有集体经济组织资格和村集体权益分配的股权配置，即便其死后股份也不会灭失，可以由其户内其他成员或新生人口继承取得。

6. 关于"因读书、服兵役户籍发生变动的成员资格及集体权益分配"的规定

有的集体经济组织的章程规定，对于因读书、服兵役将户籍迁出所在集体经济组织的成员，在毕业或退役后将户籍回迁的成员，也具备集体经济组织成员资格可以继续享受村集体权益分配。有的集体经济组织的章程规定，集体经济组织成员因读大学和服兵役将户籍迁出的，在毕业后或退役后及时将户籍回迁的集体经济组织成员，在户籍迁出期间应当享受村集体权益分配，也不应由此取消其集体经济组织成员资格。

7. 其他规定

部分集体经济组织章程规定："股东逃避服兵役停止其股份分红一年（以12个月计算）。被判极刑或者畏罪自杀的股东，取消其股权配置。本社股东

不按时查环查孕（每季一次）的，以每次 200 元的标准处罚，年终在夫妻任意一方的股份分红中扣除。违反殡葬改革条例，擅自土葬的，死者的股份要收归集体所有。"

部分集体经济组织的章程规定，虽然章程规定被判极刑（死刑、无期徒刑）或者畏罪自杀的股东，其全部股权收归股份合作总社集体所有，村民虽然违法犯罪但还应当继续享受村集体权益分配，只是村集体权益分配款项打给此类集体经济组织成员的家人代为保管。

（二）大亚湾区村（居）自治规范对特殊类型"出嫁女"等财产权益的规定

大亚湾区村（居）自治规范对特殊类型"出嫁女"等财产权益的规定包括领取一次性补偿"出嫁女"的成员资格规定、领取一次性补偿款"出嫁女"所生子女的集体经济组织成员资格规定、事业编制人员的集体经济组织成员资格规定、具有双重户籍的集体经济组织成员资格规定、政策性移民的集体经济组织成员资格规定等。

1. 领取一次性补偿"出嫁女"的集体经济组织成员资格规定

2011 年至 2013 年期间，为推进股份制改革工作的进程，部分集体经济组织通过与"出嫁女"协商，"出嫁女"签署《人民调解协议书》并承诺放弃今后的村集体权益分配后，可以领取村集体一次性补偿款。随着大亚湾区经济飞速发展，村集体利益急剧壮大，"出嫁女"不满足于领取的一次性补偿款，向户籍所在地街道办申请成员资格认定。

针对领取一次性补偿"出嫁女"的成员资格与权益分配问题，司法实践中存在以下两种观点：

观点一认为，根据《广东省农村集体经济组织管理规定》第 15 条及第 16 条 "农村集体经济组织成员享有以下权利：（一）依法行使选举权、被选举权和表决权；（二）享有集体资产产权、获得集体资产和依法确定由集体使用的国家所有的资产的经营收益；（三）承包集体经济组织的土地及其他资产；（四）对集体经济组织公开招标的项目，在同等条件下有优先权；（五）监督集体经济组织的经营管理活动，提出意见和建议，查阅成员大会或者成员代表会议的会议记录、财务会计报告等……" 的规定，农村集体经济组织成员除了享有分红权之外，还依法享有选举权、被选举权等身份性权利以及监督权、管理权等权利。依据《妇女权益保障法》第 32 条、第 33 条及《广东省实施〈中华人民共和国妇女权益保障法〉办法》第 23 条、第 24 条的规定，签订《人民调解协议书》并领取一次性补偿款的"出嫁女"并不能认为当然放弃其集体经济组织成员资格。

同时，根据《人民调解法》第 31 条第 1 款的规定，"出嫁女"在《人民调解协议书》中承诺不参与享受村小组集体经济权益分配，明确了"出嫁女"和集体经济组织关于集体组织收益的分配问题，具有法律约束力。根据《广东省农村集体经济组织管理规定》第 15 条第 2 款以及《广东省实施〈中华人民共和国妇女权益保障法〉办法》第 24 条第 1 款的规定，"出嫁女"系集体经济组织成员所生子女，出生入户登记在集体经济组织处，结婚后户口仍保留在集体经济组织处，集体经济组织并未举证证明"出嫁女"具有不履行法律法规和组织章程规定义务的情形，因此，"出嫁女"属于集体经济组织成员。

观点二，惠州市博罗县人民法院［2023］粤 1322 行初 855 号《行政判决书》认为，参照《省委农办、省妇联、省信访局关于切实维护农村妇女土地承包和集体收益分配权益的意见》中关于"……对已在改革中按照《广东省实施〈中华人民共和国妇女权益保障法〉规定》通过签订协议或其他合理办法解决"出嫁女"权益的，从稳定大局出发，可不再变更"的规定，"出嫁女"书面作出放弃参与经济合作社的一切利益分配的真实意思表示，其已就其资格和权益分配的事项与经济合作社达成协议。该观点认为领取一次性补偿款的"出嫁女"不具有集体经济组织成员资格。

2. 领取一次性补偿款"出嫁女"所生子女的集体经济组织成员资格规定

目前，"出嫁女"来申请集体经济组织成员资格不单单只是为了确认本人的资格，其中一个目的是其本人确认具有集体经济组织成员资格之后，再行申请确认其子女的成员资格。因为子女具有集体经济组织成员资格的基础是其父母本身具有组织成员资格。

但针对签署了《人民调解协议书》并领取了一次性补偿"出嫁女"的问题实践当中没有统一的处理意见，因此其子女的问题目前实践中存在以下几个观点：

观点一认为，签署了《人民调解协议书》的"出嫁女"确认其有资格之后，其子女根据《广东省农村集体经济组织管理规定》第 15 条第 2 款"实行以家庭承包经营为基础、统分结合的双层经营体制时起，集体经济组织成员所生的子女，户口在集体经济组织所在地，并履行法律法规和组织章程规定义务的，属于农村集体经济组织的成员"的规定，具有成员资格并享受权益分配。

观点二认为，如果"出嫁女"子女在其母亲签署《人民调解协议书》之前已经出生，且出生入户到其母亲所在的村集体，则可以确认子女具有集体经济组织成员资格。虽然其母亲签署了《人民调解协议书》放弃自身的成员资格和权益分配的权利，但子女是在这之前就已经出生当然地具有成员资格。如果"出嫁女"子女是在其母亲签署《人民调解协议书》之后才出生的，根据《广东省农村集体经济组织管理规定》第15条第2款"实行以家庭承包经营为基础、统分结合的双层经营体制时起，集体经济组织成员所生的子女，户口在集体经济组织所在地，并履行法律法规和组织章程规定义务的，属于农村集体经济组织的成员"的规定，其母亲放弃了成员资格不属于集体经济组织成员，因此其子女也不具有集体经济组织成员资格。

3. 事业编制人员的集体经济组织成员资格规定

事业编制人员是否具备集体经济组织成员资格，现有法律、法规并未明确规定，有的村（居）自治规范倾向给予。十三届全国人大常委会第三十八次会议审议的《农村集体经济组织法》第17条规定："有下列情形之一的，丧失农村集体经济组织成员身份：……（四）已经成为公务员，但是聘任制公务员除外；……"该条款并未特别指明将事业编制人员排除在经济组织成员之外。然而，[2023]粤行终10号《行政判决书》认为，林某被教育局录用为事业编制教师后，虽未办理农业户口迁出手续，但作为国家财政供养的公职人员，其生活保障不再依赖于农村集体公有生产资料。因此，林某不再符合农村集体经济组织成员的前提。

4. 具有双重户籍的集体经济组织成员资格规定

根据《户口登记条例》第6条"公民应当在经常居住的地方登记为常住人口，一个公民只能在一个地方登记为常住人口"的规定，一个公民有且仅有一个户籍，但因各种原因导致双重户籍的情况屡见不鲜。

在大亚湾区域内就出现了同时具有两个中国内地户籍或同时具有中国内地户籍及港、澳、台户籍的人员申请集体经济组织成员认定的情况。对此，实践中存在以下三种观点：

观点一认为，双重户籍人员虽拥有农村户口和城镇居民户籍的状态，虽然城镇户籍尚未予以注销，但不能因其使用城镇户籍进行了民事、行政活动而否认其基于农村户籍取得的集体经济组织成员资格。[2017] 湘民再 488 号一案中人民法院认可此观点。

观点二认为，只要取得原集体经济组织之外的户籍，就视为其已脱离了原集体经济组织，属于《广东省农村集体经济组织管理规定》第 15 条第 3 款规定的"户口迁入、迁出"的情形，不符合经济组织成员资格要件，不再具备集体经济组织成员资格。

观点三认为，同时具有双重户籍的人员，其已享受另一户籍所在地的福利待遇，且未与集体经济组织形成较为固定的生产、生活关系的，根据《广东省农村集体经济组织管理规定》第 15 条的规定，不再具备集体经济组织成员资格。

5. 政策性移民的集体经济组织成员资格规定

根据广东省人民政府于 1989 年颁布的《广东省维护水库移民土地山林房产权属的若干规定》第 2 条"水库移民是指因国家水利水电建设需要被迁离原居住地而重建家园者"、第 5 条"插村安置的移民属当地集体经济组织的成员。在集体土地、山林的承包和财产、宅基地的分配等方面，与当地群众享有同等的权利"的规定，政策性移民属于户籍所在地集体经济组织的成员。

如杜某于 1959 年出生于原惠东县新庵公社高布大队的光二生产队，在惠东县公安局新庵派出所登记出生入户。光二生产队在 1982 年因建设白盆珠水库需要，整体迁移到惠阳县淡水镇老畲大队移民点安置。光二村整村搬迁移民时，杜某未随整村搬迁，而是将户籍迁移至惠东县公安局白盆珠派出所，落户于惠东县白盆珠镇金竹布居民委员会。并于 1990 年凭白盆珠派出所开具的《迁移证》，以移民为由将户口从白盆珠派出所迁移至上塘派出所，落户于惠阳县淡水上塘居委会立交西村。1994 年至 1995 年期间，杜某在没有办理户口迁移的情况下，以征地农转非的原因将户口直接登记到老峯村，跟随在母亲谢某的户头下，后杜某另行分户。

惠州大亚湾区公安局在 2012 年户口调查中发现杜某在惠阳和大亚湾两地均有户口，属双重户口，注销了杜某在淡水上塘居委会立交西村的户口，杜某的另一户口则保留在西区老峯村。

2013 年老畲村光二经济合作社召开村民会议，经表决通过不同意杜某成为该集体的经济组织成员。

对杜某因未随整村搬迁是否属于政策性移民存在不同的观点，有观点认为：光二村整村政策性搬迁移民时，杜某未跟随整村搬迁，而是将户籍迁移至惠东县白盆珠派出所，落户于惠东县白盆珠镇金竹布居民委员会。并于1990年凭白盆珠派出所开具的《迁移证》，以移民为由将户口从白盆珠派出所迁移至上塘派出所，落户于惠阳县淡水上塘居委会立交西村，后该户籍被注销。杜某的现户籍系1994年取得，故不属于政策性移民。但也有观点认为：杜某属于1981年登记造册的《白盆珠水库移民人员名册》内的人员，基于建造水库而迁离并最终落户老畲村光二村处，属于政策性移民。

（三）对村（居）自治规范对"出嫁女"等财产权益规定的问卷调查

针对村（居）自治规范对"出嫁女"等财产权益规定，我们对西区街道办事处、澳头街道办事处、霞涌街道办事处的自治规范修订试点村（社区）进行了问卷调查，调研对象包括村委会干部、社区书记、村小组干部、"出嫁女"、"出嫁女子女"、村民、街道办驻村干部等，共收回有效问卷调查表67份，制作调查笔录15份。

调查问卷内容如下：

调查问卷

1. 对于组织章程、村规民约或集体决议表决中，婚后户籍未迁出集体经济组织所在地的"外嫁女"，您是否认为其具备集体经济组织成员资格及享有集体权益分配？

【是□　　　　否□　　　　其他：＿＿＿＿＿＿＿＿＿＿＿＿＿】

2. 对于组织章程、村规民的或集体决议表决中，已与集体经济组织、村小组系村委会签订《人民调解协议书》并领取一次性补的"外嫁女"、"回迁户"等人员，您是否认为其具备集体经济组织成员资格及享有集体权益分配？

【是□　　　　否□　　　　其他：＿＿＿＿＿＿＿＿＿＿＿＿＿】

3. 对于组织章程、村规民约或集体决议表决中，"纯女户"只允许其一女的丈夫以入赘的形式将户籍迁入村小组，其夫妻及符合计划生育政筑所生的子女，您是否认为其具备集体经济组织成员资格及享有集体权益分配？

【是□　　　　否□　　　　其他：＿＿＿＿＿＿＿＿＿＿＿＿＿】

4. 对于组织章程、村规民约或集体决议表决中，"公务员或事业编人员"您是否认为其具备集体经济组织成员资格及享有集体权益分配？

【是□　　　否□　　　　其他：＿＿＿＿＿＿＿＿＿＿＿＿＿＿】

5. 对于组织章程、村规民约或集体决议表决中，本集体经济组织成员离婚后，其原配偶（非原本集体经济组织成员）户口在本村，您是否认为其具备集体经济组织成员资格及享有集体权益分配？

【是□　　　否□　　　　其他：＿＿＿＿＿＿＿＿＿＿＿＿＿＿】

6. 对本集体经济组织成员离婚后又再婚的，对其原配偶及现配偶您是否认为其具备集体经济组织成员资格及享有集体权益分配？

【认可原配偶□　　认可现配偶□　　均认可□　　应择一认可□

其他：＿＿＿＿＿＿＿＿＿＿＿＿＿＿】

7. 对"外嫁女"的子女，您是否认为其具备集体经济组织成员资格及享有集体权益分配？

【仅认可未签订领取一次性补偿的外嫁女的子女□　　均认可□

均不认可□　　其他：＿＿＿＿＿＿＿＿＿＿＿＿＿＿】

8. 对于组织章程、村规民约或集体决议表决中，集体经济组织成员的非婚生子女、继子女或不符合原计划生育政策所生子女，户籍在本村的，您是否认为其具备集体经济组织成员资格及享有集体权益分配？

【仅认可非婚生子女□　　仅认可不符合原计划生育政策所生子女□

均认可□　　均不认可□　　其他：＿＿＿＿＿＿＿＿＿＿＿＿】

9. 对于已移民到港澳台或境外，但户籍仍保留在村集体未迁出的原集体经济组织成员，您是否认为其具备集体经济组织成员资格及享有集体权益分配？

【是□　　否□　　不执行股权固化□

其他：＿＿＿＿＿＿＿＿＿＿＿＿＿＿】

10. 对于因读书、服兵役将户籍迁出所在集体经济组织的成员，在毕业或退役后将户籍回迁户籍所在地的成员，您是否认为其具备集体经济组织成员资格及享有集体权益分配？

【是□　　　否□　　其他：＿＿＿＿＿＿＿＿＿＿＿＿＿＿】

11. 是否有了解过"积分制"的模式？认为该模式能否改善外嫁女矛盾？

【是□　　否□】　　　　【是□　　否□】

12. 对于"股权固化"的模式是否认可？认为该模式能否改善外嫁女矛盾？
【是□ 否□】 【是□ 否□】

13. 您认为认定集体经济组织成员资格是否属于村民自治范围？
【是□ 否□ 其他：＿＿＿＿＿＿＿＿＿＿＿＿＿＿＿＿＿】

14. 您认为关于集体经济组织成员资格认定及成员权益分配是否允许村民救济（如向政府申请处理）等？
【是□ 否□ 其他：＿＿＿＿＿＿＿＿＿＿＿＿＿＿＿＿＿】

15. 对于现行组织章程、村规民约、自治规范等有无其他补充或建议的？
答：

根据收回的调查问卷及制作的笔录，对集体经济组织章程的意见统计、归纳如下：

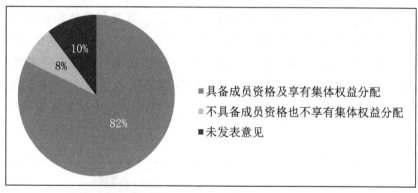

图1 纯女户配偶及其子女的成员资格及集体权益分配

图1显示问卷统计的结果，在总计67份有效调查问卷中，认为虽出生入户村小组户籍未发生变动，婚后户籍未迁出集体经济组织所在地的"纯女户"只允许其一女的丈夫以入赘的形式将户籍迁入村小组，其夫妻及符合计划生育政策所生的子女，具备集体经济组织成员资格及享有集体权益分配有55人次；虽出生入户村小组户籍未发生变动，婚后户籍未迁出集体经济组织所在地的"纯女户"只允许其一女的丈夫以入赘的形式将户籍迁入村小组，其夫妻及符合计划生育政策所生的子女，不具备集体经济组织成员资格也不得享有集体权益分配有5人次；未发表意见有7人次。

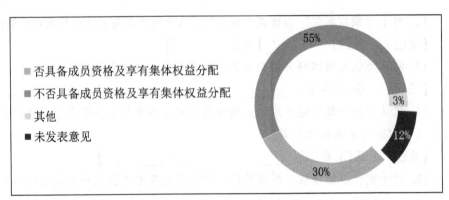

图2　"出嫁女"是否具备成员资格及是否享受集体权益分配

从图2可以看出，在总计67份有效调查问卷中，认为出生入户且婚后户籍未迁出集体经济组织所在地的"出嫁女"，其婚后不再具备集体经济组织成员资格及不得继续享有村集体权益分配有37人次；认为出生入户且婚后户籍未迁出集体经济组织所在地的"出嫁女"，其具备集体经济组织成员资格及享有集体权益分配有20人次；认为"出嫁女"婚后可享受15年集体权益分配，15年后不再具备具备集体经济组织成员资格及不得继续享有村集体权益分配有1人次；认为应当按照规定确认"出嫁女"是否具备集体经济组织成员资格及是否享有村集体权益分配有1人次；未发表意见有8人次。

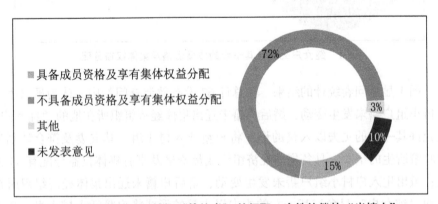

图3　与集体经济组织签订《协议书》并领取一次性补偿的"出嫁女"、
"回迁户"等人员是否具备成员资格或是否享受集体权益分配

图 3 表明，在总计 67 份有效调查问卷中，认为虽出生入户村小组户籍未发生变动，但已与集体经济组织、村小组或村委会签订《人民调解协议书》并领取一次性补偿的"出嫁女"、"回迁户"等人员，其婚后不再具备集体经济组织成员资格及不得继续享有村集体权益分配有 48 人次；认为虽出生入户村小组户籍未发生变动，但已与集体经济组织、村小组或村委会签订《人民调解协议书》并领取一次性补偿的"出嫁女"、"回迁户"等人员，其具备集体经济组织成员资格及享有集体权益分配有 10 人次；认为应当按照合作社章程或"村规民约"召开成员资格进行表决其是否具备集体经济组织成员资格及是否享有村集体权益分配有 1 人次；认为"出嫁女"其婚后不再具备集体经济组织成员资格及不得继续享有村集体权益分配，"回迁户"应当具备集体经济组织成员资格并继续享有村集体权益分配有 1 人次；未发表意见有 7 人次。

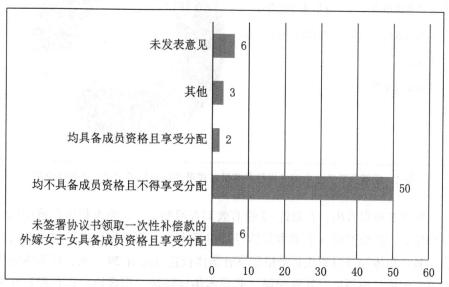

图 4　出嫁女子女是否具备成员资格及是否享受集体权益分配

图 4 表明，在总计 67 份有效调查问卷中，认为和村委会或村小组签订《协议书》并领取一次性补偿的"出嫁女"的子女及"出嫁女"所生育子女出生入户村小组户籍未发生变动的情况下，均不具备集体经济组织成员资格也不得享有集体权益分配有 50 人次，认为和村委会或村小组签订《协议书》

并领取一次性补偿的"出嫁女"的子女具备集体经济组织成员资格及享有集体权益分配有 6 人次；认为和村委会或村小组签订《协议书》并领取一次性补偿的"出嫁女"的子女及未和村委会或村小组签订《协议书》并领取一次性补偿的"出嫁女"所生育子女，应当按照章程或"村规民约"进行表决其是否具备集体经济组织成员资格及享有集体权益分配有 3 人次；认为和村委会或村小组签订《协议书》并领取一次性补偿的"出嫁女"的子女及"出嫁女"所生育子女出生入户村小组户籍未发生变动的情况下，均具备集体经济组织成员资格及享有集体权益分配有 2 人次；未发表意见有 6 人次。

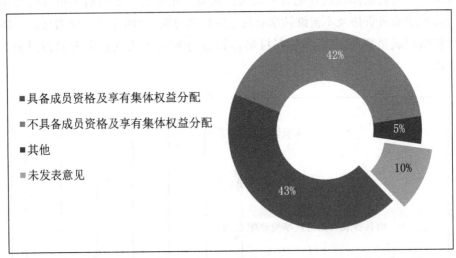

图 5　婚姻关系发生变动的成员是否具备成员资格及是否享受集体权益分配

从图 5 可以看出，在总计 67 份有效调查问卷中，认为本集体经济组织成员离婚后，其原配偶（非原本集体经济组织成员）户口保留在本村小组的成员，具备集体经济组织成员资格及享有集体权益分配有 29 人次；认为本集体经济组织成员离婚后，其原配偶（非原本集体经济组织成员）户口保留在本村小组的成员，不具备集体经济组织成员资格也不得享有集体权益分配有 28 人次；认为本集体经济组织成员离婚后，其原配偶（非原本集体经济组织成员）户口保留在本村小组的成员但未在本村居住生活，未与村集体形成固定生产生活关系的，不再具备集体经济组织成员资格，也不得继续享受集体权益分配有 3 人次；未发表意见有 7 人次。

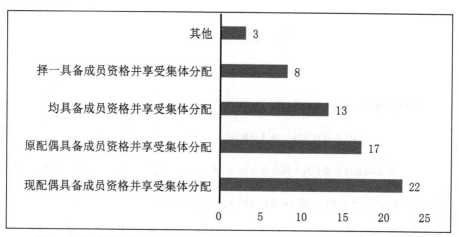

图6 离异或再婚人员的配偶是否具备成员资格及是否享受村集体权益分配

图6表明,在总计67份有效调查问卷中,认为本集体经济组织成员离婚后,原配偶不再具备集体经济组织成员资格,也不得继续享受村集体权益分配,现配偶(非原本集体经济组织成员)户口保留在本村小组的成员,理应具备集体经济组织成员资格及享有集体权益分配有22人次;认为本集体经济组织成员离婚后,再婚配偶不得具备集体经济组织成员资格也不得村集体权益分配,原配偶(非原本集体经济组织成员)户口保留在本村小组的成员,理应具备集体经济组织成员资格及享有集体权益分配有17人次;认为本集体经济组织成员离婚后,原配偶或现配偶(非原本集体经济组织成员)户口保留在本村小组的成员,应当选择其中一人具备集体经济组织成员资格及享有集体权益分配,另外一人则不具备集体经济组织成员资格也不得享受村集体权益分配有13人次;认为本集体经济组织成员离婚后,原配偶或现配偶(非原本集体经济组织成员)户口保留在本村小组的成员,均具备集体经济组织成员资格及享有村集体权益分配有8人次;认为本集体经济组织成员离婚后,原配偶或现配偶(非原本集体经济组织成员)户口保留在本村小组的成员,均具备集体经济组织成员资格及但两人共同享有村集体权益分配有1人次;认为本集体经济组织成员离婚后,原配偶或现配偶(非原本集体经济组织成员)户口保留在本村小组的成员,应当考虑其是否退出合作社股份,考虑其是否具备集体经济组织成员资格及享有村集体权益分配有1人次;未发表意见有4人次。

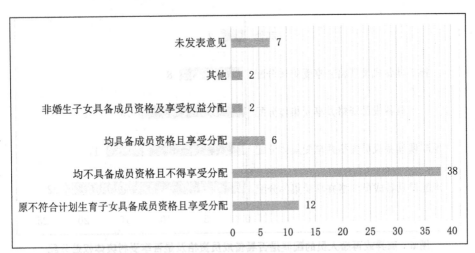

**图7 非婚生子女、继子女或不符合原计划生育政策所生子女
是否具备成员资格及是否享受集体权益分配**

从图7可以看出，在总计67份有效调查问卷中，认为对集体经济组织成员的非婚生子女、继子女或不符合原计划生育政策所生子女，户籍入户或保存在本村的，不具备集体经济组织成员资格及不得享有集体权益分配有38人次，认为对集体经济组织成员的不符合原计划生育政策所生子女户籍入户或保存在本村的，具备集体经济组织成员资格及享有集体权益分配有12人次；对集体经济组织成员的非婚生子女、继子女或不符合原计划生育政策所生子女，户籍入户或保存在本村的，具备集体经济组织成员资格及享有集体权益分配有6人次；认为对集体经济组织成员的非婚生子女，户籍入户或保存在本村的，具备集体经济组织成员资格及享有集体权益分配有2人次；认为对集体经济组织成员的非婚生子女、继子女或不符合原计划生育政策所生子女，户籍入户或保存在本村的，应当按照合作社章程或"村规民约"召开成员大会表决其是否具备集体经济组织成员资格及集体权益分配有2人次；未发表意见有7人次。

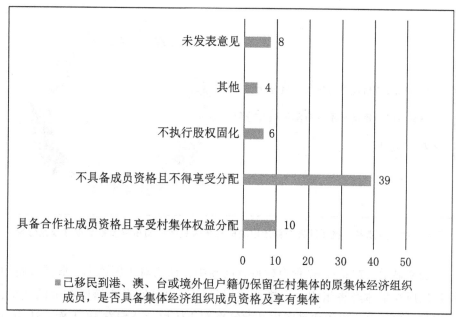

图 8　已移民到港、澳、台或境外的成员是否具备成员资格及是否享受村集体权益分配

　　图 8 表明，在总计 67 份有效调查问卷中，认为对于已移民到港、澳、台或境外但户籍仍保留在村集体未迁出的原集体经济组织成员，不再具备集体经济组织成员资格也不得继续享有集体权益分配有 39 人次；认为对于已移民到港、澳、台或境外但户籍仍保留在村集体未迁出的原集体经济组织成员，应当具备集体经济组织成员资格及继续享有集体权益分配有 10 人次；认为对于已移民到港、澳、台或境外，但户籍仍保留在村集体未迁出的原集体经济组织成员，不执行股权固化有 6 人次；对于已移民到港、澳、台或境外但户籍仍保留在村集体未迁出的原集体经济组织成员，其是否具备集体经济组织成员资格及享有集体权益分配问题不清楚情况有 2 人次；认为对于已移民到港、澳、台或境外但户籍仍保留在村集体未迁出的原集体经济组织成员，应当按照合作社章程或“村规民约”召开成员大会表决其是否具备集体经济组织成员资格及集体权益分配有 1 人次；认为对于在移民到港、澳、台或境外但户籍仍保留在村集体未迁出的原集体经济组织成员，原已具备集体经济组织成员资格及集体权益分配的，应当继续具备集体经济组织成员资格及集体权益分配有 1 人次；未发表意见有 8 人次。

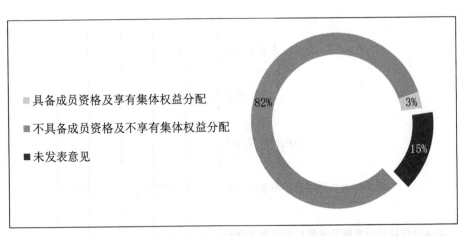

图9　对于因读书、服兵役将户籍迁出的成员是否具备成员资格及享受集体权益分配

图9显示，在总计67份有效调查问卷中，认为对于因读书、服兵役将户籍迁出所在集体经济组织，在毕业或退役后将户籍回迁户籍所在地的成员，应当具备集体经济组织成员资格及继续享有集体权益分配有55人次；认为对于因读书、服兵役将户籍迁出所在集体经济组织，在毕业或退役后将户籍回迁户籍所在地的成员，不再具备集体经济组织成员资格，也不得继续享有集体权益分配有2人次；未发表意见有10人次。

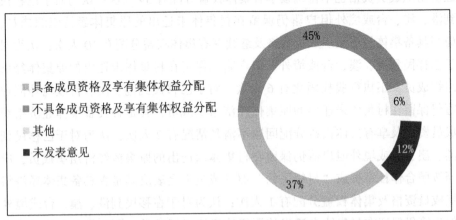

图10　公务员或事业编人员是否具备成员资格及是否享受集体权益分配

从图10可以看出，在总计67份有效调查问卷中，认为虽出生入户村小组户籍未发生变动的属于公务员或事业编人员，因婚姻关系将户籍迁入集体经济组织且属于公务员或事业编人员，不具备集体经济组织成员资格也不得享有集体权益分配有 30 人次，认为虽出生入户村小组户籍未发生变动的属于公务员或事业编人员，因婚姻关系将户籍迁入集体经济组织且属于公务员或事业编人员，具备集体经济组织成员资格及享有集体权益分配有 25 人次；认为应当按照合作社章程或"村规民约"召开成员资格进行表决其是否具备集体经济组织成员资格及是否享有村集体权益分配有 3 人次，认为虽出生入户村小组户籍未发生变动，婚后户籍未迁出集体经济组织所在地的公务员或事业编人员应当具备集体经济组织成员资格，但只享受村集体权益分配部分比例有 1 人次。

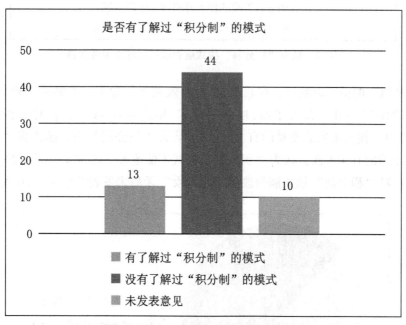

图 11　是否有了解过"积分制"的模式

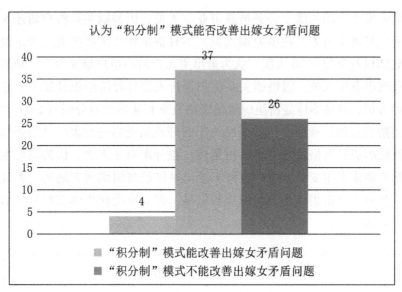

图12 认为"积分制"模式能否改善出嫁女矛盾问题

从以上两图可以看出，在总计 67 份有效调查问卷中，了解过"积分制"模式的有 13 人次；没有了解过"积分制"模式的有 44 人次；对是否了解"积分制"模式未发表意见的有 10 人次；认为"积分制"模式能改善"出嫁女"矛盾的有 4 人次；认为"积分制"模式不能改善"出嫁女"矛盾的有 37 人次；对"积分制"模式能否改善"出嫁女"矛盾未发表意见的有 26 人次。

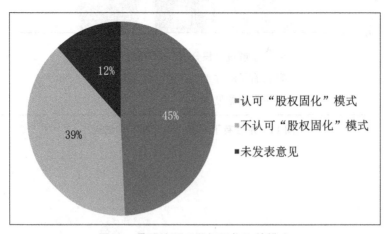

图13 是否认可"股权固化"的模式

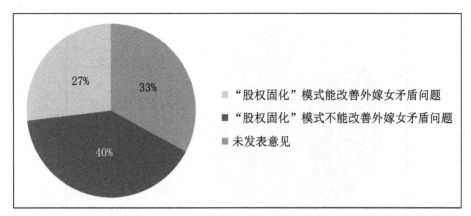

图 14 认为"股权固化"模式能否改善"出嫁女"矛盾问题

图 13、图 14 表明,在总计 67 份有效调查问卷中,认可"股权固化"模式的有 33 人次;不认可"股权固化"模式的有 26 人次;对是否认可"股权固化"模式未发表意见的有 8 人次;为"股权固化"模式能改善"出嫁女"矛盾的有 22 人次;认为"股权固化"模式不能改善"出嫁女"矛盾的有 27 人次;认对"股权固化"能否改善"出嫁女"矛盾未发表意见的有 18 人次。

图 15 认定集体经济组织成员资格是否属于村民自治范围

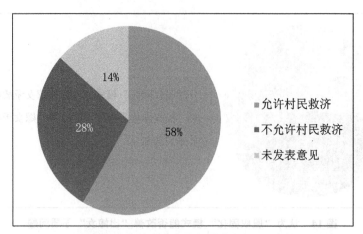

图16　认为成员资格认定及集体权益分配是否允许村民救济

从图15、图16可以看出，在总计67份有效调查问卷中，认为认定集体经济组织成员资格属于村民自治范围有52人次；认为认定集体经济组织成员资格不属于村民自治范围有4人次；对集体经济组织成员资格是否属于村民自治范围未发表意见的有11人次；认为集体经济组织成员资格认定及成员权益分配允许村民救济（如向政府申请处理）的有39人次；认为关于集体经济组织成员资格认定及成员权益分配不允许村民救济（如向政府申请处理）的有19人次；对关于集体经济组织成员资格认定及成员权益分配是否允许村民救济未发表意见的有9人次。

部分村民建议对于村规民约、集体经济组织章程、自治规范约定应当维护村民利益的情况下符合法律规定，需要专门部门给予专门指导意见。部分村民建议在村规民约、集体经济组织章程内容执行一定年限后需要根据实际情况进行调整，适当补充修改。部分村民建议由主管部门提供引导，各村小组达成共识，可能有效解决现状。部分合作社成员建议目前集体经济组织成员只增不减，应当考虑已经去世成员取消其成员资格，对于合作社成员多次娶嫁的，其配偶应该只能享受1人成员权益。对于合作社成员多次娶嫁的，应只认其现配偶享受合作社成员资格及享受集体权益分配。

我们走访、询问，村委会及村小组干部、"出嫁女"及"出嫁女子女"等群体时，他们均表达了他们对村规民约及集体经济组织章程的观点。

村"两委"及村民小组干部：大部分村"两委"干部及村民小组干部

对现行的村规民约及集体经济组织章程表示认可，对询问过程中的多个问题（例如："出嫁女"成员资格及权益分配问题、股权固化问题、购股与退股问题以及股东名单制定问题等）均表示应按照已表决通过的章程内容执行，行政机关行使监督及责令整改的职责不应介入村民自治的范围，对村规民约及集体经济组织章程的修订与执行，应考虑村集体内大多数成员的意见。

"出嫁女"及"出嫁女子女"：部分"出嫁女"及子女对村规民约及集体经济组织章程中涉及"出嫁女"不具备集体经济组织成员资格及不得享受待遇的规定表示不认可，并认为此种相关规定涉嫌侵害集体经济组织成员权益及违反现行法律法规。部分"出嫁女"及子女认为行政机关应积极行使监督及责令整改的职责，督促集体经济组织严格依法依规修订村规民约及集体经济组织章程，避免导致集体经济组织成员权益受损。

（四）大亚湾区申请集体经济组织成员资格认定情况

针对大亚湾区的村（居）民向行政机关申请确认集体经济组织成员资格问题，我们对西区街道办事处、澳头街道办事处、霞涌街道办事处进行了调查、统计并分析，调查内容包括申请家庭经济组织成员资格认定、行政确认、行政复议、诉前联调、行政诉讼、调解、信访等相关数据。

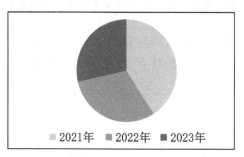

■ 2021年　■ 2022年　■ 2023年

图 17　西区街道办 2021 年至 2023 年行政复议数据

由图 17 可知，西区街道办 2021 年至 2023 年集体经济组织成员资格认定行政复议案件共 49 宗，其中 2021 年 20 宗，2022 年 15 宗，2023 年 14 宗。

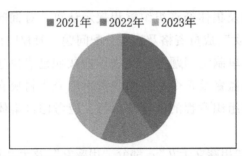

图 18　澳头街道办 2021 年至 2023 年行政复议数据

由图 18 可知，澳头街道办 2021 年至 2023 年集体经济组织成员资格认定行政复议案件共 30 宗，其中 2021 年 12 宗，2022 年 5 宗，2023 年 13 宗。

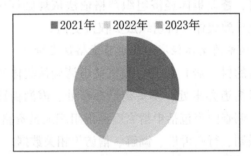

图 19　霞涌街道办 2021 年至 2023 年行政复议数据

由图 19 可知，霞涌街道办 2021 年至 2023 年集体经济组织成员资格认定行政复议案件共 68 宗，其中 2021 年 19 宗，2022 年 20 宗，2023 年 29 宗。

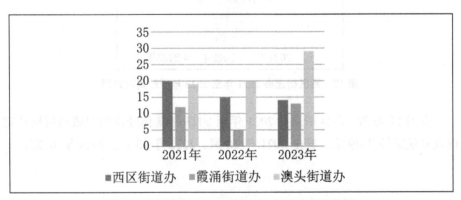

图 20　大亚湾区 2021 年至 2023 年行政复议数据

由图 20 可知，2021 年至 2023 年大亚湾区行政复议机关受理集体经济组织成员资格认定行政复议共计 147 宗，其中西区街道办作为被复议机关共 49 宗，澳头街道办作为被复议机关共 30 宗，霞涌街道办作为被复议机关共 68 宗。

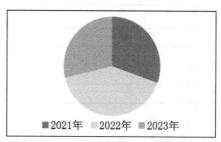

图 21　西区街道办 2021 年至 2023 年行政诉讼数据

由图 21 可知，西区街道办 2021 年至 2023 年关于集体经济组织成员资格认定的行政诉讼案件共 66 宗，其中 2021 年 20 宗，2022 年 27 宗，2023 年 19 宗。

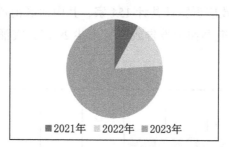

图 22　澳头街道办 2021 年至 2023 年行政诉讼数据

由图 22 可知，澳头街道办 2021 年至 2023 年关于集体经济组织成员资格认定的行政诉讼案件共 25 宗，其中 2021 年 2 宗，2022 年 4 宗，2023 年 19 宗。

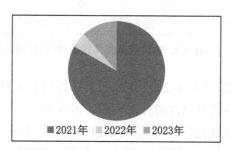

图 23　霞涌街道办 2021 年至 2023 年行政诉讼数据

由图 23 可知，霞涌街道办 2021 年至 2023 年关于集体经济组织成员资格认定的行政诉讼案件共 59 宗，其中 2021 年 49 宗，2022 年 3 宗，2023 年 7 宗。

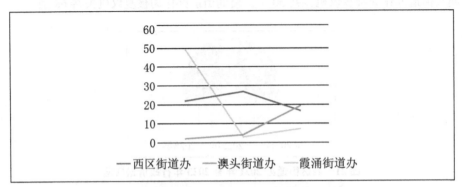

图 24　大亚湾区 2021 年至 2023 年行政诉讼数据

由图 24 可知，2021 年至 2023 年大亚湾区行政机关收到农村集体经济组织成员资格认定行政应诉案件共计 154 宗，其中西区街道办作为被告或第三人共 66 宗，澳头街道办作为被告或第三人共 29 宗，霞涌街道办作为被告或第三人共 59 宗。

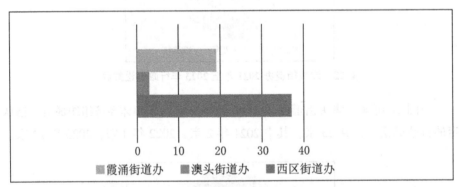

图 25　大亚湾辖区 2021 年至 2023 年涉集体经济组织成员资格和权益调解数据

由图 25 可知，2021 年至 2023 年大亚湾区行政机关就集体经济组织成员资格及参与集体经济组织权益的分配问题，多次组织村民与集体经济组织开展调解工作，调解案件共计 59 宗。其中西区街道办调解案件共 37 宗，调解成功且撤回成员资格认定申请共 27 宗；澳头街道办调解成功且撤回成员资格认定申请共 3 宗;霞涌街道办调解案件共 19 宗。

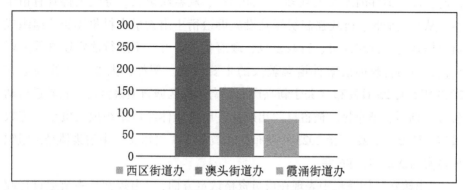

图 26 大亚湾区 2021 年至 2023 年信访数据

由图 26 可知,大亚湾区 2021 年至 2023 年行政机关接待辖区村民关于农村集体经济组织成员资格认定及权益分配信访共 282 次,其中西区街道办共 157 次,澳头街道办共 84 次,霞涌街道办共 41 次。

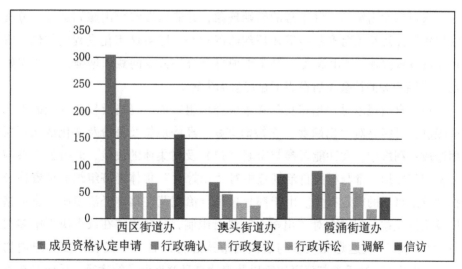

图 27 大亚湾区申请集体经济组织成员资格认定情况

由上述情况可知,"出嫁女" 问题具有阶段性增长的特点,当大亚湾区域城市交通建设以及城市更新工作快速推进时,集体经济组织的权益显著增大,申请集体经济组织成员资格认定的"出嫁女"明显增多，案件呈群体性特征。同时，此类案件因涉及人数多、牵涉面广、利益纷争大，导致案件具有衍生性，从行政征收、行政强制房屋及设施诉讼衍生出大量农村集体经济组织成员资格认定、行政许可、行政复议、政府信息公开、不履行法定职责等关联诉讼，成为行政诉讼案件增幅较大的主要因素。例如，大亚湾区管委会在2023年5月25日发布《关于新兴产业园南部片区塘布横畲整村征收搬迁启动公告》前后，塘布村、横畲村"出嫁女"申请集体经济组织成员资格认定数量增长明显，2022年至2023年塘布村、横畲村"出嫁女"申请集体经济组织成员资格认定多达96宗。

"出嫁女"问题集中表现在成员资格认定方面，"出嫁女"主要通过行政确认、行政复议、信访的方式来主张权益。因为种种原因，"出嫁女"财产权益纠纷很难调解成功，各街道办的调解成功率均偏低。其实调解可以平衡各方利益，定纷止争，维护社会的和谐稳定。

三、"出嫁女"等财产权益保障成为问题的原因

农村妇女出嫁是一种正常的婚姻现象，并非引发农村出嫁妇女要求分配农村集体经济组织财产权益等矛盾纠纷的源头。随着城市化进程的加快、农村经济发展提速、"出嫁女"渴望维护自身合法权益的意识增强，与"出嫁女"难题相关的社会矛盾在当下显得愈加尖锐。

目前自治规范对"出嫁女"在集体经济组织成员资格及权益分配的不合理限制，可能会对"出嫁女"在婚姻家庭、经济地位及身份及文化认同等层面造成不利影响。女性能否参与家庭（户）及村集体的决策、能否公平参与分配家庭资源，都与村民自治规范中对"出嫁女"集体经济组织成员资格及权益分配事项的规定有关。由于部分村民自治规范在集体经济组织成员资格以及集体权益分配方面对"出嫁女"进行限制，且村集体在议事决策中多惯以"户代表"表达意见及参与表决的形式进行，而"户代表"多为户内男性，"出嫁女"缺乏参与议事决策以及表达自身意见诉求的途径，导致其在家庭中易被视为从属者，扮演较为边缘化的角色。对"出嫁女"采取限制的做法以及部分地区自治规范内容关于"纯女户"女婿入赘的限制，可能导致"出嫁女"面临来自配偶及其他家庭成员的压力，进而对集体经济组织内未婚

女性的婚姻生育选择产生不利影响。同时,村民自治规范对"出嫁女"的经济地位可能会产生重要影响。"出嫁女"在村集体资源分配中关于财产权益的不平等待遇,体现在土地承包经营权、宅基地权益、征地补偿安置权益、集体经济收益及福利待遇等方面,并且可能延伸到财产继承权的范畴。村民自治规范的不完善导致"出嫁女"难以享有应有的平等的财产权益,其财产权益受到限制,可能导致"出嫁女"在经济上更加依赖他人,这将影响"出嫁女"的经济独立性及个人与家庭的财产积累,同时其在社会经济活动中的参与及活动能力受到限制,较易陷入经济困境。对此我们需要进行全面的认识。

就对大亚湾区的观察而言,"出嫁女"等财产权益保障成为难题的原因是多方面的,有自治规范方面的原因,有传统观念影响的因素,有经济发展的影响,有法律制度方面的原因,也有救济机制方面的原因,需要综合分析。

(一)村(居)民自治规范因素

村(居)民自治规范既是维护基层社会秩序的规范体系,也是传承乡村风俗习惯的重要途径。然而,"出嫁女"等财产权益受到侵害作为目前基层治理及村民自治中一个长期存在的难题,其主要表现形式为村集体以"组织章程""村民会议决议""村集体收益分配方案""村规民约"等方式限制或剥夺"出嫁女"等作为农村集体经济组织成员应享有的合法财产权益,而由此引发的纠纷和维权问题。

村规民约是依照国家法律、法规,适应村民自治需求,为维护本村社会秩序、公共道德等方面而共同商定的自我约束的行为规范。村规民约于实现村民自治、维护地方风俗、维系乡村邻里关系等方面有着重要意义。村规民约须建立在"合法"的基础上,并非"法外空间"。一般来说,村规民约的议订需要经过"征集民意、拟定草案、审议表决及备案公布"等几个阶段。对于村规民约当中不得侵害村民合法权利的相关规定在《村民委员会组织法》第 27 条中有所体现。

实践中,在涉及"出嫁女"等财产权益保障难题上,以违法的村规民约损害"出嫁女"权益的现象较为常见,具体表现为以村规民约对"出嫁女"等的集体成员资格、分红权益、土地承包、宅基地使用等合法权益予以限制、挤压和剥夺。村规民约违反法律规定损害"出嫁女"等财产权益实质上是村民自治与法律规定之间的冲突。

具体来说，村集体经济组织往往借村民自治的名义违法通过投票表决制定出侵犯"出嫁女"等合法权益的村民自治规范，或是提前议订，或是在集体资产被征收、实现收益等情形出现后再制定，对本村"出嫁女"等参与财产分配的权益予以限制、剥夺。这些村民自治规范违反法律的规定，例如，"只要出嫁到外村便无权享受成员权益""出嫁女子女无权享受成员资格和成员待遇""非独生女户的入赘女婿不可享受成员资格和成员待遇"等，实际上就是以村民自治的方式并以集体的名义损害"出嫁女"等的合法财产权益。

通常情形下，以村规民约排除、限制"出嫁女"等合法财产权益的村集体普遍认为村民自治规范如何规定属于村民自治的范畴，村集体以外的"外人"无权干涉村集体的决定，进而愈演愈烈，既不接受法院判决，亦不接受政府指导，更不配合执行生效判决和"出嫁女"权益保护政策。长此以往，村民自治规范将会成为以集体意志凌驾法律规定的"名正言顺"的保护层，大量不当的自治规范侵害"出嫁女"等合法财产权益的现象将日益普遍。

"出嫁女"等财产权益保障难题作为目前基层治理及村民自治中一个长期存在的复杂而敏感的难题，与村民自治规范之间存在着多个层面的密切联系。村民自治规范中对"出嫁女"集体经济组织成员资格及权益分配的合法有效的明确规定有助于维护基层社会治理的秩序，帮助村民更理性地对待"出嫁女"财产权益保障难题。而目前自治规范中对"出嫁女"在集体经济组织中成员资格及权益分配的不合理限制，可能会对"出嫁女"在婚姻家庭、经济地位及身份与文化认同等层面造成不利影响，加剧"出嫁女"与村集体之间的矛盾，造成乡村社会及基层社会治理的不稳定。

村民自治规范内容中传递出来的观念、价值观、风俗习惯等因素会对"出嫁女"等的社会认同及文化认同产生潜移默化的影响。由于部分村民自治规范的规定可能过于偏向传统观念以及风俗习惯，"出嫁女"等可能被限制参与村集体会议、集体活动，且由于"出嫁女"等的集体经济组织成员资格及权益分配在部分村集体中得不到认可，即便其在获得行政确认后，村民自治规范未变更原有规定及做法，村集体内依然排斥"出嫁女"，"出嫁女"等无法获得与同村村民同等的待遇，使得"出嫁女"等在乡村社会中缺乏身份认同，在村集体中被边缘化，缺乏参与集体活动的机会。村民自治规范内容中体现的村集体文化风俗，可能导致"出嫁女"等感到自己与村集体文化存在割裂，难以在文化认同上找到归属感，可能引发村民对"出嫁女"等的歧视和排斥，使得她们在村集体文化中难以获得平等对待。长期的不平等待遇和缺乏身份认同及文化认同感，可能导致"出嫁女"等面临心理健康问题，加剧其在社会中的认同危机，还可能在整个基层社会中引发激烈的矛盾、冲突。

这也反映了村民的法治意识方面的不足。村民自治规范的议订是推动社会基层治理、村民自治及促进乡村振兴的关键因素。尽管各级政府及法律工作者队伍均持续推广普及《村民委员会组织法》《妇女权益保障法》等相关法律法规的知识，但在村民自治规范的议订过程中，往往缺乏对法律法规的恰当的理解与适用。村民自治系根植于法治基础之上，但在自治规范的实际制定操作中，许多村民对于法治的基本概念、原则和程序缺乏清晰的认识，缺乏对法律、法规规定的了解。这使得其议订出的村民自治规范，可能缺乏对法治框架的遵循，导致自治规范的合法性和可操作性受到影响。

同时，也表现出村民自治能力的相对有限。在自治规范的施行过程中，村民对自治规范执行的具体要求和程序了解不足是一个普遍问题。自治规范的执行可能涉及解释规范、协商决策等复杂环节，缺乏相关专业知识及指导，将使得村民难以应对自治规范施行中的具体问题。此外，村民自治需要全体村民通过协商、决策、履行及监督等环节的共同参与，而由于社会的经济发展，许多村集体的村民已不像过去那样紧密地集中居住生活，村民外出务工、经商、求学及服兵役等长期离开村集体聚居地居住生活的情况愈发常见，村集体实现村民自治需要具备的组织协调能力有所欠缺。

（二）农村传统观念影响因素

我国固有社会是乡土性的社会，土地是农民的根基，也是全村生存发展的保障。几千年来所形成的乡土社会是典型的"熟人社会"，在"厌讼"观念的影响下，村民与村民之间的关系更多地是依靠"礼"进行调整，多数村民认为寻求法律途径解决矛盾纠纷通常伴随着其他风险及顾虑，并非最优选项。

数千年的传统观念对现代社会治理仍能起到重要的影响。在农村，"养儿防老""嫁出去的女儿泼出去的水"等重男轻女的观念依然存在，不仅影响着普通村民、村组干部，甚至还包括农村女性自身及其家人。这种观念持续对当下的农村社会产生影响，而影响的程度与农村人口流动频率相关。在传统的农业社会，通常是一宗、一姓同住一村，邻里间多为亲属关系，在农村有限的生产、生存资源下，为确保本村人口始终处于稳定状态以保证本村长远的发展，女性成为人口流动的"最大可能"。在农村，大多数嫁出的女性生活成本由夫家承担，相应地，嫁入本村的女性生活成本亦由夫家承担，从而实现人口流动的平衡。

进入现代社会后，不少村民仍信奉传统农业社会时期形成的生存发展观念。当农村的传统观念与现代"男女平等"思想相交替时，"出嫁女"矛盾日益突出。

其中，"出嫁女"相较于能够"解释农村传统""定义农村道德"的其他村民而言处于相对的劣势地位，这种地位差别绝非某一村的单独做法所能决定，而是受"大环境"影响。在这种环境下，加之部分"出嫁女"长期处于权利受到侵犯的状态中，一旦"出嫁女"试图通过"外部"途径争取自身合法权益，便产生不被其他村民甚至是亲人"接受"的顾虑，发生被群体排斥的风险。

因此，农村传统观念影响是"出嫁女"难题形成的重要原因之一，若能从根本上转变农村对于"出嫁女"的看法，将此类矛盾纠纷引向农村内部治理及消解，可以尽可能地减少"出嫁女"问题的案件数量。但观念的转变不仅需要法律法规及村民自治规范的引导和规制，还需要时间和全社会的共同努力。

（三）经济发展因素

经济的发展、集体经济可分配利益的增长推动了"出嫁女"等财产权益保障难题形成。

大亚湾区农村城市化进程的加快，高额的征收拆迁补偿与日益增长的集体经济可分配利益诱使其他村民排斥"出嫁女"参与分配。在一些地区，集体组织一次性分配给村民的补偿款甚至超过了普通村民连续耕作40年所取得的收益。"天下熙熙皆为利来，天下攘攘皆为利往。"在巨大经济效益诱使下，不少村民把法律和道德抛在脑后，常常会以自治的方式、以集体的名义剥夺部分"出嫁女"等的合法权益。"出嫁女"为了个人利益最大化，也千方百计地争取认定集体经济组织成员资格，以便参与集体经济组织权益分配，从而与集体经济组织形成了利益上的冲突，加剧了集体经济组织与"出嫁女"

的矛盾，促使"出嫁女"等财产权益保障难题日益凸显。

大亚湾区为解决"出嫁女"财产权益纠纷问题，曾通过签订补偿协议的方式，对外嫁女所能获取之利益采取一次性定额补偿。如大亚湾区某村民委员会与其村内成员签署的《人民调解协议书》中约定："乙方同意接受此款，并签署了承诺书，自愿放弃今后甲方的一切村集体权利分配的权利，现甲方已计付乙方补偿款。"此类补偿确实在较长一段时间内解决了"出嫁女"与村（社区）的矛盾争议。司法实践中普遍认为该类协议不违反法律、行政法规的强制性规定，一般认定该协议有效。但签署该调解协议的集体经济组织成员并未明确放弃成员资格和身份，因此有观点认为，此类签署了人民调解协议的人员，其仍然具有集体经济组织成员资格。

随着村（社区）经济的快速发展，未签订一次性补偿人员分配到更多的集体权益后，部分原已签订一次性补偿协议的人员又通过各种形式主张权利，试图与集体经济组织其他成员享受同等待遇，从而引发新的矛盾纠纷，直接体现为向行政机关申请集体经济组织成员资格认定数量涨幅明显。若此类情况不及时解决将有损政府公信力，且必然增加各级政府或基层村干部在日后解决此类问题的沟通成本及推行新举措的阻力。

与此同时，与利益密切相关，已签署"一次性补偿协议"并领取一次性补偿款的成员其所生子女是否具有集体经济组织成员资格，也是当前集体经济组织与"出嫁女"等之间的主要矛盾之一。根据《民法典》第34条第1款"监护人的职责是代理被监护人实施民事法律行为，保护被监护人的人身权利、财产权利以及其他合法权益等"及第35条第1款"监护人应当按照最有利于被监护人的原则履行监护职责。监护人除为维护被监护人利益外，不得处分被监护人的财产"的规定，除子女在父母签署"一次性补偿协议"后出生外，父母代替子女对组织成员身份权及收益分配的权利作出放弃的意思表示，可能侵犯了其子女作为未成年人的合法权益。但部分村（社区）认为，其在与"出嫁女"签署"一次性补偿协议"后，应当视为已完全解决了此类人员及其子女参与分配的问题。因一次性补偿方法无法平衡保护各方利益，引发了新的矛盾。

此外，随着市场经济的深入发展和城乡关系的调整，基层村集体内部利益多元化、价值观多样化的格局基本形成，村集体人口流动性大大增强。部分自治规范修订试点村（社区）实际在村内居住生活的村民人数远低于外来人口，且多数村民集中精力于增加收入等个人事务，普遍缺乏参与集体事务的积极性，利益分化情况较为严重。在诸多因素的相互交织下，村民自治已呈现内生能力和动力不足的情况，也致使村民自治逐渐异化为一种"外源性治理"。前期拟定的自治规范在多数时候陷入空转，涉及有集体权益分配时才能勉强发挥其效力。虽然市场经济的发展推动了农村劳动力的流动，但在一定程度上，村民权利意识的相对淡薄也影响着村民自治的参与度和实效性。现行自治规范的滞后导致其难以执行，即便推动执行也难以达到预想的效果。

（四）法律制度因素

我国目前虽然已颁布、施行了《农村土地承包法》《妇女权益保障法》《中共中央国务院关于稳步推进农村集体产权制度改革的意见》等一系列法律法规、规范性文件和政策文件，对"出嫁女"等的合法财产权益进行保障，但尚未取得预期效果。其中，很重要的原因是，前述规定只对"出嫁女"等的合法财产权益问题作出原则性规定，而缺乏具体操作指引，对于实现这些权利的程序性规定及救济途径亦未作明确规定，从而导致对"出嫁女"等财产权益的保障在实际操作中存在一定难度。

目前，对于如何认定集体经济组织成员资格，我国尚没有明确的法律规定，由此导致各地区对集体经济组织成员资格认定的依据普遍为地方性法规等较低位阶的规定。以惠州市某街道办事处为例，认定集体经济组织成员资格所依据的规定为《妇女权益保障法》第55条"妇女在农村集体经济组织成员身份确认、土地承包经营、集体经济组织收益分配、土地征收补偿安置或者征用补偿以及宅基地使用等方面，享有与男子平等的权利。申请农村土地承包经营权、宅基地使用权等不动产登记，应当在不动产登记簿和权属证书上将享有权利的妇女等家庭成员全部列明。征收补偿安置或者征用补偿协议应当将享有相关权益的妇女列入，并记载权益内容"、第56条"村民自治章程、村规民约，村民会议、村民代表会议的决定以及其他涉及村民利益事项的决定，不得以妇女未婚、结婚、离婚、丧偶、户无男性等为由，侵害妇女在农村集体经济组织中的各项权益。因结婚男方到女方住所落户的，男方和子女享有与所在地农村集体经济组织成员平等的权益"及《广东省农村集体经济组织管理规定》第15条"原人民公社、生产大队、生产队的成员，户口保留在农村集体经济组织所在地，履行法律法规和组织章程规定义务的，属于农村集体经济组织的成员。实行以家庭承包经营为基础、统分结合的双层经营体制时起，集体经济组织成员所生的子女，户口在集体经济组织所在地，并履行法律法规和组织章程规定义务的……户口迁入、迁出集体经济组织所在地的公民，按照组织章程规定，经社委会或者理事会审查和成员大会表决确定其成员资格；法律、法规、规章和县级以上人民政府另有规定的，从其规定。农村集体经济组织成员户口注销的，其成员资格随之取消；法律、法规、规章和组织章程另有规定的，从其规定"的规定，即认为，村民自治规范的决定，不得以妇女未婚、结婚、离婚、丧偶、户无男性等为由，侵害妇女在农村集体经济组织中的各项权益；取得集体组织成员资格的前提是户籍应落户在该集体经济组织中，并履行集体经济组织成员义务。

但是，对于集体经济组织成员需履行何种义务以及如何履行义务，现行法律、法规并没有明确规定，集体经济组织也很难提供直接、客观的证据证明"外嫁女"知道或者应当知道需履行的义务，但拒绝履行并且其拒绝履行义务的行为已达到丧失成员资格的程度。

大亚湾等惠州各地区相应也出台过一些政策法规尝试解决"出嫁女"难题，如《大亚湾农村集体经济组织成员资格界定办法（试行）》《关于进一步落实和保障农村出嫁女集体经济分配权益的实施意见（试行）》《中共惠州市委办公室惠州市人民政府办公室关于切实维护农村妇女财产权益的通知》等文件，这些政策法规虽然在一定程度上缓和了由"出嫁女"难题引发的社会矛盾，但未能真正破解"出嫁女"难题。首先，相关政府部门在尚未厘清上位法对"出嫁女"等权利设置具体要求的前提下，根据自身需要制定出一系列规范性法律文件，造成上位法与下位法之间冲突与矛盾交织，增加"出嫁女"等在维权道路上的负担。其次，一些试行的规范性法律文件陆续经过有效期，而新的规范性法律文件尚未出台，试行办法所取得的良好经验没有通过"新法"予以固定，实际作用不大的规定也没能依据实践情况予以清理排除，导致法律和政策方面对"出嫁女"的保护并未起到实质作用，出现对"出嫁女"等财产权益保障的法律供给不足的现象。

需要指出的是，根据《地方各级人民代表大会和地方各级人民政府组织法》第87条"乡、民族乡、镇的人民政府和市辖区、不设区的市的人民政府或者街道办事处对基层群众性自治组织的工作给予指导、支持和帮助"，以及《村民委员会组织法》第5条"乡、民族乡、镇的人民政府对村民委员会的工作给予指导、支持和帮助……村民委员会协助乡、民族乡、镇的人民政府开展工作"的规定，相关政府部门应当履行指导义务。但我们在实际走访调查中发现，相关政府部门在自治规范的议订与修订中工作参与度相对较低，可能仅发挥备案、简单审查的作用，造成对村内自治规范制定的指导力度不够。此时，如若缺乏治理能力的村民委员会未能及时有效地根据自身实际情况开展自治，则村民自治会陷入停滞并带来争议与矛盾。虽然行使行政管理职权的政府部门与作为基层群众自治之间不具有领导和被领导的关系，对村民自治的干预或控制没有直接有效的手段，但是政府部门作为本区域的经济与社会发展的推行者、管理者，其拥有的资源能更好地推动村民自治规范的制定及修缮。

对违法限制"出嫁女"等合法财产权益的自治规范，行政机关往往难以发挥督促整改的效果。根据《村民委员会组织法》等现行有效的法律、法规的规定，乡镇政府具有监督村民自治的职责，对损害"出嫁女"等合法财产权益的村民自治规范，乡镇政府有权责令改正。但实践中，集体经济组织并不配合执行，拒不改正，在此情形下乡镇人民政府没有更好的手段和方式对集体经济组织施加更多的影响，导致责令改正的行政处理决定成为一纸空文，既无法达到有效的监督，亦损害政府的公信力。

（五）救济机制因素

实现财产权益保障的前提条件是救济机制需要时刻保持畅通。就"出嫁女"等财产权益保障难题而言，其权益救济途径大体可分为外部救济和内部救济两种。典型的内部救济是指"出嫁女"通过与村集体协商一致后完成权利的救济；典型的外部救济则是通过行政调处、行政决定、行政复议、提起诉讼以及信访维权等方式寻求公权力介入。

具体而言，包括向集体经济组织申请成员资格认定、向行政机关申请确认成员资格、向人民法院提起行政诉讼、向人民法院提起民事诉讼等。

（1）向集体经济组织申请成员资格认定。根据《广东省农村集体经济组织管理规定》第8条"农村集体经济组织章程应当符合法律、法规、规章的规定。农村集体经济组织章程由本组织成员大会表决通过。组织章程应当载明下列事项：……（四）成员资格及其权利、义务……"的规定，"出嫁女"等因结婚被取消集体经济组织成员资格，可以向户籍所在地集体经济组织申请认定其成员资格。具体步骤为：提出申请、提供证明、信息公示、提出异议、农村集体经济组织决议、公布决定、调解几个步骤。

（2）向行政机关申请确认成员资格。对于农村集体经济组织作出"出嫁女"等是否具有本村成员资格的决定，"出嫁女"等认为农村集体经济组织侵害其权益的，可以向乡（镇）政府或街道办事处申请认定集体经济组织成员资格，由乡（镇）政府或街道办事处作出行政处理决定。对于乡（镇）政府或街道办事处作出"出嫁女"等是否具有本村成员资格的决定，"出嫁女"等认为农村集体经济组织侵害其权益的，可以向乡（镇）政府或街道办事处的上一行政机关申请行政复议，由行政复议机关作出复议决定。

（3）向人民法院提起行政诉讼。根据《行政诉讼法》第2条、第44条的规定，在行政机关作出行政处理决定或复议决定后，村集体经济组织或"出嫁女"对此有异议的，可以向有管辖权的人民法院提起行政诉讼，由人民法院作出行政裁定或行政判决。

（4）向人民法院提起民事诉讼。部分地区人民法院在"出嫁女"集体经济组织权益纠纷案件中认为，集体经济组织成员资格认定的纠纷属于行政诉讼受案范围，具体的集体经济组织成员权益分配纠纷属于民事诉讼受案范围。因此，部分地区"出嫁女"依法被确认为集体经济组织成员后，需另行提起民事诉讼主张民事权益。

"出嫁女"等财产权益保障难题曾是人民法院不愿意接手的"硬骨头"。一方面是法律供给不足，另一方面是判决的法律效果和社会效果难以统一。部分法院认为，解决"出嫁女"等财产权益纠纷存在着法律障碍和执行困难。上述困难使得法院难以受理这些纠纷，相关的实体法也并未明确授权法院受理此类纠纷，导致法院无法可依，部分法院仍沿袭"出嫁女"案件不属于人民法院受理的民事诉讼范畴的做法。有观点认为，如何确定土地补偿费在农村集体经济组织内部的分配办法，是均等分配还是实行差别待遇，属于村民自治范畴内的事项，司法无权干涉。《最高人民法院关于审理涉及农村土地承包纠纷案件适用法律问题的解释》第1条第3款规定："农村集体经济组织成员就用于分配的土地补偿费数额提起民事诉讼的，人民法院不予受理。"这导致"出嫁女"无法通过诉讼来维护权益，但事实上，该规定是针对土地补偿费发放到农村集体经济组织后，该集体经济组织按照民主议定原则，确定拟在集体成员范围内进行分配的数额后，农村集体经济组织成员针对该数额提出异议的情形。司法解释作出这种规定的原因在于，该决定是集体经济组织综合考虑本组织的实际情况，经由民主议定而确定的，属于村民自治的事项，并未超出村民自治的合理界限。对此，司法无须也无权进行评价乃至审查，否则即属于对村民自治的过度干预。

值得注意的是，同案异判的情况也一定程度上导致了"出嫁女"等财产权益保障问题的产生。对于村民是否具有集体经济组织成员资格的纠纷，有的法院认为属于民事案件管辖范围，有的法院认为属于行政案件管辖范围，有的法院认为不属于法院管辖范围，而属于村民自治范畴。如最高人民法院〔2020〕最高法行申 4278 号《行政裁定书》认为，对于村民是否具有集体经济组织成员资格，不属于管委会、街道办以及其他行政机关职责范围。在此情形下，不同的主体援引对自己有利的司法观点和案例，致使"出嫁女"等财产权益保障在司法救济途径上无法形成闭环。

此外，在司法实践中，即使法院判决集体经济组织败诉，支持"出嫁女"参与集体经济组织分配，集体经济组织也可能拒绝履行判决。这就导致"出嫁女"等合法财产权益很难得到实质的保护，司法权威也可能因此受到影响。

"出嫁女"等财产权益保障是长期以来困扰基层农村社会治理的难题。一般而言，"出嫁女"等财产权益纠纷的焦点是，"出嫁女"等能否享有出嫁前或出嫁后所在村集体的集体经济组织成员资格、土地征收补偿、分红以及其他利益。"出嫁女"等财产权益纠纷是我国改革开放以来发生在农村城市化背景下的一类特殊纠纷，该类纠纷经历了一个从信访到诉讼的过程。一方面是承载历史传统的村民自治，另一方面是保障男女平等的法治原则。"出嫁女"等财产权益纠纷在特定历史时期激起了法律与传统的碰撞，多数村规民约限制或剥夺着"出嫁女"的合法权益，"出嫁女"等作为一类特殊群体则无奈走上信访维权之路。若当地政府在行政管理和舆论的双重压力下维护"出嫁女"的合法权益，又易引起村集体的反击。以珠三角地区为例，过去"出嫁女"等原是珠三角地区信访的主角，但自政府正面介入后，村民亦加入了抗争的行列，相比于"出嫁女"等细水长流的抗争模式，村民的聚众抗议声势惊人，更易酿成群体事件，对地方政府维护社会稳定形成较大压力。而"出嫁女"等在财产权益被剥夺的同时，也因为争取权利而成为一股挑战中国传统乡村社会秩序的特殊社会力量，"出嫁女"等财产权益纠纷日益演化为独具中国特色的乡村治理难题。

四、通过修订自治规范解决"出嫁女"等财产权益问题

面对"出嫁女"等财产权益保障难题，我们需要运用法治思维，依法修订自治规范，通过沟通、协商，形成共识和合意，实现权利平等和财产权益保障，在修订自治规范基础上解决"出嫁女"等财产权益保障难题。

（一）通过修订自治规范解决"出嫁女"等财产权益问题的意义

村民自治规范对"出嫁女"等财产权益保障难题的影响是一个多层次、多维度的复杂问题。各方面的影响相互交织，共同形成了目前"出嫁女"等在乡村社会中的境遇。修订村民自治规范可填补国家法规范与村民自治之间的治理空间，明确村民自治的边界，切实地实施合理的村民自治规范可有效解决"出嫁女"等财产权益保障难题。

村民自治是村民当家作主的直接体现，其特点是自我管理，自我约束，自我服务。村民自治的先天不足在于，集体经济组织或者村民（户代表）会议，往往从维护自身利益最大化的角度出发去议订规则，去拟制、界定相应主体之间的权利义务关系，从而容易引发不公。作为规则的制定者，集体经济组织在与作为规则遵守者的"出嫁女"等博弈时，具有天然的优势。合法、公正的村民自治规范，才能从源头上保障"出嫁女"的合法权益。基于此，修订自治规范是解决"出嫁女"等财产权益保障难题的基本途径。

通过修订自治规范解决"出嫁女"等财产权益问题，能够规范集体经济权益的分配、完善自治规范中关于"出嫁女"等财产权益保障的救济途径、化解村规民约与法律规定的冲突，并破除农村传统观念影响，实现男女权利平等。

修订村（居）自治规范，有助于完善集体经济组织的资产及权益分配制度，落实清产核资，加强对集体资产使用的监管，明确财产权益分配标准，推进村集体财务公开，避免"出嫁女"等的合法财产权益受损。

通过修订村（居）自治规范可对"出嫁女"的财产权益的救济设置明确

的内部救济程序，避免内部救济仅有"协商""调解"，而修订村（居）自治规范中关于"出嫁女"等集体经济组织成员资格认定、权益分配标准及权利义务等内容，亦可为"出嫁女"等寻求外部救济时提供支撑其维护自身权益的依据。

对于集体经济组织章程及村规民约在制定及履行的规定与法律规定相冲突的情况，可根据法律、法规及各村集体的实际情况对村（居）自治规范进行及时修订，明确法律、法规与村民自治事项的边界，及时跟进落实法律、法规的变更实施情况，避免出现违反法律、法规的自治规范仍在村（居）集体内部执行的情况，保障"出嫁女"等的合法权益。

部分村（居）自治规范的规定在议订时可能过于偏向传统观念以及风俗习惯、习惯法，而长期在村（居）集体内履行这些规定，会强化传统观念、风俗习惯、习惯法对村（居）集体成员认知的影响。对于村（居）集体内流传的传统观念、风俗习惯、习惯法应取其精华、去其糟粕，符合中国特色社会主义法治理论及村（居）集体实际情况的应予以留存及发扬，而违反法律法规、不符合平等原则、侵害村民权益的规范应及时修订、删除，降低其在村（居）集体内部造成的不利影响。

而从实践来看，部分村（居）在广泛交流、相互协商、深入沟通等的基础上，积极进行自治规范的修订，产生了积极效果。这也表明通过修订自治规范解决"出嫁女"等财产权益问题具有可操作性、可行性。

大亚湾部分地区充分发挥村民自治的创新性，通过清产核资确权量化、股份制管理、创新集体经济组织运营模式、加强村（居）民决策和参与或采取积分制管理的模式，形成了较为稳定有效且具有示范性的村民自治模式。这些村（居）集体经济组织不仅在经济上实现了自我增值和发展，而且综合考虑基层社会治理与村民自治的各方面因素，保障了村（居）集体的稳定，较为妥善地处理了村（居）集体中的"出嫁女"等财产权益保障难题，化解集体经济组织内部的矛盾纠纷，这些做法在推动村（居）集体资产股份制改革、激活乡村振兴内生动力方面具有重要的示范意义，同时也为其他地区的村（居）集体资产股份制改革提供了可借鉴的实践经验。

从国内其他地区如广东省佛山市南海区、重庆市沙坪坝区、福建省福州市闽候县等实践看，在解决集体经济组织成员资格的问题上有异曲同工之处，都是提出相关的成员资格界定办法并对认定标准进行细化，再从自身的实际情况出发量身打造一套合适的制度。（1）出台详尽的成员资格界定办法。这三个地区都出台了相应的成员资格界定办法，如广东省佛山市南海区政府出台的《佛山市南海区农村集体经济组织成员资格界定办法》《佛山市南海区农村集体经济组织成员登记管理办法》等文件，重庆市沙坪坝区政府出台《沙坪坝区农村集体股份制实施方案》《沙坪坝区农村集体经济组织成员身份确认指导意见（试行）》等。这些制度都对成员资格的界定标准、界定原则、基准日的确定作了相关的规定，同时规定了具有资格的成员类型以及不予以认定成员资格类型（情形可分为完全丧失与部分丧失成员资格）。针对特殊群体类型界定也发表了指导意见，进一步规范了各个集体经济组织的成员资格认定工作。（2）细化成员资格界定的重点要素。这三个地区政府出台的相关规定为各个村集体的成员资格界定工作提供了指引，各个村集体结合自身的情况在不违背法律法规和地区政府出台的规定下，在章程中对集体经济组织成员资格认定的重点要素进行了约定。如佛山市南海区的村集体章程在户口归属与迁移及临时变动、收养关系、"外嫁女"、"入赘男"等问题上设定符合当地实际的成员确认标准。对于法律、法规、政策没有规定的人员是否具有农村集体经济组织成员资格的民主性议题，由集体经济组织成员大会民主决议。再例如：福州市闽侯县政府针对特殊情形人员进行梳理，分类提出指导意见，同时建议各个村集体提交村民代表会议讨论表决，形成本村认定集体成员的资格标准。（3）制定集体经济组织成员股权管理制度。这些地区为保证集体经济组织成员的合法财产权利，对集体经济组织成员进行登记管理，并根据自身实际情况制定相应的股权管理制度。如南海区搭建集体经济组织股权（股份）管理交易平台，将南海区84万社员股东的股权全部纳入股权（股份）管理交易平台，规范股权流转交易程序，确保交易有序进行。闽侯县实行"量化到人、确权到户、户内共享"的静态管理模式，明确今后不论人口增减变化，本组织的股份总数和各股权户内的股权数量均保持不变。这些地区的做法值得借鉴。

（二）通过修订自治规范解决"出嫁女"等财产权益问题的原则

通过修订自治规范解决"出嫁女"等财产权益问题必须坚持法治原则、公平原则，凝聚民众共识，在沟通、合意的基础上完善自治规范，提高民众自我管理、自我约束、自我服务和自我监督能力，提高自治水平，在法治下自治，规范推进和美网格建设。

村民自治是我国农村基层民主的基本制度，也是我国乡村治理的基本方式；它指的是村民依法办理自己的事情，管理本村的公共事务和公益事业，实行民主选举、民主决策、民主管理、民主监督的制度。这种自治形式强调村民的参与和决策，使得农村事务的处理更加符合当地的实际，更加贴近民众的需求和期望。它不仅是民主的一种实现形式，更是乡村社会实践的必然要求。但是，任何一种制度都不是灵丹妙药，包治百病的。由于社会习俗、文化观念、法律缺失或执行不力等多种因素影响，村民自治若不能在法治、公平的轨道上运行，则容易蜕变为"多数人的暴政"，使少数人，例如"出嫁女"在土地、财产、继承等关键领域遭受不公平待遇，相应合法权益得不到保障，从而不利于维护乡村社会的和谐稳定，不利于美好乡村的建设和可持续发展。

在自治规范修订和村民自治的实践中，不仅要以公平原则为指导原则，更要在处理村务、解决矛盾时，始终坚守公平正义的底线，尊重多数人的意见，同时兼顾少数人的权益，确保公正、平等地对待每一个个体或群体，不偏袒、不歧视、不和稀泥。

《妇女权益保障法》明确指出，妇女在农村集体经济组织成员身份确认、土地承包经营、集体经济组织收益分配、土地征收补偿安置或者征用补偿以及宅基地使用等方面，享有与男子平等的权利。虽然在法律层面，妇女权益和男子权益受到平等保护，但要使法律上的"公平、公正、平等"原则落地，我们还有很长的路要走。尤其是对于已是"外人"的"出嫁女"等来说，要使公平原则落在实处，真正做到平权，更需要进一步的努力。

自治规范在议订之初，就应体现出公平，应充分听取"出嫁女"等的声音，确保她们的财产权益得到充分反映和保障，这对在源头上、根本上保障"出嫁女"等的财产权益是十分必要的。村（居）自治规范的议订不但要体现、尊重多数人的意见和利益，同时不得违反法律法规和侵害村民的合法权益。"只要出嫁到外村便无权享受成员权益""出嫁女子女无权享受成员资格和成员待遇""非独生女户的入赘女婿不可享受成员资格和成员待遇"等，实际上都是借村民自治的名义通过投票表决制定出的侵犯"出嫁女"等合法财产权益的村民自治规范，实际上是以集体的名义损害"出嫁女"等的合法财产权益。这种村民自治规范，就应该在合法性审查阶段被否决，而不能让其光明正大地成为调整乡村关系、处理村务的依据。

法律面前人人平等，所有村民都应当有平等参与村民自治的权利和机会，不得因性别、年龄、民族、宗教信仰、财产状况等因素而受到限制或排斥。对"出嫁女"等而言，"平等""公平"不但要保障其在集体经济组织成员资格认定上，在集体经济权益分配上与其他村民享有平等权利，在乡村事务的处理方面，也同样要保障她们全面参与。长期以来，"出嫁女"之所以被另眼相看，原因之一就是她们成为"出嫁女"后，与原来乡村的关系变得日益疏远，甚至隔绝。现阶段广东省、惠州市的司法实践，在对集体经济组织成员资格认定上，主要适用的是"户籍+义务"标准。保障"出嫁女"等有事可做，有事能做，全面、深入参与村务，不但有利于其集体经济组织成员资格的司法认定，而且有利于"出嫁女"等融入当地社会，融入当地的圈子和关系，从而被村民接纳，成为其中平等的一员。

同时，在村民自治过程中，难免会出现各种争端和冲突。公平原则要求建立有效的监督、争端解决机制，通过和平、公正、公开的方式保护"出嫁女"等的财产权利，确保法律法规的遵守和执行，解决争端，维护村庄的和谐稳定。为了实现公正监督，需要建立健全的监督机制和制度，包括独立的监督机构、明确的监督职责和程序、透明的监督过程和结果公开等。涉及"出嫁女"等的财产权益或争议需要得到公正、公平的裁决，确保"出嫁女"等在成员资格认定、集体经济组织权益分配等问题上得到公正对待。无论是行政决定还是司法裁判，都应把牢把好裁决、裁判关，做"出嫁女"等的公平的"保护神"。这不仅表现在行政处理决定书、行政复议决定书、裁定书、判决书的最终结果应体现出"公平""合法"，更应体现在日常生活中"出嫁女"能将前述法律文书上"纸面"的财产权利变现。保障裁决能够有效执行，是公正裁决的应有之义。

（三）通过修订自治规范解决"出嫁女"等财产权益问题的思考

修订自治规范解决"出嫁女"等财产权益问题，需要政府、村（居）基层群众性组织、包括"出嫁女"等在内的村民等多方面努力，加强法制宣传，完善自治规范的起草和修订过程，引入"积分制"有效管理集体经济组织股权，强化组织保障，发挥"法制副主任"的专家作用，制定和完善"出嫁女"等财产权益分配和保障政策，施行自治规范预防纠纷发生，发挥"和美网格"作用。

（1）加强法治宣传。村（居）基层群众性组织、集体经济组织产生各种矛盾的重要原因之一，在于组织成员对于国家法律的认识不足，对法律、法规的精神和内容了解不清楚、掌握不全面。充分化解"出嫁女"等财产权益保障难题在内的基层矛盾，要点在于充分发挥法律在基层治理中的指引作用。

政府有关部门通过印发有关集体经济组织自治章程修订指引、"出嫁女"等权益保障相关法律知识等宣传手册，同时借助电视、报纸、手机 APP、微信公众号等媒体广泛宣传，有助于组织成员知法守法用法。

加强对村（居）干部及集体经济组织成员的法律培训。在各个村（居）的和美网格微信群宣传有关"出嫁女"等权益保护的法律法规和司法指导案例，街道办事处下村（居）进行普法宣传，法官、检察官、律师进村（居）进行法治宣讲，以移风易俗，弥合法律认知差距，形成共识和合力，为解决"出嫁女"等财产权益保障难题夯实思想基础。

（2）完善自治规范的议订和修订过程。村（居）在议订自治规范过程中，需先由熟悉村内事务的相关人员草拟符合本村实际的自治规范，并由专业法律人员进行审核，提出修改建议。经完善的初稿通过科学、全面的征求意见、广泛合意、研讨论证后方可形成征求意见稿，征求意见稿根据各方意见再修改完善后形成定稿，再交由村民大会表决。

自治规范的议订和修订过程中要充分发扬民主，尊重村（居）民的主体地位，激发村（居）民的积极性、主动性和创造性，通过制度保障村（居）民的全程参与、畅通表达、利益保障，真正做到共建共治共享。

（3）引入"积分制"有效管理集体经济组织股权。目前大亚湾区部分村（居）农村经营性资产股权管理主要有两种模式：一种是动态管理，也就是说能够在一定时期内随着人口的增减而调整股权或者份额；第二种是静态管理，也就是说，生不增、死不减，保持稳定。

从现在已经开展的改革和已经进行的试点来看，多数地方或者说多数集体经济组织成员是选择静态管理模式，不以人口的增减和变动而调整股权关系。根据《中共中央、国务院关于稳步推进农村集体产权制度改革的意见》

的精神，集体经济组织成员的土地承包关系要求保持稳定并长久不变，股权管理提倡实行不随人口增减变动而调整的方式。但是，选择动态还是选择静态管理模式，需要集体经济组织服从和谐稳定大局，根据实际情况最终决定。

　　集体经济组织成员享有权利的同时，应当承担相应的义务，成员对集体经济组织的贡献应为履行集体义务的重要评价标准，但实践中对于"贡献"的认定标准模糊。为了量化集体经济组织成员履行义务的情况，可以引入"积分制"管理制度，即通过对成员参与集体经济组织活动进行赋分，使义务可计量化、可视化。

　　"积分制"应结合集体经济组织的经济发展水平和成员的需求，通过设计合理的积分项目，使成员资格不再成为集体经济组织权益分配的唯一权重，从而弱化成员资格的争议，提升村民自治水平，化解"出嫁女"等财产权益保障难题。

　　积分项目可以参考下表，根据集体经济组织的具体情况制定。

增加积分项 （仅供参考）	积极参与集体经济组织的选举活动	积极参与会议表决	参与街道办或村委会举办的各类活动
	对集体资产经营管理活动提意见或建议	对集体经济组织经营管理活动提发展方案	参加集体经济组织社会公益活动
	参加集体经济组织志愿者活动	获得个人荣誉	获得集体荣誉
扣除积分项 （仅供参考）	拒不参加集体经济组织的选举活动		拒不参加会议表决
	受到行政或刑事处罚		受到治安管理处罚

　　积分项目不仅局限于上述表格中的选项，也可以根据村内实际情况，通过引入行政法规规定对于城市市容和日常经营类的事项作为积分考核项目，在加强对村内事务管理的同时，还能促进区域内社会治理。以大亚湾西区街道的试点村为例：该试点村靠近城镇区域，已非常接近城市规划情形，村内存在大量的商铺，且已形成较为完善的商圈，外来人口多。特别是在占道经营、卫生责任包干区以及油烟、噪音问题上产生了大量信访、投诉，导致社会矛盾增加。行政机关在对该区域进行日常管理时，往往因为行政手段时效及程序限制，导致对该片整治效果不佳。此类商铺权属大多为村民所有，但

商铺出租的情形又较为常见，这也间接造成了行政机关整治、疏导的阻力较大。若将此类占道经营、门前三包卫生清理责任、噪音和油烟防治等日常生产经营所必须遵守的事项与村内考核挂钩，不仅能加强村民对自身物业的管理，有利于村内事务的管理，同时也能促进基层社会管理，营造良好的生活、经营氛围。

集体经济组织积分制工作建议由积分管理工作小组具体负责，积分管理工作小组对积分内容、评价方式、结果运用等各环节进行把关，保障积分制工作沿着正确的方向推进；制订和完善积分规则、标准，做好积分记录、公示、奖励等实施工作。

建议集体经济组织根据实际情况制作积分管理信息系统，通过手机 APP、微信小程序等平台监管积分情况，提高集体经济组织的信息化管理水平。积分平台应力求便利，方便集体经济组织成员的参与，组织成员可以通过登录平台主动上传积分相关证据，然后由积分管理工作小组进行审查，并及时地、多渠道地向成员进行公示，接受成员的查询，行政机关对此流程进行全程监督管理。

积分管理工作小组每月对集体经济组织成员积分进行审查认定，认定结果可以按照月度、季度及年度进行公示，无异议后报行政机关进行备案。集体经济组织成员对积分有异议的，可向积分管理工作小组反映，积分管理工作小组调查核实后，应根据调查情况作出处理，并将处理结果告知集体经济组织成员。积分结果应通过村务公开栏、手机 APP、微信小程序等多平台、多途径进行公示。

（4）强化组织保障。"出嫁女"等财产权益保障是一个涉及社会、法律、文化等多个层面的复杂问题。为了有效化解这类矛盾纠纷，需要加强党委、政府、检察院、法院、街道、村（居）集体等的责任担当，切实负起责任，认真履行职责，深化组织之间的协动，相互形成合力，强化组织保障，共同通过修订自治规范推动问题的解决。

党委依法发挥领导核心作用，统筹协调各方力量，推动"出嫁女"等财产权益问题的化解。政府依法承担行政管理职责，负责执行相关法律法规和政策，落实矛盾纠纷的调解和处置措施。法院依法审判涉及"出嫁女"等财产权益纠纷的案件，保障当事人的合法权益，维护社会公平正义。检察院依法履行法律监督职责，对涉及 "出嫁女" 等财产权益纠纷的案件进行监督和指导，促进矛盾纠纷的公正解决。村（居）集体对于传统礼法、固有习惯法要取其精华，去其糟粕。对于传统礼法、固有习惯法中符合新时代精神与社会主义核心价值观的应当加强宣传，对于传统礼法、固有习惯法中不符合新时代精神与社会主义核心价值观的应当坚决摒弃。宗亲组织作为村（居）内部的重要力量，具有一定的权威性和影响力，发挥宗亲组织的作用宣传善良风俗，可以为解决 "出嫁女" 等财产权益保障问题发挥一定的作用。

同时，"出嫁女" 等财产权益保障问题较多涉及女性，因此应当加强村（居）一级妇联组织建设。村（居）一级妇联在代表女性利益、推进妇女工作、维护妇女权益以及修订自治规范、促进农村社会发展、调停 "出嫁女" 等财产权益纠纷等方面起着重要的作用。发挥妇女代表在村（居）妇女群体中的宣传、教育作用，有助于提升妇女群体的整体素质，推动农村社会的和谐与进步。需要优化妇联组织架构，确保村（居）妇联组织构架设置合理，能够高效运转。可以根据村（居）集体的实际情况和妇女工作的需要，设立妇女权益保护及宣传教育工作小组。鼓励更多妇女参与到妇联工作中，提高妇女在村级事务中的参与度和话语权。选拔有能力、有热情、有奉献精神的妇女担任妇联干部或工作小组成员，为化解 "出嫁女" 等财产权益纠纷提供更为柔性的调解方式。

（5）发挥 "法制副主任" 的专家作用。"法制副主任" 是惠州市加强基层治理及法治建设的有效机制，其以聘请专业律师担任行政村（居）法律顾问的形式，加强基层自治组织的法治管理，推进基层民主法治建设，体现了基层社会治理法治化的创新。

按照现在一村（居）配置一 "法制副主任" 的状况，充分发挥 "法制副主任" 的专具作用，利用其专业优势，可以一定程度上保障村民自治规范依法修订，使 "出嫁女" 等财产权益保障问题的解决在法治的轨道上运行。

可以尝试提高 "法制副主任" 在修订村民自治规范、预处理 "出嫁女" 等财产权益保障问题的话语权。发现矛盾纠纷时，"法制副主任" 应及时向 "出嫁女" 等和集体经济组织释法，全面分析法律规定，指出风险，引导 "出嫁女" 等正确维护自身合法权益，避免矛盾纠纷的激化及派生新的矛盾纠纷。

（6）制定和完善 "出嫁女" 等财产权益分配和保障政策。参考广东省佛山市南海区人民政府的做法，[1]政府可以考虑制定类似《佛山市南海区农村集体经济组织成员资格界定办法》《佛山市南海区农村集体经济组织成员登记管理办法》等规范性文件，为集体经济组织成员资格认定定规立制。按照"尊重历史、兼顾现实、程序规范、群众认可"的原则，重视进城落户、在校

---

[1] 广东省佛山市南海区探索形成的"确权到户、户内共享、社内流转、长久不变"股权确权模式，倡导户内股权均等化的做法，得到了普遍认可。借助改革的实施，南海区农村集体经济呈现出资产总量大、增速快、质量高、竞争实力强、村民实惠多的良好局面。具体做法如下：（1）明确成员资格界定，夯实改革基础南海区政府出台《佛山市南海区农村集体经济组织成员资格界定办法》《佛山市南海区农村集体经济组织成员登记管理办法》等制度文件明确成员资格界定办法，在时间节点、户口归属与迁移及临时变动、收养关系、"外嫁女"、"入赘男"、"自种农"等问题上设定符合当地实际的成员确认标准。对于法律、法规、政策没有规定的人员是否具有农村集体经济组织成员资格的民主性议题，由集体经济组织成员大会民主决议。集体经济组织成员资格自成员户口迁出集体经济组织所在地、注销或死亡之日起取消。（2）化解历史遗留问题，扫清改革障碍明确遗留问题的对象为"农转居"、退伍军人、原农籍大学生、"居嫁农"、"农嫁居"等五类人群，制定落实农村"外嫁女"及其子女合法权益的文件。划定股权确权"五条底线"，决不允许确权前没有股权的各级机关、事业单位在编工作人员（含离、退休人员）享有集体经济组织股权。同时允许特定人群一次性出资购股，积极引导集体经济组织通过民主表决来修改股份制章程，以历史遗留问题人群将户籍迁回至集体经济组织所在地为前提，以历史遗留问题人群在规定时间内一次性出资购股作为准入条件，适当降低准入门槛。使各类人群的权益得到保障，农村社会的稳定得到保障。（3）推进股权确权到户，创新改革路径南海区结合本地自然形成的股权管理模式和新时代发展需要，提出了"确权到户、户内共享、社内流转、长久不变"的股权确权模式，倡导户内股权均等化，出台了《佛山市南海区股份合作经济组织户内股权及成员证管理办法》对股权证实行规范管理。通过建立的股权管理新模式，明晰了集体经济组织内部的产权分配，界定了农民与集体的经济利益关系，增强了农民的产权意识，提高了集体产权制度的运行效率，解决了各村（居）管理模式和股权取得条件不同等情况导致的股权纠纷问题。（4）完善资产股份权能，释放改革红利南海区出台了《南海区村（居）集体经济组织成员股权（股份）管理流转交易办法》，允许股权进行跨户转让、继承、赠与、抵押、担保等流转交易，并明确了股权流转范围、交易规则和流程，充分赋予农民对集体资产股份占有、收益、有偿退出及抵押、担保、继承的权利，盘活了农村集体资产。（5）搭建管理信息平台，巩固改革成果南海区搭建"集体资产管理交易""集体经济财务监管""集体经济组织股权（股份）管理交易"三个平台，使得资产管理交易阳光化、财务管理透明化、股权管理交易规范化。设立镇（街）股权管理交易中心和村（居）股权管理办公室，全面负责股权的动态管理和流转交易，规范股权流转交易程序，确保交易有序进行。南海区84万社员股东的股权全部纳入股权（股份）管理交易平台，促进了集体经济资源要素的优化配置和有序流转。（6）推进"政经分开"改革，助推改革深化。南海区注重"政经分开"，通过实行选民资格、组织功能、干部管理、账目资产和议事决策"五个分离"，全面厘清村（居）各类组织的职责关系和权益边界。在明确村（居）党组织对集体经济组织的领导的前提下，把集体经济组织从繁重的行政事务中解放出来，回归集体资产经营管理，专心发展经济，提高社员股东股份分配水平。在实行集体经济组织单列管理的基础上推行单独换届选举，集体经济组织班子成员由社员股东选举产生。完善集体经济组织的董事会、监事会、成员大会运行机制，"三会"之间各司其职、各尽其责、相互制衡。通过民主选举、民主决策、民主管理、民主监督，规范议事决策机制，确保农民对集体经济活动的知情权、参与权、表达权和监督权，发挥农民主体作用。

学生、参军入伍等户口迁移群体的权益保障,注重保护贫困家庭和妇女儿童等弱势群体的合法权益。充分考虑主城区近郊农村集体成员结构复杂的现状,发挥基层民主,鼓励在集体经济组织成员身份界定上"宽进窄出",保障大多数成员的利益,减少矛盾纠纷,既防止"出嫁女""两头占"、又杜绝"两头空"。积极引导集体经济组织通过民主表决来修改章程,确定集体经济组织成员资格认定标准,尤其是"出嫁女"等的集体经济组织成员资格的认定标准。

(7)施行自治规范预防纠纷发生。修订自治规范,并不能一劳永逸地解决"出嫁女"等财产权益保障难题。村民自治规范修订后,监督有关主体施行好自治规范,同样十分重要。有关部门应力求从基层治理的角度出发,结合枫桥经验,定期排查,通过协商、沟通及调解、处理等多种形式,畅通权利救济渠道,化解"出嫁女"等与集体经济组织成员之间的矛盾,做到"小事不出村、大事不出镇",在合法、合理、合情的情况下维护集体经济组织成员与"出嫁女"等的合法权益。

实现平权,保障"出嫁女"等的合法财产权益的工作,需要充分发挥村(居)"两委"干部、村(居)妇女联合会、社工、人民调解员等群体的作用。当"出嫁女"等与集体经济组织成员的矛盾纠纷萌芽时,上述群体需发挥主观能动性,主动了解矛盾纠纷的基本情况,依据组织章程、村规民约及习惯法等规范主动介入纠纷,并且协助当事人归纳诉求,争取解决双方主要矛盾。在矛盾尚未严重激化前,尽可能地促成调解,在调解的过程中寻求当事人共同利益的最大化,将矛盾化解于萌芽阶段。

(8)发挥"和美网格"作用。在自治规范修订中积极发挥大亚湾"和美网格"基层治理模式的作用,重视人民调解制度的作用,引入村集体内部争议调解机制,解决"出嫁女"等财产权益保障问题。

大亚湾区以构建"和美网格"为主题,夯实"和美社区"治理单元,坚持以"参照规范、尊重历史和现状、方便治理"为原则,通过制定《"和美网格"治理试点工作实施方案》,发布《共建"和美社区"倡议书》,印发《"和美社区"工作指引》等文件,通过"科学构建'微治理'单元""搭建'四级治理'架构""试点现行、探索自治共管政社合作""完善矛盾纠纷调解平台""创新'四级联户'工作法"等措施,结合深化街道综合行政执法改革及"粤平安"智能化治理工作平台的要求，定位"综合网格"为区域治理的最小治理单元，以"网格治理"为底座，将全区划分为463个综合网格，配备382名综合网格员；整合"综合网格"资源，组建部门（行业）"专业网格"，与"综合网格"深度融合，构建起以基层党建为引领，与政法综治、民政、城管、信访、市场监管、卫生健康、应急管理网格互联互通"多网合一、一网统管"的综合治理格局。全区所属机关、单位、部门全员参与"和美网格"治理，确定1130名"专业网格员"下沉到"综合网格"，按照"人随事走、费随事转"原则充实网格队伍力量，实行清单化治理；已全面构建"和美网格"基层治理模式，初步实现"网格吹哨、部门报到"的"和美网格"的联动治理目标。"和美网格"在修订自治规范、解决"出嫁女"等财产权益保障方面能够发挥积极作用。

同时，人民调解制度是在人民调解委员会的主持下，促使群众自愿化解民间纠纷，实行群众自治的一种重要自治制度。虽然各村均成立人民调解委员会，且人民调解制度具有激发村民自治主观能动性，积极调动当事人自愿化解矛盾纠纷的优点，但目前人民调解制度在大亚湾区内的"外嫁女"矛盾纠纷解决中的参与程度不高。人民调解委员会鲜有主动参与调解化解矛盾纠纷的情况，人民调解程序的规范性及调解质量仍存在较大改进空间，当事人对人民调解程序规定的了解程度较低。

鉴于"和美网格"基层治理模式已在大亚湾区取得较好的成效，而"出嫁女"等财产权益保障难题作为目前大亚湾区基层社会治理的突出问题之一，可发挥"和美网格"基层治理的优良经验，在该治理模式的基础上结合人民调解制度，将"和美网格"基层治理模式与人民调解制度相结合的村集体内部争议调解机制作为成文的制度，通过村民自治规范的修订纳入自治规范条文中。对于网格治理过程中发现的"出嫁女"等财产权益矛盾、纠纷，应及时向网格所在地村（居）集体及人民调解委员会反映，积极引入人民调解员介入调解矛盾纠纷，发挥"小事不出村、大事不出镇、矛盾不上交"的枫桥基层治理经验，通过早期介入调解防患于未然，避免矛盾纠纷恶化。

对于重大疑难复杂及涉众的"出嫁女"等财产矛盾、纠纷，村（居）集体可将集体经济组织负责人设置为调处解纷工作责任人，联动行政机关、人民调解员与村民参与实质化解纠纷，牵头组建人民调解小组，构建集体经济组织内化解矛盾纠纷的渠道，完善集体经济组织自我纠错制度，加强村民对集体经济组织的监督，宣扬社会主义核心价值观，提高村民"自我管理、自我服务、自我教育、自我监督"的自治能力，推动外嫁女纠纷在集体经济组织内实质化解。

此外，人民调解过程中应注重保障当事人的权利，提高人民调解程序及协议的规范程度。同时，可注意完善人民调解程序与司法确认制度的衔接，通过将民间调解与司法行政手段的适当对接，有助于实现矛盾纠纷的分流化解，缓解诉讼压力，避免浪费司法资源。为保障签订的人民调解协议得以全面履行，还需要依赖社会道德、公序良俗以及自治规范的监督。因此，在集体经济组织成员资格及权益分配的矛盾纠纷中，对于不涉及个人隐私、商业秘密及未成年人的人民调解协议，经当事人同意，建议可由当地人民调解委员会在一定地域范围内进行公示，形成对当事人的社会约束及舆论监督，可对人民调解协议的全面履行形成一定程度的保障。

五、结语

修订自治规范可以解决目前矛盾尖锐的"出嫁女"等财产权益保障问题。不过，随着我国经济社会的发展变化，村（居）群众性组织和农村集体经济组织会出现新情况、新特征，"出嫁女"等财产权益保障难题的解决也面临新的挑战。

首先，《农村集体经济组织法》的通过和施行将影响"出嫁女"等财产权益保障问题的解决。

《农村集体经济组织法》已由中华人民共和国第十四届全国人民代表大会常务委员会第十次会议于 2024 年 6 月 28 日通过并公布，将自 2025 年 5 月 1 日起施行。该法对农村集体经济组织成员的定义、确认、加入、退出以及确认成员争议解决的程序等作出了明确的规定，其内容体现了我国立法机关及专家学者对于维护农村集体经济组织及其成员的合法权益、规范农村集体经济组织及其行为、促进农村集体经济高质量发展、巩固和完善农村基本经营制度和社会主义基本经济制度的理解。因此，《农村集体经济组织法》的具体规定可能影响"出嫁女"等财产权益保障问题的解决。

其中，《农村集体经济组织法》第 11 条规定："户籍在或者曾经在农村集体经济组织并与农村集体经济组织形成稳定的权利义务关系，以农村集体经济组织成员集体所有的土地等财产为基本生活保障的居民，为农村集体经济组织成员。"从上述内容来看，其对于集体经济组织成员资格认定的规定仍较为笼统，系按照"户籍+权利义务"的原则进行规定，但条文中加入了"曾经在农村集体经济组织"的表述，而该表述却未有相关判断标准，"曾经"一词的文义所涵盖的时间跨度及判断标准均十分宽泛。这一表述的出现亦体现出"出嫁女"集体经济组织成员资格认定的其中一个发展趋势，即可以确认集体经济组织成员在某个时间段内的成员资格。

《农村集体经济组织法》第 12 条规定："农村集体经济组织通过成员大会，依据前条规定确认农村集体经济组织成员。对因成员生育而增加的人员，农村集体经济组织应当确认其为农村集体经济组织成员。对因成员结婚、收养或者因政策性移民而增加的人员，农村集体经济组织一般应当确认其为农村集体经济组织成员。确认农村集体经济组织成员，不得违反本法和其他法律法规的规定。农村集体经济组织应当制作或者变更成员名册。成员名册应当报乡镇人民政府、街道办事处和县级人民政府农业农村主管部门备案。省、自治区、直辖市人民代表大会及其常务委员会可以根据本法，结合本行政区域实际情况，对农村集体经济组织的成员确认作出具体规定。"从上述内容来看，该条款的第 2 款中对于因集体经济组织成员结婚、收养或政策性移民而增加的人员一般应当确认为集体经济组织成员的规定，有助于解决因历史遗留问题导致户籍迁移事实不清的集体经济组织成员资格认定问题，加强了对"出嫁女"权益的保障。第 4 款中新增了集体经济组织应当制作成员名册并备案的义务。第 5 款的规定保留了各省、自治区、直辖市人大常委会可因地制宜对集体经济组织成员资格条件及成员确认作出更详细具体规定的权利。对于广东省而言，现行常用的《广东省农村集体经济组织管理规定》的相关规定可与《农村集体经济组织法》内容衔接，亦避免了因新法发布施行而导致广东省内集体经济组织成员资格认定标准的稳定性发生较大动摇。

《农村集体经济组织法》第 15 条规定："非农村集体经济组织成员长期在农村集体经济组织工作，对集体做出贡献的，经农村集体经济组织成员大会全体成员四分之三以上同意，可以享有本法第十三条第七项、第九项、第十项规定的权利。"该条款新增了对集体做出贡献的非集体经济组织成员经表决同意可参与分配集体收益、享受农村集体经济组织提供的服务和福利以及法律法规和农村集体经济组织章程规定的其他权利的制度,加强了集体经济组织的开放性及包容性,集体经济组织可以通过吸纳非集体经济组织成员的力量壮大新型农村集体经济,有助于集体经济组织高质量、可持续地发展,进一步巩固社会主义公有制,促进农村集体共同富裕。

《农村集体经济组织法》第16条规定:"农村集体经济组织成员提出书面申请并经农村集体经济组织同意的,可以自愿退出农村集体经济组织。农村集体经济组织成员自愿退出的,可以与农村集体经济组织协商获得适当补偿或者在一定期限内保留其已经享有的财产权益,但是不得要求分割集体财产。"从上述内容来看,《农村集体经济组织法》明确新增了集体经济组织成员自愿退出的机制。对于"出嫁女"等财产权益保障问题而言,这体现了化解"出嫁女"等与集体经济组织之间矛盾纠纷的内部救济路径的新趋势。但上述条文对自愿退出的方式及标准的规定仍不明确,如需贯彻落实用于化解"出嫁女"等与集体经济组织之间矛盾纠纷,还需进一步的细化。

《农村集体经济组织法》第17条规定:"有下列情形之一的,丧失农村集体经济组织成员身份:……(四)已经成为公务员,但是聘任制公务员除外;……因前款第三项、第四项情形而丧失农村集体经济组织成员身份的,依照法律法规、国家有关规定和农村集体经济组织章程,经与农村集体经济组织协商,可以在一定期限内保留其已经享有的相关权益。"从上述规定可见,除聘任制公务员外,国家公务员将因此丧失集体经济组织成员资格,但可通过协商在一定期限内保留已享有的权益,而事业编制人员并未纳入丧失农村集体经济组织成员身份的情形中,目前亦未有法律法规明确规定事业编制人员是否具有集体经济组织成员资格,该问题存在较大争议。此前,农业部虽在其官方网站上公布过认为公务员以及事业编制人员不应具有集体经济组织成员资格的相关信访答复,但该内容现已被删除,全国各地此前对于上述两类人员的集体经济组织成员资格认定的实践做法不一。从近年来的司法判例及最高人民法院法官的观点来看,主流观点此前已倾向于认为公务员已不再依赖农村集体土地为其提供最基本的生存保障,而不应具有集体经济组织成员资格,但对于事业编制人员是否具有集体经济组织成员资格的问题仍争议较大。由于大亚湾区此前颁布的两个试行的规范性文件,颁布后辖区内党政机关、人民团体、事业单位在编在职的财供人员，经组织人事部门正式任命或聘用的国有企业管理人员，及上述各类离退休人员原则上不具备农村集体经济组织成员资格及不能配股分红，但上述规范性文件现已失效，对于此类人员的集体经济组织成员资格认定标准仍不明朗。

《农村集体经济组织法》第36条和第40条的规定，集体财产不可分割到成员个人，但集体所有的经营性资产的收益权可以份额形式量化到成员，作为其参与集体收益分配的基本依据，结合第13条关于成员权利的规定以及第15条非集体经济组织成员可参与分配集体收益的规定，这是否说明集体经济组织成员参与分配集体收益的权利是独立的权益，不应与成员资格混同呢？

《农村集体经济组织法》第56条规定："对确认农村集体经济组织成员身份有异议，或者农村集体经济组织因内部管理、运行、收益分配等发生纠纷的，当事人可以请求乡镇人民政府、街道办事处或者县级人民政府农业农村主管部门调解解决；不愿调解或者调解不成的，可以向农村土地承包仲裁机构申请仲裁，也可以直接向人民法院提起诉讼。确认农村集体经济组织成员身份时侵害妇女合法权益，导致社会公共利益受损的，检察机关可以发出检察建议或者依法提起公益诉讼。"从上述内容来看，对于"出嫁女"等集体经济组织成员资格的内部争议解决路径可能有所变更。根据上述规定，对"出嫁女"等确认集体经济组织成员资格可以申请仲裁或由乡镇政府调解，但未规定处理仲裁的机构和仲裁、调解程序。而且该规定与大亚湾区辖区内由行政机关对"出嫁女"等集体经济组织成员资格作出行政处理决定的做法不一致，未来是否延续行政处理前置的做法，将面临极大的考验。同时，《农村集体经济组织法》正式实施后，参照《农村土地承包经营权纠纷调解仲裁法》的规定，将来集体经济组织成员资格争议可能不再由乡镇政府认定，而应交由专门设立的农村土地承包仲裁机构进行仲裁认定。

其次，"出嫁女"等财产权益保障问题随着我国经济社会发展及价值观的变化也会面临新的情况，这不仅关系基层社会的稳定，也牵动着性别平等、社会公正等社会问题。如"出嫁女"及其子女人数持续增多造成的社会稳定问题。随着时间推移，"出嫁女"及其子女的数量会在未来一段时间内不断上升，如"出嫁女"等财产权益保障问题依然持续难以改善或解决，则"出嫁女"等维护合法财产权益的诉求体量也会相应升高，集体经济组织内部的矛盾纠纷可能也会因此加剧，对农村集体经济组织中的"出嫁女"等财产权益保障问题的解决构成新的挑战，甚至成为社会不稳定因素。又如人口流动速度的加快导致集体经济组织成员资格认定的标准更加难以统一。随着我国社会的发展变化，人口流动的加快会使集体经济组织的人口结构、决策表决程序及生产生活方式发生剧变。集体经济组织成员是否履行村民义务的标准，以及集体经济组织成员与集体经济组织之间是否形成较为固定的、具有延续性的生产、生活关系的标准均会随之变化，"出嫁女"等财产权益保障问题可能会发展得更为复杂。

"出嫁女"等财产权益保障问题背后所交织的成因极为复杂，既有历史原因、文化与法律冲突，法律供给不足以及治理方式选择等大环境问题，也存在经济利益诱引下的个体行为挤压"出嫁女"等财产权益保障问题。

分析"出嫁女"等财产权益保障问题的成因、修订和完善村民自治规范，引导集体经济组织法治下的自治，能更好地厘清村民自治与法律规定之间的边界，落实"出嫁女"等的合法权益保护方法和路径，建设美好乡村、和谐社会，共建和美大亚湾。

修订和完善村民自治规范、解决"出嫁女"等财产权益保障问题是一个系统性工程，一方面法律规范是村民自治规范体系的基础，为村民自治提供了合法性依据和程序性机制，通过完善法律、法规可实现村民自治规范体系的协调和顺畅。另一方面，还要处理国家法律与乡村社会中的村规民约、自治章程、习惯法等规范之间的协同问题，注意到乡村基层社会多元化、地方化的实际，也要考虑既有的乡土社会传统规范对国家法律具有反制效应这一事实。村民自治规范的修订和完善，既要回应现已存在的问题，也要综合考虑多元规范的客观现实和法治建设的趋势，为和美乡村建设奠定规范基础。

第二章
合意形成的集体经济组织成员资格规范
——以西区街道新联社区为对象

▲

张　华

一、引言

"出嫁女"财产权益纠纷涉及集体经济组织成员资格规范，即集体经济组织章程、村民会议决议等村规民约对集体经济组织成员资格的具体规定。

集体经济组织成员资格规范是基层群众性自治实践的重要制度依据，及时创制和修改完善集体经济组织章程等集体经济组织成员资格规范是保护农民集体资产权益、调动集体经济组织成员积极性、增强集体经济发展活力的重要方式。国家法律法规政策为集体经济组织成员资格规范发挥积极作用及创制修订提供了重要依据。《乡村振兴促进法》第21条第2款，"国家采取措施支持农村集体经济组织发展，为本集体成员提供生产生活服务，保障成员从集体经营收入中获得收益分配的权利"。《妇女权益保障法》第55条第1款规定，"妇女在农村集体经济组织成员身份确认、土地承包经营、集体经济组织收益分配、土地征收补偿安置或者征用补偿以及宅基地使用等方面，享有与男子平等的权利"。2016年12月26日印发的《中共中央、国务院关于稳步推进农村集体产权制度改革的意见》提出，"农村集体经济组织要完善治理机制，制定组织章程"。为了促进农村集体经济组织的规范化发展，保障农村集体经济组织及其成员的合法权益，农业农村部于2020年11月4日印发了《农村集体经济组织示范章程（试行）》，为农村集体经济组织章程的制定或修改提供参考范本。集体经济组织章程中的成员资格规范是章程中最核心的内容，其与集体经济组织专门制订的成员资格规范一同发挥着举足轻重的作用。对集体经济组织成员资格规范予以重视和研究符合国家法律法规和政策精神。

2020 年初以来，广东省惠州市大亚湾经济技术开发区西区街道新联社区坚持民主和公开原则，通过具体、耐心的交流和沟通，在合意基础上，先后制订并完善了集体经济组织成员资格规范，对集体经济组织成员资格进行了类型化细分，赋予了多数居民集体经济组织成员资格。新联社区的集体经济组织成员资格规范得到了户代表与居民代表的高度认同，在制订与修订表决程序中均获得了高票通过。通过及时制订并完善集体经济组织成员资格规范，新联社区为集体收益的分配提供了正当依据和细致标准，有效防范和化解了集体收益分配矛盾，取得了显著效果，值得重点关注。

新联社区成立于 2004 年 12 月，由东联村的外来户分设而成。新联社区位于西区街道上杨移民安置区内，东与东联村相连，西与塘尾村相邻，南与坵下社区相近，北与上杨村相接。新联社区为移民社区，居民来自五省十九市，人员结构复杂、利益多元、历史遗留问题较多、思想融合难度较大，内部矛盾较多。近年来，在区、街道及社区党总支部的领导下，社区较为稳定，实现了由乱到治。[1]新联社区下设 4 个居民小组，辖区总面积 0.96 平方公里。2022 年 11 月，根据西区街道党工委的安排，新联社区接手管理新联新村（原干部小区）。截至 2022 年末，新联社区（包括新联新村）辖下共有住宅549 栋，常住人口 13 548 人，流动人口 9923 人。新联社区"两委"干部 5人，交叉任职率 100%，实现了社区党组织书记、居委会主任、社区集体经济组织负责人"三个一肩挑"。社区党群服务中心工作人员 12 人，其中 7 人为街道聘请人员。[2]社区主要集体经济收入来源为新联大厦、新联综合市场大楼等出租，年收入 300 多万元。[3]

集体经济组织成员资格规范为大亚湾地区社会自治规范的组成部分，集

---

〔1〕《党建引领巧治乱 网格治理善谋事——新联社区由"乱"到"治"的和美善治之路》，新联社区居委会提供，2023 年 5 月 16 日。

〔2〕《新联社区基本情况》，新联居民委员会提供，2023 年 2 月 20 日。

〔3〕《党建引领巧治乱 网格治理善谋事——新联社区由"乱"到"治"的和美善治之路》，新联社区居委会提供，2023 年 5 月 16 日。

体经济组织成员资格规范的创制及修改实践是一种典型的基层群众性自治活动。对集体经济组织成员资格规范的创制及其修订过程展开调查和总结，对于我们充分认识集体经济组织成员资格规范在基层群众性自治实践中的积极价值、全面理解集体经济组织章程与村规民约间的关系，不断推进基层治理体系和治理能力现代化具有重要的意义。需要说明的是，本章所言的集体经济组织成员资格规范指的是村委会级、居委会级的集体经济组织规范。不包括村民小组级的（股份）经济合作社规范。

为了准确把握新联社区集体经济组织成员资格规范的创制及修订状况，我们先后于 2023 年 2 月 20 日、2023 年 5 月 16 日到西区街道新联社区就集体经济组织成员资格规范的形成与修订情况进行了调查。我们查阅了新联社区的集体经济组织章程，收集了新联社区的集体经济组织成员资格规范创制及修订资料，查看了新联社区居委会宣传栏有关集体经济组织章程修订的公示，与新联社区"两委"干部（经济联合社负责人）进行了交流，对新联社区合意基础上的集体经济组织成员资格规范创制及修订情况有了一定的了解和认识，对解决"出嫁女"财产权益纠纷也有一定的启示。

二、集体经济组织成员资格规范的创制

2020 年 10 月 18 日，新联《经济联合社章程》以 97.68% 的赞成率高票通过了户代表会议的表决。[1]该章程最为核心的内容也即第 3 章第 10 条——有关集体经济组织成员资格的规定。

新联《经济联合社章程》中的集体经济组织成员资格规范并非凭空产生，其源于 2020 年 8 月 16 日表决通过的《新联 16 909 平方米土地开发合作项目收益分配权成员资格确认方案》（以下简称《资格确认方案》）。新联《经济联合社章程》是对《资格确认方案》的认可和固化，以集体经济组织章程的形式将临时性的《资格确认方案》固定了下来，使其产生了反复适用的效力，具有了法的规范性。

《资格确认方案》以及《经济联合社章程》第 10 条有关集体经济组织成

---

[1] 新联社区应到户代表 655 名，实到 647 名。经表决，同意户数 632 户，不同意 2 户，弃权 13 户。同意票占实到会有表决权户数的 97.68%。参见《经济联合社章程》，新联社区居委会提供，2023 年 2 月 20 日。

员资格的规范，均为本文所言的移民社区集体经济组织成员资格规范。二者共同构成了完整意义上的新联社区的集体经济组织成员资格规范。《经济联合社章程》与《资格确认方案》均由新联经济联合社制订。为简化表述，本章将《经济联合社章程》中有关集体经济组织成员资格的规范与《资格确认方案》合称为"新联社区的集体经济组织成员资格规范"。

作为早期规范的《资格确认方案》之所以会产生，主要是新联社区为了解决16 909平方米集体土地收益分配问题。在解决问题的过程中，新联经济联合社（新联社区"两委"）创制了《资格确认方案》。具体而言：

在2019年之前，新联社区没有任何集体经济收入，一直处于集体经济"零收入"的状态。虽然新联经济联合社成立于2009年，但由于没有可供分配的集体收入，不涉及集体经济组织成员资格分配问题，因而新联经济联合社并未创制集体经济组织成员资格规范。

2019年1月19日，在政府的扶持下，新联大厦1~4层正式对外出租，新联社区每月可取得86 002元集体收入。新联社区终于摆脱了集体经济"零收入"状态。[1]更重要的是，2019年1月20日，新联社区与惠州市泰达联房地产开发有限公司（以下简称"泰达公司"）正式签订合作协议，以村企合作的形式联合开发新联社区16 909平方米集体土地。[2]该土地为政府划拨土地，于2018年11月在大亚湾土地交易中心挂牌招标，2019年1月由泰达公司竞得。新联社区"两委"文书工作负责人陈超武提到，"因为我们是壳牌动迁户，政府回拨给我们的土地，给我们安排一个出路"。[3]根据新联社区与泰达公司的土地合作开发协议，泰达公司一次性给付新联社区近2亿元人民币。[4]

为了处理好近2亿元巨额收入的分配问题，新联社区"两委"拟定了初步的集体收益分配成员资格方案。2020年4月30日，新联社区召开了由"两委"干部、居务监督、小组干部、党员、居民代表（共74人）参加的党群联席会议。会上商定了16 909平方米合作项目收益分配权成员资格初步方案。

---

〔1〕《新联社区的发展》，新联社区办公楼内墙宣传栏，2023年5月16日。
〔2〕《新联社区的发展》，新联社区办公楼内墙宣传栏，2023年5月16日。
〔3〕新联社区陈超武访谈录，2023年2月20日。
〔4〕《关于农户分配发放的请示》，新联社区居委会提供，2023年5月16日。

2020 年 5 月 2 日至 9 日，新联社区居委会对初步方案进行了公示。公示期结束后，2020 年 5 月 24 日，新联社区居委会将资格方案由户代表。经过户会议表决，该方案获得通过。[1]以下为户代表会议表决通过的初版成员资格确认方案：

《关于 16 909 平方米合作项目收益分配权成员资格确认方案》决议

按照相关政策规定、集体"三资"（资产、资源、资金）需实行股份制集体管理，鉴于社区历史问题复杂，难以推动股份制。经党员干部代表会议商议决定，从 16 909 平方米地块合作分成所得 2 亿元住宅房回购款中提取 80% 以上款项（以上级批复为准）对界定享有分配权人员进行分配，以妥善解决人员变动等历史遗留问题。根据最近就界定享有分配人员民意调查结果（已公布），形成关于以上款项享受分配权人员条件事项，于 5 月 24 日提交社区户代表会议表决，表决事项如下：

一、同意拥有原东联户籍人员有与政府签订动迁安置协议（享有政府安置 200 元生活费为准）的新联现籍居民（含现籍户内迁出和死亡的人员）享有本次可分配款项 100% 收益分配权（见各小组附件名册，上次问卷调查已达到 2/3 户主通过）。

二、同意本次会议未取得分配权的人员，通过政府行政复议或司法途径取得分配权的人员列入本次款项分配对象。

本次新联居委会应到会户数：661 户，实际到会户数：585 户，表决同意户数 560 户，表决不同意户数 20 户，弃权户数 5 户。依据本次表决数据已达到 2/3 以上户代表通过，为有效决议。

2020 年 5 月 24 日

惠州大亚湾西区街道新联社区居民委员会[2]

---

[1] 《拟 16 909 平方米合作项目收益分配权成员资格审议公示》，新联社区居委会提供，2023 年 5 月 16 日。

[2] 《〈关于 16 909 平方米合作项目收益分配权成员资格确认方案〉决议》，新联社区居委会提供，2023 年 5 月 16 日。

2020 年 5 月 24 日表决通过的《关于 16 909 平方米合作项目收益分配权成员资格确认方案》奠定了《资格确认方案》的基础。但该初步方案的问题在于，其设定的分配资格条件过高，未对未取得完全分配资格的人员进行类型化处理，剥夺了部分人员的分配权，面临着一定的争议。而且，该方案有关"现籍户内迁出和死的人员"分配资格的条款不符合现相关规定《广东省农村集体经济组织管理规定》第 15 条的规定，与党和政府的政策精神不完全一致。

面对《关于 16 909 平方米合作项目收益分配权成员资格确认方案》，未取得分配资格的居民积极提出异议，要求取得分配资格。新联社区党总支部书记、居委会主任、经济联合社社长叶文军回顾了居民提出异议的情况：

> 提出异议的，是那些满足不了自己一家需求的。我不讲你不知道，我一讲你会觉得，怎么会有这样的事情呢？就是有这样的事情！大家一起来到了老东联，就是中石化那块地，和我们一起种田。但是在经济条件一样的情况下，有人他就没有买到地皮。以前地皮 40 元/平方米，最便宜的 25 元/平方米。我买了的那块地花了 4000 元，借了一半。有些人是代耕，但是他没有买到地（宅基地）。搬迁出来的时候，他也属于动迁。虽然他没有房子（没有买到宅基地导致无法建房），但是他也参加选举，也履行我们村的义务。这样的人，如果以是否有房为标准确定分配资格，那怎么来给他们分钱？当然，这样的情况只是冰山一角，实际的各种情况更多更复杂。[1]

> 就比如说，你生的儿子可能有两个，他可能没有子女，甚至他老爸已经走了，这怎么处理？给他一半行不行？不要 100%。他老爸在我们没有得到地的时候就已经来了，说实在话他老爸的功劳比谁都大！但是在我们办成之前，他老爸就走了。他老爸死了，女子又用不了这个名额。这就会导致有矛盾，子女要上访。所以给他一半可以不可以？给一半的问题要怎么解决？[2]

为了解决初步方案的问题，回应未取得分配资格人员的多元利益诉求，避免由于一刀切带来上访问题，同时也为了满足政府的政策精神，新联社区

---

[1]　新联社区叶文军访谈录，2023 年 2 月 20 日。
[2]　新联社区叶文军访谈录，2023 年 2 月 20 日。

"两委"在大亚湾经济技术开发区纪委、西区街道办事处等单位的帮助和指导下，积极深入社区调研走访，倾听各方诉求，逐步探索出了类型化方案。所谓类型化方案也即，对全体人员进行了类型化细分，根据人员类型的不同分别确定分配比例的多少。叶文军介绍了类型化方案：

村民这边类型很多。我总结有一句，不求绝对公平，但是要基本的公平。那么怎么衡量公平呢？我们得到这块地之前，你（外嫁女）都已经嫁出去了，离开了我们，这种肯定要打折扣。人家原居民，肯定要100%。有的人户口迁出之后，又把一家人的户口都迁到外地去了，又没有房子在这里。我们从政府要到地（回拨地）了，他又把整个家庭的户口迁到外地去了。我们考虑整体要相对公平，这种也是要给他们的，但是不给百分之百。还有的迁到外地了又死了，这种给百分之五十的五十，给25%。方案做得很详细的。[1]

以类型化为核心，新联社区"两委"拟定了新版方案，也即《新联16 909平方米土地开发合作项目收益分配权成员资格确认方案》。新联社区"两委"负责文书的工作人员陈超武提到，"这个方案是商议讨论出来的。'两委'进行主导，进行归类梳理，商议讨论出来的"。[2]2020年8月16日，《新联169 09平方米土地开发合作项目收益分配权成员资格确认方案》交由新联社区户代表会议表决。经过大会表决，该方案于2020年8月16日正式生效。

以下为2020年8月16日表决通过的《资格确认方案》：

《新联16 909平方米土地开发合作项目收益分配权成员资格确认方案》

会议时间：2020年8月16日

会议地点：居委会三楼

主持人：聂丽生

参会对象：动迁户代表

会议主题：关于《新联16 909平方米合作项目收益分配成员资格确认方案》表决会议

---

[1] 新联社区叶文军访谈录，2023年5月16日。

[2] 新联社区陈超武访谈录，2023年2月20日。

会议内容：由于 2020 年 5 月 24 日表决通过的《关于 16 909 平方米合作项目收益分配权成员资格确认方案》存在条款内容不符合现相关规定（《广东省农村集体经济组织管理规定》第 15 条规定："农村集体经济组织成员户口注销的，其成员资格随之取消；法律、法规、规章和组织章程另有规定的，从其规定。"）的问题，同时为解决动迁历史遗留问题，现本社将重新修订并公示期（2020 年 8 月 3 日至 2020 年 8 月 7 日）满的《新联 16 909 平方米合作项目收益分配成员资格确认草案》交由户代表表决。

一、拟 16 909 平方米合作项目收益分配对象以"中海壳牌"项目动迁户籍（动迁户籍确认时间：岭下小组以 2003 年 12 月 31 日前；石仔岭、骆塘、华园小组以 2001 年 12 月 31 日前入户东联籍人员）的新联籍人员（以下简称"动迁对象"）。

二、收益分配对象人员（即"动迁对象"）以分配权占比系数分为两类资格成员，即动迁新联现籍占 50%，协议书或生活费占 50%，如前两条款均具备的占 100%。分类确认如下：

1. 一类分配资格成员：签订有动迁安置协议书或享有 200 元/月生活安置费的动迁对象人员为一类分配资格成员，享有 100% 资格分配权。

2. 二类分配资格成员：未签订动迁安置协议书且未享有 200 元/月生活安置费的动迁对象人员为二类分配资格成员，享有 50% 资格分配权。

三、在生在册时间"界定日"：本方案表决生效日。

四、收益分配成员资格确认，同时务必符合以下条件：

1. 在"界定日"前仍在生在册的动迁对象人员。

2. 动迁对象户籍务必在 2004 年 12 月 30 日（新联居委会成立日）至 2006 年 12 月 30 日止迁入新联。

五、下列人员不作收益分配资格成员对象

1. "动迁对象"衍生的自然增长人员（如婚迁、出生、领养入户等）及投靠、挂靠入户等类别人员。

2. 2004 年 12 月 30 日起户籍迁入本社区且不属"动迁对象"人员。

3. "界定日"前死亡及迁出的原新联籍的"动迁对象"村民。

六、16 909 平方米地块来源目的发展集体经济，进而解决当时动迁新联（原东联籍）村民的生产生活出路等问题。按照农村集体组织管理条例等法律政策相关规定，确定集体经济组织成员资格主要条件为户籍。但是，界定收益分配资格成员的时间节点存在极大争议。因此，在遵从法律法规的前提下，同时结合新联实际主要矛盾。经商议决定从新联户籍迁出（或死亡）的动迁人员，不作为收益分配资格成员，但可从集体预分得物业折款中给予一次性补偿，补偿对象界定及补偿标准同时符合如下条件：

1. 2004 年 12 月 30 日（新联居委会成立日）至 2006 年 12 月 30 日期间户籍迁入新联的原东联籍动迁对象。

2. "界定日"前死亡及迁出的原新联籍的"动迁对象"村民。

3. 补偿金额标准：①有协议或生活费的按"一类分配资格成员"分配额的 50% 标准给予一次性补偿。②无动迁协议或无生活费的按"一类分配资格成员"分配额的 25% 标准给予一次性补偿。

4. 补偿对象领取一次性补偿款时必须与本居委会签订《一次性补偿协议书》。

5. 补偿对象必须在表决通过日起 1 个月内提交相关资料，由本居委会审核、公示。逾期未交者，本居委会视为其本人自动放弃补偿资格。

七、2020 年 5 月 24 日表决通过的《关于 16 909 平方米合作项目收益分配权成员资格确认方案》三榜公示名单所列死亡、迁出的动迁人员均作为补偿对象。

八、个案争议人员授权社区居民代表会议讨论表决裁定，无法裁定的通过司法途径解决。

九、本次分配资格成员确认方案表决通过后，此前表决通过的《关于 16 909 平方米合作项目收益分配权成员资格确认方案》即时无效。本方案表决通过之日起即时生效。[1]

《资格确认方案》是新联经济联合社确定集体经济组织成员资格的根本制度依据，在新联经济联合社确定分配对象、解决分配资格争议的过程中发挥着极为重要的作用。

在《资格确认方案》的基础上，新联经济联合社户代表大会于 2020 年 10

---

[1] 《新联 16 909 平方米土地开发合作项目收益分配权成员资格确认方案》，新联社区居委会提供，2023 年 5 月 16 日。

月 18 日表决通过了《经济联合社章程》。该章程的第 3 章第 10 条也即有关集体经济组织成员资格的规定。与《资格确认方案》表决程序相同，《经济联合社章程》采用了户代表表决的形式而非居民代表表决形式，前者共 600 余人，后者仅 62 人。新联《经济联合社章程》表决过程较为公开透明，保障了规范形成过程的民主性，有利于获得村民的认可。陈超武介绍了《经济联合社章程》表决情况：

> 我们这个章程的表决动员的人员比较多，不是以集体经济组织成员代表的方式来表决，而是下到每一户，让每一户都进行把表决，规模很大，总共有六七百户。我们下辖有四个小组，每个小组都组织表决了，基本上每一个小组的户代表都到会了。现在这个钱已经分下去了，效果挺好的，百分之九十多同意。这个事情要公开透明，不然会弄出什么乌龙。基层工作最主要的是要做到透明公开，不然会出现什么问题。只有做得够公开，透明度高，村民才会更满意，才不会出问题。[1]

总体而言，新联社区的集体经济组织资格规范是的形成过程是一个民主、公开的过程。为了公平公正地分好近 2 亿元集体经济收入，新联社区"两委"秉承民主原则、公开透明原则，充分征求、倾听居民意见，引导新联经济联合社探索出了确定成员资格的类型化方案，创制了《资格确认方案》与《经济联合社章程》，为新联社区有效防范和化解集体经济组织成员资格纠纷提供了行为指南和行动标准。

三、集体经济组织成员资格规范的内容

《资格确认方案》与《经济联合社章程》第 10 条均为新联社区的集体经济组织成员资格规范的内容。二者的基本原则和主要内容大致相同。二者的不同之处主要在于，《经济联合社章程》第 10 条认可的集体经济组织成员范围更为宽泛。具体而言：

其一，《资格确认方案》与《经济联合社章程》均坚持了类型化原则，主要内容大致相同。作为法律意义上的集体经济组织章程的《经济联合社章

---

[1] 新联社区陈超武访谈录，2023 年 2 月 20 日。

程》是对作为"一次性"规范的《资格确认方案》的更新和认可，《经济联合社章程》对《资格确认方案》的类型化原则和"两类资格成员"规则进行了认可和固化，使之成为新联经济联合社的根本性制度。

其二，相比于《资格确认方案》，《经济联合社章程》认可的集体经济组织成员范围略显宽泛。在《资格确认方案》方案中，"动迁对象"衍生的自然增长人员（如婚迁、出生、依法领养入户等人员）不具有集体经济组织收益分配成员资格，而《经济联合社章程》则承认了这一部分人员的成员资格。《经济联合社章程》之所以略微放宽了集体经济组织成员资格认定条件，主要原因在于集体经济组织成员资格不同于集体经济组织分配成员资格。分配成员资格规范的概念内涵小于成员资格规范，前者在概念上可被后者涵摄。分配成员资格规范解决是既往的近 2 亿元集体收益分配问题，成员资格规范解决的是未来的成员资格问题。《经济联合社章程》承认自然增长人员的成员资格符合社会发展规律，而且未来新联社区已无其他巨额财产可供分配，无需坚持过于严苛的资格认定条件。

因前文已经展现《资格确认方案》的内容，此处不再重复列举。

2020 年 10 月 18 日由户代表会议表决通过的《经济联合社章程》由 8 章组成，共 49 条。其中第 1 章为总则，第 2 章为资产产权，第 3 章为成员，第 4 章为组织机构，第 5 章为集体资产的经营管理等，第 6 章为财务管理制度，第 7 章为机构变更（合并、解散），第 8 章为附则。除第 3 章第 10 条，也即有关集体经济组织成员资格的规定外，新联社区的《经济联合社章程》其他章节与其他村居的集体经济组织章程类似，主要是参考政府模板制订而成。申言之，《经济联合社章程》最为重要、最为核心、与居民利益联系最为密切、群众最为关注的条款也即第 3 章第 10 条。以下为新联《经济联合社章程》第 3 章第 10 条原文摘录：

第三章　成员

第十条　本社成员分为自然成员、保留成员、特殊成员三种类别和不能成为本社经济组织成员进行界定：

（一）自然成员。下列人员自然属于本社成员：

1. 2020 年 8 月 16 日户代表会议表决确认的收益分配资格成员及其衍生的

自然增长的人员（如婚迁、出生、依法领养入户等），且户口保留在本社所在地，履行法律、法规、规章、政策和本社章程规定义务的。

2. 法律、法规、规章和县级以上人民政府明确规定属于本社成员的公民。

（二）保留成员。本社成员有下列情形之一的，保留其成员资格：

1. 在校学生。

2. 现役义务兵。

3. 在服刑、劳教、戒毒期间人员。

（三）特殊成员

对于情况特殊人员，须由本人提出，经本社理事会审查后提交成员大会或成员代表会议表决确定其本社成员资格的。

（四）下列条件之一者不能成为本社经济组织成员：

1. 2020 年 8 月 16 前死亡和迁出新联户籍的人员均不作本社经济组织成员。

2. 2020 年 8 月 16 后死亡和迁出新联户籍的人员：成员死亡当月作为本社经济组织成员，次月起不再作为本社经济组织成员；经济成员户内自然增长迁入的当月不作为经济组成员（次月起作为经济组织成员）。

3. 凡投靠挂靠迁入新联户籍人员不作为本社经济组织成员。[1]

总体而言，《资格确认方案》与《经济联合社章程》第 10 条共同构成了完整意义上的新联社区集体经济组织成员资格规范。作为法律意义上集体经济组织章程的新联《经济联合社章程》是对临时性规范《资格确认方案》的认可与固化。二者的主要内容和基本原则具有一致性，核心规范均为类型化方案。新联社区的集体经济组织成员资格规范为新联经济联合社确定成员分配资格提供了规范准则和依据。

四、集体经济组织成员资格规范的施行

集体经济组织成员资格规范生效后，在新联社区"两委"的推动下，新联经济联合社根据《资格确认方案》和《经济联合社章程》，对 16 909 平方米土地合作项目所得收益进行了分配。集体经济组织成员资格规范的施行过

---

[1]　《经济联合社章程》，新联社区居委会提供，2023 年 2 月 20 日。

程主要可以概括为两方面：

其一，在总体层面，新联经济联合社根据集体经济组织成员资格规范开展了收益分配工作。为了保证收益分配工作的公开性、透明性，在最大程度上争取集体经济组织成员的理解和支持，新联经济联合社于 2020 年 10 月 18 日在新联社区居委会二楼召开了"关于本社 16 909 平方米土地合作开发房地产项目预分得物业指标处置会议"。会议参会人员为根据《资格确认方案》有分配权的户代表。会上，新联经济联合社通报了所分收益的基本情况，通报了新联社区党员、干部、代表、居务监督委员成员会议有关分配方案的商议情况及征求民意情况。

根据新联经济联合社 2020 年 10 月 18 日户代表会议记录，待分配的近 2 亿元收益来自于新联社区与惠州市泰达联房地产开发有限公司村企合作。依照新联社区与泰达公司的合作协议，16 909 平方米集体土地房地产开发收益分成比例为新联集体占 35%，泰达公司占 65%。根据合作合同约定的比例分成，新联社区集体应分得物业指标共 18 938.08 平方米，其中住宅面积 17 938.08 平方米，首层商铺面积 1000 平方米。1000 平方米首层商铺由新联经济联合社所有，由社区集体经营和利用，收益由社区集体统一使用和调配。新联经济联合社分得的 17 938.08 平方米物业指标（房产），80% 分配给有资格的 1987 位集体经济组织成员，20% 归集体所有。在分配给个人的 80% 物业指标（房产）中，一类分配资格成员每人可分得 7.4162 平方米，二类分配资格成员每人可分得 3.7081 平方米。[1] 当然，由于每人分得平均不到 10 平方米，多数家庭无法分得一整套住房，新联社区居委会与泰达公司签订了统一签订代售合同，按 11 149.46 元/平方米的价格将房产置换为现金，以现金的方式直接打到集体经济组织成员个人账户。新联社区集体所分得的 20% 房产折款后主要用于为漏发的居民发放补偿、为《资格确认方案》中一次性补偿对象（共580 人）发放补偿、归还新联综合市场基建工程欠款、补充居委会日常办公

---

〔1〕 符合分配条件的人数户数共 687 户，其中新联社区内共 656 户，整体迁出户 31 户。符合分配条件的总人数为 2567 人。其中，具有一类分配资格的人员 1883 人，具有二类分配资格的人员 104 人，补偿 50% 的人数为 538 人，补偿 25% 的人数为 42 人。参见《公示：新联 16 909 土地合作项目分配及补偿公榜数据统计汇总表》，新联社区居委会提供，2023 年 5 月 16 日。

经费开支等。[1]

陈超武回顾了分配方案的主要内容：

我们通过招投标与开发商合作建房。合作比例是，村里面占35%，开发商占65%，我们这个比例是整个大亚湾，整个惠州，村里占比最高的。但是因为我们村里的人员太多，每个人只能分到7.4或3.7平方，每家分不到三四十平方，分不到一套房。没有一百平方你要怎么住？所以我们就折价了，以一万块钱每平方的价格，让开发商对房产进行回购，我们得到了两个亿，还有一千多平方归我们村村委会。[2]

在收益分配工作中，新联社区"两委"、新联经济联合社严格履行"四议两公开"程序要求，确保收益分配各个环节在公开公正、阳光透明的情况下进行。[3] 由于过程公开透明、分配方案较为合理，在2020年10月18日的户代表会议中，在广泛讨论、充分表达意见基础上形成合意，全体户代表以高达98.92%同意率通过了现金分配方案。

2020年10月20日，新联社区居务监督委员会、惠州大亚湾西区街道新联社区居民委员会向西区街道办事处提交了"关于农户分配发放的请示"，申请根据2020年10月18日户代表会议的表决结果，将合作收益发放到符合条件的居民手中。以下为"关于农户分配发放的请示"：

关于农户分配发放的请示

西区街道办：

新联16 909平方米集体土地通过大亚湾土地交易中心挂牌招标合作，于2019年1月10日由惠州市泰达联房地产开发有限公司中标竞得。合作比例分成为新联集体占35%，合作投资方占65%比例分成，新联集体应分得物业指

---

[1] 《新联16 909平方米土地合作项目预分得物业指标处置会议》，新联社区居委会提供，2023年5月16日。

[2] 新联社区陈超武访谈录，2023年2月20日。

[3] 《新联社区2021年度总结大会发言稿》（2022年1月17日），新联社区居委会提供，2023年2月20日。

标 18 938.08 平方米，其中：住宅面积 17 938.08 平方米，首层商铺面积 1000 平方米。我居委会于 2020 年 10 月 18 日召开了居民会议，会议同意合作分得物业指标除 1000 平方米商铺由集体留用经营外，其他住宅全部分配给符合分配条件的村民。依据村民意愿采用由居委会集中处置的方式交由居委会集体代为处置，累计处置面积 17 938.08 平方米。依据 2020 年 10 月 18 日村民户代表会议将分得居民名下的物业，以 11 149.46 元/平方米价格委托居委会统一办理代收代付，累计款项 199 999 905.46 元，其中应付村民名下 159 999 924.34 元，居委会集体提留 39 999 981.12 元。为了保障村民的收益所得，促进集体和谐稳定，现特向街道办申请，拟将村民个人所得部份分配给符合条件分配的村民。

以上请示，妥否？请批示

大亚湾区西区街道新联社区居务监督委员会

惠州大亚湾西区街道新联社区居民委员会

2020 年 10 月 20 日[1]

在西区街道办事处相关领导批示同意后，2020 年 11 月 24 日，新联经济联合社顺利将村企合作的收益分红发放了到居民手中。[2]至此，耗时半年左右（2020 年 5 月 24 日~2020 年 11 月 24 日）的重大分配问题终于在总体层面得到解决。

其二，在个体层面，新联经济联合社根据集体经济组织成员资格规范处理了分配矛盾和问题。虽然在总体层面新联社区基本完成了资金分配问题，绝大多数居民领取了分配资金，但也有部分居民拒绝领取分配资金。以下事例一为拒绝领取分配资金的基本情况：

事例一

我们 2 亿元发下去的时候，上面领导最担心的就是发不下去。当时也确实是有 21 户不要。持续半年，他们不愿领钱。他们的想法就是，要求百分之

---

[1]《关于农户分配发放的请示》，新联社区居委会提供，2023 年 5 月 16 日。

[2]《党建引领巧治乱 网格治理善谋事——新联社区由"乱"到"治"的和美善治之路》，新联社区居委会提供，2023 年 5 月 16 日。

百，给一半不行。最后经过工作，才把钱发不下去。我同他们好好地解释，不要绝对公平，但是要相对公平。经过几次工作，也是结束了。我给他们说："我说了不算，但是如果村民代表同意，我愿意给你！"然后我们就召开村民代表大会，邀请他们这些人参加，看村民同不同意。最后他们的诉求，还是过不了表决。其实他们也知道过不了表决的。然后我就给他们说："不是我干部针对你，不是说不同情你。我们干部确确实实是为人民做事情。而且你确实是离开新联了，确实是没有参加村里面的活动。这是我们党给我们考虑的一些出路，也是我们历届领导努力争取到的。要是再这样下去，分不下去，你就什么也没有了。"方针政策也给他们说了。这样就把矛盾化解了，我们从上访大村就实现了由乱到治，到现在的和谐稳定。[1]

　　为了解决个别居民不满分配比例的问题，2021 年 5 月 21 日新联经济联合社召开了新联经济联合社股东代表会议，以会议表决的形式对是否满足 21 户居民诉求的问题进行表决。本次会议应到会 67 人，实际到会 60 人，大家进行了充分的讨论。为了保证表决过程的公开性、民主性、透明性，新联社区"两委"邀请 21 户居民的户代表来到了会议现场。经过表决，21 户要求提高分配比例的诉求均未获得大会通过。[2]通过公开透明地进行表决，新联经济联合社为分配方案提供了更多的正当性基础，以集体表决的方式回应了 21 户居民要求提高分配比例的诉求，在一定程度上说服了 21 户居民，减少了其不满情绪，实现了矛盾纠纷的有效化解。

　　新联社区党群服务中心工作人员、治保主任黄大卫回顾了新联社区通过召开经济联合社股东代表会议来解决分配争议的问题的过程：

　　当时实际难度还是挺大的。大家就开会来讨论怎么分。在叶书记大带领下，当时就开会是讨论，有分一半的，有分全部的。那些分到 50% 的，开会就把他们叫上来参加，统一开个会，把情况给他们说了。要分到 100% 有几个条件。达不到条件的，我们就对他们进行了分类。后面他们也同意了。因为开会、公示，反正这个搞了很长时间。当时街道、区纪委，好几个部门，帮忙我们去

---

　　〔1〕　新联社区叶文军访谈录，2023 年 5 月 16 日。
　　〔2〕　《关于 16 909 平方米地块合作项目收益分配村民个案诉求情况表决决议结果报告》，新联社区居委会提供，2023 年 5 月 16 日。

搞，让我们不要因为这个就天天去吵去闹。[1]

在《资格确认方案》和《经济联合社章程》的框架下，通过邀请21户居民的户代表到现场观看股东会议表决等方式，新联社区顺利解决了部分居民拒绝领取分配资金的问题。当然，在会议之外，新联社区"两委"工作人员的主动作为也较为重要。为了化解不满情绪，叶文军等反复做有意见居民的工作，与不同意按分配方案进行分配的人员不断进行沟通，对其进行解释，动之以情晓之以理，努力做通工作。事后，叶文军总结了其做工作的经验，其提到："我们认为方法方式要亲民，要下去的时候确确实实把这个工作落实到位，好好地解释，不要顶撞，一次不行就两次、三次。好好去做通，做好他的工作。"[2]通过主动做工作，新联社区"两委"、新联经济联合社等治理主体及时化解了分配纠纷，消除了相关人员的信访隐患，营造了和谐稳定的社区氛围。

总体而言，在《资格确认方案》和《经济联合社章程》等集体经济组织成员资格规范的指引下，新联社区顺利完成了集体经济收益的发放工作，有效解决了收益分配工作中的矛盾纠纷。随着集体经济收益分配工作的顺利开展和完成，《资格确认方案》和《经济联合社章程》等集体经济组织成员资格规范得以顺利落地，产生实际效力。

五、集体经济组织成员资格规范的修改

虽然基于实践经验而订的新联《经济联合社章程》总体上较为成熟，在实践中能够得到严格遵守和执行，但《经济联合社章程》第10条有关"特殊成员"的规定仍不够具体，可进一步细化。而且，随着外部环境的改变，原有条款的部分规定显得不合时宜，有必要对之进行修订。

具体而言，修改新联《经济联合社章程》第10条的必须要性主要体现为三个方面。一是，在具体内容方面，第10条有关"特殊成员"的规定仍不够具体，无法有效指引当下实践操作。前文述所的新联社区21户居民要求提高分配比例问题之所以会产生，其中的重要原因即在于有关"特殊成员"规定

---

[1] 新联社区黄大卫访谈录，2023年5月16日。
[2] 新联社区叶文军访谈录，2023年5月16日。

不够具体，各方对该规定理解不够一致，进而引发纠纷。为了解决纠纷，新联经济联合社不得不根据章程召开集体经济组织成员代表大会，以民主表决的形式确定居民的分配资格。而且对于自称错登、漏登人员的诉求，现有规范不够具体，亦难以稳定发挥作用。为了防范分配纠纷的再次发生，有必要对"特殊成员"进行细化。二是，在未来面向方面，第 10 条有关"特殊成员"的规定尚不够具体，无法为将来的小规模分红提供足够的规范指引。虽然新联经济联合社的近 2 亿元集体经济收入已经在总体上分配完毕，未来不大可能再有机会开展如此大规模的分钱行动，例如叶文军提到"以后我们还会有这样的钱再来一笔吗？我相信以后不可能再有了"。[1]但是根据 2020 年10 月 18 日由户代表会议决定，新联社区集体仍然留有 20%土地合作开发收益，而且由于 1000 平方米商铺、新联综合市场等陆续建成并对外出租，新联社区的集体经济收入正在快速增长，其中 2022 年的集体经济收入已达到 300 多万元。[2]随着新人口的出生和外来人口的迁入，为了做好未来的集体收益分红工作、解决好村企合作资产的后续分配问题，新联社区必须要不断完善集体经济组织成员资格规范，为处理好集体经济组织收入问题提供方案依据。三是，在外部政策方面，2021 年 6 月 26 日《中共中央、国务院关于优化生育政策促进人口长期均衡发展的决定》公布，就"实施一对夫妻可以生育三个子女政策，并取消社会抚养费等制约措施、清理和废止相关处罚规定，配套实施积极生育支持措施"提出要求。2021 年 8 月 20 日，第十三届全国人大常委会第三十次会议对《人口与计划生育法》作出了修改。修改后的《人口与计划生育法》规定，国家提倡适龄婚育、优生优育，一对夫妻可以生育三个子女。在国家法律和政策发生重大改变的情况下，新联经济联合社有必要更新完善有关新生儿成员资格的规范。

　　为了提升新联《经济联合社章程》第 10 条的可操作性、为处理成员资格问题提供更为细致的操作标准，同时也为了适应计划生育政策变动情况，在新联社区"两委"的主导下，新联经济联合社在充分征求意见、广泛讨论、形成合意的基础上，对《经济联合社章程》第 10 条有关"特殊成员"规定进

---

〔1〕　新联社区叶文军访谈录，2023 年 2 月 20 日。
〔2〕　《党建引领巧治乱 网格治理善谋事——新联社区由"乱"到"治"的和美善治之路》，新联社区居委会提供，2023 年 5 月 16 日。

行了修改，在原有规范的基础上，明确了经济联合社自然成员的子女、父母、配偶取得经济联合社成员资格的条件。本次修改略微放宽了成员资格的范围，在有限的条件下认可了自然成员的子女、父母的成员资格。

2022 年 11 月 2 日，在新联社区党总支部书记、居委会主任、新联经济联合社社长叶文军的主持下，新联经济联合社召开了理事会成员会议，在充分表达意见的基础上商定并通过了《经济联合社章程》第 3 章第 10 条第 3 款"特殊成员"补充条款的具体内容。[1]2022 年 11 月 6 日，西区街道新联经济联合社召开集体经济组织成员代表会议暨居务工作表决会，对新增《经济联合社章程》第 3 章第 10 条第 3 款"特殊成员"的补充条款进行表决。与会代表一致同意通过方案内容。[2]会后，以新联社区居委会的名义对新增条款进行了公示。公示期为 2022 年 11 月 7 日~11 月 13 日。至此，《经济联合社章程》的修订工作宣告结束。

在修订工作结束后，新联社区"两委"文书工作负责人陈超武回顾了新联社区修改《经济联合社章程》第 10 条的背景和基本情况：

> 章程原来的有关成员资格的规定比较笼统，所以居委会班子成员提出了补充修改，进行细化归类。旧的章程是没有改的，我们只是把新的方案补充到里面。修改都是"两委"班子根据村里的情况，主动提出来的修改，不是村民提出修改的。经过"两委"的寻访、调研，我们把初步的想法拟好之后，做个方案，张榜公示，看看村民有没有意见，看看村民对哪一部分有想法，如果有就进行细化细分。修改方案不是我们一拍脑袋就确定的。[3]

以下为 2022 年 11 月 6 日表决通过的《经济联合社章程》补充条款：

新增《经济联合社章程》第三章第十条
第三款"特殊成员"的补充条款

根据《经济联合社章程》第三章第十条第三款"特殊人员"的条款（对

---

〔1〕《会议记录：讨论新增〈经济联合社章程〉第三章第十条第三款"特殊成员"补充条款》，新联社区居委会提供，2023 年 5 月 16 日。

〔2〕《公示》（2022 年 11 月 7 日），新联社区居委会提供，2023 年 2 月 20 日。

〔3〕新联社区陈超武访谈录，2023 年 2 月 20 日。

于情况特殊人员，经本社理事会审查后提交成员大会或成员代表会议表决确定其本社成员资格的），补充章程成员资格新增条款如下：

1. 符合本章程第三章第一款自然成员的子女，包括生育、合法收养，现因计生政策变更，户籍从外村迁入新联户籍人员的，认可其具有本社成员资格。

2. 符合本章程第三章第一款自然成员的父母，户籍从外村迁入新联户籍人员的，认可其本社成员资格；但因婚迁而迁入的成员的父母，即使后期户籍迁入新联的，也不认可其具有本社成员资格。

3. 符合本章程第三章第一款自然成员的配偶，合法登记结婚且户籍从外村迁入新联户籍，认可其具有本社成员资格；因婚迁而迁入成员离异后，户籍依旧保留在本村的，依旧认可其具有本社成员资格；但因婚迁而迁入的成员再婚的，其再婚的配偶及其再婚后的继子女，即使户籍迁入新联小组的，也不认可其具有本社成员资格。

以上成员资格新增补充条款提交新联联合社经济组织成员代表大会表决通过之日起生效。[1]

总体而言，新联社区开展的《经济联合社章程》第3章第10条修改工作，是一种小修小补式的细微作业，是对《资格确认方案》和原有《经济联合社章程》相关条款的进一步细化和补充，并未动摇《资格确认方案》和原有《经济联合社章程》的基本原则与主要内容。通过对《经济联合社章程》第3章第10条进行补充完善，新联社区"两委"、新联经济联合社进一步提升了《经济联合社章程》第3章第10条等集体经济组织成员资格规范的可操作性，减少了规则模糊不清导致的集体经济收益分配纠纷，为新联社区处理潜在的分红纠纷提供了操作指南和方向指引。

六、集体经济组织成员资格规范的效果

新联社区创制和修订完善集体经济组织成员资格规范的行动在施行后取得了显著的积极成效。经过充分沟通，在合意基础上创制和完善的《资格确

---

〔1〕《新增〈经济联合社章程〉第三章第10条第3款"特殊成员"的补充条款》，新联社区居委会提供，2023年2月20日。

认方案》和原有《经济联合社章程》第 10 条等集体经济组织成员资格规范，新联社区有效维持了集体经济收益分配秩序，促进了集体经济组织的规范化发展，保护了新联社区居民的经济权益，防范、化解了收益分配工作中的矛盾冲突，让更多的居民得以共享发展成果。而且，新联社区的规范创制和修改活动还产生了积极的外部示范效果，新联经济联合社的成员资格规范被河源市江东新区古竹镇榴坑村村委会长安村小组学习和采纳，带动更多地区走向了良法善治之路。

具体而言，新联社区的集体经济组织成员资格规范创制与修改的施行后的效果主要体现为以下几个方面：

其一，维持了集体收益分配秩序。2020 年 8 月 16 日表决通过《资格确认方案》、2020 年 10 月 18 日表决通过的《经济联合社章程》以及 2022 年 11 月 6 日表决通过的《经济联合社章程》"特殊成员"补充条款的共同作用和基础价值均在于为新联社区分配集体资产提供行为指南，为新联社区"两委"、新联经济联合社、新联村民（经济联合社成员）以及相关人员提供了统一的行为指南和行动准则。"没有规矩不成方圆"[1]，通过及时创制和完善集体经济组织成员资格规范，新联社区有效凝聚了社区内外各方共识，为各类相关主体提供了稳定的心理预期，为社区"两委"和经济联合社推动分配工作提供了正当化基础和规则保障，为分配对象、补偿对象等广大受众提供了清晰的规则期待和行为指南，为相关主提供了诉求表达渠道和诉求反馈机制，防止了无序现象的产生，维持了集体收益分配秩序的稳定。

其二，促进了集体经济组织规范化发展。新联社区创制并完善《经济联合社章程》等集体经济组织规范的重要作用在于促进了新联经济联合社的制度建设，提升了新联经济联合社内部治理结构的规范化程度，为新联经济联合社的自我管理、自我教育、自我服务、自我监督提供了更多规则依据，改变了长期存在的自治规范缺位或不足的情况，使得新联经济联合社发展集体经济、经营集体资产、分配集体收益的行为变得有规可依、依据可循。在集体经济组织成员资格规范等制度规范的指引和保障下，新联经济联合社能够更好地防范违法违规风险、更加稳健地经营运行、更为科学地规范成员行为、

---

[1] 新联社区陈超武访谈录，2023 年 5 月 16 日。

更为有效地防范决策失误，有序实现自我治理体系和自我治理能力的现代化，顺利走上规范化发展、科学化发展、制度化发展和持续健康发展的高质量发展之路。

其三，保护了社区居民的经济权益。新联社区及时创制和完善集体经济组织成员资格规范在结果上推动了近 2 亿元资产的顺利发放，防止了久拖不决现象的发生，使得新联社区居民（经济联合社成员）能够及时拿到分配资金，有效增加个人及家庭的财产性收入。特别是，新联社区的集体经济组织成员资格规范赋予了部分未签订动迁安置协议书的石化区原村民二类分配资格，为户籍迁出人员或死亡动迁人员发放了一次性补贴，在较大程度上保障了二类分配资格人员与一次性补贴对象的财产权益，增加了其财产性收入，使得其不至于分文不得。虽然新联社区对二类分配资格人员、一次性补贴对象等相关人员财产利益的保障水平可能未达到部分人员的理想期待，但在社区人员情况复杂、利益冲突严重的情况下，新联社区对二类分配资格人员、一次性补贴对象经济权益的保护在现实条件的限制下已达较高水平。

其四，防范化解了矛盾冲突。一方面，新联社区创制和完善集体经济组织成员资格规范的行动在结果上防范了矛盾冲突的大量产生。由于新联社区的集体经济组织成员资格规范创制及完善过程较为公开、民主，规范内容吸收和体现了各方诉求，规范条文有效凝聚了各方共识，因而在规范形成之后，其能够得到各方的认可和遵守，未导致大量矛盾冲突的产生。另一方面，在规范产生之后，新联社区"两委"和新联经济联合社根据类型化的集体经济组织成员资格规范行事，有效消解了分配纠纷。由于新联社区的集体经济组织成员资格规范有着较强的适应性，能够类型化地应对各类问题，因而实践中即便产生了资格确认争议（譬如前述 21 户争议），新联社区"两委"、新联经济联合社亦能根据既有规范及时化解矛盾冲突。叶文军提到："我们制定的方案非常适合我们社区的发展。我上任三年了，从来还没有遇到截（接）访的问题。"[1] 通过创制和完善类型化的集体经济组织成员资格规范，新联社区妥善解决了巨额收益分配问题，真正做到了小事不出社区、大事不出街道，保障了新联社区的和谐稳定。

---

〔1〕　新联社区叶文军访谈录，2023 年 5 月 16 日。

其五，促进了居民共享发展成果。新联社区的近 2 亿元集体经济收入来源于政府拨付的回拨地合作开发收益，是政府为解决新联社区居民搬迁后生活出路问题、让新联社区居民共享大亚湾石化区发展成果而创造的主要福利。新联社区将巨额福利顺利分配下去的直接意义在于让新联社区居民真正共享大亚湾石化区的发展成果。而且，相比于该地区其他多数村居的成员资格规范，新联社区的成员资格认定规范的重要特点在于，其成员资格认定条件较为宽泛，赋予了众多不符合分配条件人员一次性分配资格，在尽可能大的范围内让相关人员获得了实实在在的收益，让更多居民（村民）有机会共享改革发展成果。就实践效果而言，促进发展成功的共享能够调动更多人员的积极性，增强集体经济发展活力，助力共同富裕理想的实现。

其六，产生了引领示范效应。由于新联社区的集体经济组织成员资格规范切实可行，有较好的可复制性、可推广性，河源市江东新区古竹镇榴坑村村委会长安村小组[1]在通过新联社区党群服务中心工作人员黄大卫了解到这一规范后，于 2020 年 8 月比照着新联社区的集体经济组织成员资格规范创制了类似规范。黄大卫介绍了这一情况：

> 我们老家的村有一个生态林，有一千多亩，每年国家给补偿钱，所以我们老家那里也会分钱。我们那里也是参考新联的分配方案。我们是这样的，根据什么年出生的、在哪里出生的、什么时候迁出的，来进行分类，是 50% 还是 100%。我们回到老家之后也是按照这个方案分配的，每家每户都要签名的，老家的人他们也都同意这个方案。我侄子做村长，他带领大家学习了这

---

〔1〕 河源市江东新区古竹镇榴坑村村委会长安村小组全村共 32 户，总人数 200 余人。以下为 2020 年 8 月 16 日该村户代表（家长会）讨论通过的《河源江东新区古竹镇榴坑村村委会长安村小组经济合作社章程》第三章有关股东资格规定摘录：①凡 1986 年 12 月 31 日前出生的长安在生在册村民（无论户籍在本地还是在外）享有 100% 的股权配额。②凡户籍在本村的在生在册村民享有 100% 的股权配额。③凡父辈是长安籍村民其配偶及子女户籍不在本村享有 50% 股权配额。④本方案通过实施之日起已出嫁的外嫁女及其子女如户籍仍在本村享有 50% 股权配额。属于招郎入赘的其配偶和子女享有与本村村民同等权益。⑤本方案通过实施造册之日前已嫁入本村户籍在本村享有 100% 配额，户籍未迁入本村的享有 50% 配额。⑥本方案通过实施后，凡自然死亡的其配额股份将取消调整给自然出生增长或充给集体所有。⑦本方案自生效实施之日起每年进行一次人口核实调整份额（自然死亡及自然出生增长和嫁入人员）。参见《关于长安村集体公山（古洞子）申报生态林的会议纪要》，新联社区黄大卫提供，2023 年 8 月 1 日。

个方案。[1]

　　总体而言，在广泛合意基础上，新联社区"两委"、新联经济联合社创制及修订集体经济组织成员资格规范的自治行动是一次较为成功的基层自治实践。通过在实践中探索成员资格类型化方案并对之进行不断完善，新联社区有效维持了集体收益分配秩序、推动了集体经济组织的制度化建设、保护了社区新老居民的经济权益、防范化解了分配工作中的矛盾冲突、促进了居民共享发展成果并且产生了积极的外部示范效应。

七、结语

　　新联社区创制和完善集体经济组织成员资格规范的活动是一种以自主性、实践性、民主性、开放性和透明性为特色的自治活动。具体而言，一是，新联社区创制和完善集体经济组织成员资格规范的自治活动有着鲜明的自治性。新联社区创制和完善集体经济组织成员资格规范的自治实践是一种以满足自我需求为导向、以解决自身问题为动力、以运用自身力量为基点、以爬梳自身类型为方法、以总结自治经验为基础的自组织过程而非他组织过程，有着较为突出的自主性。二是，新联社区创制和完善集体经济组织成员资格规范的自治活动有着浓厚的实践性。新联社区创制和完善集体经济组织成员资格规范的过程是一个解决实践问题、化解实践纠纷、归纳实践经验并将之成文化的过程，有着鲜明的实践性。为了实践、来自实践、面向实践是新联社区创制和完善集体经济组织成员资格规范的初衷，是新联经济联合社的集体经济组织成员资格规范的根本价值所在。三是，新联社区创制和完善集体经济组织成员资格规范的自治活动有着较强的民主性。新联社区创制和完善集体经济组织成员资格规范的活动是一个民主协商、民主决策、民主管理、民主监督的自治过程，集体经济组织成员资格规范的诞生是民主自治的结果。新联社区的集体经济组织成员资格规范之所以以类型化为中心，是各方意见碰撞、妥协、融合的结果，体现了全过程人民民主的理念和精神。四是，新联社区创制和完善集体经济组织成员资格规范的自治活动有着鲜明的开放性和透明性。为了更好地保证公平公正、防范暗箱操作、增强公信力并取得居民信任，

---

[1]　新联社区黄大卫访谈录，2023 年 5 月 16 日。

新联社区"两委"、新联经济联合社在创制和完善集体经济组织成员资格规范的过程中主动接受区纪委、街道办事处、社区监察站、居务监督委员会、法治副主任、党员、居民代表的监督，保障居民参与、倾听村民意见，严格按照"四议两公开"程序对工作动态进行公开公示，增强了规则创制和修改过程的开放性和透明性。

通常情况下，"集体经济组织"特指农村集体经济组织，而非城市社区的集体经济组织。就法律性质而言，新联社区为《城市居民委员会组织法》意义上的城市社区。而《城市居民委员会组织法》并未为城市社区设置集体经济组织提供明确的法律依据。新联社区不同于传统的城市社区，而是一种以征地搬迁、村庄分立为基础的特殊"村改居"社区。在城市化和征地搬迁的大背景下，这种社区越来越多，在绝对数量上并不少。在政府的扶持下，此类"村改居"社区往往通过村企合作开发回拨地、出租商铺以及经营农贸市场等方式获得了大量的集体经济收入，并未为此成立了经济联合社等集体经济组织，专门负责经营管理社区的集体资产。虽然此类集体经济组织在实践中发挥着举足轻重的作用，但是其在现行法律体系中的地位并不明确。为了更好地引导"村改居"社区的集体经济组织的发展，有立法权的国家和地方立法机关可考虑进一步完善集体经济组织立法，进一步明确"村改居"社区集体经济组织的法律地位和运行规则。

此外值得注意的是，新联社区"两委"与新联经济联合社高度混合。所谓"混同"并非指社区"两委"与集体经济组织理事会实为"三套人员，一块牌子"，而是指社区"两委"习惯于直接以自身名义做出本应以新联经济联合社名义做出的决定。例如，在商定2亿元土地合作开发分配方案的过程中，新联社区"两委"在多数情况下召开的是社区居民代表会议，而非股东代表会议或经济联合社成员代表会议[1]；再如，2020年5月24日表决通过的《关于16 909平方米合作项目收益分配权成员资格确认方案》直接以新联社区居委会而非新联经济联合社的名义对外公示；[2]又如，为了推进新联综合

---

〔1〕 2020年8月16日召开的表决《资格确认方案》的会议即为户代表会议而非股东代表会议。参见《公示（2021年4月7日）》，新联社区居委会提供，2023年5月16日。

〔2〕《拟16 909平方米合作项目收益分配权成员资格审议公示》，新联社区居委会提供，2023年5月16日。

市场的对外出租工作，新联社区曾于 2021 年下半年召开居民代表会议，"经过居民代表决议，同意综合市场 1 至 3 楼以每月每平方米 43 元价格上平台竞标。"[1]社区"两委"直接以自身名义代替集体经济组织做出决策有违于集体经济组织章程的基本原则。未来，为了进一步明晰机构权限职能，防范由于机构混同导致的潜在法律风险，新联社区"两委"应根据国家法律法规和集体经济组织章程的规定与精神，尽可能地避免以自身名义为集体经济组织做决策，厘清治理架构，秉承"政经适度分离"的原则对外开展活动，提升基层群众性自治活动的合法性、规范性。

　　总体而言，新联社区的集体经济组织成员资格规范创制及完善行动在总体上是一次成功的基层群众性自治实践，其通过广泛共同而形成合意创制的以类型化为核心的集体经济组织成员资格规范切实可行，有着较强的适应性，是一种具有普遍参考价值的可复制、可推广的自治规范，对解决"出嫁女"财产权益纠纷有一定的启示。未来，新联社区"两委"、新联经济联合社、西区街道办事处、大亚湾经济技术开发区管委会等有关单位和部门可积极作为，通过选树典型、考评奖优、开展经验交流会、组织现场考察学习、印发示范章程等方式，总结新联经验、塑造新联模式、推广新联品牌，引导更多的村居社区进一步完善集体经济组织成员资格规范，提高集体经济发展质效，建设更高水平的良法善治。

---

　　[1]《新联社区 2021 年度总结大会发言稿》（2022 年 1 月 17 日），新联社区居委会提供，2023 年 2 月 20 日。

第三章
出嫁女财产权益的村民集体决议与国家机关处理
——以"林志娟案"为对象

▲

马立晔

一、引言

"出嫁女"又称"外嫁女",通常指出嫁到本村以外其他地方的妇女。狭义的"出嫁女"主要指与村外人结婚但户口仍留在本村或户口迁出后又迁回本村的妇女;广义的"出嫁女"还包括嫁入本村且户口也迁入本村的内嫁女、离婚或丧偶的出嫁女、入赘女婿以及上述人员的子女等。[1]"出嫁女"一词并非法律术语,该俗称较早出现于我国广东地区。自 20 世纪 90 年代起,市场经济的迅速发展和城市化的快速扩张使得以我国广东省等东南沿海地区为代表的大量农村土地被征用。村民们的经济来源逐渐从耕地劳动所得转变为征地补偿、股份分红。在巨大经济利益的驱使下,由征收补偿款、集体收益分配等引起的纠纷也越来越多,其中以出嫁女的财产权益纠纷最为典型。

在出嫁女纠纷中,一方面村集体常以"嫁出去的女,泼出去的水"为由否认出嫁女的农村集体经济组织成员资格,并通过村规民约、章程、村民代表大会决议等村民自治规范限制或剥夺出嫁女的土地承包经营权、征地补偿分配权、集体经济收益分配权等财产权益。另一方面,国家相关法律、法规

---

[1] 参见孙海龙、龚德家、李斌:《城市化背景下农村"外嫁女"权益纠纷及其解决机制的思考》,载《法律适用》2004 年第 3 期,第 26~30 页。

及政策又强调农村集体经济组织成员中的妇女享有与男子平等的各项财产权益，任何组织和个人不得以妇女婚姻状况变化为由侵害其合法权益。然而，由于种种原因，目前出嫁女财产权益纠纷的处理方式不一、解决效果有异。一些出嫁女、村委会、村民小组和国家机关都被卷入主张村规民约有效的村民自治与强调性别平等的国家法治间相互博弈的漩涡中，对社会和谐稳定产生了一些负面影响。

大亚湾区地处广东省惠州市南部，毗邻深圳坪山区。由于其区位优势明显，拥有良好的投资营商环境和城市依托，进入 21 世纪后，随着大亚湾区经济的快速发展和城市化进程的不断加快，该区出嫁女问题也日益凸显并不断激化。大亚湾区人民法院统计数据显示，仅在 2011 年一年内，以"侵害农村集体经济组织成员权益"为案由的民事一审案件便多达 592 件，其中大多数为出嫁女财产权益纠纷。[1]

2023 年 5 月、7 月 9 日至 7 月 17 日，我们在大亚湾区进行实地调研的过程中了解到一起发生在大亚湾区澳头街道办下辖的岩前村新村中的出嫁女财产权益纠纷。案件当事人林志娟自 2012 年起为取得岩前村新村股份合作经济社（以下简称"新村股份合作社"）成员资格并享受集体权益分配，[2]在村民会议通过决议后十余年间先后通过行政确认、行政复议、行政诉讼、民事诉讼、信访等多种途径寻求救济，使得该案颇具典型性。本章以"林志娟案"为对象，通过诉讼文书和访谈实录，较为全面地展示该案历经村民会议决议、行政处理、司法裁判、信访的整个解决过程，并在梳理案件的过程中，初步呈现出嫁女财产权益纠纷中村民自治规范与国家法律间相互矛盾的复杂关系。

二、出嫁女性的诉求

林志娟所在的岩前村是一个典型的传统村落。岩前村下辖五个村民小组和一个居民小组，村内常住人口有 9000 余人，外地常住人口约 6700 人，本地户籍人口为 2390 人，共有 497 户户籍家庭，其中以刘、朱、林、陈、赖姓

---

〔1〕　统计数据为我们在 2023 年 7 月 11 日于大亚湾区人民法院调研时收集到的结果。

〔2〕　遵循学术惯例，本章中的部分地名、人名进行了化名处理，特此说明。此外，由于调查时该案并未完全结束，本章对该案的梳理分析也仅以目前了解到的事实情况为限。

氏家庭最多。[1]

林志娟于 1966 年出生于大亚湾区澳头街道办岩前村新村村民小组（以下简称"新村村小组"），并曾在新村村小组分有责任田。1988 年，林志娟与大亚湾区澳头街道办桥西居委会居民谭胜利结婚，婚后户口一直保留在新村村小组，也没有参与其丈夫所在集体经济组织的任何利益分配。2003 年，岩前村因中海壳牌石化项目建设需要集体搬迁，林志娟代表其家人与大亚湾区管委会动迁办公室签订了《惠州市中海壳牌石化项目（二期）拆迁补偿安置协议书》，落户于大亚湾区澳头街道岩前村村委会岩前村新村新升街 59 巷 108 号。

2001 年至 2003 年间，岩前村配合中海壳牌项目集体搬迁，政府对新村村小组的全部土地进行征收，对全部村民进行了拆迁补偿和统一区域安置，并给予了新村村小组一定的财产补偿。在这些财产的分配中，林志娟与村小组产生了不同看法，有自己的利益诉求。

经济利益是出嫁女财产权益纠纷产生的主要原因，经济利益的可得性和平等性是出嫁女期待得到的结果。[2]林志娟认为，根据《宪法》《妇女权益保障法》《农村土地承包法》等法律、法规明确规定的男女平等的原则，自己作为农村集体经济组织成员，享有与其他成员相同的获得土地征收补偿款及相应分红、享受村集体福利及其他利益的权利。林志娟的诉求颇具代表性，主要包括：请求确认其集体经济组织成员身份并享有该集体经济组织成员同等待遇，要求新村股份合作社向其发放股权证并向其支付相应的福利分配款。林志娟的上述诉求贯穿于村民会议决议其作为户口在本村的外嫁女不能享受村股份制股权分配后申请行政处理、司法诉讼、信访的整个过程。在此期间，林志娟还作为其三位子女的代理人，请求确认其子女的集体经济组织成员资格，主张新村股份合作社向三位子女发放股权证并支付集体经济利益分配款。[3]

---

[1] 岩前村基本情况由妈庙村村民委员会于 2023 年 2 月 14 日提供。

[2] 杨择郡等编著：《外嫁女法律问题研究》，湖北人民出版社 2011 年版，第 100 页。

[3] 2021 年 4 月 2 日，大亚湾区人民法院受理了林志娟三位子女谭月娟、谭月婷、谭月伦与新村股份合作经济社侵害集体经济组织成员权益纠纷一案，并于 2021 年 12 月 10 日裁定驳回原告的起诉。原告不服提起上诉，惠州市中级人民法院于 2002 年 5 月 26 日裁定撤销大亚湾区人民法院作出的民事裁定书，指令大亚湾区人民法院审理该案。大亚湾区人民法院于 2023 年 2 月 20 日作出民事判决书，判令新村股份合作经济社向三原告发放股权证并发放 2007 年 1 月 1 日至 2022 年 6 月 30 日期间的集体经济收益分配款 636 129 元。

三、村民会议的决议

受"嫁出去的女儿，泼出去的水"等传统思想、女子出嫁后"从夫居"的传统习俗、男性父权制的财产继承制度的影响，我国农村地区普遍排斥出嫁女再参与娘家村的经济利益分配。站在村民的角度，自古就没有出嫁的女儿回来分娘家财产的道理，更无法接受出嫁女与外人所生的外姓子女也要分红。这种男尊女卑、重男轻女的传统思想在受宗族观念影响颇深的广东地区更为根深蒂固。

在这种观念支配下，按照《村民委员会组织法》的相关规定，在对集体搬迁后的财产补偿进行分配过程中，2005 年 1 月 3 日，新村村小组作出《公开议事方案》，就外务人员和外嫁女一次性补助事宜形成决议，并由包括当时新村村小组组长林文德在内的 7 人签名同意，其中规定：

外嫁女户口在本村每人一次性补助，子女及女婿不补，外嫁女每人一次补助 5000 元。[1]

2005 年 12 月 19 日，岩前村村委会召开了村"两委"干部、村小组干部会议，就实行股份制股权分配有关内容达成如下几项决议：

一、户口在本村的外嫁女不能享受村股份制股权分配，根据各村的实际情况，给予一次性补贴。

二、原籍外出人员（包括国家工作人员，企事业单位人员）不能享受股份制股权分配，只能以户为单位（男性），根据本村实际，给予一次性补贴 5000 元~8000 元。

三、凡参加责任田分配的人员（按各小组公布名单为准）一次性补贴 5000 元。

四、搬迁后（即 2003 年 12 月 1 日后）至未实行股份制前死亡的人员不能享受股份制股权分配，只能一次性补偿抚恤金 2400 元。[2]

---

〔1〕 参见新村村小组《公开议事方案》，2005 年 1 月 3 日。
〔2〕 参见《岩前村村委会实行股份制股权分配有关问题会议纪要》，2005 年 12 月 19 日。

2006 年 1 月，新村村小组制作了《一次性补助览表》，列明了包括林志娟在内的 13 名户主姓名、外嫁女补助金额和签名三个栏目。林志娟的丈夫谭胜利代其在该表的签名栏中签名，并领取了 5000 元补助款。

2006 年底至 2007 年初，新村村小组进行股份制改造，组建成立了惠州大亚湾区澳头街新村股份合作经济社，将全部财产等分为 1720 股，每 10 股界定为 93 000 元，并按每人 10 股的标准分配给 172 位成员，而林志娟等出嫁女被排除在外。2007 年 1 月 1 日，新村股份合作社制定并通过了《大亚湾区澳头办事处岩前村新村村小组股份合作企业股份制章程》（本章以下简称《章程》），对新村村小组股份合作企业中的股东权利义务、股份确认、股份管理、收益分配等内容作了详细规定，其中第 23 条明确规定：

户口在本村的外嫁女，不能享受村股权股份分配，给予一次性补贴 5000元人民币。[1]

在与岩前村村委会成员进行访谈交流的过程中，现任岩前村党总支部书记、村委主任林源川指出，在 2006 年末、2007 年初实行股份制之后对原籍的出嫁女一次性解决效果较好，之后的四五年时间里也基本很平静。但是在2010 年，大亚湾区出嫁女权益保障工作领导小组办公室编制了一本《大亚湾区落实农村出嫁女合法权益宣传手册》（本章以下简称《出嫁女权益手册》），其中包括《关于进一步落实和保障农村出嫁女集体经济分配权益的实施意见（试行）》《大亚湾区农村集体经济组织成员资格界定办法（试行）》《大亚湾区农村股份合作经济组织股东资格界定和股份配置若干规定（试行）》等内容，明确指出要切实维护好大亚湾区农村出嫁女的合法权益。包括林志娟在内的出嫁女们以该《出嫁女权益手册》为依据，向新村股份合作社主张参与村集体经济利益分配。2011 年，新村股份合作社与该村多名出嫁女就利益分配产生的纠纷向澳头街道岩前村人民调解委员会申请调解，部分外嫁女与新村村民小组签订了《人民调解协议书》，主要内容包括：

经调解，自愿达成如下协议：

[1] 参见《大亚湾区澳头办事处岩前村村委会新村村民小组股份合作企业股份制章程》，2007年 1 月 1 日经股东代表大会通过。

一、甲方同意一次性给予乙方贰万元补偿，乙方领取补偿款后，今后不得再要求参与甲方集体经济权益分配。

二、乙方同意一次性领取甲方给予的补偿款贰万元。并承诺在领取补偿款后，今后不再要求参与甲方集体经济权益分配，也不再以此为由进行上访、闹访、缠访等行为。

三、甲方应在本协议签订之日起 15 天内付清补偿款给乙方。[1]

随后，双方向大亚湾区人民法院申请确认了人民调解协议的效力。然而，以林志娟为代表的几位出嫁女并没有接受 2 万元的一次性补偿，也拒绝签署一次性补偿协议。2012 年 10 月 31 日，澳头街道办事处副主任何晓华在澳头街道信访办会议室主持召开了岩前村出嫁女权益保障研判会，决定由岩前村村委会对已签订补偿协议的出嫁女作出《承诺书》。

承 诺 书

为妥善保障岩前村出嫁女权益问题，根据上级有关要求，岩前村承诺对已签订协议补偿的出嫁女，如果未签订协议补偿的出嫁女分配超出一次性补偿金额 2 万元后仍继续分配的，已签订协议与未签订协议的出嫁女享有同等待遇。

岩前村村民委员会

2012 年 10 月 31 日[2]

从新村股份合作社的角度来看，无论是在法理上还是情理上，林志娟等出嫁女否认村小组之前的一次性买断行为并一再要求分配集体利益都是不能接受的。从法律上来看，新村村小组在制作《一次性补助览表》前已经召开了各种会议，对给予出嫁女一次性补助的具体内容作出了明确规定，并公布了相关人员名单。同时，无论是《公开议事方案》《一次性补助览表》还是《章程》，都是经过召开会议，明确规定内容产生的，符合《村民委员会组织法》第 24 条、第 27 条相关规定，属于村民自治的范畴，依法应当具有效力。

---

〔1〕　参见新村村民小组与新村出嫁女林新梅签订的《人民调解协议书》，2011 年 7 月 7 日。

〔2〕　大亚湾区澳头街道综治信访维稳中心 2012 年 10 月 31 日《会议纪要》。

新村股份合作社认为，既然林志娟丈夫已代其在《一次性补助览表》上签名并领取了 5000 元补助，便可视为其愿意领取一次性补助而放弃继续享受集体经济组织成员待遇利益。从情理上来看，出嫁女仅凭其户籍就能在本村同其他人一样分割祖宗留下的财产，是不公平不合理的，更不用说出嫁女与村外人所生的外姓子女也想要分一杯羹。新村村小组组长林邵辉认为：

现在你（出嫁女）单凭一个户籍，你这里好你的户籍在这里，你老公那边发展好你又迁过去。法院的判决打破了传承，把好的东西打破了。现在法院的判决，出嫁女的子孙户籍在这里都可以享受了。从情理、传统来说，林志娟你起码姓林，但你子女完全没道理。而且我们这边男的一起扫墓拜祖坟的时候（他们）又不一起。村民觉得这是很难接受的。[1]

在林志娟不断通过诉讼、信访维权的过程中，新村股份合作社也一直坚持其立场，与林志娟展开长期的博弈。针对林志娟提出的要求新村股份合作社向其发放股权证并同意其与三子女参与新村集体利益分配的诉求，新村村小组于 2021 年 1 月 22 日下午召开了岩前新村村民户代表会议，共有 44 户代表参加投票表决。表决结果显示，44 票全票否决向林志娟发放股权证；就是否同意林志娟、谭月媚、谭月婷、谭月伦四人每人按 80% 享受村集体利益分配，1 票同意，43 票不同意；就是否同意谭月媚、谭月婷、谭月伦三人每人按 100% 享受村集体利益分配，1 票同意，43 票不同意。最终，协调方案均未能表决通过，林志娟的诉求未能得到村民的支持。同时，我们在与岩前村村委会成员的访谈中了解到，在这次村民代表会议中，1 票同意票是林源川书记投出的。林书记表示：

她（林志娟）老说我引导村民反对她，我当时明确投给她 1 票，我明确引导了，但是别人不认可啊。[2]

新村村小组组长林邵辉也指出：

---

[1] 林邵辉访谈录，2023 年 7 月 13 日。
[2] 林源川访谈录，2023 年 7 月 13 日。

（当时）在现场开会表决，她的亲哥哥弟弟，有 10 票，最终只投了 1 票同意给她，就是书记给投的，其他人都不给她，亲兄弟都不给。16 个出嫁女如果她哥哥弟弟都投票那也早都通过了！[1]

新村村小组村民认为村民会议决议为村民自治规范的一种表现形式，体现了村民的意志。村小组强调按照《村民委员会组织法》通过村民会议对户口在本村的外嫁女不能享受村股份制股权分配而仅给予一次性补偿是村民自治的内容，具有效力。

四、政府的行政处理

广东省委办公厅 2006 年 12 月 13 日印发的粤委办 ［2006］142 号中共广东省委办公厅、广东省政府办公厅转发省委农办、省妇联、省信访局《关于切实维护农村妇女土地承包和集体收益分配权益的意见》的通知明确指出，对因土地承包和集体收益分配而引发的争议，应按照相关法律、法规和政策处理，对基层政府处理决定不服的，可以提请行政复议；对行政复议结果不服或政府不予处理的行为，提起行政诉讼的，法院应当依法受理。自 2007 年起，广东省部分地方经过多年实践和探索总结出"先行政处理，后行政诉讼"的解决途径，形成后来被广泛推行的"广东模式"，即当事人应先向乡（镇）人民政府或街道办事处提出申请确认成员资格，对乡（镇）人民政府或街道办事处的处理决定不服或逾期不作出处理的，当事人有权向上一级人民政府申请复议，亦可直接向人民法院提起行政诉讼。在这种行政前置的处理模式下，林志娟的维权之路也从政府的行政处理开始。

2012 年 5 月 18 日，林志娟向澳头街道办提出申请，请求确认其具有岩前村新村集体经济组织成员资格。澳头街道办在受理其申请后经调查核实了解了林志娟的基本情况，根据《妇女权益保障法》《广东省实施〈中华人民共和国妇女权益保障法〉办法》以及《广东省农村集体经济组织管理规定》的相关规定，于 2012 年 6 月 25 日作出了《行政处理决定书》，主要内容包括：

一、确认申请人林志娟具有被申请人惠州大亚湾区澳头街道新村股份合

---

[1] 林源川访谈录，2023 年 7 月 13 日。

作经济社集体经济组织成员身份，自本决定作出之日起享有被申请人惠州大亚湾区澳头街道新村股份合作经济社集体经济组织成员同等待遇，并应参加被申请人惠州大亚湾区澳头街道新村股份合作经济社集体经济利益分配。

二、被申请人惠州大亚湾区澳头街道新村股份合作经济社应自收到本决定之日起60天内就申请人林志娟享有的股权权益作出决定并发给该集体经济组织股权证，日后若该集体经济组织的章程中关于股权权益分配有调整的，则按调整后的规定执行。[1]

新村股份合作社不服澳头街道办作出的《行政处理决定书》，于2012年8月24日向大亚湾区管委会提出行政复议。2012年9月7日，区管委会作出《行政复议决定书》，维持了澳头街道办作出的决定。在法定期限内，各方当事人均未对此提起行政诉讼，该《行政处理决定书》已经生效。然而，此后新村股份合作社对该生效决定却一直不予执行。2014年4月23日，林志娟再次向澳头街道办申请其根据2012年《行政处理决定书》作出有标的的行政处理决定书。6月20日，澳头街道办作出《行政处理决定书》，决定：

一、被申请人惠州大亚湾区澳头街道新村股份合作经济社应自收到本决定之日起15天内发给申请人林志娟依法享有澳头街道新村股份合作经济社股权证，日后若该集体经济组织的章程中关于股权权益分配有调整的，则按调整后的规定执行。

二、被申请人惠州大亚湾区澳头街道新村股份合作经济社应自收到本决定书之日起15日内支付申请人林志娟依法享有的自2012年6月25日至2014年4月23日的集体经济组织利益分配2.1万元。[2]

新村股份合作社不服该行政决定，拒绝执行并向区管委会提起行政复议，复议维持。区管委会认为：

作出确认村民分配本集体经济组织具体数额经济利益法律文书前提条件是确认该村民村集体经济组织成员资格法律文书已生效……《行政处理决定

---

[1] 澳办行决〔2012〕20号《行政处理决定书》，2012年6月25日。
[2] 澳办行决〔2014〕15号《行政处理决定书》，2014年6月20日。

书》（澳办行决［2012］20号）已依法生效。第三人具有申请人集体经济组织成员资格被已生效的行政行为确定的前提下，被申请人于2014年6月28日作出确认第三人分配申请人集体经济组织具体数额经济利益的《行政处理决定书》（澳办行决［2014］15号）依法应予以维持。[1]

　　林志娟通过向街道办申请行政处理，确认了自己集体经济组织成员资格，其要求新村股份合作社向其发放股权证并支付利益分配2.1万元的请求也得到了街道办的支持。但对于新村股份合作社而言，街道办作出《行政处理决定书》属于严重的以行政手段干预村民自治的行为。随着政府的介入，出嫁女与村小组的矛盾进一步升级。对此，岩前村党支部书记林源川就指出：

　　政府管得太细，我们自己的钱，我们有村规民约，你说我们重大事项没有公示那（是我们）不对，但是我们一家人坐在一起（表决），她（林志娟）的父母都不给，你政府说要给她，这不就是让我们家里吵架嘛！[2]

　　除对政府干预太多表示反对外，在调查的过程中我们还了解到，村小组成员普遍认为目前政府在作行政处理决定时不够慎重，往往不去仔细调查了解情况就直接认定出嫁女具有成员资格，导致后续法院判决对村小组不利。根据2008年3月26日中共惠州市委办公室、惠州市人民政府办公室发布的《关于切实维护农村妇女财产权益的通知》中的相关规定，对农村妇女集体经济组织成员身份的界定标准以"户籍+义务"为主。2010年11月19日发布的《关于进一步落实和保障农村出嫁女集体经济分配权益的实施意见（试行）》（惠湾委发［2010］24号）也提出了"户籍前提"原则、"权利义务一致"原则，并明确规定：

　　（一）符合以下条件之一的出嫁女，具有农村集体经济组织成员资格，享有本集体经济组织的集体经济分配权利：

　　1. 本村妇女结婚后户籍未迁出且继续履行法律法规和组织章程规定的各项义务的；

---

〔1〕　惠湾行复［2014］17号《行政复议决定书》，2014年11月21日。
〔2〕　林源川访谈录，2023年7月13日。

2. 农村妇女离婚、丧偶后户籍保留在本村并履行法律法规和组织章程规定的各项义务的。

从以林志娟为代表的该区出嫁女纠纷情况来看，目前确定的"户籍+义务"的成员资格确认标准现实中较难得到村民们的认可。在与大亚湾区霞涌街道办邱启文主任的访谈中我们了解到，目前行政机关对出嫁女成员资格予以确认的程序大致包括"接收材料初步审查—受理—调查—作出决定"这几个步骤，其中调查主要包括对当事人做笔录的调查、到派出所调查户籍以及到村小组调查申请人义务的履行情况。邱主任指出：

> 义务我们在举证会有说明，哪些是义务，（这个）现在是争议最大的，目前没有明确，但是这个不明确举证不了。最大的问题是申请人有没有在村里居住生活，生产生活是不是在村里。主要是户籍还有父母是不是村集体成员，责任田的分配，但是义务用不上，意义不大。[1]

中共中央、国务院《关于稳步推进农村集体产权制度改革的意见》（中发〔2016〕37号）指出，在确认农村集体经济组织成员身份时应依据有关法律法规，按照尊重历史、兼顾现实、程序规范、群众认可的原则，统筹考虑户籍关系、农村土地承包关系、对集体积累的贡献等因素，协调平衡各方利益，解决成员边界不清的问题。然而，目前与农村集体经济组织成员资格确认相关的规定大多仅予以原则性指引，在实务中难以落地实施。在林志娟案中，街道办对出嫁女成员资格的确认行为无论是在确认标准上还是确认程序上都颇具争议性。政府的行政处理不仅未能化解矛盾，反而让问题变得更为复杂，将纠纷推向了法院。

五、法院的司法判决

2007年底，广东省高级人民法院转发《中共广东省委办公厅、广东省人民政府办公厅转发〈省委农办、省妇联、省信访局关于切实维护农村妇女土地承包和集体收益分配权的意见〉的通知》（粤高法〔2007〕303号），其中

---

[1] 霞涌街道邱启文主任访谈记录，2023年7月17日。

明确规定：由于农村妇女未实际取得土地承包经营权和集体收益分配权引发的纠纷涉及农村村民自治和农村集体经济组织成员资格认定等问题，并非单纯平等民事主体之间的权利义务关系，民事诉讼难以解决，因此应当遵循"先政府处理，后行政诉讼"的解决途径。大亚湾区人民法院在处理出嫁女纠纷时也基本遵循了"政府处理—行政复议—行政诉讼"三步走的"广东模式"。同时，根据最高人民法院《关于审理涉及农村土地承包纠纷案件适用法律问题的解释》第 24 条的规定，法院也依法受理"征地补偿安置方案确定时已经具有本集体经济组织成员资格的人，请求支付相应份额的"民事诉讼案件。林志娟案在法院的司法判决过程中分别经历了行政诉讼和民事诉讼，其中行政诉讼经过了一审和二审，民事诉讼经过了一审、二审以及再审申请被驳回。在此期间，林志娟还就要求发放股权证单独提起过民事诉讼，也曾作为三位子女的代理人提起民事诉讼，且至今依然在不断申请再审。经历了村民决议和行政处理后发展到诉讼阶段的林志娟案，由于涉及的当事人更广、提出的诉求更多、主张的事实理由更复杂而变得愈发棘手。

（一）行政诉讼

2014 年底，在区管委会作出复议维持的决定后，新村股份合作社向大亚湾区人民法院提起行政诉讼，请求法院撤销澳头街道办于 2014 年作出的《行政处理决定书》。原告新村股份合作社认为，第三人林志娟已领取一次性补偿款，因此街道办于 2012 年作出的决定属于认定事实错误、决定错误；此外，街道办 2014 年作出的《行政处理决定书》并无法律依据，是对第三人进行特殊照顾，而这会摧毁原告股份制的工作成果，引起村民矛盾，造成社会不稳定。对此，澳头街道办辩称，其 2014 年作出的《行政处理决定书》是在 2012 年《行政处理决定书》生效的前提下经过调查核实作出的，具有事实依据；并且，该有标的的决定和一次性分配解决不冲突，其效力问题有争议有待法院确认。而林志娟作为第三人也再次强调了其户籍自出生起一直在新村村小组的事实，并指出自己上交了公粮履行了相应的义务，应当承认其成员资格并分配相应集体收益。

大亚湾区人民法院根据《村民委员会组织法》第 2 条和第 24 条规定认为澳头街道办 2014 年作出的《行政处理决定》直接决定原告向第三人发给股权证和支付集体经济组织利益分配款，属于认定事实不清、主要证据不足，于

2015 年 4 月 15 日作出如下判决：

一、撤销被告惠州大亚湾经济技术开发区澳头街道办事处于 2014 年 6 月 20 日作出的澳办行决 [2014] 15 号《行政处理决定书》。

二、判令被告惠州大亚湾经济技术开发区澳头街道办事处于本判决生效之日起 60 日内重新作出处理决定。[1]

澳头街道办不服该判决，认为一审法院适用法律错误，向惠州市中级人民法院提起上诉，请求二审法院依法撤销一审判决，驳回被上诉人的诉讼请求，维持 2014 年作出的《行政处理决定书》。在澳头街道办看来，新村股份合作社以第三人林志娟与村外人结婚为由不给予其集体经济利益分配的行为违反了《妇女权益保障法》第 23 条、第 24 条的相关规定，街道办作出行政处理决定维护妇女的合法权益是正确的。对此，新村股份合作社却坚持认为街道办作出《行政处理决定书》擅自认定第三人的成员资格，超出了其职权范围，侵犯了农村集体经济组织的自主权，违反了"尊重历史、兼顾现实"的原则。第三人林志娟则依据《村民委员会组织法》第 27 条规定指出新村股份合作社所主张的村民自治不得与宪法、法律、法规和国家的政策相抵触。

经合议庭开庭审理，惠州市中级人民法院认为澳头街道办有权对林志娟是否具备集体经济组织成员身份的问题进行处理，但无权对集体收益分配问题作出处理，因为利益分配属于民事法律关系范畴，应通过民事诉讼程序解决。综上，惠州市中级人民法院作出如下判决：

一、维持惠州市大亚湾经济技术开发区人民法院于 2015 年 4 月 15 日作出的 [2015] 惠湾法行初字第 5 号行政判决第一判项；

二、撤销惠州市大亚湾经济技术开发区人民法院于 2015 年 4 月 15 日作出的 [2015] 惠湾法行初字第 5 号行政判决第二判项。[2]

澳头街道办、新村股份合作社与林志娟以"街道办是否有权确认集体成员资格并作出有标的的行政处理决定"为争议焦点展开的行政诉讼随着惠州

---

〔1〕 [2015] 惠湾法行初字第 5 号《行政判决书》，2015 年 4 月 15 日。
〔2〕 [2015] 惠中法行终字第 95 号《行政判决书》，2015 年 12 月 3 日。

市中级人民法院判决基本结束。

从法院的角度来看，街道办有且仅有对申请人是否具备集体成员资格的问题进行处理的权力。

（二）民事诉讼

然而，本案的一、二审法院对于当事人提出的"政府干预村民自治""村民自治与男女平等"问题并未给予正面的明确回应。对林志娟而言，其成员资格虽然得到了国家层面的确认，却依然被村小组排斥在外无法得到实际的集体利益分配。于是，林志娟在2016年又踏上了通过民事诉讼维权的道路。

2016年11月，林志娟向大亚湾区人民法院提起民事诉讼，请求法院判令被告新村股份合作社支付2012年7月至2016年10月合作社分配款共计50 500元并立即向其发放股权证。林志娟首先从事实层面指出其具备成为集体成员资格的事实条件，其次以澳头街道办于2012年作出的《行政处理决定书》已生效为由表明其成员资格已被确认，最后指出被告新村股份合作社拒不执行行政处理决定的行为属于非法剥夺原告的合法权益。对此，新村股份合作社辩称林志娟已通过在一次性补助表上签名的方式放弃了分配权，并且也已经领取了5000元的一次性补偿费，不得再行要求给予其分配款项。

大亚湾区人民法院经审理后于2017年4月10日作出一审判决驳回了林志娟的诉讼请求。法院的判决理由主要可以分为以下三方面：

首先，就被告新村股份合作社提出的林志娟因已在《一次性补助览表》上签字并领取补偿费而不得再要求分配款，法院认为：

> 原告丈夫在《岩前村村委会新村村小组外嫁女一次性补助览表》代原告签名，直接签署原告名字并领取一次性补助款的代理行为，符合法律规定，并且符合夫妻双方可以相互代理开展民事活动的社会生活实际和常理，原告也承认已收到该补偿款。惠州市大亚湾区澳头街道办岩前村新村村小组在制作《岩前村村委会新村村小组外嫁女一次性补助览表》前，已经召开各种会议对给予外嫁女一次性补助的具体内容作出了明确规定，并公布了相关人员名单。该补助表符合村民自治的相关规定，应认定有效。该补助表没有就给予原告一次性补助后的法律后果进行具体说明，但根据一次性补助的词义、该表格制作的背景情况及当地农村对待外嫁女问题的习惯性做法，可理解为原告愿意领取一次性补助款而放弃继续享受集体经济组织成员各种待遇和利

益分配。[1]

其次，就林志娟提出的澳头街道办于 2012 年作出的《行政处理决定书》确认其具有成员资格已生效，法院也予以确认。但是法院认为：

> 原告虽然享有被告集体经济组织成员资格，但其经济组织成员各种待遇和利益分配，已经在其领取惠州市大亚湾区澳头街道办岩前村新村村小组发放的一次性补助时放弃，不再享有。原告依约不得再行要求被告分配集体经济组织利益。

最后，就林志娟提出的要求新村股份合作社发放股权证的诉求，法院认为：

> 原告要求被告发放惠州大亚湾区澳头街道新村股份合作经济社股权证的诉讼请求，是惠州大亚湾区澳头街道办事处作出的行政处理决定事项，涉及具体行政行为的执行问题，不属于人民法院审理民事诉讼的范围，依法应予驳回。

一审判决作出后，林志娟因不服该判决上诉至惠州市中级人民法院，请求依法撤销一审判决并支持其原来的诉讼请求。林志娟提供的事实和理由主要包括以下五方面内容：

第一，林志娟认为，原审法院将一次性补助览表认定为上诉人领取一次性补助，系上诉人放弃其作为经济组织成员各种待遇和利益分配的意思表示，属于认定事实错误。林志娟方从文义解释的角度对"览表""补助"等词语进行解释，分析指出岩前新村村小组村民补贴览表只是一次领取分红、补助的收款确认表，并非被上诉人所称的上诉人愿意放弃集体经济组织成员分配权的补偿款。同时，该表及其他证据不足以证明双方存在过协商，因此原审法院对上诉人同意放弃经济组织成员各种待遇和利益分配的推定是完全不合理、不合法的。

第二，林志娟认为原审法院对其丈夫代签行为认定上，没有正确区分日常

---

　〔1〕 ［2016］粤 1391 民初 2660 号《民事判决书》，2017 年 4 月 10 日。

家事代理权权限，属于认定事实和适用法律错误。依据最高人民法院《关于适用〈中华人民共和国婚姻法〉若干问题的解释（一）》（当时有效）第 17 条的相关规定，林志娟认为本案诉争的涉及集体经济组织成员各种待遇和利益分配，是关系其安身立命的重大利益，已经超越了一般日常家事的范围，其丈夫无权代理，也无权替其作出处分行为。同时，其丈夫的代签行为也不构成表见代理。

第三，林志娟指出，新村村小组当时作出的相关会议决议、《章程》部分内容、一次性补助览表因违反法律的强制性规定而无效，原审法院的认定缺乏事实和法律依据。

第四，林志娟认为一次性补助览表并非其作出放弃集体经济组织权益和分配的意思表示的证明。鉴于 2011 年新村股份合作社与新村十几名外嫁女就集体经济组织权益分配问题达成一次性补偿协议，签订了《人民调解协议书》并进行了司法确认，林志娟认为只有按上述做法与外嫁女双方达成协议、经司法确认后或公证部门公证后，才能认定上诉人已经明确作出放弃集体经济组织权益和分配的意思表示。

第五，林志娟指出原审法院在判项中存在与事实不符的表述并掺杂了诸多个人主观猜测，且被上诉人篡改了相关证据，因此申请对作为《公开议事方案》的证据进行重新质证，以查明事实。

面对林志娟提供的事实和理由，被上诉人新村股份合作社依然坚持辩称一次性补偿是符合法律依据的，且林志娟在领取时也未提出异议和意见。被上诉人认为，既然林志娟已经领取了补偿款，已经认可了补偿方式，再要求新的补偿款便缺乏事实和法律依据。

经过合议庭公开开庭审理，惠州市中级人民法院于 2017 年 10 月 11 日作出二审判决驳回林志娟的上诉，维持原判。二审法院认为，该案的争议焦点为"上诉人丈夫代领补偿款的行为是否可视为上诉人放弃其经济组织成员的待遇和利益"。对此，二审法院给出如下理由：

首先，根据日常生活经验以及当地属于农村地区，夫妻双方相互代理开展民事活动符合常理及习惯，且上诉人亦于一审时承认收到该补偿款。上诉人的此项意见没有相应依据，本院不予采纳。

其次，根据上诉人提交的多份内容标明为各个时间段的村民补贴览表，其与《岩前村村委会新村村小组外嫁女一次性补助览表》的区别在于领取的款项是否属于含有终结双方权利义务关系的意义，通过对比，《岩前村村委会新村村小组外嫁女一次性补助览表》上面并未标明属于哪个时间段的补助，上诉人的签字行为代表其知晓该表的含义，因此对于上诉人该主张本院不予支持。

最后，补助表系经过了召开会议，明确规定内容，公布相关人员名单而产生的，若上诉人不服上述内容的决定，可拒绝在表格上签字并主张相关权力，现上诉人在该表签字的行为可视为上诉人愿意领取一次性补助款而放弃继续享受集体经济组织成员待遇利益，即双方当事人达成合意结果，现上诉人主张不予认可该表的签字，有违诚实信用原则。[1]

林志娟与新村股份合作社的侵害集体经济组织成员权益纠纷经过一审和二审，最终以林志娟败诉告终。但林志娟依然不服判决，认为一、二审查明事实不清，适用法律错误，于2018年向广东省高级人民法院申请再审，并重申了其在二审中的事实和理由。

广东省高级人民法院依法组成合议庭对林志娟的再审申请进行了审查，认为：

一、二审法院经查实认定，林志娟的丈夫在《岩前村村委会新村村小组外嫁女一次性补助览表》上代签名并领取一次性补助款，符合夫妻双方可以相互代理开展民事活动的社会生活实际和常理，且林志娟亦承认收到该补偿款，新村经济社作出《公开议事方案》《会议纪要》及《岩前村村委会新村村小组外嫁女一次性补助览表》系经召开会议，明确规定内容，公布相关人员名单而产生，林志娟不服上述内容可以拒绝签字，其签字后又不予认可有违诚信原则。一、二审法院据此判决驳回林志娟的诉讼请求，并无不妥。林志娟申请再审理由不成立，本院不予支持。[2]

广东省高级人民法院于2019年11月11日作出了驳回林志娟再审申请的民事裁定。

然而，林志娟与新村股份合作社的纠纷并未因此画上句号。法院虽然对

---

〔1〕 [2017] 粤13民终2340号《民事判决书》，2017年10月11日。
〔2〕 [2018] 粤民申231号《民事裁定书》，2019年11月11日。

林志娟与新村股份合作社就"林志娟丈夫代签代领一次性补助款的行为是否可视为放弃成员待遇"的矛盾点作出了明确判决，但却以发放股权证涉及具体行政行为的执行问题不属于民事诉讼受理范围为由驳回了林志娟请求判令发放股权证的诉求。对于林志娟而言，街道办于 2012 年作出的生效《行政处理决定》确认了其集体成员身份并作出了要求新村股份合作社发放股权证的行政决定，但新村股份合作社一直拒不执行。因此，林志娟又于 2021 年就关于"农村集体经济组织成员股权证的利益分红分配是行政诉讼还是民事诉讼？股权证和福利分配是分开还是共同诉讼？"的问题向大亚湾区人民法院信访反映。2021 年 3 月 17 日，大亚湾区人民法院作出以下回复：

> 你反映的问题属于法院立案审查的范畴，你可依法向法院提交起诉材料，法院将依法进行立案审查。[1]

据此，林志娟于 2021 年 4 月向大亚湾区人民法院提起民事诉讼，请求法院维护出嫁女合法权利不受侵害，依法判令被告新村股份合作社发给林志娟股权证。林志娟指出，发放股权证是农村股份合作经济社权利范畴，但新村股份合作社理事长却不依法依规发放股权证，至今仍拒绝将原告本人纳入股份经济组织成员股权身份内，严重侵害了原告的合法权益。对此，新村股份合作社辩称，林志娟已在 [2016] 粤 1391 民初 2660 号案中提出要求答辩人向其发放股权证的诉讼请求，一审、二审法院均已判决驳回其诉讼请求，其再审申请也已经被驳回，现又提出相同的诉讼请求，构成重复起诉，法院应当依法裁定驳回起诉。此外，新村股份合作社还认为林志娟要求其发放股权证的诉讼请求缺乏事实和法律依据，其指出：

> 答辩人在股份合作经济社成立后，只对第一批股东发放过股权证，此后并未再向任何股东发放股权证，股权证也不作为是否享受集体利益分红的依据，且现行法律法规并未规定股份经济合作社需向股东发放股权证，是否向股东发放股权证属于答辩人自治范畴，不涉及是否侵害集体经济组织成员权益事宜。[2]

---

〔1〕《关于信访人林志娟的信访回复》，2021 年 3 月 17 日。
〔2〕 [2021] 粤 1391 民初 1777 号《民事裁定书》，2021 年 12 月 7 日。

大亚湾区人民法院在听取当事人的陈述及举证质证情况，结合［2016］粤 1391 民初 2660 号生效民事判决书的基础上查清事实，依据最高人民法院《关于适用〈中华人民共和国民事诉讼法〉的解释》第 247 条的相关内容，于 2021 年 12 月 7 日作出驳回起诉的裁定，法院认为：

原告在没有新证据、没有发生新的事实的情况下就同一被告、同一事项再次提起诉讼，构成重复起诉，依法应当裁定驳回起诉。[1]

至此，林志娟的成员资格虽然得到了政府和法院的承认，但由于其丈夫在 2006 年代其在一次性补助览表上签名并领取 5000 元补助的行为，在与新村股份合作社多年的民事诉讼纠纷中，林志娟屡战屡败。

然而，在同一时期，林志娟同村的其他出嫁女与村小组就相似事由进行的民事诉讼却得到了法院的支持判决。[2]林志娟认为法院同案不同判有违公平正义，遂于 2022 年 4 月 10 日再次向惠州市中级人民法院提交《请求院长依法依规依职权启动（2017）粤 13 民终 2340 号再审程序申诉书》。其中，林志娟再次强调了《公开议事方案》、会议纪要、一次性补助览表等在内容上因违反国家关于妇女权益保障及《村民委员会组织法》的强制规定而无效，也不符合公序良俗，仅仅形式上符合意思自治，不能发生约束申诉人权利义务的后果。此外，林志娟还提交了新证据证实其在集体经济组织成员的待遇和利益并未因 2006 年的签名而丧失，并且指出澳头街道办于 2012 年作出的生效《行政处理决定书》也实质上对代签名行为予以变更，承认了其成员资格。

在向惠州市中级人民法院提交再审申请的同时，林志娟也向惠州市人民检察院申请监督。2022 年 8 月 29 日，惠州市人民检察院作出了《不支持监督申请决定书》，认为该案不符合监督条件，具体理由如下：

大亚湾区澳头街道办岩前村新村村小组为推动农村股份制改革，解决"外嫁女"集体经济利益问题，2005 年—2007 年，先后形成新村村小组《公

---

〔1〕 ［2021］粤 1391 民初 1777 号《民事裁定书》，2021 年 12 月 7 日。
〔2〕 根据［2016］粤 1391 号民初 2582 号民事判决书，在与林志娟同村的出嫁女林玉芳与新村股份合作社的纠纷中，大亚湾区人民法院认为林玉芳与新村村小组签订的协议因违反法律、行政法规的强制性规定而无效，判决新村股份合作社向林玉芳支付款项 30 940 元。新村股份合作社不服一审判决上诉至惠州市中级人民法院，中级人民法院判决驳回上诉，维持原判。

开议事方案》《岩前村村委会实现股份制股权分配有关问题会议纪要》《岩前村村委会新村村小组外嫁女一次性补助览表》《大亚湾区澳头办事处岩前村新村小组股份合作企业股份制章程》，对给予"外嫁女"一次性补助的具体内容作出了明确规定。该系列规定、约定经集体会议议定并公布，符合年代背景及当地农村对待"外嫁女"问题的习惯性做法。2006 年 1 月，大亚湾区澳头街道办岩前村新村村小组制作《岩前村村委会新村村小组外嫁女一次性补助览表》并公布相关人员名单，林志娟丈夫在《岩前村村委会新村村小组外嫁女一次性补助览表》代其签名并领取一次性补助款，该行为属于配偶之间相互代理开展民事获得，符合常理及农村地区传统习惯。"一次性补助"系包含领取一次性补助款而放弃继续享受集体经济组织成员各种待遇和利益分配的意思表示，签署该《岩前村村委会新村村小组外嫁女一次性补助览表》即表明双方当事人已形成合意。

民事主体可以按照自己的意愿依法行使民事权利。林志娟若不服上述内容的规定，可拒绝在表格上签字领取一次性补助款，并另行主张相关权利。林志娟虽经行政确认享有大亚湾区澳头街道办岩前村新村合作社集体经济组织成员资格，但其经济组织成员各种待遇和利益分配，已经在其领取大亚湾区澳头街道办岩前村新村村小组发放的一次性补助时作出放弃。据此，终审判决对林志娟要求再次分配相关权益的主张不予支持，并无不当。[1]

从既有的裁判结果来看，对于林志娟请求法院判令新村股份合作社支付分配款并发放股权证的诉求，法院一概不予支持。与街道办以一次性补助览表违反法律法规强制性规定为由干预村民自治，通过行政行为确认出嫁女成员资格不同，在林志娟案中，法院的态度则更为保守。当林志娟从实体层面反复强调村民决议、《章程》、一次性补助览表等因违反《妇女权益保障法》《村民委员会组织法》等强制性规定而无效时，法院则从程序的角度出发认为村小组的相关决议等都是经过明确规定并公布了相关人员名单，因而符合村民自治相关规定，应认定有效。法院在林志娟案中的审判思路与其在其他出嫁女类案的裁判结果存在差别，反映出法院在处理出嫁女纠纷时摇摆不定的

---

[1] 广东省惠州市人民检察院《不支持监督申请决定书》（惠市检民监〔2022〕44130000047号），2022 年 8 月 29 日。

态度。尤其当大亚湾区人民法院在 2022 年底对林志娟三位子女与新村股份合作社纠纷案作出判令被告发放股权证并分配集体经济收益的判决结果后，法院的裁判思路相较从前明显有所改变。这种变化进一步促使林志娟在用尽诉讼救济途径后，转而试图通过信访的方式实现自己的诉求。

六、信访的终结处理

在经历行政处理、行政诉讼、民事诉讼未果的情况下，林志娟于 2021 年开始向大亚湾区管委会、大亚湾区人民法院、惠州市中级人民法院等单位进行信访，希望政府、法院能够纠正错误裁判，支持其诉求，维护其合法权益。

2021 年 3 月 22 日，林志娟亲笔书写《投诉书》，认为作出［2016］粤 1391 民初 2660 号判决的大亚湾区人民法院法官罗英杰枉法裁判，不是以事实为依据，以法律为准绳，一、二审裁判理由令人费解，请求巡视组依法还其公道，让人民都能感受到法律公平公正。[1] 2021 年 4 月 21 日，中共惠州市委政法委员会向惠州市中级人民法院、大亚湾区区委政法委发放了《关于信访事项的转处函》，将林志娟的信访材料转交给中级人民法院和区委政法委，要求中级人民法院认真核查信访人反映枉法判决的情况、大亚湾区委政法委落实涉法涉诉信访属地主体责任。之后，惠州市中级人民法院将林志娟的相关信访材料转大亚湾区人民法院阅办。2021 年 5 月 3 日，大亚湾区人民法院向信访办作出《关于林志娟信访案件的情况说明》，其中梳理了林志娟案的审理过程，并说明：

> 涉及外嫁女案件的确属于信访强度大的案件，该案在立案时就考虑到了可能信访的问题。该案既经过了审委会决定，也经过了二审判决。要彻底解决当事人的心结，可能需要政府部门做好相关调解工作。[2]

2021 年 5 月 6 日上午，大亚湾区人民法院工作人员在立案庭办公室约访信访人林志娟。在了解基本情况后，区人民法院于 2021 年 5 月 7 日向惠州市中级人民法院立案庭作出了《关于［2021］惠市政群字第 45 号林志娟信访案

---

［1］ 参见《投诉书》，2021 年 3 月 22 日。
［2］ 参见《关于林志娟信访案件的情况说明》，2021 年 5 月 3 日。

件化解情况报告》。在该报告的"信访处理情况"部分，区人民法院指出：

> 对于信访人反映罗英杰法官枉法裁判问题，我院向罗英杰法官进行了核实。该案经我院审委会讨论决定，二审和再审都予以维持我院判决；且信访人除投诉信中对判决不满外，未提供证据证明罗英杰法官存在枉法裁判的情况。[1]

对于林志娟的信访诉求，大亚湾区人民法院与其约访并对其进行释法说理，告知其依法行使诉讼权利。2021 年 6 月 2 日，大亚湾区人民法院作出了《林志娟信访案件评查情况报告》，指出：

> 该案经承办人自评和我院评查专班评查：未发现案件程序和实体方面存在问题，未发现承办法官存在枉法裁判等纪律作风问题，但存在案件判后答疑工作解释不到位问题。[2]

在法院看来，林志娟提起信访的主要原因在于案件判后答疑工作解释不到位，因此建议在审理此类出嫁女案件时多做当事人的思想工作和法律宣传，统一裁判标准。但对于林志娟而言，其信访的主要诉求在于推翻原判。在自己诉求尚未得到支持的情况下，林志娟的信访并没有结束。2022 年 4 月 21 日，惠州市中级人民法院收到信访人林志娟的信访材料，反映其对判决不服，申请启动再审程序。随后，中级人民法院向大亚湾区人民法院发出《关于做好信访人林志娟信访工作的函》，指出：

> 林志娟向省高级人民法院申请再审、向检察院申请检察建议均被驳回，已穷尽诉讼程序，其所涉信访事项应识别为"访"。建议你院做好释法稳控工作，符合信访复查、信访评查、信访终结条件的，请及时启动相关程序。[3]

林志娟的信访材料再一次被转至大亚湾区人民法院处理。2023 年 2 月 2 日下午，大亚湾区人民法院对林志娟进行了询问接访，指出林志娟关于 [2016] 粤 1391 民初 2660 号案件已经多次信访，两级法院也多次接访，对其

---

〔1〕《关于 [2021] 惠市政群字第 45 号林志娟信访案件化解情况报告》，2021 年 5 月 7 日。
〔2〕《林志娟信访案件评查情况报告》，2021 年 6 月 2 日。
〔3〕《关于做好信访人林志娟信访工作的函》，2022 年 4 月 21 日。

进行释法说理，希望林志娟能息诉罢访。但林志娟坚持认为两级法院裁判错误，坚持信访，要求纠正错误裁判。接访结束后，林志娟表示拒绝在笔录上签字。[1]2月6日，大亚湾区人民法院作出《关于对林志娟信访案件进行复查的接访意见》，认为根据《广东法院涉诉信访工作规程（试行）》（粤高法[2021]110号）第43条的规定，信访人已穷尽诉讼程序，依法应当进行信访终结处理，信访部门建议进行信访复查。[2]

2023年5月9日，林志娟委托律师作为其代理人申请启动再审程序。5月12日，其代理律师向大亚湾区人民法院提交了《代理词》申请重新启动再审程序，对林志娟案进行再审改判。当天下午，大亚湾区人民法院就林志娟针对[2016]粤1391民初2660号的信访复查案件（案号[2023]粤1391访审1号）进行了信访听证。林志娟在听证会上表示：

> 经手的办案法官均是走形式、走过场，如果不是走形式、走过场，2006年是一次性补助，但不是放弃，我用我实际的行动维权也得到了澳头街道办的高度重视，收到行政决定书60天内发放股权证及分配集体经济利益，收到行政处理决定书后，新村村小组一不复议，二不上诉，新村村小组已经发放了2年的福利分配给我林志娟享有，这个一审已作为证据提交。在发放福利期间，我一直要求新村村小组发放股权证给我，街道办承诺帮我协调，但是协调2年以后，我依然没拿到股权证，街道办的负责人说奈何村小组不可，不可能说抓住村小组的手发放股权证给我，只有法院有权利要求发放股权证，叫我只能走民事诉讼，我只好走民事诉讼。[3]

同时，林志娟也再次重申了其在二审和再审申请中主张的事实和理由，并结合该案合议庭成员在同时期作出的同类型判决，认为法院判决认定标准不一致，明显属于相互矛盾、同案不同判。此外她还指出：

> 本案在惠州市人民检察院申请民事检察监督过程中，主办检察官陈勇就本案的相关司法观点咨询了惠州市中级人民法院民一庭庭长，民一庭庭长明

---

[1] 参见《询问接访笔录》，2023年2月2日。
[2] 参见《关于对林志娟信访案件进行复查的接访意见》，2023年2月6日。
[3] 《信访听证笔录》，2023年5月12日。

确表态该案为错案，具体的原因是，公开议事方案、会议纪要、一次性补助览表在内容上违反了《妇女权益保障法》及《村民委员会组织法》的强制性规定，依法属于无效文件。但陈勇检察官表示要考虑当时的历史沿革问题。[1]

从其陈述中可以看出，林志娟认为法院作出判决并非依法裁判，而更多是考虑维稳的因素一再驳回其合法诉求，维持原判，而原判决明显属于错案。但新村股份合作社却认为林志娟这是"领了钱都不承认的耍赖行为"。澳头街道办也陈述了其意见，表示：

我们在2012年的时候确认了林志娟的集体经济组织成员资格，我们认为资格和权益是两个法律问题，资格除非有丧失资格的法定理由，权益是可以放弃的，但资格是不能放弃的。[2]

在听证的过程中，双方还就新村股份合作社从2012年7月到2014年6月发放的23 200元款项究竟属于村集体福利分配款还是一次性放弃分配权利的补偿款产生了分歧。林志娟认为分配表上注明是"岩前村村委会新村村小组福利分配表"且每月分配金额与合作社村民领取的金额待遇一致，因此属于福利分配。但新村股份合作社却认为分配表落款处的签名不是村小组组长而是岩前村村委会干部，因此该款项的分配与经济合作社无关。林志娟表示这是由于村小组不愿意签所以由村委会代签。

林志娟的信访维权之路坚持到现在尚未有明确的处理结果。我们从审理林志娟信访案件的范磊明法官处了解到，目前由于惠州市中级人民法院的再审申请结果未出，[3]信访审查暂时中止。至于该案之后的发展走向如何，范法官认为：

现在股权证发放的问题已经属于民事案件的受理范围，我们觉得二审会作一个判决支持发放股权证。再审不好搞，主要是之前林志娟向高级人民法院申诉被驳回了。如果我们建议再审必须逐级再审。省高级人民法院当时驳

---

〔1〕《信访听证笔录》，2023年5月12日。
〔2〕《信访听证笔录》，2023年5月12日。
〔3〕 2023年9月惠州市中级人民法院进行了开庭，具体结果还没有出来。

回是因为没有类似的判决，但是现在出嫁女的（案件）多了，这种判决也就多了起来。[1]

七、结语

林志娟与新村股份合作社的纠纷经历了村民会议决议、街道办行政处理、法院司法裁判以及信访终结处理，历时十余年，过程极为曲折复杂。

在林志娟案中，出嫁女与村小组的利益分配纠纷本质上是村民自治与国家法律之间的矛盾。出嫁女们希望借助国家法律在坚持男女平等原则基础上对妇女权益保障作出的一系列强制性规定来维护自身合法权益，获得自己应得的利益。但在受传统观念影响颇深的村小组成员们看来，一方面出嫁女在出嫁后理所当然不能分享娘家村的利益，因为本村的利益是要留给本村子孙后代的；另一方面村集体经济收益属于集体所有，村小组通过制定村规民约、股份章程、村民决议等方式决定集体经济收益分配完全属于村民自治的范畴，政府不应干预过多。在利益的大蛋糕面前，个体与集体、平等与民主、法治与自治、法律与道德等法理问题相互碰撞，造成出嫁女与村小组间纠纷不断、持续对峙的僵局，新村村小组林组长认为这就是"传统和法律在打架，村民自治法和国家法在打架"。[2]在与岩前村村委会干部的访谈中我们还了解到，村小组认为目前村民们能够接受的解决方法还是一次性补偿，因为长痛不如短痛，若不能一次性买断，出嫁女的子女、孙子女等后续都会要求利益分配，而这将会导致更多的问题，对村里的和谐稳定产生更多负面影响。

通过对林志娟案整体性的梳理，我们认为，本案的核心主要在于以村民决议为表现的村民自治与以维护出嫁女财产权益为代表的国家法治之间的冲突，也即政治自由与性别平等的冲突。在村民自治与国家法治的关系中，作为政治自由的村民自治一方面由于深嵌于中国基层的土壤，显现出自下而上的协商治理优势；另一方面又因依靠宗族、差序格局、乡土习俗等维持治理，在一定程度上消弭了正式国家制度的规治力。[3]如何实现村民自治与国家法

---

[1] 大亚湾区人民法院范磊明访谈录，2023年7月11日。
[2] 林邵辉访谈录，2023年7月13日。
[3] 参见刘连泰、余文清：《村民自治与外嫁女平等权冲突的司法裁判逻辑》，载《浙江社会科学》2023年第7期，第40~50页。

治的平衡、构建和谐的社会秩序是解决出嫁女财产权益纠纷的关键。

从林志娟案的司法裁判结果来看，在行政诉讼中，法院基本肯定了行政机关具有确认集体成员资格的权力，但同时也考虑到政府不应过度干预村民自治，将发放股权证和支付集体经济利益分配款的权力保留在村民自治范畴内。但在该案的民事诉讼中，一、二审法院包括省高级人民法院的态度则变得更为保守。面对林志娟反复强调的村小组决议因违反强制性规定而无效的理由，法院巧妙地躲开了对于决议内容是否有效的争议，转而用程序合法证明决议有效，维护了村民自治的权力。同时，法院也没有正面回应出嫁女问题中最为突出的国家层面上男女平等的规定与村小组通过决议否认出嫁女资格及相应权益的矛盾，而是将焦点转移至代签代领行为是否有效上。在笔者看来，其中不乏对案件可能引起的不和谐因素的考量。然而，就目前的情况而言，法院的司法裁判、政府的处理结果均未能平息双方当事人的矛盾，甚至可能制造出更多的矛盾。

我们在与法院、政府相关工作人员访谈交流的过程中也了解到，多数人都认为村民应当有自治权，但自治也要在法治的框架内运行，不能违背法律的规定。其实这种普遍的认识早已被规定于《村民委员会组织法》第 27 条中。然而，实务中碰到的难题往往并非"无法可依"，而是"有法难依"。村民自治和男女平等同样被规定于我国《宪法》中，但在面对现实的出嫁女问题时，原则性法律条文的实际效力在琐碎复杂的事实面前便逐渐式微。从这一层面来讲，相关法律法规及政策的明确和细化是有必要的。例如，通过国家统一立法对农村集体经济组织成员资格认定的基本标准及程序作出规定，再由地方政府因地制宜地将具体标准或申请步骤细化，让法律法规能够落地生根，产生实效。

在林志娟案中，推动着林志娟不断寻求新的救济途径的除其自身外，还有政府和法院保守又含糊的态度和处理方式。政府出于维稳的考量更倾向于将问题推给法院处理。但法院对出嫁女纠纷也极为谨慎，起初以非平等民事主体为由不予受理，后来又发展出行政前置的处理模式，试图将矛盾抛回到政府。在村小组和出嫁女看来，这就是政府没担当、法院不作为。以信访为例，村小组普遍认为出嫁女之所以频繁信访其实就是抓住了政府想要维稳的软肋。从这一角度出发，解决出嫁女问题，还需要政府和法院端正态度，坚定立场，坚持原则。

　　总体而言，林志娟案是一起典型的出嫁女财产权益纠纷，对该案的梳理分析有助于我们更深入且全面地了解目前出嫁女的诉求，理解村小组的处境，掌握国家机关的处理方式。除本章讨论的较为宏观的村民自治与国家法治的问题之外，关于成员资格确认标准中的"义务"如何界定、成员资格确认后的分配从何时起算、出嫁女子女是否应当分配以及应如何分配等问题在实务中也亟待解决，需要后续更进一步的思考。

第四章
行政复议中的农村集体经济组织成员资格确认案件探析

▲

师　斌　等*

一、引言

农村集体经济组织成员资格确认案件在广东省惠州市大亚湾经济技术开发区 2020 年至 2022 年这三年的行政复议案件中占比最高，该类案件主要与"外嫁女"财产权益争议纠纷相关。

大亚湾区管委会 2020 年~2022 年这三年收到的行政复议申请，2020 年为 45 宗，2021 年为 97 宗，2022 年为 141 宗，数量逐年增多。这三年行政复议案件各种类型均有涉及，其中行政确认（主要为农村集体经济组织成员资格确认案件）130 宗、行政处罚 83 宗、行政不作为 15 宗、行政强制 9 宗、行政许可 9 宗、政府信息公开 3 宗、劳动保障监察 3 宗、投诉举报 15 宗、其他事项 11 宗。

大亚湾区行政复议案件发生于各单位，其中 2020 年街道办事处发生行政复议案件共计 21 宗，各区属单位发生行政复议案件共计 24 宗；2021 年街道办事处发生行政复议案件共计 51 宗，各区属单位发生行政复议案件共计 46 宗；2022 年街道办事处发生行政复议案件共计 53 宗，各区属单位发生行政复

---

* 本章执笔人为师斌、董华萍、刘彬、曾顺刚、刘政营、杨森玲、陈婉芝。节选自广东卓凡（大亚湾）律师事务所《关于惠州大亚湾经济技术开发区行政复议溯源治理法律调研报告》（2023 年 2 月）。

议案件共计 79 宗。各街道办事处发生的行政复议案件，主要为农村集体经济组织成员资格确认案件，其中 2020 年各街道办事处发生行政复议案件共计 21 宗，均为农村集体经济组织成员资格确认案件；2021 年各街道办事处发生行政复议案件共计 51 宗，其中 48 宗为农村集体经济组织成员资格确认案件；2022 年各街道办事处发生行政复议案件共计 53 宗，其中 40 宗为农村集体经济组织成员资格确认案件。

大亚湾区已出具《行政复议决定书》的行政复议案件处理结果以维持占比最高，同时也存在一定数量的撤改（撤销并责令重新作出、确认违法、责令履行法定职责等）案件。大亚湾区 2020 年发生的行政复议案件中，处理结果为维持的 24 宗，撤销并责令重作的 5 宗，终止审查的 4 宗，驳回的 8 宗，不予受理的 6 宗；2021 年发生的行政复议案件中，处理结果为维持的 55 宗，撤销并责令重作的 17 宗，确认违法的 3 宗，终止审查的 6 宗，驳回的 1 宗，不予受理的 10 宗，其他的 5 宗；2022 年发生的行政复议案件中，处理结果为维持的 34 宗，撤销并责令重作的 31 宗，确认违法的 3 宗，终止审查的 8 宗，驳回的 9 宗，不予受理的 18 宗，其他的 24 宗。2020 年大亚湾区撤改（撤销并责令重新作出、确认违法、责令履行法定职责等）类结果行政复议案件主要包括霞涌街道办事处作出的农村集体经济组织成员资格认定等；2021 年大亚湾区撤改类结果行政复议案件主要包括澳头街道办事处农村集体经济组织成员资格认定、区公安局作出的行政处罚；2022 年大亚湾区撤改类结果行政复议案件主要包括霞涌街道办事处作出的农村集体经济组织成员资格认定、西区街道办事处作出的农村集体经济组织成员资格认定及行政强制拆除、西区街道办事处作出的农村集体经济组织成员资格认定等。

由此可见，农村集体经济组织成员资格确认案件即涉及"外嫁女"权益争议纠纷为大亚湾区行政复议案件中数量最多的部分，需要认真对待。

"外嫁女"并非法律术语，而是来源于民间俗称，本章所论述"外嫁女"的意涵为：结婚后户口仍在原农村集体经济组织所在地，履行法律法规和组织章程规定义务的妇女；离婚、丧偶后户口仍在男方所在地，并履行集体经济组织章程义务的妇女。在具体的财产权益争议纠纷案件中，还当从广义的角度予以理解"外嫁女"的范围，其外缘包括：与本村村民结婚、户籍保留在本村的农村妇女；与本村村民离婚或丧偶但户籍保留在本村的农村妇女；

与外村村民（或外地居民）离婚或丧偶但户籍保留在本村的农村妇女；按照当地习俗招郎入赘且户籍保留在本村的农村妇女，以及享有本村户口的入赘女婿和"外嫁女"的子女等。

2023年2月，广东卓凡（大亚湾）律师事务所接受惠州大亚湾经济技术开发区管理委员会委托，开展行政复议溯源治理法律方面的调研工作，农村集体经济组织成员资格确认案件即为其中的重要方面。本章以这次调研为基础，对"外嫁女"财产权益争议纠纷的类型、"外嫁女"财产权益争议纠纷的原因、农村集体经济组织成员资格确认案件行政复议或诉讼多发的原因、行政机关处理农村集体经济组织成员资格确认案件面临的现实困境、解决建议等进行探讨。

二、"外嫁女"财产权益争议纠纷的类型

"外嫁女"问题作为基层社会治理难题，其主要表现形式为村集体以"村民会议决议""村规民约""村集体收益分配方案"等方式限制或剥夺"外嫁女"作为农村集体经济组织成员应享有的合法权益，"外嫁女"财产权益受到损害由此引发的纠纷和维权问题。"外嫁女"财产权益争议纠纷的类型主要包括土地承包经营权、宅基地使用权、征地补偿款分配、集体收益分配等方面。

（一）"外嫁女"的土地承包经营权无法实现或被剥夺

实践中村集体存在多种侵害"外嫁女"土地承包经营权的做法或现象，但归根结底，不外乎剥夺"外嫁女"的土地承包经营权或对"外嫁女"的土地承包经营权不予实现两种情形，即发包给本村女性村民的土地在其出嫁后村集体提前收回或村集体直接限制、禁止嫁入本村的"外嫁女"取得土地承包经营权。

（二）"外嫁女"取得宅基地使用权存在阻碍

"外嫁女"从法律规定上与其他村民同样享有宅基地使用权的申请权利，在条件允许的情况下亦可分得宅基地使用权。而在实际中，"外嫁女"在申请宅基地使用权时存在现实阻碍，村集体在分配宅基地时不平等分配现象十分突出，尤其在经济发达的区域，宅基地使用权能够带来巨大的经济利益，致使"外嫁女"申请宅基地使用权困难状态进一步恶化。

（三）"外嫁女"参与村集体征地、拆迁补偿款分配权受侵害

在城市化背景下，农村集体经济组织的主要收入来源已经并非传统农耕，征地拆迁补偿款所带来的巨额利益使得"外嫁女"在参与本村集体经济组织征地、拆迁补偿款分配及相关安置条件实现时易遭受其他村民阻挠，且主要以集体名义作出。村集体会认为其以村民会议的形式，所讨论出的排除"外嫁女"权益的征地补偿费的使用、分配方案合法且正当，"外嫁女"在参加村民会议时表达的观点和诉求能起到的作用微乎其微。

（四）"外嫁女"的集体收益分配权遭排斥

"外嫁女"在集体收益分配问题上时常遭受不公正待遇，俗称"外嫁女分红纠纷"。该纠纷是指根据法律、法规、政策规定，符合获得一次性股份配置、固化股权条件，虽嫁出本村，但因不同原因户口仍保留在本村的女性，因为未获所在村分红而产生的纠纷。集体收益分配纠纷是目前涉及"外嫁女"诸多权益纠纷中最为突出的问题，也是"外嫁女"权益受损害最常见的形式。

综上所述，"外嫁女"遭受的财产权益损害主要还是来自村集体，或由反对"外嫁女"实现合法权益的本村村民所形成的"群体意志"而造成的内部权益侵害，与一般的财产权益侵害行为截然不同。

三、"外嫁女"财产权益争议纠纷的成因

"外嫁女"财产权益争议纠纷的成因主要包括农村传统观念的影响、法律供给不足、村规民约与法律规定冲突、"外嫁女"财产权益救济机制有限、经济发展差异及巨大经济利益成为诱因等。

（一）农村传统观念的影响

传统观念对现代社会仍能起到重要的影响作用。在农村，"养儿防老""嫁出去的女儿泼出去的水"等重男轻女的观念依然存在，这些观念不仅影响着普通村民、村干部，甚至还包括农村女性及其家人。

"外嫁女"相较于能够"解释农村传统""定义农村道德"的其他村民而言处于绝对的劣势地位，这种地位差别绝非某一村的单独做法所能决定，而是受"大环境"影响。在"厌讼"思想的影响下，一旦"外嫁女"试图通过"外部"途径争取自身合法权益，便会产生不被其他村民甚至是亲人"接受"的顾虑，发生被群体排斥的风险。

（二）法律供给不足

法律供给不足主要为来自法律层面的保护不够充分、农村集体经济组织成员界定无统一标准。

（1）来自法律层面的保护不够充分。我国目前虽然已颁布、施行了如《农村土地承包法》《妇女权益保障法》《中共中央、国务院关于稳步推进农村集体产权制度改革的意见》等一系列法律法规、规范性文件和政策文件对"外嫁女"的合法权益进行保护，但尚未取得预期效果，其中很重要的原因是，前述规定只对"外嫁女"问题作出原则性规定，而缺乏具体操作指引，对于实现这些权利的程序性规定及救济途径亦未作明确规定，从而导致"外嫁女"财产权益保护在实际操作中存在一定难度。

惠州市和大亚湾区也相应出台过一些政策尝试解决"外嫁女"财产权益保护问题，如《中共惠州市委办公室惠州市人民政府办公室关于切实维护农村妇女财产权益的通知》《大亚湾农村集体经济组织成员资格界定办法（试行）》《关于进一步落实和保障农村出嫁女集体经济分配权益的实施意见（试行）》等文件，这些政策法规虽然在一定程度上缓和了由"外嫁女"财产权益保护问题引发的社会矛盾，但未能真正破解"外嫁女"难题。首先，相关政府部门在尚未厘清上位法对"外嫁女"财产权益设置具体要求的前提下，根据自身需要制定出一系列规范性法律文件，造成上位法与下位法之间冲突和矛盾交织，增加"外嫁女"在维权道路上的负担。其次，一些试行的规范性法律文件陆续超过有效期，而新的规范性法律文件尚未出台，试行办法所取得的良好经验没有通过"新法"予以固定，实际作用不大的规定也没能依据实践经验予以清理排除，导致法律和政策方面对"外嫁女"财产权益的保护并未起到实质作用，出现对"外嫁女"财产权益保护的法律供给不足现象。

（2）对农村集体经济组织成员的界定无统一标准。"外嫁女"能否参与集体经济组织收益分配，前提在于能否确认其为该集体组织成员。最高人民法院审判委员会认为：农村集体经济组织成员资格问题事关广大村民的基本民事权利，属于《立法法》第 42 条规定的情形，其法律解释权在全国人大常委会，不宜通过司法解释对此重大事项进行规定。因此，应当根据《立法法》第 43 条规定，就农村集体经济组织成员资格问题，建议全国人大常委会作出立法解释或相关规定。但时至今日，全国人大常委会并未作出关于农村集体经济组织成员资格界定的立法解释或相关规定。界定集体经济组织成员资格的标准在不同地方的实践过程中形成不同的标准或经验。

《广东省农村集体经济组织管理规定》第15条第1款规定："原人民公社、生产大队、生产队的成员，户口保留在农村集体经济组织所在地，履行法律法规和组织章程规定义务的，属于农村集体经济组织的成员。"以"户籍加履行义务"来界定成员资格。但在实践过程中也存在操作难度，产生了大量争议。

（三）村规民约与法律规定冲突

村规民约是依照国家法律、法规，适应村民自治需求，为维护本村社会秩序、公共道德等方面而共同商定的自我约束的行为规范。村规民约对于实现村民自治、维护地方风俗、维系乡村邻里关系等方面有重要的意义。村规民约须建立在"合法"的基础上，并非"法外空间"。一般来说，村规民约的制定需要经过"征集民意、拟订草案、行政审核、审议表决及备案公布"五个阶段。对于村规民约当中"不得侵害村民合法权利"的相关规定在《中华人民共和国村民委员会组织法》第27条中有所体现。

实践中，在涉及"外嫁女"问题上，以违法的村规民约损害"外嫁女"权益的现象较为常见，以村规民约对"外嫁女"的集体成员资格、分红权益、土地承包、宅基地使用等合法权益予以限制、挤压和剥夺。村规民约违反法律规定损害"外嫁女"权益实质上是村民自治与法律规定之间的冲突。

（四）"外嫁女"财产权益救济机制有限

目前广东省的法院排除通过民事方式直接解决"外嫁女"财产权益纠纷的途径，只通过行政诉讼间接地导入政府前置审查或"预审"程序处理，因为法律没有授权法院审查村集体决定的事项，但依据行政诉讼法，法院完全可以审查乡镇人民政府作出的具体行政行为是否合法，在导入行政前置程序的情形下，只是审查了乡镇人民政府作出的行政决定。

因此，救济途径有限，导致"外嫁女"问题的压力集中到乡、镇人民政府或街道办事处。

（五）经济发展差异及巨大经济利益成为诱因

不同地区的经济发展存在较大差异。在一些经济发展靠前、集体资产雄厚的区域，农村集体经济组织所能掌握的资源越来越多，农民已经可以以股份分红为主要经济来源，农村集体经济也越来越壮大。

在巨大经济利益的诱使下，"外嫁女"及其配偶、子女自然而然趋于选择有利的户籍及居住生活条件，而农村集体经济组织其他成员亦会基于维护自身利益而产生损害"外嫁女"权益的"群体意志"。

四、农村集体经济组织成员资格确认案件行政复议或诉讼多发的原因

通过对大亚湾区农村集体经济组织成员资格案件行政复议及行政诉讼案例进行分析，我区农村集体经济组织成员资格案件复议或诉讼数量多的原因主要包括村规民约与法律法规的冲突、村民自治范围与法律法规的冲突、司法裁判及地方实践不一致、法律法规规定不明确导致案件预期差异大、行政机关对程序与实体问题认识错误等几个方面：

（一）村规民约与法律法规的冲突

通过查阅汇总我区行政复议及诉讼案件卷宗材料可知，在大部分农村集体经济组织成员资格认定案件中，村委会（小组）对街道办事处作出的行政处理决定不服提起行政复议或诉讼的理由均为本地长期以来的风俗，"外嫁女"不享有本村集体经济组织成员集体利益已是共识，且已通过村规民约的方式对涉及"外嫁女"财产权益的分配进行了约定，其认为街道办事处认定"外嫁女"属于集体经济组织成员，违背了村民自治原则，损害了村民合法集体利益。但上述村规民约中相关内容明显与现行法律法规的规定相冲突。

《村民委员会组织法》第 27 条第 1 款、第 2 款规定："村民会议可以制定和修改村民自治章程、村规民约，并报乡、民族乡、镇的人民政府备案。村民自治章程、村规民约以及村民会议或者村民代表会议的决定不得与宪法、法律、法规和国家的政策相抵触，不得有侵犯村民的人身权利、民主权利和合法财产权利的内容。"村规民约在不违反国家法律规定的情况下，应尊重村民的自治行为，但悖于国家法律的村规民约条款则不应适用。《妇女权益保障法》第 56 条第 1 款规定："村民自治章程、村规民约，村民会议、村民代表会议的决定以及其他涉及村民利益事项的决定，不得以妇女未婚、结婚、离婚、丧偶、户无男性等为由，侵害妇女在农村集体经济组织中的各项权益。"因此，在村集体抑或"外嫁女"提起行政复议、行政诉讼，村集体以村规民约相关条款作为辩驳主张"外嫁女"不能享受村集体利益分配的，均不能得到支持。由此，村规民约与法律的冲突导致争议矛盾长期存在。

（二）村民自治范围与法律法规的冲突

在大亚湾区的农村集体经济组织成员资格确认案件中，村委会（小组）普遍认为农村集体经济组织成员资格认定系属于村民自治范围内，应由村集体在法律规定的范围内，根据本村村规民约和自治章程进行认定。

我国农村实行村民自治，村民委员会是基层群众性自治组织，由村民委员会管理本村事务，自主决定村集体有关权益分配问题，属村内公共事务。乡镇人民政府不得干预村民自治范围的事项是《村民委员会组织法》的基本原则，但村集体行使自治权应当在法律法规规定的范围内行使。农村集体经济组织成员资格涉及村民基本权利，应当由法律进行规定，其认定不应属于村民自治范围。

（三）司法裁判及地方实践不一致

大亚湾区农村集体经济组织成员确认案件中，村委会（小组）通常会援引最高人民法院司法裁判观点，认为街道办事处不具有认定农村集体组织成员资格的职权。

广东省的司法实践普遍认为，乡镇（街）一级政府具有确认农村集体经济组织成员资格的法定职责，其法律依据主要包括：《村民委员会组织法》第27条、《地方各级人民代表大会和地方各级人民政府组织法》第73条、《广东省农村集体经济组织管理规定》第4条。广东省高级人民法院2021年2月25日亦作出［2020］粤行终2346号《行政裁定书》认为，确认农村集体经济组织成员资格是镇、街一级政府的法定职责。

但最高人民法院曾就农村集体经济组织成员资格认定作出［2019］最高法行申13764号、［2020］最高法行申4278号裁判，认为现有的法律、法规并未授权行政机关可以确定农村集体经济组织成员的资格。对村民是否具有本集体经济组织成员资格的认定，不属于行政机关职责范围。

最高人民法院司法裁判与地方实践存在的不一致，使各主体认识存在偏差，导致涉及农村集体经济组织成员资格认定的争议长期存在。

（四）法律法规规定不明确导致案件预期差异大

如上所述，我国当前法律法规对农村集体经济组织成员资格问题仅作出原则性规定，而缺乏具体操作指引，对于实现这些权利的程序性规定及救济途径亦未作明确规定。大亚湾区出台的一些政策也存在上位法与下位法之间冲突和矛盾，未能及时更新完善的情况。

法律法规规定不明确，导致不同主体之间对案件的预期差异过大，容易产生纠纷矛盾、行政相对人对处理结果不服而提起行政复议或诉讼的情况多发。

（五）行政机关对程序与实体问题认识错误

大亚湾区有部分农村集体经济组织成员资格确认案件，街道办事处不予受理，行政相对人提起行政复议，复议机关决定维持，但在行政诉讼阶段被人民法院判决撤销并责令重作。

该部分案件中，行政相对人与村小组签订了《人民调解协议书》，约定领取一次性补偿款后不再要求参与该村小组集体经济权益分配，并经人民法院司法确认。行政机关以此为由对于其确认农村集体经济组织成员资格的申请不予受理。

行政相对人提起认定申请，系法律法规所赋予的程序权利，行政机关应当依法履行职责予以受理。行政机关受理申请后，根据事实和法律作出相应认定，是实体问题。《人民调解协议书》的签订和履行不能阻却行政机关依法履行职责。行政机关错误认识程序与实体问题，导致其作出《不予受理决定书》，引发行政纠纷，从而发生行政复议及诉讼。

五、行政机关处理农村集体经济组织成员资格确认案件面临的现实困境

从大亚湾的实践来看，行政机关处理农村集体经济组织成员资格确认案件面临的现实困境涉及行政机关面临社会治理难题、部分行政机关处理该类案件缺乏长效机制、村委会（小组）不积极配合调查工作、所涉利益重大故案件调处难度大等。

（一）行政机关面临社会治理难题

如上所述，"外嫁女"财产权益保护问题往往体现为"外嫁女"与村委会（小组）及农村集体经济组织其他成员的矛盾，因此，行政机关在处理农村集体经济组织成员资格确认案件时，往往面临着与"群体意志"对抗、可能导致群体性事件的难题。

另外，处理该类案件的乡、镇人民政府或街道办事处，与村委会（小组）

在行政工作上具有直接紧密的联系，在案件处理过程中引发对立矛盾可能增加基层治理工作的困难。

（二）部分行政机关处理该类案件缺乏长效机制

农村集体经济组织成员资格确认为依申请处理的案件，其特点往往根据当地社会经济发展而体现为时间上特定阶段性、数量上群体集中性，可能在某段时期未发生或极少发生，在某个时间集中发生，部分行政机关难以建立处理该类型案件的长效机制，而存在工作人员随机安排，工作流程遵循的经验的情况，加大了案件处理的难度。

（三）村委会（小组）不积极配合调查工作

农村集体经济组织成员资格确认案件处理过程中需要开展大量的调查工作，而村委会（小组）对于调查可能会采取不予合作或消极配合的方式，例如在提供资料或做笔录方面拒绝或拖延等，甚至引导、放任本集体经济组织成员干扰行政机关办案，增加了调查难度，也容易导致处理结果存在争议而引发复议或诉讼。

（四）所涉利益重大故案件调处难度大

农村集体经济组织成员资格确认往往事关征地、拆迁补偿款或集体收益分配，所涉及的经济利益重大，因此案件中矛盾突出，调解处理的难度大。

六、解决建议

农村集体经济组织成员资格确认案件处理即"外嫁女"财产权益纠纷的解决是一个系统的工程，需要耐心沟通，达成合意，组织、引导、监督村民合法行使自治权，修订村规民约等自治规范，并进一步加强调解工作，进一步加强法制宣传及教育工作，对农村集体资产进一步加强监督管理，制定和推行农村常用法律文书范本。

1. 组织、引导、监督村民合法行使自治权

根据《村民委员会组织法》第5条的规定，乡、民族乡、镇的人民政府对村民委员会的工作给予指导、支持和帮助。宪法和法律赋予农村享有法定范围的自治权，即村集体、村民在行使自治权时须以不违背法律法规作为前提条件，因此组织和引导村民合法行使自治权还应建立在有效的监督制度上。

1. 协助、指导、监督制定完善符合法律规定的村规民约和自治章程

首先，大亚湾区该类案件行政复议、诉讼中，村小组/经济合作社在陈述理由时普遍认为，根据《广东省农村集体经济组织管理规定》第 4 条之规定，村小组/经济合作社在制定村规民约、章程时有充分自主权，无论是村民资格认定，还是村民利益分配，均可通过章程进行约定。且大部分村民主观印象认为"外嫁女"属于外村人，不具备分配资格，因此绝大部分村规民约/章程对"外嫁女"及其子女的分配权予以限制。

其次，村小组/经济合作社制定的村规民约、章程并未经有关部门指导，未参考专业法律意见，且制定时草拟的内容、条款过度依赖于部分村干部的固化思维。

另外，部分行政机关对村规民约、章程制定的监督存在滞后性。相关部门往往在村规民约、章程制定完毕，且发生纠纷后，才发现此类问题的严重性，但此时引导修改村规民约、章程的困难已大大增加，这导致村民内部矛盾难以调和，通过行政复议、诉讼救济的概率大大增加。

因此，政府职能部门宜协助、指导、监督各村集体制定其村规民约和自治章程或修订相关条款，保证其在不违反法律法规规定的前提下行使村集体、村民自治权。

2. 制定相关指导性意见，并在事后从依法依规、行政管理的角度进行监督

政府部门制定相关指导性意见时可从以下角度着手：

第一，明确村民资格必须在符合法律法规及国家、地方政策规定的前提下进行。第二，明确乡、镇政府或街道办对于村集体、村民行使自治权的行为有权进行引导和监督。如政府发现村民自治权的行使有违反现行法律规定、侵害宪法和法律赋予村民的人身权利、民主权利和合法财产权利等内容时，有权责令纠正或废止。第三，设定重大事项的报告制度和会议列席制度。在充分尊重村民自治的前提下，要求村集体在召开村民大会、村民代表大会之前就部分重大事项提前向乡、镇政府或街道办书面报告。乡、镇政府或街道办有权视情况选择是否派员参加，派出参加会议的人员不参与村民表决等自治事项，仅对内容及程序的合法性进行指导和监督。第四，明确农村妇女有权依法参与农村重大事项的决策程序，根据村集体在册成员的实际情况，要

求村集体在表决程序召开前的合理期间内，向女性集体经济组织成员出具或有效作出该成员参加集体决策程序的通知。第五，村民委员会作出的关于重大事项的决定应依法向乡、镇政府或街道办备案，经乡、镇政府或街道办或司法行政部门审查，该表决事项中或决定中的违法部分不得实施。

（二）进一步加强调解工作

全国人大常委会正在制定《农村集体经济组织法》，公开征集意见的草案中的第 17 条涉及对农村集体经济组织成员自愿退出的内容。尽管该法律尚未出台，但其内容也可以给行政机关调解处理农村集体经济组织成员确认案件提供思路和方向。

针对该类案件所涉利益重大，争议矛盾突出的情况，行政机关可以在总结以前部分村委会（小组）与"外嫁女"签订《人民调解协议书》的经验基础上，以农村集体经济组织成员自愿退出，获得适当补偿或在一定期限内保留权益的思路，充分利用行政机关、社会组织、村（社区）法律顾问等平台或主体，加强调解工作。

（三）进一步加强法制宣传及教育工作

"外嫁女"财产权益保护问题本质上是传统观念与现代法治的矛盾冲突，若能从根本上转变农村对于"外嫁女"的看法，将路径转向农村内部治理方向，可以尽可能地减少"外嫁女"问题的案件数量。但观念的转变不仅需要法律的引导和规制，还需要时间和全社会的共同努力。政府机关应加强法制宣传及教育工作，通过工作人员、法律顾问、律师进乡进村居开展系列普法宣传，并将此等宣传教育作为常态工作定期开展，逐渐改善"外嫁女"财产权益保护现状。

（四）制定和实行村（居）及村（居）干部奖励政策

对于村集体在依法依规、符合现行政策精神的前提下，妥善解决"外嫁女"财产权益保护问题的，给予一定的奖励。例如，给予财政、规划、招商引资、基础设施建设等方面的政策优惠和支持。对村集体奖励的同时，可以通过文件方式对响应政策、妥善解决"外嫁女"的村干部给予一定的精神（政治荣誉）和物质奖励。

（五）对农村集体资产进一步加强监督管理

政府部门加强对农村集体资产、资源和资金使用的监督管理，防止出现村、集体经济组织资产流失情况或因违法集体决策行为招致的不利法律后果。

（六）制定和推行农村常用法律文书范本

为引导村集体在制定村规民约、集体经济组织章程、签订协议等事项更加符合法律规定，降低"外嫁女"的合法权益受损害的风险，保障"外嫁女"与村集体就集体分红等事项所签订协议的效力，宜推行我区农村常用法律文书范本。

七、结语

大亚湾区农村集体经济组织成员资格确认行政复议案件逐年增多，这是大亚湾区社会经济快速发展以及人们法律意识普遍提高的必然结果；一方面是政府依法行政的成果，另一方面也是法治政府建设过程中必须面临的挑战。

在大亚湾区行政复议案件中，农村集体经济组织成员资格确认案件数量多且引发争议和社会影响大，需要认真总结、全面分析，通过耐心的思想工作达成村民合意，在修订村规民约基础上解决"外嫁女"财产权益纠纷，做到男女平权，依法实现个人与集体的利益平衡，维护基层治理秩序，推进大亚湾和美之治建设。

第五章
农村"外嫁女"财产纠纷解决的路径探究

————————————▲————————————

杨海霞 *

一、引言

"外嫁女"是极具传统生活意味的概念。传统意义上的"外嫁女"往往是指站在原生家庭立场的已经出嫁的女性。女性离开原生家庭,成为另一个家族或地理实体的成员,由于"重男轻女"思想的影响,"外嫁女"常被认为是"泼出去的水"而隔断与原生家庭或地区在经济、政治甚至社会地位方面的关系。在此语境下,"外嫁女"不仅面临与原生家庭分离的情感挑战,还需要重新适应新家、新环境带来的文化差异。

我国农村经历了从计划经济到市场经济的转型,实现了工业化、农业现代化和城镇化的发展。政府通过实施一系列政策和措施,使得农民的生活水平有了显著提高,农村基于土地,特别是经济发达地方的农村的村民资格代表着巨大的经济利益,成员资格自然也成为利益博弈的对象。这个过程中,农村妇女的身份地位较之以前有了极大提升,但其合法权益被侵害的案例却也屡屡见诸报端。因传统男权思想的影响和村内利益的考虑,有些村会在村规民约中直接排除"外嫁女"的各种权利,于是产生了新时代的"外嫁女"难题:根据中国的户籍制度,女性一旦外嫁,通常会被认为婚后将到男方家

* 杨海霞,广州商学院法学院副教授,主要研究方向为司法制度与调解。本文为广州商学院 2022 年度校级质量工程项目"校政合作模式下人民调解制度与实务课程教学改革与实践"(编号:2022JXGG23,主持人:李苑)的阶段性成果。

落户居住，户籍也将从娘家迁移到夫家。如此外嫁女就会丧失分配娘家集体土地等权利的资格；而嫁入夫家后，由于夫家村集体组织的各种情况，按当地的村规民约，她同样无法获得相应的土地承包等权益，从而形成"两头空"现象。[1]

从全国法院的裁判数据来看，"外嫁女"财产纠纷呈逐年上涨趋势，这反映了基层社会治理中现代女性权利意识的觉醒，也是农村经济发展过程中利益分配不公平的折射。就笔者所在的广东地区，各种村规民约对于"外嫁女"权益的剥夺不胜枚举。例如：广东省广州市黄埔区汤村村民女子张萍（化名）出嫁后，被原生村（汤村）剥夺村民资格，无权分配村里涉及土地的相关权利，也拿不到村里父母遗留房屋的征地补偿款。虽然这种事情并非第一次发生（该村规民约已经执行十几年了），但张萍并没有选择沉默，而是向法院提起了诉讼，但广州两级法院都以征地补偿费的使用和分配属于"村民自治的事项"为由驳回了张萍的起诉。[2]据笔者了解，在广州因"外嫁女"身份而无法享有和同村男子一样权利的"外嫁女"案件并不少见，但终因"司法避让"或举证困难，使得诉讼维权步履维艰；即使偶有胜者，也因村民委员会不配合执行等情况使得这些"外嫁女"权益难以被真正落实。

"外嫁女"作为农村妇女权益保护的焦点，一直是国家高度关注的问题。2023年12月22日，全国人大常委会法工委发言人臧铁伟就曾介绍，为防止外嫁女等集体经济组织成员权益的"两头空"，《农村集体经济组织法》草案二审稿增加规定："农村集体经济组织成员结婚，在新居住地的农村集体经济组织未取得成员身份的，原农村集体经济组织不得取消其成员身份。"同时，为了更好地保护农村集体经济组织中妇女的合法权益，在草案原有规定的基础上，草案二审稿要进一步明确妇女享有与男子平等的权利，不得以妇女未婚、结婚、离婚、丧偶、户无男性等为由，侵害妇女在农村集体经济组织中的各项权益。另外，2021年9月，国务院新闻办公室发布的《国家人权行动计划（2021—2025年）》也明确指出要保障农村妇女平等享有土地承包经营

---

〔1〕　农业农村部部长韩长斌在2020年4月26日第十三届全国人民代表大会常务委员会第十七次会议上所作的国务院《关于农村集体产权制度改革情况的报告》明确批评部分地方工作不规范，指出"少数地方在确认集体经济组织成员身份时，没有充分尊重历史、合理兼顾现实，将户籍仍在本村的外嫁女排除在外，造成'两头空'现象"。

〔2〕　该案件为笔者在黄埔区中新法律服务大厅值班时当地村民张萍（化名）咨询的案件。

权、宅基地使用权等不动产权益，平等享有集体经济组织收益分配、土地征收或征用安置补偿权益。[1]这表明"外嫁女"财产纠纷所引发的问题已经受到国家立法的关注。

对"外嫁女"权益的保护涉及宪法中男女平等原则的落实、法律与村规民约的融合与冲突以及身份权利的确定标准等诸多方面，是一个比较敏感的法律问题，更是农村发展中创新与高质量发展必须面对和解决的问题，是关涉农村妇女财产权益保障的大问题，具有重要的理论意义和现实紧迫性，需要从新的视角进行探究。

二、农村"外嫁女"财产纠纷的产生

有利益的地方就有博弈。随着新农村的建设，农民生活质量的大幅度提升和乡村振兴持续发力，农村以土地为主的资源所带来的利益分配的博弈愈演愈烈——在政府与村委之间、村委与村民之间，除了涉及民生的基础设施投入与改善外，还存在着暗流涌动的利益之争。所谓的"新农村"也不仅仅是外观上的"越来越现代"和农民生活的富足，还应该包括对打破农村传统生产关系，向现代平等、包容等时代精神的建设与转换方面。在这个过程中，国家力量应该破旧立新，起好引导与匡正的作用。但实际的情况是有些地方由于经济发展太过迅速，地方更多的精力放在土地利益上而无暇顾及农村经济配套生产关系的提升，导致地方政府的"行政职权"在与"村规民约"的自治权博弈过程中式微。例如在对待"外嫁女"财产权益的问题上，行政权与司法权常常就以"村民自治"为理由来搪塞和拒绝。在这个博弈过程中，地方政府往往不想因"外嫁女"问题而和村委交恶，毕竟旧村改造、土地流转都需要村委的支持与配合。可以说在"外嫁女"纠纷化解的过程中，涉及的利益博弈是多方面的，包括家庭成员之间的权益争夺（如兄弟姐妹之间的土地房屋继承纠纷等）、村庄社区层面对集体经济组织成员资格的界定、行政与司法层面的法律适用和政策执行，以及社会文化层面传统观念与现代法律价值的冲突。这些利益博弈不仅反映了个体与集体、传统与现代之间的矛盾，也体现了法律与实践、政策与执行之间的差距。

---

[1] 中华人民共和国国务院新闻办公室：《国家人权行动计划（2021—2025年）》，人民出版社2021年版，第41页。

（一）"外嫁女"纠纷的现状

近几年"外嫁女"纠纷在不同程度上反映了农村妇女在平等享有村集体权益过程中受到歧视的现状。截至 2024 年 5 月，在中国裁判文书网输入关键词"外嫁女"，共检索到 33 272 篇裁判文书，其中民事案件为 24 834 件，涉及土地征收的占 7430 件，涉及财产权益和身份权益等纠纷被驳回的占 6386 件，占总案件量的 40% 以上。[1]另外自 2022 年 1 月至 2023 年 9 月，检察机关共办理涉妇女权益保护行政检察案件 4000 余件，其中包含一定数量的涉及外嫁女权益的案件。[2]这些纠纷都不同程度涉及对农村集体经济组织中"外嫁女"权益的保护问题，包括农村集体经济组织成员身份确认、土地承包经营、征地补偿或者征用补偿以及宅基地使用权等方面。

仔细查看这些涉外嫁女问题的裁判文书，其争议焦点往往集中在"外嫁女"是否能够在出嫁后继续享有她们户口所在地的同其他村民一样的土地征收补偿、分红等利益，其中又可以分成两种情况：一是虽然出嫁，但户口未从原生村迁出，可否在原生村继续享受和出嫁前一样的村民待遇；二是户口从原生村迁出嫁入村后，能否如嫁入村村民一样享受平等的上述权益。上述有些案件就是农村女性一旦出嫁，原生村就剥夺了她们的村民成员资格和上述权益，而夫家的村规民约又约定外嫁本村女性区别享有本村权利，从而出现前文所述"两头空"的事实。总结以上各种案件背后的真实诉求都是围绕农村土地上的经济利益而展开的，而这个经济利益的有无界限又在于村民成员资格的界定标准。也就是说"外嫁女"财产问题深层次上主要集中在以平等权为主的成员身份的界定上，它决定着"外嫁女"能否继续参与该集体所有土地的承包、能否申请并享有宅基地使用权、能否参与被征用土地的补偿分配等村集体内部重要的财产利益分配等重大事项，关系着"外嫁女"的财产权、生存权和发展权。

（二）"外嫁女"财产纠纷产生的根源

"外嫁女"财产纠纷产生的根源之一在于传统村治模式的影响。传统的农村女性通常没有独立的社会地位，婚姻往往被视为女性从属于男性的一种社

---

〔1〕　来自于中国法律文书网 2024 年 5 月 17 日搜索数据。

〔2〕　刘璐：《保障"外嫁女"合法权益！两部门发布 6 件涉土地典型案例》，载 https://www. thepaper. cn/newsDetail-forward_25139670，2023 年 11 月 1 日最后访问。

会安排。女人出嫁夫家后被认为是夫家的一部分，其权益和地位都受到夫家习俗的强烈影响。正如费孝通先生在《乡土中国 生育制度》中所述，作为社会继替原则的亲属体系只能是单系偏重而不能是双系的。[1]现在的中国农村，仍旧以父系继替方式实现社会继替单系偏重的规律，这是"男婚女嫁"习俗形成的重要根源。而"男婚女嫁"习俗又形成女人出嫁从夫，不再享有本村的土地权益，而应在夫家享有这些权益；但与此同时，嫁入村如果存在宗族单一性的要求（这种要求也符合村中绝大部分人的经济利益诉求），也往往会拒绝保护"外嫁女"的权益。甚至有部分坚决要求保持单一、纯洁性的村落宗族认为"外嫁女"及其子女是外家人，如果让其获得与本村家族其他人同样的待遇，长此以往会动摇家族之本，甚至导致本族的生活习惯、传统文化和权力结构发生改变。为了坚守"土地家族内转"，维护家族土地的完整和守住祖宗基业，即使明知排除"外嫁女"财产权益的非法性仍然坚持己见。其实，无论是基于传统思想的影响还是说不出口的经济利益博弈，嫁入村从根本上是排斥"外嫁女"的，她们一直都被视为外村人，为了防止她们分享本村利益，村委能想到的最好办法也就是在村规民约中排除"外嫁女"的成员资格，以此使用群体和所谓"自治"的力量来完成对本族土地财产权益的独享。

根源之二在于相关立法的缺位和法理内部的隐形冲突。法律对于外嫁女的成员资格并没有统一明确的规定，这就导致直到如今这个资格问题一直都是村规民约的规定范畴。自 1987 年颁布《村民委员会组织法（试行）》、1998 年修订为《村民委员会组织法》以来，村民自治都是一项重要法律制度。上述对"外嫁女"财产权益的限制与剥夺基本上都是以村规民约的方式呈现并实施的，表面看来具备村民自治的合法性，所以有学者提出，这一轮的"外嫁女"分配歧视是村民自治下的产物。[2]但从国家基本立法如《宪法》《民法典》来看，对于村规民约排除的"外嫁女"的各种权益而剥夺成员资格的情形明显违背了"男女平等"的精神内核，存在认定成员资格时对特定农村女性的歧视之嫌。根据最新修订的《妇女权益保障法》，妇女在土地承包

---

〔1〕 参见费孝通：《乡土中国 生育制度》，北京大学出版社 2008 年版。

〔2〕 田岚等：《司法介入"外嫁女"土地权益纠纷：困境与出路》，载胡云腾主编：《法院改革与民商事审判问题研究——全国法院第 29 届学术讨论会获奖论文集》（下），人民法院出版社 2018 年版，第 907~908 页。

经营、宅基地使用等方面,享有与男子平等的权利。涉及村民利益事项的决定,不得以妇女未婚、结婚、离婚、丧偶、户无男性等为由,侵害妇女在农村集体经济组织中的各项权益。因此"外嫁女"权益之争到底应该是符合法律的精神规定还是留给村民自治就成为一个问题。而且"外嫁女"纠纷的处理不仅仅要符合现代法律"男女平等"的精神要求,也需彰显法律权威,更是要兼顾村民自治和农村发展的重大问题。

(三)"外嫁女"财产纠纷解决的司法困境

因"外嫁女"成员资格问题而引发的纠纷是地方政府治理难题之一。为了维护社会稳定,地方党委和政府是期望法院能介入来平息和权衡这些纠纷,然而法院考虑到接受这类纠纷可能带来的执行难题,[1]以及可能对法治精神产生的负面影响,因此面临着是否受理的困境。一方面,不受理或不保护有违法治精神和对"外嫁女"诉权的保护;另一方面,受理并裁判又可能骑虎难下:一是村规民约的司法审查难以拿捏,二是对于村委的执行并非一次能够完成,如果村委不配合,判决很难切实执行。在这种情况下,法院采取了一种策略性的应对方式,即推给当地政府解决,解决不了则通过行政诉讼来审查政府的决定。这种"曲线救国"的方式确实避免了法院直接陷入复杂的纠纷泥潭。[2]一边是严肃的国家法律法规与政策,另一边是国家法允许下的基层村民自治,因此法院采用"明哲保身"的消极避让策略不予受理该类案件,其驳回理由一是认为应该由村民自治决定,二是认为应由行政机关确认。法院认为处理"外嫁女"纠纷在法律上存在障碍,因此作出不予受理或是驳回起诉的决定来避让或交给当地政府解决。[3]这种技术性"避让"确实解决了法院面对这类案件时的尴尬,但"外嫁女"财产纠纷依然存在,根本问题未曾解决。从社会矛盾理论的范畴来看,当群众维权的正规途径无法走通时,矛盾激化的现象便自然发生,从而可能导致不满和矛盾加剧。

---

〔1〕 如果法院直接判决村规民约排除"外嫁女"成员资格违法,可能存在干扰村民自治之嫌,而且在此基础上如果判决"外嫁女"的直接的经济诉求,村委往往不会配合进行执行,例如对于"外嫁女"在村中的土地分红,村委每年发放一次,每次都不配合的话,则法院需要每年都去执行一次,一旦涉及的"外嫁女"人数多,执行起来更麻烦。

〔2〕 赵贵龙:《"外嫁女"纠纷:面对治理难题的司法避让》,载《法律适用》2020年第7期,第48~61页。

〔3〕 贺欣:《为什么法院不接受外嫁女纠纷——司法过程中的法律、权力和政治》,载《法律和社会科学》2008年第1期,第70页。

当然，除了司法避让，也有法院勇敢裁判的，但法院如果按照"习惯法必须不违背基本法律精神"而支持"外嫁女"的成员资格要求和其他经济诉求，等到执行阶段仍然面临可能无法执行的尴尬。实践中这种"赢了官司却无法落实权利"的情况也并不鲜见。法院在裁判"外嫁女"纠纷后面临执行难的问题，这背后有多重原因。首先，社会观念和文化传统在一定程度上仍然影响人们对于女性权益的看法，尤其是在某些农村地区，传统观念认为女性出嫁后应当归属于夫家，这种思想使得法院的判决在执行时遭遇到地方保护主义和性别歧视的挑战。其次，法律与实际操作之间存在脱节。虽然法律上明确规定了男女平等，但在具体执行过程中，由于缺乏有效的执行机制和监督措施，使得法院判决难以落到实处。再者，信息不对称也是导致执行难的一个重要因素。在一些情况下，被执行人可能故意隐瞒财产或者转移财产，以逃避执行，而申请执行人往往缺乏足够的资源和手段来追踪这些财产。最后，司法资源的有限性也影响了判决的执行。在一些地区，由于司法资源紧张，法院可能没有足够的人力和物力去确保每一个判决都得到有效执行。

三、农村"外嫁女"财产纠纷解决的视角转换

有些学者主张将"外嫁女"成员权与户籍对应来解决"外嫁女"问题。[1]但我国目前的户籍制度在城镇化过程中因问题众多而备受诟病，在这样的背景下来处理"外嫁女"问题会引发更多的纠纷。因为户籍变动对"外嫁女"的土地权益具有深远影响，具体包括土地承包经营权、宅基地使用权、征地补偿款分配权以及集体收益分配权等。首先，"外嫁女"因婚姻关系将户口迁出原居住地时，她们可能在新的居住地无法获得相应的土地承包权，而原居住地的土地承包权也可能被收回。其次，"外嫁女"可能因户籍变更而失去在原集体经济组织中的宅基地使用权。此外，"外嫁女"的户籍变动可能导致她们在征地补偿款分配中被排除在外。再者，由于"外嫁女"的户籍变动，她们可能被视为已失去集体经济组织成员的资格，从而无法享有集体收益分配的权利。最后，有些"外嫁女"可能因孩子上学等原因将户口迁出，导致生活较为贫困，且在土地权益方面受到侵害。另外还有很多户籍虽然还在农村

---

〔1〕 戴威：《农村集体经济组织成员资格制度研究》，载《法商研究》2016 年第 6 期。

但人早已完全脱离农村生活在城市的人，如果按这种方案更加不利于农村建设和成员权的原初动机。实践中确实有些村采用将农村土地相关权利与户籍完全捆绑的方式，不具有户籍就无法享受哪怕是从父辈处继承的相关土地权益。对于这种情况最高人民法院与最高人民检察院已有相关示范案例供参考。根据《妇女权益保障法》的最新规定，妇女享有与男子平等的继承权，妇女依法行使继承权不受歧视。申请农村土地承包经营权、宅基地使用权等不动产登记，应当在不动产登记簿和权属证书上将享有权利的妇女等家庭成员全部列明。也就是说，户口迁出的"外嫁女"虽然不再是原集体经济组织成员，但其通过取得宅基地上房屋的继承份额，可以将其登记为宅基地的使用权人。而且财产继承权是《民法典》规定的权利，村规民约的规定不能与此相冲突，即使外嫁女户口已经迁往城市，但父辈基于房屋的继承权还是不容剥夺的，而因房屋继承必然又连带产生一定的土地上的权利，这个只要是"地随房"的善意利用都应该是被允许的。

在解决"外嫁女"财产纠纷案件中，中国各法院有三种典型的应对模式：一是广东模式，强调"政府处理—行政复议—行政诉讼"的递进式处理流程；[1]二是浙江丽水模式，侧重"政府调解—资格行政确认—民事诉讼最后化解"的顺序；[2]三是海南模式，其特别规定了区分土地补偿费分配争议的受理限制。[3]以上三种模式都是司法避让过程中创制的特别处理规则。[4]其中广东模式体

---

〔1〕 广东省高级人民法院发出粤高法〔2007〕303号通知，最终确定了"外嫁女"案件处理的"广东模式"："外嫁女"认为农村集体经济组织侵害其权益的，可以向镇政府（街道办）申请行政处理；对处理决定不服的，可以向区政府提起行政复议；对复议结果不服的，可以向法院提起行政诉讼。参见《广东高院：外嫁女维权有新路》，载《广州日报》2004年4月5日。

〔2〕 浙江省丽水市中级人民法院于2006年3月通过了《关于审理农村土地承包纠纷案件有关问题的指导意见》，确定了"丽水模式"："外嫁女"认为农村集体经济组织侵害了自己权益的，可以向乡（镇）人民政府或县（市、区）人民政府农业行政主管部门申请行政处理（仅限于调解）。行政调解未果或对其不服的，才能向人民法院提起民事诉讼。

〔3〕 2008年海南省高级人民法院《关于处理"外嫁女"请求分配农村集体经济组织征地补偿款纠纷案件若干问题的意见》和2012年《海南省高级人民法院关于审理农村集体经济组织土地补偿费分配纠纷案件若干问题的意见（试行）》：当事人以农村集体经济组织成员权益受到侵害为由起诉农村集体经济组织，请求分配集体经济组织土地补偿费，符合《民事诉讼法》所规定的起诉条件的，法院予以受理；当事人就农村集体经济组织受到的土地补偿费应否分配以及用于分配的土地补偿费数额提起民事诉讼的，人民法院不予受理。

〔4〕 赵贵龙：《"外嫁女"纠纷：面对治理难题的司法避让》，载《法律适用》2020年第7期，第48~61页。

现的司法避让策略最为直接。这些模式不仅反映了中国农村土地法律政策的复杂性，也展示了司法系统在解决社会问题中的自我调适能力，这种调适能力或许对于缓解法院面对"法律精神"与"村民自治"的尴尬，但也存在明显的问题：广东的递进式流程模式可能导致案件处理过程冗长和效率低下，而且这种模式可能过分依赖行政手段，而忽视了司法独立性和当事人诉权的行使，使得法院在处理此类案件时受到行政干预的可能性增加。浙江丽水模式虽然强调了政府调解的作用，但并未规定调解的具体参与主体和细则，按传统的民间调解方式恐难全面解决"外嫁女"的财产权益问题。此外，该模式要求在提起民事诉讼前进行资格行政确认，这也增加了当事人的诉讼成本和时间，同时也可能限制了法院对案件的全面审理。最后是海南模式，其明确规定了土地补偿费分配争议的受理限制，这可能导致一些具有合理诉求的"外嫁女"无法通过司法途径维护自己的权益。这种限制可能削弱了法院在解决土地补偿费分配争议中的权威和公正性。

如前述所言，"外嫁女"财产问题并非简单司法处理的问题，它与传统认知、立法、行政与司法都存在千丝万缕的关系，因此需要系统考虑。对于上述问题，可以从立法规范的具体化、行政行为的法治化和司法治理的能动化方面来寻找破解的方法。其实目前很多的司法政策和案例已经隐含着处理此类纠纷的倾向性答案：一是村民自治应当在法律框架内行动；二是当"外嫁女"的合法权益受到侵害时，明确政府具有干预和解决的法定职责与义务；[1]三是对于"外嫁女"纠纷的维权路径，我们需从法理学及法社会学的双重视角审视与平衡。

（一）确定统一的成员权标准

传统化解"外嫁女"纠纷的关键在于成员权的判断，而对于这个成员权的标准界定又存在两难：一是在事实层面界定难。随着新农村的发展，农村和城市之间的界限逐步消解，农村城镇化和城市化的进行加快，而且由于农村剩余劳动力不断迁移和从事非农产业的需要等原因，农民不再只是局限于"脸朝黄土背朝天"的形象，这给集体成员边界确定带来难度。二是法律规范的缺失，如前所述的有关农村外嫁女成员权纠纷的部分裁判，侵害集体经济

---

[1] 江晓华：《农村集体经济组织成员资格的司法认定——基于 372 份裁判文书的整理与研究》，载《中国农村观察》2017 年第 6 期，第 14~27 页。

组织成员权益纠纷本质上还是集中在集体组织成员的资格认定上，目前国家层面对于此并没有专门的法律规定，比较详细的规定主要存在于地方性法规和政府规章中，但都不尽相同；因此全国制定统一的立法标准具有紧迫性和必要性，应该尽快通过全国性或国务院行政法规，对农民集体经济组织成员的资格认定问题进行明确具体的规定，为纠纷的具体化解提供可行的救济。笔者认为统一的立法认定标准可以规范村规民约的制定内容，一旦该村规民约违反该标准，"外嫁女"的维权也就有法可依；另外还可以通过对该村规民约制定具有指导和审核的基层行政机关按立法规定的标准来进行审核，及时督促村规民约制定程序及内容的合法性，从诉源治理的角度防止"外嫁女"被区别对待。

通过中国裁判文书网既有的判例可以发现，广东、山东、浙江、湖南、海南省的情况很具典型性，他们在"外嫁女"成员权的判定标准上都不约而同地使用了"户口+已尽义务"。[1]该标准在"外嫁女"纠纷化解中优势显著：首先，它明确界定了成员资格，确保集体组织的权益和资源能够公平、合理地分配给真正的成员。其次，这一标准体现了社会公平和正义的原则，有助于防止非成员享受集体组织的福利，同时确保那些为集体作出贡献的人得到应有的回报。此外，通过履行义务获得资格的成员会增强对集体组织的归属感和认同感，从而形成积极向上的集体氛围。明确的成员资格标准还有助于增强组织内部的凝聚力，使成员之间形成共同的目标和利益，共同为集体的发展努力。标准化的成员资格认定流程提高了管理效率，减少了因资格认定不清晰而引发的纠纷和管理成本。成员知道自己的义务与获得的权益直接相关，会更加积极地参与集体活动，为集体的发展作出贡献。通过这一标准，集体资源可以更有效地分配给那些真正需要和应当得到帮助的成员，避免了资源的浪费和滥用。最后这个明确的成员资格标准在"外嫁女"进行司法维权时也就有法可依。

（二）形成解决"外嫁女"财产纠纷的"枫桥经验"

"枫桥经验"是指在中国浙江省绍兴市柯桥区枫桥镇，通过多元调解而有效解决了一系列基层社会矛盾的一种有效的社会治理模式。人民调解在化解

---

〔1〕　严斌彬、吴昊洲：《论重构"外嫁女"村民资格的司法裁判标准》，载《黑龙江人力资源和社会保障》2021年第8期，第65～67页。

农村纠纷中的优势在于其文化适应性、程序的效率与灵活性、成本效益、法律效力、社会稳定作用以及在公共法律服务和社会治理创新方面的重要作用。因此，对于农村地区的管理者和法律工作者来说，应当充分认识到人民调解的重要性，不断完善和发展人民调解制度，为农民提供更加高效、便捷、公正的纠纷解决服务。[1]裁判既有的逻辑和对于规范的依赖造成"司法避让"在所难免。"外嫁女"财产纠纷涉及的多是农村基层妇女的权益，她们普遍的法律水平并不高，在解决上述"男女平等"和"成员资格"等问题上普遍存在举证能力有限，说理难以切中审判要害等劣势，因此对于该种纠纷的处理，诉讼并非上上策，相比之下，民间的联合调解在处理此类纠纷上具有天然优势。一是调解组织来源于基层，没有复杂的立案手续，能够迅速、有效地应对和处理这类特殊群体的矛盾和争议；二是由于"外嫁女"通常面临着户籍、土地权益、家庭关系等方面的特殊问题，通过人民调解的方式解决，不仅可以灵活处理法律规范缺乏、村民自治和法律可能存在的矛盾，还可以避免长时间、高成本的诉讼程序，例如省去法律知识有限的妇女在举证不能方面产生的纠纷无法解决的境况，能够更好地保护她们的合法权益，同时维持和促进家庭与社区的和谐。调解从文化上更能贴近乡土生活，不仅运用法理还可以兼顾情理，调解过程中，调解员可以根据具体情况灵活运用法律、政策及乡土习惯，为双方提出合理、可接受的解决方案，既避免了对簿公堂的尴尬，又减轻了可能的社会舆论压力，有助于修复和维护人际关系，实现公平正义的同时，也促进了社区的稳定与发展。

但传统的乡村调解也存在不少问题。对"外嫁女"财产纠纷的化解依赖村的调解，而村调解委员会往往要接受村委领导，因而该调解很难兼顾公平。对于"外嫁女"财产纠纷的调解要发挥时代优势，让调解真正成为高阶沟通的艺术。对此，首先是需要做到调解程序上公正，例如"外嫁女"财产纠纷的调解组织必须采用本村回避，由其他村或上级行政组织或是妇女联合会的人员，必要时可以邀请法院法官加入调解，这种"联合大调解"不仅能平衡多方利益，而且可以对"违法"的村规民约形成舆论压力，帮助组织制定村规民约的村民委员会了解国法政情，从而有理有节地化解"外嫁女"的种种

---

〔1〕 汪世荣：《人民调解在社会治理现代化中的作用》，载 https://m. thepaper. cn/baijiahao_1000 6172，2024 年 6 月 11 日最后访问。

困境，也防止这种案件经过诉讼直接判决后村委消极接受又不配合执行的尴尬。如广东省佛山市南海区在坚持和发展新时代"枫桥经验"中，不断推动基层社会治理理念、手段、方法、机制创新，积极推进矛盾纠纷多元化解机制建设，通过将人民调解、司法调解和行政调解有机衔接，形成了具有时代特色、符合社会治理需求的大调解格局，在化解"外嫁女"财产纠纷、宣传法治、维护稳定、促进和谐等方面释放出积极的治理效能。

在处理"外嫁女"问题时，提升调解机制的现代性和效率性是至关重要的。专业化培训可以为调解员提供必要的知识和技能，确保他们能够敏感且有效地处理相关案件。数据库的建立不仅为调解过程提供了法律和学术支持，而且增强了调解的公正性和专业性。引入科技手段，如视频会议和在线调解平台，可以显著提高调解程序的效率和便捷性，使偏远地区的"外嫁女"也能获得及时的援助。同时，强化监督与评估机制对于维持调解质量、发现并改进问题具有不可忽视的作用。多方合作的推动可以整合更多资源和支持，为调解机制的完善提供更全面的视角。此外，通过宣传教育加深公众对该问题的认识，有助于构建一个更加公平和包容的社会环境。最后，注重性别平等是贯穿整个调解过程的重要原则，它保障了"外嫁女"在调解中的权益。这些措施的综合实施将大幅提升调解机制的现代性和效率性，从而更好地解决"外嫁女"问题，维护社会和谐稳定。

（三）司法化解的法理平衡

诉权是每个公民的宪法性权利，如果"外嫁女"财产纠纷经上述方式仍然无法解决而诉至法院的，法院应当保证"外嫁女"正当诉权的实现。摒弃"司法避让"策略而发挥司法处理"外嫁女"财产纠纷中的能动性，确保每一个此类案件都能及时进入司法程序并得到公正审理和准确适用法律，以保障"外嫁女"的合法权益。当然，具体实体部分的审理还需要注重在个案中的法理平衡。首先，法律的基本精神是指引我们解决问题的关键。我们生活在一个崇尚平等的国家，农村妇女人口数量庞大，因此引发的"外嫁女"问题复杂多样，不可能完全依据法教义学路径去解决所有的情形，必须体现具体场景中价值解释的流动与灵活。在我国宪法框架下，一方面，公民享有平等权是不容置疑的，意味着个体不应因性别、年龄、婚姻状况等社会属性而受到差异化对待。因此"外嫁女"作为集体经济组织成员，应与其他成员享有同等的权利与义务。另一方面，在社会学视角下，村民自治是中国农村基层民主治理的基本模式，它强调的是共同体内部成员对公共事务的参与和管理。然而在实际的社会实践中，村民自治有时可能导致某些群体如"外嫁女"的利益被边缘化，特别是当这些群体在传统社会结构中处于弱势地位时。因此在司法裁判的具体场合中处理这两个原则之间的冲突与矛盾的关键在于法院必须进行精细的法益衡量：法院需要识别和解释相关法律规定及其背后的法理基础，决定何种规范在具体案件中具有优先适用性，同时考虑到宪法平等权与村民自治权的实质内涵。另外法院在作出判决时，需构建一个旨在保护个体权利的同时尊重集体自治的裁判逻辑。这要求法院不仅要考虑个案的具体情况，更要在社会政策和法律原则之间寻求平衡。为了实现这一目标，建议采取中间立场，即在尊重村民自治的基础上，通过法律解释和适用来强化平等保护。这可能涉及对现行法律规定的创新性解释，以确保"外嫁女"不因其婚姻状况而受到不公平的待遇。

四、结语

解决农村"外嫁女"财产纠纷不仅关乎法律的公正实施，也体现了社会对妇女权益保护的深层关注。我们需要改变思路、转换视角，通过综合运用法律、政策和多方面的社会资源，不断优化解决机制，为"外嫁女"提供更加坚实的财产权益保障，促进性别平等与社会和谐。面向未来，持续推进这一领域的法治建设和社会实践，是实现全社会长期稳定与共同繁荣的重要基石。

第六章
农村"出嫁女"财产纠纷的司法解决

▲

潘香军

一、引言

农村妇女权益保障相关问题一直受到社会广泛关注,引起了国家的高度重视。我国先后出台了一系列法律,为农村妇女权益保驾护航。其中,《妇女权益保障法》第 55 条第 1 款规定:"妇女在农村集体经济组织成员身份确认、土地承包经营、集体经济组织收益分配、土地征收补偿安置或者征用补偿以及宅基地使用等方面,享有与男子平等的权利。"第 56 条第 1 款规定:"村民自治章程、村规民约,村民会议、村民代表会议的决定以及其他涉及村民利益事项的决定,不得以妇女未婚、结婚、离婚、丧偶、户无男性等为由,侵害妇女在农村集体经济组织中的各项权益。"

2023 年 12 月,十四届全国人大常委会第七次会议对《农村集体经济组织法(草案二审稿)》进行了审议。为防止出嫁女财产权益遭受侵害,该草案二审稿第 19 条第 2 款也明确规定了农村妇女与男子享有平等的权利,要求不得以妇女未婚、结婚、离婚、丧偶、户无男性等理由,剥夺妇女的各项权益。草案二审稿还增加规定:"农村集体经济组织成员结婚,在新居住地的农村集体经济组织未取得成员身份的,原农村集体经济组织不得取消其成员身份。"[1]这些法律法规一方面有利于维护广大农村妇女的合法权益,但另一方面,也

---

[1] 王春霞:《拟规定成员不因结婚而导致成员身份"两头空"》,载《中国妇女报》2023 年12 月 25 日。

反映出我国农村妇女的合法诉求尚未得到满足，还存在一定的空白地带，尤其是在对农村"出嫁女"的集体经济组织成员认定以及相关土地权益的保护方面还不够充分，有待通过完善的立法、能动的司法和有力的守法，化解农村妇女权益纠纷矛盾，切实保障农村妇女的福利。

"出嫁女"权益问题是农村妇女权益保障中的一大薄弱环节。"出嫁女"（或外嫁女），狭义上是与村外人结婚、户口仍留在本村或户口迁出后又回迁到本村的妇女，广义上则还包括嫁入本村、户口也迁入的内嫁女、离婚或丧偶的外嫁女、入赘女婿以及上述人员的子女等。[1]随着经济发展、纠纷激增和女性法律意识的增强，越来越多涉及"出嫁女"土地与财产的纠纷进入司法审判环节，通过裁判的方式定分止争。最高人民法院《关于审理涉及农村土地承包纠纷案件适用法律问题的解释》第1条列举了人民法院应当受理的土地承包民事纠纷类型，并对人民法院不予受理的问题进行规定。然而，先前的实证研究指出，"出嫁女"在司法解决中表现出案件数量较大、涉及范围广、诉讼参与性差、诉讼解纷效果有限等特点。[2]实践中，通过司法途径处理"出嫁女"财产纠纷的结果不一、依据不同，对当事人、集体经济组织、村民委员会等主体造成了一定的冲击。

本章以广东省惠州市大亚湾区的司法裁判文书为样本，对农村"出嫁女"财产纠纷的司法解决进行实证梳理。选定这一地区的原因在于，其一，我国幅员辽阔，十里不同俗，外嫁女的纠纷解决不可一概而论。虽然自古男尊女卑、重男轻女的思想根深蒂固，但是在乡村振兴的新时代背景下，一些地区开始移风易俗、改弦更张，因地制宜地解决与外嫁女权益相关的纠纷，这些举措具有较强的地域性特征，有必要限定在一定的空间范围内进行研究。其二，大亚湾作为国家级经济技术开发区，地理位置优越，对外交流便利，港澳同胞众多，思想文化多元，在现代化转型中形成多种新形态、新问题。其中，在市场经济推动下，基于农村土地征用的问题不断涌现，"出嫁女"财产权益纠纷成为一个典型的纠纷形式，具有较强的代表意义。虽然广东省、惠

---

〔1〕 孙海龙、龚德家、李斌：《城市化背景下农村"外嫁女"权益纠纷及其解决机制的思考》，载《法律适用》2004年第3期，第26~30页。

〔2〕 程诗棋：《农村"外嫁女"集体经济组织成员资格的确认与法律保护——以海南省三亚市法院"外嫁女"征地补偿费分配纠纷案件为研究基础》，载《法律适用》2018年第11期，第94~100页。

州市和大亚湾区制定一系列规范性文件,但"出嫁女"财产受到侵害的现象尚未彻底根除。如何妥善处理好村民自治与国家司法裁判之间的关系,如何解决国家制定法与地方习惯法之间存在的张力,如何发挥出村规民约、地方习俗以及司法救济的应然价值,依然是我们亟需回应的难题。本章基于大亚湾区的司法裁判文书,对民事和行政领域中的裁判文书形式及内容进行梳理,描述纠纷的具体样貌,阐释纠纷如何以司法的方式得到解决,并在此基础上,分析司法解决过程中的考量因素。

二、纠纷样态及司法解决的方式

笔者于 2024 年 1 月 19 日在北大法宝案例库中依次以"外嫁女""出嫁女""外嫁""出嫁""大亚湾"等为关键词对财产类纠纷展开全文检索,通过法院名称的限定,共得到民事裁判文书 135 份,行政裁判文书 129 份。[1] 民事案件中,大亚湾经济技术开发区人民法院共有 71 篇文书,惠州市中级人民法院共计 56 篇文书,广东省高级人民法院共 8 篇文书;行政案件中,博罗县人民法院共 111 篇文书,惠州市中级人民法院共计 14 篇文书;广东省高级人民法院共 4 篇文书。[2] 剔除掉重复及与大亚湾经济技术开发区无关的裁判文书后,共获得有效的民事案件文书 87 份,行政案件文书共 22 份。[3] 据此,本章将分别对民事案件和行政案件的裁判文书展开形式和内容的描述。

(一)民事案件

从裁判文书的形式上看,首先,在法院层级方面,由大亚湾经济技术开发区人民法院作出裁判的共计 46 份,由惠州市中级人民法院作出裁判的为 33 份,由广东省高级人民法院作出的裁判为 8 份。与之相应,在审理程序上,一审程序的文书共有 46 份,占比达 52.8%,二审程序的文书为 32 份,此外

---

〔1〕 笔者在北大法宝案例库和中国裁判文书网均进行了检索,最终使用前者作为案例来源的原因在于,同样的搜索方式,裁判文书网的文书数量少于北大法宝案例库,时间跨度更短。经验证,北大法宝案例库的检索结果基本能够完全覆盖裁判文书网的内容。

〔2〕 根据惠州市中级人民法院行政案件跨区域集中管辖改革以及《博罗县人民法院、惠州市大亚湾经济技术开发区人民法院关于开展行政案件跨域立案诉讼服务的协作备忘录》,原属大亚湾经济技术开发区法院管辖的行政诉讼案件和非诉行政案件统一由博罗县法院管辖。

〔3〕 外嫁女与出嫁女在裁判文书中时常混用,因此存在大量重复文书。无关文书则包括:仅在全文中提及"大亚湾"字段而非隶属于大亚湾经济技术开发区的纠纷;仅提及出嫁而与出嫁女财产权益没有关联的纠纷。

还有 9 个案件进入了再审程序。其次，在时间方面，裁判文书的时间跨度涵盖了 2014 年至 2023 年。不过，由于 2014 年最高人民法院开始推动裁判文书上网，而如今又在不断推进相关的改革措施，2014 年与 2023 年的裁判文书数量均仅为 1 份。文书总量最多的年份为 2017 年和 2018 年，每年均有 23 份有效文书，各占民事案件样本总量的 26.4%。2021 年的数量次之，共有 14 份文书。总体而言，大亚湾区"出嫁女"财产纠纷的裁判文书上网量并不多，并且主要集中在 2017~2018 年、2020~2021 年这四个年份中。最后，裁判文书类型方面，可分为判决书和裁定书两种类型，判决书数量为 67 份，裁定书共有 20 份，占总样本量的 22.9%。其中，除一个案件裁定发回重审外，其余 19 份"出嫁女"财产权纠纷裁定书均是以驳回起诉的方式结案。

从裁判文书的内容上看，文书案由、说理依据和裁判结果有所不同。具言之，在案由方面，由于当地遵循着"嫁出去的女儿，泼出去的水"这一风俗习惯，村集体经济组织以及村小组往往认为"出嫁女"不属于集体经济组织内部的成员，并以村民会议、村规民约等形式限制"出嫁女"的权益，因此，几乎所有的裁判文书案由均为侵害集体经济组织成员权益纠纷，"出嫁女"是否具有成员资格是判断其是否享有征地补偿、股份分红、收益分配等财产权益的起点。不过，也存在极个别以合同纠纷作为案由的文书。例如，法院认为，针对外嫁女问题，原、被告双方签订的《协议书》，属于经被告村民代表大会决议认可的协议，体现双方真实意思表示，内容不违反法律法规的强制性规定，属于有效合同，大亚湾区西区街道老畲村牙坑村民小组应支付分配差额损失款。[1]

在裁判理由和结果方面，法院的裁判结果可以分为：驳回起诉、驳回诉讼请求、支持"出嫁女"的财产权益。驳回起诉的理由一般为不属于民事案件的受理范围，其中又包含两种类型。其一，法院无权认定成员资格。法院认为，是否应向"出嫁女"支付集体经济组织成员收益款，应以农村集体经济组织成员资格的确认为前提，这一问题并非法院受理民事案件的范围，"出嫁女"应先通过行政程序确认成员资格和参与集体分配的权益。[2]其二，主体不适格。农村集体经济组织属于自治组织，涉及成员资格问题应当由该村

---

〔1〕 [2019] 粤 1391 民初 4832 号一审民事判决书。
〔2〕 [2022] 粤 1391 民初 1231 号一审民事判决书。

民组织依照其组织章程以及法律法规自治处理，案件并非平等民事主体之间的纠纷，不应作为民事案件处理，应另行解决。[1]

驳回诉讼请求的纠纷主要集中在一次性补助的领取问题上，即"出嫁女"与村小组达成协议并领取一次性补贴后是否有权享受村股份制股权分配。一方面，法院参考了当地的习惯，指出根据"一次性补助"的词义、背景情况及当地农村对待外嫁女问题的习惯性做法，可将领取一次性补助款的行为理解为放弃继续享受集体经济组织成员各种待遇和利益分配。[2]另一方面，法院还会审查双方当事人所签订的协议，尊重意思自治。例如法院认为，作为原告的"出嫁女"与大亚湾区西区街道塘布村民委员会协议约定领取补偿款后不得要求分配集体经济权益，据此，原告诉请没有事实依据，应当驳回。[3]

在87份民事裁判文书中，共有43份文书支持了"出嫁女"的财产权益，约为样本量的一半。法院据以裁判的理由一般包括三种类型：第一，"出嫁女"的集体经济组织成员身份已经得到了行政的确认，行政处理决定已发生法律效力，具备约束力，因此"出嫁女"享有集体成员待遇以及财产利益分配资格。[4]第二，根据《村民委员会组织法》第27条的规定，村民会议决议或者村民自治章程的前提是不得与宪法、法律、法规和国家的政策相抵触，不侵犯村民的人身权利、民主权利和合法财产权利。因此，村小组通过村民会议的形式将"出嫁女"的集体经济组织成员资格及利益分配权予以排除，违反法律规定，侵犯合法权益。[5]第三，根据《妇女权益保障法》，针对村民小组认为"出嫁女"已经嫁入外地，并非以村内土地为其基本生活保障，不应具有集体经济组织成员资格的抗辩，法院认为，不能以"出嫁女"已具备生活保障而剥夺其依法应享有的权益。[6]

---

〔1〕　[2021]粤1391民初4635号一审民事判决书。

〔2〕　[2018]粤13民终835号二审民事判决书；[2016]粤1391民初2609号一审民事判决书。

〔3〕　[2018]粤13民终2890号二审民事判决书。

〔4〕　[2019]粤1391民初4139号一审民事判决书；[2019]粤1391民初4140号一审民事判决书；[2018]粤1391民初3899号一审民事判决书。

〔5〕　[2016]粤1391民初2935号一审民事判决书；[2016]粤1391民初2937号一审民事判决书；[2016]粤1391民初2938号一审民事判决书；[2016]粤1391民初2936号一审民事判决书；[2016]粤1391民初2939号一审民事判决书。

〔6〕　[2017]粤13民终2540号二审民事判决书；[2017]粤13民终2539号二审民事判决书；[2017]粤13民终2538号二审民事判决书；[2017]粤13民终2542号二审民事判决书；[2017]粤13民终2541号二审民事判决书。

值得注意的是，根据支付的主体、金额、时间等，司法处理的支持程度亦有所不同。首先，主体方面，部分案件中，向"出嫁女"支付金额的为村合作社，而非村小组。因而，"出嫁女"请求村小组支付分配款的诉求未得到法院支持。[1]其次，对于超出"出嫁女"应得的利益分配款的部分，或先前已经发放过的款项，法院不会予以支持。[2]最后，大部分案件中，法院主张，"出嫁女"从行政决定作出之日起具有集体经济组织成员的资格，享受财产分配权利。然而，在部分案件中，法院更进一步指出，行政决定并未否定"出嫁女"在行政确认之前的成员资格身份。作为该集体经济组织成员，"出嫁女"享有与其他集体经济组织成员相同的权益，该权益自其具备集体经济组织成员资格时起即享有，政府对其成员资格的认定只是对其资格状态的确定而非一种赋权。[3]由于样本数量较小，整体趋势的描述不具有一般性，不过，将"出嫁女"的成员资格追溯至行政确认之前的做法均出现在2022年与2023年的文书中，且均由惠州中级人民法院作出，这也在一定程度上体现了近两年来中级法院在"出嫁女"权益保障问题上所作出的突破。

（二）行政案件

从裁判文书的形式上看，法院层级方面，由博罗县人民法院负责审理的行政案件共有6个，由惠州市中级人民法院审理的行政案件共计12个，由广东省高级人民法院审理的行政案件共为4个。审理程序方面，一审行政判决书共10份，二审行政判决书12份，并无进入再审程序审理的案件。时间方面，行政诉讼裁判文书的时间跨度相对民事而言较短，缺乏近三年来的样本，仅仅覆盖了2016年至2019年间的纠纷，并且多集中于2017年与2018年间，每年的文书数量均为9份；而2016年与2019年的数量较少，仅为年均2份。

从裁判文书的内容上看，诉讼当事人、司法处理的依据和裁判结果可以进行类型化区分。主体方面，关于"出嫁女"集体经济组织成员资格及相应的财产权益纠纷存在两种典型的行政诉讼形态。一是原被告双方分别为村民

---

〔1〕［2022］粤1391民初1306号一审民事判决书。不过，在部分案件中，集体经济利益的分配、发放以及集体经济合作社章程的制定均是由村小组负责，因此也可以作为支付相关款项的适格主体，可参见（2016）粤1391民初2938号一审民事判决书。

〔2〕［2017］粤1391民初1585号一审民事判决书。

〔3〕［2023］粤13民终834号二审民事判决书；［2022］粤13民终5841号二审民事判决书；［2018］粤13民终6863号二审民事判决书。

小组或农村集体经济组织、街道办事处或管委会等大亚湾区地方基层行政部门，诉请一般为判令撤销基层政府部门针对"出嫁女"财产权益所作出的行政处理决定书；[1]二是原被告双方为涉及"出嫁女"的一方与地方基层政府部门，争议焦点依然围绕地方政府作出的具体行政行为或行政决定书是否事实清楚、证据充分、程序合法、适用法律正确。[2]此外，如前述，由于行政诉讼案件样本量过小，在"出嫁女"主体的定位上，本章采用广义的定义，即对行政案件中涉及的入赘女婿、离婚或丧偶的"出嫁女"及其子女等一并分析梳理。

在裁判依据和结果方面，法院呈现出了两种截然不同的态度。一方面，相比于民事案件中驳回起诉、驳回诉讼请求的解决方式，在行政案件中，法院更倾向于支持"出嫁女"的财产权益。在判断行政处理是否具有充分的事实和法律依据之前，部分案件中，法院会先行论证基层行政部门有权作出相应的决定。法院指出，依据《地方各级人民代表大会和地方各级人民政府组织法》第61条及《村民委员会组织法》第27条第3款之规定，基层政府具有对村集体经济成员资格的确认及作出行政处理决定的法定职权。[3]

法院支持"出嫁女"财产权益的裁判理由一般有三。其一，集体经济组织的收益分配问题应当坚持男女平等的原则。《广东省实施〈中华人民共和国妇女权益保障法〉办法》第23条规定，"村民代表会议或者村民大会决议、村规民约和股份制章程中涉及土地承包经营、集体经济组织收益分配、股权分配、土地征收或者征用补偿费使用，以及宅基地使用等方面的规定，应当坚持男女平等原则，不得以妇女未婚、结婚、离婚、丧偶等为由，侵害其合法权益"，因此，即便"出嫁女"已婚，也不应被剥夺与男性平等的财产权。其二，详述农村集体经济组织成员的认定标准，论证满足条件的"出嫁女"依然具备成员资格。《广东省农村集体经济组织管理规定》第15条第1款规定："原人民公社、生产大队、生产队的成员，户口保留在农村集体经济组织所在地，履行法律法规和组织章程规定义务的，属于农村集体经济组织的成员"。由此，若"出嫁女"婚后户籍保留于原村内，即使不在原村居住，也当

---

〔1〕　例如［2017］粤1322行初299号一审行政判决书。
〔2〕　例如［2018］粤1322行初124号一审行政判决书。
〔3〕　［2017］粤1322行初300号一审行政判决书；［2017］粤1322行初274号一审行政判决书。

然具备成员资格。其三，对村民会议的决定及村民自治章程进行审查，判断村小组或合作社在"出嫁女"财产问题的处理上是否违反了法律法规。"村民自治章程应当符合宪法、法律、法规和国家政策的规定，不得与之相抵触，不得有侵犯村民人身权利、民主权利和合法财产权利的内容，且农村集体经济组织成员资格认定不属于村民自治事项，不能通过表决、投票等方式来决定"。[1]

法院积极支持"出嫁女"财产权益的态度还可以体现在对于离婚"出嫁女"及入赘女婿财产权益的处置中。在离婚案件中，法院依据《广东省实施〈中华人民共和国妇女权益保障法〉办法》第 24 条第 1 款"农村集体经济组织成员中的妇女，结婚后户口仍在原农村集体经济组织所在地，或者离婚、丧偶后户口仍在男方家所在地，并履行集体经济组织章程义务的，在土地承包经营、集体经济组织收益分配、股权分配、土地征收或者征用补偿费使用以及宅基地使用等方面，享有与本农村集体经济组织其他成员平等的权益"的规定，认为"出嫁女"在婚后取得当地经济合作社成员资格，婚后户口保留于集体经济组织所在地，因而离婚后也应具备成员资格，不能以婚姻存续与否、是否于当地居住、是否以村内集体土地作为生存保障、未履行相关义务等为由剥夺其相应的财产权益。[2]

在入赘女婿案件中，法院援引《妇女权益保障法》（2005 年修正）第 33 条中"因结婚男方到女方住所落户的，男方和子女享有与所在地农村集体经济组织成员平等的权益"，《大亚湾农村集体经济组织成员资格界定办法（试行）》（惠湾［2010］85 号）第 2 条："以下人员具有农村集体经济组织成员资格……（五）农村纯女户一个招郎入赘的女儿，其本人和户籍已迁入的配偶及其符合计划生育政策生育或依法收养的子女"，以及《广东省实施〈中华人民共和国妇女权益保障法〉办法》第 25 条"各级人民政府应当采取措施，保障符合生育规定的农村纯女户家庭成员在土地承包经营、宅基地使用、集体经济收益分配、就业等方面的权益"体现出对于入赘女婿集体成员资格的支持。但与此同时，法院判定，地方行政部门不宜直接对财产权益分配问题

---

［1］［2017］粤 1322 行初 136 号一审行政判决书；［2017］粤 13 行终 214 号二审行政判决书。
［2］［2018］粤 1322 行初 274 号一审行政判决书；［2019］粤 13 行终 90 号二审行政判决书。

作出行政处理。[1]

另一方面,在处理行政纠纷时,法院又展示出某种相对中立和审慎的态度,主要体现在对"出嫁女"子女财产纠纷的裁判中。相关案件中,"出嫁女"的子女向街道办申请确认集体经济组织成员身份,街道办并未直接作出行政处理决定,而是出具答复意见书,载明由于全区对"出嫁女"的子女权益保障工作暂未出台具体的解决方案,需向大亚湾管委会请示批复后再行处理。故"出嫁女"的子女向大亚湾管委会申请行政复议,要求撤销街道办的答复意见书,并尽快作出成员资格认定的决定。大亚湾管委会予以受理并决定延长审查期限,最终作出《行政复议决定书》,责令街道办于 60 日内针对成员资格申请事项进行处理。村民小组认为大亚湾管委会的决定书适用法律错误,程序违法,遂提起行政诉讼,并要求对大亚湾管委会印发的《关于进一步落实和保障农村"出嫁女"集体经济分配权益的实施意见(试行)》(惠湾委发〔2010〕24 号)进行合法性审查。[2]此类案件中,法院并未直接评判"出嫁女"的子女是否具有集体组织成员资格、是否享有财产权益,也未展现出坚定支持其权益的态度,而是以一种客观中立的做法处理村小组、街道办和管委会之间的关系,认为管委会要求街道办对"出嫁女"子女财产权益进行确认的行政行为合法有效。换言之,法院不会超越当事人双方的诉讼请求,而主动在司法途径中对"出嫁女"子女的资格和权益作出评价,而是将"出嫁女"子女权益保障的难题留给行政手段解决。

总体而言,相比于民事案件,法院在行政案件中的态度更加积极和坚定,往往通过对行政行为是否合法有效进行裁判,从而保障"出嫁女"的集体经济组织成员资格及相应的财产权益。

三、司法解决的考量因素

农村"出嫁女"财产权益的司法过程涉及多个主体、多方利益、多个法律法规及相关政策,法院必须全方位地考量,最终合法合理地解决纠纷,实

---

[1] [2016] 粤 13 行终 3 号二审行政判决书;[2016] 粤 13 行终 4 号二审行政判决书。

[2] [2017] 粤 13 行初 56 号一审行政判决书;[2017] 粤 13 行初 55 号一审行政判决书;[2017] 粤 13 行初 54 号一审行政判决书;[2017] 粤 13 行初 59 号一审行政判决书;[2018] 粤行终 425 号二审行政判决书;[2018] 粤行终 422 号二审行政判决书;[2018] 粤行终 894 号二审行政判决书;[2018] 粤行终 895 号二审行政判决书。

现法律效果和社会效果的统一。笔者认为，法院作出司法裁判所权衡的因素包括三个方面。

第一，男女平等与传统观念之间的平衡。观念方面，乡土社会中"嫁出去的女儿、泼出去的水"、男尊女卑、重男轻女的思想意识对当地"出嫁女"问题的处理产生了深远的影响。宗族观念上，长幼有序的父子关系与男尊女卑的性别关系构成了家族主义的核心，内外有别的观念导致女性在家族内的权益容易遭受剥夺，从出嫁时便成为了外人，无法参与村内的权益分配。[1]生活模式上，从夫而居的生活方式与养儿防老的赡养方式，使女性的身份天然遇到了父权社会的排斥。"出嫁女"与本村村民享有同等的权利待遇，可能会带来宗族生活习惯、传统文化和权力结构的嬗变。此外，宗族意识引导下的经济利益诉求也容易将"出嫁女"的权益排除在外，认为将经济利益分配给"出嫁女"将会导致村落集体人员膨胀、集体资产分配被稀释等。[2]然而，当代女性意识的觉醒和法律意识的提升，推动农村"出嫁女"积极争取自身的合法经济利益。这与积重难返的传统观念产生了激烈的碰撞，法院必须在渐入佳境的性别平等与逐渐式微的传统价值中进行权衡，既不能直接破坏固有的风俗习惯，亦不能对"出嫁女"的合法利益完全视而不见。

第二，村民自治与国家法治之间的平衡。《村民委员会组织法》第2条第1款规定："村民委员会是村民自我管理、自我教育、自我服务的基层群众性自治组织，实行民主选举、民主决策、民主管理、民主监督。"在"出嫁女"成员资格认定和权益分配的问题上，各个村居充分根据历史传统和当地习惯，依赖村民自治权，尊重村民合意，通过村规民约、村民会议、集体经济组织章程的制定和修改等确定利益分配方案，体现出了村民的集体意志。不过，现行法律未规定村集体成员大会的决议问题，一般集体决议和村民会议均采取多数决的形式，排除了"出嫁女"的成员资格。然而，由于"出嫁女"属于少数群体，无力对抗多数集体决议。[3]于是，《村民委员会组织法》第27

---

〔1〕 参见叶静宜：《司法介入"外嫁女"土地权益纠纷的可能及限度》，载《中国不动产法研究》2019年第2期，第238~253页。

〔2〕 朱庆、雷苗苗：《农村妇女土地权益司法保障的应然选择——以"外嫁女"为研究对象》，载《甘肃社会科学》2019年第5期，第134~139页。

〔3〕 蒋月、潘锦涵：《外嫁女的农村集体经济组织成员身份认定问题研究——基于人民法院审结的244个相关诉讼案件统计分析》，载《人权研究》2023年第2期，第61~88页。

条第 2 款规定："村民自治章程、村规民约以及村民会议或者村民代表会议的决定不得与宪法、法律、法规和国家的政策相抵触，不得有侵犯村民的人身权利、民主权利和合法财产权利的内容"。此外，《宪法》《土地承包法》《妇女权益保障法》等法律中亦存在诸多对于农村妇女集体经济组织权益保障的条款。这些立法反映了国家法治对于基层自治的渗透，是国家制定法试图将法治原则贯彻到基层社会之中的表现。但国家的正式制度与村规民约之间存在着复杂的关系，欲让国家制度渗入农村基层，必须经历知识上的转化。[1]因此，虽然司法应当介入对"出嫁女"的集体经济组织成员资格的认定和权益纠纷，提供司法途径救济，但究竟应当如何介入、介入何种必要的程度，还尚无统一的答案，司法机关的受案范围和对民主决议审查的范围也不尽相同。[2]同时，立法方面依然存在空白缺位之处，上位法和下位法之间易存在不一致的规定，给司法裁判带来混乱。大亚湾区的司法裁判往往采用户籍作为成员资格的认定的单一标准，不太关注土地生活保障、经常居住地、权利义务关系的履行等。不过，《广东省农村集体经济组织管理规定》《广东省实施〈中华人民共和国妇女权益保障法〉办法》《大亚湾农村集体经济组织成员资格界定办法（试行）》等规定和一系列政策性文件，为国家法治通过司法途径深入基层社会提供了有益的条件，成为法院在民事和行政诉讼中得以频繁适用的重要依据。

第三，司法裁判权与地方行政权之间的平衡。根据前述梳理可知，法院在民事案件和行政案件中，对"出嫁女"财产权益保护的态度并不完全一致，但两类案件的司法裁判过程却都见证着司法裁判权与地方行政权之间的角逐。

民事案件中，最高人民法院在 21 世纪初就对农村集体经济纠纷问题作出过两次前后矛盾的答复。最高人民法院研究室《关于人民法院对农村集体经济所得收益分配纠纷是否受理问题的答复》（法研［2001］51 号）认为，农村集体经济组织与成员之间的收益分配纠纷属于民事案件的受理范围。然而最高人民法院《关于徐志珺等十一人诉龙泉市龙源镇第八村村委会土地征用

---

〔1〕　王铭铭、王斯福主编：《乡土社会的秩序、公正与权威》，中国政法大学出版社 1997 年版，第 427 页。

〔2〕　房绍坤、任怡多：《"嫁出去的女儿，泼出去的水？"——从"外嫁女"现象看特殊农民群体成员资格认定》，载《探索与争鸣》2021 年第 7 期，第 106~120、179 页。

补偿费分配纠纷一案请示的批复》（［2002］民立他字第 4 号）则指出，二者之间并非平等民事主体之间的纠纷，法院不应受理。最高法院的政策是以司法避让为基调，地方法院也基于现有司法资源与司法环境的考量，在面对"出嫁女"的治理难题时，选择遵从这种避让策略，[1]主张全国性政策和宪法原则的问题，不应由法院按照民事法律作出裁判。[2]如此，法院便将"烫手的山芋"拒绝在了司法系统之外。

行政案件中，2004 年广东省高级人民法院以及 2006 年《中共广东省委办公厅、广东省人民政府办公厅转发〈省委农办、省妇联、省信访局关于切实维护农村妇女土地承包和集体收益分配权益的意见〉的通知》（粤委办［2006］142 号）制定了三步走的模式，即镇政府（街道办）申请作出行政处理决定——向区政府申请行政复议——向法院提起行政诉讼。地方基层的政府部门成为"出嫁女"纠纷解决中一个至关重要的角色。作为地方稳定的维护者，政府既需要考虑权力的合法行使，又要顾及多数村民的意见，防止不稳定因素的发生。基于村民自治，政府在"出嫁女"问题上时而会保持消极的态度，但是一旦矛盾扩大化、尖锐化，影响了当地的和谐与发展时，更加强势的政府便会介入纠纷。[3]因此，虽然行政权以"前置"的方式蚕食了一部分司法权，[4]但这同时导致，法院成功地将这一尴尬的责任转移给政府，司法只需要在政府干预、甚至经过复议程序之后，对政府的决定进行审查，极大地缓解了司法的压力。[5]

正因如此，农村"出嫁女"财产权益纠纷的司法处理过程，不仅清晰呈现了意识观念、经济利益、习俗与法律、自治与法治之间的冲突，还鲜明地诠释了司法裁判对地方行政权的权衡考量。

---

［1］赵贵龙：《"外嫁女"纠纷：面对治理难题的司法避让》，载《法律适用》2020 年第 7 期，第 48~61 页。

［2］贺欣：《为什么法院不接受外嫁女纠纷——司法过程中的法律、权力和政治》，载《法律和社会科学》2008 年第 1 期，第 66~97 页。

［3］黄家亮、吴柳芬：《多元正义下的行动逻辑与纠纷解决——珠江三角洲"外嫁女"纠纷实证研究》，载《广西民族大学学报（哲学社会科学版）》2015 年第 4 期，第 10~16 页。

［4］张勤：《股份合作制下"外嫁女"土地权益纠纷的解决——以珠三角 S 区为中心的实证研究》，载《江苏社会科学》2018 年第 2 期，第 245~253 页。

［5］贺欣：《为什么法院不接受外嫁女纠纷——司法过程中的法律、权力和政治》，载《法律和社会科学》2008 年第 1 期，第 66~97 页。

四、结语

珠三角地区的"出嫁女"问题在当今社会依然具有十分典型的研究意义。通过对大亚湾区现有的民事和行政裁判文书的梳理可知，广东省、惠州市和大亚湾区在"出嫁女"权益保障问题上，从立法、司法、行政等方面作出了努力，"出嫁女"的矛盾有所缓和。然而，司法解决的过程中依然存在诸多典型问题，基层人民法院也面临着两难的困境。

首先，在"出嫁女"案件的受理流程中，存在诸如民事案件不予受理驳回起诉、行政救济程序复杂、周期长、耗费成本高等不足之处，受理标准的不明确与过程的繁杂冗长都制约了司法功能的有效发挥。其次，在具体的司法裁判依据和结果上，对于"出嫁女"集体经济组织成员的资格认定标准、"出嫁女"享有权益分配资格的时间起算点、具体的金额分配方式等难题未能达成共识，这就导致实践中频繁出现同案不同判的现象，法律的稳定性、适用的一致性遭到诘问，"出嫁女"的子女权益保障问题亦未得到解决。再次，在基层人民法院的司法处理策略上，由于涉及"出嫁女"财产利益的数额往往较大，矛盾难以调和，司法也难以形成两全的分配方案。法院处于相对被动的角色之中，在村民小组、村集体经济组织、村委会和"出嫁女"等众多主体之间左右为难，而行政手段的阙如和孱弱使更多的纠纷涌入法院，进一步加大了基层人民法院承受的压力。最后，在司法解决的效果上，即便事实清楚、证据充分，法院能够作出判决，但却无法实现法律效果、社会效果和政治效果的统一。实践中面临着执行难的问题，尤其是在金额较大、人数众多的案件中，村小组可能没有可供执行的钱款，或者想方设法逃避法院的执行、拒不履行判决，无法保证判决的效果，这类问题广泛存在于全国各地的"出嫁女"纠纷中。例如，福建南平莲塘镇吕处坞村的 29 名"出嫁女"针对征地补偿款问题提起诉讼，胜诉后申请强制执行，但该判决历经三年仍未执行。[1]与此同时，司法解决的社会效果不佳，一旦财产权益的分配未能使双方当事人满意，就有可能引起上诉，甚至引发无止无休的上访、缠访、闹访和舆情等群体性事件，从而影响社会稳定。

---

〔1〕《南平外嫁女控诉征地补偿被剥夺 法院胜诉难执行》，载 https://new.qq.com/rain/a/20230425A0A4GY00.html，2023 年 4 月 25 日最后访问。

当前，"出嫁女"的理论研究相对充足详实，如学界提出，应明确受案范围及农村自治组织的性质、赋予司法机关有限度的决议审查权、将"出嫁女"集体成员资格认定标准和时间法定化等举措，[1]但是实践中的司法难题依然未得到全面的回应。在中国式能动司法的背景下，法院需要避免机械主义和教条主义，坚持人民司法，注重裁判效果，推进"出嫁女"纠纷的实质化解。于基层人民法院而言，应当正确认识法律效果、社会效果和政治效果的统一，既要关注判决结果的社会认同，又不应仅局限于结案率、上诉率等数字，选择司法规避的策略，而是要把实质性化解矛盾作为审判的目标，将情理法有机融入裁判过程，协调好多方之间的利益。在"出嫁女"问题上，司法与行政之间应各司其职、互相配合，绝不能消极被动、相互推诿。

此外，法院还要善用多元纠纷化解机制，通过调解和解、类案联动、诉源治理等手段，妥善解决利益纷争。于上级法院而言，最高人民法院和高级人民法院必须正视基层人民法院所面临的压力，出台相应的意见细则，发布典型的指导案例，统一集体经济组织成员的资格认定标准、权益起算时点，细化财产权益的分配方式，将顶层设计与基层审判相结合，形成合力，共促"出嫁女"财产权的司法保障。不过，本章旨在对大亚湾区"出嫁女"财产权益纠纷的司法解决过程及结果进行事实描述，洞察裁判文书背后的法官逻辑、探究"出嫁女"权益保护的路径这些方面还有待进一步深入挖掘。

---

〔1〕 冷传莉、李怡：《"外嫁女"征地补偿款纠纷的诉讼困境及其解决》，载《贵阳学院学报（社会科学版）》2016年第5期，第99~104页。

第七章
集体资源分配村规民约与国家法的冲突与解决

▲————————————

李亚冬　潘香军

一、引言

　　集体资源分配村规民约通常是由集体经济组织、基层群众性自治组织等主体在政府指导下创制，是由集体经济组织章程、单行性资源分配规范、村民自治章程中的财产类规范、狭义村规民约中的财产类规范、其他类集体资源分配规范等各类与集体资源分配相关的村规民约组成的规范体系，其主要功能在于解决村集体内部的财产分配问题。

　　集体资源分配村规民约主要是由村级集体经济组织、组级集体经济组织、村民委员会和村民小组等制定主体，分别进行综合性、特定性和补充性地规范创制，在对"集体资源"进行分配和管理的规范中包含着注重自治自由、强化家户本位、保护集体边界等价值取向。而国家法是由一定的国家机关制定的规范性文件，是对社会资源、社会利益进行制度性分配的过程。质言之，村规民约"集体资源分配规范"的性质与国家法"社会资源分配规范"的性质有着本质上的不同，因而二者间不可避免将产生激烈的碰撞。

　　具体来说，集体资源分配村规民约与国家法所蕴含的价值理念不同，规范制定的主体迥异，规范的具体内容和实施方法也大相径庭，二者的冲突主要集中于分配集体资源的具体性与分配社会资源的普适性之间。但是，在以家户为乡村社会和国家的共同基本单元中，集体资源分配村规民约与国家法都共同指向化解现代化进程中物质与权利分配不公加剧的现象，以实现社会的稳定与持续发展，形成家国同构的基本格局。因此，有必要以广东省惠州市大亚湾区等为对象，仔细审视集体资源分配村规民约与国家法这两类规范的矛盾、冲突之处，以求同存异的眼光谋求调适冲突与形成合力的机制，促进集体资源的妥切分配。

二、两类规范的价值冲突

法的价值是法作为客体对满足个人、群体、阶级、社会需要的积极意义。[1]这些意义可能对于部分主体是积极的，对于另一部分主体则是消极的，导致不同的价值之间难分伯仲。包含集体经济组织章程的村规民约和包含法律法规规章等在内的国家法存在共通性，均具有秩序、正义、共同善等价值取向。然而，它们的权威依据不同，回应和满足的需求有所不同，使得作为法规范的客体本身具有不同的价值，因而在一些更加细微的价值层面产生了分歧，从而分道扬镳。

集体资源分配村规民约和国家法的价值冲突是指，这两类法规范在调整人们的权利义务时，[2]所包含的对其目的和愿景的不同指向性。规范背后的价值冲突广泛存在，这种冲突是人类理性发展的必然产物，不断解决法规范价值间的冲突，就是人类理性不断进步的道路。在集体资源分配领域，村规民约和国家法之间的价值冲突是这两种法规范发展的结果，也是社会发展的结果。这些价值冲突主要分为两个方面：一是村规民约和国家法关于集体资源分配中规定所依照的价值准则之间的冲突对立；二是村规民约与国家法的运行中不同的主体之间在价值观念、认识、选择上的冲突。

（一）价值准则的冲突

在集体资源分配领域，村规民约与国家法在价值准则方面的冲突是一种内在的、固有的冲突。有学者指出，国家法与村规民约处于一种互相陌生的隔膜之中，缺少一种二者共同信守的"信念范式"。[3]这两种法规范所依照

---

〔1〕 孙国华主编：《法理学教程》，中国人民出版社 1994 年版，第 94 页。

〔2〕 集体资源分配村规民约可视为一种非国家法意义上的习惯法。非国家法意义上的习惯法，是指独立于国家制定法之外，依据某种社会权威和社会组织，具有一定的强制性的行为规范的总和。参见高其才：《中国习惯法论》，社会科学文献出版社 2018 年版，第 3 页。

〔3〕 强世功：《法律移植、公共领域与合法性——国家转型中的法律》，载苏力、贺卫方主编：《20 世纪的中国：学术与社会·法学卷》，山东人民出版社 2001 年版，第 116 页。

的价值准则是长久的法实践中逐步固化与精炼形成的基本观念，人类活动的多目标性决定了法规范的多种价值选择与价值追求，这些多样的追求和选择之间必然存在冲突。

1. 自治自由与法治秩序的冲突

《村民委员会组织法》第 1 条指出其核心立法本意是"保障农村村民实行自治，由村民依法办理自己的事情，发展农村基层民主"。[1]以集体经济组织章程为代表的村规民约是农村实行自治的主要依据，而自治的核心价值在于自由，它可以为法治提供自由的精神。托克维尔曾说："如果没有乡镇组织，国家也可以建立起一个政府，但是它一定没有自由的精神。"[2]而法治最基本的、最天然的价值追求就是秩序。国家法作为一种具有外在强制性的行为规则，其本身就是为了建立和维系法治秩序而产生的，国家法为法治秩序提供了一种预想模式、调节机制和强制保证。从社会视角来看，法治秩序价值主要是通过国家法的社会控制而得以实现的，是人们通过国家力量迫使主体遵从国家法律规范，维持秩序的过程。这其中的主体当然也包括村民自治组织，意味着对村民自治组织行为的国家法指导、国家法约束和国家法制裁，而这与村民自治组织的自治自由间的冲突不可避免。

集体经济组织是一个典型的村民自治组织，集体经济组织章程是由人们在长期集体生产生活的过程中形成并固定下的一种群体性生产经营的习惯和规范。所以，集体经济组织的自治自由是一种制定集体经济组织行为规范或章程而不受干扰的自由。有学者认为自治与消极自由权的本质特征是一致的，因为自我治理的主要特点就是排除外来干涉。[3]但是，自治还意味着自我管理，[4]这是一种对组织事务进行选择和安排的积极行为。所以，本章认为集体经济组织的自治自由既包含了根据集体经济组织的生产生活情况开展自我治理的积极自由，也包括了自治行为不受外界干扰的消极自由，是集体经济组织成员享有的自我管理的基本权利。

---

〔1〕《村民委员会组织法》第 1 条规定："为了保障农村村民实行自治，由村民依法办理自己的事情，发展农村基层民主，维护村民的合法权益，促进社会主义新农村建设，根据宪法，制定本法。"

〔2〕[美] 托克维尔：《论美国的民主》（上卷），董果良译，商务出版社 1988 年版，第 67 页。

〔3〕吕廷君：《社会自治的民间法资源》，载《甘肃政法学院学报》2006 年第 2 期，第 10 页。

〔4〕[德] 汉斯·乔基姆·海因茨：《国际法上的自治》，载王铁志、沙伯力主编：《国际视野中的民族区域自治》，民族出版社 2002 年版，第 212 页。

事实上，集体自由的实现是实施自治的最高目标，如集体经济组织能够根据自己的理性目标指导生产生活，而不受外在力量的干扰，而链接这一目标的中间桥梁就是自主性，也即自治的主要内核所在。自主性意味着集体成员对于集体是一种积极的自治，是在自我治理中集体成员主张的不断推进和实现，进而才能实现集体自由。所以，对于集体经济组织来说，其最高的价值就是能够通过对自主性的不断发掘，让小公社拥有一种令人向往的"完美的人类生活"，[1]也就是集体自由。这种集体自由的内涵可包含如下内容：即集体的运行发展和选择能够由集体本身而不是外在力量来决定，集体为集体意志为不是其他力量的意志而服务，集体的行为是出于集体而不是其他力量的理性和意识，以及集体将为集体本身的行为和选择负责。[2]综上，这种自治自由是社会化的个人、联合起来的生产者，通过自治规范的形式进行自我管理、自我服务和自我协调来安排联合体事务而不被干扰的一种能力和结果。

而在当下，我国的法治秩序是以国家法为主要载体的，是自上而下由国家提供一整套制度系统。因而目前我国的法治，从某种意义上来看是狭义的法治，即依据国家法来治理社会。依据国家法的法治实际上是国家权力向下延伸覆盖的过程，国家法的效力覆盖社会的方方面面，这时的法治秩序实际上就是全国范围内一切团体和个人都广泛遵守国家法，并且无时无刻不在国家法所构成的网状格局中活动的状态。国家法的覆盖当然也包括自治领域，我国《村民委员会组织法》第 27 条第 1 款明确规定"村民自治章程、村规民约以及村民会议或者村民代表会议的决定不得与宪法、法律、法规和国家的政策相抵触……"自治自由与法治秩序必然会在农村和村民发生交汇，进而产生冲突，而集体经济组织这一领域的冲突是最为明显的。

这一冲突主要表现在，自治自由和法治秩序在很多时候是异质性而非包容性的。法治秩序要求自治自由不能超越国家法制度本身，自我管理服从和遵守国家法制度的一般性安排，而自治自由是一种固有属性，并不是产生于国家法的延伸或者赋予。集体经济组织成员希望通过依据村规民约的自治实现对组织的自我治理，分配集体资源，而国家担心自治偏离法治的轨道。人

---

〔1〕［古希腊］亚里士多德：《政治学》，商务印书馆 1965 年版，第 259 页。

〔2〕 I. Berlin, *Two Concepts of Laity*, *in Four Essays on Liberty*, Oxford University Press, 1969, p. 131, 载顾啸：《自由主义基本理念》，中央编译出版社 2005 年版，第 44~45 页。

民公社解体后，在国家立法与相关政策中，农村集体经济组织成员资格被认为等同于农民集体成员身份，许多地方的农村集体经济成员资格认定问题，主要依靠"地方立法+村民自治"为解决路径。直到《民法总则》将农村集体经济组织规定为特别法人，明确了其民事主体的性质，才确定了农村集体经济组织成员的权利基础。而权利来源于身份，国家法的调整又进一步延伸至确认集体经济组织成员身份的问题，意图通过一部《农村集体经济组织法》来制定统一的标准及程序。但这一延伸显然与村民自治的范围相重合，导致法治秩序与自治自由发生直接冲突。因为统一标准的制定意味着农村集体经济组织将丧失根据本村的历史沿革、户籍关系、风俗习惯以及本集体经济组织的劳动贡献、资本贡献情况自主制定成员资格规范的权利，法治秩序对自治自由的过度挤压很可能会进一步抑制农村社会发展的生机，所以这一延伸是否过度或是操之过急还有待探讨。

2. 家户本位与个人本位的冲突

从实践的角度看，农村集体资源分配领域的难处在于资源分配的调整，因为农村集体经济组织成员因其成员身份而享有资源分配权益，其身份取得和丧失都直接对应着其分配权益的拥有和丧失。然而，在农村，对集体经济组织进行人口统计和资源计算会耗费大量资源，成本较高。[1]因此，家户产权结构逐渐被国家法所明确，《关于当前农业和农村经济发展的若干政策措施》就提出家庭承包制"增人不增地，减人不减地"办法。[2]集体资源分配制度中的家户产权结构本质上和集体产权结构具有同质性，它可以化解农村集体资源分配调整困难问题。

但是，家户产权结构并没有在集体经济组织股权的分配中得到很好的体现。在《民法总则》将农村集体经济组织的性质确认为特别法人后，可以认为集体组织的财产、资源应属于集体所有而非成员共有，因而在股份制的改革实践中集体经济组织不断向类公司化发展，农村集体经济组织的成员也在

---

〔1〕　何康宁：《从湄潭试验区看农村土地制度的建设》，载《贵州社会科学》1988年第3期，第30~34页。

〔2〕　具体可参见1994年的《中共中央、国务院关于1994年农业和农村工作的意见》，1995年的《国务院批转农业部关于稳定和完善土地承包关系意见的通知》，2000年的《中共中央、国务院关于加强人口与计划生育工作稳定低生育水平的决定》以及2019年的《中共中央、国务院关于保持土地承包关系稳定并长久不变的意见》。

向类股东化发展。[1]《民法典》第 55 条规定，"农村集体经济组织的成员，依法取得农村土地承包经营权，从事家庭承包经营的，为农村承包经营户"。最高人民法院对"成员权"也有理解适用，提出"成员权既具有身份性，又具有财产性"，在国家法的介入下农村集体经济组织的成员权和村民个人牢牢绑定，这样可以将集体经济组织的财产和资源量化为个人股权。所以，即使股权证是以户为单位发放，股权仍按人头进行量化计算，按照农业农村部办公厅 2021 年 12 月 8 日下发的《农业农村部关于印发农村集体经济组织成员证书样式（试行）的通知》，在每名成员信息栏中分别填入"份额（股份）数"，这实际上是国家法更注重保护村民个人股权的一种个人本位的体现。

与国家法不同的是，在集体资源分配领域，村规民约的内容和实施都体现和强化了以血缘关系为基础的家户本位，在这背后是人伦秩序的强调。它维护着长久的社会生活中人与人之间关系所形成的一种稳定的状态，那就是村民们世代信仰和遵守的人伦秩序，这也是其在地方更具有"亲和力"的原因所在。村规民约尤其强调维护家长、族长、村老的权威和地位，以户籍制度为基础维持村集体中的人伦秩序，注重发挥村集体和家户的自我调节功能。如无锡市集体经济股份合作社就不仅仅将其股份按人头划分，而是分为了集体股和个人股，其中个人股又细分为人口股和贡献（农龄）股。[2]因而，村规民约对于集体资源的分配多强调家户的存在，虽然按人头分配收益，但多发放到户，且会综合考虑整个家户对集体的贡献情况。

3. 人人平等与个案公正的冲突

集体资源分配村规民约与国家法在价值准则上还存在一个不同，即村规民约关注的是如何有效地解决个体之间的日常纠纷、维持自治组织的日常秩序，因此村规民约的价值追求更倾向于"个案公正"的实现，更多考虑如何有效地"定分止争"，维持自治组织内个体间的利益平衡，是一种"成本和效益间的最佳博弈和选择"。[3]

而国家法的价值取向毫无疑问是更注重权利平等的，这种平等不仅是现

---

〔1〕 臧之页、孙永军：《农村集体经济组织成员权的构建：基于"股东权"视角分析》，载《南京农业大学学报（社会科学版）》2018 年第 3 期，第 65~74 页。

〔2〕 孔有利、刘华周：《农村社区股份经济合作社产权分析——以江苏省村级集体经济组织股份合作化为例》，《中国农学通报》2010 年第 23 期，第 420~426 页。

〔3〕 于语和主编：《民间法》，复旦大学出版社 2008 年版，第 52 页。

实中"以法律为准绳"和"法律面前人人平等"所意指的执法、司法、守法上的平等，还包括理想中"让所有造成权利不平等的法规都不能生效"这种立法意义上的平等。这种权利平等体现在国家法对人们的平等保护、平等适用和平等制裁，也包括人们对国家法的平等遵守。国家法为权利平等设定了标准，提供了依据，也为实现权利平等设置了措施，给予了保障。所以，国家法对集体经济组织成员资格的认定往往会以规范性文件的形式为集体经济组织成员资格的取得、丧失设定明确的标准。

事实上，集体经济组织成员资格确认的个案情况十分复杂，包括"外嫁女"户口迁入迁出的时间，迁出地的性质，移民政策，以及"外嫁女"是否为收养关系、是否为在读大学生，是否为现役军人，是否进城务工，是否缴纳社保，是否人户分离，离异后是否迁回原村居住等。仅凭统一的标准很难确定其是否确切需要集体经济组织成员资格所带来的权益，通常需要结合外嫁女在本村本集体的综合情况进行立体的分析，需要考虑的因素包括其在本村生产生活的历史、现在和未来，其上一辈、下一辈在本村的生产生活时间和贡献程度等，这样的认定才可以实现"个案公正"。所以，村规民约往往依托村民大会或村民代表会议的讨论、协商或表决来确定成员资格或权益分配。例如，广东省惠州市惠东县稔山镇大墩村盐业小组就对（G324）线征地补偿款分配意见进行公开投票，其中选项包括"盐民的嫁出女户口无迁出或迁入是否有权分配"（题析：外嫁女无权分配，但是户口在本村盐业小组的是否有权分配），并注明投票结果少数服从多数。[1]

因而，国家法如果基于权利平等，以规范性和概括性的方式制定统一的规则及程序确定集体经济组织成员资格，并一视同仁地将标准化的规则适用于所有效力范围的话，那么势必无法顾及微观层面的个案中分配公正的实现。因为国家法更关注一种抽象的"政治正确"，它追求的是一种普适的公共秩序。而包括集体经济组织章程等在内的村规民约是村民在长期生产生活中形成和固定下来的行为规范，这是一种根植于地方社会土壤之中的法，其维护的是地方性的人伦秩序。

---

〔1〕　广东省惠州市惠东县稔山镇《大墩盐业小组就对（G324）线征地补偿款分配意见（第二轮补充界定投票）》，2021 年 4 月 11 日发布。

（二）价值观念的冲突

在集体资源分配村规民约与国家法的运行中，不同的主体在价值观念、认识、选择上也会存在一定的冲突和对立。这是因为在这一过程中不同主体的意识存在差异，而价值选择又是一个具有主观能动性的过程，村民个体相互之间、村民个体与村民集体之间、村民个体与国家主体之间、村民集体与国家主体之间，都会产生价值选择上的不一致、矛盾甚至对立，"私"的价值选择与"公"的价值取向在集体资源分配村规民约这一"中间地带"显现出来。

集体资源分配村规民约与国家法间价值观念的冲突是多层面的。首先，最常见的是不同主体间相互的价值观念冲突，如立法者与执法者间、立法者与守法者间、执法者与守法者间等都可能因价值观念的不同而存在冲突，这样的冲突会影响立法的过程和结果、影响对法的理解和执行、影响守法的意愿和程度，主体利益的差别决定了主体间法的价值观念一定存在冲突。其次，还存在同一主体自身的价值观念冲突，这表现为思想上认识和需求的多元化，以及法行为上的犹豫和踌躇。最后，还有时间意义上和地域意义上的价值观念冲突，即同样的主体在过去、现在和将来有不同的价值观念，法主体在每个不同的时代都会有和每个时代相适应的价值观念，即使代代相承的价值观念同样在发生着变化。在不同地域空间中存在和生活的法主体也同样有不同的价值观念，这是在当地的政治、经济、文化条件下不断积淀而形成的，而国家法与村规民约的制定、执行和遵守主体来自于不同的空间，这将导致不同价值观念的碰撞和冲突。

具体来说，在集体资源分配领域，价值观念的冲突主要表现在两方面：一是村规民约的制定主体对国家法的"规避"；二是村规民约主体对国家法规范的拒绝遵守和对司法判决的拒绝执行和法官对村规民约效力的否定。

集体资源分配村规民约对国家法的"规避"是价值观念冲突最为突出的表现，在集体资源分配领域，基于性别权利传统秩序的村民正义观与外嫁女基于法律对男女平等肯定的正义观争锋相对。[1]如广东省惠州市《大亚湾区霞涌上沙股份合作经济社章程》对自然配股的股东资格规定中包含"户口在

---

〔1〕 黄家亮、吴柳芬：《多元正义下的行动逻辑与纠纷解决——珠江三角洲"外嫁女"纠纷实证研究》，载《广西民族大学学报（哲学与社会科学版）》2015年第4期。

本村的外嫁女，实行一次性协议补偿。"〔1〕根据调查，这种一次性协议补偿通常是其他村民所分收益的一半不到，有的甚至更少，且外嫁女的子女一般都不参与分配。这是因为在财产继承上，农村通常具有"传男不传女"的观念，因为"嫁出去的女儿泼出去的水"，在农民的传统观念中女儿所继承的家产最终会变为夫家的，导致娘家财产的损失。于是，在这种价值观念下村规民约的制定主体就谋求对价值观念偏向于"法律面前人人平等"的国家法进行一种规避，这种规避通常是较为隐性的。如湖南省长沙县《黄花镇人民东路沿线土地补偿款分配方案》中提出"一户女或多户女，其中一女可招上门女婿享受本组的全部待遇"该条方案言外之意指其他女儿所招上门女婿就不享受平等分配待遇，实际上是在规避我国《妇女权益保障法》第56条"村民自治章程、村规民约、村民会议，村民代表会议的决定以及其他涉及村民利益事项的决定，不得以妇女未婚、结婚、离婚、丧偶、户无男性等为由，侵害妇女在农村集体经济组织中的各项权益。因结婚男方到女方住所落户的，男方和子女享有与所在地农村集体经济组织成员平等的权益"之规定。

集体资源分配村规民约的主体对国家法的拒绝遵守和司法人员对村规民约效力的决绝承认同时存在，这说明村规民约主体与国家法主体的价值观念冲突并没有在国家法的强制力下得到解决。例如在湖南省长沙县一起外嫁女的集体经济组织成员权益纠纷案件中，原告王某秀与外村人结婚后，户口未转出原籍地长沙县黄花镇某组，期间生有一女也落户在该组，且为独生子女。原告离婚后，与该独生子女急需在原籍地村民组生活。但2010年在该村民组涉及土地征收事宜时，该村民小组召开户主大会制定了《村民组征地补偿分配方案》，这一方案规定独生子女家庭在正常标准基础上多享受50%的奖励性分配，但外孙子女除外，因而以原告女儿是外孙子女为由，拒绝发放这部分奖励性分配。长沙县人民法院裁定该村民组制定的《村民组征地补偿分配方案》违反我国《农村土地承包法》第5条和第16条的规定，并判决村民组应当向原告支付独生子女奖励性分配。〔2〕但是，村民小组虽然根据判决向原告履行了50%奖励性分配的支付义务，却以农村价值观念不同且经过集体表决

〔1〕　广东省惠州市《大亚湾区霞涌上沙股份合作经济社章程》第8条，2013年3月16日通过。
〔2〕　长沙县人民法院：[2012] 长县民初字第204号一审民事判决书。

为由明确拒绝更改其《村民组征地补偿分配方案》。在其他案件中，"多数人的民意不可违"和"可能扰乱集体的秩序和稳定"也成为村规民约的制定主体拒绝因应国家法的抗辩理由。

三、两类规范的主体冲突

村规民约与国家法作为两类典型的规范，均能够在乡土社会中发挥一定的作用，分配集体资源、调整权利义务关系、维护生产生活秩序。不过，以村规民约集体资源分配规范和国家法为中心，各自形成了不同的主体圈层，这些参与主体是支撑规范创制、运行实施和得以保障的中流砥柱。他们在权威来源、依赖资源、利益结构、行为模式上都存在公私之别，由此构成了集体资源分配规范上的主体冲突。它既包括中间主体与公主体间的外部冲突，也涵括了中间主体与私主体在乡土社会内部的矛盾。

（一）国家与社会之间的外部冲突

国家与社会的角色定位是当代社会规范创制的起点，采用何种视角直接影响着规范的形成形态。国家制定法是立法者在现代法治思想指导下经由理性思考和精巧设计而成，其中也包含着对于欧美和日本等比较法的制度借鉴。[1]其中，国家机构扮演着重要的角色，是国家法的创制主体，在法律中融入了国家意志。与之相反，社会中心视角下，社会本身和社会中的群体才是规范的创制者，村规民约等自治规范是经验、习俗、传统的整合，是以社会本源面貌为描摹对象，强调社会及公众的角色。社会组织是构成社会群体，形成社会关系的构成要素，本章涉及主要是各种基层群众性自治组织。国家与社会分别处于国家法与村规民约上的中心主体地位，两大主体主导着不同的规范逻辑。

其一，国家主导下的主体平等之公与社会主导下的主体差异之私存在冲突。法律面前人人平等是现代公共政治话语中无可争辩的共识，涉及适用、内容和可得性的平等，国家制定法基于性别的差别对待被视为一种非正义。[2]然而，我国的乡土社会有着独特的利益诉求和意识形态，村民们形成基于血缘、

---

[1] 廖成忠：《中国乡村都市化中的民间法与国家法冲突》，载《重庆社会科学》2006年第2期，第94~98页。

[2] 葛四友：《如何理解法律面前人人平等》，载《浙江社会科学》2023年第7期，第32~39页。

地缘的紧密联系。因此，将已经脱离于地缘关系以外的个体排除在规范适用的平等范畴以外，成为了乡土社会自然而然的选择，但这也背离了国家中心视角下的相同情况相同对待的处理方式。对此，国家试图对基层社会进行改造和重构，国家的力量在乡村社会和农民视野中呈现出了复杂的形象。[1] 例如，广东省惠州市《大亚湾区霞涌街道移新股份合作经济社章程》中第 13 条规定，"户口在本村的出嫁女，外出公职人员，港、澳侨胞不纳入为股东，与原股东共同参与鱿鱼湾山岭股份分配额的 20％收益分配"。国家的在场干预了乡村的秩序，集体资源分配规范可能会在外嫁女的权益分配上作一定程度的妥协，但并未脱离乡土社会的本色。社会既可能在某些方面接受这一影响，也可能会对国家的角色进行抵制和反对，集体资源分配村规民约即为社会与国家两大主体进行博弈的外在表现形式之一。

其二，国家角色所代表的理性权威之公与乡土社会内嵌的传统权威之私存在张力。在推进乡村法治建设的过程中，国家层面的主体包括各级立法机关、人民法院、检察机关、司法行政部门、农业农村部门、民政部门、公安部门、土地资源部门等各级党的机关、行政机关、立法机关、司法机关；村组层面的参与主体则主要为村民委员会、村民小组等农村基层群众性自治组织、其他社会组织和村民。[2] 按照韦伯对支配类型的分类，[3] 前者是以国家为中心所延伸出来的各类机构主体，其权力来源于国家，是形式理性的体现；后者则是以社会为中心所衍生而出的参与主体，具有民主性、内生性、自发性的特征，以传统型或卡里斯马型权威进行社会控制。当国家与社会的权威同时作用于集体资源分配规范之上时，一方面，社会自治的边界被打破，面对个体诉求时，国家作为公的一方对社会团体施加压力，要求集体经济组织确认个体的分配资格；但另一方面，国家代表的法理型权威又未在乡土社会的空间内完全建立起来，社会对国家的要求置若罔闻，最终导致农村妇女权益的保护在国家与社会冲突的夹缝中显得举步维艰。

其三，国家强调自上而下的公共治理逻辑，社会注重自下而上的私人契

---

[1]　郭于华主编：《仪式与社会变迁》，社会科学文献出版社 2000 年版，第 380 页。

[2]　高其才、张华：《乡村法治建设的两元进路及其融合》，载《清华法学》2022 年第 6 期，第 42~63 页。

[3]　［德］马克斯·韦伯：《经济与社会》，林荣远译，商务印书馆 1997 年版，第 269 页。

约合意。国家从社会中产生，却又时常与社会相脱节，成为了一个独立的政治体。现代国家开始加强社会治理共同体的建设，但治理主体主要还是各级党委和政府，[1]这就难以脱离他治的窠臼。诚然，国家已不再是单向度的对社会进行控制，国家与社会这两大主体也不再是非黑即白或彼此孤立，而是相互影响和渗透，呈现出互动的关系。[2]然而，在集体资源分配规范上，国家与社会尚未形成一种良性的协同关系。

一方面，受科层制和他治思维的影响，国家处于法治建设的主导地位，但是国家主体和正式制度不足以灵活地穿透乡土社会中根深蒂固的契约和自治，也没有重视社会规范的吸纳整合。例如，广东省惠州市《大亚湾区霞涌街道移新股份合作经济社章程》第20条明确规定"本章程同国家法律法规相抵触时，必要时进行修改"。可见，当村规民约与国家法发生冲突时，国家的法治逻辑并不必然能够直接导致集体资源分配规范的修改和妥协。在乡土社会中，基于人们所达成的合意、基于经验所习得的传统、基于历史传承的礼俗仍然处于中心地位，相比于国家的横暴权力，人们所遵循的是一种同意权力。[3]例如，《大亚湾区霞涌街道上沙股份合作经济社章程》第8条规定，"户口在本村的外嫁女，实行一次性协议补偿"。而集体资源分配往往又秉持着少数服从多数的原则达成协议，例如《大亚湾区霞涌街河坝经济合作社章程》中规定，"成员代表大会决定土地承包、宅基地分配和其他涉及成员切身利益重大事项的方案"、"成员代表大会须有本社2/3以上的成员代表参加，所作决议（定）经到会代表2/3以上通过"。在外嫁女资格问题上，"嫁出去的女儿，泼出去的水"是多数人的共识，成为了维持社会秩序的法则。

另一方面，社会规范虽然实际支配着村民们的行为，但是社会主体却未能能动地发挥自身影响去形塑国家，乡土社会没有为国家供给合法又合理的自治规范。在国家治理中，社会主体和村规民约的作用力依然较为孱弱，最终导致国家与社会两大主体无法有机联动、有效融合、互相照应。当前，我国法治建

---

〔1〕 郭道久、杨鹏飞：《国家与社会协同："社会治理共同体"的一种理解》，载《中国治理评论》2020年第2期，第3~16页。

〔2〕 [英]吉登斯：《民族-国家与暴力》，胡宗泽等译，生活·读书·新知三联书店1998年版，第2页。

〔3〕 费孝通：《乡土中国》，人民出版社2015年版，第74~75页。

设是渐进的、艰巨的，广袤的农村社会还存在发展不平衡的问题。[1]这也加剧了国家与社会关系的复杂性，国家与社会之间的冲突还将持续存在。

（二）个体与集体的内部冲突

集体资源分配村规民约不仅是书面的条文，还是本村内部社区结构的再现。[2]外部环境中的国家与社会的矛盾是中间主体与公主体之间的冲突，而在乡土社会内部，个体与集体之间也有着难以调和的冲突，体现的是中间主体与私主体之间的冲突。这既涉及了集体成员资格认定的难题，又关涉集体经济权益具体应如何分配的困境。以集体本位为主的权利归属形式、生产与分配秩序，与以个体本位为主的利益诉求和权利保护模式并存于集体资源分配规范问题中，个体、家户、宗族、村集体经济组织、基层群众性自治组织等主体都被嵌套于错综复杂的关系链条之上，并形成了多维度的个体与集体冲突格局。

于乡村内部而言，位于私的一端的个体与村民集体、村委会等中间主体之间具有冲突。集体是由个体联合组成的共同体，作为一个整体而存在。无论是在传统历史时期，还是在建国之初，集体毋庸置疑的占据着主导，个体在集体之中的独立性和主体性在某种程度上被压抑。不过，这种地位有其特殊的社会背景和时代局限。正如恩格斯所指出的，以前个人联合而成的共同体总是相对于个人而独立，真正的共同体中，个人在这一联合体之中并通过联合获得自由。[3]现代化进程中，个体主义思潮兴起，个体在集体中的地位和作用得到一定的重视。农民集体成员的权利是建立在人合基础上的成员权，权利主体既可以是农民个体，也可以以户为单位。[4]村落中的人首先也是独立个体，个体联结才能形成集体，集体资源分配中的集体便是成员本身集合而成的整体，它不能凌驾于成员之上。[5]然而，计划经济时代的集体内涵和义务观念却替代了工业化过程中的自由观念，将过去的集体主义分配原则简单

〔1〕　田成有：《乡土社会中的国家法与民间法》，载《思想战线》2001 年第 5 期，第 81~86 页。

〔2〕　侯猛：《村规民约的司法适用》，载《法律适用》2010 年第 6 期，第 52~54 页。

〔3〕　《马克思恩格斯选集》（第 1 卷），人民出版社 1995 年版，第 119~121 页。

〔4〕　毋晓蕾：《农民集体成员权利研究：农民集体成员权权能、限制与救济》，载《理论与改革》2013 年第 2 期，第 186~189 页。

〔5〕　韩松：《论成员集体与集体成员——集体所有权的主体》，载《法学杂志》2005 年第 8 期，第 41~50 页。

粗暴地移植到当代乡土社会。[1] 这就导致村规民约中的集体资源分配坚持一种严格的集体概念，将出嫁视作一种脱离土地和集体的行为，剥夺了外嫁女合法的财产分配权益。此外，村委会作为另一大中间主体，在这种强硬严格的集体中，也处于相对尴尬的境地。村委会的职能是多样的，包括政府代理人、集体产权代理人、社区管理者，及要遵循上级政府的行政指令，又要依照村民和集体成员的意愿进行公共事务的管理，从而深陷委托—代理的困境。[2] 这也导致村委会一方面会贯彻政策公共意志，从而维护了个体的合法权益；也有可能为稳固内在的权威性而选择站在集体经济组织的立场侵犯私主体的利益。

于家族内部而言，作为私的个体与作为集体的家户之间也存在利益冲突，但这一冲突并不仅局限在家庭内部，而是具有某种扩散效应，最终影响到位于公私之间的集体资源的分配。家是我国传统制度的一大根基，在价值序列中是高于个人的存在，我国早期的国家也是宗族团结方式与政权组织形式结合下的产物。[3] 家户作为一个整体，在村规民约等社会规范中的地位仍然顽强。例如，《大亚湾区霞涌街道河坝经济合作社章程》第21条规定，"成员大会实行一户一票的表决方式"。随着私主体的个体意识和权利意识觉醒，个体与作为集体的家户之间产生了经济利益纠纷。在集体资源分配规范中，外嫁女这一身份使其被排除在了家户这一集体之外，拥有成员资格的家庭成员或男性也能够获得更多的分配。实践中，父母霸占其外嫁女儿合法财产的案例层出不穷。[4] 当代社会中，农业生产的基本单位依然是家庭，乡土社会的根基和乡村治理的寓所均在家庭上。[5] 于是，家庭成员内部父权制、宗法制、单系偏重、性别依附等因素，便与村民集体的生产经营和经

---

〔1〕 陈端洪：《排他性与他者化：中国农村"外嫁女"案件的财产权分析》，载《北大法律评论》2003年第0期，第321~333页。

〔2〕 陈剑波：《农地制度：所有权问题还是委托-代理问题?》，载《经济研究》2006年第7期，第83~91页。

〔3〕 朱林方：《论中国法上的"家"——以古今家国之变为线索》，西南政法大学2016年博士学位论文，第1页。

〔4〕《苦苦等待5年，外嫁女终于拿回征地补偿款》，载 https://www.thepaper.cn/newsDetail_forward_2271745，2018年7月17日最后访问。

〔5〕 应星：《农户、集体与国家：国家和农民关系的六十年变迁》，中国社会科学出版社2014年版，第158~159页。

济利益勾连在了一起。除出嫁女之外的家庭成员和村集体成员作为财产分配的受益主体，无法接受出嫁的女儿再回到娘家和原本的集体中分割相应的利益。

需要指出的是，前述个人与家户本位的冲突与本章此处个体与集体的利益冲突并不完全重合，前者是传统人伦秩序当代个体主义之间的偏离，而个体与集体的利益冲突则强调的是家庭作为一个生产生活的利益共同体切割集体利益时所诱发的经济纷争，是家庭与集体内部成员试图以排除他人合法权益而获得更多利益的理性逐利行为。

四、两类规范的内容冲突

随着全面依法治国进程的推进，外嫁女权利意识不断觉醒，感到自身权益受到侵害的外嫁女努力寻找国家法依据，并通过信访、政府调解、申请行政复议、诉讼等途径维护自身权益。然而这一问题并未得到很好解决，除了深层次不同主客体价值观念和价值准则的冲突，最为直接的原因就是国家法和村规民约规范上难免存在相互脱节、尚未有效衔接。代表"公"的国家法与位于"中间"的集体资源分配规范在"私"的权利问题上纵横交错，在规范的具体内容上出现了冲突对立的情况。

（一）国家立法与集体资源分配规范的冲突

我国宪法和法律对村集体和集体经济组织中成员资格确认及集体资源分配的事项有许多规定，但这些规定多是方向性的或底线性的。《宪法》中与此问题相关的主要是妇女与男子享有同等权利阐述，即"妇女与男子在政治、文化、经济、社会、家庭生活等方面与男子具有平等权利"在更加细化的规定方面，《民法典》第 265 条规定："农村集体经济组织、村民委员会或其负责人作出的决定侵害集体经济组织成员合法权益的，受侵害的集体成员可以请求法院予以撤销。"《村民委员会组织法》第 27 条规定："村民自治章程、村规民约以及村民会议或者村民代表会议的决定，不得与宪法、法律、法规和国家的政策相抵触，不得有侵犯村民的人身权利、民主权利和合法财产权利的内容。"《妇女权益保障法》第 55 条第 1 款规定："妇女在农村集体经济组织成员身份确认、土地承包经营、集体经济组织收益分配、土地征收补偿安置或者征用补偿以及宅基地使用等方面，享有与男子平等的权利。"此外，

第 56 条还规定"村民自治章程、村规民约，村民会议、村民代表会议的决定以及其他涉及村民利益事项的决定，不得以妇女未婚、结婚、离婚、丧偶、户无男性等为由，侵害妇女在农村集体经济组织中的各项权益。因结婚男方到女方住所落户的，男方和子女享有与所在地农村集体经济组织成员平等的权益。"可以看出，在"外嫁女"的集体资源分配问题上，我国宪法和法律都有大量的原则性要求，但由于国家立法很难全面考虑各项因素，适应各地的不同情况，因而需要保留一定的制度弹性，难以有更为清晰的规定。有学者指出："国家一方面通过对土地、自然资源的集体所有的确认将村民们制度性地凝聚在一个小共同体内，另一方面又没有给这个小共同体提供相关的秩序型构规则。"农村集体经济组织成员资格问题是我国农民基本的民事权利问题之一，应当由全国人民代表大会常委会根据《立法法》第 48 条第 1 项作出立法解释。但是全国人大常委会至今尚未就此问题作出立法解释。

除了模糊宽泛外，国家法在集体资源分配领域还可能存在冲突之处。《农村土地承包法》第 6 条规定："农村土地承包，妇女与男子享有平等的权利。承包中应当保护妇女的合法权益，任何组织和个人不得剥夺、侵害妇女应当享有的土地承包经营权。"第 31 条规定："承包期内，妇女结婚，在新居住地未取得承包地的，发包方不得收回其原承包地；妇女离婚或者丧偶，仍在原居住地生活或者不在原居住地生活但在新居住地未取得承包地的，发包方不得收回其原承包地。"可以看出，《农村土地承包法》主要强调了村集体中妇女合法享有对土地权益，且不因其婚姻状态而影响其土地权益，但是该条却与《妇女权益保障法》第 56 条中的规定在理解上可能有所冲突，即外嫁女到底有权保留原居住地承包地还是有权在新居住地取得新承包地，《农村土地承包法》第 31 条的立法本意应是避免外嫁女出现原居住地与现居住地"两头空"的情况，然而实践中却常常成为妇女新居住地以其应在原居住地承包土地为由拒绝承认其承包经营权的依据。

（二）地方规范与集体资源分配规范的冲突

各地方规范性文件中根据各地不同的情形，对农村集体经济成员资格取得与丧失标准作出了细化规定。各地对每项标准的侧重点不同，也根据各地实际情况有不同的优先级顺序，形成了标准不一的局面。同理，同一省份村规民约对这些标准的认定情况和优先级也有所不同，当二者治理范围重合时就造成了标准选择的冲突。

在集体经济组织成员资格的取得标准上，居主流的是以户籍为主要依据的取得方式，在一户村民具有本村户籍后，还需要具有"出生时间限制""婚姻存续""政策性移民""有生产生活保障""履行集体组织章程规定义务"等条件之一，如《广东省农村集体经济组织管理规定》第15条第1款、第2款规定："原人民公社、生产大队、生产队的成员，户口保留在农村集体经济组织所在地，履行法律法规和组织章程规定义务的，属于农村集体经济组织的成员。实行以家庭承包经营为基础、统分结合的双层经营体制时起，集体经济组织成员所生的子女，户口在集体经济组织所在地，并履行法律法规和组织章程规定义务的，属于农村集体经济组织的成员。"有学者指出这种方式能够从国家法的层面最大程度实现公正与合理。

但是在村规民约层面，户籍很明显并不能够自然地取得成员资格，不少地方在股权固化时采取参照某一时间点户籍情况由集体表决成员资格的办法。如《仲恺高新区陈江街道石圳村新屋股份经济合作社章程》规定"股东资格界定遵循'依据法律、尊重历史、照顾现实、实事求是'的原则"。"本合作社个人股东是原经济合作社在2019年11月22日经股东大会表决界定的成员共40户，131名（具体详见股东花名册），成员资格界定日2019年11月22日24时。"可见在村规民约中户籍标准直接被否认，而是由股东大会表决界定成员资格并固化。

在成员资格的丧失标准上，国家法规范体系中的主流标准为"成员资格唯一性标准"，即避免"两头占"和"两头空"的情况。有的地方直接规定了明确的标准，如死亡和户籍变动，这就意味着外嫁女户籍外迁将直接丧失集体经济组织成员资格。也有司法机关以意见的形式对此问题作出判定，即取得其他集体经济组织成员资格的以及取得非农业户口，且纳入国家公务员序列或城市居民社会保障体系的情况下，丧失本集体经济组织成员资格。天津市高级人民法院对这一规定作出了解释，即集体经济组织成员资格被认为是农民的一种基本生存保障，所以应当以该成员是否取得了其他社会保障资格来确定其是否丧失成员资格，这就是"成员资格唯一性标准"。所以，如果外嫁女取得了城市户口但并未纳入城市居民或城镇企业职工社保体系，那么其资格并不会丧失，这是为了避免"两头空"的现象。而如果外嫁女已被纳入另一社会保障体系，为了避免"两头占"的现象，则当然丧失原集体经济组织成员资格。"成员资格唯一性标准"还可应用于外嫁女在嫁入地的集体经济组织成员资格。如《关于农村集体经济组织成员资格确认问题的意见》规定"婚姻关系发生在不同集体经济组织成员之间，其中一方虽未迁移户口，但已实际进入对方所在集体经济组织生产、生活，应当认定其具有集体经济组织成员资格"。

有的地方则采用另一种"生产生活保障标准"对外嫁女的集体经济组织成员资格作出了特别规定，如重庆市高级人民法院在印发的会议纪要中明确"农嫁女或入赘男的集体经济组织成员资格应当以是否在配偶对方形成较为固定的生产、生活，是否依赖于对方农村土地作为生活保障为基本判断标准。"也就是说，如果外嫁女在丈夫的家庭中拥有稳定的生产活动、生活条件并且获得了土地保障，那么无论她的户口是否已经从原籍迁移，她都应该被认定为丈夫所在地的集体经济组织成员。相反，如果外嫁女或其配偶选择外出务工，并未在嫁入地建立起稳定的生产生活基础和土地保障，这种情况下，应保留她原有集体经济组织的成员资格。这一规范性文件还对外嫁女离婚后的情况作出区分，即户口未迁回的，应认定具有嫁入地成员资格，而如果在原籍又重新分到了承包土地的，则可以认定具有原籍地成员资格。

同样地，这些标准在村规民约中也会被直接忽视，更多的是按照本地风俗习惯或是集体讨论结果作出规定。如广东省惠州市《仲恺高新区陈江街道石圳村新屋股份经济合作社章程》规定："本社可量化的经营性资产为基数按本章程配股以后实行'生不增，死不减；进不增，出不减'的固化原则……固化时间为2019年11月22日至2024年11月22日。""本社股东的股权可以依法继承。继承人为本集体经济组织成员的，按照法定程序继承股权；继承人为非本集体经济组织成员的，被继承人所持股权原则上由本集体经济组织回购或转让给本集体经济组织其他成员。"《大亚湾区霞涌街上沙股份合作经济社章程》中虽然规定了"参加一九八〇年前后本小组第一轮土地承包，至今户口仍属本小组的原籍户村民及世代合法子女及子女配偶享受全份额自然配股资格"，但对外嫁女特别规定"户口在本村的外嫁女，实行一次性协议补偿"。一次性协议补偿的言外之意即直接认定所有户口在本村的外嫁女均丧失自然配股资格，仅有权获得一次性补偿。

五、两类规范的运行冲突

集体资源分配村规民约与国家法都不是静态的，而是要在日常生活场域和法治国家的空间下运行。随着司法与执法的不断健全和送法下乡的深入，寻求司法途径维护个体的合法权益、分配集体资源的诉讼激增。国家以居中裁断的方式实质性介入集体资源分配纠纷之中，处于公私之间的集体资源分配村规民约与国家司法和执法领域的不适配现象逐步浮现，个体"私"的诉求解决、中间地带的集体资源分配规范的运行与代表"公"的国家法律实施，在运作中凸显出重重矛盾，下文具体将从司法与执法两个维度分述之。

（一）司法维度：基于"私"诉的双重困境

由于集体资源分配的问题盘根错节，法院在面对个体的诉求时也时常陷入两难的困境中。其一，究竟是通过国家公权力介入乡土自治，还是依照位于公私之间的集体资源分配规范，实施司法规避的策略，是法院需要处理的第一重困境。其二，国家公权力介入集体资源分配纠纷后，究竟是根据村规民约中的集体资源分配规范驳回个体"私"的诉求，还是以司法手段对村规民约进行纠正以及如何纠正则是法院面临的第二重困境。

1. 司法介入与司法规避之冲突

对于是否要通过司法权介入位于公私之间的集体资源分配问题，法院的态度显得棱两可。法院既要遵循国家法中相关的规定，履行法院职责的应然之义，同时也有考虑到在受理纠纷后，可能存在规范矛盾、自治抵抗等重重障碍，由此产生司法介入与司法规避的分岔。

（1）作为"公"的国家法规范一方面为司法介入集体资源分配规范纠纷创造了前提要件，但另一方面又未划定自治与法治的界限，缺乏必要的、可操作的介入路径。国家制定法对于村规民约中集体资源分配规范的合法性、妇女权益保护等方面作了相应的规定。《村民委员会组织法》第 27 条、《妇女权益保障法》第 32 条、第 55 条、《农村土地承包法》第 6 条等从制定法的层面为法院处理集体资源分配纠纷提供了制度依据。[1]因此，即使集体资源分配规范具有自治的属性，也需要在国家法所规定的限度之内运行，对于其中侵害个体财产权益规范所引致的纠纷，代表"公"主体的国家司法机关应当介入。

然而，国家法不可能对所有社会问题大包大揽。集体经济组织成员资格是农民通过让渡一定的财产权，从集体中获得身份或地位，尚属于集体成员自治范畴，但这种自治具有局限性。[2]我国立法层面也未对农村集体经济组织成员资格认定进行规定，导致法院对村规民约的合法性审查标准不明确。于是，在司法实践中，即便是在立案制改革的背景下，法院仍然会以"农村集体经济组织属于自治组织，涉及成员资格问题应当由该村民组织依照其组织章程自治处理，不应作为民事案件进行解决"为由，驳回了个体"私"的起诉。[3]因此，《妇女权益保障法》第75条赋予了外嫁女在权益遭受侵害时通过法院诉讼寻求救济的权利，但出于对判决后可能引发群体性事件等社会效果的考量，这一财产关系范畴的纠纷最终在规范运行中，被部分排除在司法认定范围之外，侵害了外嫁女的基本诉权。[4]最终，在集体资源分配村规民约与国家制定法同步运行的过程中，司法处在进退两难的境地。

（2）作为"公"的规范性文件提供了相应的配套制度，力求将法律和各项规定在地方上相衔接，维护基层社会的稳定性；但与此同时，另一个公主

---

[1]《村民委员会组织法》第27条："村民会议可以制定和修改村民自治章程、村规民约，并报乡、民族乡、镇的人民政府备案。村民自治章程、村规民约以及村民会议或者村民代表会议的决定不得与宪法、法律、法规和国家的政策相抵触，不得有侵犯村民的人身权利、民主权利和合法财产权利的内容。村民自治章程、村规民约以及村民会议或者村民代表会议的决定违反前款规定的，由乡、民族乡、镇的人民政府责令改正。"《农村土地承包法》第6条："农村土地承包，妇女与男子享有平等的权利。承包中应当保护妇女的合法权益，任何组织和个人不得剥夺、侵害妇女应当享有的土地承包经营权。"《妇女权益保障法》第55条第1款："妇女在农村集体经济组织成员身份确认、土地承包经营、集体经济组织收益分配、土地征收补偿安置或者征用补偿以及宅基地使用等方面，享有与男子平等的权利"。第56条："村民自治章程、村规民约，村民会议、村民代表会议的决定以及其他涉及村民利益事项的决定，不得以妇女未婚、结婚、离婚、丧偶、户无男性等为由，侵害妇女在农村集体经济组织中的各项权益。因结婚男方到女方住所落户的，男方和子女享有与所在地农村集体经济组织成员平等的权益。"

[2] 刘竞元：《农村集体经济组织成员资格界定的私法规范路径》，载《华东政法大学学报》2019年第6期，第151~162页。

[3] [2021] 粤1391民初4635号民事一审裁定书。

[4] 朱庆、雷苗苗：《农村妇女土地权益司法保障的应然选择——以"外嫁女"为研究对象》，载《甘肃社会科学》2019年第5期，第134~139页。

体——行政部门的介入反而可能为司法提供了规避的温室，涉及集体资源分配村规民约的司法纠纷依然无法化解。

在国家层面，2018年11月最高人民法院《关于为实施乡村振兴战略提供司法服务和保障的意见》明确提出要"依法妥善处理农村集体经济组织成员资格问题……依法依规保护农村外嫁女、入赘婿的合法集体权益"。地方层面，《广东省农村集体经济组织管理规定》第15条第1款规定："原人民公社、生产大队、生产队的成员，户口保留在农村集体经济组织所在地，履行法律法规和组织章程规定义务的，属于农村集体经济组织的成员。"中共惠州市委办公室、惠州市人民政府办公室发布的《关于切实维护农村妇女财产权益的通知》指出："……农村集体经济组织成员中的妇女，在土地承包经营、集体经济组织收益分配、股权分配、土地征收或者征用补偿费使用，以及宅基地使用等方面，享有与男子平等的权利，任何组织或个人不得以妇女未婚、结婚、离婚、丧偶等为由，侵害其合法权益。"

可以看出，作为公权力的政府机关，在前端以指导性、规范性文件将个体诉求纳入国家的行政体制中，法治剩余被行政渠道所吸纳；[1]中端以村规民约的备案指导、行政监督的方式，促进村民实行依法自治，从而一定程度上介入村民自治实质过程中；末端通过行政确认的手段，依托行政的公权力保护个体的权利。例如，2006年《中共广东省委办公厅、广东省人民政府办公厅转发〈省委农办、省妇联、省信访局关于切实维护农村妇女土地承包和集体收益分配权益的意见〉的通知》中制定了三步走的模式，即镇政府（街道办）申请作出行政处理决定—向区政府申请行政复议—向法院提起行政诉讼。浙江丽水则实行政府调解—资格行政确认—民事诉讼的程序。[2]行政手段一定程度上发挥了保护个体分配权益的作用，但是有些村民却不满这种行政确认，以冲击政府、聚集闹事、越级上访等方式进行抗争。基层政府是地方的秩序维护者，在实施行政行为时也不得不顾及多数村民的意见，防止不

---

〔1〕 桂华：《论法治剩余的行政吸纳——关于"外嫁女"上访的体制解释》，载《开放时代》2017年第2期，第164~183页。

〔2〕 赵贵龙：《"外嫁女"纠纷：面对治理难题的司法避让》，载《法律适用》2020年第7期，第48~61页。

稳定因素的产生。[1]因此，代表公权力的行政无法从根本上解决集体资源分配村规民约与国家制度间冲突的问题，并且还同时影响了司法的策略。

具体而言，司法对行政手段产生强烈的依赖心理，对于已经完成了行政程序且政府作出了行政处理决定的个体诉求，法院将根据行政决定进行相应的裁判。在司法介入集体资源分配规范纠纷时，法院仅围绕地方政府作出的具体行政行为或行政决定书是否事实清楚、证据充分、程序合法、适用法律正确进行论证，[2]甚至还会对村民会议的决定及村民自治章程进行审查，判断村内的资源分配规范是否合法。[3]但不能忽视的是，这种介入完全建立在行政程序之上。于是，法院成功地将责任转移给政府，司法只需要在政府干预、经过复议程序之后，对政府的决定进行审查。[4]因此，作为公主体的司法机关的介入具有流程化、形式化的特点，表面上是依据国家制定法对村规民约进行审查和改造，但实则依然是一种受到集体资源分配规范和自治因素影响下的司法规避机制。对于那些未经过行政前置程序的诉讼，或者地方政府消极被动、将问题重新推回给村集体的纠纷，法院往往又以不属于受案范围、遵循村规民约与村民自治等相似的理由裁定不予受理，集体资源分配规范的司法解决路径也陷入了死循环。[5]是故，围绕个体的"私"诉，代表"公"的国家制定法所要求的司法介入，与受到位于"中间地带"的村规民约中集体资源分配规范影响导致的司法规避，在规范运行中凸显了出来。

2. 规范适用与规范纠偏之冲突

司法介入只是国家公权力影响集体资源分配村规民约的第一步。在介入之后的具体司法处理程序中，法院力图实现政治效果、法律效果和社会效果的统一。按照国家法的规定对集体资源分配村规民约进行审查纠偏，与依据村规民约、尊重村民自治之间产生了冲突。

〔1〕 黄家亮、吴柳芬：《多元正义下的行动逻辑与纠纷解决——珠江三角洲"外嫁女"纠纷实证研究》，载《广西民族大学学报（哲学社会科学版）》2015年第4期，第10~16页。

〔2〕 [2018]粤1322行初124号一审行政判决书；[2017]粤13民终1478号二审民事判决书。

〔3〕 [2017]粤1322行初136号一审行政判决书；[2017]粤13行终214号二审行政判决书。

〔4〕 贺欣：《为什么法院不接受外嫁女纠纷——司法过程中的法律、权力和政治》，载《法律和社会科学》2008年第1期，第66~97页。

〔5〕 林丽霞：《关于农村集体经济组织成员资格权立法的思考和建议——打破外嫁女维权的死循环》，载《中华女子学院学报》2022年第5期，第51~56页。

（1）对待个体"私"的诉求，司法裁判需要首先明确适用"公"的法律法规还是位于"中间地带"的规范。集体资源利益分配村规民约往往经合法程序形成，体现了宪法中集体所有与村民自治原则，却又与侵犯财产权利、男女平等的原则相悖。例如，广东省惠州市仲恺高新区潼湖镇黄屋村民委员会《黄屋村村规民约》第2.2.8条规定："合法再婚（含有结婚证已入本村户口的）、离婚的再婚夫妻、男性是本村村民的，如无子女情况，只能基于1名带入子女可享受本村福利或分红权益，且跟随带入的孩子需将户籍迁入本村并年龄未满18周岁。"虽然国家法规定村规民约不得与法律相抵触，但法院如何运用这一规则判定村规民约的合法性，仍然面临着很多问题。[1]例如，针对外嫁女与村小组达成协议并领取一次性补贴后是否还有权参与集体资源的分配，法院参考当地农村习惯、社会背景等因素，将领取一次性补助款的行为视为放弃集体资源分配权。[2]又如，法院认为："村集体经济组织收益的分配属于村民自治的范畴，即使人民法院依法撤销涉案的福利及生活费发放方案，也无权直接对收益分配作出决定。"[3]可见，在法院实质性受理了涉及集体资源分配村规民约的纠纷后，依然会考虑村民自治和社会效果的影响，不一定会对村规民约进行司法审查，国家的公权力便无法以司法路径渗透到中间地带的规范里。

（2）部分法院适用了"公"的法律，保障了个体"私"的利益诉求，但是国家公权力对位于"中间地带"的集体资源分配规范的纠偏程度参差不齐，在成员资格标准、资格确认时点以及主体外延范围三个方面存在着矛盾之处。

首先，集体资源分配规范对于集体经济组织成员资格的判断标准，与国家司法适用场域中"公"的标准在规范运行中产生了冲突。例如，某村合作社分配方案中规定，"以派出所户籍性质（农业、非农业和本村户口册相结合）为基本条件，凡属于本村集体经济组织成员的，均按本方案享受分配权，本村外嫁女在截止日前出嫁的，本人不享有分配权"。[4]或协议约定"女儿出嫁后，无论迁不迁户口一律不给分配分红"。[5]这一标准在国家司法机关处

---

〔1〕 侯猛：《村规民约的司法适用》，载《法律适用》2010年第6期，第52~54页。

〔2〕 ［2018］粤13民终835号二审民事判决书；［2016］粤1391民初2609号一审民事判决书。

〔3〕 ［2017］粤04民终1304号二审民事判决书。

〔4〕 ［2023］浙03民终5048号二审民事判决书。

〔5〕 ［2019］粤12民终1531号二审民事判决书。

理外嫁女诉求时遭到驳斥。法院既可能采取单一认定标准，也可能采纳复合标准。在单一标准中，大多数以是否进行了户籍登记作为判断资格的标准，少部分以本集体经济组织形成了较为固定的生产生活关系作为依据。[1]在复合标准中，法院则综合考虑多个要素，认为："应当以形成较为固定的生产、生活，并依法登记所在地户口为形式要件，以是否需要本集体经济组织农村土地为基本生活保障为实质要件。"[2]代表国家公权力的司法标准与以性别、时间作为资格判准的村规民约之间差异较大，司法机关通过在裁判中确立成员资格标准，改变外嫁女在村规民约标准中的弱势地位，从而保障其合法分配的权益。

其次，虽然集体资源分配规范将某些特殊群体的资格排除在外，但是其"私"的诉求得到了行政公权力的确认，司法公权力在此基础上则更进一步，深度介入并颠覆了原先的集体资源分配规范，加深了国家法与村规民约间的冲突。在大多数维护了外嫁女权益的案件中，法院将行政决定书作出之日作为享受财产分配权利的起始时点。[3]广东省惠州市《仲恺高新区陈江街道五一村周屋股份经济合作社章程》第 15 条也规定，"本社依照章程停发的分红一律不补发，可划入公积公益金使用。股东福利分配自成员资格界定日起计算，一律不溯及以往，不补发"。但实践中部分法院则将判定成员资格的时间节点回溯到行政确认之前，认为"出嫁女享有与其他集体经济组织成员相同的权益，该权益自其具备集体经济组织成员资格开始起即已享有，政府对其成员资格的认定只是对其资格状态的确定而非一种赋权"。[4]作为国家公权力代表的司法在保护外嫁女私益方面作出了一定的突破，在村集体的利益与外嫁女"私"诉的天平上，司法不断向私权保护一端倾斜，进一步加剧国家法与村规民约在司法实践中的鸿沟，也推动了国家法在规范运行维度对村规民约的强势重塑。

最后，除剥夺外嫁女财产权益的情形以外，集体资源分配村规民约在分配其他主体权益上也存在类似的问题。有的集体资源分配村规民约中对于离

〔1〕 房绍坤、任怡多：《"嫁出去的女儿，泼出去的水?"——从"外嫁女"现象看特殊农民群体成员资格认定》，载《探索与争鸣》2021 年第 7 期，第 106~120 页。

〔2〕 [2020]桂 13 民终 167 号二审民事判决书。

〔3〕 [2019]粤 12 民终 1531 号二审民事判决书。

〔4〕 [2023]粤 13 民终 834 号二审民事判决书；[2022]粤 13 民终 5841 号二审民事判决书。

婚夫妻、入赘女婿、违反计划生育所生子女的财产分配权益予以排除。例如广东省惠州市惠东县稔山镇《大墩盐业小组征地补偿款分配意见》中规定，"盐民的纯女户，不管家中有多少个女儿，只确定其中一个为招入，招入男方必须要户口迁入本盐民户口才有权分配"、"盐民个别的妻子出走或离婚，户口无迁出无权分配"。但是，在司法救济中，依据代表"公"的国家法，[1]法院主张在婚后取得当地经济合作社成员资格，婚后户口保留于集体经济组织所在地的妇女，不应离婚而丧失集体资源分配权益。[2]同样，村小组和行政处理决定书中根据《广东省人口与计划生育条例》（2014 年修正）第 48 条第 2 款，[3]拒绝为超生人员分配资源的决定，属于明显不当。[4]在另一典型案件中，村规民约规定，"合法再婚（含有结婚证已入本村户口的）、离婚的再婚夫妻、男性是本村村民的，如无子女情况，只能基于一名带入子女可享受本村福利或分红权益，……如该小孩日后成家立业，其生育的子女必须是所在小组姓氏方可享受本村福利或分红权益"。当这一规范进入了司法程序中，法院则认为，以原告改姓作为原告分配集体收益款的条件，完全限制了村民的利益。[5]这也表明，位于"公"的一方的国家法和司法机关，与位于"中间地带"的集体资源分配村规民约在成员资格的问题上存在多种冲突，司法机关试图根据国家制定法，对集体资源分配规范中的侵权条款及乡村社会中的不合法行为进行多方位调适，但是公权力对集体资源分配规范调适的方式、程度、力度并不一致。

（二）执行维度：基于"公"权的落实障碍

除了国家法与村规民约本身在司法适用中的冲突以外，如何打破乡土社

---

〔1〕《广东省实施〈中华人民共和国妇女权益保障法〉办法》第 24 条第 1 款规定："农村集体经济组织成员中的妇女，结婚后户口仍在原农村集体经济组织所在地，或者离婚、丧偶后户口仍在男方家所在地，并履行集体经济组织章程义务的，在土地承包经营、集体经济组织收益分配、股权分配、土地征收或者征用补偿费使用以及宅基地使用等方面，享有与本农村集体经济组织其他成员平等的权益。"

〔2〕［2018］粤 1322 行初 274 号一审行政判决书；［2019］粤 13 行终 90 号二审行政判决书。

〔3〕《广东省人口与计划生育条例》（2014 年修正）第 48 条第 2 款规定："对超生人员、有关单位依照本条例规定作出处理决定之日起，五年内国家机关和事业单位、国有企业、国有控股企业、乡镇集体企业不予招工、录（聘）用；五年内不得选为村（居）民委员会成员和评为先进；七年内不得享受公费医疗福利；七年以上十四年以下不得享受农村股份制分红及其他集体福利。"

〔4〕［2015］惠湾法行初字第 20 号一审行政判决书；［2016］粤 13 行终 3 号二审行政判决书。

〔5〕［2022］粤 13 民终 8648 号二审民事判决书。

会的桎梏，将生效判决顺畅执行，将国家"公"权力的意志贯彻到基层，是规范运行中的又一障碍。司法判决是国家制定法和公权力共同作用的产物，维护了少数个体的"私"权的裁判结果是对位于"中间地带"的集体资源分配规范的排斥，容易遭受村集体的抵制。因此，公权力的下沉与中间地带的有力抵抗在执行维度产生了冲突，导致了对于诉权的保障无法落实。

（1）维护集体资源分配村规民约的村集体与拥护国家法的司法机关，在款项金额的执行上进行对抗。村民、村委会、村民小组等主体借由各种主观或客观的缘由阻挠集体资源的分配，具体可以分为三种类型：其一，直接故意型。例如，现实中，一旦股份社或生产小组在得知法院将要对维护外嫁女私权的生效判决进行执行，便会未雨绸缪，将账户内的资金移转或瓜分。由于账户上没有可执行的金额，支持外嫁女诉求的判决将沦为空壳。[1]在处理分地问题上，村集体也遵循着同样的逻辑。在判决生效或执行前，村干部便将地事先分到各家各户，即使强制执行，未获得分配资格的人也无地可分；在判决后，采用各种拖延的办法，拒不支付款项。[2]其二，账户混杂型。例如，在陕西省蒲城县人民法院判决莲塘镇吕处坞村向外嫁女支付相应补偿款后的三年，村小组却仍然无动于衷。据报道，被执行人为村小组，但村小组的账户划定在个人名下，而村委账户上的款项也无法界定各个村小组的份额，因此无法顺利执行。[3]其三，间接故意型，即判决生效后，虽然村小组或相关主体并未故意转移或隐瞒资金，但其名下的确无财产可供执行。这种现象在实践中亦很常见。例如，南丹县人民法院于2021年3月判决村民小组向外嫁女支付土地补偿款8万余元，但在当事人先后两次申请强制执行后，法院查明村民小组没有其他可供执行的财产，执行程序无法继续进行。[4]这些不同情境均构成了集体资源分配村规民约与国家法在执行层面的摩擦。

（2）社会效果不佳带来的落实障碍，即村民、村委会、村民小组等主体

---

〔1〕 张勤：《股份合作制下"外嫁女"土地权益纠纷的解决——以珠三角 S 区为中心的实证研究》，载《江苏社会科学》2018 年第 2 期，第 245～253 页。

〔2〕 陈林：《性别视角下的农村集体资源分配研究》，中共中央党校 2013 年博士学位论文，第70 页。

〔3〕《南平外嫁女控诉征地补偿被剥夺 法院胜诉难执行》，载 https://new.qq.com/rain/a/20230425A0A4GY00.html，2023 年 4 月 25 日最后访问。

〔4〕《外嫁女征地补偿案件胜诉，村民小组拒不履行，法院这般执行》，载 https://m.thepaper.cn/baijiahao_ 16465074，2022 年 2 月 27 日最后访问。

在认知态度上无法接受和认可国家法的裁判结果，在行为动向上可能会采取相对极端的方式进行联合抗争，从而阻碍司法判决的执行，公的权威遭到了质疑和削弱，中间地带的规范依然在乡土社会空间内具有不可撼动的地位。乡土社会内讲究人情、面子，而内部的舆论压制会给私主体施加压力。例如，广东某村曾明目张胆地拉出"反对外嫁女的孤魂野鬼分红"以及"外嫁女子抢夺分红死无葬身之地"等标语横幅；在江苏某村，由于外嫁女争取土地赔偿款，300多个村民联名上书反对。[1]这些行为加剧了集体与个体的对立，也使裁判在执行中缺乏必要的社会力量支持，难以在村集体内部推行。社会舆论和群体性事件同样会遏制政府和法院等公权力机关对国家法的落实。譬如，广东省佛山市南海区落实外嫁女合法权益过程中，由于大沥镇颜峰村丹邱经济社社长、村小组组长拒不履行外嫁女分红的要求，被南海区法院依法拘留。对此，100余名村民在大沥镇政府聚集抗议。村委会认为，如果再强制执行，不排除会产生流血事件。[2]与此同时，由于个体权益的保障迟迟无法落实，司法程序可能再次回流到行政或信访程序中，基层政府同样陷入了进退两难的局面。

作为公权力主体的司法与行政，在裁判执行问题上强势推进，却使得新的社会问题源源不断地涌现出来，联名上书、群体上访、集体抵制、舆论风波等集体共谋的行为，致使司法裁判在执行中面临多重壁垒。如此一来，在维护个体私益的纠纷中，公权力机关为最大限度地实施国家法、压缩村规民约的适用空间，需要耗费更多地人力、物力、时间成本，推动判决结果在乡土社会中落地。不仅私主体需要承担起搜集、提供村民小组账户名下有可供执行补偿款线索的责任，公权力机关还需要联动多个部门互相配合，对失联的村小组组长、合作社社长开展网上布控，对村民进行思想动员。然而，无止无休的上访、缠访、闹访和舆情使公权力主体身陷囹圄，干群关系恶化，司法公信力下降，司法的社会效果不佳，国家法遭到村规民约的抵挡。代表"公"的国家法与处于"中间地带"的集体资源分配村规民约在实际运行的

---

〔1〕《热搜爆了又怎样，她还是没等来正义》，载 https://baijiahao.baidu.com/s？id=1735981493478249307&wfr=spider&for=pc，2022 年 6 月 20 日最后访问。

〔2〕《百名村民因村长未给外嫁女分红聚集抗议》，载 https://news.sina.com.cn/s/2009-07-03/120418148021.shtml，2022 年 4 月 18 日最后访问。

交锋中，公权力机关进退维谷，个体的诉求也未得到实质满足。

六、规范冲突的解决之道

集体资源分配村规民约与国家法的矛盾，显现出代表"公"的国家权力与位于中间地带的村集体之间力量的冲突博弈，但这也并不意味着二者完全是水火不容的关系。穿透表象背后的意涵，不难发现，二者在某种程度上也存在共同的社会基础和价值追求，具有互纳或重塑的可能性。

（一）价值转化调适

价值是规范创制的基底，代表"公"的国家法遵循的是法治秩序、个体主义与人人平等，而位于"中间"的集体资源分配村规民约秉持的是自由意志、自我治理、朴素正义的价值，这就妨碍了"私"权的实现，不利于集体资源的合理配置。不过，在社会剧烈变迁的当代，传统理念也开始分崩离析，价值在社会进程中实现了一定程度上的转型，亦能够开始包容多元的理念。在此基础上，应当厘定自治自由与法治秩序的边界，推动家户本位向个体主义的现代化转型，在平等制度框架下实现分配公正。

（1）厘定自治自由与法治秩序的边界。自上而下的法治秩序与自下而上的自治自由在集体资源分配领域交汇时，国家法抑制了村规民约的治理空间，从而影响到村民自治的正常运行，而村规民约的合议性也在不断冲击着国家法的强制性，影响到法治秩序的基层实现。因而，要消除此冲突，最根本的方法就是要正确界定国家法和村规民约的治理边界。

马克思指出："公社的存在会带来地方自治，但这种自治并不是一种用来牵制国家政权的东西"，而是"把'国家'所吞食的部分权力还给社会肌体"。[1]但是，划定边界并不代表着国家法在农村社会中的退缩或消失，村规民约的制定都需要遵守国家法，履行国家法的义务。界定法治秩序和自治自由的边界，是为了国家法不过多干涉村民的自治自由，为自治制度运转留出适当的空间。同理，边界确定的自治也不能冲撞法治秩序的底线，而是要实现在国家法给定框架下的自我管理、自我教育和自我服务，并最终让法治国家成为一切小集体在国家法的框架下自由发展的联合体。

---

〔1〕《马克思恩格斯选集》（第2卷），人民出版社1972年版，第58页。

（2）要推动家户本位向个体主义的现代化转型。集体资源分配领域村规民约家户本位与国家法个人本位的冲突实际上是一种"人伦秩序"与"公共秩序"的冲突，是"地方性知识"和"普适性知识"的冲突。解决这种冲突，最重要的就是促进国家法与村规民约间价值和内容的相互吸收。不仅国家法需要考虑农村家户传统观念的习惯性和存续性，在村规民约的角度也应注意在农业生产经营方式现代化和农村社会个体化的背景下，传统家户观念适应性早已发生改变，也应当有现代化的转变。

我国已完成了农业国到制造大国的转变，以个人权利为基础的民事产权制度已经有了充分发展，个人财产权力的观念在农村也在日益强化。同时由于农村人口流动性不断增强，家庭成员代际间财产分离，使得累世"同居共财"也只有在极少数人家才能实现，[1]因而以"父子共产"为首要规则的家户产权结构在事实上难以得到很好的维系。在私人所有权的观念对家庭共财观产生冲击的前提下，"女性无产"这一"父子共产"观念的应然推论也更加难以维系。在男女平等观念在农村逐渐普及的背景下，农村妇女的财产权利意识不断觉醒，加之城镇化进程导致农村离婚率不断上升，[2]家庭内部男性与女性的财产分离，都在不断冲击着脆弱的家户产权结构。可见，村规民约中传统的家户本位在当前社会情景下已经变得极不稳定，需要向个体化转型，更多地以家户中的个人财产观而不是家户财产观为导向制定法规范。

（3）要拓展或重塑平等的价值观念，在平等的制度框架下实现分配公正。由于注重个人权利平等的国家法制度框架下很难实现农村集体资源分配的个案公正，因此需要在宏观上遵循个体权利平等的国家法制度，又在微观上通过更加"接地气"的村规民约实现个案中的分配公正。平等也包括不同具体情形下的区别对待，这是平等的拓展含义。所以一旦不同主体的具体情况产生差异，那么狭隘地一视同仁将使得原本的不平等不仅不被消除，甚至还可能会加剧。

例如，机械地遵循将宅基地使用权确权到个人，就会导致部分集体经济

---

〔1〕　陶自祥：《祖业观视阈下农民家业产权研究》，载《广西师范大学学报（哲学社会科学版）》2015年第3期，第45～120页。

〔2〕　刘彬彬、崔菲菲、史清华：《劳动力流动与村庄离婚率》，载《中国农村经济》2018年第10期，第71～92页。

组织成员在多处宅基地享有使用权，或部分成员无法享有任何宅基地权利的情况，如新分出的户向集体经济组织申请新的宅基地，或通过遗嘱继承等形式致使部分家庭成员无法继承集体资源等。这些情况也就是通常说的"两头吃"或"两头空"，都是农村集体资源分配不公的一种表现，背离了农村集体资源分配制度的福利属性和公共属性。

因而，需要在健全的平等权利国家法框架下，通过更加具有制度弹性的村规民约实现精细化保障个体权益的公正分配。例如，通过村规民约设置合理的货币替代方案规则，以集体资源有偿占有或使用费的形式限制"两头吃"的成员，又以货币补偿"两头空"的成员等，都是在国家法保证个人平等权利的制度框架下，通过村规民约实现的一种"精细化"的分配公正。

（二）主体同构共治

在集体资源分配村规民约与国家法的主体冲突上，既包括国家与社会两大主体的对立，又涵括个体与集体之间的抗衡。然而，国家本身源于社会，国家中也依然有无法磨灭的社会底色；集体由个体联合而成，每一个个体都是集体的子部分，是集体形成和发展壮大的原子型要素。各类主体之间必然存在交叉混合地带，这也为家国同构的格局创造了必要条件。主体共治要求法治与自治的结合、个体与集体的重构。

（1）欲实现主体的同构，应当发挥内外主体在社会治理中的协同作用，打造国家与社会共治的局面。这一路径具有必要性和可行性。其一，在解决村内集体资源分配问题的规范基础上，自治规范来源社会，国家制定法亦是对社会现象的回应和社会问题的规制，无法脱离社会本身。法律通过嫁接社会规范进行自我实施，同时又是社会规范的重要支持力量，遵守制定法有助于社会主体摆脱不合理的规范束缚。[1]国家与社会的共治在规范创制上具有共通性和交互性。例如，广东省惠州市《仲恺区陈江街道五一村学湖洋经济合作社章程》依据《广东省农村集体经济组织管理规定》《广东省农村集体资产管理条例》规定，将在校学生、现役义务兵、服刑、戒毒期间人员保留成员资格，对成员依法收养的子女赋予成员资格。其二，在解决村内集体资源分配问题的目标导向上，虽然基层与乡土社会内部注重村民自治，依据内

---

〔1〕 吴元元：《认真对待社会规范——法律社会学的功能分析视角》，载《法学》2020年第8期，第58~73页。

部规范进行利益分配，但这一分配并不是个人的私事，而是涉及乡村社会公共利益，关系村民们的现实需求和对美好生活的向往；国家层面的法律制定和实施是以法律为治理的手段，同样是为了保障公民权利和社会的稳定和可持续发展。代表"中间地带"的村民自治与代表"公"的国家治理体系和治理现代化的宏观目标在基层社会接轨，共同实现建成社会主义现代化国家的目标。例如，广东省惠州市《仲恺高新区陈江街道五一股份经济合作联合社章程》第 4 条表明了合作社和自治规范的目标，即"在坚持社会主义集体所有制的前提下，自觉接受镇（街道）党委、政府和村（居）党组织领导，实行民主决策、民主管理、民主监督，促进集体资产保值增值，为股东提供公共设施和公共服务，实现共同富裕"。

在具体的实现路径上，治理最终依赖的是人。正因如此，有必要协同内外主体的作用，在乡土社会内构建起理性商谈的空间，从而对接自治与法治。申言之，首先，外部党政机关需要发挥能动性，将国家意志以更加灵活的方式贯彻到自治中。在外嫁女、回迁户等共同体成员与集体经济组织发生纠纷时，党政机关应积极调处矛盾，组织双方的协商对话，争取双方均能接受的合理方案，实现传统习惯与现代法治的平稳交汇。[1]同时，明确乡镇人民政府的行政管理职能，对集体资源分配规范中侵犯宪法和宪法所赋予的人身、财产权利的内容进行纠正；在农村推行常用的法律文书范本制度，实施文书试点，以点带面扩大影响。[2]此外，村党支部等主体也需要主动参与，发挥基层的战斗堡垒作用，以乡村党建引领法治精神与自治传统的融合。

（2）村干部同时充当着国家政权与村集体的代言人角色。村委会应当贯彻国家法治精神，既要加强与基层行政部门之间的协同配合，共同维护私主体的权益；又应结合理性权威和内生权威，潜移默化地重塑村民的观念及集体经济组织的规范。可以通过以弹性的激励机制倒逼主体能动性，对依法妥善解决集体资源分配纠纷的村给予财产、规划、招商引资、基础设施方面的政策优惠和奖励，并对村干部给予精神和物质奖励。[3]

（3）要培育内部社会组织，发挥群体性的力量。例如，公共服务律师等

---

〔1〕　张华：《通过习惯法的基层治理》，清华大学 2023 年博士学位论文，第14页。
〔2〕　杨择郡等编著：《外嫁女法律问题研究》，湖北人民出版社 2011 年版，第25页。
〔3〕　杨择郡等编著：《外嫁女法律问题研究》，湖北人民出版社 2011 年版，第25页。

角色也在个体权利维护和基层社会的关系维持之间发挥润滑剂的价值，通过一端连接着国家制定法，另一端关注村规民约等社会规范，推动集体资源分配纠纷的内部化解。此外，依据广东省惠州市《大亚湾区发挥各级妇联执委作用工作制度》《大亚湾区妇女议事会制度》《大亚湾区妇女议事会实施方案》等自治规范，作为群团组织的妇联提高了农村妇女参与民主基层自治的积极性，保证了女性的话语权。由此，在村集体资源分配规范的创制主体中，能够保障一定比例的女性参与，也畅通了外嫁女沟通反馈的渠道。

另一方面，个体与集体绝非二元对立，要解决作为"私"的个体与处于"中间地带"的村集体乃至宗族家庭之间的矛盾，需重新调整个人与整体之间的关系，重构个体与集体的利益共同体。虽然有学者提出，农户仅是家庭成员结合的外在形式，缺乏民事责任能力和组织机构，不能独立于自然人的意志。[1]然而，无论是从传统习俗，还是从当下实践来看，我国农村集体成员资格依然采用的是以农户为主体的设定，个人权益与家户制度深度绑定、紧密依存。这种设定有其特殊性，能够以身份识别的便利方式，防止土地落入非农人口手里，实现社会保障功能。[2]但是这并不意味着，个体的意志完全被集体所覆盖。

在理解个人与家户的利益关系时，要看到二者区分中的联系，需引入"人格体"与"受益体"之区分来解释。具体而言，农村集体经济组织的成员的人格体是农户，但是受益体是农户家庭成员。[3]作为国之根基的家户，它与集体经济组织均是推动乡村自治的主体，二者的共同功能在于保障基本的生存权利，而非获得财产收益。前者能够通过对家产的使用、管理、处分的分割，兼顾形式与实质平等，实现家庭成员间的克己不争，稳定自身的形态；[4]后者通过集体经济组织成员资格的认定、资源的分配与集体的保障，维护成员的权益和自身的安定，最终实现乡土社会的稳定性。因此，家户成

〔1〕 蔡立东：《宅基地使用权取得的法律结构》，载《吉林大学社会科学学报》2007年第3期，第141~148页。

〔2〕 张晓滨、叶艳妹、靳相木：《土地家庭承包经营权主体及农户内部关系研究》，载《中国土地科学》2017年第3期，第13~20页。

〔3〕 向勇：《中国农村集体成员主体资格新论》，载《河北法学》2016年第6期，第126~135页。

〔4〕 肖盼晴：《生存者权保障：家产制的结构特征及功能分析——以满铁华北农村惯行调查为中心》，载《广西大学学报（哲学社会科学版）》2019年第6期，第80~86页。

为了重构个体与集体关系的枢纽，形成了"内部成员分配资格"与"外部农户权利行使"的嵌套式的递进构造，即使成员失去了集体经济组织成员身份，其享有的权益仍然概括性地存在于该农户之中。[1]由此，家户是家庭内部的个体成员与村集体组织关系重塑的机制，集体资源分配关涉个体的基本生存权益和身份认同，出嫁女等主体也不因出嫁而丧失在家户中的权利和地位，应当获得相应的分配金额。

（三）规范动态修订

在集体资源分配村规民约与国家法的主体冲突方面，我国的社会规范种类繁多、体系庞杂，各类规范具有不同的规制领域、保障重点、针对对象。欲实现"私"的权益，作为"公"的国家法与位于"中间"地带的集体资源分配村规民约就需要克服其中的矛盾之处，以动态管理的视角修订规范以保障私权。这就意味着，将国家法与村规民约置于不同的空间场域里，调整各自作用的边界，提取其中合理的要素，用相互协同的关系取代相互抵牾的现状。与此同时，还应以一种动态的、体系的思维推进制度的嬗变，避免规范的僵化滞后。

（1）国家法与村规民约要各司其职。前文已述，厘定国家法与村规民约的调整边界是问题展开的基础。在农村集体资源分配领域，这一边界可划分为国家法对集体经济组织成员资格的认定主体、程序规则、协同保障和司法救济作出规定，并完善底线性规范；而村规民约则对集体经济组织成员判定标准作出细则性规定，并保障所有集体经济组织成员权益的分配公正。

有的地方已在国家法制度框架中将成员资格的具体认定权授予集体经济组织，如《浙江省村经济合作社组织条例》第19条第1款规定"除本条例第十七条、第十八条规定以外的人员，履行村经济合作社章程规定义务，经本社社员（代表）大会表决通过的，可以成为本社社员或者保留本社社员资格"。这种方式将集体经济组织成员资格的授予权交给村民自治。

此外，还有不少地方立法和规章政策并不直接规定成员的丧失标准，而是进行一种巧妙的"半强制性"规定，即只规定可由集体经济组织决定成员资格丧失的前置条件，而将后置认定标准交由村民自治。如《广东省农村集体经济组织管理规定》规定"实行以家庭承包经营为基础、统分结合的双层

---

〔1〕 佟彤：《农户民事主体法律制度研究》，辽宁大学 2021 年博士学位论文，第 16 页。

经营体制时起，户口迁入、迁出集体经济组织所在地的公民，按照组织章程规定，经社委会或者理事会审查和成员大会表决确定其成员资格；……"

可见，国家法与村规民约各司其职，分别规定集体经济组织成员资格的制度框架与具体认定标准，可以既保证村规民约不逾越法治，又能通过一定的自治自由实现分配公正，是村规民约与国家法规范冲突解决的重要基础。

（2）推动集体股权管理制度的动态化转变。如前文所述，由于多地在集体股份合作制上均实行了"股权固化"改革，并推行"生不增，死不减"，导致固化后新增的集体经济组织成员无法自动分享其户内集体资源的权益，因而村规民约国家法易在集体经济组织成员资格的取得和丧失标准上冲突较为显著。特别是在农村集体资产权益流转相对自由化的当下，家户产权结构的一些重要规则也难以得到维系。"维持家户产权结构不但不能保障家庭成员对财产权益的平等享有，反而会将家户成员中的弱势群体置于权益受损的风险之中。"[1]

对此，笔者提倡将农村集体经济组织股权的"静态管理制度"转变为"动态管理制度"，即对村规民约定期修订调整集体经济组织股权，对人头股等身份性质较强的股份进行动态管理，在产权流转自由化的基础上，参考户籍情况、获得保障情况和对集体贡献情况等标准，定期对股权进行重新认定和测量。以避免集体经济组织成员间享有的资源权益不均的情况的固化，从而维护基层社会稳定。这种集体股权动态管理制度是一种现代化的集体资源分配制度，不仅适应当前农村社会个体化的趋势和农村集体资产权益流转相对自由化的情形，还能够定期低成本地调整集体资源权利结构，一定程度上化解部分集体资源分配纠纷，更大限度实现农村集体资源的分配公正。

（四）运行协调耦合

针对个体"私"诉的争议纠纷，国家法之所以未能实现其保障功能的最大化，原因之一就在于规范运行层面上的羸弱。司法时常将个体与集体之间的诉争拒之门外，生效的判决结果遭遇执行难的困境。然而，同样作为"公"权力代表的司法与行政也存在共识之处，二者均是推动基层法治建设的中坚力量，在贯彻国家意志、解决纠纷诉求、维护地方稳定、追求共同善与社会

---

[1] 周丽华：《农村集体资产权益分配的家户模式及其现代化转型》，对外经济贸易大学 2022 年博士学位论文，第 76 页。

公共利益最大化等方面，具有方向上的一致性和功能上的相似性。因此，应当在规范运行层面，促进司法与行政之间的权责耦合，从而使村规民约中的集体资源分配规范与国家制定法协调一致。这既要求纵向上不同层级司法机关的联动耦合，也需要横向上的支持配合。

纵向维度上，司法需要树立以人民为中心的发展理念，以形式正义与实质正义的统一为目标，刚柔并举，统一裁判尺度。这就要求上下层级的司法机关、不同阶段的司法审判在对待集体资源分配规范这一"中间规范"的问题上保持系统性和协调性。

（1）各级法院应当积极回应人民的诉求，不应出于结果导向、利益导向、社会效果不佳等因素的考量而侵害私主体的诉权、拒绝受理相关的纠纷。转变中的社会需要与之相配套的法律运行体制，现代社会的法已经经历了由传统社会中的压制型法向回应型法的嬗变，在回应型法中，秩序是协商而定，回应的司法机构将社会压力理解为认识的来源和矫正的机会。[1]当下的司法绝不是通过排除和压制私诉来缓解社会问题，而是要将问题暴露并建立起沟通与商谈的桥梁，单纯将个体与集体之间的矛盾化解堵塞在司法渠道外，或推脱给其他公权力主体，只会降低司法公信力和权威性。长此以往，法律的社会功能将被不断弱化。正因如此，法院必须以积极的姿态、能动的回应，满足人民群众对司法功能、过程、效果等方面的新要求和新期待，[2]应赋予外嫁女等特殊群体诉讼主体地位，充分保障诉权，适用民事诉讼程序维护其合法权益。[3]

（2）以矫正正义规范分配正义，推进规范性司法审查机制。集体资源分配村规民约既体现了权利配置的分配正义，又涉及权利救济上的矫正正义，司法途径中的侵权之诉起到了纠正行为、补偿损失的作用。[4]当始端的分配正

〔1〕　[美] P. 诺内特、P. 塞尔兹尼克：《转变中的法律与社会：迈向回应型法》，张志铭译，中国政法大学出版社 2004 年版，第 84~104 页。

〔2〕　公丕祥：《论新时代人民法院能动司法的主要特征》，载《中国应用法学》2024 年第 1 期，第 20~27 页。

〔3〕　房绍坤、路鹏宇：《论农民成员资格认定的应然司法逻辑》，载《山东大学学报（哲学社会科学版）》2022 年第 6 期，第 22~36 页；房绍坤、任怡多：《"嫁出去的女儿，泼出去的水？"——从"外嫁女"现象看特殊农民群体成员资格认定》，载《探索与争鸣》2021 年第 7 期，第 106~120 页。

〔4〕　管洪彦：《农民集体成员权：中国特色的民事权利制度创新》，载《法学论坛》2016 年第 2 期，第 103~113 页。

义存在侵害个体合法权益的情形，末端的矫正正义强势介入。正是因为既有的集体资源分配是非正义的，司法是在对集体排除个体的非正义行为进行补救，因此有必要赋予司法机关对村会议决议和集体资源分配规范的事后合法性审查，确保集体规范切实反应了村民利益，给予弱势群体司法救济的保障。[1]与此同时，司法也不应过度依赖行政决定。实践中，并非所有基层政府都积极支持个体的诉求，确认其集体经济组织成员的资格。在行政诉讼中，法院应当依照法律法规，兼顾好实质正义与程序正义，审慎判断行政行为的合法性，对于不符合分配正义的行政确认决定进行矫正。

（3）上级法院应当通过裁判尺度的统一、典型案例的发布缓和基层司法面临的压力。各级司法机关应凝聚共识，明确集体资源分配规范与国家法之间不同的运行逻辑，理解基层人民法院夹杂在乡土社会与国家权威之间的尴尬处境。最高人民法院应发挥顶层设计的作用，加大对于下级法院的指导和监督力度，鼓励优秀的地方经验，激发基层人民法院受理和裁判的能动性。地方高级人民法院要正视基层人民法院的痛点，出台相应的意见细则，发布典型的指导案例，统一当地的集体经济组织成员的资格认定标准、权益起算时点，细化财产权益的分配方式。基层人民法院位于集体资源分配纠纷解决的最前沿阵地，应当以当地的典型案例推广与类案类判为指南，贯彻好裁判的一致性，维护法律的安定性和司法的权威性。安徽省高级人民法院就曾于2004年发布《关于处理农村土地纠纷案件的指导意见》，其中对受理范围、资格确认、分配方案的审查等进行了指导。

（4）司法需要正确处理法律效果与社会效果之间的关系，二者并非是割裂的，谁闹谁有理的单线程思维正是为现代司法所摈弃的。在处理私诉、中间规范与国家法的冲突问题上，同样需要在法律框架内，以当地细化的地方性规范为依据，寻求案件处理的最佳方案，不能逾越法律的限度，否则法律或成为恶化个体不利地位的加速器。司法不仅要防范一案结而多案生的情形，还要真正使司法裁判中的文本法与群众感知的内心法相吻合。[2]社会效果不

---

〔1〕 王玮：《农村"外嫁女"纠纷案件司法处理的变迁》，载《中国检察官》2022年第3期，第43~46页。

〔2〕 张军：《深入学习贯彻习近平法治思想加快推进审判工作现代化》，载《法律适用》2024年第1期，第3~6页。

仅要求更大限度地自治空间，还要求避免矛盾的升级所带来的动员与大规模抗争事件；法律效果要求自治规范应在法治轨道上运行，限定村民自治的限度。因而法院需要正确认识裁判的效果，不应仅局限于结案率、上诉率、信访率等硬性指标，而是要把实质性化解矛盾作为审判的目标，将情理法有机融入裁判过程，协调好多方之间的利益，做好判后向群众释法明理的后续工作。

横向维度上，由于集体资源分配村规民约的施行牵涉多方主体和多重制度，除司法机关内部的纵向协调配合以外，府院联动、流程打通、制度配套等措施也对纠纷的解决起着举足轻重的作用。

（1）推进多元纠纷解决机制。科层型权力组织的纠纷解决中，理性主义的政府组织能够通过塑造程序来实现其激励性目的。[1]首先，调解、和解、协商等非正式的纠纷解决程序能够有效降低司法运作的各项成本，缓解当下司法系统案多人少的现况，维护乡土社会的人情脸面，减轻国家法改造集体资源分配规范的阻力。例如，外嫁女林志娟曾因一次性补贴款与集体资源分配利益的问题，先后向乡镇、法院、信访等多方寻求救济。大亚湾区人民法院向信访办作出的《关于林志娟信访案件的情况说明》指出，"涉及外嫁女案件的确属于信访强度大的案件，该案既经过了审委会决定，也经过了二审判决。要彻底解决当事人的心结，可能需要政府部门做好相关调解工作"。[2]新时代的诉源治理和调解机制能够在法律框架内最大程度地尊重意思自治，协调不同主体间的利益诉求。其次，完善司法的调解协议确认机制，确保调解后协议的法律效力，维护个体的合法权益。再次，结合政府和村委会的能动性，创造性地探索解决方案。譬如，广东省惠州市大亚湾区政府鼓励其下属的村集体组织采取"一村一策"的规则解决外嫁女权益保障问题。[3]但是"一村一策"的方案实施成本较高，不具有普遍的推广效应。因此，政府应当总结有益的经验，在地方形成片区化、区块化的做法，发挥出民间智慧的示范效应，使保障外嫁女权益的分配规范成为当地的惯习和风俗。例如，上海

〔1〕［美］米尔伊安·R. 达玛什卡：《司法和国家权力的多种面孔——比较视野中的法律程序》，郑戈译，中国政法大学出版社 2004 年版，第 307 页。

〔2〕《关于林志娟信访案件的情况说明》，2021 年 5 月 3 日。

〔3〕 杨择郡等编著：《外嫁女法律问题研究》，湖北人民出版社 2011 年版，第 51 页。

市崇明县政府《崇明县农村集体经济组织成员界定和农龄统计调查实施方案》统一当地的操作口径，形成了一种具有地方约束力和强制力的习惯法。最后，集体资源分配规范对个体权益侵害具有普遍性、群体性与持续性，因此有必要建立检察机关公益诉讼保护与支持起诉等制度，能够制约村集体和自治组织的行为，提高主体的守法自觉性，同时能够提高民事救济的程序效率。[1]

（2）建立多元联合执行机制。生效判决执行难是阻碍国家法深入乡土社会的棘手难题，应将执行的问题置于整个公权力系统的生态之中，通过多元联合的方式保证执行的顺畅。首先，在司法系统外部，地方政府和党委机构应当对法院的执行工作提供必要的协助和全面的支持。"在司法系统内部，也需要常态化、规范化的协调机制，将执行的压力前置化，在审判环节尽力找到最优解，防止压力后抛到执行环节。"[2]其次，构建、推行执行信息化体系，避免执行工作饱受"信息孤岛"效应困扰。[3]通过信息化财产查控于信用惩戒等制度，精准把控、实时管理集体账户，对拒不执行款项的集体经济组织负责人进行强制执行，能够有限提升威慑力和执行效率。最后，执行还需要恩威并施，执行的效果与社会的可接受程度息息相关。为提升裁判的社会效果，缓解执行的阻力，需要多方主体在日常工作中向乡村地区传播法治思想，宣扬法律面前人人平等的理念，以柔性的方式实现国家法对农村的渗透。

（3）完善多元社会保障机制。集体资源分配村规民约引发的纠纷很大程度上是社会保障机制不足的反应，社会福利并未实现最优化的合理配置。以外嫁女为代表的个体权益受到集体侵害的难题是在公共福利供给水平不高的背景下，集体资源争夺的缩影和牺牲品。因此，科学的户籍制度改革、土地征收款预留机制、国家财政补贴、事后替代补偿机制、养老医疗等生活保障等方方面面都需要不断健全，[4]以多措并举的方式，实现国家正式法对村规

---

〔1〕 王玮：《农村"外嫁女"纠纷案件司法处理的变迁》，载《中国检察官》2022 年第 3 期，第 43~46 页。

〔2〕 于龙刚：《基层法院的执行生态与非均衡执行》，载《法学研究》2020 年第 3 期，第 102~122 页。

〔3〕 左卫民：《中国"执行难"应对模式的实证研究 基于区域经验的分析》，载《中外法学》2022 年第 6 期，第 1445~1463 页。

〔4〕 朱庆、雷苗苗：《农村妇女土地权益司法保障的应然选择——以"外嫁女"为研究对象》，载《甘肃社会科学》2019 年第 5 期，第 134~139 页。

民约中集体资源分配规范的接续和再造，通过国家的"公"权将个体的"私"权纳入"中间主体"的范畴内，切实维护私主体的合法权益。

七、结语

综上所述，集体资源分配村规民约与国家法在价值、主体、规范和运行四个维度均显现出冲突矛盾之处。价值理念方面，集体资源分配村规民约强调的是自治、家户与集体，而国家法秉持秩序、个体与平等的价值追求。主体方面，集体资源分配村规民约的主体是村级集体经济组织、组级集体经济组织、村民委员会和村民小组等，是适用于乡村和集体内部的规范，是位于公私之间、家国之间的自治规范。国家法则是国家立法机关依照法定的职权和程序进行制定的，体现的是国家的意志。内容方面，我国宪法和法律对村集体和集体经济组织中成员资格确认与集体资源分配村规民约本身的要求并不吻合，地方规范与集体资源分配村规民约中关于成员资格的认定相互矛盾。运行方面，集体资源分配村规民约的效力受到了司法权力和行政权力的否定，而在执行中国家法又遭到集体资源分配村规民约的抵挡，导致执行中的冲突。本章试图从冲突之中探寻共通之处，以公私之间的逻辑推动多元机制的设计与落地，从而解决集体资源分配村规民约与国家法冲突的难题。

附　录

乡村自治与国家法治关系中的身份、利益与权利

——我国"出嫁女"财产权益法律问题研究综述

▲

马立晔　岳东冉

一、引言

对"出嫁女"通常意义上的理解指出嫁到本村以外其他地方的女性，相对其原本的家庭和村庄而言成为"出嫁女"。"出嫁女"一词并非法律术语，该俗称较早出现在我国广东地区，也被称为"外嫁女"，[1]其概念在学理上有广义和狭义之分：狭义的"出嫁女"专指与村外人结婚、但户口仍留在本村或户口迁出后又回迁到本村的妇女；广义的"出嫁女"还包括嫁入本村户口也迁入的内嫁女、离婚或丧偶的出嫁女、入赘女婿以及上述人员的子女等。[2]作为本章讨论对象的"出嫁女"为广义的"出嫁女"，文中所涉的"出嫁女法律问题"主要指以通常意义上的出嫁女为代表的特殊群体主张自己作为村集体经济组织成员，享有与其他成员相同的获得土地征收补偿款及相应分红、享受村集体福利及其他利益的权利，由此引发的一系列法律纠纷。

自20世纪90年代起，在市场经济的迅速发展和城市化进程的不断推动下，以我国东南沿海地区农村为代表的大量农村土地被征用，为农民们带来

---

〔1〕 参见杨择郡、鄢义兵主编：《"外嫁女"权益保障操作指引》，中国民主法制出版社2022年版，第3页。

〔2〕 参见孙海龙、龚德家、李斌：《城市化背景下农村"外嫁女"权益纠纷及其解决机制的思考》，载《法律适用》2004年第3期，第26~30页。

了丰厚的征地补偿金。与此同时，出嫁女群体的土地权益流失问题也愈发严重。随着出嫁女维权意识的逐渐觉醒及不断高涨，出嫁女问题日益突出，引起了政府以及学界的高度关注。一方面，国家层面制定并不断修订以《农村土地承包法》《妇女权益保障法》等为代表的法律，与此同时出台相关政策性文件、司法解释等，以维护出嫁女在农村土地收益分配中的合法权益；另一方面，学界围绕出嫁女权益保障、出嫁女纠纷解决、出嫁女成员资格认定等问题展开了较为深入的研究，推动国家从立法、司法、制度构建等各个层面不断完善对出嫁女群体权益的保障，也为后续相关研究的开展奠定了良好的基础。由于出嫁女问题往往与男女平等、弱势群体保护、农村土地权益、村民自治等法律问题密切相关，对出嫁女问题的研究也以法学研究为主。本章以"出嫁女法律问题"为主题，旨在通过梳理分析与出嫁女问题相关的法学研究成果，厘清学界对出嫁女法律问题研究的焦点、分析路径、观点争议等，动态地呈现二十多年来我国围绕出嫁女法律问题展开的研究历程，在此基础上，进一步总结该问题的实质、反思既有研究存在的不足，并为后续相关研究的深入发展提供建议。同时，由于出嫁女问题是一个复杂的社会问题，本章在对既有研究进行梳理分析的过程中也适当参考了社会学、政治学和经济学中涉及出嫁女法律问题的研究，以期更全面地呈现对该问题的研究现状。

本章对与出嫁女问题相关的期刊论文、学位论文、学术会议论文的检索主要运用中国知网的 CNKI 学术搜索库，辅之以万方数据知识服务平台。截至2024 年 8 月 13 日，笔者在中国知网数据库以"外嫁女法律问题"为主题共检索到学术期刊 1 篇、学位论文 9 篇，以"外嫁女法律保护"为主题检索到学术期刊 8 篇，学位论文 9 篇。之后笔者又适当扩大了检索主题，以主题包含"外嫁女法律"或"外嫁女纠纷"或"外嫁女问题"为条件共检索到学术期刊 144 篇、学位论文 110 篇、会议论文 4 篇。同时，笔者还以"外嫁女权益"为主题检索到学术期刊 130 篇、学位论文 90 篇、会议论文 4 篇，以"外嫁女成员资格"为主题检索到学术期刊 71 篇、学位论文 82 篇、会议论文 2 篇。为避免文献缺漏，笔者也参考了以"外嫁女"为主题和关键词分别检索到的398 篇文献和 215 篇文献中未与前述检索结果重复的研究成果，并将其中 14篇涉及文学、感染性疾病及传染病、证券投资、旅游、资源科学等与出嫁女问题无关的无效文献予以剔除。此外，为尽可能全面地掌握文献资料，防止遗漏，笔者同时也以"外嫁女法律问题"为主题在万方数据知识服务平台中检索到期刊论文 31 篇、学位论文 55 篇、会议论文 1 篇，其中有 18 篇文献未被收入知网数据库中。由于对出嫁女问题的研究常常涉及农村妇女土地权益保护、集体经济组织成员资格认定的相关内容，为对该问题进行更为全面的梳理，本章也适当参考了笔者在中国知网以"农村妇女土地权益"为篇名检索到的 175 篇文献和以"集体经济组织成员资格"为篇名检索到的 163 篇文献。根据检索到的文献的篇名、主题及摘要，既有的与"外嫁女法律问题"相关的研究成果大致可被分为以下四个方面：一是研究出嫁女的成员资格确认问题；[1]二是基于出嫁女权益被侵害的现状分析其原因并提出对策；[2]三是以通过出嫁女问题凸显出的村民自治与国家法治之冲突为主要内容；[3]四是从司法、行政及制度构建等层面探索出嫁女问题的解决途径。[4]

---

〔1〕 与外嫁女成员资格认定研究相关的代表性文献主要有：柏兰芝：《集体的重构：珠江三角洲地区农村产权制度的演变——以"外嫁女"争议为例》，载《开放时代》2013 年第 3 期，第 109～129 页；程诗棋：《农村"外嫁女"集体经济组织成员资格的确认与法律保护：以海南省三亚市法院"外嫁女"征地补偿费分配纠纷案为研究基础》，载《法律适用》2018 年第 11 期，第 94～100 页；张勤：《股份合作制下"外嫁女"土地权益纠纷的解决——以珠三角 S 区为中心的实证研究》，载《江苏社会科学》2018 年第 2 期，第 245～253 页；房绍坤、任怡多：《"嫁出去的女儿，泼出去的水？"——从"外嫁女"现象看特殊农民群体成员资格认定》，载《探索与争鸣》2021 年第 7 期，第 106～120 页。

〔2〕 与外嫁女权益侵害与保护研究相关的代表性文献主要有：莫小云：《广州市白云区农村外嫁女经济权益保护的思考》，载《南方经济》2003 年第 7 期，第 30～33 页；陈端洪：《排他性与他者化：中国农村"外嫁女"案件的财产权分析》，载《北大法律评论》2003 年第 0 期，第 321～333 页；孙海龙、龚德家、李斌：《城市化背景下农村"外嫁女"权益纠纷及其解决机制的思考》，载《法律适用》2004 年第 3 期，第 26～30 页；蒋志宏：《农村"外嫁女"权益纠纷问题法律探索》，载《南方农村》2004 年第 4 期，第 35～38 页；董江爱：《农村妇女土地权益及其保障》，载《华中师范大学学报（人文社会学科版）》2006 年第 1 期，第 8～15 页。

〔3〕 与外嫁女问题中的村民自治与国家法治博弈研究相关的代表性文献主要有：何立荣：《"出嫁女"土地权益保护的困境与出路——从民间法角度切入》，载《河北法学》2008 年第 9 期，第 127～131 页；杨福忠：《法律在农村被边缘化问题研究——以外嫁女权益纠纷为切入点的初步考察》，载《法学杂志》2010 年第 11 期，第 82～85 页；韦志明：《村民自治下外嫁女问题的困境、挑战与出路》，载《贵州民族研究》2019 年第 7 期，第 76～83 页；王梅竹：《二元法秩序下"外嫁女"土地权益纠纷及其解决》，载《民间法》2019 年第 1 期，第 474～485 页。

〔4〕 与外嫁女问题解决途径探索相关的代表性文献主要有：贺欣：《为什么法院不接受外嫁女纠纷——司法过程中的法律、权力和政治》，载《法律和社会科学》2008 年第 1 期，第 66～97 页；黄家亮、吴柳芬：《多元正义下的行动逻辑与纠纷解决——珠江三角洲"外嫁女"纠纷实证研究》，载《广西民族大学学报（哲学社会科学版）》2015 年第 4 期，第 10～16 页；桂华：《论法治剩余的行政吸纳——关于"外嫁女"上访的体制解释》，载《开放时代》2017 年第 2 期，第 164～183 页；朱庆、雷

本章对图书资料的检索主要运用中国国家图书馆"文津搜索"。截至 2024 年 8 月 13 日，笔者在"文津搜索"中以"外嫁女"为主题共检索到图书 4 本，分别为：杨择郡的《"外嫁女"权益保障操作指引》（中国民主法制出版社 2022 年版）、廖艳嫔的《女性主义法学视角对中国女性的财产权研究：以珠三角"外嫁女"土地权益为例》（广东经济出版社 2016 年版）、杨择郡的《外嫁女法律问题研究》（湖北人民出版社 2011 年版）、傅露佳的《彼岸心地：一个外嫁女的美国生活》（学林出版社 2005 年版）。其中傅露佳所著为散文，并不属于针对出嫁女问题的学术研究。同样地，笔者也参考了与研究农村妇女土地权益与集体经济组织成员资格相关的书籍，主要包括王丹利的《土地权益分配的性别差异与农村女性经济社会地位研究》（九州出版社 2023 年版）、张笑寒的《中国农村妇女土地权益流失探析》（南京大学出版社 2019 年版）、全国妇联权益部编写的《维护农村妇女土地权益报告》（社会科学文献出版社 2013 年版）、赵新龙的《农村集体经济组织成员权的体系构建及其实现机制研究》（知识产权出版社 2019 年版）。

二、出嫁女财产权益法律问题之形成原因研究

出嫁女问题是我国自改革开放以来发生在农村城市化背景下的复杂社会问题。导致这一农村治理难题的原因具体有哪些？既有研究从多学科、多角度对出嫁女问题的成因进行了较为充分的讨论。通过对相关研究成果的梳理，将出嫁女问题的形成原因主要分为文化、经济和制度三个层面，并将不能包含在前三个方面内的其他重要观点归纳到其他原因中，力求较全面地呈现学界在成因分析方面积累的成果。

（一）文化原因

学者们对出嫁女问题产生的文化原因分析主要包含受传统思想观念影响和出嫁女群体自身文化水平低两方面。学界普遍认为，我国农村地区长期存在的重男轻女思想是导致出嫁女问题的重要原因之一。既有研究对此的剖析已颇为深入，具体围绕传统社会中存在的"男尊女卑""男女有别""嫁出去

（接上页）苗苗：《农村妇女土地权益司法保障的应然选择——以"外嫁女"为研究对象》，载《甘肃社会科学》2019 年第 5 期，第 134~139 页；赵贵龙：《"外嫁女"纠纷：面对治理难题的司法避让》，载《法律适用》2020 年第 7 期，第 48~61 页。

的女儿，泼出去的水"等旧观念、[1]女子出嫁后"从夫居"的传统习俗、[2]遵循男性父权制的乡村财产继承制[3]等展开讨论。站在村民或者乡规民约的角度来讲，妇女因婚姻流动而丧失土地有其合理之处。[4]在村民的观念里，自古以来就没有出嫁的女儿回来分娘家财产的道理，更无法接受其与外人所生的子女也要分红。[5]父权社会结构强加给妇女的依附性性别角色地位，无时无刻不在减弱成文制度的作用。[6]这种男娶女嫁的文化习俗与集体经济组织的分配制度常常交互作用，侵害出嫁女群体的合法权益。[7]值得注意的是，杨择郡等学者们经过实地调研分析指出，持有这种出嫁女理所应当不能分享本村利益的旧观念的人不仅包括普通村民，甚至包括出嫁女的家人及其本人。[8]这就涉及该问题文化成因的第二个方面，即出嫁女群体自身受教育程度和文化水平偏低，往往导致其对自身权益的认识不足，维权意识相对薄弱，因而在合法权益受到侵害后难以及时通过有效途径获得解决。[9]

（二）经济原因

既有研究对导致出嫁女问题的经济原因的分析主要包括城市化及工业化的冲击、巨大经济利益的驱动、农村土地产权股份制改革的影响等方面。有不少学者分析指出出嫁女问题与城市化、现代化的密切关系。例如，赵晓力认为出嫁女问题是在城市化过程中产生的，城市化延伸到什么地方，出嫁女

---

〔1〕 参见赵贵龙：《"外嫁女"纠纷：面对治理难题的司法避让》，载《法律适用》2020年第7期，第48~61页。

〔2〕 参见柏兰芝：《集体的重构：珠江三角洲地区农村产权制度的演变——以"外嫁女"争议为例》，载《开放时代》2013年第3期，第109~129页。

〔3〕 参见余练：《地权纠纷中的集体成员权表达》，载《华南农业大学学报（社会科学版）》2017年第1期，第37~44页。

〔4〕 参见余练：《地权纠纷中的集体成员权表达》，载《华南农业大学学报（社会科学版）》2017年第1期，第37~44页。

〔5〕 参见黄家亮、吴柳芬：《多元正义下的行动逻辑与纠纷解决——珠江三角洲"外嫁女"纠纷实证研究》，载《广西民族大学学报（哲学与社会科学版）》2015年第4期，第10~16页。

〔6〕 参见王景新、支晓娟：《农村妇女土地权利事关"三农"发展大局》，载《中国改革（农村版）》2003年第3期，第12~13页。

〔7〕 参见李慧英：《外嫁女与农村集体经济组织成员资格的认定》，载《山东女子学院学报》2022年第3期，第29~35页。

〔8〕 参见杨择郡等编著：《外嫁女法律问题研究》，湖北人民出版社2011年版，第6页。

〔9〕 参见刘保平、万兰茹：《河北省农村妇女土地权益保护状况研究》，载《妇女研究论丛》2007年第6期，第11~18页。

问题就会延伸到那个地方。[1]孙海龙等学者也持有相同的观点，并进一步指出"农村出嫁女权益纠纷形成的根本原因实为传统乡土熟人社会与现代工商文明之间的碰撞，即现代化的冲击"。[2]城市化的扩张使得大量农业用地被征收，村民的经济来源从耕地劳动所得逐渐被转化为征地补偿、股份分红。在巨大经济效益诱使下，各类利益群体不但都十分强调自己的利益所在，而且强调自己利益的最大化。[3]莫万友通过对珠三角地区某市农村出嫁女情况的实证研究指出，稀缺的土地资源带来很高的非农收入，村民为将自己的利益最大化拒绝出嫁女参与集体利益分配，从而导致出嫁女权益之争。[4]与此同时，这种现代化的冲击还将经济利益、个人本位、法律之治的价值观念带入农村地区，使得发觉自身权利受到侵害的出嫁女拿起法律武器捍卫自己的权利。[5]此外，还有学者认为集体产权股份制改革也进一步激化了出嫁女纠纷。如张勤指出，土地股份制改革刺激了农民保护既有利益与身份的冲突，强化了以男性为主体的集体认同。[6]在土地权益由实体物权向股权转变的过程中，人与土地具有较强的流动性与相对独立性，村民权利与义务的不对等引发利益冲突。[7]

（三）制度原因

在已有成果中，包括法律供给不足、村民自治制度弊端、户籍制度缺陷等在内的制度因素是学者们讨论出嫁女问题产生原因的焦点。不少学者认同现行法律政策及相关条文的不完善是造成出嫁女纠纷的主要原因。王歌雅认

---

〔1〕参见赵晓力：《"外嫁女"、村规民约与社会主义传统》，载黄平主编：《乡土中国与文化自觉》，生活·读书·新知三联书店 2007 年版，第 218~227 页。

〔2〕参见孙海龙、龚德家、李斌：《城市化背景下农村"外嫁女"权益纠纷及其解决机制的思考》，载《法律适用》2004 年第 3 期，第 26~30 页。

〔3〕参见常献平：《社会性别视角下农村外嫁女权益研究——以广东 NH 农村外嫁女为例》，武汉大学 2010 年博士学位论文，第 29 页。

〔4〕参见莫万友：《农村外嫁女权益保护问题探析——珠三角 Z 市的实证》，载《农村经济》2013 年第 1 期，第 94~98 页。

〔5〕参见孙海龙、龚德家、李斌：《城市化背景下农村"外嫁女"权益纠纷及其解决机制的思考》，载《法律适用》2004 年第 3 期，第 26~30 页。

〔6〕参见张勤：《股份合作制下"外嫁女"土地权益纠纷的解决——以珠三角 S 区为中心的实证研究》，载《江苏社会科学》2018 年第 2 期，第 245~253 页。

〔7〕参见王梅竹：《二元法秩序下"外嫁女"土地权益纠纷及其解决》，载《民间法》2019 年第 1 期，第 474~485 页。

为现行法律从表面看是公平的、中性的，甚至没有歧视，但却忽略了农村生活领域中所存在的男尊女卑的现实，在现实适用中产生不利于女性保障的后果；[1]杨择郡等学者认为现有法律法规对出嫁女问题缺乏具体操作指引导致对出嫁女权益保护在实际操作中存在难度。[2]但也有学者认为，出嫁女权益受侵害并非由于国家立法供给不足，而是有关法律没有得到实施。[3]多数学者认为，法律之所以未能在解决出嫁女问题中取得良好实效，主要是因为在村民自治的过程中自治与法治的矛盾。韦志明指出，村民自治是出嫁女问题产生、陷入困境与面临挑战的关键节点；[4]柏兰芝也认为出嫁女分配歧视是村民自治下的产物，具体而言，传统的父权宗族规范通过村民自治被成文化为村规民约或股份组织章程，进而侵害妇女的合法权益。[5]总之，当前中国的村民自治制度难以客观、公正地表达女性群体的利益诉求，这是造成农村妇女权益频遭侵害的主要根源。[6]除此之外，也有学者分析指出制度层面存在的农村承包地分配机制缺陷、农村户籍管理混乱等也是导致出嫁女问题的重要制度原因。[7]目前，户籍依然是界定农民身份的主要标准，但对于出嫁女及其子女、赘婿等人而言，户籍的迁移与否却成为其与村集体利益纠纷的关键。有些地方甚至强制要求妇女外嫁必须马上或在一定期限内迁走户口，过后不再允许参加分红，严重侵害了出嫁女群体的迁移自由及相关合法权益。[8]

---

〔1〕 参见王歌雅：《性别排挤与农村女性土地承包权益的救济》，载《求是学刊》2010年第3期，第62~68页。

〔2〕 参见杨择郡、鄢义兵主编：《"外嫁女"权益保障操作指引》，中国民主法制出版社2022年版，第9页。

〔3〕 参见杨福忠：《法律在农村被边缘化问题研究——以外嫁女权益纠纷为切入点的初步考察》，载《法学杂志》2010年第11期，第82~85页。

〔4〕 参见韦志明：《村民自治下外嫁女问题的困境、挑战与出路》，载《贵州民族研究》2019年第7期，第76~83页。

〔5〕 参见柏兰芝：《集体的重构：珠江三角洲地区农村产权制度的演变——以"外嫁女"争议为例》，载《开放时代》2013年第3期，第109~129页。

〔6〕 参见惠建利：《农村集体产权制度改革中的妇女权益保障——基于女性主义经济学的视角》，载《中国农村观察》2018年第6期，第73~88页。

〔7〕 参见程诗棋：《农村"外嫁女"集体经济组织成员资格的确认与法律保护 以海南省三亚市法院"外嫁女"征地补偿费分配纠纷案件为研究基础》，载《法律适用》2018年第11期，第94~100页。

〔8〕 参见陈端洪：《排他性与他者化：中国农村"外嫁女"案件的财产权分析》，载《北大法律评论》2003年第0期，第321~333页。

（四）其他原因

出嫁女问题的成因是复杂的。除了前述文化、经济、制度方面的主要原因之外，还有学者从多学科视角分析了导致该问题的其他原因。有些学者提出出嫁女权益救济机制有限的问题。如杨择郡等认为目前缺乏有效的实体和程序规定以及执行判决难的现实困难导致出嫁女问题曾一度成为人民法院不愿意接手的"硬骨头"；[1]张开泽也指出行政救济途径效果不佳、司法救济途径遇阻成为出嫁女权益纠纷不断的重要原因。[2]同时，也有学者从分析轻视妇女的传统思想导致出嫁女问题的思维中跳出来，更进一步探索指出或许还有一个集体的观念和财产权的观念将出嫁女排除在外。[3]此外，还有学者提出土地政策的不稳定和不统一导致出嫁女在居住地变动中失去土地承包权，影响了农村妇女土地承包权的连续性。[4]

三、出嫁女财产权益法律问题之成员资格研究

具备农村集体经济组织成员资格是获得土地权益，享受集体收益的前提。出嫁女因婚姻关系变化丧失了原村集体成员的身份，其权益也随之遭受侵害。有不少学者认为，农村集体经济组织成员资格认定是出嫁女问题的核心。如陈端洪认为"出嫁女案件实质上是农村集体的成员资格（身份）的纠纷，即被原来所属集体他者化的纠纷"；[5]柏兰芝也指出，"当农村土地转为非农用途，土地权利被转化为出让金或股份时，出嫁女的成员身份以及是否是集体财产的权利主体就更成为争议的焦点"。[6]既有研究对出嫁女集体成员资格认定问题的讨论大致可以分为理论和实践两种主要路径：一是在对农村集体经济组织成员权之内涵、性质、标准等进行理论解读的基础上，讨论以出嫁女

---

〔1〕 参见杨择郡、鄢义兵主编：《"外嫁女"权益保障操作指引》，中国民主法制出版社 2022 年版，第 15 页。

〔2〕 参见张开泽：《农村外嫁女权益纠纷及其成因分析——以广东部分地区为例》，载《中华女子学院山东分院学报》2009 年第 5 期，第 24~28 页。

〔3〕 参见陈端洪：《排他性与他者化：中国农村"外嫁女"案件的财产权分析》，载《北大法律评论》2003 年第 0 期，第 321~333 页。

〔4〕 参见王曼：《依法维护农村妇女土地承包权》，载《农村经济》2005 年第 7 期，第 51~52 页。

〔5〕 参见陈端洪：《排他性与他者化：中国农村"外嫁女"案件的财产权分析》，载《北大法律评论》2003 年第 0 期，第 321~333 页。

〔6〕 参见柏兰芝：《集体的重构：珠江三角洲地区农村产权制度的演变——以"外嫁女"争议为例》，载《开放时代》2013 年第 3 期，第 109~129 页。

为代表的特殊农民群体的身份认同问题；另一为结合对相关案件裁判结果的实证分析，呈现出嫁女资格认定的现实状况。

（一）出嫁女成员资格认定之理论

在我国，农民以集体经济组织成员身份生活于农村集体经济组织中。在分析出嫁女是否具有农村集体经济组织成员身份之前，需首先明确集体成员权的内涵。目前我国尚未有法律对"集体经济组织成员"这一概念加以明确界定，学界对相关问题也存在分歧争论。陈端洪认为，在农村地权纠纷中，集体所有制的"集体"是理解的关键，既有作为组织的农民集体，也有作为全体村民总和的集体。在出嫁女问题中，多数村民对自己适用共有的集体所有权观念，而对少数出嫁女适用虚构的村所有的集体所有观念，主张虚构的村具有至上性和排他性。[1]就集体成员权的定义而言，有社会学学者认为集体成员权是以特定村域范围的成员身份和成员关系为基础，在一定的集体社群内体现出共享性和社会契约性；也有学者认为集体成员权是包含政治、经济、民商事与社会关系于一体的特殊权利，是一项综合性权利。[2]就集体成员权的性质而言，学者们的侧重点也有所不同：任丹丽看来，集体成员权的核心是财产权，因为几乎所有的集体成员资格纠纷都围绕着集体财产的利益分配；[3]李爱荣更强调集体成员权的身份属性，认为对于集体经济组织的成员而言，有身份则有权利，无身份则无权利；[4]蔡立东则指出成员权是兼具身份权和财产权的综合性权利。[5]

在对集体成员权内涵进行讨论的基础上，围绕集体成员资格认定标准展开的学理分析与出嫁女问题的联系更为紧密。户籍一向被视为集体成员资格

---

〔1〕 参见陈端洪：《排他性与他者化：中国农村"外嫁女"案件的财产权分析》，载《北大法律评论》2003 年第 0 期，第 321~333 页。

〔2〕 参见赵新龙等：《农村集体经济组织成员权的体系构建及其实现机制研究》，知识产权出版社 2019 年版，第 7 页。

〔3〕 参见任丹丽：《关于集体成员资格和集体财产权的思考》，载《南京农业大学学报（社会科学版）》2008 年第 1 期，第 64~68 页。

〔4〕 参见李爱荣：《集体经济组织成员权中的身份问题探析》，载《南京农业大学学报（社会科学版）》2016 年第 4 期，第 12~20 页。

〔5〕 参见蔡立东、姜楠：《农地三权分置的法实现》，载《中国社会科学》2017 年第 5 期，第 102~122 页。

的一种凭证并在农村具有身份识别的作用。[1]程诗棋认为出嫁女案件实质上是以户口和村民待遇为基础的、农村集体的成员资格身份的纠纷。[2]但也有学者持不同意见，如张勤通过对股份合作制下出嫁女土地权益纠纷的分析指出，"基于户籍形成的集体成员资格认定'国家标准'并不必然等同于'集体标准'，拥有户籍并不成为获得集体成员资格的充分条件"。[3]王雯也认为在出嫁女的身份资格认定上存在双重的身份认定原则和规则，且二者之间并不统一。[4]有些学者在此基础上进一步提出"村籍"的概念，认为随着股份合作制的深入，实践中"村籍"往往替代"户籍"成为村集体认定成员资格的主要标准。任丹丽指出，村籍制度的核心是控制外来人口流入和防止村庄利益外流，因此村籍制度控制下的村庄利益分配带有强烈的排他性。[5]柏兰芝也持有同样的观点，并强调"村籍而非户籍，是成员权的基础"。[6]余练将这种主要以"村籍"为基础的集体成员权称为"村落成员权"，认为其表达了村民对社区财产边界、共同体成员和伦理身份的认同，并分析指出这种基于血缘和地缘的村落成员权具有排他性、独占性、人格化和继替性等特征。[7]

（二）出嫁女成员资格认定之现状

在研究出嫁女问题的相关文献中，有不少研究通过对与出嫁女集体经济组织成员资格相关的案例、裁判文书等的分析，梳理出嫁女成员资格认定的现实状况。如房绍坤和任怡多从裁判结果、法律适用、成员资格认定标准、成员资格认定主体及村民自治的程度等方面对 590 份相关裁判文书进行分析，

---

〔1〕　参见余练：《地权纠纷中的集体成员权表达》，载《华南农业大学学报（社会科学版）》2017 年第 1 期，第 37~44 页。

〔2〕　参见程诗棋：《农村"外嫁女"集体经济组织成员资格的确认与法律保护——以海南省三亚市法院"外嫁女"征地补偿费分配纠纷案件为研究基础》，载《法律适用》2018 年第 11 期，第 94~100 页。

〔3〕　参见张勤：《股份合作制下"外嫁女"土地权益纠纷的解决——以珠三角 S 区为中心的实证研究》，载《江苏社会科学》2018 年第 2 期，第 245~253 页。

〔4〕　参见王雯：《公民与村民：身份定义的双重结构》，载张静主编：《身份认同研究》，上海人民出版社 2006 年版，第 147~196 页。

〔5〕　参见任丹丽：《关于集体成员资格和集体财产权的思考》，载《南京农业大学学报（社会科学版）》2008 年第 1 期，第 64~68 页。

〔6〕　参见柏兰芝：《集体的重构：珠江三角洲地区农村产权制度的演变——以"外嫁女"争议为例》，载《开放时代》2013 年第 3 期，第 109~129 页。

〔7〕　参见余练：《地权纠纷中的集体成员权表达》，载《华南农业大学学报（社会科学版）》2017 年第 1 期，第 37~44 页。

梳理了以出嫁女为代表的特殊农村群体成员资格认定的司法裁判现状。[1]程诗棋通过对三亚市中级人民法院 2010 年至 2017 年出嫁女征地补偿费分配纠纷案件的分析指出出嫁女案件在资格认定、事实查明、申请执行、社会效果上存在普遍问题和疑难点。[2]那么在实践中，法院、政府针对出嫁女成员资格认定具体有哪些处理模式？在资格确认中一般又遵循哪些判断原则？相关研究对此展开了较为丰富的讨论。

1. 法院处理出嫁女案件的模式

既有研究表明，法院对出嫁女纠纷的处理经历了从司法避让到逐渐开始受理的过程。贺欣指出，在出嫁女纠纷成为地方治理难题之初，法院却一直抵制来自这些主要政治权威的压力而拒绝接受这些纠纷。然而为了破除出嫁女纠纷蜂拥而至的困局，法院极具策略性地将纠纷推给当地政府部门解决，然后法院通过行政诉讼来审查政府的决定。[3]这种处理模式被赵贵龙概括为"司法避让策略"，并进一步梳理了三种具有代表性的法院处理模式；[4]程诗棋在其研究中也专门对广东模式、浙江丽水模式和海南模式进行了总结。[5]具体而言，广东模式确立了"行政处理—行政复议—行政诉讼"三步走的办法，让出嫁女的合法权益依托行政途径获得救济；浙江丽水模式实行"政府调解—资格行政确认—民事诉讼"的程序；海南模式则规定，当事人以农村集体经济组织成员权益受到侵害为由起诉农村集体经济组织请求分配土地补偿费的法院予以受理，但就土地补偿费应否分配以及分配数额提起民事诉讼的法院不予受理。[6]已有相关研究主要围绕广东模式展开分析，有学者认为

---

[1] 参见房绍坤、任怡多：《"嫁出去的女儿，泼出去的水？"——从"外嫁女"现象看特殊农民群体成员资格认定》，载《探索与争鸣》2021 年第 7 期，第 106~120 页。

[2] 参见程诗棋：《农村"外嫁女"集体经济组织成员资格的确认与法律保护　以海南省三亚市法院"外嫁女"征地补偿费分配纠纷案件为研究基础》，载《法律适用》2018 年第 11 期，第 94~100 页。

[3] 参见贺欣：《为什么法院不接受外嫁女纠纷——司法过程中的法律、权力和政治》，载《法律和社会科学》2008 年第 1 期，第 66~97 页。

[4] 参见赵贵龙：《"外嫁女"纠纷：面对治理难题的司法避让》，载《法律适用》2020 年第 7 期，第 48~61 页。

[5] 参见程诗棋：《农村"外嫁女"集体经济组织成员资格的确认与法律保护　以海南省三亚市法院"外嫁女"征地补偿费分配纠纷案件为研究基础》，载《法律适用》2018 年第 11 期，第 94~100 页。

[6] 参见赵贵龙：《"外嫁女"纠纷：面对治理难题的司法避让》，载《法律适用》2020 年第 7 期，第 48~61 页；程诗棋：《农村"外嫁女"集体经济组织成员资格的确认与法律保护：以海南省三亚市法院"外嫁女"征地补偿费分配纠纷案件为研究基础》，载《法律适用》2018 年第 11 期，第 94~100 页。

广东模式的形式特征是行政处理前置原则，与司法审查规则创制关系联系紧密；[1]也有学者认为这种"三步走"的方案过于依赖司法判决个案化处理，导致判决结果不均衡、行政案件大量堆积、甚至涉诉信访趋势抬头。[2]然而，法院对出嫁女案件虽然总体采取司法避让的策略，但这并不意味着出嫁女通过司法诉讼途径确认成员资格、维护合法权益的救济途径被完全阻断。随着相关法律法规和政策的不断出台、制度的不断完善，司法能动性色彩在近年来又开始逐渐显现。[3]尤其是自 2015 年施行立案登记制后，出嫁女纠纷立案难的问题基本得到解决，使得法院对此类案件的态度逐渐转变，开始倾向于受理。[4]例如房绍坤和任怡多的研究指出，目前绝大多数案件在裁判时都具有保障出嫁女合法权益的裁判理念，只要出嫁女与本集体经济组织间有关联均会倾向于认定其资格。[5]然而，受理只是第一步，妥善解决纠纷才是目的，立案登记制虽然打通了出嫁女土地权益纠纷进入法院的渠道，但并未真正疏通其问题解决的出路。[6]

2. 法院对出嫁女成员资格的认定原则

理论界对出嫁女成员资格认定标准的探讨主要围绕户籍、实际居住地、履行权利义务、以土地作为基本生活保障等因素展开。学者们对出嫁女成员资格认定标准的争论点集中于以哪一标准为主。有学者认为成员以本集体经济组织的土地为基本生活保障这一标准反映了集体经济组织成员身份的实质内涵；[7]也有学者强调以户籍作为成员资格认定唯一的必要条件可有效避免

---

[1]　参见赵贵龙：《"外嫁女"纠纷：面对治理难题的司法避让》，载《法律适用》2020 年第 7 期，第 48~61 页。

[2]　参见程诗棋：《农村"外嫁女"集体经济组织成员资格的确认与法律保护：以海南省三亚市法院"外嫁女"征地补偿费分配纠纷案件为研究基础》，载《法律适用》2018 年第 11 期，第 94~100 页。

[3]　参见赵贵龙：《"外嫁女"纠纷：面对治理难题的司法避让》，载《法律适用》2020 年第 7 期，第 48~61 页。

[4]　参见朱庆、雷苗苗：《农村妇女土地权益司法保障的应然选择——以"外嫁女"为研究对象》，载《甘肃社会科学》2019 年第 5 期，第 134~139 页。

[5]　参见房绍坤、任怡多：《"嫁出去的女儿，泼出去的水?"——从"外嫁女"现象看特殊农民群体成员资格认定》，载《探索与争鸣》2021 年第 7 期，第 106~120 页。

[6]　参见朱庆、雷苗苗：《农村妇女土地权益司法保障的应然选择——以"外嫁女"为研究对象》，载《甘肃社会科学》2019 年第 5 期，第 134~139 页。

[7]　参见房绍坤、任怡多：《"嫁出去的女儿，泼出去的水?"——从"外嫁女"现象看特殊农民群体成员资格认定》，载《探索与争鸣》2021 年第 7 期，第 106~120 页。

"两头得"或"两头空"。[1]此外，还有学者指出，出嫁女成员资格认定的难点在于"国家意志"和"集体意志"的差异，基于户籍形成的集体成员资格认定"国家标准"并不必然等同于"集体标准"，拥有户籍并不成为获得集体成员资格的充分条件。[2]实践中对出嫁女成员资格的认定更为复杂。周应江和李慧英都分别指出，目前将成员资格决定权交给村集体一方面导致对成员资格的认定方式五花八门，另一方面也使得村集体很可能借助于集体决议或决定来否认妇女的集体经济组织成员身份，进而剥夺其土地权益。[3]目前法院对此主要采取"两地原则"，即以户口地和实际居住地作为获得相关利益的前提条件。[4]然而，这一原则在实际运用中也存在诸多不确定性，往往导致现实中只有那些户口和实际居住地从没改变过的出嫁女群体才能获得相关利益的分配。余练通过对一起村民反对和抵制回迁户案例的分析指出，实际中具有户籍且世代居住在本地也不成为获得集体成员资格的充分条件，如果有兄弟的出嫁女迁回，出嫁女及其丈夫即使长时间居住在村庄也很难获得村庄的认可。[5]贺欣认为，"两地原则"的适用实际上与上位法不协调，但法院与地方政府都心照不宣地继续适用，原因主要在于它的适用将会防止大部分出嫁女诉诸法院，同时依此作出的判决将遇到大部分村民最少的抵制。通过适用这一原则，法院解决了最容易解决的那部分纠纷，却将所有的其他纠纷排除在外。[6]

（三）出嫁女成员资格认定之困境

赵新龙等指出，对于出嫁女群体，其原本应当将户口迁入嫁入地集体经

---

〔1〕参见林丽霞：《关于农村集体经济组织成员资格权立法的思考和建议——打破外嫁女维权的死循环》，载《中华女子学院学报》2022年第5期，第51~56页。

〔2〕参见张勤：《股份合作制下"外嫁女"土地权益纠纷的解决——以珠三角S区为中心的实证研究》，载《江苏社会科学》2018年第2期，第245~253页。

〔3〕参见李慧英：《外嫁女与农村集体经济组织成员资格的认定》，载《山东女子学院学报》2022年第3期，第29~35页；周应江：《身份界定与民间法调适——因婚姻而流动的农村妇女实现土地权益面临的两个法律难题》，载《中华女子学院学报》2005年第4期，第19~24页。

〔4〕参见贺欣：《为什么法院不接受外嫁女纠纷——司法过程中的法律、权力和政治》，载《法律和社会科学》2008年第1期，第66~97页。

〔5〕参见余练：《地权纠纷中的集体成员权表达》，载《华南农业大学学报（社会科学版）》2017年第1期，第37~44页。

〔6〕参见贺欣：《为什么法院不接受外嫁女纠纷——司法过程中的法律、权力和政治》，载《法律和社会科学》2008年第1期，第66~97页。

济组织所在地并取得嫁入地农村集体经济组织成员资格，但有的农村集体经济组织为了保持土地承包经营的稳定性，既不对出嫁女分配土地，也不对从本村嫁出的女性收回其承包的土地，使得出嫁女的集体成员资格认定陷入困境。[1]既有研究对以出嫁女群体为代表的集体经济组织成员资格认定存在的问题的探讨主要围绕以下三个方面展开。

（1）现行法律的模糊与缺失，导致成员资格的认定标准不清、认定主体不明等问题。首先，目前出嫁女在维权时引用的法律条款大多是围绕男女平等政治理念作出的抽象权利规定，无法直接成为司法救济的依据。[2]房绍坤等认为，这种原则性规定仅可对出嫁女的成员资格认定问题进行理念引导，间接作为认定出嫁女是否享有成员资格的参考依据，无法为其提供具体的法律规则指引。[3]对此，张笑寒指出，法律一方面要求妇女应具有某村社集体经济组织成员的身份才能取得土地承包权，另一方面法律又缺乏界定集体经济组织成员身份的统一标准，从而使法律在执行中往往走样，侵害妇女土地权益的现象便在所难免。[4]其次，目前农村集体经济组织的成员资格认定标准模糊不清且呈现多样化趋势，导致司法裁判中适用标准混乱、裁判过于随意等问题。[5]任丹丽指出，实践中被法院、村委实际运用的成员资格标准也存在着许多局限性，随着人地分离现象的出现、人口大规模流动、产权股份制改革等，原有的户籍、居住地、共同劳动等标准都已经不能适应社会实践的需要。[6]最后，由于没有统一的法律规定，各地出嫁女集体经济组织成员资格的认定主体有所差异。在实践中，由村委会或村民小组作为成员资格认定主体，判断某个村民是否具有集体经济组织成员资格，是最为普遍的情形。但是，有些学者认为村委会和村民小组并非认定成员资格的适格主体。如房

---

〔1〕 参见赵新龙等：《农村集体经济组织成员权的体系构建及其实现机制研究》，知识产权出版社2019年版，第71页。

〔2〕 参见桂华：《论法治剩余的行政吸纳——关于"外嫁女"上访的体制解释》，载《开放时代》2017年第2期，第164~183页。

〔3〕 参见房绍坤、任怡多：《"嫁出去的女儿，泼出去的水?"——从"外嫁女"现象看特殊农民群体成员资格认定》，载《探索与争鸣》2021年第7期，第106~120页。

〔4〕 参见张笑寒：《中国农村妇女土地权益流失探析》，南京大学出版社2019年版，第130页。

〔5〕 参见房绍坤、任怡多：《"嫁出去的女儿，泼出去的水?"——从"外嫁女"现象看特殊农民群体成员资格认定》，载《探索与争鸣》2021年第7期，第106~120页。

〔6〕 参见任丹丽：《关于集体成员资格和集体财产权的思考》，载《南京农业大学学报（社会科学版）》2008年第1期，第64~68页。

绍坤和任怡多指出，村委会与农村集体经济组织的法律属性与职能定位并不相同，村委会和村民小组不能参与村集体资产经营管理，无权干涉集体财产权益分配，亦不能认定承载经济利益的集体经济组织成员资格。[1]刘竞元也认为，村民并不等同于集体经济组织成员，因此采用村民（代表）会议的方式认定集体成员资格也不合理。[2]

（2）司法救济途径不畅，导致出嫁女的成员资格问题往往无法通过司法途径得到解决。法院对出嫁女纠纷长期采用司法避让的策略，行政前置成为许多地方处理出嫁女问题的基本模式。目前，绝大多数法院将受案范围限于集体经济组织成员权益纠纷，并不单独受理集体成员资格认定纠纷。张勤认为，这种纠纷处理模式是行政权对司法权的部分蚕食，同时，相较于民事诉讼，这无疑提高了门槛，增加了出嫁女寻求司法救济的难度。[3]程诗棋指出，目前法院的处理方式一方面导致出嫁女无法通过诉讼来维护权益，从而产生大量的申诉信访案件；另一方面，即使受理案件，关键事实也难以查清。[4]在司法实践中，出嫁女案件也经常面临执行难的困境。现实中当股份社或生产小组在得知法院将要执行的情况下，会提前将该账户的资金分光或转移，使得法院无从执行，导致之前作出的行政处理决定书或法院判决书成为一纸空文。[5]程诗棋认为这是因为出嫁女案件往往牵涉到广大村民的切身利益，容易导致村民、村组织的情绪对立，无论是调解还是判决，村组织都不愿主动履行，对法院的强制执行也不配合。[6]

（3）成员资格确认涉及集体经济利益分配，属于集体成员自治范畴，因

---

〔1〕 参见房绍坤、任怡多：《"嫁出去的女儿，泼出去的水？"——从"外嫁女"现象看特殊农民群体成员资格认定》，载《探索与争鸣》2021年第7期，第106~120页。

〔2〕 参见刘竞元：《农村集体经济组织成员资格界定的私法规范路径》，载《华东政法大学学报》2019年第6期，第151~162页。

〔3〕 参见张勤：《股份合作制下"外嫁女"土地权益纠纷的解决——以珠三角S区为中心的实证研究》，载《江苏社会科学》2018年第2期，第245~253页。

〔4〕 参见程诗棋：《农村"外嫁女"集体经济组织成员资格的确认与法律保护 以海南省三亚市法院"外嫁女"征地补偿费分配纠纷案件为研究基础》，载《法律适用》2018年第11期，第94~100页。

〔5〕 参见张勤：《股份合作制下"外嫁女"土地权益纠纷的解决——以珠三角S区为中心的实证研究》，载《江苏社会科学》2018年第2期，第245~253页。

〔6〕 参见程诗棋：《农村"外嫁女"集体经济组织成员资格的确认与法律保护 以海南省三亚市法院"外嫁女"征地补偿费分配纠纷案件为研究基础》，载《法律适用》2018年第11期，第94~100页。

此成员资格也反映出村民自治的局限性。[1]方志权指出，中国农村集体经济组织成员资格的认定多数还是处于乡村自我管理的状态，受当地乡规民约、传统观念和历史习惯等因素影响较大，乡土色彩较浓。[2]在出嫁女问题上，出嫁女与其他村民在集体利益的划分上是对流关系，因此村民往往利用人数的绝对优势实现"多数人对少数人的专制。[3]实践中，村委会根据传统和风俗确定了出嫁女的身份认定规则，而且以村民大会和两委会决议的形式来赋予这套规则合法性。但在对出嫁女的身份资格认定上，政府遵循的规则与村委会并不一致，且并不能得到村庄的认可。[4]对于这种明显有悖于男女平等法律原则的村规民约或村民会议决定能否被直接认定为无效存在争议。有些法院认为司法机关无权干预甚至撤销村民会议决议，故法院通常以村民决议的审查不属于法院审理范围为由不予受理或驳回起诉；也有法院在审查了相关规定或决议后发现其存在违法情形时便不以其用作裁判依据而适用其他标准判定成员资格；只有极少数法院会认定村规民约或决议违法并责令修改。[5]

　　总之，出嫁女成员资格确定是决定其权益能否得到实质性保护的关键。然而，目前我国对集体经济组织成员资格的认定缺少明确的法律法规和政策指引，现实中各地认定主体不明、认定标准不一、同案不同判等问题较为普遍。此外，学界对该问题缺乏专门的系统性理论研究，进一步导致成员资格确认作为出嫁女纠纷的核心问题一直尚未得到妥善处理。

四、出嫁女财产权益法律问题之权益侵害研究

　　出嫁女权益受损是出嫁女问题的主要表现，也是导致出嫁女纠纷不断的直接原因。一般而言，出嫁女问题中所指向的出嫁女权益主要包括土地承包

---

〔1〕　参见刘竞元：《农村集体经济组织成员资格界定的私法规范路径》，载《华东政法大学学报》2019年第6期，第151~162页。

〔2〕　参见方志权：《农村集体经济组织产权制度改革若干问题》，载《中国农村经济》2014年第7期，第4~14页。

〔3〕　参见韦志明：《村民自治下外嫁女问题的困境、挑战与出路》，载《贵州民族研究》2019年第7期，第76~83页。

〔4〕　参见王雯：《公民与村民：身份定义的双重结构》，载张静主编：《身份认同研究》，上海人民出版社2006年版，第172~174页。

〔5〕　参见房绍坤、任怡多：《"嫁出去的女儿，泼出去的水？"——从"外嫁女"现象看特殊农民群体成员资格认定》，载《探索与争鸣》2021年第7期，第106~120页。

经营权、宅基地使用权与分配权、征地补偿款分配权、股份分红权以及享受村集体福利的权利等土地权益。[1]《妇女权益保障法》第 55 条第 1 款规定，妇女在农村集体经济组织成员身份确认、土地承包经营、集体经济组织收益分配、土地征收补偿安置或者征用补偿以及宅基地使用等方面，享有与男子平等的权利。然而，全国妇联妇女研究所的研究显示，现实中"农嫁非"的出嫁女、离婚或丧偶妇女以及招婿妇女是最容易遭到权益侵犯的弱势群体，而承包责任田分配和调整、土地入股分红、征用土地补偿、宅基地分配则是妇女合法权益最易受到侵害的 4 个方面。[2]

（一）出嫁女土地承包经营权易流失

土地承包经营权是指公民和集体经济组织对集体所有或国家所有由集体使用的土地依法享有的承包经营的权利，具体包括对土地的占有、使用、收益与处置的权利。[3]《农村土地承包法》第 6 条和第 31 条对保护妇女在土地承包中的合法权益作出了明确规定，但在现实中，村集体对出嫁女群体实行歧视性土地承包政策的现象却十分普遍。张笑寒指出，目前对于农村妇女的土地承包经营权的侵害主要表现为两方面：一是出嫁女户口迁出土地份额被收回、婆家村已无土地再分，土地承包经营权流失；二是离婚妇女享有承包经营权的土地不能随户口迁走，土地往往仍附于前夫，但如户口迁回娘家，娘家所在地也不再分配给其承包土地，导致离婚女失去承包地。[4]杨择郡等认为还存在对出嫁女的土地承包权不予实现的情形，即发包给本村女性村民的土地在其出嫁后村集体提前收回或村集体直接限制、禁止加入本村的"出嫁女"取得土地承包权。[5]受传统观念的影响和利益的驱使，在村集体看来，出嫁女离开本村"从夫居"也就意味着丧失集体经济组织成员资格。但在家庭承包中，土地承包经营权的权利主体则主要是具有集体成员资格并实际取

---

[1]　参见孙海龙、龚德家、李斌：《城市化背景下农村"外嫁女"权益纠纷及其解决机制的思考》，载《法律适用》2004 年第 3 期，第 26~30 页。

[2]　参见全国妇联权益部主编：《维护农村妇女土地权益报告》，社会科学文献出版社 2013 年版，第 182~186 页。

[3]　参见全国妇联权益部主编：《维护农村妇女土地权益报告》，社会科学文献出版社 2013 年版，第 92 页。

[4]　参见张笑寒：《中国农村妇女土地权益流失探析》，南京大学出版社 2019 年版，第 93 页。

[5]　参见杨择郡、鄢义兵主编：《"外嫁女"权益保障操作指引》，中国民主法制出版社 2022 年版，第 5 页。

得土地承包经营权的作为自然人的农户家庭成员。[1]在此基础上，有些学者围绕农村土地的集体所有权之性质展开深入讨论。王洪平认为承包人对土地承包权益的共有应为共同共有，陈端洪也认为农村土地集体所有权应参照共同共有的法律制度处理。[2]由此便引出另一个问题，即按共同共有的逻辑处理，出嫁女在因婚姻关系发生变动脱离原家庭或原村集体时理应有权要求分割其权益或份额。但在现实中，村规民约却无偿地剥夺了出嫁女的财产权。[3]值得注意的另一个问题是，随着我国社会的发展和土地政策的不断改革，对出嫁女土地承包经营权的侵害也呈现出新样态。王小映和王得坤认为，如今人口流动程度的提高导致"权户分离"现象出现，造成农村妇女土地承包经营权事实上的流失，进而导致其参与集体土地收益分配的权利和重大事项决定的权利也很容易流失。[4]刘灵辉在农村土地"三权分置"法律政策的背景下分析指出，出嫁女在农村承包地流转中的土地权益受到侵害主要体现为承包地流转收益、土地经营权抵押的决策权、承包地流转收益继承权等受到损害。[5]针对近几年全国各地开展的农村土地承包经营权确权工作，张笑寒认为这既为从源头上保护妇女权益提供了契机，但同时也可能成为侵害妇女权益的又一温床，并进一步分析指出土地确权触及了乡村传统文化和社会性别意识，引发各种矛盾冲突，面临诸多障碍和难题。[6]

（二）出嫁女宅基地使用及分配权遇阻碍

在我国农村地区，宅基地所有权归农民集体所有，由集体经济组织成员使用。《土地管理法》第62条规定了"一户一宅"的分配模式，但在以男性为中心的农村地区，这种分配模式并不利于出嫁女权益的保护。法律规定集

［1］　参见王洪平：《权益主体视角下农户家庭成员土地承包权益研究》，载《现代法学》2020年第3期，第99~111页。

［2］　参见王洪平：《权益主体视角下农户家庭成员土地承包权益研究》，载《现代法学》2020年第3期，第99~111页；陈端洪：《排他性与他者化：中国农村"外嫁女"案件的财产权分析》，载《北大法律评论》2003年第1期，第321~333页。

［3］　参见陈端洪：《排他性与他者化：中国农村"外嫁女"案件的财产权分析》，载《北大法律评论》2003年第1期，第321~333页。

［4］　参见王小映、王得坤：《婚嫁妇女土地承包经营权的"权户分离"与权益保护》，载《农村经济》2018年第11期，第35~39页。

［5］　参见刘灵辉：《农地流转中妇女土地权益保护论略——基于"三权分置"和外嫁女性视角》，载《湖南农业大学学报（社会科学版）》2019年第3期，第52~57页。

［6］　参见张笑寒：《中国农村妇女土地权益流失探析》，南京大学出版社2019年版，第95页。

体经济组织成员有权申请本集体的宅基地，而没有对性别加以限制，但实际上"分男不分女"的现象仍普遍存在。[1]向东指出，招婿妇女申请宅基地或需另缴费以户的名义申请，或原房翻盖；在农村传统习惯中离婚妇女并不视为"一户"，她们既无法对宅基地进行分割，也不能申请新的宅基地。[2]同时，《村委会组织法》第 24 条规定宅基地的使用方案由村民会议讨论决定，为村集体通过村民会议的形式"合法"剥夺或限制出嫁女权益提供了法律依据。全国妇联权益部在对我国农村妇女土地权益保护问题研究的过程中发现，在城郊或经济发达地区，由于宅基地分配是一项包含很大经济利益的重要福利，很多地区在宅基地分配问题上采取了男女不平等政策，例如浙江义乌在房屋拆迁中对多子家庭按照儿子数量分配宅基地，而只有女儿的家庭不管女儿多少只能给一块宅基地。[3]针对出嫁女宅基地分配权问题，张笑寒指出，随着土地资源的日益紧张及土地价值的提升，妇女宅基地分配权流失问题正在增多，主要原因在于我国现行的宅基地产权登记制度一直沿用有父从父、无父从子的习惯，因而一旦婚姻关系发生变动而必须对夫妻财产进行处理时，只要涉及宅基地及房屋的矛盾，妇女往往处于劣势。[4]

（三）出嫁女征地补偿款分配权受侵害

随着城市建设和城镇开发的加快，大量农村集体所有的土地被国家征用，不少农村集体经济组织因此获得巨额征地补偿款，征地收益成为农民财产权益的重要组成部分。然而，在分配征地补偿款的过程中，村集体却常常对出嫁女群体采取不平等的待遇，具体表现为对其少分或者不分征地补偿款。程诗棋根据对三亚市法院出嫁女征地补偿费分配纠纷案件审理情况的实证分析指出，在 2010~2013 年，三亚市出嫁女征地补偿费纠纷案件数量大，普遍占到当年度民事案件受理总数的 15% 左右。[5]由此可见，征地补偿款分配权纠

---

〔1〕参见谭峻、涂宁静：《农村宅基地取得制度改革探讨》，载《中国土地科学》2013 年第 3 期，第 43~46 页。

〔2〕参见向东：《农业女性化背景下农村妇女土地权益问题——基于自由发展观下的性别法律分析》，载《河北法学》2014 年第 2 期，第 84~91 页。

〔3〕参见全国妇联权益部主编：《维护农村妇女土地权益报告》，社会科学文献出版社 2013 年版，第 186 页。

〔4〕参见张笑寒：《中国农村妇女土地权益流失探析》，南京大学出版社 2019 年版，第 105 页。

〔5〕参见程诗棋：《农村"外嫁女"集体经济组织成员资格的确认与法律保护 以海南省三亚市法院"外嫁女"征地补偿费分配纠纷案件为研究基础》，载《法律适用》2018 年第 11 期，第 94~100 页。

纷是出嫁女纠纷最较为突出的主要问题。究其原因，在张笑寒看来，主要是因为征地补偿款直接涉及经济利益分配，由其带来的矛盾冲突也就更加尖锐。[1]与宅基地使用及分配权益相似，农村征地补偿款的使用、分配方案也属于村民自治的范畴，由村委会讨论决定。杨择郡等指出，村集体认为其以村民会议形式讨论出的排除出嫁女权益的征地补偿费的使用、分配方案合法且正当，与此同时，出嫁女在参加村民会议时表达的观点和诉求所能起到的作用却是微乎其微。[2]总之，征地补偿收益权在村组集体层面的再分配，同样维护了父系为中心的财产和土地收益权、继承权等。[3]

（四）出嫁女集体收益分配权遭排斥

农村集体收益是集体经济组织内部成员依法享有的集体合作医疗、养老保险、子女入托入学等福利以及集体非农建设用地流转权益、社区股份合作组织资产收益等。[4]杨择郡等指出，集体收益分配是基于本村集体经济组织成员的劳动付出而给予的应得回报。[5]因此，在实际分配集体收益时，村集体往往以出嫁女出嫁后未为集体组织提供贡献为由剥夺其集体收益分配权。在推进社区股份合作制的过程中，出嫁女的股权分配问题十分突出，主要表现为出嫁女群体即使依法律政策符合获得股份配置、固化股权的条件，却仍不能享受同等村民待遇，集体福利和股份分红权受到严重剥夺。莫万友通过对珠三角 Z 市出嫁女问题的实证分析指出，对出嫁女股份分红权的限制或剥夺主要体现在：未完全推行固化股份的部分村集体经济组织在界定村民的股东资格时，以出嫁为由不给予出嫁女股权或者要求其出资购买股权；在个别已经基本实现固化股权的地区，出嫁女股东存在差别待遇。[6]与其他权益相同，出嫁女能否享有集体收益分配权也往往取决于其是否具有集体成员资格。

〔1〕　参见张笑寒：《中国农村妇女土地权益流失探析》，南京大学出版社 2019 年版，第 97 页。

〔2〕　参见杨择郡、鄢义兵主编：《"外嫁女"权益保障操作指引》，中国民主法制出版社 2022 年版，第 6 页。

〔3〕　参见李慧英：《男孩偏好与父权制的制度安排——中国出生性别比失衡的性别分析》，载《妇女研究论丛》2012 年第 2 期，第 59~66 页。

〔4〕　参见张笑寒：《中国农村妇女土地权益流失探析》，南京大学出版社 2019 年版，第 102 页。

〔5〕　参见杨择郡、鄢义兵主编：《"外嫁女"权益保障操作指引》，中国民主法制出版社 2022 年版，第 6 页。

〔6〕　参见莫万友：《农村外嫁女权益保护问题探析——珠三角 Z 市的实证》，载《农村经济》2013 年第 1 期，第 94~98 页。

但是，由于这种收益分配直接涉及到村民的自身经济利益，出嫁女的合法资格常常被村集体否认。此外，有些学者还讨论到了出嫁女集体收益分配与村资源压力增大、人地矛盾增多间的关系。张笑寒指出，在集体经济比较富裕的农村，区域收益的差异导致一些出嫁女不愿将自己的户口迁出娘家村庄，还将子女户籍也落在娘家村，以期能分得更多的利益，但集体成员的日益膨胀却在一定程度上给集体经济分配带来了压力。[1]董江爱也同样认为在保障农村妇女土地权益的同时，也可能在一定程度上造成城边村和富裕村的人地矛盾突出和资源压力加大，并进一步因为利益分配压力增大和人均分配增幅不大而减缓经济发展速度。[2]

总之，出嫁女权益遭受侵害是出嫁女问题最直接、最主要的表现。既有的关于出嫁女权益的研究以其土地权益为主，这是因为出嫁女纠纷多发生于农村地区，而土地是农民最基本的生产资料和生活保障，即使在农地非农化利用、人地分离、产权股分化的现在，土地也是承载其他权利的基础。然而，相关研究对除出嫁女土地权益之外的诸如参与决策选举的权利、公共设施使用权以及由土地权益衍生出的继承权、收益权、经营权等权利遭受侵害的问题的研究却相对较少。同时，既有研究对随农村产权制度改革涌现出的与出嫁女权益相关的新问题尚不敏锐。上述不足容易导致对出嫁女权益侵害问题的研究比较片面，无法直击问题要害。

五、出嫁女财产权益法律问题之解决途径研究

实践中出嫁女问题之所以顽固且棘手，主要原因还在于其涉及个人与集体的利益分配、平等与民主、法治与自治等诸多复杂问题，对出嫁女纠纷处理不当往往会导致更多的矛盾。目前，出嫁女群体常通过向上级政府上访、向法院提起诉讼等方式寻求救济，但现有的解决途径因受各种现实因素的制约存在诸多弊端。已有研究成果在分析现行解决出嫁女问题面临的困境的基础上，从立法、司法、行政以及制度建构等层面探索解决该问题的可能途径。

---

〔1〕 参见张笑寒：《中国农村妇女土地权益流失探析》，南京大学出版社 2019 年版，第 102 页。

〔2〕 参见董江爱：《农村妇女土地权益及其保障》，载《华中师范大学学报（人文社会学科版）》2006 年第 1 期，第 8~15 页。

（一）立法层面

在立法层面，学界对解决途径的探究以完善健全相关法律体系为主，其中主要包括立法规范的具体化和通过立法确认出嫁女集体成员资格两方面内容。

赵贵龙指出，面对出嫁女纠纷治理难题，立法领域一直缺乏有针对性的具体化规范，当法律与习俗发生碰撞时，宏观的法律规定往往被虚置和架空，因此只有从专门立法、立法解释抑或司法解释等多方面着手，实现出嫁女权益保障立法规范的具体化，才是破解出嫁女纠纷治理难题的治本之策。[1]董江爱从保障法律赋予农村居民结婚或婚变后选择户籍或居住地的权利、取消或修改相关法律中操作性不强且容易造成妇女土地权益受损的法律规定等方面提出要进一步建立和完善保护妇女土地权益的法律体系。[2]陈小君认为，整合性梳理相关政策法律规范，有效化解政策法律间的冲突，正视立法的逻辑漏洞，尽快弥补漏洞和完善法律，为农村妇女土地权益提供科学合理的制度保障。[3]于雅璐指出，目前《妇女权益保障法》的相关规定明显不能给予农村出嫁女充分的法律保护，应当在此基础上增加针对农村妇女尤其是出嫁女土地权益等方面更为详细明确的法律规定，以法律的形式明确农村妇女婚姻状况改变后户籍和居住地的选择权。[4]

周应江认为，要解决农村妇女土地权益问题关键是要尽快出台关于农村集体经济组织成员的界定办法。[5]多数学者也赞同通过立法确认出嫁女的集体成员资格，从而保护其权益免受侵害。例如，李慧英认为我国集体成员资格认定面临着由村民自治转向依法治理的路径选择，建议在全国人大正在酝酿的《农村集体经济组织法》中认定成员资格，建立全国统一的标准，从根本上化解出

〔1〕　参见赵贵龙：《"外嫁女"纠纷：面对治理难题的司法避让》，载《法律适用》2020 年第 7 期，第 48～61 页。

〔2〕　参见董江爱：《农村妇女土地权益及其保障》，载《华中师范大学学报（人文社会学科版）》2006 年第 1 期，第 8～15 页。

〔3〕　参见陈小君：《我国妇女农地权利法律制度运作的实证研究与完善路径》，载《现代法学》2010 年第 3 期，第 56～64 页。

〔4〕　参见于雅璐：《农村"外嫁女"在集体经济组织中的权益保护》，载《吉首大学学报（社会科学版）》2014 年第 S1 期，第 30～34 页。

〔5〕　参见周应江：《身份界定与民间法调适——因婚姻而流动的农村妇女实现土地权益面临的两个法律难题》，载《中华女子学院学报》2005 年第 4 期，第 19～24 页。

嫁女成员资格认定的难题。[1]林丽霞也指出目前由于缺乏上位法规定，农村妇女的成员权益纠纷问题长期得不到解决，因此在国家层面对农村集体经济组织成员资格作出统一立法是解决出嫁女权益问题的关键。[2]但是，也有部分学者认为集体成员资格属于村民自治的范畴，不同地区对于出嫁女资格标准的界定还应结合具体的实际和地域特色，由当地主管行政机关统一界定。[3]

（二）司法层面

有些学者认为，尽管目前已经在立法上初步建立了从《宪法》到《妇女权益保障法》再到具体法规的妇女土地权益保障体系，但要实现土地权益保障上的社会性别平等，尚需在救济途径上加以强化，即强化司法救济途径。[4]既有研究从司法层面对出嫁女纠纷解决提出的建议主要包括法院受理相关纠纷、赋予出嫁女诉讼主体资格、统一案件裁判标准、解决执行难困境等措施。面对目前法院对出嫁女案件采取的司法避让态度，学者们普遍认同法院应当受理出嫁女纠纷，为出嫁女提供司法救济。房绍坤在其两篇文章中分别提出，一方面法律应当明确成员资格认定属于民事纠纷，人民法院应当适用民事诉讼程序，另一方面还应当赋予出嫁女等特殊农民群体诉讼主体地位，充分保障其基本诉权。[5]林丽霞也认为目前许多地方法院以村民自治为由不受理出嫁女纠纷导致出嫁女的维权陷入死循环，对此应当由全国人大统一确定成员资格标准，而法院在此基础上有权依法对村规民约进行合法性审查。[6]程

---

〔1〕 参见李慧英：《从村民自治到依法治理：集体成员资格认定的路径选择——破解外嫁女成员资格认定的难题》，载《中华女子学院学报》2022年第4期，第36~45页。

〔2〕 参见林丽霞：《关于农村集体经济组织成员资格权立法的思考和建议——打破外嫁女维权的死循环》，载《中华女子学院学报》2022年第5期，第51~56页。

〔3〕 参见程诗棋：《农村"外嫁女"集体经济组织成员资格的确认与法律保护 以海南省三亚市法院"外嫁女"征地补偿费分配纠纷案件为研究基础》，载《法律适用》2018年第11期，第94~100页；房绍坤、路鹏宇：《论农民成员资格认定的应然司法逻辑》，载《山东大学学报（哲学社会科学版）》2022年第6期，第22~36页。

〔4〕 参见张勤：《股份合作制下"外嫁女"土地权益纠纷的解决——以珠三角S区为中心的实证研究》，载《江苏社会科学》2018年第2期，第245~253页。

〔5〕 参见房绍坤、路鹏宇：《论农民成员资格认定的应然司法逻辑》，载《山东大学学报（哲学社会科学版）》2022年第6期，第22~36页；房绍坤、任怡多：《"嫁出去的女儿，泼出去的水？"——从"外嫁女"现象看特殊农民群体成员资格认定》，载《探索与争鸣》2021年第7期，第106~120页。

〔6〕 参见林丽霞：《关于农村集体经济组织成员资格权立法的思考和建议——打破外嫁女维权的死循环》，载《中华女子学院学报》2022年第5期，第51~56页。

诗棋进一步建议应当统一相关案件裁判标准，杜绝同案不同判的情况。[1]针对目前出嫁女案件执行难的问题，有学者建议要确认执法的责任主体，依法进行监管与纠错；[2]也有些学者提出建立"后续分配预留款"制度、"土地征收款预留机制"等来替代补偿机制，防止因征地补偿产生纠纷在判决后难以执行的局面。[3]当然，也有学者对法院受理出嫁女案件并就集体分配方案作出裁决的问题解决路径持部分或全部反对意见。例如，桂华认为这样就意味着法院强制赋予出嫁女集体成员权利，造成集体成员资格由集体经济组织自决认定走向法定，这在实践中很难操作，甚至会引发更多矛盾；[4]朱庆和雷苗苗的研究也认为法院对出嫁女案件应"有所为，有所不为"，并建议对集体成员资格存疑的案件宜采用多元化解，综合考虑政策性问题以及各种利益平衡的问题，而非坚持"司法最终解决"的原则。[5]

（三）行政层面

在实践中，以广东模式为代表的"行政前置"处理模式得到较多学者们的认可，因而也有许多学者围绕政府在出嫁女纠纷中的角色与职责提出建议。郭晔等学者提出应当完善基层政府和行政部门对集体成员资格认定及争议解决的有关职责。[6]程诗棋认为，以行政手段化解矛盾，方式更灵活，政策弹性更大，社会效果更好。具体而言，她建议由镇一级政府对成员资格确认的执行进行处理，同时加强行政管理工作，此外在"成员资格确认前置"模式下，建议探索构建行政调处与司法的衔接机制并探索创新调处机制，利用当

---

〔1〕 参见程诗棋：《农村"外嫁女"集体经济组织成员资格的确认与法律保护——以海南省三亚市法院"外嫁女"征地补偿费分配纠纷案件为研究基础》，载《法律适用》2018年第11期，第94～100页。

〔2〕 参见林丽霞：《关于农村集体经济组织成员资格权立法的思考和建议——打破外嫁女维权的死循环》，载《中华女子学院学报》2022年第5期，第51～56页。

〔3〕 参见朱庆、雷苗苗：《农村妇女土地权益司法保障的应然选择——以"外嫁女"为研究对象》，载《甘肃社会科学》2019年第5期，第134～139页；程诗棋：《农村"外嫁女"集体经济组织成员资格的确认与法律保护——以海南省三亚市法院"外嫁女"征地补偿费分配纠纷案件为研究基础》，载《法律适用》2018年第11期，第94～100页。

〔4〕 参见桂华：《论法治剩余的行政吸纳——关于"外嫁女"上访的体制解释》，载《开放时代》2017年第2期，第164～183页。

〔5〕 参见朱庆、雷苗苗：《农村妇女土地权益司法保障的应然选择——以"外嫁女"为研究对象》，载《甘肃社会科学》2019年第5期，第134～139页。

〔6〕 参见郭晔、宋亦凡、肖宇：《农村集体经济组织成员资格"两头落空"的制度思考》，载《中华女子学院学报》2022年第5期，第35～43页。

地的解纷资源优势，结合实际突出各自区域特色。[1]覃晚萍也认为解决出嫁女权益纠纷问题的关键在于基层政府部门主动承担起调适国家法与民间法的重任，通过人民调解和行政调解的方式解决。[2]王梅竹进一步提出应当综合吸纳乡规民约与国家法纠纷解决的优势，建立多元纠纷的制度，将村规民约内优异的调解制度吸纳进入国家法律体系，加强乡镇政府调解组织功能的同时完善民间调解机制。[3]韦志明提出了"行政化解"的处理方式，即由乡镇人民政府主导，对村民自治进行行政指导与监督、坚持"三步走"模式、由地方政府结合实际情况制定解决出嫁女的地方政策办法等以及通过行政动员解决出嫁女问题。[4]桂华则支持通过信访制度化解出嫁女矛盾，认为该制度将法治剩余问题吸纳进入行政体制，激发地方政府积极回应社会矛盾，同时促进行政组织内部资源优化配置，指向社会治理目标。[5]杨择郡等学者则认为目前学界对出嫁女权益保障提出的制度构想虽然都有一定的合理性和科学性，但却无法解答习俗与法律、村民自治与人权保障等矛盾，并提出以"一村一策"的规则化解纠纷。[6]

（四）制度构建

除前述三个方面，还有一些学者从制度层面探索出嫁女问题的解决路径。

（1）对农村股权固化的讨论，不少对出嫁女问题的早期研究都建议通过推行股权固化来解决出嫁女纠纷。如陈端洪指出，目前出嫁女案件之所以难以解决，原因在于集体经济的股份化没有完成，但股份化的思路对于分析确定出嫁女的权益是适用的；[7]莫万友提出进一步推行股权固化，按照一定的条

---

〔1〕参见程诗棋：《农村"外嫁女"集体经济组织成员资格的确认与法律保护 以海南省三亚市法院"外嫁女"征地补偿费分配纠纷案件为研究基础》，载《法律适用》2018年第11期，第94~100页。

〔2〕参见覃晚萍：《民间法与国家法规制下的外嫁女土地权益纠纷探析——以广西南宁市为例》，载《传承》2010年第33期，第96~98页。

〔3〕参见王梅竹：《二元法秩序下"外嫁女"土地权益纠纷及其解决》，载《民间法》2019年第1期，第474~485页。

〔4〕参见韦志明：《村民自治下外嫁女问题的困境、挑战与出路》，载《贵州民族研究》2019年第7期，第76~83页。

〔5〕参见桂华：《论法治剩余的行政吸纳——关于"外嫁女"上访的体制解释》，载《开放时代》2017年第2期，第164~183页。

〔6〕参见杨择郡等编著：《外嫁女法律问题研究》，湖北人民出版社2011年版，第40页。

〔7〕参见陈端洪：《排他性与他者化：中国农村"外嫁女"案件的财产权分析》，载《北大法律评论》2003年第0期，第321~333页。

件将股份分配给具有资格的村民，是有效解决出嫁女权益纠纷的途径之一；[1]孙海龙等也认为，从根本上来说，解决农村"出嫁女"权益纠纷出路在于股份固化。[2]然而，随着农村股份制改造的推进以及相关研究的深入，一些学者发现固化股权并不能解决出嫁女问题，甚至可能导致问题进一步复杂化。柏兰芝认为，"股权到户"的目的是将人口调整的争议由各个家庭内部解决，但为了明晰产权竟要回到以传统（父权）家庭为分配单位，因此产权改革很难有一个清晰的终点。[3]王丽惠指出，股权固化实际将集体经济组织成员权消解为个体财产权，会引发家庭内部矛盾，加剧社会撕裂，削弱共同体团结。[4]张勤也表示土地股份制度改革会强化以男性为主体的集体或社区认同，在利益的驱动下，以习俗的"正当性"将社区的弱势者排斥在外。[5]

（2）构建合理的农村福利制度。何立荣提出要建立起一套完善的农村社会保障制度，使村民老有所养，消除后顾之忧，从而打破农村中普遍存在的重男轻女的传统观念，真正树立起男女平等观念；[6]于雅璨也认为出嫁女实则深层次的体现了农村公共福利水平不均衡的重要矛盾，据此提出要增加农村公共福利供给；[7]杨福忠指出，要改变法律在农村被边缘化的状况，关键的措施是要解决国家在农村提供的公共福利不足问题，具体可以通过实现村民资格和福利内容相分离化解出嫁女权益纠纷。[8]

---

〔1〕　参见莫万友：《农村外嫁女权益保护问题探析——珠三角 Z 市的实证》，载《农村经济》2013 年第 1 期，第 94~98 页。

〔2〕　参见孙海龙、龚德家、李斌：《城市化背景下农村"外嫁女"权益纠纷及其解决机制的思考》，载《法律适用》2004 年第 3 期，第 26~30 页。

〔3〕　参见柏兰芝：《集体的重构：珠江三角洲地区农村产权制度的演变——以"外嫁女"争议为例》，载《开放时代》2013 年第 3 期，第 109~129 页。

〔4〕　参见王丽惠：《集体产权共有制的成员资格塑造及认定维度——以珠三角地区为对象》，载《甘肃政法学院学报》2020 年第 4 期，第 61~76 页。

〔5〕　参见张勤：《股份合作制下"外嫁女"土地权益纠纷的解决——以珠三角 S 区为中心的实证研究》，载《江苏社会科学》2018 年第 2 期，第 245~253 页。

〔6〕　参见何立荣：《"出嫁女"土地权益保护的困境与出路——从民间法角度切入》，载《河北法学》2008 年第 9 期，第 127~131 页。

〔7〕　参见于雅璨：《农村"外嫁女"在集体经济组织中的权益保护》，载《吉首大学学报（社会科学版）》2014 年第 S1 期，第 30~34 页。

〔8〕　参见杨福忠：《法律在农村被边缘化问题研究——以外嫁女权益纠纷为切入点的初步考察》，载《法学杂志》2010 年第 11 期，第 82~85 页。

（3）规范村民自治制度。面对出嫁女问题中村民自治与国家法治间的冲突，有不少学者建议政府、法院应适当干预村民自治，监督村规民约的制定与实施，及时指导修正村规民约中限制、剥夺出嫁女合法权益的条款。从政府层面出发，有学者认为应当由镇政府指导村民自治，在征地补偿费分配的民主一定程序启动时由镇政府派员监督，及时、坚决地制止其中的违法侵权行为。[1]从法院角度出发，有学者提出应当明确司法介入成员自治的必要限度，认为法院在审理具体的成员权益纠纷时可以对成员民主决议是否违背法律法规进行附带审查，若发现决议存在违法情形，则应当行使司法建议权，由基层政府责令农村集体经济组织进行改正。[2]莫万友提出建立审查村规民约合法性的法律监督机制，充分运用行政、司法和人大三重手段加强管理和监督，解决村规民约的违法性问题。[3]

（4）还有一些学者从户籍制度改革、加强法治宣传、提高性别平等意识、保障女性参与等角度提出建议。杨择郡等人提出要通过深化农村户籍制度改革方案，引导和鼓励农业人口到城市落户，降低户籍对"出嫁女"享有农村集体经济组织成员权的影响。[4]王晓莉和李慧英通过对南宁出嫁女案例研究指出，应当加强性别平等意识教育，推选特殊妇女群体作为村民代表，强化妇女参与村民自治的能动性和主体性。[5]张笑寒也建议要提升农村妇女在村民自治中的权利意识、参政意识，切实赋予妇女在村民自治中的参与权和决策权，增强妇女自身的土地维权能力。[6]黄家亮和吴柳芬还提出要充分考虑到改革的力度与社会可承受的范围，充分尊重传统变迁和态度转变，回应民众

---

〔1〕 参见程诗棋：《农村"外嫁女"集体经济组织成员资格的确认与法律保护——以海南省三亚市法院"外嫁女"征地补偿费分配纠纷案件为研究基础》，载《法律适用》2018 年第 11 期，第 94~100 页。

〔2〕 参见房绍坤、任怡多：《"嫁出去的女儿，泼出去的水？"——从"外嫁女"现象看特殊农民群体成员资格认定》，载《探索与争鸣》2021 年第 7 期，第 106~120 页。

〔3〕 参见莫万友：《农村外嫁女权益保护问题探析——珠三角 Z 市的实证》，载《农村经济》2013 年第 1 期，第 94~98 页。

〔4〕 参见杨择郡、鄢义兵主编：《"外嫁女"权益保障操作指引》，中国民主法制出版社 2022 年版，第 39 页。

〔5〕 参见王晓莉、李慧英：《城镇化进程中妇女土地权利的实践逻辑——南宁"出嫁女"案例研究》，载《妇女研究论丛》2013 年第 6 期，第 41~45 页。

〔6〕 参见张笑寒：《村民自治背景下农村妇女土地权益流失问题研究》，载《中国土地科学》2012 年第 6 期，第 10~14 页。

的切身利益。[1]而柏兰芝则从根本上指出，无论哪种制度的允诺都必须建立在一个更开放的性别社会关系之上。[2]

总之，既有研究在分析了出嫁女问题之成因、现状、焦点以及困境的基础上，从多个层面为解决出嫁女问题建言献策。从相关国家法律法规及政策的不断出台与修订来看，学者们提出的部分建议确实被国家所认可并采纳，但相关路径的具体可操作性和有效性还有待实践检验。从现实来看，与矛盾尖锐、纠纷不断的问题产生初期相比，如今出嫁女纠纷显得较为缓和并在部分地区得到了解决，但这并不意味着已有建议对策是完全可行的。相反，既有研究存在的片面化、碎片化等问题导致对出嫁女纠纷解决路径的探索也颇为曲折，提出的建议往往流于表面，无法从根本上解决问题。

六、结语

出嫁女问题反映出我国在城市化、现代化进程中村民自治与国家法治、集体利益与个人权益、民主制度与性别平等、传统思想与现代观念等诸多方面的冲突与矛盾，是一个带有浓厚地方性色彩的中国式治理难题。二十多年来，学界围绕该问题展开了丰富的讨论，研究者们从出嫁女权益受侵害的现象出发，试图厘清相关概念、剖析问题成因、把握问题焦点并探索问题的解决之道，目前已经积累了较为全面、充实的研究成果。然而，根据前述梳理与分析，针对出嫁女问题的研究仍存在诸多不足之处，具体可归纳为以下三方面。

（1）已有相关研究重复程度较高，主要表现在研究内容和对策建议两方面。一方面，既有研究大多围绕出嫁女问题中成员资格确认、权益侵害与保护等主要焦点问题展开，研究内容较为集中虽然能较好抓住问题的核心，但也容易忽略新问题，无法及时回应新挑战，导致相关研究缺乏创新性，对问题的剖析也往往仅流于表面、不够深入。另一方面，研究内容的高重复性也在一定程度上导致学者们提出的解决措施容易陷入套路模式，仅聚焦于被前

---

〔1〕 参见黄家亮、吴柳芬：《多元正义下的行动逻辑与纠纷解决——珠江三角洲"外嫁女"纠纷实证研究》，载《广西民族大学学报（哲学社会科学版）》2015 年第 4 期，第 10~16 页。
〔2〕 参见柏兰芝：《集体的重构：珠江三角洲地区农村产权制度的演变——以"外嫁女"争议为例》，载《开放时代》2013 年第 3 期，第 109~129 页。

人反复强调的解决路径，缺乏对其他可能途径的探索。例如，多数研究从立法和司法保障层面讨论解决出嫁女纠纷的办法，却忽略了现实中存在的大量出嫁女信访现象，缺少对通过规范信访制度化解矛盾方式的分析，也很少考虑如何处理无法通过常规途径得到解决的问题。有些研究甚至一味重复早期相关研究成果提出的对策建议，忽略了对现实因素变化的考量。

（2）缺乏对出嫁女问题整体性、理论性的研究。当前关于出嫁女问题的研究成果总体呈现出问题描述多、理论分析少的特点，且对于问题的描述也往往聚焦于问题的某一方面，缺少系统性、整体性的分析。首先，已有研究尚未统一"出嫁女"的基本概念，学者们就"出嫁女"所包含的范围有不同的理解。部分研究一边强调对"出嫁女"作广义理解，另一边又仅围绕典型出嫁女展开分析，缺少对入赘婿、内嫁女、出嫁女子女等群体的关注，导致对出嫁女问题的理解片面化、分析碎片化，因而也难以提出全面有效解决问题的建议。其次，既有研究在分析出嫁女集体成员资格时也存在基本概念界定不清的问题。目前学界对于农村集体经济组织、集体成员权等概念的界定存在争议，而部分与出嫁女成员资格相关的研究却往往模糊理论争议，甚至绕过理论争议直接分析现象本身，由此得出的结论的正确性难免受质疑。最后，相关研究在通过分析提出解决办法的过程中缺少对具体措施合理性、可行性的分析，导致理论与实践在一定程度上脱节，提出的建议无法为解决出嫁女问题发挥实际作用。笔者认为，由于出嫁女问题颇为复杂，相关对策建议的提出应当建立在充足且综合的现实考察、理论分析以及可操作性分析的基础上，否则可能导致非但问题没有解决，还制造了更多矛盾的负面后果。

（3）既有研究中静态、平面的描述较多，缺少对出嫁女问题动态的、立体化的呈现，也缺少对新政策、新动向的及时回应。出嫁女问题产生至今已有近三十年，在相关矛盾纠纷不断复杂化、尖锐化的过程中，国家相关的土地政策、产权制度等在发生变化，出嫁女群体的诉求随之改变，其身份也在经历着从家庭成员到集体成员再到股东的转变。相关研究常常对某一地区的出嫁女纠纷展开实证研究，但对该地区出嫁女处境的变化、相关制度的演进等认识不深，导致无法深刻理解出嫁女问题的核心焦点。同时，农村集体土地"三权分置"制度建设、集体产权制改革下"活股"变"死股"等变化都使得出嫁女问题面临着新的挑战，但既有研究尚未能对实践中出嫁女问题呈现出新特征有较好的把握，也未能对新问题作出及时的回应，使得出嫁女问题迟迟难以得到有效解决。

既有相关研究的反复和踟蹰反映出出嫁女问题的复杂与顽固。为了深化对出嫁女问题的整体性、理论性研究，为从根本上切实解决出嫁女问题提供有效对策，笔者认为应当针对总结出的相关研究的不足，从深化理论研究、加强系统性分析、拓展研究视阈、丰富研究方法等层面对相关研究进行拓展深化。具体而言，在深化理论研究方面，要厘清出嫁女问题中重要的基本概念，并在此基础上提高学理分析水平，梳理问题背后反映出的多种价值、理论冲突，透过现象抓住问题的本质、内核；在加强系统性、整体性分析方面，要充分考虑出嫁女问题所涉主体的多元性、规范的多元性，避免以偏概全，将理论与实践紧密结合，继而提出更为全面的解决方案；在拓展研究视阈方面，要充分理解出嫁女问题的复杂性并将此问题纳入多学科的研究领域中，在对其进行法学研究的过程中借鉴其他学科的研究视阈与方法，鼓励交叉学科研究；在丰富研究方法方面，要注重将出嫁女问题放到现实的社会语境中，开展田野调查，及时发现、了解真问题和新问题，为相关研究提供具有说服力的第一手资料。

总体而言，已有的关于出嫁女法律问题的研究成果虽颇为丰富，但内容重复性较高，缺乏理论深度，提出的建议尚不能从根本上解决这一复杂的社会问题。在笔者看来，除了被既有研究反复讨论的出嫁女土地权益保护、出嫁女成员资格确认等问题外，还有许多诸如出嫁女的户口迁移自由、出嫁女成员资格保留以及其子女成员资格的取得等问题值得今后进一步探讨。从更宏观的层面来讲，我们需要进一步思考如何缓解出嫁女个人与村集体间的利益冲突，避免"多数人的暴政"？如何处理国家与社会二分概念下保障平等的国家法治原则与承载历史传统的村民自治间的张力？如何看待制度在实际运作过程中的偏差，弥合理论与实践的差距？在顽固旧疾尚未被根治，新问题又不断产生的现在，学界应突破固有的研究范式，调查总结出嫁女问题的现实实践，理解掌握问题的核心焦点，为切实解决出嫁女问题提供有效方案，也为规范村民自治、促进平等、实现分配正义贡献智识资源。

后　记

▲

　　本书为《大亚湾自治规范修订与运行实践报告》的中册，为我们承担的"大亚湾自治规范修订完善与研究"项目的最终成果之一。

　　在大亚湾自治规范修订完善调查的基础上，本书主要以大亚湾为对象，从主体平权的角度，通过讨论"出嫁女"等财产权益保障问题的解决而探讨村规民约等自治规范的施行。

　　在大亚湾等地区，"出嫁女"等财产权益保障问题为村民自治和基层治理的一个突出问题；在《中华人民共和国农村集体经济组织法》于 2024 年 6 月 28 日通过并公布、将自 2025 年 5 月 1 日起施行的背景下，这一问题尤其值得关注。本书对"出嫁女"等涉及的集体经济组织成员资格、自治规范对"出嫁女"等财产权益的规定、农村集体资源分配村规民约与国家法的冲突与解决、通过修订自治规范解决"出嫁女"等财产权益问题等进行了较为全面的分析，以为"出嫁女"等财产权益保障问题的解决和自治规范的修订完善提供一些意见和建议。

　　本书由我和李箫担任主编，共同确定基本思路和主要内容；由池建华和杨建莉担任执行主编，由廖小慧、庄伟栋担任副主编，协助主编做了不少具体的工作。

　　感谢本书各位作者的支持和配合。特别是广东省律师协会副会长、广东卓凡律师事务所杨择郡律师和广东卓凡（大亚湾）律师事务所师斌律师等进行了认真的专题调查，付出了辛勤的劳动，向他们致以谢意。根据全书体例要求，我对一些初稿进行了修改。全书的质量由我承担全责。

遵循学术惯例，本书中的部分地名、人名进行了化名处理，特此说明。

感谢在我们在大亚湾进行调查时给予大力支持和全力配合的大亚湾区党工委管委会政法信访办等单位和个人。大亚湾区党工委管委会政法信访办领导的信任为本书的完成奠定了良好的基础。

感谢大亚湾区党工委书记管委会主任郭武飘先生的大力支持和统筹指导。

由于我们水平所限，本书仅为从自治规范施行角度对"出嫁女"等财产权益保障问题的初步探讨，可能存在错漏问题，敬请读者诸君提出批评意见。

高其才
2024 年 8 月 14 日于京西

惠州大亚湾开发区党工委管委会政法信访办
委托项目
《大亚湾自治规范修订完善与研究》
成　　果

诚信守约

自治规范的作用

主　　编　高其才　李　箫

执行主编　潘香军　李明道　杨建莉

副 主 编　廖小慧　　庄伟栋

中国政法大学出版社

2024·北京

图书在版编目（CIP）数据

大亚湾自治规范修订与运行实践报告:上中下 / 高其才，李箫主编.--北京 ：中国政法大学出版社，2024. 12. -- ISBN 978-7-5764-1903-0

Ⅰ. D676.53

中国国家版本馆 CIP 数据核字第 2025TU0454 号

出 版 者	中国政法大学出版社
地　　址	北京市海淀区西土城路 25 号
邮寄地址	北京 100088 信箱 8034 分箱　邮编 100088
网　　址	http://www.cuplpress.com (网络实名：中国政法大学出版社)
电　　话	010-58908586(编辑部) 58908334(邮购部)
编辑邮箱	zhengfadch@126.com
承　　印	保定市中画美凯印刷有限公司
开　　本	720mm × 960mm　　1/16
印　　张	49.5
字　　数	840 千字
版　　次	2024 年 12 月第 1 版
印　　次	2024 年 12 月第 1 次印刷
总 定 价	246.00 元

总　序

一

　　自治规范是自治组织或社会团体根据其性质和宗旨，由全体成员或多数成员商议、通过而形成的，调整的自治过程中的社会关系的，具有一定强制力的行为规范的总和。同时，自治规范也包括社会成员在长期的生产、生活实践中自然形成即俗成的规范。[1]我们应当从广义上理解自治规范。[2]

　　我国宪法、法律、法规、规章和规范性文件对村规民约、居民公约、行业规章、社会组织章程等自治规范进行了全面的规定。如《中华人民共和国宪法》第 24 条第 1 款规定："国家通过普及理想教育、道德教育、文化教育、纪律和法制教育，通过在城乡不同范围的群众中制定和执行各种守则、公约，加强社会主义精神文明的建设。"2014 年 10 月中共中央出台的《关于全面推进依法治国若干重大问题的决定》提出，"增强全民法治观念，推进法治社会建设"，提高社会治理法治化水平，"发挥市民公约、乡规民约、行业规章、团体章程等社会规范在社会治理中的积极作用"。中共中央 2020 年 12 月印发的《法治社会建设实施纲要（2020-2025 年）》提出，要"充分发挥社会规范在协调社会关系、约束社会行为、维护社会秩序等方面的积极作用。加强居民公约、村规民约、行业规章、社会组织章程等社会规范建设，推动社会

---

　　[1]　自治规范从某种角度可以理解为非国家法意义上的习惯法。习惯法可分为国家法意义上的习惯法和非国家法意义上的习惯法。非国家法意义上的习惯法，是指独立于国家制定法之外，依据某种社会权威和社会组织，具有一定的强制性的行为规范的总和。参见高其才：《中国习惯法论》（第 3版），社会科学文献出版社 2018 年版，第 3 页。
　　[2]　高其才主编：《当代中国的自治规范——以广东省惠州大亚湾经济技术开发区为对象》，中国政法大学出版社 2024 年版，第 6 页。

成员自我约束、自我管理、自我规范"。2024 年 7 月 18 日中国共产党第二十届中央委员会第三次全体会议通过的《关于进一步全面深化改革 推进中国式现代化的决定》提出"完善推进法治社会建设机制"，"健全社会治理体系"，"完善共建共治共享的社会治理制度"。

自治规范在调整社会关系、分配社会利益、满足民众需要、维护社会秩序、传承社会文化、促进社会发展等方面具有十分重要的作用。在我国的基层治理中，自治规范在凝聚组织、团结成员、整合资源、达成共识、实现目标等方面发挥着积极的功能，体现了广泛的社会、经济、政治、文化等意义。

二

广东省惠州大亚湾（国家级）经济技术开发区（以下简称"大亚湾区"）于 1993 年 5 月经国务院批准成立。辖澳头、西区、霞涌 3 个街道办事处，29 个行政村、35 个社区，陆地面积 293 平方公里，海域面积（含海岛）1319 平方公里，户籍人口 21.06 万人，常住人口 44.91 万人。2023 年，实现地区生产总值 951.1 亿元。[1]大亚湾石化区被列为全国重点发展的石化产业基地，是广东省唯一列入的石化产业基地，连续五年评为"中国化工园区 30 强"第一，2017 年获评国家第一批绿色制造体系建设示范绿色园区、国家循环化改造重点支持园区。[2]大亚湾区先后获评"全国法治创建先进单位"等荣誉。当前，大亚湾区着力建设世界级绿色石化产业高地和打造国内一流开发区，聚焦高质量建设世界级绿色石化产业高地、全力打造国际一流营商环境和全力打造区域科技创新中心"三张工作清单"，[3]高质量建设世界级绿色石化产业高地和国内一流开发区，为广东在全面建设社会主义现代化国家新征程中走在全国前列、创造新的辉煌，为惠州加快打造广东高质量发展新

---

〔1〕《走进大亚湾·大亚湾概况》，载 http://www.dayawan.gov.cn/zjdyw/index.html，2024 年 6 月 6 日最后访问。

〔2〕《惠州大亚湾（国家级）经济技术开发区简介》，载 http://www.dayawan.gov.cn/bdgk/kfqjj/content/post_ 4948393.html，2023 年 9 月 25 日最后访问。

〔3〕《大亚湾区委书记、区管委会主任郭武飘：聚焦"三张工作清单"落实"两个战略定位"》，载 http://www.dayawan.gov.cn/gzdt/zwyw/content/post_ 4855955.html，2022 年 12 月 28 日最后访问。

增长极和建设更加幸福国内一流城市做出大亚湾担当和大亚湾作为。[1]

在全面依法治国的进程中，大亚湾区的自治规范呈现出规范创制自主、规范类型多样、规范内容丰富、规范自我施行等特点。[2]大亚湾区作为国家级经济技术开发区，地理位置优越，对外交流便利，港澳同胞众多，思想文化多元，在市场化浪潮与现代化转型中涌现出各类新形态，面临着各种新问题。大亚湾区的自治规范依赖其自身的效力，通过强化社会团体及其成员的"自我约束、自我管理、自我规范"，面对民众的关注和期待，不断回应时代发展和社会实践中的痛点，在法治国家、法治政府、法治社会一体建设中迸发出了蓬勃的生命力。近年来大亚湾区积极运用自治规范调整社会关系、保障民众生活、维护社会秩序、提升基层治理法治化水平，在粤港澳大湾区高质量发展中走出了大亚湾特色，开创了和美之治的基层治理新局面。

三

根据调查，可将大亚湾区的自治规范分为基层群众性自治组织规范、社会团体规范、行业自治规范、社会组织自治规范、非正式组织自治规范等五类。[3]

为充分发挥自治规范在基层治理中的作用，不断提升治理法治化、规范化水平，实施大亚湾区党工委平安建设领导小组《关于充分发挥自治规范作用　促进基层依法治理的实施意见》的通知要求，大亚湾区党工委平安建设领导小组于 2023 年 7 月 30 日印发《大亚湾开发区自治规范修订与规范运行试点工作方案》，开展为期一年左右的自治规范修订与规范运行试点工作，通过试点工作总结积累自治规范良性运行的经验和做法，探索自治规范修订与规范运行工作机制。

自治规范修订与规范运行试点工作以解决自治规范制定实施过程中合意

---

[1] 《惠州大亚湾（国家级）经济技术开发区简介》，载 http://www.dayawan.gov.cn/bdgk/kfqjj/content/post_ 4948393. html，2023 年 9 月 25 日最后访问。

[2] 高其才主编：《当代中国的自治规范——以广东省惠州大亚湾经济技术开发区为对象》，中国政法大学出版社 2024 年版，第 464 页。

[3] 高其才主编：《当代中国的自治规范——以广东省惠州大亚湾经济技术开发区为对象》，中国政法大学出版社 2024 年版，第 12 页。

不足、公信力不够、约束力不强等问题为导向，通过"试点—总结—修订—推广"的形式，引导社会治理的多元主体积极参与修订和完善市民公约、乡规民约、行业规章、团体章程等自治规范，凝聚群众共识，实现公共利益最大化，提高民众自我管理、自我约束、自我服务和自我监督能力，以自治促进法治，以规范推进和美网格建设。

自治规范修订与规范运行试点工作坚持党的领导，尊重群众主体地位，坚持依法修订，坚持协同联动，促进和美治理。遵循全过程人民民主原则，自治规范修订与规范运行工作坚持人民主体地位，人民群众依法自我管理、自我服务、自我教育、自我监督，依法实行民主协商、民主决策、民主管理；充分发挥人民代表大会制度在发展全过程人民民主中的重要制度载体作用，通过人民代表联络站广泛征求各级人民代表的意见和建议，群策群力，集思广益。

自治规范修订与规范运行试点工作在大亚湾区党工委平安办下设立大亚湾区自治规范修订与规范运行试点工作专班，由大亚湾区党工委专职副书记、政法信访办公室主任李箫担专班办公室设在区政法信访办公室，协调推动自治规范修订与规范运行试点工作开展。为做好自治规范修订与规范运行试点工作，清华大学法学院高其才教授团队、广东省律协、惠州市律协、惠州市法学会、大亚湾区法学会五方经充分协商，签订了工作备忘录。

结合村（社区）、企业、学校、物业、社会组织等各领域工作实际，这次大亚湾区自治规范修订与规范运行试点确定澳头街道岩前村、澳头街道妈庙村、西区街道新寮村、西区街道塘尾村、西区街道新联社区、霞涌街道义联村、霞涌街道晓联村、霞涌街道坭下社区、大亚湾水务集团、华中师范大学附属惠州大亚湾小学、大亚湾外语实验学校、海德公馆小区、牧马湖小区、大亚湾区蓝色海湾公益协会、大亚湾区物业管理行业协会等15家单位为试点单位。

自治规范修订与规范运行试点通过调研论证、修订和草拟自治规范文本、开展广泛合意、集体决策及实施执行，各试点单位各自形成一套符合法律要求、群众基础广泛、保证实施有效的自治规范，并将试点工作中形成的自治规范运作模式、保障措施等转化为长效机制。

四

在总结大亚湾区自治规范修订与规范运行试点工作基础上，大亚湾区自治规范修订和研究的成果，拟通过三部分来展现：

《大亚湾自治规范修订与运行实践报告·上》为《共同缔造：自治规范的修订》，通过总报告和15份试点单位自治规范修订报告来表达大亚湾自治规范修订的具体过程和主要成果，展示通过成员协商，共同缔造、形成具有各自特色的自治规范，较为全面地反映大亚湾地区的村规民约、居民公约、企业规范、学校制度、社会组织规范等自治规范的自我管治力和社会治理功能。

《大亚湾自治规范修订与运行实践报告·中》为《主体平权：自治规范的施行——"出嫁女"等财产权益保障问题》，从自治规范修订的视角破解"出嫁女"等财产权益保障难题。以主体平权为目标，在对引起"出嫁女"等财产权益纠纷的村规民约等自治规范进行修订的基础上，通过民主协商、人民调解、行政复议、法院审判等方式，达成既符合法律规定又能满足多方利益诉求的解决合意，妥善解决自治规范与国家法律的冲突。

《大亚湾自治规范修订与运行实践报告·下》为《诚信守约：自治规范的作用》，以大亚湾自治规范为对象，思考自治规范在依法治国中的定位与功能，探讨法治社会建设中的村规民约，揭示居民公约的社会治理作用，讨论基层社会治理中的企业"立法"，探究行业自治规范的社会治理作用，分析学校规章制度的积极作用，展示社会自发组织规范的功能，较为全面地展现大亚湾地区诚信守约的自治规范在法治社会建设和基层社会治理中的重要作用。

五

大亚湾区自治规范修订与规范运行工作得到了大亚湾区党工委管委会主要领导的全力支持，在大亚湾区党工委管委会政法信访办、大亚湾区法学会的具体组织下实施。

大亚湾区党工委书记、管委会主任郭武飘在长期的工作实践中，对基层有效治理总结了"三个好"：一是一个好的支部，二是一套好的村组工作机

制，三是一套好的村规民约等自治规范，三个方面充分联动，能有效激活基层治理要素和资源，形成聚变效能。他十分强调好的村规民约等自治规范的重要性，强调激发社会组织活力的必要性。他对这次自治规范修订与规范运行试点工作极为重视，亲力亲为，审定了试点工作方案，与五方沟通试点工作的目标和重点，多次下村（居）进行专题调研座谈。他提出自治规范修订与规范运行重在合意，就自治规范修订与规范运行中的许多问题与专家交流探讨，与主办人员交流掌握试点工作进度和问题，全过程支持这次自治规范修订与规范运行试点工作。感谢郭武飘书记的统筹指导和支持。

感谢广东省律师协会、惠州市市律师协会、惠州市市法学会的认真指导，感谢大亚湾区各有关部门、单位和街道的大力支持，感谢 15 个试点单位的积极配合，感谢具体参与人员的辛勤付出，感谢各位执笔人的认真努力。

由于大亚湾区自治规范类型多元、内容广泛、施行有殊，呈现出具体性、复杂性的状态，对之的了解和认识颇为不易。许多自治规范涉及重要的利益关系，成员之间形成共识殊为困难。因此大亚湾区自治规范修订试点工作是初步的、探索性的，需要进一步持续推进和不断完善。

由于种种原因特别是我们水平所限，《大亚湾自治规范修订与运行实践报告》离当初的设想还有一定距离，书中存在不少错漏之处，有待读者诸君的批评指正。

高其才　李　箫

2024 年 6 月 24 日

目 录

导　言

▲

高其才

一

我国《宪法》第 5 条第 1 款规定："中华人民共和国实行依法治国，建设社会主义法治国家。"中共中央 2014 年 10 月发布的《关于全面推进依法治国若干重大问题的决定》指出，"依法治国，是坚持和发展中国特色社会主义的本质要求和重要保障，是实现国家治理体系和治理能力现代化的必然要求，事关我们党执政兴国，事关人民幸福安康，事关党和国家长治久安"。中共中央 2021 年 1 月印发的《法治中国建设规划（2020-2025 年）》明确，"全面建设社会主义现代化国家新征程上，必须把全面依法治国摆在全局性、战略性、基础性、保障性位置"。这表明依法治国是我国治国理政的基本方略，是法治建设的基本原则。

二

按照中共中央《关于全面推进依法治国若干重大问题的决定》，依法治国应当"推进多层次多领域依法治理。坚持系统治理、依法治理、综合治理、源头治理，提高社会治理法治化水平。深入开展多层次多形式法治创建活动，深化基层组织和部门、行业依法治理，支持各类社会主体自我约束、自我管理。发挥市民公约、乡规民约、行业规章、团体章程等社会规范在社会治理中的积极作用"。市民公约、乡规民约、行业规章、团体章程等社会规范也可被视为自治规范，在完善规范体系、调整社会关系、激发社会活力、推进基层治理、塑造法治信仰中具有积极的作用。

三

我国宪法、法律、法规、规章对村规民约、居民公约、行业规章、社会组织章程等自治规范进行了规定。如《宪法》第 24 条第 1 款规定："国家通过普及理想教育、道德教育、文化教育、纪律和法制教育，通过在城乡不同范围的群众中制定和执行各种守则、公约，加强社会主义精神文明的建设。"《反食品浪费法》第 20 条第 1 款规定，机关、人民团体、社会组织、企业事业单位和基层群众性自治组织应当将厉行节约、反对浪费作为群众性精神文明创建活动内容，纳入相关创建测评体系和各地市民公约、村规民约、行业规范等。国家市场监督管理总局《互联网广告管理办法》第 5 条提出广告行业组织依照法律、法规、部门规章和章程的规定，制定行业规范、自律公约和团体标准，加强行业自律，引导会员主动践行社会主义核心价值观、依法从事互联网广告活动，推动诚信建设，促进行业健康发展。《陕西省大数据条例》第 37 条规定："市场主体不得根据交易相对人的偏好、交易习惯等特征，利用数据分析对交易条件相同的交易相对人实施不合理的差别待遇等违法行为。市场主体有下列情形之一的除外：（一）根据交易相对人的实际需求，且符合正当的交易习惯和行业惯例，实行不同交易条件的……"《北京市乡村振兴促进条例》第 51 条规定："村规民约应当弘扬社会主义核心价值观，倡导孝老爱亲、尊重妇女、关爱儿童、扶弱济困、勤俭节约、和谐邻里、诚实守信、健康卫生等文明风尚。村规民约不得与宪法、法律法规和国家政策相抵触，不得有侵犯村民人身权利、民主权利和合法财产权利的内容。"广东省《惠州市野外用火管理条例》第 5 条第 2 款要求村民委员会、居民委员会应当组织制定防火安全公约，进行野外用火安全检查。福建省还通过了《福建省发挥村规民约基层治理作用若干规定》，自 2023 年 9 月 1 日起施行。

四

我国的不少规范性文件也非常重视自治规范。中共中央、国务院 2017 年 6 月出台的《关于加强和完善城乡社区治理的意见》提出，"充分发挥自治章程、村规民约、居民公约在城乡社区治理中的积极作用，弘扬公序良俗，促进法治、德治、自治有机融合"。中共中央 2020 年 12 月印发的《法治社会建设实施纲要（2020-2025 年）》提出，要"充分发挥社会规范在协调社会关系、约束社会行为、维护社会秩序等方面的积极作用。加强居民公约、村规民约、行业规章、社会组织章程等社会规范建设，推动社会成员自我约束、自我管理、自我规范"。《国民经济和社会发展第十四个五年规划和 2035 年远景目标纲要》（2021 年 3 月 11 日第十三届全国人民代表大会第四次会议批准）提出，要完善市民公约、乡规民约、学生守则、团体章程等社会规范，建立惩戒失德行为机制。

五

在推进依法治国、建设法治社会、加强基层治理、建设和美之治过程中，广东省惠州市大亚湾区十分重视发挥市民公约、乡规民约、行业规章、团体章程等自治规范在社会治理中的积极作用，发挥社会自治规范在协调社会关系、约束社会行为、维护社会秩序等方面的积极作用。

六

自治规范出自各种自治组织、社会团体、社会权威，由社会创制，规范一定社会组织、一定社会区域的全体成员的行为，为他们所普遍遵守。自治规范主要维护公共事务和公益事业，维持社会秩序。通常理解，自治规范为社会规范之一种。[1]大亚湾区的自治规范可以分为基层群众性自治组织规范、社会团体规范、行业自治规范、社会组织自治规范、非正式组织自治规范等五类。[2]

七

按照《大亚湾开发区自治规范修订与规范运行试点工作方案》，结合村

---

〔1〕 高其才主编：《当代中国的自治规范——以广东省惠州大亚湾经济技术开发区为对象》，中国政法大学出版社 2024 年，第 6 页。

〔2〕 高其才主编：《当代中国的自治规范——以广东省惠州大亚湾经济技术开发区为对象》，中国政法大学出版社 2024 年，第 12～14 页。大亚湾区党工委管委会主任郭武飘对基层有效治理有个"三好"认知：一是一个好的支部，二是一套好的制度，三是一套好的自治规范。三个方面充分联动，能有效激活基层治理要素和资源，形成聚变效能。

（社区）、企业、学校、物业、社会组织等各领域工作实际，2023 年，大亚湾区确定澳头街道岩前村、妈庙村，西区街道新寮村、塘尾村、新联社区，霞涌街道义联村、晓联村、坊下社区，大亚湾水务集团，华中师范大学附属惠州大亚湾小学、大亚湾外语实验学校，海德公馆小区、牧马湖小区，惠州大亚湾区蓝色海湾公益协会、惠州大亚湾区物业管理行业协会等 15 家单位作为试点单位，进行自治规范修订与规范运行试点工作。这涉及村（社区）、企业、学校、物业、社会组织等组织的自治规范。

通过自治规范修订与规范运行试点工作，把充分发挥自治规范作用作为推动基层依法治理常态化、长效化的重要内容，激发自治主体在参与社会事务、维护公共利益等方面的活力，凝聚自治主体目标共识，在全区各领域逐步形成价值引领、合法合规、民众认可、管用有效的自治规范，促进基层依法治理能力更加精准全面，以自治推进和美网格建设。

八

自治规范在推进全面依法治国中具有积极意义。作为一种习惯法和团体法，它是依法治国规范体系的重要组成部分，是国家制定法的有力补充，为全面依法治国所依之法提供了支持。依法治国中自治规范的功能涵盖了双重面向，既能够在内部支撑自治团体进行自我治理和自我约束，又能够在外部衔接国家制定法、适用于司法裁判之中。为更好地发挥自治规范的作用，一方面，应当强化其自治功能，实现自治民主化与实施有效化；另一方面，必须规范其法治功能，在法律界定、司法适用和备案审查三个方面发力，共促自治规范的法治化。

九

村规民约在法治社会建设中发挥着不可或缺的作用。在国家—社会二分的空间场域内，它位于法治社会建设的核心地位；在法治社会建设的多元规范体系中，它具有本源地位；在引导法治社会建设的参与主体上，它具有基础地位，是开展村民自治的基础性依据和凝聚群众力量的基本纽带。在外部作用方面，村规民约既能够为其他自治规范提供范本和参考，又能兼容自治、德教、法治的治理体系。在内部作用方面，村规民约促进组织建设法治化、行为事务法治化、纠纷解决法治化，构建法治乡村。为进一步完善村规民约，发挥其在法治社会建设中的作用，必须凝聚观念共识，确保村规民约的内容合法性和程序规范性，从而推动法治社会建设。

十

需要注意到村民自治与国家管治是乡村治理中两种不同的治理模式，实践中二者容易产生边界错位的现象，在不应当实行自治的场景中存在自治的膨胀和管治的缺位，而在完全能够进行自我治理的领域却又产生了管治的越位。对此，应当清晰界分自治与管治的边界。一方面，应划定公共事务决策、资产项目管理、社会服务供给与精神文明建设中的自治权限范围，使国家更好地发挥指导、支持和帮助的作用；另一方面，应明确国家管治也需要村民自治的协助，自治在政府决策、行政管理与村级代办三个方面与管治进行协同配合，从而促进乡村共治。

十一

居民公约作为以居民自治章程为基础和依据、引导社区居民进行自我管理、自我服务、自我教育、自我监督的行为规范，在城市基层社会治理中发挥着重要作用。居民公约的积极作用主要体现在倡导精神文明、保护环境卫生、建设平安社区、管理公共事务、协调居民关系，以保障基层民主自治、维护社区安全秩序、调解居民纠纷、推进精神文明建设。需要注意的是，要以解决实际问题为导向，重视通过加强宣传和沟通，力求让挂在墙上的居民公约条文"落地"，推进居民公约的实施。

十二

改革开放以来，我国基层社会在空间布局、人员构成、人际关系、资源配置等方面发生了巨大变革，传统的血缘、地缘以及国家计划式的规范工具愈发难以应对新兴的社会治理问题。在传统治理资源日趋乏力的背景下，大量基层社会的公共事务，事实上被企业承接。物业企业在国家法律的框架下，通过契约和服务的方式在社会范围内输出了大量规范，有效促成了社会成员的协调与合作。与传统的规范资源相比，依托物业企业"立法"的基层社会治理制度化和精细化程度高，物业企业"立法"能够纵深到政府力所不逮的领域，满足人民群众日益增长的、多样化的美好生活需要，而且可以同时维系对政府资源投入的较低需求。

基层社会治理工作的开展离不开规范的作用。在物业企业参与基层社会治理的实践中，其直接的规范依据主要包括契约和服务两种类型的企业"立法"。其中，契约型企业"立法"是指在国家法律的框架下，物业企业与业主之间，以物业服务合同为主协议，以物业企业的有关管理性规范及其他规范为补充协议，形成的物业企业开展基层社会治理所依托的规范体系。在物业服务合同生效期间，物业企业辖区和事权范围内的各类社会纠纷，都可以基于物业企业"立法"进行裁决。

同时，物业企业在提供物业服务的过程中，服务本身也构成了默示的规范输出。一方面，物业企业在提供服务的过程中，会在既有契约型"立法"的框架下，进一步做出非成文化的规范安排，以达至利益相关各方事实上的权利义务实现样态。这些规范可能是偶然的，也可能是有意为之的结果；可能是个案个议的，也可能形成制度化程度较高的习惯，它们都是"实施者立法"的具体表现。另一方面，对于不少基层社会治理问题，物业企业的契约型"立法"可能并未触及，面对此类纠纷，物业企业又不得不充当调解、裁决方的角色，在提供服务的过程中，物业企业就需要临时性地创制并实施规范，以协调各方利益。

十三

行业自治参与社会治理有赖于一定的治理情境，其中包括实施行业自治的制度环境，行业协会在社会治理中的角色定位，以及治理理想与本土实际间的张力。因而，我国行业自治规范社会治理作用的发挥，既离不开文化传统与习惯传承，也得益于一定的制度安排，同时还需要获得民众的广泛认同。行业自治规范的社会治理作用主要体现在维护市场竞争秩序、改善行业服务质量、保障成员合法权益、促进科学技术创新、服务社会公益事业、协助化解社会纠纷、推动法治社会建设等。

十四

学校自治规范作为管理学校内部秩序和行为的重要工具，不仅是教育管理的基础，也是促进学生全面发展的关键因素。随着教育环境的复杂化和多样化，学校自治规范不仅仅是一套简单的规则，更为学校提供了稳定的运行框架和教学环境。学校自治规范内容丰富多样，以学校章程为基础性依据，包含教育教学管理、学生管理、师资管理等方方面面。在实践中，每所学校的自治规范存在一定的差异性，但整体而言主要内容为学校章程、教师考核奖励规范、学生日常行为规范、平安校园建设制度和家委会制度等。在学校的内部管理中，学校自治规范在学校治理方面起到了关键作用，通过明确的管理架构和决策流程，确保学校运作的高效性和透明度。同时，规范学生行为则通过详细的行为准则和纪律要求，促进校园秩序和学习氛围的良好维护。自治规范还强调与家长的紧密沟通和合作，通过建立有效的沟通机制和参与平台，促进家校合作，共同关注学生的成长和发展。通过科学合理的自治规范，学校能够提升自身声誉和影响力，吸引更多优秀人才和资源，并推动教育政策的完善与实施，从而形成一个良性互动的教育生态系统。

十五

作为社会自发组织的大亚湾石化工业区业主委员会和常务理事会按照规范建立起石化工业区业主、经营者与大亚湾区管委会、石化区管理处、石化区管理服务中心、大亚湾区各部门的沟通桥梁，也加强了石化工业区业主、经营者之间自身的联系。参加业主委员会的各企业按照规范就共同关注的问题进行协商，如政府服务质量、园区封闭管理、治安防范管理、道路交通整治、事故应急互助、公用工程价格和稳定供应等问题，建立解决问题跟踪机制，及时通报问题的落实情况。业主委员会成员与政府职能部门相互协作，全力配合优化石化区基础设施配套建设、提高公用工程供应竞争力、确保安全生产和环保管理，共同改善石化区生产、生活环境。这为石化工业区的交通设施建设、交通安全防范、公共绿化建设、消防安全保障、污水处理、公共急救医疗、人才招聘等石化工业区的建设起到了极大的促进作用，也对石化工业区公共秩序的正常运行作出了巨大贡献，进而促进了石化工业区各企业的发展、推进了大亚湾经济社会的发展。这一自治规范源自民间，并经政府的引导，发挥了推进石化园区建设、促进产业发展、实现企业顺利生产等积极作用。

十六

由于历史形成的原因，广东省惠州市大亚湾区西区街道老畲村河边地片区的行政界线与土地权属错位导致一直没有村（社区）管理，目前该区域内无基层群众性自治组织单位管理。在惠州市大亚湾区西区街道的指导下，河边地片区居民自 2023 年 6 月开始自发以房东代表身份成立物业公司进行自我管理，探索了一种新型的自治路径。由热心居民在个别交流、商量基础上，面向全体房东征求意见和意愿，通过投票选举房东代表成立房东代表委员会，并组建物业公司具体进行管理和服务。河边地片区通过房东代表成立物业公司的自治，具体内容为根据实际情况，按照居民（主要为房东）意愿，在国家法律和政策许可范围内确定。具体通过《福运公司章程》《金牛村村规民约》《福运公司入股协议书》等书面文件来明确。这破解了长期形成的"三不管"区域治理难题，配合政府维护了河边地片区居民的生产、生活秩序，提升了河边地片区的整体环境，提高了居民生活质量，产生了一定的积极效果。

十七

总的来看，自治规范在基层治理中作用的发挥还有极大的空间，需要通过修订和施行来进一步发挥自治规范的积极作用。

自治规范的修订和施行要坚持党的领导。加强区党工委、街道党工委及村委对各类自治主体和自治规范运行工作的领导，确保党的路线方针政策在各项工作中得到全面贯彻落实。

自治规范的修订和施行要坚持合法合规。自治规范不得与党的方针、政策和国家的法律法规相抵触，不得有侵犯群众人身权利、民主权利和合法财产权利的内容，不得减免法定的制定程序。

自治规范的修订和施行要坚持发扬民主。广泛发动自治主体充分酝酿讨论，把制定完善自治规范作为集中民愿、集合正能量、宣传自治规范、营造共同遵守氛围的过程。要坚持群众路线，构建民主协商机制，增加成员之间的合意。自治规范的民主制定需要群策群力，自治规范的运行和相应的决定理应进行充分的讨论协商，双向监督是促进基层民主协商过程有效落实的重要动力，也是激发主体活力的重要环节。

自治规范的修订和施行要坚持价值引领。践行社会主义核心价值观，聚焦树新风、治陋习，聚焦中华优秀传统文化和传统美德，促使自治规范贴近实际、贴近群众、贴近发展。

自治规范的修订和施行要坚持因地制宜。从实际情况出发，尊重不同风俗习惯、历史文化等因素，充分考虑群众接受程度，突出特色、通俗易懂、简便易行。

在法治建设过程中，自治规范应当规范成员行为，维护公共秩序，保障成员权益，调解民众纠纷，坚持男女平等，弘扬尊老爱幼、尊师重教、扶弱济困、勤俭节约、邻里和睦等公序良俗，倡导健康文明、绿色环保生产生活方式。

发挥自治规范在基层治理中的作用，需要进一步培养民众的诚实守信观念，形成权利与义务相一致意识。

自治规范在基层治理中作用的发挥，须注重培育社会中的内生性力量。一是要发掘和培育社会团体和自治组织的主体性。健康有序的自治组织能够保护成员权益、保障团体自治、强化主体意识，为自治民主化的深入发展奠定稳固的基础。社会空间内存在地缘共同体、血缘共同体、亲缘共同体、情感共同体、职业共同体、行业共同体、利益共同体等多种类型。面对可能展露出的共同体趋势，应当以包容接纳，而不是以压制反对的姿态对待，尤其是对于基层自治中服务类、公益类、纠纷解决等类型的组织，更应纳入自治共同体之中，发扬其独特优势；面对相对薄弱松散的自治组织，应当以支撑扶持的态度，增强团体的黏合力和凝聚力，使自治组织成为法治中国建设的中流砥柱。二是要培育团体内部的力量。要深入挖掘民主化的自治资源，激励共同体内部其他成员积极主动地参与到民主选举、民主决策、民主管理、民主监督之中，以民主自治的强化实现依法治国目标的"软着陆"。

同时，必须避免自治规范内容的空泛化与执行的形式化，确保自治规范的切实有效。首先，强化自治规范的问题导向，增强自治规范的可操作性。

其次，为更好地解决自我治理时出现的实际问题，自治规范要与时俱进，及时回应，创新规范的治理模式，不断适应环境变化和社会变迁。最后，应当建立起高效的评分互议模式与评估监督机制。

充分发挥自治规范在基层治理中的作用，引导自治规范的法治化运行，除事后的司法审查以外，事前的备案审查也具有重要的意义，应健全自治规范备案审查的程序性规定；为平衡自治与法治的张力，必须建立起备案审查与撤销权的衔接机制。负有指导和审查责任的部门在对自治规范进行备案审查后，应首先提出意见、要求自治团体自行修改，并由行政部门对修改后的规范再次确认；若自治团体、社会组织拒不修改，相关部门才有权撤销。

第一章
自治规范在依法治国中的定位与功能

————————————▲————————————

潘香君

一、引言

依法治国是我国治国理政的基本方略，是法治建设的基本原则。我国《宪法》第 5 条第 1 款规定："中华人民共和国实行依法治国，建设社会主义法治国家。"中共中央 2014 年 10 月出台的《关于全面推进依法治国若干重大问题的决定》指出，"依法治国，是坚持和发展中国特色社会主义的本质要求和重要保障，是实现国家治理体系和治理能力现代化的必然要求，事关我们党执政兴国，事关人民幸福安康，事关党和国家长治久安"。中共中央 2021 年 1 月印发的《法治中国建设规划（2020-2025 年）》明确，"全面建设社会主义现代化国家新征程上，必须把全面依法治国摆在全局性、战略性、基础性、保障性位置"。

全面依法治国是法治中国建设的重要环节，也关乎国家治理体系和治理能力的现代化，是一项系统性的工程和艰巨性的任务。中共中央《关于全面推进依法治国若干重大问题的决定》同时指出，依法治国应当"推进多层次多领域依法治理。坚持系统治理、依法治理、综合治理、源头治理，提高社会治理法治化水平。深入开展多层次多形式法治创建活动，深化基层组织和部门、行业依法治理，支持各类社会主体自我约束、自我管理。发挥市民公约、乡规民约、行业规章、团体章程等社会规范在社会治理中的积极作用"。自治规范在完善规范体系、引导日常行为、塑造法治信仰、推进全面依法治国中具有积极的意义。

在全面依法治国的进程中，广东省惠州市大亚湾区的自治规范呈现出规范创制自主、规范类型多样、规范内容丰富、规范自我施行等特点。[1]大亚湾区作为国家级经济技术开发区，地理位置优越，对外交流便利，港澳同胞众多，思想文化多元，在市场化浪潮与现代化转型中涌现出各类新形态，面临着各种新问题。大亚湾区的自治规范依赖其自身的效力，通过强化社会团体及其成员的"自我约束、自我管理、自我规范"，不断回应时代发展和社会实践中的痛点，在法治国家、法治政府、法治社会一体建设中迸发出了蓬勃的生命力。

既有研究强调自治规范在基层治理、行业自治中的作用，却未对自治规范在依法治国中的价值进行阐述，自治规范在依法治国面临着定位模糊不清、发挥作用有限的困境。定位方面，自治规范是否归属于法的范畴、是何种类型的法、其权威性来源于何处、性质与效力又如何，均存在较大争议。功能方面，如何激发自治规范的活力、如何将自治规范与国家法之间有机协调、如何推动自治规范在实践中的有效运行，仍然有待进一步探索。

自治规范既与国家法的目标价值存在重叠之处，又可能与国家法律法规相抵牾。因此，自治规范既存在积极的治理功能，但也不乏一些阻碍着法治进程的消极作用，为全面依法治国带来了挑战。不过，自治规范与国家法之间的矛盾和冲突并不在本章的讨论范畴内。本章旨在以大亚湾区的自治规范为依托，聚焦于自治规范积极的面向，在法治中国建设的背景下，探究自治规范在依法治国中的定位与功能，厘清自治规范的地位与性质，剖析其功能的发挥机理，为优化自治规范的作用提供有益参考。

二、自治规范在依法治国中的制度定位

全面落实依法治国基本方略的基础是要健全中国特色社会主义法律体系，保障政治、经济、生态、文化、社会建设等各个领域有法可依，同时应从强调法律体系走向理念、体制、制度、机制四位一体。[2]这就要求我们不能仅

---

〔1〕 高其才主编：《当代中国的自治规范——以广东省惠州大亚湾经济技术开发区为对象》，中国政法大学出版社 2024 年版，第 464 页。

〔2〕 江必新、章许睿：《论全面推进国家各方面工作法治化》，载《中共中央党校（国家行政学院）学报》2023 年第 4 期，第 130~138 页。

着眼于以国家法为中心的规范制度，还要注重法治意识的树立、社会规范的构建以及自治规范与国家法间的协作互动关系。审视自治规范在依法治国中的地位和性质是建立这一良性关系的前提。

（一）自治规范的地位

首先，自治规范是依法治国规范体系的重要组成部分。法治不仅是国家法之治，还是民间法之治，二者共同构筑起完整意义上的法律之治。[1]全面依法治国所依之法也不局限于国家制定法，还包括多元化的自治规范。自治规范是依法治国的重要依据和组成部分，我国通过宪法、法律、行政法规、地方性法规和部门规章明确了这一地位。

《宪法》第24条第1款规定："国家通过普及理想教育、道德教育、文化教育、纪律和法制教育，通过在城乡不同范围的群众中制定和执行各种守则、公约，加强社会主义精神文明的建设。"守则、公约作为自治规范的表现形式，被纳入宪法之中加以确立和巩固，为依法自治提供原则化的制度依据。在宪法规定之下，国家又通过法律对不同领域的自治规范进行了具体化的阐释。

村民自治方面，《民法典》第264条规定："农村集体经济组织或者村民委员会、村民小组应当依照法律、行政法规以及章程、村规民约向本集体成员公布集体财产的状况。集体成员有权查阅、复制相关资料。"这就明确自治主体包括了集体经济组织或者村民委员会、村民小组，而村规民约和集体章程可以作为自治的依据，确立成员的权利义务关系。《村民委员会组织法》第27条第1款规定了"村民会议可以制定和修改村民自治章程、村规民约，并报乡、民族乡、镇的人民政府备案"，为村民自治规范的创制、修订、监督提供了准则。居民自治方面，《民法典》第278条规定了业主大会议事规则和管理规约由业主共同决定，凸显了自治中的民主化色彩。《城市居民委员会组织法》第15条第1款则规定了"居民公约由居民会议讨论制定，报不设区的市、市辖区的人民政府或者它的派出机关备案，由居民委员会监督执行。居民应当遵守居民会议的决议和居民公约"，规范了居民公约的制定、备案、执行和遵守。此外，在部分涉及公共安全、环境保护、精神文明的法律法规中，也强调了自治规范的地位。例如，《消防法》第32条规定，"村民委员会、居

---

〔1〕　周俊光：《论法治进程中民间法与国家法的二元并立》，载《甘肃政法学院学报》2015年第5期，第44～54页。

民委员会应当确定消防安全管理人，组织制定防火安全公约，进行防火安全检查"。广东省《惠州市野外用火管理条例》第5条要求村民委员会、居民委员会应当组织制定防火安全公约，进行野外用火安全检查。这些法律法规为自治规范的形成和运行提供了制度保障。

行业自治方面，《民法典》第10条规定："处理民事纠纷，应当依照法律；法律没有规定的，可以适用习惯，但是不得违背公序良俗。"第510条规定："合同生效后，当事人就质量、价款或者报酬、履行地点等内容没有约定或者约定不明确的，可以协议补充；不能达成补充协议的，按照合同相关条款或者交易习惯确定。"第558条规定："债权债务终止后，当事人应当遵循诚信等原则，根据交易习惯履行通知、协助、保密、旧物回收等义务。"这些规定为行业内部交易习惯等自治规范的适用创设了空间。在具体的行业中，《互联网信息服务深度合成管理规定》第8条规定："深度合成服务提供者应当制定和公开管理规则、平台公约，完善服务协议，依法依约履行管理责任，以显著方式提示深度合成服务技术支持者和使用者承担信息安全义务。"《餐饮业经营管理办法（试行）》第5条第1款规定，"餐饮行业协会应当按照有关法律、法规和规章的规定，发挥行业自律、引导、服务作用，促进餐饮业相关标准的推广实施"。不同行业中的自治规范对行业内的公约、标准、细则进行明确，促进了行业自律。总体而言，自治规范是依法治国规范体系的构成要素，占据着不可或缺的地位，多领域的自治规范与国家法共同构成了法治中国建设的全貌。

其次，自治规范是依法治国中国家法的有力补充。全面依法治国进程中，国家制定法处于核心位置，自治规范具有补充性的地位，二者相互共存，共同致力于维护社会的稳定和法治的秩序。国家制定法往往调整的是最为重要和根本的社会关系，这些领域一般涉及国家主权与安全、经济与社会制度、重大的公共事务。例如，《立法法》第11条规定了只能制定法律的事项，[1]

---

[1]《立法法》第11条规定："下列事项只能制定法律：（一）国家主权的事项；（二）各级人民代表大会、人民政府、监察委员会、人民法院和人民检察院的产生、组织和职权；（三）民族区域自治制度、特别行政区制度、基层群众自治制度；（四）犯罪和刑罚；（五）对公民政治权利的剥夺、限制人身自由的强制措施和处罚；（六）税种的设立、税率的确定和税收征收管理等税收基本制度；（七）对非国有财产的征收、征用；（八）民事基本制度；（九）基本经济制度以及财政、海关、金融和外贸的基本制度；（十）诉讼制度和仲裁基本制度；（十一）必须由全国人民代表大会及其常务委员会制定法律的其他事项。"

通过法律保留制度，框定了立法权与行政权行使的界限，对保障基本权利具有积极意义。然而，国家法具有滞后性和普遍性，不一定能够拓展到所有的社会场景中。在国家法这种独特的支配性规范之外，各国普遍认可人们自愿选择和吸纳其他社会规范，甚至默许某些与之冲突的规范的存续。[1]自治规范就是在法律所不及之处进行调整，在不宜由国家法律介入的自治空间内，或者不适合以统一性立法的形式进行规制的社会关系中发挥作用。[2]但自治规范也必须在依法治国的框架内运行，必须尊重国家制定法所要求的基本原则。例如，《城市居民委员会组织法》第 15 条第 2 款规定，"居民公约的内容不得与宪法、法律、法规和国家的政策相抵触"。在此意义上，相比于国家制定法的核心地位，自治规范在依法治国中的内容和效力处于外围，具有补充性的地位。不过，这并不意味着自治规范位于国家制定法的层级之下。相反，正是因为它处于核心权力的周围，具有某种扩散效应和浸润功能，所以渗透到了国家法所没有触及的空白和罅隙之中，与民众的生活水乳交融，更容易获得公众的认同，成为公众日常生活中真正遵守和信仰的法，也是依法治国规范体系中不可分割的法治资源。

最后，自治规范还具有补充性的法源地位。法律渊源体系是一种开放视野下的法律体系，是法律实施主体将其他的社会规范、道德规范等因素附条件地拟制为法。[3]自治规范可以为国家制定法和司法适用提供规范参考。例如，《民法典》第 509 条第 2 款规定，"当事人应当遵循诚信原则，根据合同的性质、目的和交易习惯履行通知、协助、保密等义务"。最高人民法院《关于适用〈中华人民共和国民法典〉合同编通则若干问题的解释》第 2 条又明确了交易习惯的内涵，规定"下列情形，不违反法律、行政法规的强制性规定且不违背公序良俗的，人民法院可以认定为民法典所称的'交易习惯'：（一）当事人之间在交易活动中的惯常做法；（二）在交易行为当地或者某一领域、某一行业通常采用并为交易对方订立合同时所知道或者应当知道的做

---

[1] 彭小龙：《规范多元的法治协同：基于构成性视角的观察》，载《中国法学》2021 年第 5 期，第 161~181 页。

[2] 江国华：《习近平全面依法治国新理念新思想新战略的学理阐释》，载《武汉大学学报（哲学社会科学版）》2021 年第 1 期，第 29~42 页。

[3] 陈金钊：《作为法治原则之法律的体系性》，载《济南大学学报（社会科学版）》2024 年第 1 期，第 124~136 页。

法"。可见，国家立法和司法解释将行业内的惯例规范进行总结，并上升为具有法律效力的国家法规范，有效弥补了法律漏洞，为民事交易提供具有指引性的规范依据，也成了司法裁判中的考量因素之一。不过，习惯法在当代中国的立法模式下依然作为一种补充性法源和次要性法源而存在，旨在填补国家法或当事人约定不明时的空白。[1]作为次要性法源的自治规范和位于主要地位的国家制定法，为全面依法治国中所依之法提供支持。

（二）自治规范的性质

自治规范是自治组织或社会团体根据其性质和宗旨，由全体成员或多数成员商议、通过而形成的，调整的自治过程中的社会关系的，具有一定强制力的行为规范的总和。同时，自治规范也包括社会成员在长期的生产、生活实践中自然形成即俗成的规范。[2]从狭义的概念来看，它仅是不同性质的民间社会组织为维护团体及成员权益，所创制的内部规章；从广义的视角出发，社会团体还包括作为整个社会存在的人类群体，社会成员所自发或自觉遵从的道德、伦理、风俗、习惯、信仰、传统等都是自治规范的组成部分。[3]

自治规范是一种法。长久以来，国家法一元论的观点深入人心，国家通过正式的立法对社会生活的方方面面进行管治。但在我国历史阶段中，情理与法理交融，道德与伦理承担着法律的功能，社会秩序主要依靠老人的权威、乡民对于社区中熟知的规矩以及他们所服从的传统习惯来实现。[4]法律本身具有多个中心和多个层次，同一时空下能够并存两个以上可供人们适用的规范。[5]这种摒弃了国家法中心的法律多元主义，扩大了法的概念外延，使法呈现出了开放性、多样性的脸谱，自治规范自然而然落入了法的范畴之内。不过，与国家制定法不同，它是一种社会意义上的法，是一种社会规范之法。与此同时，自治规范同样具备法的强制性和确定性。自治规范的条款在内容上涉及人们的权利义务关系，并通过相应的后果设定，保障其实施的有效性。

---

〔1〕 参见高其才：《当代中国法律对习惯的认可》，载《政法论丛》2014年第1期，第23~29页。

〔2〕 高其才主编：《当代中国的自治规范——以广东省惠州大亚湾经济技术开发区为对象》，中国政法大学出版社2024年版，第16页。

〔3〕 朱斌：《社会法规范体系的构成研究——从社会法概念角度考察》，载《山西师大学报（社会科学版）》2009年第S1期，第49~51页。

〔4〕 参见梁治平：《清代习惯法：社会与国家》，中国政法大学出版社1996年版，第8页。

〔5〕 肖光辉：《法律多元与法律多元主义问题探析》，载《学术论坛》2007年第4期，第117~122页。

例如，大亚湾区西区街道《荷茶村村规民约》规定，"如有对村水利设施构成破坏的行为，应赔偿损失，采取补救措施，并追加每次 1000 元以上的生态赔偿"。[1]此外，在乡土社会中，人情、脸面、关系也成了无形的强制力，确保村民们对村规民约的遵守执行。自治规范所具备的规则性、稳定性、公开性与强制性等特质与法的特点具有一致性。

自治规范是一种习惯法。习惯法是独立于国家制定法之外，依据某种社会权威和社会组织，具有一定强制性的行为规范的总和。[2]自治规范虽然具备法的属性，属于法的范畴，但它往往不是国家意义上的制定法，而是一种非国家意义上的习惯法。一方面，国家法是由国家立法机关依据法定的治权和程序，将一定阶级的意志上升为国家意志的活动。[3]与之相反，自治规范虽然是由自治组织制定的，但它往往是根据组织内部需要而自发产生的，是在社会生产生活与分工的实践中积淀而成的产物，更多地反映了真实社会的局部样态，自治组织仅是负责通过各种形式将这些日常的经验和习俗明确固定下来。另一方面，将自治规范定性为习惯法，有利于充分调动起我国法治建设中的本土资源与地方知识。习惯法这一概念本身就有助于在法治社会的建构和运作中，打破国家法治资源的垄断，实现法治要素的发掘、重组和整合。[4]相比于国家制定法，自治规范与社会成员的生活一般联系得更为密切，对其内部成员具有普遍的约束力，对人们的意识和行为影响更加深远。作为习惯法的自治规范是一种活泛的法，具有实在化的效力，使国家法无法关照到的领域也能实行规范化的运作，从而推进依法治国中的习惯法之治。

自治规范是一种团体法。国家制定法具有普遍性，遵循的是法律面前人人平等的原则，法律平等地适用于其管辖范围内的所有人。然而，自治规范具有特定性、针对性和契约性，它既可以是基于地域而形成的乡规，也可以是根据行业所生成的行业公约与行业标准，还可以是由商事主体共同约定的章程协议等，其适用范围仅限于特定的团体和人群，是自治团体中成员合意的体现。例如，《惠州大亚湾区房地产协会行业自律制度》第 2 条规定，"在

---

[1]　《广东省惠州市大亚湾区西区街道荷茶村村规民约》（2019 年 12 月 5 日）。

[2]　高其才：《中国习惯法论》（修订版），中国法制出版社 2008 年版，第 3 页。

[3]　参见高其才：《法理学》（第 3 版），清华大学出版社 2015 年版，第 265 页。

[4]　参见王鑫：《习惯法不是"法"吗？——从人类学和社会学的立场审视习惯法》，载《云南法学》2000 年第 3 期，第 26~30 页。

我市从事建筑活动的建筑业企业，应自觉遵守本公约"。又如，大亚湾区澳头街道《三门村村规民约》第2条明确，"本规约具有村与村民、村民与村民之间的契约性质，对全体村民均有相同的约束力。全体村民都应当自觉遵守执行，任何人不得以在外经商、务工为由拒绝执行。居住本村的外来人员参照执行本规约"。自治规范的权威主要来源于共同体内部的意志，而非外部力量或国家的赋权。正是因为它是基于民主机制和成员认可获得效力，如果并非自治组织的成员，又非自愿进入该契约关系，则应免受自治规范的约束。[1]自治团体内部成员依靠契约性的自治规范，既能够将团体内部各项事务法治化、制度化、规范化，又能避免国家权力对自治权的过度侵蚀，依法进行自我治理和自我监督。于是，由无数团体所构成的市民社会才能够统筹有序，为全面依法治国奠定了坚实的社会基础。

三、自治规范在依法治国中的功能发挥

全面依法治国的进程中，国家法强调管治的面向，自治规范强调自治的取向，但二者又同时具有规范化、制度化与程序化的意涵，共同致力于实现"建设中国特色社会主义法治体系，建设社会主义法治国家"的总目标。自治规范连通了国家与社会、外部与内部、团体与个体，能够在依法治国中展现出独特的优势。因此，依法治国中自治规范的功能涵盖了双重面向，一是在国家为自治权所留白的空间中，自治规范独立发挥作用，自治团体依法依规进行内部治理、自我治理；二是在自治团体以外的场域中，自治规范在衔接国家制定法、完善司法适用等方面也具有特定的功能价值。不过，自治与法治功能并不是割裂的，而是相互依赖的关系。自治功能是在法治框架内依法实行的自我治理；法治功能是在尊重自治的前提下，保证自治规范与国家法之间的互动协调。

（一）内部自治功能

自治规范是社会组织和自治团体进行治理的基本依据，在自我管理、自我服务和自我教育上呈现出生动的实践样貌；与此同时，自治规范还能通过软性约束保障和内在信仰激发，在日常规范遵守和内部自我监督上显现出关

---

〔1〕 黎军：《基于法治的自治——行业自治规范的实证研究》，载《法商研究》2006年第4期，第47~54页。

键性作用。

1. 自我治理功能

依法治国方略下，人民群众既可以依法参与国家政权建设，管理社会事务，又能够在基层以自治的方式行使民主权利，依法管理自己的事情。在基层民主纵深化推进的阶段，原来由国家和政府管理的事务逐步交由自治组织负责。[1]自我治理功能意味着社会组织及其成员，在依照法律法规制定自治规范后，根据相应的自治规范进行各项事务的处理，服务团体和社会的利益，维护团体内部的良善秩序。

第一，自治规范能够形成有序的自我管理。由于基层自治涉及范围广、关涉事务多，单纯依靠国家制定法进行治理，不免有所疏漏。自治规范能够在政治、经济、文化、公共安全、环境卫生等多个环节有针对性地进行精细化的治理。在村民依法治理乡村的过程中，国家法律和法治精神指导之下所形成的村规民约即为一种重要的本土治理资源，在发扬基层民主、管理公共事务、分配保护资产、保护利用资源、保护环境卫生、促进团结互助、推进移风易俗、传承良善文化、维护乡村治安、解决民间纠纷等方面具有积极意义。[2]村民根据自治规范进行民主决策和自我管理，使村内各项事务有规可依，使日常行为有矩可循。

第二，自治规范有助于实现完善的自我服务。《乡村振兴促进法》第21条第2款规定："国家采取措施支持农村集体经济组织发展，为本集体成员提供生产生活服务，保障成员从集体经营收入中获得收益分配的权利。"社会团体和自治组织应当为其成员供给服务，符合国家法律、政策精神和团体共同利益的自治规范在完善自我服务方面具有显著的作用。例如，在大亚湾区西区街道新联社区内，《新联经济联合社章程》的制定遵循民主、公开的原则，村民将自身力量投入经济联合社的建设和自治规范的创制之中，不仅使个人意见在自治规范的具体内容中得到充分的表达，还顺利发放了近2亿元资产，保障了成员经济利益。社会组织的成员为自治规范的生成和实施贡献智慧，

---

〔1〕 参见肖立辉：《基层群众自治：中国基层民主的经验与道路》，载《中国行政管理》2008年第9期，第92~96页。

〔2〕 陈寒非、高其才：《乡规民约在乡村治理中的积极作用实证研究》，载《清华法学》2018年第1期，第62~88页。

自治规范的有效运行又壮大了社会组织的力量，团体再将发展成果反馈共享给内部成员，最终形成了自我服务的良性循环。

第三，自治规范有利于在潜移默化中推进自我教育。自治规范的制定需要民主参与，团体内的成员通过亲历实践、协商研讨等方式，提升自我的规范意识和法治素养。自治规范的内容中涉及三类自我教育的方式。一是倡导式教育。例如，《惠州市文明行为促进条例》第 4 条第 5 款规定："村（居）民委员会应当加强文明行为的宣传、教育和引导，推动将文明行为基本要求纳入村规民约、居民公约，协助做好文明行为促进工作。"据此，居民公约中往往通过强调式、口号式、指引式的内容，倡导文明行为。《澳头街道沙田社区居民公约》第 7 条便指出，要"遵守交通规则，礼让对方共和谐，车辆不乱停乱放，争做文明交通员"。辖区内的居民在公约的耳濡目染下，调整规范个人言行举止。二是帮扶式教育。如大亚湾区霞涌街道《东兴社区居民公约》第 29 条规定："家庭有精神病人、刑释人员、社区服刑人员、涉毒人员或误入邪教人员的，要加强教育引导和管理帮扶，发生异常情况及时向社区报告，并配合做好相关工作。"通过社区对特殊人员进行帮扶教育，使矫正对象成为守法公民、重新回归社会，进而减少违法行为和犯罪比率，实现法治社会的长治久安。三是奖惩式教育。例如，大亚湾区西区街道《爱群社区居民公约》第 38 条规定："为国家或集体作出突出贡献的个人，受到市级及以上表彰者，将视情况予以重奖。"第 39 条明确："凡违反本公约的，经社区两委联席会议商议后，由社区居委会对行为人酌情作出批评教育、公示通报、责成赔礼道歉、恢复原状或赔偿损失等相应处理决定。"这些内部的奖惩措施可以纠正不良行为，激励内部成员自我进步、自我培养、自我濡化。

2. 自我约束功能

全面依法治国需要社会广泛参与、法治精神弘扬、公众自觉守法，自治规范是基于民主程序和契约合意所创制的产物，反映了自治组织内部成员的集体意志，保障了成员的利益需求，又以柔性、灵活的实施机制保证其实效性，从而对人们产生了持久而深远的影响。正因如此，除了依靠自治规范进行内部治理，自治规范本身也发挥着自我约束、自我监督的重要功能，塑造着人们自觉遵守规范的法治信仰。

相比于国家法律，成员对自治规范的认同感更强，遵守的程度更高。人作为社会性动物，遵守各类行为规则，这些规则规定着社会接受什么、不接受什么，它在人们自己的社会团体中作用显著。[1]自治规范的辐射范围是自治团体及其内部成员，但也正是因为这一范畴的限制，它才更容易贯彻直接民主、体现全体意志，并通过内部的同侪压力、声誉机制以及认受性等因素来保障规范的遵守。以《惠州大亚湾区房地产协会章程》为例，在行业自治规范的形成上，大亚湾区房地产协会在2011年12月13日成立时，于第一届第一次会员大会上，经全体会员审议表决通过该章程；随后，2016年12月、2021年5月和2022年8月，经会员大会讨论和表决，房地产协会又对该章程的内容先后进行了三次修订；在自治规范的内容上，该章程囊括了房地产领域的业务范围、会员事项、组织机构体系、内部管理、信息公开与信用承诺等多项制度，内容全面细致，成了协会自我管理和日常运转的指南，使行业内部各个维度的治理有规可依。自治规范的制定和修改过程本就体现了民主原则，在制定的程序中又广泛听取了会员单位的意见，其内容也是集体意志的结晶，切实地反映了会员单位的意图，规范了房地产行业的经营。因此，行业内的单位能够主动贯彻自律机制，维护行业的整体利益，营造公平公正有序的市场环境。

自治规范在实施上也具有灵活性和变通性。制定法由国家的强制力保证实施，具有威慑性，然而威慑性并不一定能够直接转化为实效性。但是自治规范的施行既可能存在不利后果的规则约束，又配备了各种类型的变通机制，通过软硬兼具的手段，拓展了自治规范的适应场景，从而强化了自我约束和自我监督的功能。在村民自治中，大亚湾区霞涌街道晓联村推行了积分制的治理模式，评分标准包括门前屋后是否有乱搭乱建、生活用具和生产用具的摆放、垃圾收集处理、庭院绿化、家禽圈养和污水处理等多个方面，并结合积分成果给予村民精神和物质奖励。[2]类似的道德评议会、调解理事会等柔性的运行方式有利于激发出村民自治的内生性力量，能够得到村民们的普遍支持和认可，打通了村规民约在乡村内的实施渠道，形成了共治的局面。又

---

〔1〕　［荷］本雅明·范·罗伊、［美］亚当·费恩：《规则为什么会失败：法律管不住的人类行为暗码》，高虹远译，上海三联书店2023年版，第124、130页。

〔2〕　高其才主编：《当代中国的自治规范——以广东省惠州大亚湾经济技术开发区为对象》，中国政法大学出版社2024年版，第57~66页。

如，在宗族自治中，大亚湾区西区街道塘尾村朱氏宗族形成了民间自生的宗族规范，其主要由族内热心人士、乡贤、族人等自主实施。在朱氏家规、家训、家风的长期熏陶和感染下，朱氏宗族的族内权威人员与热心人员积极参与纠纷解决的过程，运用朱氏家规、家训、家风的精神实质化解族人之间的矛盾，以实际行动践行家规家训。[1]宗族规范同样凝聚了宗族内部的精神共识，联结了不同主体的力量，维护了团体内部的和谐，在潜移默化中成了自治实践的载体。自治规范约束团体及其成员的行为，引导人们守法向善，为全面依法治国的实现奠定了坚实的社会基础。

（二）外部法治功能

除了社会维度上的内部自治作用，自治规范还能在国家法治维度上有所作为。自治规范进入了国家立法与司法的场域后，既能够细化国家法律、融合政策精神，也有助于形成公正合理的司法判决，实现法律效果和社会效果的统一。

1. 法律衔接功能

依法治国有赖于完善细致的法律规范体系。大亚湾区凭借基层群众性自治组织规范、社会团体自治规范、行业自治规范、社会组织自治规范、非正式组织自治规范等五种类型的规范，将正式的法律法规、国家政策和与民间社会的非正式秩序有机衔接，使依法治国的方略以多元规范的形态在基层落地生根。

第一，自治规范能够强化和细化国家制定法的要求，并根据实际情况因地制宜地灵活变通。例如，大亚湾区西区街道《永盛社区居民公约》第15条规定："严禁高空抛物，不往窗外抛撒垃圾或向外吐痰、泼水，阳台晾晒、浇灌应防止滴水。养成文明的生活习惯，自觉维护小区的安全。"这是对《民法典》第1254条、《刑法》第291条之二条禁止高空抛物规定的进一步强调。又如，《永盛社区居民公约》第22条规定："夫妻双方在家庭中地位平等，应互尊互爱，共同承担家庭事务，共同管理家庭财产，反对家庭暴力。"第25条明确了抚养义务，规定"父母应尽抚养未成年子女和无生活能力子女的义务，不得虐待儿童。作为未成年人的法定监护人，应保证子女接受九年制义

---

[1] 高其才主编：《当代中国的自治规范——以广东省惠州大亚湾经济技术开发区为对象》，中国政法大学出版社2024年版，第353页。

务教育"。这些规则是对《民法典》中男女平等、禁止家庭暴力以及父母对未成年子女抚养、教育和保护义务的重申。自治规范作为基层群众自治的主线，将国家制定法的精神延伸到自治团体之中，在礼治社会中实现规则之治。

第二，自治规范能够积极落实国家政策，以自治融合他治。法治中国建设需要完善法律政策体系。我国语境下的国家政策是指国家机关制定和发布的规范和准则，它在一定时期内具有普遍指导性或者约束力且能反复适用，反映特定的政治意图和行政权力，但是位阶低于法律。[1]法政策学即是从政策所代表的工具主义、功能主义视角出发看待法律规范，认为其是立法者按照特定目的设计并建构的人为造物，而非对民族精神或自然法要义的显现。[2]相较而言，自治规范中既包含了历史习俗的传承与当地文化的彰显，又贯彻了国家上层建筑的政策旨意，看似互不兼容的要素在自治规范中得到整合。例如，2018 年，七部门联合印发《关于做好村规民约和居民公约工作的指导意见》对基层自治规范提出了新的要求，随后，大亚湾民政局等部门于 2019 年发布《大亚湾区村规民约和居民公约修订工作实施方案》，并先后于 2020 年和 2022 年启动了两次集体性的村规民约修订工作，将党政机关的意志和国家政策的精神贯彻到自治规范之中，尤其对河长制、森林防火以及国家计划生育政策的变迁进行了相应的落实。国家行政力量与基层社会需求在以村规民约为代表的自治规范中协调交汇，在全面依法治国的进程中，基层治理的制度供给愈加完备。

第三，自治规范能够一定程度影响国家法律法规的调整。一方面，正是因为民间社会和自治团体的存在，倒逼国家法律法规和政策为社会团体留足自治的空间。例如，我国存在多样的宗教信仰，大亚湾区同样存在特定的原始信仰，霞涌街道霞新村杨包庙理事会这一原始信仰机构及其行为规范在渔村自治中具有重要功能。这就要求国家尊重人们的信仰，保护合法的宗教传播活动。因而，我国《宪法》第 36 条第 1 款规定："中华人民共和国公民有宗教信仰自由。"《民族区域自治法》第 11 条第 1 款规定："民族自治地方的自治机关保障各民族公民有宗教信仰自由。"国务院发布的《中国保障宗教信

---

〔1〕　彭中礼：《论国家政策的矛盾及其规制》，载《法学》2018 年第 5 期，第 63~73 页。

〔2〕　雷磊、吕思远：《什么是"法政策学"？——兼论其与法教义学的关系》，载《云南社会科学》2023 年第 5 期，第 48~56 页。

仰自由的政策和实践》明确，"国家依法对涉及国家利益和社会公共利益的宗教事务进行管理，但不干涉宗教内部事务"。这些国家层面的规则为社会团体的有序运行创设了前提，使内部的自治规范得到了尊重和保护，也激发了自治团体的活力。另一方面，自治规范也能够在部分领域推动法规范的变迁完善。例如，大亚湾区西区街道塘尾村海隆村民小组的婚姻规范中，要求男方在完成过礼（订婚）程序时给女方彩礼。彩礼规范在我国社会中长期存在，然而，部分地区却时常由于天价彩礼问题发生民事纠纷。因此，我国《民法典》第 1042 条第 1 款规定，"禁止借婚姻索取财物"。同时，最高人民法院《关于审理涉彩礼纠纷案件适用法律若干问题的规定》也对民间规范和实践经验进行了调研，通过国家法推进高额彩礼和移风易俗的治理。此外，乡村治理中涉及农村土地制度、宅基地制度、集体产权制度等，农业农村综合改革在各地取得了成效，也能够通过立法的方式将自治经验上升为国家立法。[1]

2. 司法适用功能

全面依法治国要求公正的司法体制和高效的法律实施机制，需要让人民群众在每一个案件中感受到公平正义。人们在日常生活中所遵守的自治规范与国家制定法的逻辑机理并不完全相同，进入司法场域中的自治规范有助于巧妙化解冲突、高效定分止争，提高裁判的说服力和可接受性，增强司法的公信力，进而推动全面依法治国目标的实现。自治规范在司法中存在三种典型的适用方式。

第一，将自治规范作为司法适用的事实性证据，辅助法官进行事实的认定。司法裁判时常需要法官判断原被告的主体资格和组织性质，需要清晰的事实界定为国家法的适用及演绎推理作好预设。尤其是在公司和社会团体等自治性极强的组织中，多数行为准则和程序规则都是组织成员自行制定的，国家法律不应过度干涉。发生纠纷时，为了明确事实小前提，应当回归该组织内部的自治规范本身寻求参照。[2]例如，大亚湾区个体私营企业协会曾于2020 年 6 月修订了《惠州大亚湾区个体私营企业协会章程》，其中对组织结

---

〔1〕 参见鲁旭、池建华：《规则主导与制度耦合：自治、法治与德治的辩证关系分析》，载《原生态民族文化学刊》2023 年第 1 期，第 83～91 页。

〔2〕 参见张滕：《指导性案例中社会自治规范的适用方式与效果提升》，载《法理——法哲学、法学方法论与人工智能》2021 年第 2 期，第 103～117 页。

构、会员代表大会、理事会等方面作出细致规定，在会员与协会发展冲突时，该章程可首先用于判断当事人是否具有会员资格，是否履行了相应的义务。再如，广东惠州天然气发电有限公司制定了《员工招聘调配管理》等一系列人力资源管理上的内部规范，在劳动者与企业产生纠纷时，通过参考企业的招聘计划、招聘条件、招聘程序等规定，对比双方当事人的主张与具体的规范事实是否吻合，从而能够更加准确地把握事实真相。

第二，将自治规范作为司法裁判的依据之一，为法官说理和针对争议焦点作出最终判决提供规范准则。例如，在外嫁女村集体组织成员资格认定及经济分配的问题上，大亚湾区澳头办事处岩前村新村村小组的村民会议曾于2005 年通过《公开议事方案》，针对外嫁女的集体资源分配情况作出规定，即"外嫁女户口在本村每人一次性补助，子女及女婿不补，外嫁女每人一次补助 5000 元"。随后，新村又公布了《一次性补助览表》和《新村村小组股份合作企业股份制章程》进行确认。在林志娟[1]与村集体经济组织的民事纠纷中，法院指出，"这些规范符合村民自治的规定，应认定为有效。根据一次性补助的词义、该表格制作的背景情况及当地农村对待外嫁女问题的习惯性做法，可理解为原告愿意领取一次性补助款而放弃继续享受集体经济组织成员各种待遇和利益分配"。[2]法院最终以村规民约、村民会议决议等自治规范为基本遵循，否定了已领取补助的外嫁女继续享受经济分配的权益。而在机动车交通事故责任中，《中国保险行业协会机动车综合商业保险示范条款》第24 条规定，在上述保险责任范围内，下列情况下，不论任何原因造成的人身伤亡、财产损失和费用，保险人均不负责赔偿：事故发生后，被保险人或其允许的驾驶人在未依法采取措施的情况下驾驶被保险机动车或者遗弃被保险机动车逃离事故现场，或故意破坏、伪造现场、毁灭证据。据此，法院根据当事人无证驾驶且逃逸的行为，免除了商业保险公司的赔偿责任。[3]因此，在依法自治的领域，法官以自治规范为裁判的依据之一，尊重社会组织的自治空间；在法律模糊的地带，法官依照行业标准、协会公约、企业章程等更为细致的规定，提升了裁判的精细化程度。

---

〔1〕　按照学术惯例，本章的人名进行了化名处理，特此说明。
〔2〕　[2016] 粤 1391 民初 2660 号民事一审判决书。
〔3〕　[2018] 粤 1391 民初 1838 号民事一审判决书。

第三，诉讼当事人将自治规范作为主动援引或抗辩的理由。不过，由于自治规范并不一定有效，这种援引也会引发司法裁判对自治规范的效力评价。例如，在大亚湾区金岸街道办事处禾田村民委员会莲花村民小组与出嫁女王红兰的纠纷中，村民小组以村规民约作为排除王红兰成员资格的依据。对此，法院认为，村规民约中关于"已婚的女性（纯女户其中一女招郎入门及和本村人结婚的除外），不管户口在不在本村，一律按照外嫁女处理，无权享受本村集体经济收益分配"的内容，违背了《宪法》《妇女权益保障法》《农村土地承包法》《广东省农村集体经济组织管理规定》等法律法规和政策性文件的规定。[1]因此，自治规范可以作为当事人援引和答辩的理由，而这种适用方式经由司法裁判对规范的效力进行合法性审查、作出评判，也能变相提高自治的法治化保障水平，使依法治国中的自治规范能够更加合法化、合理化、程序化。

四、自治规范在依法治国中的功能优化

自治规范作为一种广义的法，弥补了国家制定法中社会面向的阙如，在弥合团体关系、维护社会秩序、推进法治建设中发挥了重要的功能。然而，其功用的发挥依然是有限的。一方面，自治规范的民主参与不足，执行效果弱化，未能真正实现从"上墙"到"落地"的转化；另一方面，自治规范与国家制定法之间的冲突性较强而协同性较弱，司法裁判对自治规范的否定性评价占据主流而肯定性适用相对稀缺。全面依法治国背景下，应当全方位完善自治规范，优化其自治与法治功能的发挥，促使自治规范与依法治国方略的深度嵌合。

（一）强化自治功能

1. 自治民主化

自治规范的功能发挥有赖于人的力量。当前，自治团体和社会组织的成员参与度不足、积极性不高、主人翁意识不强，无论是自治规范创制时走马观花式的程序，还是内容上的空泛化，都显现出自治规范中民主要素的欠缺。激活人民群众主体的热情，调动起主体的能动性，实现民主自治，是优化自

---

〔1〕[2021]粤1000行初147号行政判决书；[2021]粤13行终520号行政判决书。

治功能的重中之重。

第一，构建民主协商机制，推动自上而下的行政动员向自下而上的自主参与转变。全过程人民民主是一个广泛参与、有效参与的民主治理格局，协商性治理则是多元参与、广泛商议、交换沟通、达成共识的过程，基层治理现代化需要形成"民主—协商—治理"三位一体的体系架构。[1]欲优化自治规范的功能，必须在自治的全流程中贯彻协商民主的理念。

具言之，首先，自治规范的民主制定需要群策群力。例如，村规民约的制定和修改中，村委会、村党组织应当引导议程的设置和讨论，细化商议程序；将民主参与与积分测评、星级户评选等量化机制相挂钩，以精神和物质的双重激励，多措并举鼓励村民参与创制过程、自主表达意见建议；加强不同利益主体之间的碰撞交流，扩大参与人员的范围、人数、代表性，使村规民约的内容汇聚人民的意志，而不是沦为官方提供的模板套话。此外，在人口流动性增强的转型社会中，互联网+政务的技术平台已然成了民主协商的重要载体，村民的不在场行为不能成为排除其意志、剥夺其知情权与决定权的条件，要实质性地兼顾全体村民的利益。其次，自治规范的运行和相应的决定理应进行充分的讨论协商。自治规范必须在运作中才能提升治理效能，然而也正是在实践运用中才会面临更多障碍。例如，按照集体经济组织章程进行资源分配的结果可能无法得到成员的认同。此时，搁置争议或互相推诿并不能有效化解矛盾冲突，唯有搭建民主协商的桥梁，使代表不同利益的成员在商谈空间中参与、辩论、说服、贡献智识，才能释放自治的效能，使成员感受到自治的优越性、共享自治的成果，真正实现"自己的事情自己做主"的自我之治。最后，双向监督是促进基层民主协商过程有效落实的重要动力，[2]也是激发主体活力的重要环节。一方面，外部力量对社会团体自治的程序进行监督，促进自治规范相应流程的透明性、公开性与公平性；同时，对自治规范运行中的多元协商机制、动态反馈机制予以监督，推进自治的及时性和回应性；另一方面，团体内部也要对外部主体进行监督，防止国家权力对自

---

〔1〕参见张贤明：《民主治理与协商治理：基层治理现代化之道》，载《行政论坛》2023年第1期，第27~32页。

〔2〕参见贾丽红、胡剑：《全过程人民民主视域下基层民主协商机制构建研究》，载《上海市社会主义学院学报》2023年第4期，第109~119页。

治权的不当削减或侵蚀，从而为自治规范的作用发挥创造更加宽松的环境。

第二，注重培育社会中的内生性力量。社会组织是国家与个人之间的中介结构，起到支持、保护个体的作用，防止单方的支配—服从关系。因而，社会力量的强大和主体社会的建构至关重要。[1]一是要发掘和培育社会团体和自治组织的主体性。健康有序的自治组织能够保护成员权益、保障团体自治、强化主体意识，为自治民主化的深入发展奠定稳固的基础。社会空间内存在地缘共同体、血缘共同体、亲缘共同体、情感共同体、职业共同体、行业共同体、利益共同体等多种类型。例如，在大亚湾区西区街道塘尾村和上田村，自发形成了一种"娘婶姊妹汇聚"的老人互聊共食茶叙规范，这就使《老年人权益保障法》第 38 条中"倡导老年人互助服务"从纸面上的法在地化、现实化，成为农村养老互助的新形式。面对可能展露出的共同体趋势，应当以包容接纳，而不是以压制反对的姿态对待，尤其是对于基层自治中服务类、公益类、纠纷解决等类型的组织，更应纳入自治共同体之中，发扬其独特优势；面对相对薄弱松散的自治组织，应当以支撑扶持的态度，增强团体的黏合力和凝聚力，使自治组织成为法治中国建设的中流砥柱。二是要培育团体内部的力量。传统的村民自治中，村规民约有效运行的关键主体在于宗族和士绅，当代新型的乡村精英、乡贤等主体能与村规民约之间产生激励相容的效应；[2]返乡大学生、乡土法杰、宗族与信仰等内生性的权威仍然能在当下发挥一定的作用。这些主体权威不仅与乡土社会的自治环境、关系网络、社会文化相契合，还能够树立起引领示范的榜样。故而，要深入挖掘民主化的自治资源，激励共同体内部其他成员积极主动地参与民主选举、民主决策、民主管理、民主监督之中，以民主自治的强化实现依法治国目标的"软着陆"。

2. 实施有效化

自治功能未能得到充分释放的另外一层原因在于，要么自治规范的原则性话语、建议性号召过多，无法成为公众认可的、具有执行力的社会规范，

---

〔1〕 参见周庆智：《基层社会自治与社会治理现代转型》，载《政治学研究》2016 年第 4 期，第 70~80 页。

〔2〕 参见冷向明、熊雪婷：《社会网络基础变迁视角下村规民约的建构性脱嵌及其调适》，载《西南民族大学学报（人文社会科学版）》2020 年第 11 期，第 190~197 页。

从而压抑了公众参与自治的动力；要么国家权力等外部力量介入过多，强硬的实施保障一定程度上削弱了民主参与的责任感、存在感、获得感。因此，必须避免内容的空泛化与执行的形式化，确保自治规范的切实有效。

第一，强化自治规范的问题导向，增强自治规范的可操作性。自治规范应当面向社会团体及其成员的服务需求，以切实解决问题为目标，以紧密关切团体自身利益和福祉的议题为重点，具有可实施性，真正成为在法治国家建设中人民依规自治的具体行动指南。例如，大亚湾区澳头街道南边灶村在楼长管理规范中，先后于 2021 年 5 月、7 月和 2022 年 2 月编制了《楼栋长管理办法》《综合网格楼栋长业务培训》《楼栋长实操手册（试行）》等规定，详述了楼栋长附加分的计算标准、补贴标准、工作标准，为楼栋治理提供了细致健全的规范支撑，保障了规范的可适用性，提升了实施效果。[1]

第二，为更好地解决自我治理时出现的实际问题，自治规范要与时俱进，及时回应，创新规范的治理模式，不断适应环境变化和社会变迁。例如，大亚湾区老畬村三大屋村民小组在面临管理秩序混乱、占道经营普遍、矛盾纠纷高发、环境状况恶劣等问题时，自发成立了物业公司，创制了《三大屋新村管理制度》《物业管理服务收费标准》等规范，形成了物业公司、村民小组、村两委共治下的委托型自治，在现代化转型过程中，扩张了自治规范和治理模式的疆域，有效提升了自治效果。[2]

第三，应当建立起高效的评分互议模式与评估监督机制。一方面，要搭建起互评互议的平台。如，可以针对自治团体内部成员的守约情况，定期开展民主评议，保障成员对自治规范的遵守，将外在的执行保障转化为内在的自觉行动。另一方面，应发挥自治组织的自我评估和监督作用，强化自治规范的科学性、规范性、有效性。[3]相比外部主体，社会团体和自治组织对关系自身利益的事务把握得更加到位和精准，单靠外部强制力的保障，无法达成有效的实施结果。因此，以实践性、现实性为标准，建立长效评估监督机

〔1〕　参见张华、李明道、高其才：《基层和美治理实现方式探究——基于大亚湾区本土社会规范的视角》，中国政法大学出版社 2023 年版，第 158~159 页。

〔2〕　参见张华、李明道、高其才：《基层和美治理实现方式探究——基于大亚湾区本土社会规范的视角》，中国政法大学出版社 2023 年版，第 127~147 页。

〔3〕　孙笑非、张亚鹏：《"上墙"与"落地"：国家治理视角下村规民约的现实困境与优化策略》，载《贵州大学学报（社会科学版）》2021 年第 3 期，第 79~86 页。

制，定期评估自治规范的执行成效，有的放矢地纠正自治规范引发的偏差。例如，在村民自治中，专门、独立的村规民约执行监督委员会能够减少人情关系对村规民约执行的干扰，确保村规民约执行的公平、公正和公开。[1]这些举措为社会团体依法依规自我治理开辟了可行的路径。

（二）规范法治功能

1. 法律界定明晰化

当前，我国的制定法并未明确自治规范的地位，自治规范在法律法规体系中定位相对模糊，性质存在争议。以村规民约为例，《宪法》第 24 条第 1 款仅提及"守则、公约"，而第 111 条则是确立了我国基层群众自治制度，并未对村规民约的性质进行界定；《村民委员会组织法》第 27 条规范了村规民约的制定与修改，《民法典》第 264 条则是对村民小组和集体成员的权利义务关系进行规制。这些条款均未直接明确村规民约的性质和地位。有必要从三个方面明晰自治规范的法律地位，为其中法的属性界定和效力发挥创设前提。

第一，在我国的法律法规中明确自治规范的性质和定位，从而在法律层面完善制度内容，提供规范依据。首先，在《村民委员会组织法》等法律的修订过程中，必须处理好自治力量、规范供给与权力监督三个维度上的内外关系，既要通过法律确认、引导、规范村民自治章程、村规民约等内部规范，又要注重内生规范与国家法律的互动，使国家法律尊重村民自治。[2]同样，在修改我国《居民委员会组织法》《律师法》《证券法》《教育法》等法律时，应当对其中涉及行业规则、组织章程、行约公约、标准准则、习惯惯例等条款进行性质上的明确，规定自治规范是在一定范围内调整自治组织及其成员权利义务关系的任意性规则，厘清其在国家法律中的属性、地位和效力。其次，在法律法规的释义上，加强对自治规范性质和地位的解释。例如，在宪法层面上，可以对我国《宪法》中提到的"守则、公约"进行更加细致的释明；在法律法规层面上，可以区分授权性规则与自主性规则，前者是根据法

---

〔1〕 马柳颖、李璐莲：《论村规民约在基层社会治理中的法治功能》，载《社科纵横》2023 年第 6 期，第 104~111 页。

〔2〕 高其才：《〈村民委员会组织法〉修改的理念与基点》，载《法学杂志》2023 年第 3 期，第 83~93 页。

律对于自治团体和社会组织的概括性授权行为所创制的自治规范，后者则具有严格的自治性。[1]由此，两种不同的自治规范在制定法中的性质存在细微的差异，因而在规范适用方面的位阶层次也不能一概而论。最后，我国缺乏统一的社会组织立法，国家对社会团体和自治组织的培育力度不足。目前，社会组织领域的立法初现端倪，需要国家在立法上给予社会组织更多的自主权和空间，释放双重管理体制的压力，因此既要提升条例、办法等下位规范的位阶，[2]还可以从整体上探索《社会组织法》的立法方向，促使分散的自治规范能够与统一的国家制定法相互耦合，使民间团体内部合理的规范秩序能够在法律上得到认可。

第二，分门别类地划定国家法律与自治规范之间的边界，在国家法和自治规范中明确各自的调整范围和领域。在基层群众性自治中，《村民委员会组织法》第2条第2款规定了村民委员会的职责，即"办理本村的公共事务和公益事业，调解民间纠纷，协助维护社会治安，向人民政府反映村民的意见、要求和提出建议"。据此，基层群众性自治组织规范主要调整的是公共事务、公益事业、民间纠纷和社会治安。其中，民风民俗、婚姻家庭、邻里关系、生态环境、简单的纠纷调解等事务属于纯粹自治的领域，而社会治安、公共安全、土地管理等则属于自治规范和国家法共同调整的地带，前者负责填充法律空白、细化法律内容、维护基础的社会关系，一旦问题扩大，如关涉违法犯罪行为，或是存在对于国家利益、个人合法权益的严重侵犯，必须由法律进行规制。在行业自治中，大亚湾区的行业协会章程、行业自律公约等自治规范确立了协会的基本原则、业务范围、办事制度、会员的权利和义务等事项，而对于涉及国家公权力和社会公共利益的事项，国家法有必要合理介入。例如，《私营企业暂行条例》（已失效）第12条规定了私营企业不得经营的业务范围，第45条规定了私营企业违法的处罚，[3]这些条款为个体私营企

---

[1] 薛刚凌、王文英：《社会自治规则探讨——兼论社会自治规则与国家法律的关系》，载《行政法学研究》2006年第1期，第1~8页。

[2] 马金芳：《我国社会组织立法的困境与出路》，载《法商研究》2016年第6期，第3~12页。

[3] 《私营企业暂行条例》（已失效）第12条规定："私营企业可以在国家法律、法规和政策规定的范围内，从事工业、建筑业、交通运输业、商业、饮食业、服务业、修理业和科技咨询等行业的生产经营。私营企业不得从事军工、金融业的生产经营，不得生产经营国家禁止经营的产品。"第45条规定："私营企业违及国家有关税收、资源、工商行政、价格、金融、计量、质量、卫生、环境保护等法律、法规的行为，由有关机关依法予以处罚。"

业协会规范的制定和实施提供了法律上的参考。又如，《民法典》物权编与《物业管理条例》均规定了物业服务企业的权利义务和法律责任，因此，物业管理行业协会自治规范的重点就可以放在服务职能的确定、行业标准的制定、监督机制的确立、法律法规的遵守上。明确国家法与自治规范的规制界限，使二者分工合作、互相配合，既有法律的硬性措施，又存在自我管理和约束的内部规范，推动行业有序发展。

第三，通过地方性法规和政府规章的制定，协调联动国家法与自治规范。《立法法》第 81 条第 1 款指出，"城乡建设与管理、生态文明建设、历史文化保护、基层治理等方面的事项"，可以制定地方性法规。地方性法规和部门规章能够结合实际情况，制定执行各项符合法律法规和法治精神的规章制度，在转译国家法方面发挥着重要作用。健全的法规和规章不但能为自治规范的完善提供基本指引，还能尊重社会团体的自治权与自主性。例如，大亚湾区妇联作为具有群众性的人民团体，依据《中华全国妇女联合会章程》《大亚湾区发挥各级妇联执委作用工作制度》《大亚湾区妇女议事会制度》《大亚湾区妇女议事会实施方案》，进行组织建设、开展各项工作、实施自我治理。同时，它又是党政机关领导下的团体组织。地方人大和政府可以根据《妇女权益保障法》《反家庭暴力法》等专门性法律，整合妇联和民政部门、司法局、法院、公安机关多方资源，密切党政机构和自治团体间的联系，壮大妇女权益保障的力量，并总结推广先进的议事经验，推动国家法与自治规范的协调融合，为社会团体的自治保驾护航。

2. 司法适用规范化

司法场域中，自治规范的适用标准不一。适用方式上，究竟是应由法官主动适用，将自治规范直接作为裁判依据，还是须由当事人援引适用，尚不够清晰；适用效力上，是将自治规范作为漏洞填补而进行补充性适用，还是最大限度尊重社会团体自主权从而优先适用，未形成统一性标准。因此，必须强化司法适用的规范性，在司法裁判中激活自治规范的效力。

第一，能动司法理念下，必须尊重自治规范在司法场域中的地位和作用。对于当事人主动援引、提请法官适用的规范，尤其是当事人长久以来遵循的习惯，法院不应直接否决规范的司法效力，而是要尊重双方的意思自治，并通过司法技艺，将相应的自治条款巧妙地运用于举证、质证和裁判之中。例如，于村规民约等乡土法规范而言，可以允许法官在法律解释、法律推理、法律论证的过程中，对其进行识别、比较和适用，以乡土法规范解释国家制定法、进行价值衡量、解决司法纠纷。[1]于行业、商业类的自治规范而言，如果当事人之间已约定适用自治规范，且规范并未违反法律强制性规定，那么该规范就具有优先和直接适用的效力。反之，法院则应当判断是否存在法定适用自治规范的情形，并根据具体情况决定适用的方式。[2]此外，针对自治规范中存在争议或模糊之处，在诉讼过程中可以加强双方的质证辩论，在裁判文书中强化说理论证，以案释法。

第二，健全司法审查机制，可以从审查的启动、标准、后果等方面优化司法对自治规范的审查模式。

在司法审查的启动上，由于司法审查的结果决定着个案正义的实现和自治的司法保障水平，理论上应当做到"应审尽审"。[3]对于自治规范本身存在的条款争议、程序问题，以及依据自治规范作出决定所引致的纠纷，均有必要启动自治规范的审查，防止规范偏离依法治国的航线，法院不能以"属于自治领域、法院无权处理"为由拒绝审查。不过，这并不意味着，司法权可以无限度地介入自治权中。司法理应保持克制，审慎适度地纠正自治权对个体权益可能造成的侵害。

在司法审查的标准上，应当划定不同的标准层次。其一，确立审查的总体标准是合法性与真实性的判断，而非合理性判断。作为自我治理的依据，自治规范应当最大限度地尊重成员意志。因而，规范是否合乎情理并不在审查的范畴之内。其二，明确审查的程度标准。司法权需要给予自治权一定的空间，但又不能违背依法治国的原则。因此，如果自治规范明显违反、公然违反了国家法，就意味着自治规范对国家法秩序的公开抵抗，已经超越了自治的基本范畴，必须予以审查介入。[4]其三，规范审查的内容标准。对于自

---

〔1〕　参见高其才、张华：《乡村法治建设的两元进路及其融合》，载《清华法学》2022年第6期，第42~63页。

〔2〕　董淳锷：《商事自治规范司法适用的类型研究》，载《中山大学学报（社会科学版）》2011年第6期，第171~180页。

〔3〕　张华：《村规民约的司法审查：启动、内容与结果——基于2008篇裁判文书的实证分析》，载《湖南农业大学学报（社会科学版）》2021年第3期，第69~76页。

〔4〕　胡若溟：《国家法与村民自治规范的冲突与调适——基于83份援引村民自治规范的裁判文书的实证分析》，载《社会主义研究》2018年第3期，第98~109页。

治规范的审查既涉及实体的条文内容，也可以包括制定、修改以及据此作出决议的形式与程序。同时，在国家制定法缺失的领域，自治规范也并非当然有效，而是应当和法治理念与法治精神相契合。

在司法审查的后果上，一方面，对于确认无效的自治规范，法院不能越俎代庖，直接更改或修订，而是应当提出相关建议，由自治团体或社会组织更改。例如，面对不合法的村规民约，法院可以向当地的乡镇政府以及村民委员会签发公开透明的司法建议。[1]另一方面，根据过往先例积累，上级法院可以对典型的自治规范审查案例进行爬梳整合，统一审查标准的同时，也能够为类似的自治规范创制提供经验参考。

第三，畅通司法救济途径，司法作为保障公平正义的最后一道防线，除进行司法审查以外，还必须完善自治规范侵权的救济渠道，实现合法诉求和权益保护。一是在诉讼主体上，因自治规范侵犯社会组织或自治团体内部成员的合法权益而提起诉讼时，要厘清自治团体内部不同主体之间的关系，明确被告的资格身份。例如，村规民约侵犯集体经济组织成员权益的诉讼纠纷中，由于村民会议是村集体内部的权力机关，村民委员会是决策的执行机关，村集体才是独立法人，因而村集体应作为被告，独立承担法律责任。[2]二是在受案范围上，自治团体与成员之间基于自治规范产生的民事权利纠纷，双方当事人可以作为平等的民事主体，获得民事诉讼的救济。与此同时，一些社会组织也可以经法律、法规、规章授权，从事一定的行政职能活动，作为行政主体。因此，在特定的纠纷中，当事人也能够通过行政诉讼的方式进行权利救济。[3]

3. 备案审查完备化

《法治社会建设实施纲要（2020-2025年）》指出，要"加强对社会规范制订和实施情况的监督，制订自律性社会规范的示范文本，使社会规范制订和实施符合法治原则和精神"。这意味着自治无法超越法治，自治规范需要与

---

〔1〕 郭剑平：《乡村治理背景下村规民约民事司法适用的理论诠释与优化路径》，载《西南民族大学学报（人文社会科学版）》2020年第8期，第78~86页。

〔2〕 陈寒非：《乡村治理法治化的村规民约之路：历史、问题与方案》，载《原生态民族文化学刊》2018年第1期，第79~87页。

〔3〕 孟刚、阮啸：《村规民约的司法审查研究》，载《国家行政学院学报》2011年第3期，第82~86页。

法治精神一致。为促进自治规范在依法治国中的协同作用，引导自治规范的法治化运行，除事后的司法审查以外，事前的备案审查也具有重要的意义，应从以下两个方面着重完善自治规范的审查机制。

第一，健全自治规范备案审查的程序性规定。在村民自治中，《村民委员会组织法》规定了村规民约的备案，但对于是否要进行合法性审查，并无明文规定，这就导致了实践中做法不一致的现象。有的乡镇政府以村民自治为由，仅进行形式上的备案，未对村规民约的程序和内容进行审查，为村规民约侵害村民合法利益埋下了隐患。因此，可以对村规民约的报送主体、备案部门、审查方式、报送的具体期限等方面作出更为细致的要求。[1]在行业自治中，以互联网平台为例，超大型平台的规则相对复杂，要求较高，一般应由省级以上行政级别的机关负责，分级分类备案审查。[2]与此同时，平台的监管往往又涉及多个行政部门，例如《互联网信息服务算法推荐管理规定》第 31 条指出，"网信部门和电信、公安、市场监管等有关部门依据职责给予警告、通报批评，责令限期改正"，因此，不同部门之间的备案流程、职责划分均需要更加精细明确。

第二，完善自治规范备案审查的效力规定。如果备案审查的效力并不是强制的，而仅是责令自治团体和社会组织作出解释、自行纠正，便容易导致审查的虚置；如果赋予行政机关强制撤销或直接更改的权力，则又可能导致自治权的落空。因此，为平衡自治与法治的张力，必须建立起备案审查与撤销权的衔接机制。[3]换言之，负有指导和审查责任的部门在对自治规范进行备案审查后，应首先提出意见、要求自治团体自行修改，并由行政部门对修改后的规范再次确认；若自治团体、社会组织拒不修改，相关部门才有权撤销。

五、结语

全面依法治国要求"建设中国特色社会主义法治体系，建设社会主义法

---

〔1〕　参见周林：《村规民约备案审查的"程序虚置"：原因及对策》，载《备案审查研究》2023年第 2 期，第 106~122 页。

〔2〕　参见吴叶乾：《超大型平台自治规则的备案审查制度研究》，载《科技与法律（中英文）》2023 年第 1 期，第 110~118 页。

〔3〕　周林：《村规民约的合法性审查：模式及其制度建构》，载《河北大学学报（哲学社会科学版）》2023 年第 6 期，第 150~160 页。

治国家"。广泛存在于社会中的自治规范是法治体系中的重要构成部分，是国家制定法的有力补充，与国家制定法形成良性互动，共同助力于法治国家建设的目标实现。自治规范不但能够在内部独立发挥作用，由自治团体和社会组织依法依规进行自我治理与自我约束，还可以在外部衔接国家制定法、成为司法适用的依据。当前，面对自治规范的民主参与程度不高、实施效果不佳、法律定位不清、适用与审查机制不足等问题，必须强化其自治的功能面向，规范法治的功能运作，化自治与法治间的张力为自治规范功能完善的动力，从而充分发挥出自治规范的作用，使自治规范成为实现全面依法治国的中坚力量。

第二章
法治社会建设中的村规民约

————————▲————————

潘香君

一、引言

2014 年，中共中央《关于全面推进依法治国若干重大问题的决定》指出，"坚持法治国家、法治政府、法治社会一体建设，实现科学立法、严格执法、公正司法、全民守法，促进国家治理体系和治理能力现代化"。2017 年，党的十九大报告明确将"法治国家、法治政府、法治社会基本建成"作为2035 年基本实现社会主义现代化的一大目标。2020 年 12 月，中共中央印发了《法治社会建设实施纲要（2020-2025 年）》，提出"法治社会是构筑法治国家的基础，法治社会建设是实现国家治理体系和治理能力现代化的重要组成部分。建设信仰法治、公平正义、保障权利、守法诚信、充满活力、和谐有序的社会主义法治社会，是增强人民群众获得感、幸福感、安全感的重要举措"。2022 年，党的二十大报告同样指出，要"加快建设法治社会。法治社会是构筑法治国家的基础"。法治社会对于形成中国特色的法治建设理论、建设中国特色社会主义法律体系、实现依法治国的总目标具有举足轻重的意义。

为实现法治社会建设的目标，《法治社会建设实施纲要（2020-2025 年）》进一步指出，要"充分发挥社会规范在协调社会关系、约束社会行为、维护社会秩序等方面的积极作用。加强居民公约、村规民约、行业规章、社会组织章程等社会规范建设，推动社会成员自我约束、自我管理、自我规范""开展法治乡村创建活动。加强基层群众性自治组织规范化建设，修改城市居民委员会组织法和村民委员会组织法"。法治乡村是我国法治社会建设中的基础环节，是为推进我国法治建设在广大农村地区作出的重要战略部署。2020 年，中央全面依法治国委员会印发的《关于加强法治乡村建设的意见》指出，"完善群众参与基层社会治理的制度化渠道，健全充满活力的群众自治制度，引导村民在村党组织的领导下依法制定和完善村民自治章程、村规民约等自治制度"。2021 年 4 月，农业农村部《关于全面推进农业农村法治建设的意见》明确，"坚持以法治保障乡村治理，充分发挥法律法规、村规民约和农村集体经济组织、农民专业合作社章程等的规范指导作用"。这说明，村规民约在法治乡村建设中的角色不可或缺，法治乡村与法治社会建设必须重视村规民约的积极作用，激发社会规范的潜力。正确认识村规民约在法治社会建设中的地位和作用，探究法治社会建设中村规民约的完善路径，对加强农村地区法治保障、形成基层法治建设合力、构建共建共治共享的治理格局，具有理论和实践价值。

随着乡村社会法治化建设的深入，学界围绕村规民约的概念性质、功能作用、存在问题及解决之道展开了一系列研究。村规民约包括村民会议根据《村民委员会组织法》制定的村民自治章程和村规民约、村老年协会等村社会组织制定和修改的规约，以及若干村民议定的某种规约，[1] 本章也将在这一概念范畴下展开讨论。性质方面，学者的观点大体上可以分为自治规范说与国家意志说两类。前者主张村规民约的契约性与合意性、本土性与地方性、民间性与非正式性等特征；[2] 后者则强调国家权力对乡村社会的介入，认为村规民约是官方借民间的力量管理乡民社会的方式，[3] 不仅是村民自治的结果，还是政府审查认可的结果，体现国家意志和法的属性。[4] 功能作用方面，

---

〔1〕 高其才主编：《当代中国村规民约》，中国政法大学出版社 2022 年版，第 3 页。

〔2〕 参见梁开银：《论村民自治章程的法律地位、内容及效力——兼论村民自治的法律制度生态》，载《社会科学家》2010 年第 1 期，第 74~78 页；刘志奇、李俊奎、梁德友：《有限性与有效性：基层社会治理中传统乡规民约价值的扬弃与再造》，载《浙江大学学报（人文社会科学版）》2018 年第 1 期，第 73~82 页；于语和、安宁：《民间法视野中的村规民约——以河北省某村的民间调查为个案》，载《甘肃政法学院学报》2005 年第 5 期，第 6~16 页。

〔3〕 谢晖：《当代中国的乡民社会、乡规民约及其遭遇》，载《东岳论丛》2004 年第 4 期，第 49~56 页。

〔4〕 罗鹏、王明成：《村规民约的内涵、性质与效力研究》，载《社会科学研究》2019 年第 3 期，第 67~76 页。

学界认识到村规民约作用的广泛性，指出其在实现村民自我管理、自我服务、自我教育、自我监督、完善基层民主制度、弘扬和传承优秀传统文化、促进移风易俗、保障农村治安与农民权益、保护生态环境与自然资源、调和纠纷矛盾等方面的价值。[1]存在问题及完善对策方面，村规民约在制定与实施过程中，容易陷入内容晦涩、地位形同虚设、缺乏实践价值、司法适用标准僵化、运行效果散化、保障机制不健全等困境，需要全面审视、多措并举，解决当下村规民约所面临的各类难题。[2]

既有研究对村规民约的基础理论和存在症结进行了梳理，却并未将村规民约嵌入法治社会建设的大背景之中。对其地位和作用机理的探究缺乏法治社会建设的视角，对村规民约法治化的分析往往集中于规范冲突、司法适用和司法审查等层面，本质上秉持的仍然是一种国家中心主义的理路。为弥补这一缺憾，本章将从法治社会建设的角度切入，具体阐述村规民约的地位，剖析其在法治乡村与法治社会中所承担的作用价值，探索完善村规民约的有效之策。

二、法治社会建设中村规民约的地位

所谓法治社会，是指社会的民主化、法治化、自治化，是通过公民的政治权利和社会团体的社会权力，以多元化法治规范进行的自律与自治。[3]法治社会建设显现出三种典型特征：一是法治社会中"法"的多样性，即不局限于国家制定法，而是涵盖了自治组织的各项规范与社会公共道德等；二是

---

[1] 参见高其才：《通过村规民约的乡村治理——从地方法规规章角度的观察》，载《政法论丛》2016年第2期，第12~23页；谢秋红：《乡村治理视阈下村规民约的完善路径》，载《探索》2014年第5期，第149~152页；李敏：《村规民约在基层情境治理中的法治功能分析》，载《广西民族大学学报（哲学社会科学版）》2019年第2期，第108~114页；陈寒非：《风俗与法律：村规民约促进移风易俗的方式与逻辑》，载《学术交流》2017年第5期，第108~117页；高其才：《通过村规民约的乡村治理——以贵州省锦屏县启蒙镇边沙村环境卫生管理为对象》，载《广西民族研究》2018年第4期，第56~64页。

[2] 参见乔淑贞：《乡村治理视野下村规民约的法律依据与司法适用问题研究》，载《农业经济》2020年第1期，第46~48页；骆东平、汪燕：《从村规民约的嬗变看乡村社会治理的困境及路径选择——基于鄂西地区三个村庄的实证调研》，载《湖北民族学院学报（哲学社会科学版）》2016年第2期，第57~62页；高其才、张华：《乡村法治建设的两元进路及其融合》，载《清华法学》2022年第6期，第42~63页。

[3] 郭道晖：《法治新思维：法治中国与法治社会》，载《社会科学战线》2014年第6期，第231~237页。

治理的主要形式为自治而非他治，公权力仅是有限参与其中；三是公众具备强烈的主体意识、平等意识和规则意识。[1]可见，法治社会建设具有多个要素，它深深植根于社会中，强调人民群众依托多种规范所实行的自我之治。这就意味着，法治社会建设中村规民约的地位至少必须从空间场域、规范体系和参与主体三个维度上进行考察。

（一）法治社会建设的空间场域内：核心地位

社会与国家是两种相互关联、又互有区别的人类生存共同体，体现了不同的集体整合方式与资源配置方式。[2]在社会与国家的关系上，国家是从社会中生发而出的产物，并非由国家制约和决定市民社会，恰恰相反，是社会在制约和决定着国家。[3]法治社会与法治国家、法治政府的建设密不可分，学界对三者的内涵进行了不同角度的解读。无论是认为三个概念属于并列关系，还是主张法治政府与法治社会分列于法治国家的范畴之下，但大多承认法治社会在一体建设中的基础性地位，是建设法治国家和法治政府的前提。[4]

法治的实现需要厚植社会的土壤，法治社会建设处于国家—社会二分语境中的核心地位，这在法治乡村建设中尤为明显。客观历史条件所催生的政府推进型法治模式过分倚赖国家的单向度力量，导致了立法中心主义的思想，暗含着法治悖论的潜在危险。[5]这种模式有其特殊时期的合理性和历史道路的正当性，但是已然不符合新时代的治理思路。其一，法律中心主义的制度供给容易流于形式，未能与内生性的规范和内在的社会需求有效衔接。国家政权向基层和乡土社会延伸的过程中，存在着水土不服的瓶颈。强行将国家正式法律制度向农村蔓延，不仅无法在乡村社会建立起法治权威，还会导致法律资源的浪费和错配，产生适得其反的效果。其二，国家力量主导下的法治建设不可避免地压抑了乡土社会的活力，易使自我治理沦为空谈。农村地

---

〔1〕 王清平：《法治社会在中国建设的意义、难点和路径》，载《学术界》2017 年第 8 期，第 90~100 页。

〔2〕 郑杭生、杨敏：《社会与国家关系在当代中国的互构——社会建设的一种新视野》，载《南京社会科学》2010 年第 1 期，第 62~67 页。

〔3〕 《马克思恩格斯全集》（第 28 卷），人民出版社 2018 年版，第 274 页。

〔4〕 张鸣起：《论一体建设法治社会》，载《中国法学》2016 年第 4 期，第 5~23 页。

〔5〕 刘旭东、庞正：《"法治社会"命题的理论澄清》，载《甘肃政法学院学报》2017 年第 4 期，第 54~64 页。

区依靠村民自我管理、自我教育、自我服务，人们的行动与正式的制度无法完全契合，反而受到日常生活中各类非正式规范潜移默化的影响。国家力量过度介入使得自治的活力无法有效释放，法治建设中的主体能动性无法被激发。其三，国家机关的硬性手段还有可能带来公权力的膨胀，与法治建设背道而驰。国家公权力利用法律进行他治，而他治的对象是人民群众本身。由于群众的主体性和自治性被忽视，具有天然扩张属性的公权力无法得到有力的监督，法治建设中的社会资源匮乏。因此，新时代有必要对国家中心化的法治范式进行反思，同时将法治社会作为建设的核心。

法治社会建设中，以村规民约为核心的法治乡村建设位于重点地带。首先，我国存在特定的国情社情和固有的历史文化基础，作为传统农业大国，农村地区广袤，从事农业的人口众多，乡村占据着重要地位，"三农"问题仍然是党和国家工作的重中之重。确保粮食安全、推进乡村全面振兴、提升乡村治理水平离不开法治保障。村规民约能够结合村情民意、社会发展阶段和国家方针政策，因地、因时制宜地回应现实的农村法治诉求，成为支撑法治乡村与法治社会建设的中流砥柱。其次，村规民约与法治社会的精神内核具有一致性。"规"是规范、规矩、规则、规律，是村民生产生活中所遵循的法，具有一定的强制力和确定性，弥补了国家正式法律所无法关照到的罅隙，稳定乡村社会秩序，符合法治的内在要求；"约"为约定、契约，体现了村民的合意性、民主性和自治之属性。村规民约将乡村内不同主体的多方利益进行整合，吸纳村民的公共意志，与社会的面向相吻合。村规民约能够在国家角色退场和作用弱化的乡土社会中，以其法治性和社会性的双重意涵，成为法治建设的核心。最后，基于村民自治的特性，村规民约具有较高的认可度和较强的公信力，在乡村内容易形成规范良性运作的格局。这就迫使国家权力和正式法律居于乡村的次要地位，避免公权力对自治空间的挤压，一定程度上约束了公权力失范的状况，凸显了法治社会的立场。法治社会是建设法治中国的核心场域和重心所在，而法治乡村是法治社会中的关键突破点，建设法治社会必须将村规民约置于核心地位。

（二）法治社会建设的规范体系中：本源地位

法治社会建设是规则之治。这种规则不是僵化封闭的，也绝不仅仅是国家制定法，而是融合了习俗、习惯、道德、信仰、公约、守则、章程、制度等在内的多元规范，具有融贯性、体系性和多样性。村规民约是社会规范的类型之一，也是农村地区最根本性的自治规范。作为多元规范体系中的重要组成部分，村规民约在法治社会建设中具有本源性地位。

村规民约具有内生性和地方性，是对社会生活面貌的本真还原和规范建构。村规民约深深扎根于我国乡土社会之中，发迹于乡村内村民日常的行为之中。它是事实的总结、是文化的传承、是习惯法的弘扬、是地方性的延续，包罗了村民的集体观念、道德情感和利益诉求。从其精神和价值层面来看，村规民约以血缘、亲缘、地缘为基础，成为熟人社会的关系规则，[1]承担着比国家法更为有效的功用。相比于国家法，村规民约在法治乡村建设中是更为根本性的。即便是在现代化转型的时期，村规民约也并未丧失其应有的功效，而是逐渐演变为衔接法律政策和当地风俗习惯的基层治理规范。[2]尤其是在传统的价值观念不断式微，而新的伦理道德尚未自发同步形成之时，村规民约能够有效维系社会关系形态和生活秩序，[3]以其灵活性、适应性和包容性的特征，容纳了传统道德礼俗与现代法治精神、国家正式法律与地方习惯公约，成为法治乡村建设中最为根本的规范。

作为非国家意义上的习惯法，村规民约还可能成为制定法的渊源。非国家意义上的习惯法是独立于国家制定法之外，依据某种社会权威和社会组织，具有一定的强制性的行为规范的总和，在特定情况下，它能够经国家认可而具有正式的法律渊源地位。[4]法律本身源于社会，既需要处理社会中存在的诸多问题，又要从社会各类规范中提取要素，上升到国家和法律的层面。从自上而下的视角来看，村规民约是根据《村民委员会组织法》制定的，[5]也是贯彻国家政策的载体。但如果将村规民约视作自发形成的自治规范，以自下而上的视角检视国家法与习惯法的关系时，不难发现，村规民约在某种

---

〔1〕 高其才：《试论农村习惯法与国家制定法的关系》，载《现代法学》2008 年第 3 期，第 12~19 页。

〔2〕 周铁涛：《村规民约的当代形态及其乡村治理功能》，载《湖南农业大学学报（社会科学版）》2017 年第 1 期，第 49~55 页。

〔3〕 王小章、吴达宇：《以村规民约"接引"现代公民道德——基于浙江省 Q 市的考察》，载《浙江社会科学》2022 年第 11 期，第 66~72 页。

〔4〕 高其才：《法理学》（第 3 版），清华大学出版社 2015 年版，第 77 页、93 页。

〔5〕《村民委员会组织法》第 27 条第 1 款规定："村民会议可以制定和修改村民自治章程、村规民约，并报乡、民族乡、镇的人民政府备案。"

程度上也可以成为国家制定法的动力机制。部分村规民约的条款在经反复论证、符合条件后可以纳入国家正式法律体系中，而制定法的实施亦需要村规民约的协助和具体化。[1]因此，村规民约可以作为国家制定法的渊源之一，是对既有社会规范的确认，从而成为法治社会建设规范系统中的元规范。[2]

（三）法治社会建设的参与主体上：基础地位

基层是法治社会建设的前沿阵地，人民群众是法治社会建设的主体力量，社会组织是法治社会建设的重要力量。[3]村规民约是法治社会建设中参与主体的理论基础和实践指南，是凝聚群众力量的基石，是发挥出主观能动性的平台，是激发治理活力、连接权利义务的桥梁。村规民约能够将无形的生活经验转化为有形的制度规范，引领法治乡村的发展方向，成为社会主体参与法治社会建设的有效依据和有力保障，具有基础性的地位。

法治社会建设的基础就在于激活社会自身的活力，重心在于培育和发展人们互动承认的公共性纽带，确保个体间的自由平等交往。[4]停留在纸面上的法律始终是静态的，运行中的规范才是活泛的，实现法治乡村最终还是要依靠人，而村民是法治乡村建设的主心骨。村规民约是村民进行自治和法治的基础性依据。一方面，村规民约与每个村民日常生活事务息息相关，创制过程有村民广泛的民主参与，适用范围是全体村民，凝聚了村民自治的公共理性，为村民提供了民主参与的平等机会和诉求表达的制度空间，也形塑了村民的法治理念。另一方面，村庄能人、乡土法杰等自治领袖不仅身体力行参与村规民约的制定和实施，建言献策、贡献智识，还能够以其自身的权威、资源与情感的联动，动员村民参与自治、推动法治建设的积极性。由此，村规民约天然地作为调动广大村民发挥主体性的基础平台，是法治乡村建设迈出的坚实一步，有利于实现法治社会的共建共治共享。

村规民约还是多方主体力量聚合的基础性纽带。传统的乡村治理更多地

---

〔1〕　马柳颖、李璐莲：《论村规民约在基层社会治理中的法治功能》，载《社科纵横》2023年第6期，第104~111页。

〔2〕　印子：《法治社会建设中村规民约的定位与功用》，载《华中科技大学学报（社会科学版）》2023年第1期，第27~36页。

〔3〕　黄文艺、李奕：《论习近平法治思想中的法治社会建设理论》，载《马克思主义与现实》2021年第2期，第59~67页。

〔4〕　彭小龙：《法治社会的内涵及其构造》，载《中国人民大学学报》2023年第5期，第104~120页。

仰仗道德、人情、舆论等机制，然而，在法治社会建设中，这些规制力度相对羸弱，纯粹的公共道德无法将多方主体紧密联结。于是，基于规范联系而成的社会治理共同体起着重要作用。我国法治社会建设的治理体系是"党委领导、政府负责、民主协商、社会协同、公众参与"，法治乡村治理的主体除广大村民以外，还需要村两委、村民代表会议、村党支部乃至上级党政机关的协同参与。党政机关在官治模式中起着决定性作用，但在以民治为基础的法治社会中主要侧重对宏观方向的把控。村规民约能够一定程度上体现党的意志，配合政策的贯彻，发挥党员在法治建设中的先锋作用。与此同时，党政对自治的影响较弱，乡村的法治建设依然取决于党委引领下的基层群众性自治组织。村规民约将村内各项治理事项制度化，将不同主体的权利义务文本化，将各种组织和团体在村规民约这一枢纽上联系对接，汇聚起不同参与主体的力量参与到法治社会的建设，成为维系法治乡村中各参与主体的基础性构造。

三、法治社会建设中村规民约的作用

法治国家、法治政府、法治社会一体化建设进程中，全面推进依法治国不仅是国家法律的任务，国家法之外的村规民约同样具有关键性作用。[1]村规民约的积极作用既体现在村规民约与其他社会规范以及与国家治理体系的外部关系上，也显现在法治乡村建设的内部环节之中。

（一）外部作用：夯实规范体系

所谓外部作用是指，村规民约辐射到了乡村社会之外的环境中，在整个法治社会建设中都具有基本的效用。正确理解村规民约的外部作用应当着眼于村规民约与法治社会诸要素之间的关联性上。换言之，村规民约的作用方式不仅涉及乡村内部，还能够与其他的法治情境、法治要素和法治资源相适配，在其他社会规范、自治团体和治理体系上对推动法治社会建设具有重大意义。

第一，在与其他社会规范的关系上，村规民约具有示范性作用。乡村自

---

〔1〕 陈寒非、高其才：《乡规民约在乡村治理中的积极作用实证研究》，载《清华法学》2018年第1期，第62~88页。

治是其他一切自治的基础，村规民约是其他社会规范的基础。[1]乡土是中国
社会变革的起点，承载了社会自治最初的雏形，村规民约在乡村发展变迁中
自然而然应运而生。城市化进程中的社会依然葆有乡土社会的印记，市民社
会中所衍生的制度、权力、纠纷与文化形态起初依然由乡土孕育而成。在当
下的过渡转型时期，城乡二元结构间的差距也在进一步缩小，村规民约的最
初探索为其他社会规范积累了经验、夯实了基础、探明了道路。

　　村规民约是法治社会建设中其他自治规范的传统范本。早在《周礼》中
便有对乡邻和睦的有关规定，宋代《吕氏乡约》是早期民间自治的文本，而
村规民约中民间自治的思想在明清至民国时期萌发。[2]村规民约具备深厚的
历史根基，它肇始于乡民的一种自然传统，是中国传统社会基层组织自治的
手段之一。[3]历史演进过程中约定俗成的规范秩序在现代社会依然具有一定
的价值。当代中国法治建设中，法治外生性与内在需求不足之间存在矛盾，
更需要从传统法治资源中发掘具有生命力的规则。[4]因此，村规民约为法治
社会建设提供了历史积淀和传统智慧。

　　村规民约能成为法治社会建设中其他规范的基本指南。于乡村社会内部
而言，村规民约是一部小宪法；于乡村外部而言，村规民约能够实现不同法
治情境下的动态迁移。村规民约的制定流程、实施方式和具体内容都体现出
鲜明的自治性和协商性，居民公约、行业规章、社会组织章程等守则规范均
可以从中汲取有益的经验。例如，在社会规范的制定上，市民公约、社会团
体自治规范、行业自治规范的形成中依然遵循着村规民约民主、自主、能动、
透明的创制逻辑，可以说村规民约是其他社会自治规范的原始缩影。在规范
的实施与修订上，其他社会规范也能以村规民约的施行样态、遵守情况、保
障措施及突出矛盾为样本，进行自我优化，最终形成具有清晰效力、充满活

---

〔1〕　陈寒非、高其才：《乡规民约在乡村治理中的积极作用实证研究》，载《清华法学》2018 年
第 1 期，第 62~88 页。

〔2〕　唐家斌、熊梅、何瓦特：《论村规民约对基层治理的作用》，载《原生态民族文化学刊》
2020 年第 6 期，第 93~100 页。

〔3〕　陈学金：《历史视野中的当代村规民约与农村社区治理》，载《原生态民族文化学刊》2019
年第 2 期，第 69~74 页。

〔4〕　高其才：《当代中国法治建设的两难境地》，载《法制现代化研究》1998 年第 0 期，第 221~
232 页。

力的规范。

在如何通过自治规范协调国家制定法与习惯法的问题上，村规民约也可提供借鉴参考。村规民约是一种具有历史连续性的社会规范，其中包含了传统信息的保存和传递，同时它还会创造出新型规范，融合了传统性与现代性。[1]以村规民约与行业自治团体的关系为例，村规民约既能够落实国家政策，细化国家制定法，[2]又能将传统固有的习惯法加以弘扬；既能划定自治与他治的界限，又能促进习惯法与国家法的良性互动。这种自治规范的生产运行机理为行业自治团体树立了典范。基于相似的原理，行业自治团体也逐步通过法律保留、设定不超出合法限度的惩戒措施、总结多次重复的习惯和市场行为，划分行业自治规范与国家法律制度各自所调整的领域范围，协调二者关系，形成二者间的合作共治。[3]村规民约对于习惯法和国家法的调适、对于自治边界和国家介入的程度做出统筹安排，形成了可推广的经验，为法治社会建设留足了必要的自治空间，成为其他社会团体组织处理类似问题所参考比较的样板。

第二，村规民约具有兼容性作用，能够协同自治、德治、法治，以三治融合的治理体系汇入国家治理现代化的道路中，推动法治社会的全方位建设。自治属于村民的范畴，法治属于国家的范畴，德治属于社会的范畴，三治融合的模式要求国家法律、执政党政策、政府规范、村规民约与地方习惯等相融相洽。[4]中共中央《关于坚持和完善中国特色社会主义制度推进国家治理体系和治理能力现代化若干重大问题的决定》指出，要"发挥群团组织、社会组织作用，发挥行业协会商会自律功能，实现政府治理和社会调节、居民自治良性互动，夯实基层社会治理基础"。村规民约是三治融合的外在表现形式之一，三治融合的治理体系能够以类似的方式，与群团组织、社会组织、

---

〔1〕谭万霞：《村规民约：国家法与民族习惯法调适的路径选择——以融水苗族村规民约对财产权的规定为视角》，载《法学杂志》2013年第2期，第80~86页。

〔2〕例如《云南省临沧市镇康县军赛乡岔路村村规民约》第四章规定，"认真贯彻实施《婚姻法》《人口与计划生育法》，移风易俗，勤俭节约办理婚丧事，反对铺张浪费"。参见高其才、池建华编：《南方少数民族村规民约汇编》（下卷），湘潭大学出版社2020年版，第1160页。

〔3〕黎军：《基于法治的自治——行业自治规范的实证研究》，载《法商研究》2006年第4期，第47~54页。

〔4〕高其才：《走向乡村善治——健全党组织领导的自治、法治、德治相结合的乡村治理体系研究》，载《山东大学学报（哲学社会科学版）》2021年第5期，第113~121页。

行业协会等其他自治团体相互兼容，成为自治组织参与国家与社会治理的基本思路。

首先，村规民约是村民自治的基础，而自治是三治融合治理体系的基础。自治意味着以团体内部的守则、规约等自治规范保障其成员的主人翁地位，为社会团体内部的主体提供民主参与的渠道。当社会各团体中的成员均具备主体意识与责任意识，和谐有序参与法治社会建设，自治性得到充分释放。于是，在治理体系中，既能形成以人民为中心的国家治理取向，又能将群众自治转化为法治社会建设的效能。其次，村规民约容纳了国家法律法规，注重依法、依规治理，强化了村民的规则意识、权利意识、法治意识。因此，可以将村规民约制定与执行中所涵括的法治思维和法治方式，广泛运用于其他社会团体之中。一方面，使国家法律与团体内部的自治规范自治协同；另一方面，在法治轨道上保障人民权益、保证公平正义、确保自治有效，形成制度化与规范化的治理模式。最后，德治主张挖掘社会中的道德要素，注重德行与教化，用无形、柔性的约束弥补硬治理的不足。村规民约中天然蕴含了乡土社会的道德价值，为法治乡村建设提供了精神源泉。在其他社会团体治理中，同样可以从社会本身获取德治的力量。将道德感化运用于社会团体内部规范的施行过程中，能够培育法治社会中的公民道德与优良风尚，以情感信任、价值认同凝聚人心。由此，以村规民约为基础的多元社会规范传承了善治基因，以村民自治为基础的其他自治类型也能够与国家治理体系和治理能力现代化的目标形成系统性耦合，共同推进基层治理与法治建设的现代化转型。

（二）内部作用：构建法治乡村

村规民约在法治社会建设中的内部作用是指，在法治乡村建设的内部各环节之中，它能够全面调整村民之间的相互关系，规范主体的行为，稳定乡村法治秩序，实现村民的诉求，最终构建起"信仰法治、公平正义、保障权利、守法诚信、充满活力、和谐有序的社会主义法治社会"。这种内部作用并非外部社会和国家治理的功能延伸，而是从乡土社会本身的内部视角出发，强调村规民约能够将乡村治理的方方面面纳入法治范畴内，在法治乡村建设中起到了全局性、根本性、引领性的作用。

1. 组织建设法治化

中央全面依法治国委员会2022年印发的《关于进一步加强市县法治建设的意见》指出，"乡镇（街道）指导村（社区）进一步规范村规民约、居民公约"。《村民委员会组织法》第10条规定，"村民委员会及其成员应当遵守宪法、法律、法规和国家的政策，遵守并组织实施村民自治章程、村规民约，执行村民会议、村民代表会议的决定、决议"。要想让村规民约发挥作用，离不开村民会议和村民代表会议、村民委员会、村民小组以及乡镇等组织的参与。规范的组织领导班子能够保障村规民约的效力，村规民约也能反过来在组织管理、制度流程和权力监督上推动组织建设法治化。

组织管理方面，由于村民委员会既是法律上的群众性自治组织，又有协助政府开展工作的法定义务，还由国家财政负担报酬，具有复杂交叠的身份地位，如何稳固其基层代理人角色，同时避免组织的行政化倾向，值得深思。[1]村规民约将党的意志和群众路线融入其中，加强组织内部的理论引导和思想灌输，以共同的理想信念提升组织的凝聚力，统领法治乡村建设的全局。例如，云南巴飘村村规民约约定，"村民委员会要积极宣传党的路线、方针、政策""坚持群众路线，充分发扬民主，热心为群众办实事"。[2]村规民约将全面从严治党、保障基层民主注入村两委和村党支部的组织建设之中，推动乡村民主法治的进程。

制度流程方面，村规民约将村民会议、村民委员会、村民小组等组织的权利义务清晰化、法定化。譬如，广东省妈庙村的村民自治章程中对村民代表会议的成员构成、推选方式、会议召开、决议方式、职权行使作出详尽的规定，对村民委员会的学习制度、会议制度、财务制度予以规范化，对村民小组长的职责予以明确；[3]贵州省文斗村村规民约专设"村两委职责与义务"一节，其中规定了村规民约执行小组的成立和职责。[4]村规民约通过细

〔1〕景跃进：《中国农村基层治理的逻辑转换——国家与乡村社会关系的再思考》，载《治理研究》2018年第1期，第48~57页。

〔2〕《云南省西双版纳傣族自治州景洪市基诺山基诺族乡巴飘村村规民约》，载王玉芬主编：《巴飘村调查》，中国经济出版社2010年版，第442~446页。

〔3〕《大亚湾澳头办事处妈庙村村民自治章程》。

〔4〕《贵州省黔东南苗族侗族自治州锦屏县河口乡文斗村村规民约》，载高其才、池建华编：《南方少数民族村规民约汇编》（上卷），湘潭大学出版社2020年版，第95页。

致的规范使组织的流程更加明晰确定，村内各组织团体的工作开展均有可以倚赖的基本准则。

权力监督方面，村规民约规定了民主监督、村务公开、管理处罚等内容，使基层自治组织和基层人民政府的权力在法治轨道上运行。贵州省塘约村的村规民约便十分重视对村干部的管理与处罚，其中规定"每周各自分配的工作不完成，处罚200元，二次不完成处罚300元，从工资里扣除，三次不完成责令回家。"〔1〕而组织内部的财务制度、监委会制、公开公示制度不仅能够有效规范权力的行使，也为民主监督提供了制度依据。同时，村规民约的条款中除向政府备案以外，较少涉及基层乡镇政府，规约的解释者一般归属于村民委员会或村民会议。这也体现出村规民约有意对公权力进行一定程度的制约，防止公权力事无巨细地干预自治，而是更加强调乡村社会内部的自我管理和自我监督，符合法治社会建设中对公权力限制和对自治权利保障的要求。

2. 行为事务法治化

法治乡村需要在政治、经济、文化、社会、生态等不同面向上推进法治建设，村规民约贯穿于乡村治理的全过程，规范了村民的日常行为活动和村内的公共事务，实现了基层行为事务的法治化。

第一，法治社会是公平正义、畅通透明的社会，需要打通公众参与的通道，村规民约确保全过程人民民主的制度化。村规民约的制定、实施和监督均离不开村民内部的广泛讨论和深度协商，这也是践行全过程人民民主、科学民主决策的过程。〔2〕部分村规民约的条款中对如何进行民主修订作出规定，如四川省竹洛村村规民约约定，"三分之一以上村民代表或十分之一以上村民联名可提议修订《村规民约》具体条款。修订应遵循四议两公开的程序。"〔3〕

第二，法治社会是和谐有序的社会，村规民约调整财产分配、处理经济事务、保护基础设施，生产中的行为方能有条不紊。村规民约中土地制度的

〔1〕《贵州省安顺市平坝区乐平镇塘约村对干部队伍整顿和规范村民行为讨论稿》，载高其才、池建华编：《南方少数民族村规民约汇编》（上卷），湘潭大学出版社2020年版，第161页。

〔2〕罗敏：《村规民约赋能和美乡村建设：优势、困境与路径》，载《中国延安干部学院学报》2023年第1期，第94~101页。

〔3〕《四川省凉山彝族自治州越西县拉吉乡竹洛村村规民约》，载高其才、池建华编：《南方少数民族村规民约汇编》（上卷），湘潭大学出版社2020年版，第241页。

主要内容关涉耕地使用、建设用地使用、土地征用和补偿收益分配以及集体成员资格，[1]在土地制度、农作物牲畜管理、经济利益协调等方面甚至会比国家正式法律更加符合民间实践和乡村诉求。四川省一棵树村村规民约中，"严禁变相卖土地，房屋不准卖给少数民族""严禁侵占集体土地、财产，严禁侵占道路和路边、沟梗、村上的荒梗"以及"不得损坏水利、交通、通信、供电、供水、生产等公共设施"等规定，[2]对村民生产生活的行为进行了规制，以法治促进乡村振兴、加快农业农村现代化。

第三，法治社会具有良好的社会风尚和社会秩序，村规民约推动移风易俗，摈弃陋习旧俗，破除封建迷信，净化乡风民风，在村内婚丧嫁娶的规定上体现得尤为明显。例如，四川省吉吾村村规民约第 12 条载明，"在操办婚丧嫁娶方面，婚嫁聘礼最高不超过 6 万，丧事办理不铺装浪费，杀牛不得超过 5 头"。[3]又如，规定"除婚丧嫁娶及 80 岁、90 岁、100 岁祝寿外，其他的无事酒一律禁止操办。除丧事外，村民准备操办喜事的，必须提前十天向红白理事会提出书面申请，经红白理事会批准并签订安全责任书后方可实施"。[4]村规民约通过实质和程序两方面的规定，引导村民行为，有效改变了不良风俗习惯，使村内的人情往来与传统礼俗更加符合法治社会的要求。

第四，环境与资源方面，村规民约能够基于当地实际情况，通过制定处罚条例、设定不利后果、提倡良好生活习惯等方式规范村民日常行为，使自然资源、林木保护、河流管理、村容寨貌、垃圾分类等都有矩可循。例如，贵州省大红寨村村规民约处罚条例表明，"在本村风景区建房的，除限期拆除外，另罚 1000 ~ 5000 元""各组要设点倒垃圾，违章者罚 20 ~ 50 元"；"乱砍林木偷盗木材的按《森林法》的有关规定论"。[5]

---

〔1〕 唐浩：《村规民约视角下的农地制度：文本解读》，载《中国农业大学学报（社会科学版）》2011 年第 4 期，第 106~113 页。

〔2〕《四川省凉山彝族自治州越西县河东乡一棵树村村规民约》，载高其才、池建华编：《南方少数民族村规民约汇编》（上卷），湘潭大学出版社 2020 年版，第 231 页。

〔3〕《四川省凉山彝族自治州越西县古二乡吉吾村村规民约》，载高其才、池建华编：《南方少数民族村规民约汇编》（上卷），湘潭大学出版社 2020 年版，第 230 页。

〔4〕《湖北省宜昌市五峰土家族自治县长乐坪镇石桥沟村村规民约》，载高其才、池建华编：《南方少数民族村规民约汇编》（上卷），湘潭大学出版社 2020 年版，第 423 页。

〔5〕《贵州省黔东南苗族侗族自治州台江县抬拱镇大红寨村村规民约处罚条例》，载高其才、池建华编：《南方少数民族村规民约汇编》（上卷），湘潭大学出版社 2020 年版，第 146 页。

第五，法治社会是稳定安全、保障权利的社会，村规民约中对于暴力恐怖、吸毒和贩卖毒品、聚众赌博、拐卖妇女儿童、打架斗殴等危害乡村社会安全的行为进行预防和惩治，将国家制定法的保障机制纳入村规民约中，增强人民的安全感，保障村民的各项合法权益。譬如，广西壮族自治区马海村村规民约第 2 条规定，"凡打架斗殴、寻衅滋事、酗酒闹事、打击报复、侮辱诬陷、破坏他人家庭团结或侵害集体、个人权利等行为，情节严重的依法追究法律责任"；第 10 条明确，"坚决打击黄赌毒和邪教组织，一经发现要及时检举揭发，或报村治安队、公安机关依法查处"。[1]此外，村规民约中反对家庭暴力、维护妇女儿童等群体的正当权益的要求，有助于切实保障基本人权，增进法治乡村建设中的人民福祉。

3. 纠纷解决法治化

法治社会建设要求"依法有效化解社会矛盾纠纷"，法治乡村建设需要向村规民约借力，以村规民约作为依据和指引，协调好村内的多方利益纠纷，化解各类诉求与矛盾，通过多元预防调处化解综合机制，将纠纷解决以规范化的方式化解在乡村内部。

第一，村规民约为乡村社会的纠纷解决创制了规范依据，具体体现在两个方面。一是以倡导性的条款营造团结和睦的村内秩序，尽可能地预防纠纷的产生。例如，《大亚湾区澳头街道荃湾村村规民约》规定"开展和睦家庭、邻里互助活动，家庭、邻里要做到团结，互助、互爱、互谅，树立社会新风尚"。虽然违反倡导性的条款后，并不会引发强制性的责任后果，但在乡土社会中人情、脸面、熟人的影响下，良好有序的社会氛围、淳朴文明的民风村风也能在潜移默化之间内化为村民的一种行动自觉，从而消散部分潜在的冲突。二是对于可能引发纠纷的行为，村规民约事先以翔实的责任条款规定行为后果。如，《向阳村村规民约》第 7 条规定，"专搞挑拨离间、充当第三者致使他人家庭婚姻破裂的，双方同时罚款 2000 元"；第 11 条规定，"如果农户需要放老鼠药的，必须与其他群众打个招呼"；第 23 条规定，"故意侵占村民委分给他人的土地权，要组织群众到现场查明，处理方必须支付每个群众10 元"。这类条款不但可以在类似纠纷发生时，作为承担相应责任的依据，

---

〔1〕《广西壮族自治区桂林市龙胜各族自治县和平乡马海村村规民约》，载高其才、池建华编：《南方少数民族村规民约汇编》（上卷），湘潭大学出版社 2020 年版，第 34~36 页。

使村内纠纷解决的结果令人信服，还能够以白纸黑字的规约起到提醒和警示的作用。

第二，村规民约为乡村社会的纠纷提供了明确的解决方法和清晰的流程。一方面，村规民约会通过明确的规定，对日常生产生活中的纠纷解决的方法予以指导。通常情况下，村民间的纠纷依靠内部的协商、调解及外部的诉讼进行化解，村民小组、村民委员会、村调解委员会、村内乡贤等主体构成了纠纷解决的主力，承担着化解矛盾的责任，村规民约对于调解的仪式、调解的主体及职责、不同调解程序及衔接等方面作出了相应的规定。例如，《长二村村规民约》第8条规定："轻微民事纠纷，先找村民小组进行调解，不服调解的，由村民小组签署意见到村委处理。超越规定或手续不齐的，村委不予受理。"[1]又如，《廖家冲村村规民约》第六章第1条明确，"凡民事纠纷需要调处的，必须首先向村委会申请，申请方交纳调解费200元，经处理，肇事方交违约金400元"。第3条规定："凡申请治调组织调处的案件，严禁黑恶势力参与，违者交500元。"[2]这些规则不仅使村民在发生纠纷时明确解决方式和人员，也能划定不同主体的处理阶段、界分各自的权责范围。另一方面，村规民约还会涉及调解组织的架构建制，约定相关人员开展工作的具体方式，从而形成了规范化和可操作化的工作细则，确保调解的实施。例如，《金秀镇镇规民约补充规定》表明，"各村公所要建立治安调解委员会，金田、和平两个村公所要有一名全脱产保安人员，保安人员月工资60元，奖励工资10元。其他村公所由村长兼任治保主任。各村委要有一名主任或副主任任治保组长兼职治保主任每年补助100元"，同时还规定了"所有治安人员要及时处理自己承包范围内的治安案件和民事纠纷，群众报案限七天内处理完毕，处理不了的要用书面汇报有关部门，如有群众报案而又无故不处理的，一次扣发补助10元"。[3]这些村规民约为调解组织和调解工作者提供了指南，有效维护了乡村社会的稳定。

第三，村规民约为乡村社会的纠纷解决供给了保障机制。村规民约通过

---

〔1〕《长二村民委村规民约》，载莫金山编著：《金秀瑶族村规民约》，民族出版社2012年版，第161页。

〔2〕《湖南省常德市石门县子良乡廖家冲村村规民约》，载高其才、池建华编：《南方少数民族村规民约汇编》（上卷），湘潭大学出版社2020年版，第437页。

〔3〕《金秀镇镇规民约》，载莫金山编著：《金秀瑶族村规民约》，民族出版社2012年版，第121页。

条文的约定和自身的权威，保障了纠纷调解之后的执行。例如，《金秀镇镇规民约》规定，"凡违反镇规民约，抗拒处理的，加重1~5倍的罚款；凡违反镇规民约的罚没款，由镇保安大队或调解组织开罚没收据，并限期被处理者交款，如不按期或抗交罚款者，可强行以实物抵押"。[1]有的村将村规民约的遵守与诚信档案挂钩，建立在声誉机制基础之上的积分、评价和奖惩均对村民遵守村规民约、预防纠纷发生和推动调解协议的实施起到了积极作用。例如，《石桥沟村村规民约》第36条规定："村委会根据诚信守法档案领导小组的要求为全体村民建立个人诚信守法档案，该档案将作为公务员招录、企事业单位聘用、劳务用工、征兵、评先树优及村级各类福利派发的初审依据。记入个人诚信守法档案的行为和失信违法行为将在村红黑榜进行公布。"[2]诚信档案增强了村规民约的约束力，进而使基于村规民约进行的纠纷化解具有更强的效力。

四、法治社会建设中村规民约的完善

在传统与现代的交汇期，原有的乡村社会结构开始瓦解，乡土社会的关系和秩序都在发生嬗变，法治乡村建设面临着转型期带来的重重挑战。乡土社会观念涣散、规范多元、事务繁杂、权力异化，自治、法治、德治未能有效协同融合，这些因素都制约了村规民约在乡土社会具体情境中的作用发挥。欲全面发挥村规民约在法治社会建设中的作用，有必要在观念、内容和程序三个维度上同步发力。

（一）完善前提：观念共识

社会并非统一体，而是由许多凝聚资源、运作逻辑迥异又相互渗透的关系网络共同构筑而成。[3]乡土社会中的利益关系和思维逻辑在当代已经变得愈发复杂分化，无法为村规民约的规范生产和高效运作夯实观念上的基础。因此，需要凝聚起村内多方主体的理念共识。

第一，形成社会中心的共识。法治社会建设强调的是社会面向，是对公

---

〔1〕《金秀镇镇规民约》，载莫金山编著：《金秀瑶族村规民约》，民族出版社2012年版，第122页。

〔2〕《湖北省宜昌市五峰土家族自治县长乐坪镇石桥沟村村规民约》，载高其才、池建华编：《南方少数民族村规民约汇编》（上卷），湘潭大学出版社2020年版，第427页。

〔3〕［美］乔尔·S. 米格代尔：《社会中的国家：国家与社会如何相互改变与相互构成》，李扬、郭一聪译，江苏人民出版社2013年版，第108页。

平正义、和谐有序的社会状态的理想追求。在现代化转型过程中，资本下乡、流动人口增加、经济结构的转变都对法治乡村建设带来了新的冲击。但依靠国家权力的强硬控制和国家法律的大包大揽，无法全方位地调整社会关系。此时，要摈弃规范与社会的两分框架，明确多元规范与社会不是相互分离的实体，反而是相互同构的关系。[1]作为社会规范的村规民约从乡土社会的问题出发，以自下而上的自治推进模式，有针对性地制定细则、回应社会变迁。这种规范是在人们长期交往所形成的，能够最大化群体总体福利，是社会秩序和分工合作的基础。[2]一味强调国家中心主义，便会加剧制定法在乡土社会中的无力感。从国家中心转向社会中心，村规民约能够与法律在乡土空间内共生包容、互动调整，以此推动法治乡村建设。

第二，强调人民主体的共识。村规民约是村民合意的体现，承载着人民主体的内涵意蕴，是对乡村社会生活中已有价值的提炼整合。于乡村社会而言，村规民约的制定和实施要以人民为中心，树立村民的主体意识与责任意识，发挥村民们的主观能动性和自治积极性，从而使村规民约得到广泛认同和有效遵守。于基层自治而言，嵌入科层制逻辑中的乡镇政府应在村民自治中发挥指导和监督的作用。要避免基层政府对村规民约的过度干预，防止乡村治理的行政化倾向，防范村委会、村干部在公共事务和民主决策上的权力集中，否则村规民约的效力将沦为形式化的自治工具，与法治乡村建设的目标相悖。

第三，强化法治精神的共识。传统农村更多地依靠习惯和道德进行治理，转型时期的乡土社会混乱无序，原有的价值文化开始解体，规则之间冲突竞合，需要在法治精神引领下形成新的秩序。村规民约衔接着国家法与习惯法，蕴含着法治文化和传统基因。为提升村规民约的权威性和有效性，必须注重强化村民的规则意识、契约意识、权利意识。既要引导村民理性表达诉求、承担责任义务、维护合法权益和社会公平正义，又要培育"办事依法、遇事找法、解决问题用法、化解矛盾靠法"的法治思维，使村规民约成为指导村

---

〔1〕 彭小龙：《规范多元的法治协同：基于构成性视角的观察》，载《中国法学》2021 年第 5 期，第 161~181 页。

〔2〕 参见 ［美］罗伯特·C. 埃里克森：《无需法律的秩序——邻人如何解决纠纷》，苏力译，中国政法大学出版社 2003 年版，第 149~224 页。

民行为、回应村民期待、管理公共事务、解决村内纠纷、规范乡村秩序的理性选择，真正在乡村内发挥实效性。

（二）完善关键：内容合法

法治社会建设要求健全社会领域制度规范，以良法促进社会建设、保障社会善治。作为法治乡村建设基础性规范的村规民约必须在内容上与法治原则相一致，在发扬地方习惯、维护村民意志、保证村民自治的同时，也要在法律的框架内运行。

第一，村规民约的内容不得侵犯村民的合法权益。村规民约中一般可能会存在三类不合法条款。一是侵犯国家与集体利益。例如，《彭泽县马当镇丽山村村规民约》规定："本村所辖的耕地、林地、草地、荒山和水域，均属集体所有。"这一规定与《宪法》第9条所规定的自然资源为国家所有的条款相抵触，构成了违宪。[1]二是侵犯公民的人身权利。部分村规民约中存在非法拘禁、剥夺他人人身自由等惩罚性条款，这些规定因与国家法律相冲突而无效。三是侵犯公民合法的财产权利。例如，广东省部分村庄非法剥夺了外嫁女的集体经济组织成员资格及相应的分配权，这种财产分配方案明显违背了法律法规中男女平等的基本原则。四是侵犯其他权益。例如，有的村落将个人诚信守法档案中的积分与村换届选举勾连，变相剥夺了村民政治参与权；有的村规民约不当扩大连带责任，将个人违反村规民约的责任波及家户之中，有悖于法律后果由本人承担的精神。这就要求村规民约的创制要严格遵从国家法律的规定，通过自查自纠、政府的备案审查、司法审查等方式剔除其中不合法元素，修订与法律相抵触的规约。

第二，妥善处理村规民约中习惯法的相关内容，使村规民约更加契合现代法治精神。随着时代的发展，国家法律也会相应进行修改和完善。村规民约不仅需要在当代传承固有的习惯法、保留历史与本土的风俗，还要适应社会变迁、法律更迭，容纳更多新时代的法治要素。因此，村规民约必须在内容上对既有的习惯法进行法治化的改造革新，与法治社会建设的要求相统一。因此，对于习惯法中合理的内容，村委会应在政府指导下，进行调查和甄别，

---

〔1〕 周林：《村规民约的合法性审查：模式及其制度建构》，载《河北大学学报（哲学社会科学版）》2023年第6期，第150~160页。

并通过村规民约予以确认；[1]对于习惯法中的恶法因素，应当进行扬弃和再造；对于习惯法与国家法之间的矛盾，需要仔细斟酌、认真思考，通过转化、表达等方式，使之成为有利于保障村民利益的规范。[2]

第三，村规民约应当承接和细化国家法的规定，既要体现法治原则，又不能直接照搬法律条文，丧失针对性。具体而言，在内容上，村规民约应当根据国家法律法规，创制切合乡村实际情况的规约，提供明确的行为准则，保障各类主体的法定的权利和合法的利益，贯彻国家的方针政策。在结构上，村规民约应具备法律规范的形式构成要素，其中，自治规则和准法律规则等规范性条款可以比照法律规范，包含条件、行为模式和后果三个方面，提升村规民约的约束性。[3]

（三）完善重点：程序规范

村规民约的有效运行离不开规范化的程序，合理的制定程序有助于加强村规民约的权威性，而高效的执行与监督程序助力村规民约功能的有效发挥，进而共同推进法治乡村建设。

法治社会建设中村规民约的完善有赖于规范化的制定程序，具体体现在三个方面。其一，村规民约的制定流程应当符合法律法规和国家政策的相关规定。《关于做好村规民约和居民公约工作的指导意见》指出，村规民约的制定与修订一般经过五个步骤：征集民意、拟定草案、提请审核、审议表决和备案公布。村委会应遵循或参照上述步骤，依法依规进行标准化创制。其二，在制定的过程中应当体现民主化和科学化。村规民约的制定需考虑群众需求，深化村民参与的程度，扩大参与主体的范围，在村民会议的审议表决中应照顾到村内不同性别、年龄的群体比例，广泛吸纳群众、乡村精英、法律专业人士的意见建议。其三，村规民约的制定流程应当彰显公开化和透明化。拟定的村规民约草案应当及时公布，积极宣传，确保村民熟知村规民约的具体内容，认可其规范效力；同时畅通民意反馈渠道，根据公布后村民的意见和

---

〔1〕 陈寒非、高其才：《乡规民约在乡村治理中的积极作用实证研究》，载《清华法学》2018 年第 1 期，第 62~88 页。

〔2〕 参见高其才：《习惯法的当代传承与弘扬——来自广西金秀的田野考察报告》，载《法商研究》2017 年第 5 期，第 3~13 页。

〔3〕 参见戴小冬：《村规民约的法治功能及其实现路径》，载《东北农业大学学报（社会科学版）》2022 年第 6 期，第 92~100 页。

意愿，进一步对村规民约进行修订和完善。

法治社会建设中村规民约的完善离不开规范化的执行和监督程序。执行层面，一些地区的村规民约仍处于被动遵守的状态，甚至需要依靠硬性的惩罚、村委会及监督执行队伍的强制手段来落实。[1]对此，村规民约的执行一方面应重视声誉与诚信机制的效用，通过柔性教化、奖励激励的方式促进村规民约的落地；另一方面要确保村规民约在法治轨道上实施，在执行过程中绝不能逾越法律的底线，尤其要杜绝主体在执行中可能存在的共谋或不当得利行为。监督层面，乡村内部要发挥群众和社会组织的力量，通过村民主体性的培育监督村规民约的日常遵守和顺利执行，通过乡村议事会、道德评议会等民间社会组织的力量，监督村委会对村规民约实施情况，防止执行中消极懈怠或侵犯权利的现象。乡村外部则要注重乡镇党委、政府、司法行政部门等对村规民约执行情况的督促检查，一旦发现村规民约的实施偏离了现代法治，必须责令改正、加大指导监督力度，提高村规民约在法治乡村建设中的实施效能。

五、结语

法治建设并非仅锚定在国家制定法上，而是多元规范的协调互补；法治建设的驱动力不只是国家，还需要全社会整体的合力。其中，整合乡土社会的治理资源、推动法治乡村建设便是一个重要的突破点。村规民约连接着国家与社会、法治与自治、制定法与习惯法、基层权力与广大群众、集体与个体，在乡村振兴、基层治理与法治社会建设中不可或缺。虽然村规民约的影响力还在继续扩大，但其活力还有待进一步激发，其功用的发挥尚存在一定的有限性。在错综复杂的问题仍在不断涌现的新时代，将村规民约纳入法治社会建设的环节中，能够以村规民约等社会规范为抓手，构筑起法治建设的社会根基，最终绘就法治国家、法治政府、法治社会一体建设的完整图景。

---

〔1〕　陈荣卓、李梦兰、马豪豪：《国家治理视角下的村规民约：现代转型与发展进路——基于"2019 年全国优秀村规民约"的案例分析》，载《中国农村观察》2021 年第 5 期，第 23~36 页。

第三章

村民自治与国家管治的边界：错位、界分与融合

▲

潘香君

一、引言

自改革开放以来，我国国家与社会治理取得了一系列成就，基层群众性自治制度得以确立，国家治理的法治化水平逐步提升，自治、法治、德治相结合的乡村治理体系不断健全。村民自治制度既是乡村治理体系中基础性制度，又是基层民主政治的重要组成部分。我国通过法律法规和各类规范性文件保障自治的顺利实施。《宪法》第 111 条第 1 款规定，"城市和农村按居民居住地区设立的居民委员会或者村民委员会是基层群众性自治组织"。《村民委员会组织法》第 2 条第 1 款明确，"村民委员会是村民自我管理、自我教育、自我服务的基层群众性自治组织，实行民主选举、民主决策、民主管理、民主监督"。2014 年，中共中央《关于全面推进依法治国若干重大问题的决定》中也指出，依法治国应当"深化基层组织和部门、行业依法治理，支持各类社会主体自我约束、自我管理。发挥市民公约、乡规民约、行业规章、团体章程等社会规范在社会治理中的积极作用"。

与此同时，由于当前我国正处于时代变迁与社会转型的阶段，面临着复杂的社会问题，单纯依靠自治无法实现乡村善治，各个领域的规范化运行还有赖于外部制度的有效供给，需要政府发挥出管治的力量。管治即为地方政府对乡村事务的管理与治理，这种治理模式既是贯彻国家方针政策的需要，

更是连接基层、对接需求、推动乡村振兴的中坚力量。[1]我国法律为政府的管治提供了依据。如《宪法》第 107 条规定："县级以上地方各级人民政府依照法律规定的权限，管理本行政区域内的经济、教育、科学、文化、卫生、体育事业、城乡建设事业和财政、民政、公安、民族事务、司法行政、计划生育等行政工作，发布决定和命令，任免、培训、考核和奖惩行政工作人员。乡、民族乡、镇的人民政府执行本级人民代表大会的决议和上级国家行政机关的决定和命令，管理本行政区域内的行政工作……"《地方各级人民代表大会和地方各级人民政府组织法》也对政府的职责作出了进一步的规定。

　　村民自治与国家管治作为乡村治理的两种典型形态，在本质上具有相同的目标追求。然而，以乡规民约为基础的村民自治具有本土化、内生性、非正式性的特点，治理中容易掺杂道德、风俗、习惯、人情等多重因素；而政府的管治则是让公权力渗透到乡土社会之中，提供公共产品，维护社会秩序，但外部主体和资源往往难以嵌入原子化的乡土社会结构中，政策和权力也难以下沉。[2]因而在对乡村实行管治的过程中，可能会产生水土不服的情况，最终导致自治与管治之间相互抵牾。于是，学界逐渐超越国家—社会二分的理念，提出共治的思路。如，在共治主体上，应当打破政府中心主义范式和社会中心主义范式的双重约束，构建起多元主体共建机制；[3]在共治机制上，建立起农民权利保障机制、政府权力约束机制和资本张力规制的三重机制，实现"政府主导"向"政府负责"的转变，增强农民治理的话语权；[4]在共治方式上，自治、法治、德治之间应优势互补、相辅相成、互相交织，发挥出三治结合的乘数效应。[5]

　　不过，这类研究注重的是国家与社会之间的互动性，旨在促进自治与管

---

〔1〕　白志栋、樊潇飞、纳慧：《乡村振兴与地方政府治理的理论逻辑及能力提升研究》，载《西北民族大学学报（哲学社会科学版）》2023 年第 4 期，第 109~117 页。

〔2〕　逯浩、温铁军：《中国乡村治理现代化转型的战略思考》，载《学术论坛》2024 年第 1 期，第 79~90 页。

〔3〕　赵晓峰：《乡村振兴中的社会治理共同体建设——基于理论资源、隐形陷阱与现实路径的思考》，载《社会科学辑刊》2023 年第 2 期，第 104~111 页。

〔4〕　姚树荣、周诗雨：《乡村振兴的共建共治共享路径研究》，载《中国农村经济》2020 年第 2 期，第 14~29 页。

〔5〕　张文显等：《推进自治法治德治融合建设，创新基层社会治理》，载《治理研究》2018 年第 6 期，第 5~7 页；郁建兴、任杰：《中国基层社会治理中的自治、法治与德治》，载《学术月刊》2018 年第 12 期，第 64~74 页。

治的协同耦合，而未将村民自治与政府管治之间的关系进行清晰界分。共治模式符合实现当代乡村善治的基本逻辑，但共治的前提应是将自治与管治间的边界清晰划分，是对于自治与管治交错重叠和彼此负责的地带进行厘定。否则，当自治与管治对接时，容易产生国家权力不当扩张的后果，从而侵蚀了村民的自治权。基于此，本章从村民自治与国家管治之间的冲突入手，探究在国家治理体系和治理能力现代化的背景下，如何界定村民自治与国家管治的边界，以此为释放自治的活力、优化管治的模式、促进乡村善治提供启发。

二、村民自治与国家管治的边界错位

我国素有"皇权不下县"的传统基因，基层群众性自治制度是我国民主法治建设中形成的宝贵资源，但自治并不意味着国家权力的退场。相反，自治有赖于管治的保障来克服自身力量的孱弱，管治亦需要吸纳自治中的合理元素。但是它们的"生长"环境、权威来源与作用机制都大相径庭，因此不可避免地产生碰撞，并带来了实然层面的矛盾。自治与管治的边界错位是指，二者的界限本应明晰，但却在激烈的碰撞中被打破，产生了权限的混淆，在不应当进行自治的场景中存在自治的膨胀和管治的缺位，而在完全能够实施自我治理的领域却又产生了管治的越位。

（一）自治的失范与管治的空转

自治与管治之间边界错位的第一种表现形态体现为，在本应该进行管治的场域，笼统、僵硬、机械的管治存在真空地带，运转动能不足，悬浮于乡村之上，与乡土社会难以适配，导致管治无法推行；而自治又根深蒂固地存在于乡村之内，并且在村民自治的权限范畴之外肆意弥散，从而形成了自治的失范与管治的空转同时存在的现象。

第一，村民自治的内容时常会与国家管治相左，自治所依据的规范与法律法规和国家政策的规定相背离。村规民约是村民自治的基础性规范，然而其内容既可能将国家法律允许的行为视为违法犯罪，也可能将国家法律中规定的、具有社会危害性的违法犯罪行为赋予正当性。[1]例如，贵州省锦屏县

---

[1] 高其才：《试论农村习惯法与国家制定法的关系》，载《现代法学》2008年第3期，第12~19页。

《瑶白村卫生公约》第 6 条规定："各村民喂养的狗，必须圈养；如发现浪放的情况，监督小组实行毒打。"[1]村民委员会是村民自我管理、自我教育、自我服务的基层群众性自治组织，村民自治组织本应依法维护村民的合法权益，落实国家相应的政策精神。然而，由于村民法治意识与权利意识较弱，村规民约的备案审查机制不健全，类似的自治规范不当地侵犯了他人合法的人身权利和财产权益，完全偏离了自我服务的目的，违反了法治的精神，也与共建共治共享的治理思路背道而驰。

第二，村民自治的具体方式与执行程序也可能会逾越自治的界限，实践中存在三种不当的自治方式。其一，村民民主自治被个人独断专行所取代。由于一些村干部独揽大权、任期较长，加之当地人情、宗族、利益等因素的影响，他们利用职务之便，或绕开集体决议，在资源承包、资产管理、工程项目建设等方面攫取非法利益，严重侵犯了村民参与民主自治的权利。[2]其二，村民自治虚置化。在农村的政治环境和公共参与方式不断变迁的背景下，普通村民知识不足、经验匮乏，对公共事务的参与程度较低。[3]村民态度消极、漠不关心，村民会议和村民代表会议流于形式、走个过场，村民自治呈现出了民主选举形式化、民主决策表面化、民主管理不规范的特征，自治的效力未能充分发挥。[4]其三，村民自治黑箱化。村民享有监督权，能够监督村委会的职权行使，而村委会也应向村民履行法定的和章程规定的村务公开义务。[5]然而，部分地区存在监督渠道不畅通、监督机制不健全等不足，公开透明的自治程序变为可以暗箱操作的内部活动。自治的实施方式与执行程序失范，而管治又无法触及乡村内部的方方面面，村民的主体能动性难以调动，村民自治的权利沦为了部分人群的专属权，挤压了自治团体内部其他个体的权利空间。

---

〔1〕　陈寒非：《乡村治理法治化的村规民约之路：历史、问题与方案》，载《原生态民族文化学刊》2018 年第 1 期，第 79~87 页。

〔2〕　参见管筱璞：《严查非国家工作人员受贿行为　将监督触角向村居延伸　推动基层小微权力规范行使》，载 https://www.ccdi.gov.cn/toutiao/202312/t20231210_313362_m.html，2024 年 5 月 18 日最后访问。

〔3〕　卢福营：《论村民自治运作中的公共参与》，载《政治学研究》2004 年第 1 期，第 17~23 页。

〔4〕　王漪鸥：《从村民自治视角看农村治理法治化》，载《人民论坛》2018 年第 28 期，第 66~67 页。

〔5〕　崔智友：《中国村民自治的法学思考》，载《中国社会科学》2001 年第 3 期，第 129~140 页。

第三，村民自治还可能存在将部分涉及管治的事项纳入自治的范畴，并以自治为由有意规避或顽强抵抗国家管治，造成管治无法在地化的现象。其中，最具代表性的表现形式为农村集体资源分配规范中对于外嫁女权益的剥夺。集体资源的分配本身属于自治的事项，但是当自治规范侵犯了外嫁女合法分配权时，便需要管治的介入，须通过立法、司法和行政手段对村民自治进行纠偏，以国家力量的干涉来保障外嫁女合法利益的实现。然而，集体经济组织成员认为，根据村规民约、股份章程、成员资格界定办法等自治规范，外嫁女不享有分配权益，政府无权干预集体内部的事项，分配规范是集体意志和自治权利的体现。由于政府与法院的处理方式保守谨慎，外嫁女的难题长期存在、难以调和，自治与管治产生了激烈碰撞，村民自治抵制国家管治的介入，男女平等、妇女权益保护等国家所坚持的原则无法在乡土社会中落地。

（二）自治的阙如与管治的越位

自治与管治之间边界错位的第二种表现形态是指，在本可以进行自我治理的领域中，政府强势闯入自治范围内，打破了自治与管治的平衡边界。由于自治的力量不足以抵抗管治的侵入，最终形成自治的阙如与管治的越位。

第一，在人员管理方面，乡镇政府可能无故或借故不按时指导村委会的选举工作，任意延长或缩短村委会任期，或是存在利用自身权力随意任免、撤换、停止、诫勉村委会成员职务的情形。[1]村民委员会是连通国家政策和村民意志的组织，村民自治制度的确立虽然有一定程度的自发性，但更多的则是国家治理中的一项重大决策部署，因此需要在党和政府的引领下进行自治。但行政权力的扩张导致自治权的名存实亡，乡镇政府不仅把控了村干部的任免，还建立了村级资金使用的报批制度，并且对村级组织实施较为严格的坐班制和考勤制，凸显出标准化、正规化的官僚制组织特质。[2]由此，国家管治越界至了自治权的范畴之中。

第二，在行政事务方面，国家管治权力延伸到了最小的自治单元网格内。

---

〔1〕徐勇：《村民自治的成长：行政放权与社会发育——1990 年代后期以来中国村民自治发展进程的反思》，载《华中师范大学学报（人文社会科学版）》2005 年第 2 期，第 2~8 页。

〔2〕欧阳静：《村级组织的官僚化及其逻辑》，载《南京农业大学学报（社会科学版）》2010 年第 4 期，第 15~20 页。

于是，村民委员会承担了大量的行政事务，加之基层人手短缺、事务繁杂，村民委员会疲于应付各项任务、完成各类硬性指标，无法有效落实村民自治，反而在国家权力的渗透与上层要求的下达之中，成为服从、贯彻上级意图的工具。[1]村民将村委会作为政府下设的权力机构，村委会与村民需求和集体利益产生了脱节，村民自治形同虚设，乡村的自主性大大降低，在可以进行自治的空间中，国家管治也依然占据主导地位。针对村民自治的困境，部分地区实施了一些缓解乡村内卷化现象的举措。例如，湖南省衡阳市雁峰区整治形式主义，开展清牌瘦身行动，出台 10 项基层减负责任清单为基层减负，减轻村委会行政工作的负担，优化自治服务功能。[2]

第三，在激励考核方面，国家管治将科层制的考核激励与责任承担方式直接移植到了乡村治理之中，村民委员会与基层乡镇政府在某种程度上形成了一种利益—责任的共同体，这就导致村民委员会产生了唯上负责、行政导向的趋势。例如，对 10 省 20 个乡镇的实证研究曾表明，乡镇全部对村干部采取目标责任制考核，量化计分的考核与工作业绩、工资情况、福利待遇相挂钩。[3]村委会将乡镇政府施加的压力转移至乡村内部，更倾向于去完成政府下达的任务，而无暇为村民提供完善的公共服务。激励机制与追责体制强化了国家对于村委会、村干部以及村民的控制，乡土社会中的村民自治被国家行政通过管治的方式进行吸纳，自治的空间被进一步限缩。

三、村民自治与国家管治的边界界分

面对村民自治与国家管治之间时常发生边界错位的情形，我国法律明确了村民自治与国家管治之间的关系。《村民委员会组织法》第 5 条规定："乡、民族乡、镇的人民政府对村民委员会的工作给予指导、支持和帮助，但是不得干预依法属于村民自治范围内的事项。村民委员会协助乡、民族乡、镇的人民政府开展工作。"基于此，国家管治不应干预自治事项，只应当在自治权

---

〔1〕　程为敏：《关于村民自治主体性的若干思考》，载《中国社会科学》2005 年第 3 期，第 126~133 页。

〔2〕　周琪、邓琪、杨九宁：《湖南衡阳市雁峰区：为基层减负 从"清牌"抓起》，载 https://baijiahao. baidu. com/s？ id=1799195058672579326&wfr=spider&for=pc，2024 年 5 月 19 日最后访问。

〔3〕　赵树凯：《乡村关系：在控制中脱节——10 省（区）20 乡镇调查》，载《华中师范大学学报（人文社会科学版）》2005 年第 5 期，第 2~9 页。

限以外进行相应的指导、支持和帮助。所谓不得干预，即对于依法属于村民自治的事项，政府不能强迫或包办替代，二者之间不是领导与被领导的关系。[1]然而，究竟哪些事项是由村民委员会协助政府落实，哪些是由村民进行自我治理，尚未能得到明确界分。因此，本部分将划定村民自治的事项范畴，厘清自治与管治的边界。不过，还需要说明的是，自治的权限范围涉及面广，单纯依靠列举的方式无法全面囊括，本章旨在结合实践和具体情况，对自治的范畴进行类型化的呈现，对现实中广泛存在的自治事项加以明确。

（一）公共事务决策

村民自治的实施离不开自治组织的建设、自治规则的完善、决策程序的规范等一系列公共事务的决策。在这类公共事务的决策过程中，国家管治应当充分尊重自治，为村民自治营造宽松的外部环境，从而激发出村民的主体性、能动性、创造性。与此同时，管治为自治提供指导、支持与帮助，防止自治权的膨胀，避免自治的过程以及其所形成的决议偏离法治的航线。

村民自治的规范层面，根据《村民委员会组织法》的相关规定，村规民约与村民自治章程的制定和修订由村民会议负责。村规民约、村民自治章程、村经济合作组织章程、村民议事规则、村级重大事项处理章程以及其他的自治章程均体现了集体的意志，国家应当在法治的框架内最大限度地维护村民自治的权利，而不能仅将村规民约作为贯彻、细化国家方针政策的规范性文件。政府对规范制定的指导则体现在，一方面，民政部门可以为村规民约的创制提供示范性文本，对自治章程的实施给予指导，但是绝不能直接越俎代庖，代替村民直接决定村规民约的内容和效力；另一方面，当自治规范违反了宪法、法律法规时，人民政府需责令其作出修改，但最终的修订内容仍然由村民自我决定。

村民自治的运行层面，村民自治组织在依法进行换届选举、召开村民会议、推行村务公开等方面不应受到政府管治的干预。

第一，换届选举方面，《村民委员会组织法》第 11 条第 1 款规定："村民委员会主任、副主任和委员，由村民直接选举产生。任何组织或者个人不得指定、委派或者撤换村民委员会成员。"这就直接在人员的选拔与构成上排除

---

[1] 何作文：《乡政府不应干涉村民自治范围内的事项》，载《中国民政》1999 年第 6 期，第 19 页。

了政府管治的介入，尊重直接选举的结果。但在此基础上，政府可以针对选举工作进行相应的指导部署。例如，《福建省村民委员会选举办法》第 8 条列举了镇村民委员会选举指导组的职责，包括宣传法律法规、指导监督选举、培训选举工作人员、确定选举日期、总结选举经验、整理选举档案等。此外，在村内的文员聘用，安保人员、保洁人员等临时工聘用上，也无需受到行政的管制；村民委员会还可以根据居住状况、人口多少，自由设置若干村民小组。

第二，村民会议的召集方面，村民会议的召集主体、召集方式、参加人数、决议事项均由法律加以明确，村民委员会在法律范围内，可以自行探索自治单元下沉的机制，开展以村民小组为单元的工作模式，缓解行政村组织自治的压力。[1]同时，在会议决议过程中，各村可以因地制宜推行民主协商的程序，例如，浙江温岭的"民主恳谈会"、广东云浮的"自然村乡贤理事会"、湖北秭归的"村落自治"、四川成都的"村民议事会"等丰富了协商民主的形式，使村民自治的决策符合其实际的利益需求。[2]

第三，村务公开和民主监督方面，村民自治应注重党务、事务、财务的公开，乡村内部既可以通过建立公开事项清单、明确公开的方式和频次、完善监督委员会等机构的职责等，增强村民自治的透明度，又要强化对于外部行政权的监督，防止国家管治的任意干涉，保障村民自治的有效运行。如，安徽省天长市新街镇村级小微权力显示，村务公开分定期公开和即时公开，定期公开一季度一次，重大事项随时公开。操作流程为：村委会提出公开方案—村纪检委员、监委会联合审查—村两委讨论决定—实施公开—意见反馈整理研究—再次公开—归档整理。[3]只有在村民委员会公布事项不及时、不准确等情况下，国家管治才能硬性介入，政府有权责令其进行村务公开。

（二）资产项目管理

农村经济体制改革、家庭承包联产责任制的实施、资本下乡等措施为盘

---

〔1〕　李亚冬：《〈村民委员会组织法〉的完善与修改》，载《甘肃政法学院学报》2019 年第 3 期，第 46~55 页。

〔2〕　黄君录：《协商民主的地方治理模式及其内生机制——基于村民自治地方经验的四种模式》，载《南京农业大学学报（社会科学版）》2019 年第 4 期，第 69~77 页。

〔3〕　《新街镇村级小微权力清单目录》，载 https://www.tianchang.gov.cn/public/161054623/1109717437.html，2024 年 5 月 28 日最后访问。

活农村集体经济创造了条件，乡村的经济处于深刻的变革之中。为实现乡村振兴，必须在农业经济的生产发展与资产资源管理上赋予自治的权限，释放村庄经济的活力。

第一，村民有权以自治的方式管理村内的资产、资源与资金，资源的合理分配、资产的日常流转与资金的正常使用不应受到国家管治的限制。根据《农村集体经济组织法》（尚未施行）第 5 条之规定，农村集体经济组织履行的职能应包括：发包农村土地；办理农村宅基地申请、使用事项；合理开发利用、保护耕地、林地、草地等土地资源并进行监督；使用集体经营性建设用地或者通过出让、出租等方式交由单位、个人使用；组织开展集体财产经营、管理；决定集体出资的企业所有权变动；分配、使用集体收益；分配、使用集体土地被征收征用的土地补偿费等；为成员的生产经营提供技术、信息等服务等。可见，三资管理的内容至少应涵盖：农村集体所有的房屋、建筑物、农业设施等资产；耕地、荒地、林地、水面、滩涂等村内的自然资源；村集体经济组织的各种缴款、土地征收款、经营收入、投资收益、转移支付、项目资金等资金款项等。由于三资与村民的利益息息相关，与农户的资源财富状况紧密联系，如果受到国家管治的强硬控制，不利于村民自治的顺利开展。例如，在土地流转过程中，国家管治的不当干预会弱化农村对土地资源的支配，国家政策的易变性也会影响农民的自主选择。[1]同时，依靠行政干预强势推进集体资产的产权分配改革，也极易诱发各种社会矛盾，自治型主导下的民主协商是管理和分配资产的最有效途径。[2]在具体的自治方式上，农村集体经济组织作为特别法人，代表成员集体行使所有权，从事管理、经营、服务等活动。如果未设立农村集体经济组织，村民委员会、村民小组可以依法代行其职能。例如，以村民委员会、村民大会、村民代表大会讨论表决、村监委会监察复核的方式，对集体资产的维修、租赁、承包、转让、自然资源的开发与利用以及财务收支进行管理，保证农民经济利益的实现。

第二，村民自治应致力于发展壮大新型农村集体经济，以内部机制的创

---

〔1〕 王旺：《我国农地流转中的村民自治问题研究》，载《南海法学》2019 年第 6 期，第 103~115 页。

〔2〕 谭文平：《乡村治理基本单元的多层化体系建构——以三种农村集体资产改革为例》，载《西部论坛》2021 年第 3 期，第 97~109 页。

新和市场要素的动能促进集体经济高质量发展，防止国家管治对乡村经济潜力的压制，全面实现乡村振兴和共同富裕。一方面，国家管治不应干预集体经济内部机制的建立。《农村集体经济组织法》（尚未施行）第41条即规定了，"农村集体经济组织可以探索通过资源发包、物业出租、居间服务、经营性财产参股等多样化途径发展新型农村集体经济"。实践中，陕西省袁家村同时确立了传统集体经济与股份制合作经济两种形式，在确保底线公平基础上构建起符合乡村实际的股份合作制，形成了基本股、交叉股、调节股三种不同模式的股权结构，考虑到了不同主体之间的利益均衡。[1]自治的力量与集体的智慧使村庄内形成了利益共同体，为集体经济可持续发展注入动力。另一方面，国家管治不应限制市场要素的涌动，尊重经济活动的自主权。传统农村集体经济中，社会治理与经济发展之间的交叉过多，限制了要素流动和资源配置效率。政经分离的模式下，农村集体经济组织转变为多元主体协同共治的市场化运作机制。[2]依靠村民自治而非行政管治，实现村庄外市场要素聚拢与村庄内特色资源挖掘，培育起农民的主体意识和市场意识，激发农民参与集体经济发展的积极性，更好地发挥出了自治组织的经济功能。

第三，村内微型工程项目的建设实施也应当充分保证村民自治，由村民共同制定方案、讨论决议、开展投标。工程决策往往涉及村内重大利益，从房屋建筑到园林绿化，从道路建设到农田水利等基础设施，都需要村民会议的讨论决定。这是因为，工程设施建设很有可能脱离乡土社会实际情况，成为村干部的利益寻租空间和乡镇政府的面子政绩工程。而民主化的村民自治通过会议协商讨论达成决策，就排除了村庄公共工程脱离村民意愿实际的可能；同时，又通过民主监督约束村干部的不良行为，[3]有效维护了村庄的集体利益。不过，对于大型、中小型的工程项目，实践中一般需在村两委、村民代表意见基础上，报政府审核同意后，办理相关审批手续。[4]从治理的角

---

〔1〕　李卓：《农村集体经济发展促进农民共同富裕的实现机制研究——陕西省袁家村的经验》，载《中国农业大学学报（社会科学版）》2024年第1期，第80~91页。

〔2〕　郑瑞强等：《发展农村集体经济的政经分离探索及路径优化》，载《农业现代化研究》2024年第1期，第33~42页。

〔3〕　贺雪峰、何包钢：《民主化村级治理的两种类型——村集体经济状况对村民自治的影响》，载《中国农村观察》2002年第6期，第46~52页。

〔4〕　参见《东阳市村级工程建设项目招投标管理办法（试行）》第8条、第9条。

度而言，这是因为工程项目往往需要投入大量的人力、物力、财力，而村民自治的决策并不一定符合当地发展建设规划或具有可行性，盲目开展大型工程项目可能会劳民伤财，造成资源浪费。

根据《村民委员会组织法》第37条第1款，"人民政府对村民委员会协助政府开展工作应当提供必要的条件"。《农村集体经济组织法》（尚未施行）第49条也明确："县级以上人民政府应当合理安排资金，支持农村集体经济组织发展新型农村集体经济、服务集体成员。各级财政支持的农业发展和农村建设项目，依法将适宜的项目优先交由符合条件的农村集体经济组织承担……"在涉及资产项目管理的事项中，农业农村局、自然规划局、生态环境局、发改局等政府部门应为村民自治提供支持与指导，创造必要的资源条件。一是要为集体资产与自然资源的交易建立对接平台；二是要为新型农村集体经济的发展与基础设施的完善投入必要的技术与资金支持；三是要对项目工程建设流程以及资金使用等情况进行指导与监督，帮助农村开展项目招投标工作。例如，湖北省《应城市农村集体资源发包和小型工程项目管理暂行办法》第14条规定："……（一）工程项目建设资金在10万元（含10万元）以下的，经乡镇农村集体"三资"管理监督委员会批准，在乡镇农村集体"三资"管理监督委员会和村务监督委员会的监督下，由村民委员会组织招投标。（二）工程项目建设资金在10-60万元（含60万元）之间的，在乡镇农村集体产权交易中心组织开展招投标……"

（三）社会服务供给

村级治理的行政化带来了管治的下沉，却忽视了农民对公共服务需求的回应，因而是一种缺乏公共性、不完备的治理体制。[1]村民自治恰能弥补这一缺失，以村民的深度参与、利益表达、诉求反馈等自治机制，提供更加全面的社会服务，满足农民对于公共服务的需求。

第一，村民以自治的方式开展乡村内部的公共活动和公益事业，国家管治应当给予积极的引导。具体而言，其一，维护老年人合法权益，组织老年人服务活动，监督赡养协议的履行，建立匹配的日间照料、生活护理设施。例如，《重庆市老年人权益保障条例》第39条规定："居民委员会、村民委员

---

[1] 仇叶：《行政公共性：理解村级治理行政化的一个新视角》，载《探索》2020年第5期，第153~167页。

会应当建立日常联系、巡访制度，及时了解老年人特别是困难家庭和单独居住老年人的生活状况，并及时给予必要的帮助。"其二，村民可以自主决定举办村内的残疾人和精神病患者等弱势群体的关爱救助活动，支持帮助村内的残疾人融入社会，做好监护工作，完善无障碍环境的建设，积极组织村内的慈善捐款等活动，为弱势群体家庭提供帮助，解决困难。其三，村庄可以自主开展未成年人保护的相关工作，依法规定未成年人的监护人，担任其临时监护人，对侵犯未成年人合法权益的行为予以劝诫和制止。其四，慰问村内的少数民族以及港澳台同胞，加强民族工作和民族凝聚力。其五，自主开展形式多样的志愿服务活动，例如，动员和组织本居民区的适龄公民参加献血。第六，定期进行村庄环境清整活动，改善农村人居环境，组织维护村容村貌和公共卫生，加强生态环境建设。国家对乡村的具体情况并不能悉数掌握，如果在这类事务中以国家管治的方式开展工作，既无法因事制宜、对症下药，也压抑了村民的主体性和积极性。国家应鼓励乡村创新治理工具，如乡村的积分制能够与产业发展、环境整治、乡风文明建设等村庄公共事务相结合，动员村民参与公共服务，推动村民自治水平的实质性提升。[1]

第二，村民以自治的方式培育、壮大内部自治团体的力量，拓展自治的服务空间。《村民委员会组织法》第 9 条第 2 款明确："村民委员会应当支持服务性、公益性、互助性社会组织依法开展活动，推动农村社区建设。"自治团体的培育是落实村民自治的有效方式，不同类型、为人们所喜闻乐见的团体活动开展有赖于成熟的自治组织，民主协商议事平台、村民理事会、老人协会、妇女协会、篮球协会等娱乐组织也不断拓宽村民自治的渠道。[2]自治团体的发展不应受到国家管治的操纵，村民在参与不同团体的过程中，联络情感、共建互助、自我服务，推动公益事业的建设，提高公共服务的水准。

第三，村民以自治的方式化解矛盾纠纷，维护乡土社会的稳定安全。其一，村民委员会下设人民调解委员会，及时主动地调解民间纠纷，预防和制止家庭暴力，维护家庭和睦与村庄和谐。其二，结合村庄实际，自行开展灾

---

〔1〕刘文婧、左停：《公众参与和福利激励：乡村治理积分制的运行逻辑与优化路径——基于和平村的个案调查》，载《地方治理研究》2022 年第 2 期，第 53~66 页。

〔2〕高其才：《〈村民委员会组织法〉修改的理念与基点》，载《法学杂志》2023 年第 3 期，第 83~93 页。

害预防与突发事件的演练活动，加强村民对于应急事项的培训处置。例如，定期开展森林防火和应急疏散演练，对公共场所进行防火安全检查，维护村内消防安全。其三，组织传染病预防与控制的相关活动，并引导村民积极参与，维护村内的公共健康。《传染病防治法》第9条第2款便规定："居民委员会、村民委员会应当组织居民、村民参与社区、农村的传染病预防与控制活动。"

公共服务的供给是为了满足村民常态化的需求，应主要依靠村民自治来实现，国家管治仅是为公共服务提供必要的物质支持和政策扶持。公共服务与村民自治深度嵌合，才能使村民自治更好地呈现出自我服务的面向，村民根据自身实际需要进行乡村治理，村民委员会向群众性与社会性回归，从而促进乡村社会福利的最大化。

（四）精神文明建设

乡土社会的治理需依赖长老权力、同意权力、横暴权力，[1]内在的教育濡化、引导宣传发挥着指引人们行为的重要作用。村民通过自治的方式推进乡村精神文明建设，内心信仰的树立、价值的塑造又反过来巩固了村民自治。这种思想文化层面熏陶是以软性机制实现，而不能以国家管治的刚性手段生搬硬套、强行落实。

第一，村庄自主开展宪法、法律、法规与政策类的宣传活动，普及法律知识，预防违法犯罪行为，维护法治信仰，村民委员会可以作为组织者，邀请新乡贤、乡土法杰等守法、懂法、用法之人进行宣讲；国家管治则能够为法治思想宣传提供必要的支持，例如，印发宣传手册、配备公益律师等。

第二，通过村内设立的新时代文明实践站，加强对中国特色社会主义文化、社会主义思想道德的教育。例如，在爱国主义教育方面，《国防教育法》第24条规定，"居民委员会、村民委员会应当将国防教育纳入社会主义精神文明建设的内容，结合征兵工作、拥军优属以及重大节日、纪念日活动，对居民、村民进行国防教育。居民委员会、村民委员会可以聘请退役军人协助开展国防教育。"村庄根据实际情况，开展国防与英雄烈士纪念活动，能够在潜移默化中强化村民的家国主义情怀。在家庭教育方面，《家庭教育促进法》

---

〔1〕 费孝通：《乡土中国》，人民出版社2015年版，第79~85页。

第 38 条明确，"居民委员会、村民委员会可以依托城乡社区公共服务设施，设立社区家长学校等家庭教育指导服务站点，配合家庭教育指导机构组织面向居民、村民的家庭教育知识宣传，为未成年人的父母或者其他监护人提供家庭教育指导服务。"此外，村内还可以自行开展五好家庭、文明家庭的评选活动，树立文明良好新风尚。

第三，组织村民喜闻乐见的文体活动。《体育法》第 22 条规定："居民委员会、村民委员会以及其他社区组织应当结合实际，组织开展全民健身活动。"村内可以定期开展民间体育友谊赛，在重阳、元旦等重大节日，还可以自发组织文艺演出，丰富村民的精神娱乐生活。政府应当为文体活动提供相应的场地、设备和技术支持，而不应干预其开展的方式和活动的内容。

第四，以村民自治推进移风易俗。移风易俗是村民生活方式和价值观念的改变，需要通过内在动力转化为自觉的行为规范。[1]因此，国家虽可作为移风易俗的外在发动者，但是绝不可能替代村民的自我治理，必须通过自治规范引导、物质利益诱导、先进典范教导等治理方式，找回村民主体性。[2]国家管治的强制力无法直接实现这一转变，只能在外部环境中引导风俗习惯的变迁。

四、村民自治与国家管治的边界融合

虽然村民享有充分的自治权，能够在自治范畴内针对不同类型的事项进行广泛的治理，但自治仍然离不开国家管治的指导、支持和帮助，国家管治也需要村民自治的协助才能形成乡村的共治。由此，自治与管治的边界又在一定范围内产生了交融。根据国家市场监督管理总局、国家标准化管理委员会发布的《村务管理基础术语与事项分类》第 3 条，村务事项可以分为决策类、管理类和代办类三种类型。基于此，自治应当在政府决策、行政管理与村级代办三个方面与管治进行协同配合。

（一）协助决策事项

由于自治存在一定的局限性，若所有领域全部交由村民自治，可能会造

---

〔1〕 杨旭东：《新时期农村移风易俗的历史观照与现实思考》，载《中州学刊》2019 年第 11 期，第 78~84 页。

〔2〕 温丙存：《找回村民主体性：移风易俗有效治理的实现逻辑与发展路向》，载《探索》2023 年第 3 期，第 137~148 页。

成公共秩序混乱。因此，针对重点事项，政府在尊重村民自治意见的基础上，通过审批的方式进行最终的把关，村民会议、村民代表大会的商议结果对于政府最终的决策定夺起到了协助的作用。

第一，村民委员会的设立、撤销、范围调整最终由政府进行决策。《村民委员会组织法》第 3 条对此作出规定，指出该事项由乡镇政府提出，报县级人民政府审批。而在《村民委员会组织法（修订草案征求意见稿）》中又增加了"应当尊重村民意愿"，既强调了村民自治对管治的协助功能，又表明乡村现代化治理需要政府资源投入保障与制度供给支持，基层政府在村民自治实践中的责任不可或缺。[1]

第二，对于国土空间规划、村庄大中小工程、重大基础设施建设以及集体资产的重要变动等事项，在村两委研究制定方案、村民代表会议审议通过、村务公开公告后，也应报送乡镇政府审批，并将实施的结果报政府备案。例如，在农用地转用和土地征收建设项目用地方面，部分地区明确，需由县自然资源主管部门发布征地拆迁补偿安置告知书，并根据土地利用总体规划和村庄集体规划，将项目批准文件上报县人民政府审核。[2]不同村庄具有鲜明的异质性，重大的空间规划与基础设施建设完全交由村庄，难免出现资源的浪费，政府统筹规划领导，集中配置资源，有利于以最小的成本保障乡村建设的完善。[3]

第三，在村民通过自治的方式作出集体的决策后，管治应承担起监督的责任，对于违法违规的事项进行监督、提供救济渠道，从而形成国家管治与村民自治的互动与合力。根据《村民委员会组织法》第 27 条和第 36 条，针对村民自治章程、村规民约以及村民会议或者村民代表会议的决定的违法现象，以及村民委员会不履行法定义务的行为，乡、民族乡、镇的人民政府有权责令其改正。不过，这仅仅是政府履行实质性的监督职责，并不意味着国

---

〔1〕 杨文义、后振国、张小伟：《治理现代化视域下村民自治制度的完善——基于〈村民委员会组织法（修订草案意见稿）〉》，载《河南科技学院学报》2023 年第 9 期，第 66~67 页。

〔2〕 参见《霍山县上土市镇村级小微权力清单制度目录及流程图》，载 https://www.ahhuoshan.gov.cn/public/6598321/32222741.html，2024 年 5 月 28 日最后访问。

〔3〕 白平则、周瑞恒：《乡镇政府与村民委员会权力关系的重构——基于深化村民自治实践的视角》，载《山西师大学报（社会科学版）》2020 年第 1 期，第 35~40 页。

家管治能够直接代替自治作出决定，自治范围内的事项依然由村民自我决定。[1]

（二）协助管理事项

《地方各级人民代表大会和地方各级人民政府组织法》第76条规定了乡、民族乡、镇的人民政府的职权，其中政府应"执行本行政区域内的经济和社会发展计划、预算，管理本行政区域内的经济、教育、科学、文化、卫生、体育等事业和生态环境保护、财政、民政、社会保障、公安、司法行政、人口与计划生育等行政工作"。政府的职权与村民的治权之间存在诸多交叉，管治的优化同样有赖于自治的协助。

第一，村民自治协助乡镇政府开展突发事件应急处置工作。《突发事件应对法》第77条规定："突发事件发生地的居民委员会、村民委员会和其他组织应当按照当地人民政府的决定、命令，进行宣传动员，组织群众开展自救和互救，协助维护社会秩序……"突发事件、自然灾害与应急事件关系社会的稳定，基层在此类事项中发挥着中流砥柱的作用，村民委员会作为基层群众性自治组织，通过对顶层决定和命令的落实，在国家管治的领导下，有序组织群众开展自救与互救，稳定村庄的生产生活秩序。

第二，村民自治协助管治进行法治建设与安全管理。在法治国家、法治政府、法治社会一体建设的背景下，基层承担着推进法治乡村建设的任务。具体而言，首先，村委会需配合做好法律援助工作、社区矫正工作；其次，协助公安部门和派出所维护村庄治安，做好毒品防控和吸毒人员管控等工作。例如，《福建省禁毒条例》第7条第2款规定："村（居）民委员会应当协助人民政府以及有关部门开展禁毒宣传教育、毒品预防、社区戒毒、社区康复、吸毒人员帮助教育和禁种铲毒等工作。"最后，协助开展安置帮教工作。《预防未成年人犯罪法》第57条明确，村民委员会对接受社区矫正、刑满释放的未成年人，应当采取有效的帮教措施，协助司法机关以及有关部门做好安置帮教工作。

第三，村民自治协助国家进行科教文卫与民族宗教事务的管理工作。科教文化方面，根据《重庆市行政村工作事项清单（2023年版）》，村民委员

---

〔1〕徐航、张陶陶、魏小雨：《村民自治监督中"责令改正"的适用困境、工具转向及审查进路》，载《学习论坛》2023年第4期，第128~136页。

会应协助当地人民政府有关部门开展公共文化服务相关工作、做好传统风貌建筑的保护工作，对人民政府开展的精神卫生工作予以协助，协助卫生行政主管部门落实公共卫生措施，做好传染病防治工作。民族宗教方面，《宗教事务条例》第6条第3款规定："乡级人民政府应当做好本行政区域的宗教事务管理工作。村民委员会、居民委员会应当依法协助人民政府管理宗教事务。"

第四，村民自治协助上级部门完成相应的统计排查与汇报工作。作为连接村民与国家的平台，村民委员会应按照《村民委员会组织法》第2条的要求"向人民政府反映村民的意见、要求和提出建议"，及时向上反馈自治的意志、上报相关数据，以此为国家管治提供全面的信息。结合《厦门市海沧区村（居）民委员会依法协助基层政府工作事项一览表》，协助上报的信息至少应包括：人口普查信息；常住、外来人口的采集、核查、流动情况；重大国情国力普查；征兵政治审查报告等。

（三）村级代办事项

所谓村级代办事项，是指"行政村（社区）内有关人员或组织，受上级行政管理部门授权或委托，协助其代行办理的行政审批或便民服务的事情"。[1]这类授权委托的事项一般涉及不同的行政职责，需要与上级行政部门沟通协调，无法全权在自治的范畴内解决。与此同时，如果国家管治绕过基层直接同村民打交道，不但不会降低乡村治理的成本，也无法高效地解决农民日常的矛盾与诉求。[2]因此，国家管治通过授权委托的方式将其服务的职责交由村民自治，使村民进行自我服务，实现管治与自治这一委托代理关系中的帕累托最优。

第一，村民自治需承担农业生产发展类的代办事项，协助上级部门进行相应的申报办理手续。具体应包括：惠农补贴申报；畜牧业担保贷款协助办理；农业保险协助办理；创业就业小额担保贷款协助管理等。例如，河南省信阳市潢川县出台惠农补贴补助事项的相关规定，具体操作流程为：农户个人提出申请或村干部提议—村委会讨论初审并出具证明材料进行上报—镇相关职能部门按政策审核确定—填写完善审批手续，报县有关部门审核批准—

---

〔1〕《村务管理基础术语与事项分类》第3.5条。

〔2〕刘守英、熊雪锋：《中国乡村治理的制度与秩序演变——一个国家治理视角的回顾与评论》，载《农业经济问题》2018年第9期，第10~23页。

县有关部门下拨款项到乡镇—乡镇相关部门打卡或转账发放惠民补贴—农户到开户行提取补贴奖金—村监委会全程监督， 并在村会议记录盖章签字。[1]村民自治在前期的材料提交、 初步审核与程序监督等方面， 有效分担了管治的职责。

第二， 村民自治在民生保障类的代办事项中发挥了重要的前置性作用。具言之， 在以下事项的办理中， 村民委员会、 村民会议、 村民代表大会需要履行相应的义务， 按照操作协助村民进行各类民生保障的申请， 协助国家管治对农村保障措施的落实： 慈善大病救助申请； 低保、 五保、 特困户申请； 临时救助申请； 救灾、 救济款物发放； 老年人高龄补贴申请； 残疾人补贴申请； 孤儿基本生活费用申请； 服役义务兵优待金给付申请； 医疗救助申请； 农村危房改造申报等。

第三， 在为村民提供生活便民服务的代办事项中， 包括但不限于户籍迁移与分户办理、 流动人口婚育证明、 残疾人证办理、 水电开户申请等事务中， 村民委员会等自治组织也能够起到辅助性作用。 例如， 山东省济宁市任城区规范了流动人口婚育证明办理的操作流程， 即当事人提出申请后， 需先到所在村 （社区） 登记信息， 然后持身份证到镇 （街道） 卫生健康办公室提出办理流动人口信息证明申请。[2]不过， 为减轻村民自治的行政负担， 部分地区也出台了负面清单， 例如， 重庆市以清单方式明确， 出生证明、 死亡证明、亲属关系证明、 居民身份信息证明、 婚姻状况证明、 就业状况证明、 个人档案证明、 财产证明、 婚育状况证明等一系列证明事项应通过相应的部门进行办理， 而不应由基层群众性自治组织出具。[3]

总之， 无论是农业的生产发展， 还是社会保障与便民服务的提供， 村民自治都承担了协助国家管治的责任， 村民委员会成了村民参与行政事务、 享受公共服务的中转站。 不过， 在自治与管治的协调中， 村民委员会和村干部

---

〔1〕 参见 《惠农补贴申报流程图》， 载 http://qfhc. gov. cn/village_ content_ detail. html? id = 12279&village_ id = 411526204208， 2024 年 5 月 28 日最后访问。

〔2〕 参见 《任城区村级小微权力运行流程图及操作规程》， 载 https://mp. weixin. qq. com/s? __ biz = MzIxODg2MzM5OA = = &mid = 2247509045&idx = 1&sn = ef1de923199c736c46cacdb807da35b8&chksm = 97e6e67ca0916f6ab66b4bb37b44bbb61ec06502a6dd4c72ea25157c524472d27b7a11848ff9&scene = 27， 2024 年 5 月 29 日最后访问。

〔3〕 《重庆市不应由村 （社区） 出具证明事项清单 （2023 年版）》。

等主体是上级政府与村民的共同代理人，为了避免国家管治在共同代理格局中的强势地位，必须着眼于自治与管治之间的目标一致性，将行政管理转变为围绕农民和村庄利益的服务型机构，实现共同代理中的效率均衡。[1]

五、结语

村民自治与国家管治是乡村治理体系中两种不同的模式，二者既需要泾渭分明，又要相互配合。凡是体现国家意志、需要国家强制力保障实施的事务属于政务，需由政府通过管治负责实施；而那些体现村庄内部村民公共意志，由村民共同决策、共同遵守的事务则属于村务。[2]但村民的生产生活秩序受到基层权威的控制，国家管治若缺乏基层的配合，便很难直接同农民发生关系，基层组织存在自主的空间，具有管辖本地事务的自主性，国家的权威在某种意义上是象征性的、原则性的、指导性的，而非实际管辖性。[3]因此，去地方化或弱化自治的方式可能会削弱基层治理的效能，反而不利于国家政策的落实。我们应当着眼于管治与自治的分野，但这并不意味着将国家与社会、管治与自治、村民与政府、私人与公共之间对立，而是要在角色与职责的混同中，厘清各自的功能和二者的边界；与此同时，亦不能忽视两种方式在终极目标与治理结果上具有一致性，促进村民自治与国家管治之间的有机协调、互动配合，健全自治与管治协同并进的乡村治理体系。

〔1〕 彭涛、魏建：《村民自治中的委托代理关系：共同代理模型的分析》，载《学术月刊》2010年第 12 期，第 76~82 页。

〔2〕 徐大兵：《乡镇政府和村民委员会有机结合的制度建构》，载《行政论坛》2014 年第 1 期，第 28~31 页。

〔3〕 张静：《基层政权：乡村制度诸问题》（2018 年修订版），社会科学文献出版社 2019 年版，第 31~32 页。

第四章
功能视角下村规民约的习惯法性质考察

▲

池建华

一、引言

村规民约是当代中国乡村治理中被广泛运用的一种行为规范，由村民共同讨论、决定和执行，是发展社会主义基层民主的有效的规范载体。一方面，村规民约既具有深厚的历史渊源，是中华优秀传统基层治理文化的重要组成部分。另一方面，村规民约又具有重大的现实意义和广泛的社会治理功能，是规范乡村秩序、加强法治乡村建设、推进基层治理体系和治理能力现代化的重要行为规范依据。

对村规民约在法治建设中承担功能、发挥作用的研究，首先要对村规民约的性质进行界定。对村规民约的性质进行研究，主要是从法律渊源（法源）角度切入，涉及国家法与非国家法（习惯法）的关系。

关于村规民约的概念，学界并没有一个统一的认识，基于不同的角度有不同的认识。学界通常认为，村规民约是"乡村民众为了办理公共事务和公益事业、维护社会治安、调解民间纠纷、保障村民利益、实现村民自治，民主议定和修改并共同遵守的社会规范"。[1]村规民约的核心是"规"和"约"，即村民共同议定、约定并共同遵守的行为规范，旨在维持乡村社会这个共同体的秩序，涉及社会治安、婚姻家庭关系、邻里关系、纠纷解决机制

---

[1] 陈寒非、高其才：《乡规民约在乡村治理中的积极作用实证研究》，载《清华法学》2018年第1期，第63页。

等乡村具体公共事务的治理。从制定、内容和实施等方面看，村规民约具有鲜明的习惯法属性。此外，根据全国人大常委会法制工作委员会所编《中华人民共和国村民委员会组织法释义》，"村规民约"是"村民会议根据国家法律、法规和政策，结合本村的实际情况，讨论制定的某一方面的行为规范"。这一官方定义又表明，村规民约与国家法存在密切关联。因此，本章从功能角度，通过研究习惯法与国家法的关系，对村规民约的性质进行初步分析。

二、村规民约是适用于乡村社会的一种习惯法

正如论者指出，"'法的渊源'是迄今为止法学理论中最复杂的范畴之一"。[1]关于法律渊源这个术语的含义，美国法学家罗斯科·庞德进行过梳理，他指出："曾经很长一段时间在运用'法律渊源'这个术语时很混乱。实际上是，这个术语仍然在多重意义上使用，常常对同一名称下的不同事物不加以区别。在一般的著作里，至少在五种意义上使用这个词。第一种，它通常意指从分析法学的立场上称为法律源泉的东西（比如常说的国王是正义的源泉），也就是法律规范之权威的现实来源，换句话说，即国家。奥斯丁就是在这种意义上使用它的。第二种，它通常意味着是权威的文献，构成一个法律体系之传统因素的理论和学说的发展基础。在民法法系里术语'Fontes iuris'就是在这种意义上使用的，德国法学家使用'Rechtsquellen'；对大陆法学家来说这个词义源于罗马法，对我们来说它们是权威的案例汇编。第三种，格雷用'渊源'（source）表示原始资料，正如事实上的那样，包括成文的和习惯的，法官从中发展出判决案件的依据。第四种，这个术语通常意味着是一种制定规范的机构，从这个机构里形成的规则、原则或者概念，并通过立法机关或者司法判决赋予它们一种权威性。第五种，这个术语通常意味着相关著作，在这些著作里，我们可以发现法律规则以及表达这种法律规则的形式。"[2]进而，庞德认为法律渊源是"形成法律规则内容的因素，即发展和制定那些规则的力量，作为背后由立法和执法机构赋予国家权力的某种

---

〔1〕 雷磊：《重构"法的渊源"范畴》，载《中国社会科学》2021年第6期，第147页。
〔2〕 〔美〕罗斯科·庞德：《法理学》（第3卷），廖德宇译，法律出版社2007年版，第284~285页。

东西"。[1]

美国法学家 E. 博登海默对法学界关于法律渊源的研究也有过梳理，主要是在分析约翰·奇普曼·格雷的法律渊源理论之后提出了自己的观点。他认为"我们将法律渊源这一术语以一种同格雷的定义具有某种相似之处的但又在许多重要方面与之不同的含义。首先，我们并不接受格雷在法律与法律渊源间所划定的界线，但是有关这方面的原因，我们拟在后面的文字中加以讨论。为了便于下面的讨论，所谓'法律'这一术语，在我们这里乃意指运用于法律过程中的法律渊源的集合体和整体，其中还包括这些渊源间的相互联系和关系。其次，尽管我们同意格雷把法律渊源看成那些可以成为法律判决合法性基础的资料等因素的观点，但是我们认为，这些渊源同制定任何种类的法律决定都有关，而不只是同法院作出的判决有关。最后，那些被我们认为应该在法律制度中得到承认的法律渊源资料的数量，远远超过了格雷所列举的那几种"。[2]

我国法学界对"法律渊源"的解释尚未达成理论上的共识，主要有两种观点，即"立法中心主义学说"和"司法中心主义学说"。前者把"法的渊源"看成立法机关制定法律所依据的材料，主张把"法的渊源"和"法的形式"分开。后者认为法源之法特指法官用于裁判的法律。双方都有一定道理，也都有不足。如果能将二者结合起来，取长补短，并引入法的价值和法的效力，那么法的渊源将成为有血有肉的法学专门术语，并能因此揭示法的本质内涵。[3]在我国一种较为代表性的观点认为："法的渊源，简称法源，在中外法学著作中有各种不同的解释，如法的历史渊源，思想、理论渊源，文献渊源，效力渊源，成立渊源，法定渊源，等等。但这一概念在马克思主义的法学著作中通常有两种使用，即实质意义上的渊源和形式意义上的渊源。实质意义或实际意义上的渊源，针对法的来源、发源、源泉、根源等而言，亦即法的内容导源、派生于何处，发生原因为何；易言之即法律内容的最终的决定力量，通常即指法的经济根源，即统治阶级赖以生存的物质生活条件中的

---

〔1〕　［美］罗斯科·庞德：《法理学》（第3卷），廖德宇译，法律出版社2007年版，第287页。

〔2〕　［美］E. 博登海默：《法理学：法律哲学与法律方法》，邓正来译，中国政法大学出版社1999年版，第414页。

〔3〕　参见张文显主编：《法理学》（第4版），高等教育出版社、北京大学出版社2011年版，第52~58页。

生产方式，法归根到底是由其一定的生产方式所决定或派生的。所谓形式意义上的渊源，一般是指法律规范的创制方式或外部表现形式，如法规、法律、习惯、判例、命令、章程等。"[1]总体上看，在我国，对法律渊源的理解和认识，一般指形式意义上的渊源。

关于法律渊源的具体内容及分类，根据对法律渊源的定义的不同，国内外法学界也有不同的观点和认识进路。约翰·奇普曼·格雷在《法律的性质与渊源》一书中列举了制定法、司法先例、专家意见、习惯、道德与衡平法等五种。[2]罗斯科·庞德认为法律渊源包含惯例、宗教信仰、道德和哲学的观点、判决、科学探讨立法等方面。[3]博登海默在其著作中"将法律渊源划分为两大类别，亦即我们所称的正式渊源和非正式渊源，看来是恰当的和可欲的。所谓正式渊源，我们意指那些可以从体现为权威性法律文件的明确文本形式中得到的渊源。这类正式渊源的主要例子有，宪法和法规、行政命令、行政法规、条例、自主或半自主机构和组织的章程与规章、条约与某些其他协议，以及司法先例。所谓非正式渊源，是指那些具有法律意义的资料和值得考虑的材料，而这些资料和值得考虑的材料尚未在正式法律文件中得到权威性的或至少是明文的阐述与体现。尽管无需对非正式渊源作详尽无遗的列举，但我们仍将非正式渊源分为下述一些种类：正义标准、推理和思考事物本质的原则、衡平法、公共政策、道德信念、社会倾向和习惯法"。[4]

我国法学界一般认为，可以将法律渊源分为成文法（制定法）和不成文法（非制定法）两大类。成文法既包括一国内部制定的规范性法律文件，也包括国际协定和国际条约。不成文法包括习惯法、判例法和惯例。[5]在我国法理学界，关于法律法源的分类，代表性的观点认为："中国法的形式的一个显著特征在于，自古以来形成了以成文法为主的法的形式的传统。现实期成

---

〔1〕 孙国华主编：《法理学》，法律出版社 1995 年版，第 304 页。

〔2〕 参见［美］约翰·奇普曼·格雷：《法律的性质与渊源》（原书第 2 版），马驰译，中国政法大学出版社 2012 年版，第 131~265 页。

〔3〕 参见［美］罗斯科·庞德：《法理学》（第 3 卷），廖德宇译，法律出版社 2007 年版，第 287~361 页。

〔4〕 参见［美］E. 博登海默：《法理学：法律哲学与法律方法》，邓正来译，中国政法大学出版社 1999 年版，第 414~415 页。

〔5〕 张文显主编：《法理学》（第 5 版），高等教育出版社、北京大学出版社 2018 年版，第 87~88 页。

文法形式包括：宪法、法律、行政法规、地方性法规、自治法规、行政规章、特别行政区法、国际条约。其中宪法、法律、行政法规在中国法的形式体系中分别居于核心地位和重要的地位。不成文法在中国法的形式中处于次要和附属地位。现实期作为中国法的形式补充存在的，主要是政策、习惯、判例。"[1]此观点全面分析了当代中国特色社会主义法律体系的规范内容。可以看出，习惯或者习惯法是国外法律渊源研究中经常出现的理论话题，大部分学说将习惯法（习惯或者惯例）作为一种法律渊源来研究。

　　在法律渊源体系研究中，村规民约与习惯法的关系也最为密切。"习惯法是最早的法律渊源。"[2]习惯法的发展历程，是法律文明史演变发展的核心线索。但是，对于习惯法这一概念的认识，学界存在不同的观点，一种是国家法意义上的习惯法，一种是非国家法意义上的习惯法。而两种观点的差异主要来自对"法"的认识。从国家法角度看，法是"由国家制定或认可并依靠国家强制力保证实施的，反映由特定社会物质生活条件所决定的统治阶级意志，规定权利和义务，以确认、保护和发展对统治阶级有利的社会关系和社会秩序为目的的行为规范体系"。[3]从行为规范本身来看，"凡是维护社会秩序，进行社会管理，而依据某种社会权威和社会组织，具有一定强制性的行为规范，均属于法范畴体系之列，包括国家制定法和各种习惯法等"。[4]由此，从国家法意义上看，习惯法指的是"由习惯发展而来的一种法的渊源，是被国家机关认可并具有法律效力的习惯规范的总称"。[5]而从非国家法意义上看，"习惯法是独立于国家制定法之外，依据某种社会权威和社会组织，具有一定强制性的行为规范的总和"。[6]具体到村规民约，无论是传统乡规民约，还是当代村规民约，大多数是以成文形式体现出来的，成文与否并不是区分制定法和习惯法的标准，而其区分标准主要是权威来源和强制性的不同。

　　本章首先是从非国家法意义上认识习惯法和村规民约，村规民约可以被

〔1〕　参见张文显主编：《法理学》（第3版），法律出版社2007年版，第97页。

〔2〕　高其才：《法理学》（第3版），清华大学出版社2015年版，第77页。

〔3〕　《法理学》编写组编：《法理学》（第2版），人民出版社、高等教育出版社2020年版，第43页。

〔4〕　高其才：《中国习惯法论》（第3版），社会科学文献出版社2018年版，第3页。

〔5〕　张文显主编：《法理学》（第5版），高等教育出版社、北京大学出版社2018年版，第88页。

〔6〕　高其才：《中国习惯法论》（第3版），社会科学文献出版社2018年版，第3页。

视为适用于中国乡村社会的一种习惯法。从历史上看，实际上，新中国成立后特别是改革开放以来，乡村治理体制的每一次改革，都与地方探索创新密不可分。而在乡村治理体制探索创新的过程中，村规民约在每一次探索中都有着直接的体现。1980年1月8日，在当时广西壮族自治区河池市宜州区屏南乡合寨村果地屯，村民自治最早也是由村民自己开始探索的。村民在果地屯建立了"村委会"，选举蒙光新为村委会主任，并选举出另一个副主任和三个委员，组建了村级治理机构。关于这一时期治理组织的名称，同一时期在附近村庄也出现了"村民委员会""村管会"等名称。此外，村民在探索自治的早期，就重视制定和实施"村规民约"这一行为规范，并一直影响着我国的乡村治理体制演变。例如，果地村委会在当时即制定了《果地村委会村规民约》。

果地村委会村规民约[1]

维护社会主义治安，经全村群众讨论，特制定村规。

一、坚决拥护中国共产党的领导，热爱祖国，热爱社会主义。

二、做好规范，加强社会治安管理，各户若有外地来人，必须报经村委会批准才能住宿。

三、维护社会治安人人有责。若有偷盗案发生，本村能出动的人员应该全部出动，并按村规信号急到预定地点，听从村委会的指挥和安排，追捕盗犯。对追捕盗匪有功者，将缴获的赃款、物提10%奖给有功人员。

四、人人遵守社会主义道德。不准男女对唱风流山歌，如未婚男女乱唱风流歌，每人罚款2元，已婚男女对唱风流山歌，每人罚款10元，不准赌博，违者对聚赌、窝赌、赌头罚款10元，参赌者罚款5元，再犯加倍罚，第三层次除加倍处罚外，还送公安机关依法处理。不准偷砍国家、集体、个人所有林木，违者除强令退出偷砍的林木外，每根直径5寸以上的罚款50元，直径5寸以下的罚款10元。不准在群众定为的后龙山开石炮、开荒、割草、砍柴、放牛，违者，每分面积罚款10元，割草每百斤10元，砍柴每百斤10

---

〔1〕 广西壮族自治区地方志编纂委员会编：《广西通志·附录》，广西人民出版社2006年版，第958页。

元。不准打架、斗殴，家庭成员或村民与村民之间、户与户之间、队与队之间、村与村之间发生的纠纷时，听从村委会的调解。如村委会调解不当的可向上级或法庭直至法院申诉，服从上级判决，不能气愤打人，违者罚款10元，还负伤者医疗费。

五、对维护和执行村规民约有功者得奖，每年年终评奖，据情况分别给予精神和物资奖。

此约

果地村委会主任　蒙光新

副主任　蒙成顺

1980年元月7日

自此，村规民约与中国乡村社会的关系再一次紧密起来，村规民约的习惯法属性再次被强化。中国习惯法内容丰富，类型多样，按照不同的划分标准，可以分为不同种类的习惯法。例如，乡村习惯法或者村落习惯法以乡村、村落为地域界限，宗族习惯法以家族为血缘界限，行业习惯法和行会习惯法以行业、职业为界限，少数民族习惯法则融合地域、血缘等多种因素。当然，在传统村规民约体系之中，如果某一村落为同一姓的族人，村规民约此时也可以归为宗族习惯法的范畴。例如，《吕氏乡约》在某种程度上既可以被归为村落习惯法，又可以被认为是一种宗族习惯法。据此，中国的村规民约以乡村、村落为主要适用范围，可以归为村落习惯法的范畴。从名称上看，当代村规民约多是以"某村村规民约"为表达形式，还有"某村公约""某村自治合约""某屯屯规民约""决议书""决定""办法""制度"等不同表达，这些都明显属于适用于乡村社会的村落习惯法。当然，乡村治理实践中还有"某乡乡规民约""某镇镇规民约"的表达。例如，云南省怒江傈僳族自治州贡山独龙族怒族自治县独龙江乡2003年3月26日制定通过了《独龙江乡乡规民约》，第20条规定："全乡干部职工农民群众和外来人员，必须严格执行本《村规民约》，此《村规民约》由独龙江乡人民政府负责解释。"[1]《福建

---

〔1〕高其才、池建华编：《南方少数民族村规民约汇编》（下卷），湘潭大学出版社2020年版，第1370页。

省宁德市福安市穆云畲族乡村规民约》也规定："本村规民约由乡政府负责执行，乡人大负责监督。对于违反以上有关条款的公民，乡政府进行批评教育，情节严重的交司法部门处理。"〔1〕《西藏自治区乡镇人民代表大会工作条例》〔2〕更是以地方性法规的形式规定了乡镇人民代表大会有权制定村规民约。该条例第4条规定"对本行政区域内的重大事项通过决定和发布决议，制定符合实际的乡规民约"〔3〕是乡、民族乡、镇的人民代表大会的一项重要职权。上述村规民约的适用范围也直接指向该乡、该镇范围内的村民，也属于乡村的范畴。

三、村规民约是由当代中国国家法保障的习惯法

正如上文所述，习惯法可以从国家法意义上的习惯法和非国家法意义上的习惯法两个方面进行。从国家法意义和非国家法意义理解习惯法，对于学术研究是具有意义的。但是国家法意义上的习惯法和非国家法意义上的习惯法之间并不是绝对地、完全地隔离，特别是对于村规民约来说。村规民约本身首先是一种乡村习惯法，但村规民约又得到了当代中国国家法的保障，有其特殊性，村规民约是由当代中国国家法保障的习惯法。

新中国成立后，我国在基层治理特别是乡村治理领域不断探索、实践、创新和改革，总体上经历了一个从"政社合一"到"政社分设"，再到村民自治，如今发展为健全自治、法治、德治相结合的乡村治理体系。〔4〕村规民约作为乡土社会由民众共同约定、共同执行、共同遵守的行为规范，得到了国家法的确认，《宪法》明确了"守则、公约"在国家治理、社会治理、基层治理中的重要意义。作为基层群众自治制度的主要法律规范根据，《村民委员会组织法》对村规民约则有更为明确的规定。《宪法》是我国的根本法，规

〔1〕 2012年3月制定，具体公布日期不详。参见中共福建省委宣传部等编译：《福建乡规民约》，海峡文艺出版社2016年版，第434~436页。

〔2〕 1992年10月23日西藏自治区第五届人民代表大会常务委员会第二十二次会议通过；1995年9月28日西藏自治区第六届人民代表大会常务委员会第十六次会议修正；2004年11月26日西藏自治区第八届人民代表大会常务委员会第十五次会议修正；2016年3月30日西藏自治区第十届人民代表大会常务委员会第二十三次会议修正。

〔3〕 《西藏自治区乡镇人民代表大会工作条例》第4条规定了、民族乡、镇的人民代表大会行使12项职权。

〔4〕 高其才、池建华：《改革开放40年来中国特色乡村治理体制：历程·特质·展望》，载《学术交流》2018年第11期，第66~77页。

定了我国的根本制度和根本任务。《宪法》第 24 条第 1 款规定："国家通过普及理想教育、道德教育、文化教育、纪律和法制教育，通过在城乡不同范围的群众中制定和执行各种守则、公约，加强社会主义精神文明的建设。"此处提及的"守则、公约"在社会治理、乡村治理中的相关内容主要体现为村民委员会自治章程、村规民约等。《宪法》第 111 条规定了我国在城乡基层实行基层群众自治制度，"城市和农村按居民居住地区设立的居民委员会或者村民委员会是基层群众性自治组织。居民委员会、村民委员会的主任、副主任和委员由居民选举。居民委员会、村民委员会同基层政权的相互关系由法律规定。居民委员会、村民委员会设人民调解、治安保卫、公共卫生等委员会，办理本居住地区的公共事务和公益事业，调解民间纠纷，协助维护社会治安，并且向人民政府反映群众的意见、要求和提出建议"。

基层群众自治制度是我国的基本政治制度，基层群众自治在农村体现为村民自治，而村民在自治过程中不仅需要遵循国家法，还有根据自身情况制定和实施其他行为规范。根据《宪法》的规定，《村民委员会组织法》对村民自治的程序和内容进行了更为详细具体的规定。其中，村规民约被《村民委员会组织法》规定为村民自治规范的重要形式。村规民约在传统中国乡村社会长期存在，但被写入国家法则最早见于 1988 年实施的《村民委员会组织法（试行）》，该法第 16 条规定："村规民约由村民会议讨论制定，报乡、民族乡、镇的人民政府备案，由村民委员会监督、执行。村规民约不得与宪法、法律和法规相抵触。"第 19 条规定："驻在农村的机关、团体、部队、全民所有制企业、事业单位的人员，不参加村民委员会组织；不属于村办的集体所有制企业、事业单位的人员，可以不参加村民委员会组织。但是，他们都应当遵守村规民约……"1998 年 11 月 4 日，第九届全国人民代表大会常务委员会第五次会议通过了《村民委员会组织法》，去掉了"试行"二字，该法律也继续使用"村规民约"这一概念。在 2010 年、2018 年修改的《村民委员会组织法》中，"村规民约"继续存在。1998 年《村民委员会组织法》第 20 条规定："村民会议可以制定和修改村民自治章程、村规民约，并报乡、民族乡、镇的人民政府备案。村民自治章程、村规民约以及村民会议或者村民代表讨论决定的事项不得与宪法、法律、法规和国家的政策相抵触，不得有侵犯村民的人身权利、民主权利和合法财产权利的内容。"

《宪法》《村民委员会组织法》等法律法规明确了村规民约的社会规范属性，有的法律法规进一步区分了村规民约和法律法规的不同适用范围，强调村规民约的内容要符合法律法规。在乡村治理实践中，村规民约中的财产、人身惩罚性条款的合法性问题一直是理论和实务界争论的焦点。根据《立法法》《行政处罚法》等法律法规，除法律、法规、规章外，其他规范性文件不得设定行政处罚。因此，村规民约是不能设定处罚的，有的法律法规明确了国家法与村规民约的这一区别。为加强对各种收费、罚款、没收财物的管理，保护企业、事业单位和公民的合法权益，1986年12月14日，吉林省第六届人民代表大会常务委员会第二十二次会议通过了《吉林省收费罚款没收财物管理条例》。[1] 该条例第2条规定："本条例适用于全省城乡一切社会性的收费、罚款、没收财物的活动，所有单位和个人都必须遵守。" 第3条规定："各种收费、罚款、没收财物的项目和标准，都必须按本条例规定的权限报经批准，国家法律、法规另有规定的除外。" 第30条明确罚款、没收财物，系指国家行政执法机关，依法实行的一种行政处罚。但是，第31条也明确规定："各企业事业单位对内部管理的有关规定和当地群众民主讨论制定的乡规民约，不属本例管理范围。" 由此，该条例将有的村规民约中的财产惩罚性条款排除在外，实际上也就是区分了法律法规和村规民约。虽然村规民约是当代中国国家法保障的习惯法，但两者也是存在差异的。

《宪法》和《村民委员会组织法（试行）》确立基层群众自治制度后，民政部针对村民自治也出台了《关于在全国农村开展村民自治示范活动的通知》（1990年9月26日）、《全国农村村民自治示范活动指导纲要（试行）》（1994年2月4日）等部门规章和规范性文件，其中规定村民委员会可以制定必要的规章制度和村规民约，以促进农村民主管理、民主决策、民主监督。在党的政策层面，1994年11月5日，中共中央发布《关于加强农村基层组织

---

〔1〕 1986年12月14日吉林省第六届人民代表大会常务委员会第二十二次会议通过；根据1992年1月14日吉林省第七届人民代表大会常务委员会第二十六次会议《吉林省人民代表大会常务委员会关于修改〈吉林省收费罚款没收财物管理条例〉的决定》修改；根据1997年12月19日吉林省第八届人民代表大会常务委员会第三十五次会议《吉林省人民代表大会常务委员会关于修改〈吉林省收费罚款没收财物管理条例〉的决定》修改；根据2018年11月30日吉林省第十三届人民代表大会常务委员会第八次会议《吉林省人民代表大会常务委员会关于废止和修改〈吉林省农业环境保护管理条例〉等12部地方性法规的决定》修改。

建设的通知》，对于加强农村以党组织为核心的基层组织建设，推进农村的改革、发展、稳定和全面进步，作了全面的部署。该通知明确提出，健全村民自治组织、集体经济组织和群团组织，促进村级各项工作的制度化、规范化。其中，该通知明确了着重抓好村民选举制度、村民议事制度、村务公开制度和村规民约制度。关于村规民约制度，该通知明确规定："按照国家法律、法规和政策，根据当地情况，从本村群众迫切要求解决的问题入手，经村民代表会议或村民民主讨论，制定包括本村干部在内的全体村民都必须遵守的章程，规范大家的行为，并逐步充实内容，完善实施办法。"可以看出，村规民约等行为规范在乡村治理中的作用逐渐凸显出来。

随着乡村治理和法治乡村建设的不断推进，村规民约在国家法中的体现愈加明显。高其才教授曾对我国法律、行政法规、部门规章、地方性法规、民族自治地方自治条例和单行条例、经济特区法规、地方政府规章等法律法规中的村规民约、乡规民约进行统计和分析，反映了法律、行政法规、部门规章、地方性法规等对乡规民约、村规民约在乡村社会治理中的一定重视，涵盖村民自治、农村公共事务管理、农村生态环境保护、农村家庭关系维护等领域。[1]有的法律法规中明确出现了"村规民约"或者"乡规民约"的字样。例如，2023年10月24日，第十四届全国人民代表大会常务委员会第六次会议通过了《爱国主义教育法》，自2024年1月1日起施行。"村规民约"出现在《爱国主义教育法》第20条。该条规定："基层人民政府和基层群众性自治组织应当把爱国主义教育融入社会主义精神文明建设活动，在市民公约、村规民约中体现爱国主义精神，鼓励和支持开展以爱国主义为主题的群众性文化、体育等活动。"据此，基层人民政府和村民委员会等基层群众性自治组织应当在村规民约中写入关于爱国主义教育的专门性内容，从而在基层进行爱国主义教育。有的法律法规中则是直接出现了专门领域的村规民约。例如，《森林法》中明确提到了"护林公约"的相关内容，"护林公约"也是乡规民约的一种具体表达形式。1984年9月20日，第六届全国人民代表大会常务委员会第七次会议通过了《森林法》，自1985年1月1日起施行。后来，

---

〔1〕 参见高其才：《村规民约在乡村治理中的作用——从法律行政法规部门规章等中央规范性文件角度的考察》，载《暨南学报（哲学社会科学版）》2017年第9期，第2~10页；高其才：《通过村规民约的乡村治理——从地方法规规章角度的观察》，载《政法论丛》2016年第2期，第12~23页。

我国对《森林法》进行了多次修订。其中，在1984年《森林法》中就出现了"护林公约"的表述，并延续至今。1984年《森林法》第16条第1款规定："地方各级人民政府应当组织有关部门建立护林组织、负责护林工作；根据实际需要在大面积林区增加护林设施，加强森林保护；督促有林的和林区的基层单位，订立护林公约，组织群众护林，划定护林责任区，配备专职或者兼职护林员。"现行《森林法》则是在第33条规定了"护林公约"的内容。第33条第1款规定："地方各级人民政府应当组织有关部门建立护林组织，负责护林工作；根据实际需要建设护林设施，加强森林资源保护；督促相关组织订立护林公约、组织群众护林、划定护林责任区、配备专职或者兼职护林员。"此处的"相关组织"就包括村民委员会等基层群众性自治组织。

村规民约虽然是当代中国国家法保障的一种习惯法，但关于"村规民约"或者"乡规民约"的定义，国家法中并没有一个清晰且统一的界定，目前仅在党的政策中有所体现。2018年12月4日，民政部、中央组织部、中央政法委、中央文明办、司法部、农业农村部、全国妇联共同制定了《关于做好村规民约和居民公约工作的指导意见》。该意见中关于"村规民约"的含义界定是"村规民约、居民公约是村（居）民进行自我管理、自我服务、自我教育、自我监督的行为规范，是引导基层群众践行社会主义核心价值观的有效途径，是健全和创新党组织领导下自治、法治、德治相结合的现代基层社会治理机制的重要形式"。这一表述基本上概括了村规民约的核心内容。

关于村规民约、村规民约中"乡""村"的范围，《乡村振兴促进法》第2条对乡村进行了定义。也就是说，从国家法层面，我国对村规民约的适用范围进行了界定。该法第2条第2款规定："本法所称乡村，是指城市建成区以外具有自然、社会、经济特征和生产、生活、生态、文化等多重功能的地域综合体，包括乡镇和村庄等。"此外，《村民委员会组织法》第3条第3款还规定："村民委员会可以根据村民居住状况、集体土地所有权关系等分设若干村民小组。"据此，村民委员会、村民小组、乡镇人民政府都是制定村规民约的主体，制定村规民约的不同主体也决定了相应的适用范围。

四、结语

健全党组织领导的自治、法治、德治相结合的乡村治理体系，需要重视和发挥村规民约的积极作用，首先需要对村规民约性质有一个清晰的认识。《宪法》《村民委员会组织法》《乡村振兴促进法》等国家法对村规民约进行了直接或者间接的规定，从而以国家法的形式确立了村规民约在乡村治理中的自治规范地位。村规民约是由当代中国国家法保障的乡村习惯法，在国家法与习惯法的交互之下，村规民约具有广阔的存在空间，并对法律法规的实施发挥了促进功能。

推进全面依法治国，推进国家治理体系和治理能力现代化，法治乡村建设都是重大任务。而村规民约可以在诸多领域促进法治乡村建设，也有助于健全党组织领导的自治、法治、德治相结合的乡村治理体系。《关于加强法治乡村建设的意见》着重强调"推进乡村依法治理"，其中重要任务是"引导村民在村党组织的领导下依法制定和完善村民自治章程、村规民约等自治制度。落实和完善村规民约草案审核和备案制度，健全合法有效的村规民约落实执行机制，充分发挥村规民约在乡村治理中的作用"。村规民约与乡村依法治理的关系在此处已经明确，而村规民约本身又是实行村民自治的重要规范，法治、自治在村规民约中可以实现结合。当代中国的村规民约在内容上也包含着尊老爱幼、家庭和睦等道德伦理教化的内容，因此，村规民约也是推进乡村德治的重要载体。综上，自治、法治、德治在村规民约这一行为规则层面可以实现有机结合。

第五章
居民公约的社会治理作用

▲

李明道　马立晔　高其才

一、引言

《城市居民委员会组织法》第 15 条规定："居民公约由居民会议讨论制定，报不设区的市、市辖区的人民政府或者它的派出机关备案，由居民委员会监督执行。居民应当遵守居民会议的决议和居民公约。居民公约的内容不得与宪法、法律、法规和国家的政策相抵触。"中共中央、国务院 2017 年 6 月发布的《关于加强和完善城乡社区治理的意见》明确指出要"充分发挥自治章程、村规民约、居民公约在城乡社区治理中的积极作用"。2018 年 12 月，民政部等七部门联合出台《关于做好村规民约和居民公约工作的指导意见》，从村规民约、居民公约的主要内容、制定程序、监督落实和组织领导等方面要求加强对村规民约和居民公约工作的指导规范。2020 年 12 月，中共中央印发的《法治社会建设实施纲要（2020-2025 年）》提出，要"充分发挥社会规范在协调社会关系、约束社会行为、维护社会秩序等方面的积极作用。加强居民公约、村规民约、行业规章、社会组织章程等社会规范建设，推动社会成员自我约束、自我管理、自我规范"。这表明，居民公约作为以居民自治章程为基础和依据、引导社区居民进行自我管理、自我服务、自我教育、自我监督的行为规范，在城市基层社会治理中发挥着重要作用。

2022 年，广东省惠州市大亚湾区结合区域实际，因地制宜，按照中央、省、市决策部署，对标对表共性工作指引，树立全域"一盘棋"意识，通过强化综合网格治理+和美共建，试点先行，以点带面，构建"和美网格"治理，初步形成"五治融合"（政治、法治、德治、自治、智治）、"引美人治"（美治）的和美治理新格局。[1]作为在健全和创新党组织领导下自治、法治、德治相结合的现代基层社会治理机制的重要形式之一，居民公约在推动大亚湾和美治理新格局的过程中也不断发挥着协调社会关系、约束居民行为、维护社区秩序的积极作用。

《城市居民委员会组织法》没有明确规定居民公约需要涉及的具体内容，强调从制定程序上由居民协商、共同决定社区治理的各项事务，根据实际需要制定居民公约。2018 年 12 月，民政部、中央组织部、中央政法委、中央文明办、司法部、农业农村部、全国妇联共同印发《关于做好村规民约和居民公约工作的指导意见》，居民公约内容一般应包括规范日常行为、维护公共秩序、保障群众权益、调解群众纠纷、引导民风民俗等方面。根据 2019 年 10 月《大亚湾区村规民约和居民公约修订工作实施方案》，居民公约的内容要符合合法、务实、管用、全面的基本原则，一般涵盖倡导类、权益保障类、约束类等内容。倡导类内容大致包括：宣扬爱党爱国，倡导践行社会主义核心价值观；弘扬向上向善、孝老爱亲、勤俭节约等优良传统和邻里守望、互帮互助的文明乡风，抵制封建迷信、陈规陋习，倡导健康文明绿色生活方式；倡导维护社会治安秩序，勇于同黑恶非法势力、违法犯罪行为、歪风邪气等作斗争。权益保障类内容大致包括：严格遵守宪法和法律法规政策规定，依法保障基层群众特别是妇女儿童、特殊困难群众的正当合法权益，不得侵犯国家、集体和公民合法利益。约束类内容主要是针对本村居在经济、民主、服务、生态文明等领域存在的突出问题，如家庭暴力、拒绝赡养老人、薄养厚葬等提出约束性内容，并提出切实可行的惩戒措施。

大亚湾区各社区在区管委会、街道办和各社区居委会的带领下，通过居民代表大会制定、修订居民公约，进而规范居民行为、保障居民权益、满足居民需求，为建设和美社区、初步构建和美治理格局奠定了基础。大亚湾区辖澳头、西区、霞涌 3 个街道办事处，29 个行政村、28 个社区。本章主要依据对从大亚湾区民政局调查收集到的该区 3 个街道办事处下辖的 19 个社区共

---

[1] 大亚湾区委政法委《"和美网格"营造美好生活——惠州市大亚湾经济技术开发区推进市域社会治理现代化试点实践的调研报告》，定稿时间：2022 年 6 月 19 日；提供时间：2022 年 7 月 11 日。

19 件居民公约（其中 1 件已被修改，3 件生效日期未知）中有具体生效日期的 16 件居民公约基础上进行总结而成。[1] 从 16 份大亚湾区居民公约的内容来看，居民公约的积极作用主要体现在倡导精神文明、保护环境卫生、建设平安社区、管理公共事务、协调居民关系，以保障基层民主自治、维护社区安全秩序、调解居民纠纷、推进精神文明建设。

二、倡导精神文明

自党的十八大以来，以习近平同志为核心的党中央高度重视社会主义精神文明建设。大亚湾区各社区在居民公约中均以习近平新时代中国特色社会主义思想为指导，以弘扬和践行社会主义核心价值观为指引，通过倡导爱国爱党、遵纪守法、加强思想道德和科学文化教育、传承优良家风等行为，全面提升社区精神文明建设。

（一）爱国爱党守法

大亚湾区的居民公约中，与爱国爱党守法相关的内容均被置于居民公约的开篇，倡导居民坚持党对一切工作的领导，树立正确的价值观。例如，澳头街道办辖区内的沙田社区和海滨社区的居民公约中均有"爱党、爱国、爱社会主义，积极响应政府号召，依法履行应尽义务，团结一心为构建和谐社区作贡献""学法、知法、守法，自觉维护社会治安和公共秩序，见义勇为，同一切坏人坏事和不良行为做斗争"的规定。[2] 西区街道办下辖的爱群、美韵、锦惠等 8 个社区也均在居民公约总则部分第 3 条规定了"坚持法治、德治、自治相结合，培育和践行社会主义核心价值观，倡导爱国敬业、诚实守信、崇德向善，传承优良传统文化，树立良好社区风气"。[3]

---

〔1〕 我们目前收集到的 19 件大亚湾区居民公约具体为：澳头街道办所辖的海滨社区、桥西社区、沙田社区及桥东社区的 4 件居民公约；西区街道办所辖的爱群社区、板嶂岭社区、德惠社区、海惠社区、锦惠社区、蓝岸社区、龙光社区、美韵社区、新联社区、响水社区、新惠社区、永盛社区、新荷社区的 13 件居民公约；霞涌街道办所辖的小径湾社区、东兴社区的 2 件居民公约。其中，《德惠社区居民公约》于 2020 年 1 月 17 日经过修订，《桥东社区居民公约》《新荷社区居民公约》和《小径湾社区居民公约》的生效时间未知。本章主要以有明确生效日期的 16 件居民公约为分析对象。

〔2〕 参见《澳头街道沙田社区居民公约》（2019 年 11 月 5 日）第 2 条、第 3 条，《海滨社区居民公约》（2020 年 1 月 14 日）第 1 条、第 2 条。

〔3〕 参见《爱群社区居民公约》（2020 年 10 月 22 日）、《美韵社区居民公约》（2020 年 10 月 31 日）、《锦惠社区居民公约》（2020 年 10 月 21 日）。

（二）科学文化教育

科学文化教育作为精神文明建设的重要内容，在大亚湾区各社区的居民公约中也有所体现。如《新联社区居民公约》第 14 条规定"努力学习科学文化知识、开展文明健康的文娱活动，不看淫秽书刊、录像等，不参与赌博、吸毒，不做违法犯罪的事"。[1]在《海滨社区居民公约》《澳头街道沙田社区居民公约》中也有类似的条文规定，并都强调"不做伤风败俗的事"。[2]霞涌街道办下辖的东兴社区则在其居民公约第 24 条中强调父母作为未成年人的法定监护人应保证子女接受九年制义务教育。[3]在西区街道办各社区的居民公约中也有相同的规定，此外，还有龙光、新惠、美韵等 8 个社区在居民公约中进一步提倡居民自觉接受社会主义法治教育和思想道德教育。[4]

（三）推进移风易俗

民政部等七部门联合发布的《关于做好村规民约和居民公约工作的指导意见》明确提出居民公约要包含引导民风民俗的内容，弘扬优良传统，推进移风易俗。大亚湾区各社区在居民公约中均对此作出了相应规定。例如，《桥西社区居民公约》第 9 条规定"提倡社会主义精神文明，移风易俗，反对封建迷信及其他不文明行为，不参加邪教组织"。[5]《澳头街道沙田社区居民公约》则在此基础上进一步细化规定"移风易俗，反对封建迷信，做到红白喜事不大操大办，勤俭节约，反对铺张浪费"。[6]西区街道办与霞涌街道办各社区居民公约中也有与移风易俗相关的规定，如《永盛居民公约》第 27 条提出"自觉开展移风易俗，传承节俭优良传统，反对铺张浪费，做到婚丧喜事简办，厚养薄葬，全面推进节地生态安葬。不搞铺张浪费，不盲目跟风攀比，不搞封建迷信活动，不参与非法宗教活动"。[7]西区和霞涌街道办其他 8 个社区的居民公约也有相同的规定。此外，除强调移风易俗外，西区和霞涌街道

〔1〕《新联社区居民公约》（2019 年 12 月 10 日）。
〔2〕参见《澳头街道沙田社区居民公约》（2019 年 11 月 5 日）第 4 条、《海滨社区居民公约》（2020 年 1 月 14 日）第 4 条。
〔3〕参见《东兴社区居民公约》（2020 年 10 月 22 日）。
〔4〕参见《龙光社区居民公约》（2020 年 10 月 16 日）、《新惠社区居民公约》（2020 年 10 月 21 日）、《美韵社区居民公约》（2020 年 10 月 31 日）第 28 条。
〔5〕《桥西社区居民公约》（2019 年 12 月 4 日）。
〔6〕参见《澳头街道沙田社区居民公约》（2019 年 11 月 5 日）第 5 条。
〔7〕《永盛社区居民公约》（2020 年 10 月 22 日）。

办的各社区居民公约还提倡弘扬优良的传统，尤其对家风建设有特别的规定。如《板樟岭社区居民公约》《东兴社区居民公约》《美韵社区居民公约》等10件居民公约均指出要"传承高尚的家风祖训，倡导文明新风，树立勤俭节约的意识"。[1]

践行社会主义核心价值观、弘扬中华民族传统美德和时代新风是居民公约在制定或修订时坚持的价值引领。在大亚湾区各居民公约中主要体现为爱党爱国、移风易俗、邻里团结友善、传承高尚家风等内容。通过居民公约对社区中出现的薄养厚葬、炫富铺张、乱搭乱建等行为进行约束，使通过居民公约改变陈旧风俗习惯、推进移风易俗、加强精神文明建设成为可能。在此意义上，居民公约作为连接国家法律和居民生活的桥梁，能够在坚持国家精神文明建设原则的前提下，结合当地社区的实际情况和居民利益需求，不断改变剔除不合时宜的旧风俗，弘扬发展文明社区新风尚。

三、建设平安社区

社区平安建设不仅需要政府的力量，还需要社区居民共同参与社会治安秩序的维护。在大亚湾区的居民公约中，西区街道办和霞涌街道办的13个社区中有10件居民公约规定了"平安建设"的内容，《新联社区居民公约》也专设"社区治安管理"章节。海惠、德惠、沙田、桥西及海滨等社区也在居民公约中规定了与社区平安建设相关的内容。在具体规范居民行为之前，有10个社区的居民公约先对居民平安建设进行了倡导式的规定，并为居民参与平安建设提供了途径。如板樟岭、东兴、锦惠等社区的居民公约均倡导"积极参与平安社区创建活动、踊跃参加平安志愿者、义工巡逻等群防群治活动""积极参与'网格化管理、组团式服务'"，发现问题"及时告知物业管理人员或社区干部"。[2]《永盛社区居民公约》第29条规定："积极参与'网格化管理、组团式服务'，发现安全生产隐患、社会治安问题、食品药品安全隐患、环境污染问题、各类矛盾纠纷以及各种可疑人员、违法犯罪行为，应及

---

〔1〕参见《板樟岭社区居民公约》（2020年10月22日）第26条、《东兴社区居民公约》（2020年10月22日）第26条、《美韵社区居民公约》（2020年10月31日）第27条。

〔2〕参见《板樟岭社区居民公约》（2020年10月22日），《东兴社区居民公约》（2020年10月22日），《锦惠社区居民公约》（2020年10月21日）第27条、第28条。

时告知物业管理人员、区域负责人或社区干部。"

具体而言，大亚湾区各社区居民公约中与治安管理、平安建设相关的规定包含黄赌毒及相关人员管理、防火防灾管理、车辆治安管理、网络治安管理和房屋治安管理五方面内容。

第一，为了与精神文明建设相配合，维护社区和谐稳定，各社区居民公约中都有与禁止黄赌毒及邪教的相关规定。如《德惠社区居民公约》第 6 条规定"禁止吸毒、贩毒、赌博、卖淫嫖娼等违法犯罪活动，严禁非法种植各种毒品原植物、容留他人吸毒或为他人吸毒提供方便"。[1]同时，爱群、板樟岭、东兴等 11 个社区的居民公约中还专门强调针对涉毒、误入邪教等人员应"加强教育引导和管理帮扶，发生异常情况及时向社区党组织和社区居委会报告，并配合做好相关工作"。[2]

第二，除禁止黄赌毒外，各社区居民公约还注重防火防灾治安管理，如爱群、锦惠、响水等社区的居民公约第 34 条均规定"严防发生火灾、生产、交通、溺水等安全事故"。[3]《德惠社区居民公约》第 8 条至第 10 条分别从禁止燃放烟花爆竹、禁止乱拉乱接电线和加强安全知识宣传教育三方面要求加强社区用火用电安全管理。[4]

第三，在车辆治安管理方面，《新联社区居民公约》第 22 条规定"车辆进出社区要减速慢行、不鸣笛；规范停放汽车、电瓶车、摩托车、自行车，不将车辆停放在通道口、绿化带、消防通道，不得妨碍其他车辆通行"。[5]《澳头街道沙田社区居民公约》第 7 条提出"遵守交通规则，礼让对方共和谐，车辆不乱停乱放，争做文明交通员"。[6]

第四，还有不少居民公约规定了网络治安管理内容，如蓝岸、响水等社区的居民公约第 33 条倡导"文明上网，自觉远离网络谣言，坚决斩断谣言传

---

〔1〕《德惠社区居民公约》（2020 年 1 月 17 日）。

〔2〕参见《爱群社区居民公约》（2020 年 10 月 22 日）、《板樟岭社区居民公约》（2020 年 10 月 22 日）、《东兴社区居民公约》（2020 年 10 月 22 日）、《美韵社区居民公约》（2020 年 10 月 31 日）。

〔3〕《爱群社区居民公约》（2020 年 10 月 22 日）、《锦惠社区居民公约》（2020 年 10 月 21 日）、《响水社区居民公约》（2020 年 10 月 22 日）。

〔4〕参见《德惠社区居民公约》（2020 年 1 月 17 日）第 8 条、第 9 条及第 10 条。

〔5〕《新联社区居民公约》（2019 年 12 月 10 日）。

〔6〕《澳头街道沙田社区居民公约》（2019 年 11 月 5 日）。

播链，切实做到不信谣、不传谣"。[1]

第五，针对房屋治安管理的规定主要包括房屋建筑安全与禁止高空抛物。《德惠社区居民公约》规定严禁改变房屋外观、结构。[2]《爱群社区居民公约》也要求房屋符合建筑、消防等安全要求，此外还进一步提出要定期对出租房屋进行消防安全检查等要求。[3]同时，有 12 件居民公约均明确禁止高空抛物行为，如《响水社区居民公约》第 15 条规定"严禁高空抛物，不往窗外抛撒垃圾或向外吐痰、泼水，阳台晾晒、浇灌应防止滴水。养成文明的生活习惯，自觉维护小区的安全"。[4]

特别值得注意的是，大亚湾的永盛社区多为新建商品房小区，大多数居民之间交往的时间并不长，彼此之间也不是非常熟悉，潜在的矛盾和纠纷直接危及社区稳定和谐。和谐邻里关系是社区秩序稳定的基础，也是居民公约重点规范的领域。《永盛社区居民公约》在邻里关系方面的内容具有一定的特色，除了原则性问题，还有一些具体的规定。第 10 条、第 11 条是处理邻里关系的基本原则，核心内容是互敬互爱、互帮互助。第 10 条规定："坚持互敬互爱、互助互谅，共建和睦融洽的邻里关系。"第 11 条规定："遵循平等自愿、团结友善、互惠互利原则，在生产、生活和社会交往中以诚相待，相互支持配合。"《永盛社区居民公约》第 12 条至第 15 条分别从邻里守望、扶危救难、噪音控制、禁止高空抛物等方面，细化了邻里关系。永盛社区外来人口数量多、人口流动频繁，外出务工或者经商人员较多，有可能出现无人在家的情况，或者是仅有老人、妇女、儿童等群体在家，家里需要照看。鉴于上述情况，第 12 条规定："提倡邻里守望，邻居外出走亲访友、务工经商，应尽量帮助照看，遇到异常情况及时联系相关人员，主动关心和帮助孤寡老人和残疾人员。与外来人员和谐相处时，不欺生、不排外。自觉弘扬志愿精神，做到邻里和睦相处，团结互助，积极关爱留守老人、留守妇女、留守儿童、残疾人和困难家庭，形成你帮我、我帮你的良好风尚。"该条文还特别指出了与外来人员和谐相处，符合永盛社区的实际情况，具有针对性，有助于

---

〔1〕《蓝岸社区居民公约》（2020 年 10 月 22 日）、《响水社区居民公约》（2020 年 10 月 22 日）。

〔2〕《德惠社区居民公约》（2020 年 1 月 17 日）。

〔3〕参见《爱群社区居民公约》（2020 年 10 月 22 日）第 36 条。

〔4〕《响水社区居民公约》（2020 年 10 月 22 日）。

构建和谐邻里关系。第 13 条是关于扶危救难、见义勇为的规定，"当发现有人处于危难时，如溺水、失火、触电等紧急情况，广大居民应主动见义勇为，见机营救"。因居住于楼房而产生的各种噪音是当前城市社区中比较常见的矛盾纠纷，如果不加以治理，势必会影响居民之间的关系。《永盛社区居民公约》第 14 条针对这一问题进行了专门规定，"清晨和夜晚，应主动降低室内电视、音响的音量；晚归人员进楼道做到轻脚步、轻说话、轻关门，防止影响他人正常休息"。第 15 条关于禁止高空抛物的规定，也是对高层楼房安全的专门规定，同时也符合《民法典》等法律法规的要求。该条规定："严禁高空抛物，不往窗外抛撒垃圾或向外吐痰、泼水，阳台晾晒、浇灌应防止滴水。养成文明的生活习惯，自觉维护小区的安全。"

在维护社区治安的实践方面，如霞涌街道办于 2020 年组织开展了 3 次社会治安综合治理清查行动，结合疫情防控工作对重点场所进行清查，打击涉黄赌毒、走私等违法犯罪活动，使群众对社区治安满意率达 90%。[1]此外，从 2021 年 6 月 17 日至 18 日，新荷社区综合服务中心在夏日南庭等 5 个小区开展了"拒绝高空抛物，从我做起"的社区文明行为倡导活动，以宣传的形式向居民介绍了高空抛物可能造成的危害及相关法律条文，并用实际案例警醒居民高空抛物涉嫌违法犯罪。[2]

居民公约最主要的目的在于维护社区的公共秩序并保障居民的合法权益，这也是大亚湾区各居民公约将平安建设、公共事务管理、环境卫生保护等作为主要内容的原因。居民公约是居民在利益博弈过程中达成的共识，能够调节统合各居民不同的利益和价值取向，将居民的利益诉求转化为社区规范，从而有效发挥社会秩序整合的功能。[3]从实施效果来看，大亚湾区各社区在完成居民公约修订工作后都相继开展了整治交通秩序、创建文明城市、打击黄赌毒等活动，实行"网格化管理，组团式服务"，让居民公约在深入人心的

---

〔1〕 参见《霞涌街道 2020 年法治政府建设年度报告》，载 http://www.dayawan.gov.cn/hzdywxyjdb/gkmlpt/content/4/4168/mpost_ 4168667.html#4811，2023 年 4 月 4 日最后访问。

〔2〕 参见《区民政局新荷社综开展"拒绝高空抛物，从我做起"社区文明行为倡导活动》，载 http://www.dayawan.gov.cn/hzdywshswj/gkmlpt/content/4/4324/post_ 4324967.html#4600，2023 年 3 月 28 日最后访问。

〔3〕 参见张广利、刘远康：《城市社区软法之治——以上海市 Y 居民区〈住户守则〉为例》，载《长白学刊》2020 年第 2 期，第 119~125 页。

同时也落地生根，产生真正的实效。

四、管理公共事务

社区的公共事务及公共设施管理、公益事业开展是居民公约的重要内容。大亚湾区各社区根据实际情况，通过居民公约对计划生育、外来人口、公共秩序、公共设施、公共空间以及公益事业作出了相应规定。

在计划生育方面，大亚湾的居民公约大都不同程度地提到了要落实国家计划生育政策。以《龙光社区居民公约》为代表的居民公约均详细规定了生育登记制度，并提出"符合再生育条件，拟再生育子女的夫妻，应先办理再生育审批手续，经审核批准后方可怀孕、生育"。[1]《海滨社区居民公约》对此进一步补充道，"已婚妇女自觉接受妇女普查服务，政策外怀孕应自觉采取补救措施"。[2]《永盛社区居民公约》第23条规定："为落实计划生育基本国策，优化生育服务，维护公民合法权益，生育第一个和第二个子女的夫妻，应在怀孕后至生育后半年内主动到办理机构办理生育登记。符合再生育条件，拟再生育子女的夫妻，应先办理再生育审批手续，经审核批准后方可怀孕、生育。"由此可见，大亚湾区各社区都严格遵守计划生育政策，禁止超生。然而，《德惠社区居民公约》中"严禁无计划生育或超生"的规定却在西区街道办审核时被删除。[3]这反映出各社区对国家计划生育政策更新的认识程度是有差异的。

由于大亚湾区具有毗邻深圳、东莞，距香港仅47海里的区位优势，外来人口、流动人口管理成为社区公共事务管理的重要内容。大亚湾的居民公约大部分对外来人口、流动人口作出了相应规定。以爱群、美韵等社区为代表的居民公约要求居民"自觉遵守流动人口管理服务和出租房屋登记等有关规定……承租人是流动人口的，应告知承租人主动向社区警务室或公安派出所申报居住登记。警务室工作人员上门办理居住房屋出租登记、流动人口居住登记时，应积极配合，主动出示身份证件，如实提供相关信息"。[4]此外，在

---

〔1〕 参见《龙光社区居民公约》（2020年10月16日）第23条。
〔2〕 参见《海滨社区居民公约》（2020年1月14日）第9条。
〔3〕 参见《关于对德惠社区居民公约的审核意见》（2020年1月10日）。
〔4〕 《爱群社区居民公约》（2020年10月22日）、《美韵社区居民公约》（2020年10月31日）第35条。

邻里关系中，上述社区居民公约也都规定了要"与外来人员和谐相处，不欺生、不排外"。[1]

各社区居民公约在公共秩序方面的规定主要包括与不法行为做斗争、严禁非法集会或聚众闹事等。如《海滨社区居民公约》第2条规定"学法、知法、守法，自觉维护社会治安和公共秩序，见义勇为，同一切坏人坏事和不良行为作斗争"。《德惠社区居民公约》第5条规定"严禁非法集会、游行、示威，杜绝非法上访"。[2]《桥西社区居民公约》第7条规定"讲文明、讲礼貌、讲道德、严禁在公共场所聚众闹事"。[3]同时，有10件居民公约明确提倡居民"选择理性合法的方式表达自己的利益诉求"。[4]

居民公约针对公共设施、公共空间的规定主要涉及维护社区整体规划与整洁、宠物饲养及噪音控制。如《新联社区居民公约》规定"共同遵守社区整体规划，保护国家土地资源和公共绿地等基础设施的完善，不得随意侵占、挪用，严禁违章搭建"。[5]爱群、美韵等10个社区的居民公约也同样要求保护楼道干净整洁，禁止乱搭乱建、乱堆乱放。[6]与宠物饲养相关的规定以要求居民文明养犬为主，包括及时清理粪便、定期注射疫苗、不扰民等。此外，响水、新惠等10个社区的居民公约还从禁止车辆在住宅区内鸣笛、在公共场所锻炼时减小音响设备音量、早晚主动降低室内电视音响音量三方面规范居民行为，避免噪音扰民。[7]

积极开展公益事业也是社区公共事务管理的内容之一。许多居民公约均提倡居民积极参加社区各项公益活动。除前文在平安建设中提到的爱群等社区鼓励居民踊跃参加平安志愿者活动外，海滨社区在居民公约中还倡导居民"做志愿服务精神的传承者……积极参与创城工作"并提出"以'奉献、友

---

〔1〕《爱群社区居民公约》（2020年10月22日）、《美韵社区居民公约》（2020年10月31日）第12条。

〔2〕《德惠社区居民公约》（2020年1月17日）。

〔3〕《桥西社区居民公约》（2019年12月4日）。

〔4〕参见《龙光社区居民公约》（2020年10月16日）、《爱群社区居民公约》（2020年10月22日）、《美韵社区居民公约》（2020年10月31日）第32条。

〔5〕《新联社区居民公约》（2019年12月10日）第18条。

〔6〕参见《爱群社区居民公约》（2020年10月22日）、《美韵社区居民公约》（2020年10月31日）第19条。

〔7〕参见《响水社区居民公约》（2020年10月22日），《新惠社区居民公约》（2020年10月21日）第17条、第18条及第14条。

爱、互助、进步'的志愿服务精神推动和谐社区建设"。[1]

与邻里关系不同，公共秩序侧重社区公共空间的秩序维护，每一位居民都要涉及公共秩序。《永盛社区居民公约》第4章"公共秩序"部分共5条，第16条是原则性规定，第17条至第20条是4项具体规制。社区公共秩序需要居民自觉参与，因此，第16条规定："自觉维护社区秩序，积极参与社区公共活动，共建良好的公共秩序。"城市社区公共秩序涉及的事项非常多，《永盛社区居民公约》列出了车辆管理、公共场所活动音量控制、公共环境整治、动物管理等四项重点内容。关于车辆管理，第17条规定了两个方面的内容：一是车辆进入住宅区需要减速慢行、禁止鸣笛；二是规范停放汽车、电瓶车、自行车，不将车辆停放在楼道口、绿化带、消防通道。第18条针对公共场所的噪音问题进行了规制，要求在公园、广场等地锻炼身体时，应减小音响设备的音量，避免噪音扰民。第19条涉及乱搭乱建、乱堆乱放问题，要求"不在住宅周围乱搭乱建，楼道内不乱堆乱放，保护楼道干净整洁"。第20条规定的是动物管理这一当前社区公共秩序管理中的一个常见问题、焦点问题。永盛社区以公约的形式加以明确："在小区内禁止饲养鸡、鸭、鹅、猪等家畜家禽，饲养观赏动物不得占用楼道、楼梯间，不得污染环境；及时为宠物办理合法证件，定期注射疫苗，不饲养大型非温和犬类；文明遛狗，注意牵绳，及时清理犬类排泄物。"

社区居民自治是社区居民在社区内实行民主选举、民主决策、民主管理、民主监督，按照社区居民"自己管理自己的事情""大家的事情大家办"的原则，通过民主协商方式共同解决社区内公共事务。居民公约作为专门规范社区居民日常生活的准则，引导基层群众有序参与社区事务，加强社区治理，在保障基层民主自治中发挥着重要作用。具体而言，居民可以通过民主选举加入社区居委会或居民大会表达自己的意见，通过民主决策就居民公约的制定与修订达成共识，继而通过民主管理和民主监督促进居民公约的落实。居民公约制定、修订以及实施的整个过程也是居民参与基层治理、民主实践的过程。

---

[1] 《海滨社区居民公约》（2020年1月14日）第5条。

五、协调居民关系

邻里关系和婚姻家庭关系是社区居民生活的重要方面，其中包含与群众权益保护、优良传统传承、居民纠纷调解等相关内容，彰显着居民间互助互爱、和睦相处的友好社区氛围。大亚湾的居民公约大部分为邻里关系和婚姻家庭单独设置了两章内容，其他 5 件居民公约中也有与居民关系协调的相关条文。

（一）邻里关系友善

大亚湾区各社区居民公约对邻里关系的规定均遵守以促进邻里团体互助、和睦相处为目标的基本原则。如《蓝岸社区居民公约》第 10 条提倡"坚持互敬互爱、互助互谅，共建和睦融洽的邻里关系"；第 11 条规定"遵循平等资源、团结友善、互惠互利原则，在生产、生活和社会交往中以诚相待，相互支持配合"。[1]

至于具体如何促进和谐邻里关系建设，大部分社区都从提倡邻里守望、与外来人员和谐相处、积极关爱困难人士、鼓励见义勇为、文明行为等方面出发作出相应规定。如《新惠社区居民公约》第 12 条中鼓励居民在邻居外出时尽量帮忙照看，主动关系和帮助孤寡老人和残疾人员，积极关爱留守老人、留守妇女、留守儿童、残疾人和困难家庭等。[2]

澳头街道办各社区还在居民公约中倡导居民"扶贫助困，为下岗职工、无业居民、计生困难户帮扶服务，送温暖，献爱心"。[3]

（二）婚姻家庭和谐

居民公约中与婚姻家庭相关的规定主要包括家庭成员相处基本原则、弘扬慈孝文化、家庭成员关系协调、传承高尚家风祖训等内容。如《永盛社区居民公约》在婚姻家庭方面的规定首先是对法律法规相关内容的强调，也有对家风祖训等新环境下的倡导性内容。第 21 条是婚姻家庭领域的基本原则，规定："遵循婚姻自由、男女平等、尊老爱幼原则，共建团结和睦的家庭关系。"第 22 条是家庭内部夫妻双方之间关系的基本原则，"夫妻双方在家庭中

---

〔1〕《蓝岸社区居民公约》（2020 年 10 月 22 日）。

〔2〕《新惠社区居民公约》（2020 年 10 月 21 日）。

〔3〕参见《海滨社区居民公约》（2020 年 1 月 14 日）第 10 条。

地位平等，应互尊互爱，共同承担家庭事务，共同管理家庭财产，反对家庭暴力"。除了原则性规定，《永盛社区居民公约》进一步在婚姻家庭领域单独规定了五个事项。第 24 条、25 条、第 27 条分别涉及慈孝文化、父母抚养子女、家风祖训等家庭伦理方面，第 23 条涉及计划生育管理，第 26 条涉及依法服兵役事项。第 24 条关于自觉弘扬慈孝文化的规定，在明确"家庭成员平等相待"原则基础上，既强调"长辈要关心爱护小辈，为孩子树立好榜样"，也要求"子女要孝敬长辈、关心长辈、尊重长辈，履行好赡养老人的义务。外出子女要经常回家看望父母"。第 25 条进一步强调了父母对于子女的法定抚养义务，"父母应尽抚养未成年子女和无生活能力子女的义务，不得虐待儿童。作为未成年人的法定监护人，应保证子女接受九年制义务教育"。

具体分析，首先，大亚湾各社区居民公约均明确居民应当"遵循婚姻自由、男女平等、尊老爱幼原则，共建团结和睦的家庭关系"。[1]其次，各公约都强调夫妻双方的平等关系，尤其是《澳头街道沙田社区居民公约》第 10 条提出"反对男尊女卑思想观念，树立女儿也是传后人的新型的婚育观"，[2]颇值得其他居民公约借鉴。再次，针对家庭成员内部关系，各居民公约都规定居民应尊老爱幼。如《爱群社区居民公约》第 24 条和第 25 条规定"外出子女要经常回家看望父母""父母应尽抚养未成年子女和无生活能力子女的义务，不得虐待儿童"。[3]最后，各居民公约也都倡导"立家规、传家训、树家风"[4]并提倡"自觉弘扬慈孝文化"。[5]

(三) 调解民间纠纷

《城市居民委员会组织法》第 3 条规定居委会有调解民间纠纷的任务，居民公约在调解居民矛盾、解决居民纠纷方面发挥着积极的作用。16 件居民公约中有 11 件就纠纷解决作出了相应规定，处理办法基本上以协商、调解为主。如《龙光社区居民公约》《爱群社区居民公约》等 10 件居民公约都提倡

---

〔1〕 参见《爱群社区居民公约》（2020 年 10 月 22 日）、《美韵社区居民公约》（2020 年 10 月 31 日）、《新惠社区居民公约》（2020 年 10 月 21 日）、《响水社区居民公约》（2020 年 10 月 22 日）第 21 条。

〔2〕 参见《澳头街道沙田社区居民公约》（2019 年 11 月 5 日）第 10 条。

〔3〕 参见《爱群社区居民公约》（2020 年 10 月 22 日）。

〔4〕 《新联社区居民公约》（2019 年 12 月 10 日）第 5 条。

〔5〕 《龙光社区居民公约》（2020 年 10 月 16 日）第 24 条。

"用协商办法解决各种矛盾纠纷，协商不成功的，可向社区、街道调委会申请调解，也可依法向人民法院起诉"。

值得注意的是，《美韵社区居民公约》第31条在此基础上进一步增加了社区居委会和辖区司法所作为调解纠纷的组织机构，并明确调解不成的可以选择提起诉讼或仲裁。[1]这一规定发挥了司法所作为基层政法组织机构之一参与调解疑难复杂民间纠纷的作用。

在居民纠纷解决实践方面，霞涌街道2020年进一步整合基层综治、维稳、调解、信访等方面的工作力量和社会资源，建立了多元矛盾纠纷化解机制。据统计，街道办法律顾问共接访、解答各类法律咨询58宗，参与纠纷调处15宗，为群众解答了合同纠纷、股权纠纷、土地纠纷等法律问题。[2]

居民公约作为一种自治性规范，在调处居民矛盾、解决居民纠纷方面发挥着积极的作用。大亚湾区各社区居民公约在调解居民纠纷方面都强调用协商、调解的办法处理问题，还专设社区、街道调委会、辖区司法所、社区居委会来解决居民纠纷。这是因为社区内居民联系较为紧密，以协商、调解的方式处理纠纷往往更能为居民所接受，也比运用国家法律通过法院提起诉讼更为高效。同时，大亚湾各社区在居民公约中都提倡建设团结互助、和睦相处的邻里和家庭关系，这些规定一方面能够减少居民间的矛盾，另一方面也能够在产生纠纷时成为调解的润滑剂。实践中，各社区调委会、居委会在处理居民纠纷时也常常以公约中提倡的友邻互助互谅、弘扬慈孝文化等为出发点，将权利义务冲突和情与理相结合，进行柔性的调解。

六、保护环境卫生

社区环境卫生与居民日常生活息息相关，直接影响居民生活质量，是社区建设的主要任务之一。大亚湾区各社区都十分重视对社区环境卫生的治理，大多居民公约都设有专章要求居民爱护公共卫生、保护社区环境。西区街道办下辖的板樟岭、锦惠、响水等10个社区的居民公约都在第二章"美丽家园"中对社区环境卫生作出相应规定，内容主要包括倡导居民积极配合参与

---

〔1〕　参见《美韵社区居民公约》（2020年10月31日）。

〔2〕　参见《霞涌街道2020年法治政府建设年度报告》，载 http://www.dayawan.gov.cn/hzdywxyjdb/gkmlpt/content/4/4168/mpost_ 4168667. html#4811，2023年4月4日最后访问。

社区环境治理工作、遵守社区整体规划、维护社区整洁、实行垃圾分类、提倡绿色生活五方面。[1]除此之外，西区街道办各社区在居民公约的其他章节中也有与社区环境卫生相关的规定，如《新联社区居民公约》第五章也专门对保护社区环境卫生作了详细规定，其中包含了要求居民履行"三包责任"、文明饲养宠物、爱护公共卫生、及时清理垃圾等内容，并且还专门在第20条中规定"党员、干部、代表应每月参加一次由居委会组织的我爱我社清洁行动，具体时间由居委会统筹安排"，[2]以更加有效地促进居民建立良好的环境意识和卫生习惯。

　　干净、整洁、有序的社区环境是居民生活的基础性条件，也是社区治理有效的外在体现。《永盛社区居民公约》在美丽家园部分共有5个条文。其中，第5条是原则性规定，属倡导类内容，鼓励社区居民积极配合参与社区环境治理工作，共建美丽家园，共创美好生活。创建文明城市是当前城市建设的重要着手，《永盛社区居民公约》对此也有明确规定，号召社区居民积极参与其中。《永盛社区居民公约》第6条至第9条分别从社区规划、社区整洁、垃圾处理、绿色生活等方面，对美丽家园进行了细化。城市社区建设本身带有明显的规划性，永盛社区辖区内的小区多数是新建商品房小区，此方面体现得较为明显。生活在多层楼房中的居民相较于其他家庭来说是独立的，但房屋与房屋之间又构成了一个共同体，是同一楼房内居民共同居住生活的场域。不同的楼房又构成社区这一共同体，因此也是相互关联的。因此，第6条首先规定所有居民应当"共同遵守社区整体规划，不搞违章搭建，做到文明装修，避免噪音污染。不得改动承重墙，未经批准不得改变房屋结构"。第7条是关于居民要维护社区公共区域环境整洁的内容，既包括"维护社区公共服务设施"，也包括各家各户要认真落实"门前三包"，即包卫生、包绿化、包秩序，涵盖除家庭之外的社区公共区域。第8条是关于垃圾处理的内容，"提倡实行垃圾源头分类、减量处理、定点投放，严禁向河道、沟渠丢垃圾、排污水"。垃圾处理得当与否直接影响社区生活环境的好坏，也是大部分居民公约都会涉及的事项。此外，使用环保袋、低碳出行是当前社会倡导的绿色

---

　　〔1〕参见《板樟岭社区居民公约》（2020年10月22日）、《锦惠社区居民公约》（2020年10月21日）、《响水社区居民公约》（2020年10月22日）第二章"美丽家园"。

　　〔2〕参见《新联社区居民公约》（2019年12月10日）第五章"社区环境卫生"。

生活方式的体现,《永盛社区居民公约》第9条对此加以倡导,规定:"提倡绿色生活,倡导使用环保袋或竹篮购物买菜,尽量避免白色污染;提倡使用自行车或公共交通出行。"

在环境卫生保护实践方面,自2022年10月20日《惠州市文明行为促进条例》开始施行起,大亚湾各社区居委会依据其中第4条"加强文明行为的宣传、教育和引导,推动将文明行为基本要求纳入村规民约、居民公约,协助做好文明行为促进工作"的要求,积极开展宣传、教育和引导文明行为的活动。例如2023年3月16日下午,西区街道联合市场监管局、交警中队等部门开展市场卫生环境暨周边道路交通秩序整治。与此同时,新联社区也进行了"环境美化齐发力,志愿服务我先行"的志愿服务活动。[1]社区居民通过参与这些活动,践行了居民公约的相关规定,在为社区环境卫生作出贡献的同时也缩短了与其他居民间的距离,有利于促进邻里互帮互助和谐关系的发展。

此外,大亚湾区的不少居民公约为更好地发挥居民公约的作用,督促居民遵守公约,共建和谐社区,还规定了一些奖惩措施。如《东兴社区居民公约》在第七章"奖惩措施"中指出"对于违反公约的不良现象应大胆制止并及时报告,对制止违规行为成绩突出者予以精神或物质奖励",[2]同时还规定对违反公约的行为人"酌情作出批评教育、公示通报、责成赔礼道歉、恢复原状或赔偿损失等处理"。[3]以爱群社区为代表的西区街道办所辖社区的5件居民公约在此基础上增加了"为国家或集体作出突出贡献的个人,受到市级及以上表彰者,将视情况予以重奖"的规定。[4]《新联社区居民公约》虽未设置奖惩专章,但其中第13条规定"居民不配合社区'人居环境整治'工作的,居委会将停发其家庭集体收益分红,整改后补发"。[5]

---

〔1〕　参见《大亚湾西区街道:幸福指数持续提升! 西区街道居民为这件事点赞》,载 http://www.dayawan.gov.cn/hzdywxqjdb/gkmlpt/content/4/4934/post_ 4934330.html#4770,2024年4月4日最后访问。

〔2〕　参见《东兴社区居民公约》(2020年10月22日)第36条。

〔3〕　参见《东兴社区居民公约》(2020年10月22日)第37条。

〔4〕　《爱群社区居民公约》(2020年10月22日)第38条。

〔5〕　《新联社区居民公约》(2019年12月10日)第13条。

七、结语

大亚湾各社区在完成居民公约的制定及修订工作后，也积极开展了与社区居民公约内容相关的活动，通过加强宣传，力求让挂在墙上的公约条文"落地"，推进居民公约的实施。在倡导居民遵守居民公约方面，2020 年 12 月，在西区街道党工委、办事处的指导下，板樟岭社区党支部、居委会在畔山名居东门广场主办了主题为"遵守居民公约，共创幸福社区"的社区居民公约宣传活动暨社区党建年度成果展，旨在宣传社区居民公约，提高居民意识，促进邻里关系，让居民成为践行文明的参与者和推动者。[1]

从内容和实施效果来看，大亚湾的社区居民公约在基层治理中的作用发挥具有以下特点：

第一，以社区居民自治为基础。从法律根据上看，《城市居民委员会组织法》明确规定了居民公约的定位和作用，而城市居民委员会又是我国《宪法》规定的一种在城市设立的基层群众性自治组织。因此，社区居民自治是居民公约制定和实施过程中应当坚持的基本原则、首要原则。经过长期的探索、运行，我国的城市居民自治已经形成了较为成熟完善的制度。大亚湾的各社区在制定和实施居民公约的过程中，坚持以《城市居民委员会组织法》确定的社区居民自治为基础，动员广大居民群众积极参与协商讨论，同时根据城市居民社区人口情况，由居民推选居民代表具体参与审议和表决，保障居民公约顺利通过和实施，有效地发挥作用。

第二，以解决实际问题为导向。自治章程和居民公约都是保障城市居民自治的自治规范，自治章程以《城市居民委员会组织法》为主要规范依据，对城市居民自我管理、自我教育、自我服务进行了细化，涉及居民委员会的组成和运行、社区居民的权利保障等基本事项。居民公约从另一个角度对居民的个体行为进行约束，更加强调以解决实际问题为导向，发挥居民公约在平安社区建设、公共秩序保障、邻里关系维护、美丽家园建设等方面的积极作用。

第三，坚持法治、德教、自治相结合。中共中央、国务院《关于加强和

---

〔1〕 参见《创文周报‖大亚湾区文明城市工作周报》，载 https://mp.weixin.qq.com/s/WpHEt-pQENk7tTwrxHTta8Q，2024 年 4 月 4 日最后访问。

完善城乡社区治理的意见》强调："充分发挥自治章程、村规民约、居民公约在城乡社区治理中的积极作用，弘扬公序良俗，促进法治、德治、自治有机融合。"居民公约由社区居民共同议定、共同实施，其作用发挥和实施效果主要依赖于居民的自觉遵守，同时也需要法治的保障、德教的涵养。

居民公约虽具有作为自治规范的特点，但并不完全独立于国家法律，二者在整合社会秩序、促进社区发展方面有相同的目标。大亚湾区的居民公约依托于基层群众自治制度，通过了解群众需求、扎根社区实际，对具体涉及居民生活的社会关系作出规定，在保障基层民主自治、维护社区安全秩序、调解居民纠纷、推进精神文明建设等方面发挥积极方面。

第六章
基层社会治理中的企业"立法"

▲

赵健旭

一、引言

基层既是一个地域概念，又是一个治理层级概念。[1]在当代中国，"基层"一般是指乡镇街道和城乡社区的所在地，是基层政权治理和基层群众自治的结合点。基层社会是人们日常生活所处的社会面，是人与人之间社会关系的主要发生地，也是社会纠纷的聚合场域。基层社会治理被视为国家治理的基石，[2]只有有效协调基层社会关系、规范基层社会互动、完善基层治理机制，才能推动形成和谐、稳定的基层社会秩序，国家治理也才可能在真正意义上取得成效。

在不同的社会背景下，基层社会的治理模式和运作样态有所差异。当代中国基层社会治理中一个值得关注的现象，就在于企业"立法"日益成为具有重要地位和关键作用的治理资源。所谓企业"立法"是指企业直接或间接创制的，规定权利和义务，以确认和调整与企业活动相关的社会关系的行为规范。这类规范不仅可能作用于企业内部，而且可以经由企业的经济活动辐射至社会生活的各个方面，对社会行动乃至社会结构产生深远影响。[3]企业"立法"在基层社会治理中并非始终扮演着同等重要的角色。改革开放以来，

---

〔1〕 参见龚维斌：《加强和创新基层社会治理》，载《光明日报》2020年9月18日。

〔2〕 参见中共中央、国务院《关于加强基层治理体系和治理能力现代化建设的意见》。

〔3〕 参见赵健旭：《企业"立法"在现代法治秩序中的地位和作用》，浙江大学2023年博士学位论文。

伴随着社会主义市场经济的发展，企业不断获得经营自主权，企业及其"立法"活动的社会治理功能不断得到释放。改革的深入带来中国基层社会结构的巨大变迁，企业"立法"因其独特的治理效能，逐渐替代了传统社会互动所依托的部分规范资源，成为基层社会治理中重要的规范载体。在此过程中，企业以"契约"和"服务"为媒介，从其他社会共同体和国家手中，接管了大量公共事务，推动着社会成员之间的有序协作，其典型表现，便是物业企业对基层社会治理工作的实质参与。

本章从我国基层社会治理中的物业企业"立法"现象切入展开研究。第二部分旨在阐明我国基层社会治理的规范逻辑变迁历程，并由此呈现物业企业是在何种制度语境下逐渐确立起自身在基层社会治理中的地位和作用。第三部分则以物业企业"立法"这种规范性现象为分析对象，系统论述物业企业"立法"对基层社会治理的嵌入方式、规范路径和治理效能。企业及其"立法"活动对我国基层社会治理工作的纵深式参与，与改革开放以来"社会—国家"关系的制度化调试密切相关，本章的第四部分试图从企业"立法"与国家法律互动的角度，阐明当前依托物业企业"立法"的基层社会治理实践所面临的制度挑战，以及通过国家法律支撑物业企业"立法"有效运作的规范思路与制度选项。最后是结束语。

二、中国基层社会治理的逻辑变迁

从"社会—国家"关系的角度看，传统中国的基层社会治理表现为国家与社会的自然分流，国家虽然具有强大的统治意图，也会试图将国家权力纵深到底，但是囿于国家能力的有限性，在相当大的公共事务范围内，国家仍然默许了社会自治的空间。新中国成立后，在意识形态、政治体制和治理工具的交互配合下，国家统摄社会的倾向明显，社会自治的空间被不断压缩。改革开放以来，伴随着国家能力的进一步强化，国家没有试图进一步加强对社会的统治；执政党和政府在反思历史发展经验的基础上，有意识地推动国家与社会的协同共治，社会自主治理的空间逐渐被释放。企业"立法"坐落在"社会—国家"关系动态调试的场域内，其治理功能和规范样态的流变也深刻体现在中国基层社会治理的逻辑变迁进程中。

（一）国家社会自然分流

传统中国的统治者将家国视为一体，表现出明显的集中统治意愿。但是在广袤的国土范围内，囿于治理工具的有限性，统治者只能实现国家权力有选择的纵深。国家原则上默许社会自治空间的存在，但是当社会自治可能威胁皇权统治时，国家对基层事务的介入则没有任何边界可言。因此，从整体上看，传统中国的基层社会治理对社会性规范元素存在较高依赖。当时，由于交通和通信技术并不发达，人们所处的社会环境相对封闭，人与人之间的空间交汇受到极大制约，血缘由此成为基层社会联结的基本纽带，社会运作的基础共同体便是家族。传统中国的家族采父系制度，以父宗而论，凡是同一始祖的男系后裔，则属于同一宗族团体，称为族人，自高祖至玄孙的九个世代，即所谓之九族；〔1〕家则是指共同生活的亲属团体，范围较小，通常只包括二到三个世代的人口。〔2〕族是家的综合体，是一个血缘共同体，家则在血缘因素外，还体现为一个经济单位，是生活共同体。

除了基于血缘纽带形成的家族联结，传统中国另外一个基本的社会纽带便是地缘因素。居住、生活在邻近地区的人们通常会感到他们之间存在共同利益并需要协同行动，地域共同体便由此形成。〔3〕在一些地域空间内，血缘共同体和地缘共同体是重合的，但是也有史料表明，历史实践中的基层社会形态并非全然如此，同一地域范围内可能会聚合不同的家族共同体，甚至家族在某一地域范围内的分布可能相当分散。从地域联结的角度看，在农村地区，村庄是人们生活的基本社会单位，农户聚集在相对紧凑的居住区内，各种形式的社会互动在村庄内部展开。〔4〕清末民初，伴随着资本主义工商业的发展，近代城市逐渐兴起，各类自治团体，如会馆、同乡会、同业公会等也成为城市基层社会治理中的重要力量，〔5〕此类组织在建立初期通常也是以地域为纽带促成社会联结，并发挥治理功能。

可见，传统中国的国家权力统摄意图是明显的，但是在实践中，国家权力的有限性，事实上促成了社会与国家的自然分流。就基层社会治理而言，虽然国家可以"无边界"地介入其中，这种介入甚至可能相当强势；但仅从

---

〔1〕 瞿同祖：《中国法律与中国社会》，商务印书馆 2010 年版，第 2 页。
〔2〕 瞿同祖：《中国法律与中国社会》，商务印书馆 2010 年版，第 3 页。
〔3〕 费孝通：《江村经济》，北京大学出版社 2012 年版，第 87 页。
〔4〕 费孝通：《江村经济》，北京大学出版社 2012 年版，第 10 页。
〔5〕 张烁、莫鹏：《民国时期的基层治理组织初探》，载《中国法律史学会 2012 年学术年会论文集》，第 1173~1180 页。

一般情形视之，国家权力的规范作用其实越到基层就越为有限，反而是家族中的家长、族长，乡村中的乡绅、乡贤，以及晚近在城市中兴起的各类自治组织在事实上发挥着基层治理功能，这些共同体及其中的关键个体借助血缘或地缘纽带形成的熟人关系和规范体系，凭借凝聚、依赖、威望、信任、利益等社会互动机制，协调社会关系，促进社会合作，构成了传统中国基层社会治理的重要依托。

（二）国家统摄社会运作

我国成立之初，政府开始推行"社会主义改造"运动，这场由国家主导的改造社会的运动，在事实上颠覆了既有的社会关系存在形态。也正是在这场运动中，伴随着国家能力日益强化，传统我国的国家与社会自然分流格局渐趋瓦解，社会几乎被国家全面接管。当时，基层社会的各类组织都被纳入国家管控的体制中，诸如生产组织、政治组织、学校、家庭都转变为全民或者集体性质的组织或其组成部分，[1]社会组织体被尽可能地整合为国家的一部分，社会成员之间的自主活动不再被视为必要，社会成员的自主结合被严厉禁止，一切社会成员均需在国家的计划之下开展行动，接受国家认可的生活方式，并按照国家的指示行事。[2]

在这一时期，我国城镇地区的基层社会以"单位"或"企业"等形式组织起来，但无论是单位还是企业都受到国家的严密控制，这些组织凭借对社会资源和社会机会的占有优势形成垄断地位，造就了社会成员的高度依赖。[3]虽然在新中国成立初期，我国也试图建构基层群众自治制度。[4]但是，在城市中专设的群众自治组织主要是在国家的体制架构下开展工作，事实上成了国家政权在基层的延伸。同一时期，农村则建立起行政村和集体经济组织，行政村主要管理村内的行政事务和上级政府交办的事项，集体经济组织则负责生产、发展农村经济等事务。传统中国基层社会的组织力量要么被纳入新的

---

〔1〕　葛洪义：《地方治理与法治发展中的"社会"》，载《法治现代化研究》2018 年第 6 期，第 11~16 页。

〔2〕　任剑涛：《政治秩序与社会规则——基于国家—社会关系的视角》，载《学术前沿》2012 年第 4 期，第 41~49 页。

〔3〕　李路路、李汉林：《中国的单位组织：资源、权力与交换》（修订版），生活·读书·新知三联书店 2019 年版，第 38 页。

〔4〕　参见《城市居民委员会组织条例》，1954 年 12 月 31 日全国人民代表大会常务委员会第四次会议通过，1990 年 1 月 1 日废止。

组织体制中，要么被制度性废弃，转而隐蔽地发挥作用。可见，在新中国成立初期，基层社会公共事务的治理工作几乎被视为基层政府的事权，基层治理高度依赖国家化、集体化的整合方式。

1956 年，我国在基本完成社会主义改造的基础上，继续全面推进社会主义国家建设。在计划经济体制下，国家对基层社会自上而下的管控进一步加强，形成了国家全面控制社会和高度组织化的治理模式。在城市，单位制和街居制的持续运作，将社会成员不断吸收进各类极为依赖国家的共同体中，形成建立在高度依附性基础上的社会约束；在农村，则以"政社合一"的方式，通过组建人民公社，进一步强化国家、集体对个体的公共控制，生产大队管理委员会成为农村基层社会的基本组织形态。

在当时的场景下，人们的医疗、养老、教育、住房、抚恤等社会保障和公共服务有相当一部分是由企业供给的，但是当时的企业并不参与市场活动，而是受到行政管控和计划支配，企业对计委负责，不对市场和消费者负责。这一时期，社会资源以计划方式配置为主，社会整合依赖行政手段，社会事业发展则由国家或集体包办。这种国家统筹的治理模式，虽然没有彻底打碎传统以来的国家社会自然分流之格局，但是伴随着工业化进程的推进和国家治理工具的迭代，国家能力显著增强，社会自治的空间则被极大压缩。这种国家统摄式的治理模式在协调特定时期的社会关系中无疑发挥了重要作用，但是弊端也日益凸显。国家试图实现对社会的取代，导致政企不分、政社不分，社会成员的自主性羸弱，社会丧失活力。[1]一旦缺乏了国家的领导和政府的指示，社会就会陷入自我组织乏力，社会成员也难以充分运用自身的理性和能力推动社会发展。尤其是随着社会关系日益趋于复杂，即便国家能力较之传统已经高度强化，在基层社会治理问题上，也仍然显得力不从心，难以促成繁荣稳定的社会发展局面。而且，缺乏制约的强大国家权力还可能带来严峻的社会危机。

（三）国家社会协同共治

历史地看，过度强化、集中的国家权力不仅未能带来经济发展和社会稳定，脱离法律约束的权力运作模式，还使得社会成员的行动高度缺乏预期，

---

〔1〕 魏礼群：《坚定不移推进社会治理现代化——新中国 70 年社会治理现代化历程、进展与启示》，载《社会治理》2019 年第 9 期，第 5~14 页。

最终带来社会浩劫。中共十一届三中全会提出，过去那种国家权力的运作模式"弊病极大，必须永远废止"。[1]1981 年，中共中央批转的中央政法委座谈会纪要在党政文件中正式使用了"综合治理"这一概念。[2]社会综合治理的根本方法是走群众路线，社会治理问题，不能只靠哪一个部门，而是要靠全党全社会。这反映出，我国的基层社会治理工作在理念层面不再强调过去那种国家包揽的模式，而是开始重视运用社会性力量解决群众生活中所面临的各类现实问题，挖掘社会成员自主参与治理的意义。

1991 年，中共中央、国务院提出社会治安综合治理的方针，并认为"综合治理"是解决中国社会治安问题的根本出路。[3]同年，全国人大常委会通过了《关于加强社会治安综合治理的决定》。1992 年，"加强社会治安综合治理……保持社会长期稳定"作为中国共产党的一项重要工作任务写入了党章。[4]综合治理方针的提出和落实，表明基层社会的治理问题，不只是国家的问题，而是国家与社会的协同问题，治理的参与主体不仅包括政府，更需要吸纳社会成员的有效参与，唯有综合各方力量，治理所面临的各类"综合症"才会得到解决。

政策理念的转变，带动了国家不断向基层社会放权。但是，在政策推进的过程中，仍然伴随着传统中国以及新中国成立以来的政治高压惯性，基层社会治理中"统"的逻辑依然明显。比如，在政策安排上，治理责任主要侧重领导的责任，任务也表现为领导的任务。这一时期的基层社会治理工作，虽然强调要加强基层组织建设和制度建设，但是并没有将相关的责任、任务、组织、制度与社会成员的自主性之间建立起关联，相反，党政领导和办事机构的目标管理责任制，仍然被视为基层社会治理工作的主要抓手。因此，虽然在国家放权让利的结构性转型背景下，社会自主的空间得到空前释放，但是国家对社会的控制力仍然依托严密的组织体系和管控的制度逻辑得到维系。

---

〔1〕《中国共产党第十一届中央委员会第三次全体会议公报》，1978 年 12 月 22 日中国共产党第十一届中央委员会第三次全体会议通过。

〔2〕 1981 年 5 月，经中共中央书记处批准，中央政法委员会召开北京、天津、上海、广州、武汉五大城市治安座谈会。会议提出实行全面"综合治理"。6 月 14 日，中共中央批转了五大城市治安座谈会纪要和彭真、彭冲在座谈会上的讲话。

〔3〕 全国人民代表大会常务委员会《关于加强社会治安综合治理的决定》，1991 年 3 月 2 日第七届全国人民代表大会常务委员会第十八次会议通过。

〔4〕《中国共产党章程》，2022 年 10 月 22 日中国共产党第二十次全国代表大会通过。

伴随着社会主义市场经济不断取得新的成就，2001 年，在总结综治工作十年经验的基础上，中央进一步提出要加强基层建设的要求，强调把社会综合治理的各项措施落实到基层。尤其是指出社会主义市场经济发展与社会综合治理之间的相关性，要求认真研究社会主义市场经济条件下，加强社会治安群防群治的方式方法和途径。在治理的人力、物力、财力支撑方面，除政府财政适当补贴以外，应根据"谁受益谁出资"的原则由受益的个人或组织适当投入，并根据"取之于民、用之于民"的原则运用治理资源，从而建立起适应社会主义市场经济要求的社会治理保障机制。[1]这一时期的政策走向，比起综合治理方针提出的初期更注重发挥社会自主的作用。改革以来的社会变革造就了基层社会治理工作对社会成员的更大依赖，基层社会治理水平和能力的提升与市场机制运作的内在相关性日益凸显。企业"立法"的社会治理功能，正是在改革的大背景下，在"社会—国家"关系的调试过程中，在治理模式与市场机制日益契合的场景下展现出来。

2021 年，中共中央、国务院进一步提出要加强基层治理体系和治理能力的现代化建设，建立起党组织统一领导、政府依法履责、各类组织积极协同、群众广泛参与，自治、法治、德治相结合的基层治理体系。在工作方法上，当前政策注重从三个维度发力：其一，加强党全面领导基层治理制度以及基层政权治理能力建设。充分发挥"党建"在基层治理中的动员优势，并不断提升乡镇街道的行政执行能力、为民服务能力、议事协商能力、应急管理能力、平安建设能力。其二，健全基层群众自治制度。推进基层群众自治机制走向规范化，并通过网格制度增强政府和自治组织的组织动员能力。其三，发挥志愿慈善性社会力量的作用。创新社区与社会组织、社会工作者、社区志愿者、社会慈善资源的联动机制。[2]

与改革开放初期相比，新时期的基层社会治理工作存在两个明显转向：其一，从工作内容上看，基层社会治理工作从侧重治安问题转向全面的基层公共事务。早期基层社会治理工作主要围绕社会治安问题展开，综合治理的

〔1〕 中共中央、国务院《关于进一步加强社会治安综合治理的意见》，中发〔2001〕14 号，2001 年 9 月 5 日发布。
〔2〕 中共中央、国务院《关于加强基层治理体系和治理能力现代化建设的意见》，2021 年 4 月 28 日发布。

目标也集中在打击违法犯罪行为。随着平安工作日益取得突破性进展，现阶段，我国基层社会治理工作已经从平安建设扩展到全方位的社会建设。[1]社会治理的目标已经超出了底线的平安需求，而是追求更好的生活环境和更高的生活幸福感，治理层次显著提升。当然，这也对基层社会治理模式的更新和发展提出更高要求。其二，从工作方法上看，基层社会治理工作的思路逐渐从国家管控向社会协同转变，但是政治底色仍然鲜明，对市场机制治理作用的关注尚不聚焦。改革初期的基层社会治理工作，尤为重视政法部门特别是公安机关的职能安排。即便随着改革逐渐深入，各类社会性力量被逐渐引入治理的各个环节，国家与社会协同共治成为基本政策取向。但是，国家机关之外的社会主体在基层社会治理中的角色仍然相对被动，各类社会力量被视为国家的辅助性角色，是在国家的规划和控制下参与治理，而非治理工作中的自为主体。

基层社会治理工作内容的广泛铺开迫切需要现代化的基层社会治理模式予以应对。当前的政策安排对"政治性""志愿性"社会治理机制投入较多关注，对"市场性"社会治理机制的关注则尚为有限。事实上，因循市场逻辑运作的物业企业在当代中国基层社会治理中正在扮演着愈发重要的角色，充分挖掘物业企业的社会治理效能，有助于完善我国基层社会治理的体制机制，推动国家与社会的协同共治。

三、依托物业企业"立法"的社会治理

改革开放以来，我国基层社会在空间布局、人员构成、人际关系、资源配置等方面发生了巨大变革，传统的血缘、地缘以及国家计划式的规范工具愈发难以应对新兴的社会治理问题。在传统治理资源日趋乏力的背景下，大量基层社会的公共事务，事实上被企业承接。物业企业在国家法律的框架下，通过契约和服务的方式在社会范围内输出了大量规范，有效促成了社会成员的协调与合作。与传统的规范资源相比，依托物业企业"立法"的基层社会治理制度化和精细化程度高，物业企业"立法"能够纵深到政府力所不逮的领域，满足人民群众日益增长的、多样化的美好生活需要，而且可以同时维

---

〔1〕 中共中央、国务院《关于加强基层治理体系和治理能力现代化建设的意见》，2021 年 4 月 28 日发布。

系对政府资源投入的较低需求。

（一）物业企业的社会嵌入

基层社会治理问题始终是以人们的生活所在地为中心展开的，生活场所的条件、布局，人口的密度、构成以及社会联结方式的差异会催生出不同的治理模式。改革开放以来，社会主义市场经济的迅猛发展以及互联网信息技术的广泛应用极大扩张了人们的活动范围，提高了社会联结的效率和复杂性；现实世界中，社会关系密度和质性的显著变化，造成基层社会治理难度的加剧。在此背景下，不仅新中国成立以来构筑起的政治统筹模式难以有效应对基层社会治理任务，传统中国的基层社会治理模式也难以与现实的社会场景相契合。

当前，虽然传统社会联结所仰赖的血缘或地缘等规范性因素仍然以"家庭""同乡""关系"等形式在当代中国的基层社会治理实践中发挥着一定作用。但是，随着工业化、城市化进程的加速，熟人社会逐渐被陌生化的特质所覆盖，大量社会关系的存在和互动已经突破了传统共同体的规范实践，依据血缘和地缘因素建构起的熟人机制不足以实现全方位的基层社会治理，仅仅试图通过重现传统中国的社会性规范元素的做法来推动国家与社会协同共治，显然已经难以满足当代中国现实的治理需求。正是在此过程中，伴随着社会主义市场经济发展而不断壮大的"企业"，在事实上成了基层社会中重要的规范供给者，并日益演化为我国基层社会治理中不容忽视的规范力量。实践中，面对复杂的基层社会治理现状，国家有意识地撤离，企业则在相当大的范围内替代了传统中国以血缘、地缘为基础维系社会运作的规范性纽带，依循市场逻辑建构并维系着深层的社会关系，诸多彼此并不熟识的社会成员可以经由企业"立法"活动实现有效协作，并在与企业的频繁互动中，促进秩序的生成。物业企业的市场化运作及其对基层社会治理的实质参与便是上述命题的有力论据。

我国的物业管理行业自1981年正式开始建立，但是这并非物业服务供给的起点。在此之前，人们生活所需的各类公共服务与保障由房管部门和单位后勤部门负责。在计划经济体制下，房管部门或单位对居住区的管理权是行政分配的结果，各类物业服务没有进入市场，而成为地区或部门的垄断性资源，受到政府划拨体制的保护，并日益演变为事实上的权力。相关部门或单位基于权力运作实现了对居住区内部事务的绝对控制，它们的权力不受市场竞争的挑战，也不接受市场价格信号的调节。[1]在此意义上，房管部门或单位所提供的物业管理不是"服务"，而是政府授权的公共设施管制，并基于此开展的福利分配行为。在理论上，人们对"福利"行为自然无法提出权利主张，物业服务的使用者和产权机构在实践中也难以对房管部门或单位的物业服务施加影响，只能被动地接受。[2]因此，这一时期广泛存在的、具有企业外观的物业服务提供者实则按照行政逻辑运作，具有相对独立主体地位的企业在基层社会治理中运作的空间非常有限，盖因企业的底色是单位、政府、国家。

改革开放的政策转向改变了这种局面，物业服务逐渐被纳入市场中进行资源配置，而不再成为地方或部门的垄断资源。当住房由国家和单位统一建造转变为由房地产企业开发经营时，市场力量便被全面引入基层社会，并由此催生出一种提供专业化服务的、受市场价格型号调节的物业企业。[3]住房的商品化改革，意味着住房成了人们的私有财产，而非单位财产，人们对自身房产保值增值以及营造良好生活环境的期待，极大扩张了购买专业化物业服务的市场需求。[4]按照市场机制运作的物业企业首先在大中型城市发展，并进而在全国范围内拓展。[5]国家统计局发布的第四次全国经济普查公报显示，截至2018年末，我国共有物业企业23.4万个，从业人员636.9万人，物业企业的资产总额高达30 666.7亿元，营业收入也有近万亿元人民币。根据中国物业管理协会的统计结果，2020年，物业行业在管规模超过330亿平方米，[6]

〔1〕　张磊、刘丽敏：《物业运作：从国家中分离出来的新公共空间　国家权力过度化与社会权利不足之间的张力》，载《社会》2005年第1期，第148页。
〔2〕　张静：《制度背景下的监督效用》，载《战略与管理》1996年第6期，第94~98页。
〔3〕　郭于华、沈原：《居住的政治——B市业主维权与社区建设的实证研究》，载《开放时代》2012年第2期，第87页。
〔4〕　郭于华、沈原：《居住的政治——B市业主维权与社区建设的实证研究》，载《开放时代》2012年第2期，第87页。
〔5〕　《物业管理行业发展报告》，载中国物业管理协会编：《2019中国物业管理行业年鉴》，中国建筑工业出版社2020年版，第2页。
〔6〕　《物业管理行业发展报告》，载中国物业管理协会编：《2018中国物业管理行业年鉴》，中国建筑工业出版社2019年版，第3~5页。

物业企业的管理规模、行业收入以每年约 10% 的速度持续增长。[1]伴随着物业行业的繁荣发展，物业企业基于其提供的专业服务得以深度介入当代中国的基层社会生活中。

物业企业为社会成员提供物业服务的过程，也是其规范社会成员行动、参与基层社会治理的过程。物业企业主导创制的各类服务合同直接配置了业主之间以及业主与物业企业之间的权利义务，物业企业在人们的日常生活中所提供的各类物业服务，以及物业企业与业主委员会、基层群众自治组织以及政府部门的互动更是对人们的切身利益产生直接影响。在物业管理的居住区内，越来越多的社会矛盾和纠纷需要通过物业企业进行疏导，社会成员行动的协调与合作也因物业企业的活动而促成。自"单位"撤出、"物业"介入人们的基本生活单元后，基层社会治理工作便对物业企业产生了极大依赖。在 HN-XH 社区的访谈中，社区负责人就表示："现在我们社区治理工作很大程度上就是依赖物业企业，企业赚钱了，就很愿意提供服务，赚得越多，服务的质量肯定也就越高。而且，政府也愿意将许多工作交给企业处理，他们能解决很多政府难以介入或者无法解决的问题。"[2]

面对业已发生巨大变革的基层社会，在传统治理因素日趋乏力的背景下，物业企业作为新兴的社会性规范元素恰逢其时地补充进来。实践中，物业企业广泛嵌入了基层社会治理的各个方面，人们在基层社会遇到的大量问题，都可以在市场机制的作用下，通过物业企业得到有效解决。在市场环境中，企业更有动力提供优质服务，以满足社会成员多样化的生活需求，并妥善调停社会成员之间的各类纠纷。如今，物业企业在提高居住质量、增加社会就业、维护社区稳定、促进房地产行业良性发展等方面发挥着重要作用。[3]基于物业企业的基层社会治理，是当代中国正在发生的事实。

（二）物业企业的规范实践

基层社会治理工作的开展离不开规范的作用。在物业企业参与基层社会治理的实践中，其直接的规范依据主要包括契约和服务两种类型的企业"立

---

[1]《物业管理行业发展报告》，载中国物业管理协会编：《2019 中国物业管理行业年鉴》，中国建筑工业出版社 2020 年版，第 2~3 页。
[2] HN-XH 社区居委会访谈实录，2022 年 6 月 28 日。
[3]《大亚湾区物业管理工作调研报告》，惠州大亚湾区物业管理行业协会提供，2023 年 2 月。

法"。其中，契约型企业"立法"是指在国家法律的框架下，物业企业与业主之间，以物业服务合同为主协议，以物业企业的有关管理性规范及其他规范为补充协议，形成的物业企业开展基层社会治理所依托的规范体系。在物业服务合同生效期间，物业企业辖区和事权范围内的各类社会纠纷，都可以基于物业企业"立法"进行裁决。以 DYW-SDW 村组为例，物业企业在参与基层社会治理时，会与业主（或有权主体）签署《物业服务合同书》，该合同规定，"甲乙双方……按照物业管理法律法规，在自愿、平等、协商一致的基础上，就物业服务达成协议""乙方提供服务的受益人为本物业的全体业主和物业使用人……物业的业主和物业使用人根据合同内容履行本合同中相应义务，承担相应责任，并遵守本物业共用部位和共用设施设备使用，公共秩序维护等方面的管理制度"。[1]

其中，物业服务合同主要是就物业的基本情况、制度条款、合同各方的权利和义务、管理内容、期限、费率、违约责任、附则等内容作出一般性规定。[2]以该基础合同为基础，物业企业还进一步作出了《物业管理制度》等细化规范。比如，DYW-SDW 村组的物业管理规范就主要围绕交通管理、治安维护、环境卫生、公共设施使用等事项作出细化规定。这些规范不尽然是对国家法律的规范重述，有相当一部分规范是在国家法律的基础上，做出的进一步权利义务安排。比如，该管理制度规定"超出 3 吨车辆不得进入小区""祠堂门口禁止停车""大件物体自行处理，否则扣除保证金""对于身份不明者或形迹可疑衣衫不整者制止进入小区"等。[3]这些规范显然并非国家法律的规范要求，但是在社会成员自治的空间内，为了实现有效的社会协作，利益相关各方会做出利益妥协，适当限制自身的权利和利益空间以获得更大的利益实现。这种将部分自治事务通过契约的形式交由物业企业处理的"委托式自治"实践，有效化解了当地停车、卫生、治安等现实问题，带来了全新的治理局面。[4]

除此类显著的契约型企业"立法"外，物业企业在提供物业服务的过程

〔1〕《三大屋新村住宅物业服务合同》，三大屋村民小组提供，2023 年 2 月 17 日。
〔2〕《三大屋新村住宅物业服务合同》，三大屋村民小组提供，2023 年 2 月 17 日。
〔3〕《三大屋新村管理制度》，三大屋村民小组提供，2023 年 2 月 17 日。
〔4〕张华：《委托式自治：基于市场逻辑的乡村治理现代化》，待发表。

中，服务本身也构成了默示的规范输出。一方面，物业企业在提供服务的过程中，会在既有契约型"立法"的框架下，进一步做出非成文化的规范安排，以达至利益相关各方事实上的权利义务实现样态。这些规范可能是偶然的，也可能是有意为之的结果；可能是个案个议的，也可能形成制度化程度较高的习惯，它们都是"实施者立法"的具体表现。另一方面，对于不少基层社会治理问题，物业企业的契约型"立法"可能并未触及，面对此类纠纷，物业企业又不得不充当调解、裁决方的角色，在提供服务的过程中，物业企业就需要临时性地创制并实施规范，以协调各方利益。在 HN-MQ 社区调研时，当地的物业企业内部就专设调解组织，工作人员综合运用情、理、法等各种规范资源，在提供服务的过程中调处基层社会纠纷。比如，当地居民时常会就相邻关系问题发生纠纷，比较极端的是围绕家户的"风水"问题发生矛盾。此时，无论是国家法律还是物业企业的契约型"立法"都不可能有明确的权利义务规定。然而，此时如果仅仅通过"法无禁止即自由"的法理任由人们自由行动，放任矛盾积压，无疑不利于社会和谐稳定。在实践中，为了促进社会纠纷的实质性化解，物业企业的调解人员甚至可能运用"风水学"的知识创制规范，帮助纠纷各方找到"破局"的方案，从而促进纠纷化解，维护基层社会秩序。

物业企业"立法"在我国基层社会治理中的作用发挥，还存在较大空间。

第一，我国当前物业企业"立法"的规范样态整体较为粗糙，规范作用的空间相对受限，导致大量社会纠纷仍需非制度性化解。虽然当前物业企业"立法"中包括不少当地居民共同认可的实质性规范，但是大量规范其实仍然是对法律的重复性规定，比如，DYW-SDW 村组的物业管理规范中的制止性行为主要包括"占用消防通道或者其他公共区域""损坏公共设施""发出超标准的噪声，影响他人休息和生活""侵入他人住宅，损毁他人财物"等，这些规范本身就在国家法律规范中，即便物业企业不作出规定，也仍然构成了居民活动的规范依据，物业企业在此意义上更多是作为法律实施者或者辅助者，规范创制者的形象并不明显。如果物业企业不能在国家法律的基础上，通过协调各方利益，做出进一步的规范安排，那么物业企业"立法"的实质性作用也就非常有限。

物业企业"立法"的规范内容相对笼统、粗糙的原因主要有两个：其一，我国当前大量物业企业是在老旧小区改造的过程中入驻居住区的，也就是在居民已经相对固定后介入基层社会治理工作中。在这类居住区中，居民偏好差异大、迁移成本高，物业企业通常面临更大的协调困境，很难就制度规范问题达成多数，更不必说一致同意。相比而言，在新房物业服务的场景中，物业企业往往会有更充分的规范创制和实施空间。新房物业的运作，允许居民用脚投票，实质性的物业企业"立法"可以吸纳更多同质性的居民成为生活共同体的成员，物业企业后续工作开展的难度由此显著降低。其二，囿于资金来源的限制，我国大量物业企业的成本只能控制在较低水平。我国目前的经济发展尚未达到发达水平，物业企业运作的市场化程度也不够高，居民的支付能力也较为有限。再加之，在过去相当长的时期里，人们其实并不习惯为物业服务付费，如果不能将物业服务作为一项国家福利，不少社会成员宁愿接受没有物业的生活条件。面对此般现实的市场环境，物业企业要想生存，就需要不断压缩经营成本，以维系自身的持续运营。基于成本考量，物业企业通常也就不会面面俱到地介入基层社会治理的各个方面，而只是试图将自身的活动范围限定在环境卫生、治安管理等特定方面，由于事务范围有限，物业企业"立法"的内容相对粗糙也就不难理解。

如果摆脱了居住区特殊性和成本制约，通过地域之间的对比便可以发现，在物业企业所处市场环境较好的地区，物业服务水平越高，物业企业"立法"也会越完善，社会纠纷制度化解决的可能性越大，基层社会治理的样态也就越让人满意。比如，在美国的一处物业服务水平较高的居住区内，物业服务合同条款会包括以下基本内容：其一，一般信息：合同各方、居住人、合同期限、保证金、钥匙、费用、合同变更条款、水电基础设施、住房保险等规定。其二，特殊规定：违约后果，损害赔偿与补偿。其三，社区政策：基本社区政策与规则，包括各类限制行为、禁止行为，涉及环境卫生、停车、军人待遇、消防安全、犯罪与紧急情况处置、房屋条件与改建、提出请求方式、动物饲养、物业企业合理进入、多居住者情形等诸多条款。其四，更换住户与出租、转租条款。其五，业主与承租人责任。其六，通用条款：管辖、不可抗力、付款、杂项、会员条款。其七，移出通知、移出程序、清洁、返还条款。

除上述基础规定外，物业企业还额外创制了《水电气等基础设施补充协议》《防霉、防潮补充协议》《防虫补充协议》《环境噪声补充协议》《收购补充协议》《烟草、大麻使用补充协议》《混合用途补充协议》《包装验收补充协议》《动物饲养补充协议》《访客补充协议》《外观改造补充协议》《公共设施使用补充协议》《个人信息保护补充协议》等系列补充协议，每一份补充协议规定的详尽程度都不亚于主协议。[1]业主需要同意每一份协议的规范要求，并在每一份协议上签署姓名后，才能取得居住权，整套契约的篇幅达近百页。

与当代中国的物业企业尚不习惯通过规范细化的方式做出具体的社会性权利义务安排不同，企业"立法"发达的国家和地区会通过事无巨细的方式将各类公共事务规范在事前作出。物业企业通常不是等待国家的立法规定，而是在既有法律规范的基础上，基于当事人之间的意思自治，以契约的方式直接创制大量社会规范。详尽的物业企业"立法"在一定程度上具有信号传递和市场分割功能，居民不是仅仅根据住房外观和价值选择居住地，而更是根据企业"立法"选择居住地；这种选择的本质，在于选择企业"立法"规定的权利和义务形态，更在于选择与自己偏好相似的居民形成生活共同体。这类制度化程度较高的企业"立法"，可以有效解决在基层社会纠纷发生后无规范可循，转而只能通过"调解"这类非制度化的方式促进纠纷化解的难题，为人们在基层社会生活中的选择和行动带来了较高预期。

第二，我国物业企业"立法"与国家法律的衔接机制还有待健全。物业企业"立法"完备的地方，通常会比较关注企业"立法"与国家法律的衔接机制。比如，在美国，物业企业通常会以合同附件的形式将物业企业服务期间可能涉及的各类民事条款、行政法令全面地附在合同之后，而不是将既有的法律规范有选择地写到企业自身的管理规范中。如此一来，不仅有助于防止企业"立法"与国家法律的重复，造成规范资源的浪费，还可以有效帮助基层社会治理所涉的利益各方提前了解法律规范，形成行动预期，从源头防范纠纷发生，而非等待矛盾发生后再去寻求法律规范。

虽然我国当前的企业"立法"不是特别关注自身与国家法律的衔接机制，甚至更侧重强调基层社会治理需要避免运用基于国家法律的诉讼纠纷解决机制。但是，企业"立法"的效力实现最终仍要以国家法律为保障。当前，我

---

[1] National apartment association, Inc. APARTMENT LEASE CONTRACT, 2019/09/05, provided by National apartment association.

国不少地区物业纠纷频发，物业内部治理失序，很大程度上也是制度衔接机制缺失的结果。在企业"立法"与国家法律的良性互动下，国家权力可以作为企业"立法"的后盾，隐匿地保障法律权利义务实现，而不会妨碍企业"立法"作用的发挥。为了更好地促进企业"立法"与国家法律的制度衔接，我国部分地区的国家机关，也会有意识地建立起物业企业"立法"与国家法律的衔接机制，比如：近年来，惠州大亚湾区人民法院受理物业服务合同纠纷案件数量、占民事案件比重均呈上升趋势，且呈现出群体性诉讼、物业企业法律风险防范意识不足等特点。针对这一情况，大亚湾区人民法院与区房管局联手，为全区 30 多家物业企业工作人员举办了"物业服务合同解读"专题讲座。讲座针对业主欠费、违规搭建、擅自改变共有部分用途等违规行为，物业企业在参与治理的过程中，应履行的法定义务进行释明，促进企业合理管理、合法维权，实现矛盾纠纷妥善化解。国家机关工作人员还就书面催交的举证责任、共用部分的收益归属、高空抛物的行为预防、停水停电的催缴方式等物业企业普遍关心的热点、难点问题，与物业企业管理人员进行了分享和交流。[1]

此类举措试图将物业企业的活动纳入国家法律的框架下，有助于推进物业企业"立法"的法治化。在促进物业企业"立法"与国家法律制度化衔接的问题上，有两个方面的问题有待进一步关注：一方面，需要更为重视物业企业"立法"与国家法律实施的关系。物业企业"立法"发达地区的制度衔接机制更多体现在法律实施阶段。但是，在我国，物业企业通常将衔接机制建构的目光置于法律创制阶段。在实践中，物业企业普遍希望能够通过中央或地方立法的方式，摆脱企业责任，以实现自身更大的经营利益。比如，不少物业企业主张国家出台法律规定，要求"没有缴清物业管理费的业主禁止房屋买卖""对于不缴停车费、恶意堵塞停车通道的业主应纳入政府黑名单""对于恶意欠费业主，应纳入个人征信黑名单""对于恶意欠缴物业管理费、水电费等费用的业主，影响小孩入学""按国家规定标准验收备案交付的房屋，业主不能以保修和质量等原因拒交物业服务费用，保修和质量等原因应

---

〔1〕《物业纠纷多 法官来普法》，载 http://www.dayawan.gov.cn/gzdt/zwyw/content/post_4245792.html，2024 年 4 月 16 日最后访问。

向开发建设单位追责"等。[1]此类规范主张虽然表达了物业企业的现实立场，但是在根本上不利于稳健推进基层社会治理的法治化。这种制度衔接机制的建构方式不仅不利于传统基层社会纠纷的化解，反而可能成为新的社会矛盾爆发点。企业法律权利的实现固然重要，问题的关键在于如何综合运用各种既有的制度条件促进其权利实现，而非不断通过法律创设新的权利。在企业"立法"与国家法律的制度衔接中，需要更侧重如何使得企业"立法"活动获得既有国家法律的支撑，充分利用各种救济途径保障企业"立法"所关涉各方的法定权利实现，而不是利用企业的社会影响推动国家法律不断创制有利于企业的规范安排。

另一方面，企业"立法"与国家法律衔接机制建立的前提在于理念转变。物业企业"立法"的根本属性在于契约性，以服务为载体的企业"立法"也需依托契约发挥效力。契约本质上要求利益各方的共同参与和有效协商。因此，企业"立法"与国家法律衔接机制的建立就不仅涉及国家和物业企业，还必须将业主一方纳入进来。一旦将利益各方引入共同的规范场域内，促进契约的生成，就会发现，物业企业"立法"本质上不是要做出非此即彼的利益分配，物业企业和业主也不是要站在对立面。物业企业"立法"的关键不在于谁能取得国家法律的支持，而在于各方充分利用市场机制的协商功能，促进各自法定权利和自由利益的交易，并在权利、利益交易的过程中为彼此创造更大的价值。市场机制的运作并非零和博弈，而是正和博弈。企业"立法"的规范不仅分配财富，而且创造财富。因此，依托物业企业"立法"开展基层社会治理工作，不是要制造一种非此即彼的利益分配结果，而是要尽可能地寻求各方都满意的方案。这也意味着，企业"立法"注定不是要追求一种普遍性的规范安排，更不是只要企业的规范符合法律规定便大功告成。企业"立法"的意义和生命力在于此类规范能够在国家法律的底线规定基础上，更好满足人与人之间的差异化需求，并在异质性的基础上生成秩序。

（三）物业企业的治理效能

依托物业企业"立法"的基层社会治理有其优势。

第一，物业企业运作的制度化水平高，诉诸人情因素较小，也不像传统

---

[1]《大亚湾区物业管理工作调研报告》，惠州大亚湾区物业管理行业协会提供，2023年2月17日。

中国的社会治理资源那样对"能人"的权威存在高度依赖。在物业企业参与的基层社会治理中，公共事务处理主要依据规则开展，物业企业与业主之间通过契约建立起社会关系，物业企业为了工作顺利开展，往往会在业主之间保持最大限度的中立，制度本身成了它们行动的依据和权威的来源。这种治理方式不仅可以防止社会矛盾被遮掩在复杂的人情关系之下；而且，具有一般性和普遍性的规范安排还更容易适应日趋陌生化的社会环境，在相对疏远的各方之间找到公允的治理方案。比如，在对 DL-QY 社区物业企业员工的访谈中就存在一个案例：

> 现在小区内装修是一个大问题，最主要的，就是噪声扰民的问题。大家有问题都来找物业。我们公司之前就制定了一个规定，要求装修队早上八点才能开工，中午要休息，晚上六点之前要结束。我们也按照这个规定执行了一段时间，效果也不错。前段时间，有业主拿着法律规定来，说本地政府有规定，九点才能开工。后来，我们也咨询了法律顾问，然后就按照九点执行了。[1]

由于企业与业主之间普遍存在契约关系，企业的市场化运作又需要持续维系这些社会关系的良性互动。因此，物业企业在参与基层社会纠纷解决的过程中，通常不会偏袒某一方业主。但是，企业又不能规避或者忽视纠纷。在这种情况下，以国家法律为基础制度架构，通过企业"立法"创制细化的规范安排，促进基层社会纠纷的制度化解决，便成了企业理性选择的结果。

第二，在市场环境下，物业企业参与基层社会治理对国家的资金需求通常较小。企业参与基层社会治理时，治理所需的资金主要来源于业主，而非政府的供养，这一特质极大缓解了政府在基层社会治理工作中的财政压力，也使得物业企业愈发成为政府释放治理压力的替代选项。而且，物业企业按照市场价格机制运作，也无需过度诉诸各方治理参与主体的公益心，公益心一旦常态化通常会掩盖不情愿的因素，进而成为治理参与各方推诿责任或从中寻租的缘由。物业企业在基层社会治理中的运作建立在市场逻辑之上，以竞价为参与的前提，并不依赖责任的摊派或强加。在治理实践中，除了一般性地通过居民自主购买物业服务的方式，分担治理的资金需求，在一些居民

---

〔1〕　DL-QY 社区物业公司访谈实录，2023 年 1 月 30 日。

购买力相对有限的地方，还会通过居民入股建立物业企业的方式，实现物业企业对治理的有效参与。这种做法使得居民对物业企业的运作有更多的管理控制权，从而可以更好地降低成本、监督运营，甚至还可以安置就业。比如，DYW-SDW 村组就通过组织全体居民入股组建、经营物业企业的方式，解决物业企业运作中的经济激励和资金来源问题。[1]

第三，物业企业在基层社会治理中可以承担大量政府力所不及的事务。根据我国当前的政治体制安排，基层政府的权力运作在乡镇街道一级，对于基层社会中的大量公共事务，基层政府通常缺乏直接管辖能力，即便政府可以直接处理，成本也相当高昂。此时，政府就需要借助其他社会组织配合治理工作的开展，传统的基层群众自治组织正是在此意义上承接了不少政府职责。不仅如此，政府行使国家权力有其限度，受到职权法定原则的约束。在基层社会中，存在着大量公共事务，政府并不具备法定职权介入和干涉。对于政府不应介入、不能介入以及不愿介入的公共事务，物业企业能够在市场环境下以较低成本和较高的服务水平承担起来。

比如，有的地区为了应对强降雨等汛期灾害天气多发的问题，政府有关部门会动员物业企业开展安全防范工作，要求各物业企业启动防汛应急响应，积极对小区用水、用电、防汛防涝设施、危房、危墙、外墙悬挂物、地下室、发电设施等进行全面认真检查，发现隐患及时修复；同时对物业人员进行管理，在防汛期间加强值班，坚守岗位，及时掌握天气变化情况，根据各自所辖小区实际情况做好防汛抗内涝工作，最大限度地确保小区居民的生命财产安全。[2]物业企业在此意义上直接承担了政府的公共服务职能。再如，有时地方政府还会下发《关于加强居民住宅小区消防安全工作的通知》《关于进一步做好物业服务工作的通知》《关于开展物业管理区域内违法建设和违法经营行为整治的通知》《关于制止、报告物业管理区域内违法建设和违法经营行为的通知》《大亚湾区物业小区有限空间作业安全生产工作指引》等文件，[3]

---

〔1〕《西区街道：探索物业化管理模式建设一批精品城中村》，载 http://www.dayawan.gov.cn/gzdt/zwyw/content/post_ 5212869.html，2024 年 3 月 6 日最后访问。

〔2〕《大亚湾区房管局切实落实防汛工作，积极督促物业企业应对近期强降雨》，载 http://www.dayawan.gov.cn/bmpd/zjj/gzdt/content/post_ 3940299.html，2024 年 7 月 10 日最后访问。

〔3〕《大亚湾房管局发布多份加强物业监管工作文件》，载 http://www.dayawan.gov.cn/gzdt/bmdt/content/post_ 4138487.html，2023 年 12 月 16 日最后访问。

引导物业企业更好辅助政府实施法律，政府事权范围内的事项，就这样通过企业"立法"与国家法律的互动，经由物业企业实现治理。

此外，对于一些政府职责范围之外，但是有利于提升基层社会治理水平的事务，政府虽然无力直接介入，但是却可以发挥引导功能，作出建议性规定，推动企业以更高标准要求自身的行动。比如，有的地方政府通过文明城市规范对物业企业的内部管理作出细化规定，要求工作人员着装统一，持证上岗，挂牌服务，文明礼貌；公开收费项目、收费标准、办事制度；工作人员全天候值班，报修及时，水电小修不过夜；保安、保洁、绿化服务到位；有高效的投诉、回访处理机制等。[1]此类规范并非法律规范，对于诸多政府事权以外的事项，政府不能也不应主动介入、承担，但是政府仍然可以通过建议、引导、激励的方式，发挥市场机制的作用，激发企业"立法"的活力而实现更高水平的治理效果。对于这些政府仅凭自身无力实现的治理目标，物业企业会根据有关规范要求，结合自身所在居住区的实际情况和企业的成本收益情况，有选择地创制企业"立法"，以实现更好的治理效果。

第四，物业企业可以更精细化、多样化地满足基层社会的治理需求。与政府遵循行政区划运作不同，物业企业在更小的地域范围内组织社会成员，提供物业服务，事实上构成了对基层社会空间的"再地方化"。不同的地域范围内的居民可能存在不同需求，受制于权力平等对待原则的制约，政府通常难以面面俱到地满足人们的差异化需求，但是作为社会性力量的物业企业却可以灵活应对。比如，物业企业可以在法律规范的基础上，自主作出细致的服务规范，以提升自身的服务质量，满足业主的差异化需求。对于部分对物业服务存在较高要求的物业空间，入驻的物业企业就会基于"总体运行保障""环境保障""工程保障"等部门分工，分别围绕各类服务人员的仪容仪表、行为规范、工作能力等方面做出细致的规范安排，所涉规范性事项达数十项，对相关规范的遵守或违反有加减分的后果，考核得分直接关乎物业服务人员的岗位、薪资。[2]此类规范不可能也没必要推而广之、一体适用，是企业"因地施策"的结果。又如，在居民区加装电梯的事项上，政府通常难以有效协调。在一些地方，物业企业的协调作用更为关键，在这种治理模式下，甚

---

〔1〕《关于做好浙江省城市文明程度指数测评迎检工作的通知》，2018年9月10日发布。

〔2〕《XKL物业KPI考核表》，XKL物业企业提供，2024年3月27日。

至可以出现"一楼一策"的权利义务配置结果。[1]物业企业对基层社会活动的规范所借助的是更为地方性与个性化的解决方案，此类方案极大满足了社会成员的差异性需求，有助于从根本上促进社会协作。

四、企业参与社会治理的制度因应

我国基层社会治理对物业企业的依赖还将进一步加深，这一判断主要是源于我国基层社会的两个基本转向：

第一，城镇化进程推动"村转居"。在城乡二元体制下，城市居民与村民的生活模式以及组织方式存在差异。农村地区通常以家庭为基本单元，以村组、村委会以及村集体经济组织为基层社会生活的组织体。在以第一产业为主的生产条件和以家庭为主的生活环境下，人们对物业服务的需求并不高。但是在城市，随着社会分工日益精细，社会联结和社会布局发生巨大变化，社会成员的收入和生活品质也有所提升，城市社区的居民往往会对物业服务提出更高要求。

从我国基层社会形态的变化趋势上看，一方面，随着我国新型工业化、信息化和农业现代化的深入发展，以及农业转移人口市民化政策的落实，我国城镇化进程不断加快。国家统计局发布的第七次全国人口普查数据显示，截至 2020 年，我国城镇居住人口为 90 199 万人，占人口总数的 63.89%，与 2010 年相比，增加 23 642 万人，比重上升 14.21%。另一方面，我国流动人口比例也逐渐增加，人口流动规模扩大、趋势明显，截至 2020 年，流动人口高达 37 582 万人，与 2010 年相比增长了 69.73%。[2]

由此可见，我国的村民已经、正在并将持续地，主动或被动地卷入城镇化进程。[3]传统乡村的拆除和瓦解，也在事实上破坏了村民原有的身份认同与社会联结纽带，与村庄同时被拆除的还包括农村社会既有的自我组织模式和规范机制。不仅如此，在城市的生活空间中，住房的样式、布局和密度发生巨大变化，[4]与传统生活方式大相径庭，在农村向来被认为是"中性"的

---

〔1〕 HN-LT 社区居委会访谈实录，2022 年 7 月 1 日。

〔2〕《第七次全国人口普查公报》，国家统计局 2021 年 5 月 11 日发布。

〔3〕张海波、童星：《被动城市化群体城市适应性与现代性获得中的自我认同——基于南京市 561 位失地农民的实证研究》，载《社会学研究》2006 年第 2 期，第 86~106 页。

〔4〕吴莹：《空间变革下的治理策略——"村改居"社区基层治理转型研究》，载《社会学研究》2017 年第 6 期，第 94 页。

生活习惯，在城市社区则可能成为具有极大负外部性的"不文明"之举。生活模式转变的不适，引发了大量邻里矛盾，也进一步加剧了原有邻里关系的疏远和恶化，农村社会维持已久的基层社会网络遭到破坏，[1]由此也衍生出比传统社会更多也更复杂的治理需求，亟需营造新的协调模式，创造新的集体记忆，达成新的基层社会秩序。[2]物业企业正是在这一进程中存在广泛的作用空间。在城市社区，基层社会公共设施的运行、维护与管理，公共卫生与绿化服务以及公共秩序维护等工作逐渐成为物业企业的分内之事；基层社会治理中渐趋形成了居委会、业委会与物业企业三驾马车协同驱动的社会治理模式。社会的结构性变迁生发出崭新的社会治理需求，物业企业也正是在提供服务的过程中，不断重置社会成员之间的权利义务关系，以企业"立法"的方式塑造基层社会秩序。

第二，基层社会治理现代化推动"开转封"。就我国城市社区的基层治理而言，单位制度逐渐瓦解后，并非无缝进入物业企业管理服务阶段，而是存在过渡期。在这段时期内，大城市的商品化小区逐渐推进物业管理，而其他城市社区的居住区则在街居制度基础上进行开放式管理。随着物业行业在市场条件下蓬勃运作，如今，政府已经开始有意识地推动这些开放式管理的小区走向封闭，由依托市场运作的物业企业作为处理基层事务的主力，从而将自身从大量基层社会治理事务中解放出来。新冠疫情以来的社交隔离需求，使得城市社区的"开转封"进程极大提速。

由此可见，物业企业向我国基层社会的挺进不仅是市场发展的结果，也有国家推动的元素。政府推动居住区"开转封"的原因可能是多元的。其中，既有物业企业在过渡时期内取得治理成效的因素，这是市场选择的结果；也有基层政府试图解压卸责的考量，封闭式小区更便于管理，而且推动基层社会服务的市场化，有助于摆脱对政府财政的依赖。总之，各种因素推动着基层社会治理工作不断摆脱行政手段，逐渐被纳入市场化的轨道上，通过业主

---

〔1〕 叶继红：《集中居住区移民社会网络的变迁与重构》，载《社会科学》2012年第11期，第67~75页。

〔2〕 吴莹：《空间变革下的治理策略——"村改居"社区基层治理转型研究》，载《社会学研究》2017年第6期，第105页。

委员会的自治管理和物业企业的市场化管理相结合的方式予以解决。[1]在这个意义上，我国政府推动的"开转封"运动事实上与 20 世纪 70 年代之后，英美国家的社区复兴运动具有相似性，这场运动表面上强调通过个人自由、社会责任来解决基层社会治理问题，事实上也是通过这种主张掩护国家的后撤，[2]是一场国家理性、市场逻辑与社会自主的合谋。

虽然在"村转居"和"开转封"的社会发展趋势下，我国基层社会的治理工作越来越依赖物业企业，物业企业也将在社会成员日常生活中发挥越来越重要的作用，但是当前我国物业企业作为基层社会治理的规范枢纽，也面临诸多困境，主要体现在人、财、事三个方面，这些因素极大制约了物业企业规范效能的发挥，甚至导致物业企业的活动本身成为社会矛盾的焦点，因此有必要从国家制度层面做出有效应对。

（一）人员参与的多维激励

依托物业企业"立法"的基层社会治理，需要解决业主委员会的构成问题。物业企业的社会治理意义很大程度上是通过企业与业主委员会的互动建立起来的。物业企业的市场运作依赖买卖双方的频繁互动，业主委员会是物业服务的购买方、监督方，只有不断促进业主委员会与物业企业在市场环境下展开议价、博弈，物业企业才能保持较高的市场化运作水平，社会成员对基层社会治理工作的参与意识和责任感也才能被充分激发。根据我国现行法律规定，选聘和解聘物业企业由"业主共同决定"[3]。业主可以设立业主大会，并选举业主委员会。[4]业主大会或者业主委员会作出的决定，对业主具有法律约束力。[5]在物业管理服务的居住区内，业委会的履职能力直接影响物业企业的工作开展情况，业委会的组织失灵也将直接影响物业企业参与治理的能力和水平。在物业企业购买权的问题上，新的商品房小区通常是由开发商决定第一家物业企业之购买，"开转封"的老旧小区则通常是由居委会指

---

〔1〕 张磊、刘丽敏：《物业运作：从国家中分离出来的新公共空间　国家权力过度化与社会权利不足之间的张力》，载《社会》2005 年第 1 期，第 158 页。

〔2〕 吴晓林：《社区里的国家：国家行为的转变与社会传统的底色——以英美国家的百年实践为例》，载《政治学研究》2022 年第 1 期，第 49 页。

〔3〕《民法典》第 278 条。

〔4〕《民法典》第 277 条。

〔5〕《民法典》第 280 条。

导或者代为选定第一家物业企业。因此在实践中，大量实际为业主提供服务的物业企业并非业主直接选择的结果，物业管理服务期间，业委会监督物业企业运作的机制也并不完善。比如，HN-LT 社区的负责人表示：

现在我们社区已经都是封闭式小区，都转过来了。但是封闭式小区在成立业委会这一块，很成问题。我们有一个小区，已经空档了四年没有业委会，之前有，但是第二届就一直成立不起来。在这种情况下，物业企业的管理就比较乱了，没有人监督他们了，工作很难开展。[1]

业委会成立困难与人们的观念相关，当然也是制度安排的结果。根据我国法律规定，在性质上，业主大会和业委会都是业主自治的产物。法律上规定了二者关系的理想形态，但是在实践中它们是按照无偿的自治组织进行运作的，业委会成员从事的是一种"公益事业"[2]。这就导致所有的业主都想搭便车，而不想参与业委会的实际运作。业委会工作如果做得出色，业主认为是自己购买物业企业服务的必然结果；如果业委会工作与业主发生冲突，还极有可能演变为居民之间的个人冲突。业委会在基层社会事务处理的过程中，需要考量各方利益因素，压力较大、回报甚微，这也是居民不愿意参与其中的重要原因。

不仅如此，我国不少居住区的业委会存在越来越多的经营性收入，经手的资金量也比较大，个人利益很容易牵涉其中，这其实也对业委会成员的专业能力也提出了更高要求。当前，即便业委会能够顺利成立，其成员也多是兼职的和非专业的，履职能力有待提升。业委会的组织和运作困境，将直接影响物业企业的服务水平。对于市场上物业服务的买卖双方而言，业主个人通常不具备直接影响物业企业运作的能力，如果业委会无法正常运转，就会造成服务购买方议价能力的缺失，从而导致物业企业不合理地运用其市场优势地位，对业主的合法权利造成损害，更难以指望它们能够作为基层社会治理中的积极力量存在。在这种环境下，企业"立法"甚至可能成为加剧基层社会治理问题的因素。

---

[1] HN-LT 社区居委会访谈实录，2021 年 8 月 12 日。
[2] 《物业管理条例》第 16 条。

为了化解业委会成立和运行的困境，有的地方试图引入"象征性酬劳"。由于当前业主在业委会的工作基本具有无偿属性，却同时面临较大的工作压力，因此业主失去了参与业委会工作的积极性，在一定程度上消解了物业企业开展治理的优势。实践中，有的地方试图通过为业委会成员提供小额补助作为象征性报酬的方式，吸引业主参与业委会的运作，此举虽有一定作用，但是整体效果仍不理想：

现在他们是无偿的，要是有偿的话，需要业主大会投票，补贴高的话，其实也很困难，业主还会提出各种要求。我们现在就是象征性地补贴一下。但是，现在这些人他们都不要的，我拿着这两三百块钱一个月，到时候有问题了，人家就说你拿钱了，对吧？[1]

于是，在物业服务的居住区内，存在的第二种更普遍的困境化解方案，则是通过党建、志愿等形式吸纳业委会的成员：

我们现在的办法就是建"红色物业"。成立业委会的时候，以党员、老干部和志愿者为主，像 HN-LC 小区的业主委员会里面，就有市民监督团的成员，有以前的老镇长、老干部，还把物业公司里面的党员也纳入进来，通过这个我们称之为红色物业的组织架构来推进工作。当然，总体上，业委会的履职能力还是普遍不高的，但是我们尽量能够先把这个机构成立起来。[2]

也有一些地方已经将通过党组织推进业主委员会建立和运作的方式制度化，并取得了一些现实效果：

街道社区党组织推荐符合条件的社区"两委"成员、党小组长、居民小组长、党员业主等，通过法定程序进入业主大会筹备组或当选业主委员会成员，有条件的可兼任业主委员会主任；党员业主委员会主任一般兼任业主委员会党支部书记。积极推荐符合条件的党小组长、居民小组长和楼长担任业主代表。推选优秀的业主委员会主任、物业企业经理担任社区"两委"兼职

---

〔1〕 HN-LT 社区居委会访谈实录，2021 年 8 月 12 日。
〔2〕 HN-LT 社区居委会访谈实录，2021 年 8 月 12 日。

委员，参与社区物业管理相关事务的研究与协商。建立党组织领导下的多方联动机制，畅通社区居委会和小区业主委员会、物业企业的协商沟通渠道，及时解决业主诉求，努力把小区管理矛盾纠纷化解在基层。建立党建联席会议制度，协调解决小区管理难题。〔1〕

党建引领与志愿力量的动员在很大程度上缓解了当前部分地方业委会组成人员缺失的问题，也构筑起业委会和基层群众自治组织乃至政府之间的制度衔接。但是，业委会整体的履职能力仍然不乐观。从长远来看，物业企业的有效运作归根结底要依赖市场机制，其中不仅要有物业企业之间充分的市场竞争，还依赖买卖双方依托市场价格信号开展理性互动。如果作为服务购买方的业委会组织不健全，有利于物业企业良性发展的市场环境就无法完整建立起来；如果业委会相对于物业企业没有足够的议价和监督能力，不仅不利于物业企业社会治理功能的发挥，反而可能使得物业企业成为侵犯业主权利的根源，并在事实上加剧基层社会纠纷：

在基层治理中，物业这条线其实很受忽视，物业得不得力，和基层治理水平的关系很大。物业是市场行为，要想让物业有更多激情，业委会这个组织就要存在，而且要经营下去。但是，你必须给业委会所有的东西保障好，让他心甘情愿地、全身心地来做这个事情。现在咱们业委会就是来开个会，什么也推动不了，下面还骂声一片。〔2〕

因此，为了更好促进物业企业对基层社会治理的有效参与，使得物业企业的"立法"活动成为规范社会成员行动的积极力量，显然有必要对业主委员会和物业企业的运行环境予以更充分的制度保障。一方面，有必要通过各种方式激发社会成员参与治理的积极性和能动性。当前，不少地方通过"党建引领"等方式在一定程度上增强了居民的参与意愿，但是这种做法也面临"组织动员难以构成对个体的长效激励""自治组织的能动性被党组织架空"

---

〔1〕　2019年，中共惠州市委组织部、惠州市住房和城乡建设局联合印发《关于以党建引领推进业主委员会和物业企业建设的实施意见（试行）》，提出了在住宅小区业主委员会和物业企业中开展党建工作，发挥党建引领作用，完善物业服务行业监管、小区自我管理服务能力。

〔2〕　HN-LT社区居委会访谈实录，2022年7月11日。

"组织安排难以反映居民现实的生活需求"等问题。此外，传统的"能人治理"机制也逐渐被各地重视，[1]即通过各地有威望的、有责任感的、公正的居民代表承担业主委员会的部分工作。为此，国家也有必要推动不同制度之间的有效衔接，比如，基层社会治理与离退休制度的衔接。基于 HN 市的调研发现，目前，离退休人员不仅可以作为微网格长、微网格员、调解员、志愿者参与基层社会治理，还可能在社区党委、业主委员会中发挥巨大作用。如果缺失了这部分闲暇时间相对充裕，又具备较强精力、能力和荣誉感的居民参与，当地的基层社会治理工作将面临很大压力。但是，现阶段，大多离退人员归口老干部局而非基层社区管理，相对割裂的制度安排可能会弱化他们在所生活社区中的治理作用发挥。

另一方面，也是更重要的，需要通过市场机制激励社会行动，而不仅仅是依赖政治动员与志愿参与。随着物业企业运作对业委会成员全职性、专业性要求的不断提升，因循市场逻辑组建和运行业委会或许可以构成一种可持续的业委会构建思路。当然，人们的观念尚处从"物业作为福利"到"物业作为服务"转变的过程中，业委会的专职化、市场化运作面临的阻力也比较大。但是，只有确保业委会成员有能力承担起清晰的法律责任和市场责任，他们积极参与物业企业治理实践的能力和动力才会被充分激发。此外，市场机制的有效运作依赖买卖双方，正如物业企业的市场化运作依赖业委会的有效行动；业委会效能的发挥，也依赖物业企业之间的市场竞争。为此，从作为服务提供方的物业企业角度看，国家还需进一步营造物业企业运作的市场竞争环境，防止物业服务行业中形成各类危及市场自由、公平竞争的垄断性利益，尤其要避免行政垄断。唯有如此，才能保障业委会对物业企业及其"立法"活动具有充分的选择权，从而推动物业企业成为基层社会治理中更积极的"立法者"。

（二）资金供给的长效辅助

物业企业的社会嵌入也面临治理资金的供给问题。在物业企业参与治理的模式下，物业服务的提供者从政府走向市场，事实上意味着人们权利义务的重新配置。在市场环境下，接受服务的一方需要为服务提供对价，这对于

---

〔1〕 参见高其才、张华：《回归乡贤在乡村治理中发挥作用的要素分析——以广东惠东张立军为对象》，载《法治社会》2022 年第 1 期，第 68~85 页。

习惯于将物业服务作为国家"福利"的居民而言，并不当然能够接受。在城市社区，一般的商品房在房屋交付时，开发商已经委托好物业企业提供服务，业主也清楚物业费用情况。即便如此，在实践中，由于物业服务的供给与业主需求并不完全契合，物业企业的费用收取并不容易，部分物业企业不得不通过"交费送礼品"或者"不交费致律师函""不交费纳入黑名单"等方式催促业主交费。而对于"开转封"小区而言，物业企业一般是由居委会代为联络签约，在此类情形下，物业费用的收取则更加困难，这部分居住区引入物业企业并不具备业主的同意前提，习惯于依赖政府提供公共服务的居民，也并没有主动选择通过物业企业提供服务的现实必要。因此，当政府试图为这些居住区引入物业企业并从中卸责时，居民与物业企业之间便产生了诸多冲突。

为了解决治理资金短缺问题，一些地方政府试图有条件地引导居民接纳基层社会治理的市场化运作。以 HN 市为例，在当地政府推动"开转封"的过程中，不是直接市场化，而是由政府进行适当补助。因此，物业费用的收取是分阶段进行的，政府第一年对物业费用全额补助，第二年开始按比例补助，该比例逐年降低，政府补助之外的部分则由村集体资产（村转居小区）或者居民自主负担，直至第四年之后不再补助。[1]但是，即便在政府补助之后，仍有大量业主拒绝交纳物业费用，尤其是随着政府补助到期，拒绝交费的情形变得严峻起来。为了维系物业企业的持续运营，基层群众自治组织不得不再次全面介入物业企业的运作过程，成为公共事务的实际承担者。[2]这类物业企业的运作过度依赖集体资产或政府财政，尚未形成城乡社区居民可接受、可持续的市场化治理方案，[3]极大弱化了企业参与基层社会治理的意义。造成这一后果的一个重要因素其实在于"开转封"本身就是政府作为行政任务要求社区推进的：

　　"开转封"主要是政府在推动，不是居民自发的。"开转封"之后，肯定

----

〔1〕 HN-LH 社区居委会访谈实录，2021 年 8 月 18 日。

〔2〕 吴莹：《空间变革下的治理策略——"村改居"社区基层治理转型研究》，载《社会学研究》2017 年第 6 期，第 110 页。

〔3〕 吴莹：《空间变革下的治理策略——"村改居"社区基层治理转型研究》，载《社会学研究》2017 年第 6 期，第 114 页。

是从安全也好，环境也好，卫生也好，各方面都更有保障。物业进来了，政府管理成本降低，我们社区肯定也是轻松的。但是，可能财政这一块是无法支撑的。反正我们就根据上级的任务普遍在推，推的时候为了完成指标，有时候也回避费用的问题，主要是强调补助。但是推了之后我们也不知道今后如何运营，真的等到这个物业企业它经营不下去了怎么办？[1]

为了解决物业企业运作的资金短缺问题，一部分农村社区通过自我组织的方式承担公共服务，替代原有物业企业的市场化运作：

一些农村转过来的小区就不聘请物业，而是成立管理办公室。就相当于小区自我管理，我们自己找四个人，成立一个小区管理办公室，自己管自己，保安什么都是我们自己找，经费的话就是走合作社。[2]

但是这种方式对于没有集体经济组织和熟人社会传统的城市社区行不通，于是城市社区主要通过政府交叉补贴暂时维系物业企业的运营：

现在很多业主拒绝交纳物业费，你哪怕律师函发给他也没用，对于顽固不交的，就得打官司，但是有很多物业公司其实都不想打官司，最后导致很多物业公司直接就跑路了。现在，我们是全市范围内的老旧小区改造，政府就把新改造的小区的物业服务也给这些物业公司，让它们顺带着把原来的一起做了。目前只有这种方式，其他办法我们也想不到。但是，你真要把新小区给这些物业公司去做的话，其实你也知道，上面肯定有很多的博弈，对吧？也是很难的。而且就算交给它们，也还是不长久。[3]

我国基层社会治理的历史经验表明，长期依托国家以福利的形式提供物业服务，无法充分动员社会成员参与治理的自主性，最终也将会导致国家无力负担基层社会治理中的大量人财物的需求。相比之下，市场的逻辑则有助于维系基层社会治理工作的高效、高质完成。但是，市场的运作并非没有前提，人们需要摒弃那些想当然地把一切利益视为"福利"的想法，权利是争

---

[1] HN-LT 社区居委会访谈实录，2021 年 8 月 12 日。
[2] HN-LH 社区居委会访谈实录，2021 年 8 月 18 日。
[3] HN-LT 社区居委会访谈实录，2021 年 8 月 12 日。

取的结果，而非施舍的结果。只有对特定的利益获取负有责任，人们的自主性才可能被充分激发。市场在企业和消费者之间建立起持久张力，人们只有更努力地为企业提供对价，才可能享受更优质的服务；物业企业只有更努力地提供服务，才可能获得业主的认可，获取更大的收益。市场提供了社会自主运作的动力机制，在市场环境下，人们在基层社会生活中获得的现实利益与他们的付出具有某种相关性，正是这种相关性推动着更多人积极参与公共事务治理，而非漠然地接受一切。

当前，物业费用的收取困难问题俨然已经成为物业企业在基层社会治理中作用发挥的阻碍。其重要原因在于，大量物业企业对居住区的入驻和服务，并非基于业主意愿，而是在社区推进行政任务的过程中完成的。这些举措虽然表面上看似卸下了政府的部分职责，但是在实践中则是政府以另一种形式为基层社会治理"买单"。因此，在物业运作的问题上，政府不宜一刀切式地大规模推动物业企业入驻居住区，否则不仅无法确保治理成效，反而可能造成政府以另外的方式承担治理成本。在社会观念转变的过渡时期，政府固然可以提供适当的财政支持，并对社会成员的行动做出制度化引导。但是，物业企业的市场运作，归根结底建立在买卖双方意思自治的基础上。要想从根本上减轻政府在基层社会治理中的资金压力，发挥企业"立法"的治理效能，政府更需在保障基层社会基本生活条件的基础上，通过营造积极的市场环境，推动物业企业之间形成有效竞争，市场运作的结果会自然调整人们的行动预期，促成居民对物业企业的选择和接纳。强行引入物业企业，无法让人们摆脱福利式的制度惯性，也难以塑造居民对市场和企业良性认知。运用行政手段推进物业企业参与治理，短期内可能形势大好，但是政府所指望的过渡时期内的短期补助，势必会持续到长期，无法从根本上缓解基层社会治理压力。而且，此类举措还容易造成政府过度、无效的前期投入，形成不小的权力寻租空间。

（三）组织构造的职能协调

无论是基于政府的行政推动，还是社会的自发选择，我国物业企业在基层社会治理中都将扮演越来越重要的角色。大量公共事务在这一进程中被推向市场，物业企业在市场条件下运作，可以使得企业和业主从中受益，政府也得以从中减少责任负担与财政支出。但是，由于物业企业承担了基层社会治理的部分公共职能，各类基层组织构造的职能协调问题便至关重要。如果无法理顺各主体间关系，将会影响物业企业的效能发挥。实践中，主要体现为"物业企业与政府、基层群众自治组织"以及"物业企业与其他私主体"之间的关系。

第一，是物业企业与政府、基层群众自治组织的关系。物业企业对基层社会治理的嵌入，形成了我国基层社会的双重组织架构。一个是依托基层政权建立的基层群众自治组织，这一组织基于居民的居住权产生，在实际运作中则作为基层政府的权力末梢存在。另一个则是依托市场制度建立的业委会，这一组织基于业主的产权产生，代表业主处理公共事务，并聘请物业企业提供服务。[1]物业企业在基层社会的运作，一般采用封闭式管理的模式，这也在事实上形成了相对封闭的组织活动空间。物业企业的"圈地运动"限制了政府和基层群众自治组织渗入物业居住区内部的通道，以往长期对基层社会各项事务具有管辖职责的村居委会难以深入基层，也对物业企业的服务能力提出更高要求，许多政府或基层自治组织的工作事务只能通过物业企业来执行，从而将相当一部分公共事权转移到物业企业。如果这些公共事务不能得到及时处理、社会纠纷无法得到及时化解，就可能造成基层社会治理的隐患。

从当前物业企业的运作实践看，企业虽然限制了政府和基层群众自治组织的介入，但其自身通常又难以全面满足社会成员的公共需求。物业企业的职责范围有其限度，一般是按照物业服务合同的约定行动，而且许多公共事务仅靠单个物业企业自身的力量也难以解决。这就导致本来已经转移到物业企业的职责又落回到政府和基层群众自治组织的干部身上。政府、基层群众自治组织的权力受到了物业企业和业委会的制约，但是责任却没有减少，有的社区负责人就表示：

居民、物业、业委会，原则上，他们现在是基层治理的主力，然后才是社区的协调和监督。现在的情况是，社区既是服务的一线，又是监督的一线。如果这样的话，我反而喜欢做开放式小区，因为我直接履职就可以了。[2]

---

〔1〕 郭于华、沈原：《居住的政治——B市业主维权与社区建设的实证研究》，载《开放时代》2012年第2期，第92页。

〔2〕 HN-LT社区居委会访谈实录，2021年8月12日。

在这种公共事务运作的真空状态下，政府或基层自治组织适当地介入，以指导、协调甚至直接化解物业企业自身难以解决的基层社会治理问题，以及那些由物业企业本身所引发的社会问题便尤为必要。但是这种介入方式需要走向制度化，盖因基层组织构造职能失调问题的另一重表现就在于，部分地方政府试图任意地介入、控制物业管理服务过程，干预物业企业的市场运作。这种现象既可能是因为政府与部分物业企业之间存在利益输送关系，因而有动机干预物业企业的治理实践，有的地方政府甚至可能向业委会施压，防止业委会更换物业企业。[1]这种现象的发生也可能是因为，在传统政府体制下，政府的掌控欲望拒绝容留任何自身无权进入的空间，此类理念和心态可能会影响物业企业的自主运作，政府随时的介入和干预，会导致企业主要向政府负责，而非向业主负责。

物业企业嵌入基层社会的过程中，组织构造职能失调的根本原因在于"事权不清"，缺乏制度化的职责分配方案。从物业企业承担基层社会治理工作的初衷来看，其实是想通过物业企业的市场运作缓解政府统摄式治理体制的有限性。而要想充分发挥物业企业的治理效能，就需要转变基层社会的运作模式，将物业企业和业委会从政府的"脚"，转变为居民的"头"，把基于行政区划和行政任务设置的基层组织，转变成具有自我组织性和能动性的"地方性社会"。[2]这一目标的实现，建立在基层社会各主体事权划分清晰、权责一致的基础上。在基层社会治理市场化转型的背景下，尤其需要处理好政府、基层群众自治组织、物业企业之间的关系。对于物业企业仅凭借自身力量不足以承担的公共事务，政府和基层群众自治组织需要提供必要的引导，甚至直接履行职责，物业企业则以制度化的方式配合相关工作的开展。对于物业企业根据契约安排、凭借自身力量足以承担的公共事务，政府只需要为物业企业营造良好的市场竞争环境，给予业主对物业企业更多的选择权，充分激发这一市场化基层社会治理机制的效能，并做好必要的监督工作，实现市场环境下，社会成员的自我组织和自我管理，而非将物业企业打造为基层

〔1〕　张磊、刘丽敏：《物业运作：从国家中分离出来的新公共空间　国家权力过度化与社会权利不足之间的张力》，载《社会》2005年第1期，第154页。

〔2〕　项飚、宋秀卿：《社区建设和我国城市社会的重构》，载《战略与管理》1997年第6期，第11~19页。

政府的肢节。

第二，是物业企业与政府、基层群众自治组织之间的职能协调。当前，相当多的涉物业纠纷，其实体现在物业企业与其他私主体之间。一方面，是围绕物业企业嵌入前的相关事项展开，体现为物业企业与开发商之间的关系。当前，大量集中在基层社会的纠纷和矛盾，并非在物业企业承接服务后产生的，而是开发商在先活动的结果。大量的物业纠纷都因房屋质量而起，工程结束后，开发商置身事外，物业企业通常难以有效应对：其一，居住区建设规划公示不透明，业主购房入住后发现实际情况与销售人员的推广介绍有出入；其二，开发过程中工程质量把关不严，房屋在质保期内就出现室内墙体裂缝、屋顶漏水、电梯设备故障频发等一系列质量问题；其三，未严格按照规划建设公共建筑和共用设施，随意改动绿化、花池、活动场地、停车位、供热设施、物业用房等。以上这些开发商工程建设中的遗留问题，往往会延缓到业主入住后集中爆发。开发商在处理相关事项时往往不直接对接业主，而是由物业企业代为处理，甚至有的开发商让物业公司承担部分或全部维修费用，导致业主潜意识认为工程质量问题应由物业企业负责，如果物业企业无力解决工程问题，业主就认为是物业企业不作为，从而将矛盾转嫁到物业企业头上，进一步激化和加深了物业企业与业主间的矛盾。[1]此外，由于不少物业企业是由开发商直接委托，二者之间存在利益关联，当工程质量出现问题时，两者有意相互推诿以规避责任的现象也并不罕见，在此种情况下，业主的维权成本相当高昂。基于上述问题，如何进一步明确工程质量的验收标准，强化工程建设的行政监管，并细化开发商、物业企业在房屋工程建设、维修问题上的民事责任，在规则完备的基础上拓宽业主的投诉—反馈机制和权利救济渠道，是未来制度安排的潜在切入点。

另一方面，则是围绕物业服务相关事项展开，体现为物业企业和业主、业主大会、业主委员会之间的关系。无论是由于开发商原因导致的在先纠纷，还是物业企业嵌入后不得不面对的其他社会纠纷，基层社会的有效治理，都要依赖企业"立法"。虽然有一部分纠纷可以依赖物业服务合同直接得到解决，但是更多纠纷则需诉诸物业企业主导创制的、有现实约束力的物业服务

---

〔1〕《大亚湾区物业管理工作调研报告》，惠州大亚湾区物业管理行业协会提供，2023年2月。

管理规范。但是，如同国家法律的创制需要在国家立法机关满足多数决程序一样，物业企业的规范创制和实施也并非物业企业单方面作出即告生效，而需要受制于业主讨论、投票的多数决程序，此类程序构成了物业企业"立法"的合法性来源。根据我国现行法律规定，对于有关共有和共同管理权利的各类事项，应当有物业管理区域内专有部分占建筑物总面积过半数的业主且占总人数过半数的业主参加讨论。制定和修改业主大会议事规则，制定和修改管理规约，选举业主委员会或者更换业主委员会成员，选聘和解聘物业服务企业等，应当经专有部分占建筑物总面积过半数的业主且占总人数过半数的业主同意；筹集和使用专项维修资金，改建、重建建筑物及其附属设施，则应当经专有部分占建筑物总面积 2/3 以上的业主且占总人数 2/3 以上的业主同意。[1]这就导致："物业这套体制运作起来难度其实很大，很多事情都要业主讨论、投票。但是现实中，你不可能每件事都开业主大会，而且基层的很多事情，你一旦跟他们细聊，很多问题都出来了，不讨论反而还好办。"[2]

而且，即便按照法定程序通过了相关规范，也不意味着基层社会治理的完全有效实现，基层社会治理强调的是"人人共治，人人共享"，多数业主基于法定程序通过的制度规范，未必能够彻底化解基层社会纠纷，也不能保证不会积压基层社会矛盾。如何对待多数决场景下的"少数派"问题仍然是我国基层社会治理中亟需回应的现实问题。

当然，尽管当前我国物业企业的实践运作仍然面临人、财、事等方面的实践和制度困境，但是物业企业及其"立法"活动在当代中国基层社会治理中的重要性依然毋庸置疑。改革开放以来的国家放权思路和市场运行逻辑打开了基层社会治理的制度缺口，随着与物业企业相关的法律制度不断细化，我国物业企业市场化运作的制度环境得以初步建立，并将日趋完备。在物业企业嵌入基层社会治理的过程中，社会成员自我组织、自我管理的能力显著提升，国家也得以从巨大的事务和资金压力中撤离，基层社会生活的多样性、获得感和生命力也在此过程中得到呈现。

---

〔1〕　《物业管理条例》第 11 条、第 12 条。

〔2〕　HN-LT 社区居委会访谈实录，2021 年 8 月 12 日。

五、结语

传统上，人们习惯于相对割裂地看待经济发展与社会建设问题，并认为，市场可能导致对生活世界的殖民，经济发展在某种程度上会消解社会运作所依托的诸多规范性元素。[1]然而，改革开放的历史实践表明，经济建设本身也是社会建设。改革开放的历史不仅是我国经济发展的历史，更是社会自主重建的历史，企业及其"立法"活动便是理解这场变革的关键。

基层社会治理中的物业企业"立法"是企业"立法"的典型表现形式。面对改革开放以来，业已发生巨变的中国基层社会，物业企业在事实上承接了大量公共管理和服务职责，替代了传统的规范性元素，而逐渐成为我国基层社会治理的中坚力量。通过对我国物业企业的实践运作情况展开研究，可以清晰呈现企业如何在提供物业服务的过程中面向社会"立法"，进而作为一种规范性力量联结社会成员、促进社会协作。把握基层社会治理问题，需要始终着眼于基层社会所处的经验现实，理解当代中国基层社会运作的枢纽之一，便是企业。充分认识到企业"立法"的社会治理功能，引导企业积极参与到基层社会治理实践中，并从人、财、事等不同维度，给予物业企业之社会嵌入更充分的制度保障，有助于推进基层社会治理现代化。

---

[1] [德] 汉斯·约阿斯、沃尔夫冈·克诺伯：《社会理论二十讲》，郑作彧译，上海人民出版社2021年版，第220页。

第七章
行业自治规范的社会治理作用

▲

王　牧

一、引言

改革开放以来，我国经历了从"社会管控"到"社会管理"，再到"社会治理"的阶段转变。[1]党的十八届三中全会提出"推进国家治理体系和治理能力现代化"，党的十八届四中全会通过的《关于全面推进依法治国若干重大问题的决定》提出"推进多层次多领域依法治理。坚持系统治理、依法治理、综合治理、源头治理，提高社会治理法治化水平"。党的十九大报告强调要"打造共建共治共享的社会治理格局"。区别于以政府为单一主体和行动中心的"社会管理"，"社会治理"的主体是多元化的，包括政府、社会组织、私人部门和公民在内的多元主体都在社会公共事务中发挥着不同的作用，它们相互间既有分工又有协作。在社会治理网络中，行业协会等社会组织扮演着重要治理主体的角色，其既有自主性，也有协同性，以相对平等的姿态参与到规范和管理社会事务并促进社会整体发展的过程中来。

不同于主要依靠国家权威制定国家法及社会政策管理社会事务的方式，社会治理功效的有效发挥依赖于国家法与非国家法意义上的习惯法对社会公共利益的安排。有学者提出，社会治理是一系列在"或隐或显"的规则支持下的活动，更依赖于主体间重要性的程度，而不仅仅是"正式颁布的宪法和

---

[1]　参见范逢春：《改革开放以来的社会治理创新：一个伟大进程》，载《学术前沿》2019年第3期，第66~73页。

宪章".[1]更加多元且趋向于平行的社会治理规则体系，能够更大限度地将民众的需求意愿转化为有效的微观制度安排。这一过程可以被认为是不同的主体在既定的范围内运用一定的权威维持秩序，通过不同的制度关系引导、控制和规范人们的活动，以更好地应对社会问题，促进社会资源合理配置和满足公众需要。[2]特别是改革开放以来，市场和社会成为承载政府职能转变和功能下放的载体，自"脱钩"改革开始后，行业协会的运行不再依附于国家权力，行业自治规范成为具有内生性和自觉性的重要治理资源和依据。

关于行业自治规范是否具有外部性的问题学界已有不少探讨。通常认为，行业自治规范的效力范围仅限于行业自治组织成员及行业内部自治事务，原因是行业协会章程等行业自治规范的制定和执行都是基于行业自治组织内部成员的权利让渡。[3]但也有学者认为，由于行业自治组织承接了一部分政府行业管理职能的转移，所以其自治规范包含很多程序方面的规范，其中就有程序的监督和制约内容以及包含行业标准的行规行约，而这部分内容显然具有外部性。[4]当然，行业自治规范也可能对社会产生负外部性，例如，行业协会成员对于产量或价格的联合协议可能会损害消费者的合法权益，而对社会公众产生负外部性。[5]但是，多数研究仅关注于行业自治规范的效力是否可以溢出，却未描述现实中行业自治规范是如何溢出的。因此，本章依据在广东省惠州市大亚湾区和贵州省对部分行业自治规范的调研材料，梳理行业自治规范具有怎样的外部性，可能有怎样的社会作用，特别是在当前我国社会治理向自主化发展的情境下，行业自治规范在回应和解决社会转型时期凸显的社会问题、分配社会资源、提供公共服务等方面所发挥的社会治理作用。

二、行业自治规范作用于社会治理的基础

行业自治参与社会治理有赖于一定的治理情境，其中包括实施行业自治

---

〔1〕 参见［美］詹姆斯·N. 罗西瑙主编：《没有政府的治理》，张胜军等译，江西人民出版社2001年版，第5页。

〔2〕 参见俞可平主编：《治理与善治》，社会科学文献出版社2000年版，第5页。

〔3〕 参见谭九生：《职业协会惩戒权边界之界定》，载《法学评论》2011年第4期，第84~92页。

〔4〕 参见屠世超：《行业自治规范的法律效力及其效力审查机制》，载《政治与法律》2009年第3期，第65~74页。

〔5〕 参见马辉：《自治规则在民事司法裁判中的作用——基于对最高院公报侵权案例的梳理》，载《法制与社会发展》2012年第5期，第65~75页。

的制度环境，行业协会在社会治理中的角色定位，以及治理理想与本土实际间的张力。因而，我国行业自治规范社会治理作用的发挥，既离不开文化传统与习惯传承，也得益于一定的制度安排，同时还需要获得民众的广泛认同。

（一）行业自治服务公益的传统

在我国行业自治的产生和发展中，始终有通过行业自治规范服务社会公益的传统。虽然我国古代时期的行业习惯法普遍将行会置于官府控制之下，辅助控制市场的工具性色彩较强，但作为维护内部团结和同业利益的一种延伸，行会的一些良善之举被以自治规范的形式固定下来，并产生了正外部性，作用于不特定的社会公众，满足一定的社会公共需要。事实上，封建时期的行会规范内容已较为全面，从进入到退出行业市场，几乎每个方面都对社会公共秩序有所裨益。如规定开业必须具备一定条件、履行一定的手续，用工保证一定的工资水平，产品的质量、规格标准等，也包括对失业倒闭、鳏寡孤独等情况的公益救济，甚至包括设置义塾推动教育等规定。[1]这些规定在防止本行业发生哄抬物价、独占市场、质量低下等不正当竞争行为方面起到了重要作用，维护了市场主体和消费者的利益，还积极主动服务于本行业外的社会公益事业，使行业自治规范始终具有一定的社会性传统。

（二）脱钩改革后规约目标转向

我国的行业协会在很长一段时间内都与行政机关以复杂的权力结构紧密相连着，更多以"二政府"的身份参与社会治理，代替政府行使部分监管职责，行政色彩较重，治理依据也以落实国家法律规范、政策文件的要求为主。近年来，行业协会与行政机关的脱钩成为全面深化改革的重要举措之一，2007年，国务院办公厅《关于加快推进行业协会商会改革和发展的若干意见》明确提出"政会分开"，指出"行业协会要严格依照法律法规和章程独立自主地开展活动，切实解决行政化倾向严重以及依赖政府等问题。要从职能、机构、工作人员、财务等方面与政府及其部门、企事业单位彻底分开"。2015年7月8日，中共中央办公厅、国务院办公厅印发《行业协会商会与行政机关脱钩总体方案》对脱钩改革作出了整体任务安排，明确提出了"五分离，五规范"的改革要求。截至2020年底，全国性和地方性的行业协会脱钩

---

〔1〕 参见高其才：《中国习惯法论》（修订版），中国法制出版社2008年版，第90~96页。

率已分别达到92%和96%。

脱钩改革后，行业协会基本不再代行政府监管职能，其运行更多依据行业自治规范而不是法律法规与官方文件。行业自治规范也不再是以政治性职能为主的市场管制工具，而是转向以经济性职能为主的市场自主规约。相应地，其在社会治理网络中所发挥的作用也有所改变，从协助政府进行市场监管为主转向提供公共服务为主，此时行业自治规范就成为行业协会参与社会治理的依据和遵循。可以说，脱钩改革后行业自治规范的规约目标既不是实现政府政策目标，也不应是追求行业协会的垄断利益，而应是行业发展更好满足社会公共需要，以社会公共利益为其最高价值目标。

（三）社会转型时期的群体认同

由于行业协会等行业自治组织的群体性、地域性、中立性等特点，其组织本身及其规范天生与市场主体有着更近的"权力距离"。事实上，往往最真实有效的秩序正是由群体自发规则所支配的，自生自发的社会规范和秩序形成了社会变迁背后相对不变的东西。正是由于行业协会对本行业市场情况、交易习惯、发展方向都有更直接和深入的了解，因而相对于较为抽象的国家法来说，行业自治规范更贴近市场主体的生产经营情境，更能回应不同主体的差异化诉求，能在一定地域和领域中更加精细地分配资源。

根据社会学研究成果，社会结构可分为客观阶级、认同阶级和行动阶级，[1]而对于处在社会转型期的中国社会，行动阶级更加容易被观察到，他们是具有相对一致目标的行动共同体，更多表达群体的利益和意见，产生多边的、扩散性的认同。这也使得利益群体的划分日益细化，阶层等级更多，更接近良性的社会弹性分层。[2]同时，随着"总体性社会"向"多样性社会"的转变，利益格局发生改变，社会成员的群体意识日益清晰，对于与自身利益相关的问题关注和处分的意愿更强。人们将自己定义为属于怎样的群体和相应的阶层，就会潜移默化地树立自己的态度和行为指标，并且从这个群体的立场出发来思考整个社会阶层间的关系。特别是在当前所有制度和分

---

〔1〕 客观阶层指基于财产占有、受教育程度等客观指标划分出来的阶层；认同阶层则是根据人们对自己所处社会位置的心理认同而认为自己的归属所在；行动阶层则是由有相似的想法、感知，因相对一致的意愿或社会利益而组织起来的群体。参见张翼：《中国城市社会阶层冲突意识研究》，载《中国社会科学》2005年第4期，第116~117页。

〔2〕 参见陆学艺主编：《当代中国社会阶层研究报告》，社会科学文献出版社2002年版，第35页。

配制度的安排与公权力对资源配置强介入的现状下，我国社会结构越来越趋于表现为行业和职业的分化，因而在民众的阶层认同中，就趋向于以行业和职业分类为基础，辅之以经济、组织和文化资源的占有状况为标准所划分的阶层体系。基于此，人们对行业自治规范这种群体性较强的社会规范有着更强的内心认同和依赖，将其视为自身所归属群体理应遵从的行为规范，行业自治规范也就具有了足够参与社会治理的公信力。

三、行业自治规范的社会治理作用

当行业自治规范建构的秩序溢出了团体自身的范围，甚至超越了该行业市场的范畴，嵌入一定范围内社会生产和生活的自主性秩序时，行业自治规范就具有了社会治理作用。行业自治规范的社会治理作用指在既定的范围内通过行业自治规范建立和维持一定的秩序，并引导、规范和评价社会主体的各种活动，以维护和增进社会公共利益和满足公众需要，是一种正外部性。本章选取广东省惠州市大亚湾区物业管理行业协会、惠州市大亚湾区蓝色海湾公益协会及 X 省、Y 市数家行业协会所制定的自治规范及其运行情况为样本，尝试揭示行业自治规范有着怎样的社会治理作用。根据对调研取得相关资料的梳理可发现，在一定的基础上，行业自治规范的社会治理作用以本行业为中心，向其他社会领域溢出，呈现出路径的多样性。

（一）维护市场竞争秩序

作为工商同业者结为团体管理自己的习惯法，封建时期我国行业自治规范的作用主要在于建立和维持一种诚实的交易习惯和忠于职业的传统，例如在定价方式、产品质量、同业竞争等方面，使人们在经营中遵守这些交易习惯和职业传统正是行业自治规范维护市场竞争秩序的重要体现。同时，我国早期的行会还在国家法的实施中参与市场秩序的维护，如办理征税、科买及平抑物价、监察不法等事务。[1]新中国成立后，官办行业协会多由政府部门专业司局或行政性国企改制而成，以协助政府维护市场秩序为重要职能，其中包括通过行业自治规范协助设置市场准入条件、协助设定合理基准价格、协助认证行业资质等，这几乎是行业自治规范的首要社会治理作用。脱钩改

---

〔1〕　参见张华：《连接纽带抑或依附工具：转型时期中国行业协会研究文献评述》，载《社会》2015 年第 3 期，第 221~240 页。

革后，行业自治规范更多体现了一种自发性而非协助性的竞争秩序维持，这种自发性带来自利性，因而其目的也有相应变化，从协助维持政府管制下的公平竞争秩序转向维持一种可使成员企业利益最大化的竞争秩序。因此，行业自治规范所维持的市场竞争秩序不可能是绝对公平的，但通常具有协商和决策的民主性，同时还具有专业性和高效率，能够在一定程度上促使细分市场竞争从无序到有序，促进资源的合理配置。

行业自治规范对市场竞争秩序的维护首先在于对行业内不正当竞争行为的限制和禁止，由于一个行业内的市场竞争行为形形色色、千变万化，竞争法等外部监管规则难以辨别层出不穷的新型竞争行为的性质和正当性，因而行业自治规范是对不正当竞争行为最及时高效的"回应性规则"。如针对部分物业企业操纵住宅小区业主委员会选举，唆使部分小区业主通过过度维权的方式入选业委会成员以谋求更换物业企业，甚至贿赂小区业委会暗箱操作通过不规范招投标渠道获得物业管理权等不正当竞争行为的情况，《惠州大亚湾区物业服务行业自律公约》第7条规定"严格按照招投标规定执行，不弄虚作假，不围标"；第19条规定"不诋毁他人、不恶意竞争；不教唆业主、不制造冲突，不以非正常手段获得物业管理权"。并且规定对有失信行为的物业服务企业，根据情节严重和社会影响程度作出停止参与评奖评优、评定为不诚信企业、建议依法取消或限制其行业从业资格等处理。[1]

此外，行业自治规范还注重维护诚实的交易习惯和职业操守，《惠州大亚湾区物业服务行业自律公约》第13条规定"项目各类服务收费标准/有偿服务项目及收费标准需进行公示"；第22条规定"任何单位和个人不得歪曲、篡改公开的物业服务企业信用信息，不得以欺诈、贿赂、侵入计算机网络等方式非法获取未公开的物业服务企业信用信息"；第25条规定"建立合格供应商及劣质供应商黑名单，推动供应商诚信经营"。[2]惠州大亚湾物业协会还制定了《惠州大亚湾区物业管理行业协会会员积分管理办法》，并每年根据该积分管理办法评选出优秀会员单位。[3]这些规范基于维护行业整体声誉的目的，有助于淘汰诚信水平较低的企业，防止恶性竞争和低水平的重复竞争，

---

〔1〕《惠州大亚湾区物业服务行业自律公约》（2023年10月修订）。
〔2〕《惠州大亚湾区物业服务行业自律公约》（2023年10月修订）。
〔3〕《惠州大亚湾区物业管理行业协会会员积分管理办法》（2019年11月19日通过）。

使市场竞争聚焦于产品和服务本身，回归到市场竞争的本原，从社会角度而言有利于市场交易的秩序化和消费者福利的增进。

（二）改善行业服务质量

在产品和服务的技术含量不断提高的现代社会，消费者很难掌握客观评价产品和服务的方法，如果没有一定的标准、许可和评比来对产品和服务有量化的要求和呈现，就无法减少消费者和产品服务提供方的信息不对称，将很可能导致"劣币驱逐良币"的情形。但是，政府无法为每个行业制定和不断完善服务标准，于是具有专业性知识且更加贴近市场的行业协会便成为代为行使部分认证权和标准制定权的最佳主体。事实上，在许多国家，行业协会都被法律赋予了市场准入和产品准入方面的权力，如《日本商公会议所法》规定日本商公会议所有权从事商品质量、数量和商业内容的检查、鉴定和证明工作。[1]在我国，行业标准的发布主体为相应的政府行政主管部门，但编写者可以为行业协会或行政性国企。因此，部分行业标准也是行业自治规范的重要组成部分，有助于改善行业服务质量，增进社会福利。

行业标准是改善行业服务质量的重要自治规范，通常是将一定的技术、工艺、质量通过规范的形式固定下来，为消费者提供判定产品和服务质量的重要信息，降低搜索和交易成本，从而提升消费者福利。如《X省工程建设项目招标代理程序化标准》在总则中指出"工程招标代理业务政策性、程序性和技术性较强，代理业务有着自己的客观规律……目前技术指导文件仅有国家和省建设行政主管部门发布的房屋建筑和市政工程施工范本，无业务指导标准，编制目的在于进一步明确招标代理机构工作要求，规范招标代理活动，并引导招标投标行业健康发展"。其内容包含了招标代理合同、招标代理项目组的构成、招标文件的制作发出、招标代理服务费用等该行业服务全过程内容的标准化。行业标准的制定不仅能够增进消费者福利，还能帮助行业企业享受标准化交易流程带来的低风险和便捷性，进一步提高社会劳动生产率。

除行业标准以外的其他行业自治规范同样能够改善行业整体服务质量，如Y市律师协会组织编写了《Y市律师事务所内勤工作指引》，这一规范指引

---

〔1〕　参见陈清泰主编：《商会发展与制度规范》，中国经济出版社 1995 年版，第 190 页。

着事务所内勤工作向规范化、流程化发展，提高律师事务所内勤工作效率，为律师工作提供更优质和及时的服务管理。《大亚湾区物业服务行业自律公约》第 23 条规定"配合住建部门督促开发商履行交接查验规定，严格履行交接查验义务，不擅自接管不达移交标准的项目"，并规定了接管交接内容包括但不限于物业用房移交、公共用房移交、资料移交、协助业主严格验收专有产权的房屋质量、做好设施设备查验与验收、业主专有产权及设施设备整改合格率达到 98% 以上方可移交等，[1]通过自律公约的形式为物业企业做业务指引，提高物业行业服务质量。还有的行业自治规范通过规定评比、评优来倒逼行业企业提升整体服务质量，如《X 省殡葬协会章程》规定，该协会承办等级殡仪馆的初检、初评工作，并向民政部门提出殡葬行业发展规划的建议。[2]《X 省保安协会章程》第 11 条规定，该会的业务范围包括"指导规范行业教育培训工作，开展保安企业管理人才培训"。[3]

（三）促进科学技术创新

作为"产业联合体"的自主规约，行业自治规范在促进科技创新、增进学术交流、推动行业可持续方面发挥着重要作用。首先，作用较为直接的是行业标准、地方标准和团体标准，其制定不仅能提升行业服务质量，还能帮助行业内企业将有限的资源投入符合标准的生产活动和技术创新中，从而促进资源的合理配置，推动创新。如 X 省绿茶品牌发展促进会制定发布了《X 省野生型茶树栽培管理技术规程》，规定了野生型茶树才配管理的基地建设、基地管理、病虫草害防控等，[4]有助于 X 省绿茶栽培企业革新技术，参照栽培高质量野生茶树。X 省食品工业协会规定了红曲酱香白酒的术语和定义、检验方法、检验规则及标签、标志、包装、运输和贮存等，[5]有助于 X 省白酒企业完善生产技术，提高红曲酱香酒产品的产量和质量。

此外，不少行业协会章程规定了兴办科技学术期刊、评选和奖励优秀科技成果、发包科研课题项目等内容，促进了该行业的学术交流和社会整体技

---

〔1〕《惠州大亚湾区物业服务行业自律公约》（2023 年 10 月修订）。

〔2〕《X 省殡葬协会章程》（2022 年 6 月 15 日通过）。

〔3〕《X 省保安协会章程》（2023 年 2 月 20 日通过）。

〔4〕《X 省野生型茶树栽培管理技术规程》（2024 年 1 月 1 日实施），编号 T/GZTPA 0015.2—2023。

〔5〕《红曲酱香酒团体标准》（2022 年 5 月 28 日实施），编号 T/GZSX 092—2022。

术进步。如《X省石油天然气学会》按照协会章程规定有序编纂了X省油气专刊，办刊5年共刊登学术论文169篇，撰写《非常规天然气安全监管体系机制研究》，向主管行政部门提出监管优化建议。《X省保安协会章程》第11条规定，该会的业务范围包括"引进国内外先进保安经营服务经验和新技术、新产品，引导推动新型保安服务模式和技术的创新"。[1]《X省医学会章程》规定该会业务范围包括"编辑出版医学学术、技术、信息、科普类期刊、图书资料及电子音像制品；开展继续医学教育，组织会员和医学科学技术工作者学习业务，不断更新科学技术知识，提高医学科学技术业务水平；开展医学科技项目及成果的评价评审工作，开展临床应用新技术的评价与论证工作；促进新药、诊断试剂、医疗器械等的合理使用与不断创新"等促进科学研究、技术开发与科研成果转化的内容。[2]

（四）服务社会公益事业

行业自治服务于社会公益，是优秀文化的历史传承，由于行业自治组织本质上是非营利性的，建构行业的伦理规则并承担一定的社会责任始终是行业自治规范发展过程中的特点。[3]不少行业协会以依照自治规范帮扶社会弱势群体为其活动的原点和基础，如《大亚湾区蓝色海湾公益协会章程》规定该会的业务范围包括开展海洋生态环境保护及净滩等公益活动；参与社区建设、环境保护、献血、应急救护培训、交通和消防宣传；开展鸟类、海洋生物等野生动植物的观测、救助及科普活动；参与社区建设，环境保护、献血、应急救护培训、交通和消防宣传等志愿性公益活动等。[4]又如《X省抗癌协会章程》规定该团体"通过出版物、广播、电视等宣传方式，大力开展防癌宣传，普及肿瘤科学知识，出版《防癌报》，提高广大群众的抗癌知识水平；收集并提供国内外抗癌防癌情报；推动群众性防癌活动"。[5]《X省盲人按摩协会章程》规定"促进盲人的康复、教育、劳动就业、扶贫、维权、社会保障及防盲治盲等工作，参与、举办有关盲人的各类培训及文化扫盲工作；推

---

〔1〕《X省保安协会章程》（2023年2月20日通过）。

〔2〕《X省医学会章程》（2023年2月4日通过）。

〔3〕参见鲁篱：《行业协会社会责任与行业自治的冲突与衡平》，载《政法论坛》2008年第2期，第90~96页。

〔4〕《惠州大亚湾区蓝色海湾公益协会章程》（2023年12月17日通过）。

〔5〕《X省抗癌协会章程》（2023年6月15日通过）。

进无障碍环境的建设、盲文的规范化研究与普及，推动盲人辅助器具的开发与应用"。[1]

对于非公益行业的行业协会，服务社会公益事业是争取社会公众信赖和社会支持的重要途径，不少行业自治规范包含保护弱者的内容，包括自治组织成员与团体外的社会弱势群体。如《惠州大亚湾区物业服务行业自律公约》第26条规定"不拖欠供应商合理合同收入，监督供应商维护农民工权益，保证农民工劳动所得"。[2]《X省医学会章程》规定该会的业务范围包括"多渠道多形式开展医学卫生科普宣传和健康教育活动，提高人民群众的卫生知识水平和健康知识素养，增强自我保健能力；宣传、奖励在应急抢救等事件中作出突出贡献的会员"。[3]当然，保障团体成员福利并在逆境时提供实质性帮助也是行业自治的伦理传统，如《大亚湾区蓝色海湾公益协会关爱弱势群体制度》规定，协会将会员捐赠的小额服务补贴积攒储存，作为会员的互助基金，用于购买慰问品或以现金形式慰问协会内有困难的会员，还规定协会每年探访会内困难人群一次。[4]也有非公益行业的行业协会直接以提供社会公益服务为目的制定单行规范，如Y市律师协会制定了《Y市加快城市"三变"改革法律服务团运行方案》，依此组建法律服务团，走进社区为城市开展"资源变资产、资金变股金、市民变股东"的改革提供法律服务。

（五）协助化解社会纠纷

在当前社会转型时期我国社会矛盾纠纷复杂性、风险性和利益诉求多元性凸显的情境下，行业自治规范还发挥着预防和化解社会矛盾纠纷的"减速带"缓冲作用，避免行业内的纠纷扩大、升级，并倡导行业内的协商解决。如《惠州大亚湾区物业服务行业自律公约》第21条规定"物业企业间有争议时要积极寻求行业内部调解，不产生不良社会影响；企业间在满足自身发展需求的同时，在一定基础上与同行企业建立起信息畅通、沟通良好、互帮互助的关系纽带"。有的行业自治规范从纠纷源头切入，以自律约定的形式解决纠纷产生的源头，如《Y市知识产权行业自律公约》约定"提倡按照合法、诚

---

〔1〕《X省盲人按摩行业协会章程》（2008年12月30日通过）。

〔2〕《惠州大亚湾区物业服务行业自律公约》（2023年10月修订）。

〔3〕《X省医学会章程》（2023年2月4日通过）。

〔4〕《大亚湾区蓝色海湾公益协会关爱弱势群体制度》（2023年12月修订）。

信、公平和等价有偿原则，发展公约单位之间知识产权互助互利合作关系……开展双边或多边技术交流和业务合作，并合理、合法借鉴和使用他人知识产权成果"。[1]

也有行业协会发挥行业专业优势，积极参与协会外社会矛盾纠纷的化解。如 Y 市律师协会制定了《Y 市律师参与化解和代理涉法涉诉信访案件推进方案》和《关于共同做好律师参与化解和代理涉法涉诉信访案件工作的实施办法（试行）》，通过制定自治规范建立了 Y 市律师参与信访接待工作的特色模式：安排政治素养好、业务能力强的优秀律师每周一到周五轮班到 Y 市群众工作中心值班，近年来共接待信访案件 700 余件，接待信访人 1000 余人次。后又建立了"值班律师首问制度"，在首次咨询接待、释法析理之后，信访人再次来访的，原则上首次接访的律师负责后期协调化解工作。这一制度在律师和信访人之间建立起了一种信任关系，能够更好地引导信访人合理表达诉求。

（六）推动法治社会建设

党的十八届四中全会通过的《关于全面推进依法治国若干重大问题的决定》提出"坚持法治国家、法治政府、法治社会一体建设"，有别于法治国家所指的国家权力体系的法治化，法治社会指的主要是公民群体、非政府组织或社会团体等社会自组织的法治化。作为对人们行为有约束力、能够产生社会实效的行为规则，行业自治规范在法治社会建设中具有非常重要的作用。

第一，行业标准和团体标准等行业自治规范是对行业内企业行为的调整，这些自治规范根据市场需求和行业发展需要制定，是企业生产经营的行为规范。这些行业自治规范包含着协商民主的精神，更能充分照顾到个体多样化和个性化的法需求，因而对于行业内社会个体来说更具有正当性。并且，由于标准等自治规范的制定涉及切身利益的博弈与平衡，行业企业自愿地参与到行业标准等规范创制与实施的过程中来，有助于在该行业领域强化主体意识和规则意识，促进法治社会理念的形成。

第二，行业协会商会能够结合本行业特点，设计科学规范、公正公开的信用指标体系和信用评价程序，并建立相应的监督、申诉和复核机制，这些

---

[1]《Y 市知识产权行业自律公约》（2022 年 11 月 16 日发布）。

自治规范有助于解决该行业经营中需要对企业进行客观评价时"无法可依"的情况。例如中国电力企业联合会制定了《电力行业信用评价指标体系》，从经营能力、管理能力、财务状况等方面对电力企业的业务结构、规模、绩效、规划、质量、安全、环保、文化等方面进行综合评价，每年对电力行业内企业开展信用等级的规范化评价，以帮助考量电力企业的经营状况、偿债能力等，并促进企业依照评价体系进行进一步自我改良。

第三，通过行业自治规范可以整合社会资源、汇集多方力量来改变政府单一推进法治建设的局面，推动法治一体化建设。例如，Y 市律师协会制定了《Y 市律师协会律师参加案件评查工作规程》，按照自治规范的规定建立了由 108 名律师组成的"Y 市律师协会涉法涉诉专家库"。Y 市律师协会还配套制作了《Y 市律协关于律师参与涉法涉诉信访评查案件承诺书》《Y 市律协关于律师参与涉法涉诉信访评查案件讨论记录》《Y 市律协律师涉法涉诉信访评查案件卷宗移送交接登记表》等规范性文书，以单行自治规范的形式对案件评查工作的律师选派、工作纪律和要求、工作流程等事项作出了严格的规范，按规范要求组织 20 名律师参加市委政法委组织的案件卷宗评查工作，提出整改意见建议，推动有关部门提升办案质量。行业自治规范有效促进了政府与公民社会间的协商对话，使更多社会主体能够参与到法治建设中。

四、行业自治规范作用于社会治理的冲突与克服

纵然研究表明行业自治规范能够从多方面作用于社会治理，但行业协会毕竟是某个行业或领域成员企业自愿组织面向行业的非营利组织，而非面向社会的公益性组织，在行业自治规范的内容和效力向社会治理领域拓展的过程中，必然会产生内在逻辑间张力带来的冲突。本章将尝试对这些冲突进行充分揭示，这是探讨消解之道的前提。

（一）行业利益与社会公共利益

政会脱钩后，行业协会不再是与政府共同建构社会秩序的"中介组织"，不再需要直接代替行政机关履行部分提供公共服务的职能。同时，行政化和公共性色彩浓厚的"一行一会"局面也被打破，在行业从业者可自行选择加入或不加入、选择加入哪一行业协会的"一行多会"格局下，公共属性大大降低的行业协会不再天然具有为该行业提供公共服务的社会责任。行业自治

规范的制定宗旨是维护行业自治组织成员的共同利益,其本质上是"利益团体"的规范。因而,当团体成员共同利益与社会公共利益发生冲突时,行业自治规范的制定者通常会将团体共同利益置于更优先的法益保护位阶。例如,江西丰城预拌混凝土协会曾组织会员企业签订《丰城商砼企业行业自律小组协议》和《丰城市商砼自律小组运营管理办法》,对参与协议的企业商品混凝土的生产数量进行限制,分配每家企业的月生产量,并且成立价格联盟,不允许任何降低售价的情况发生。[1]这两份行业自治规范就以维护团体成员共同利益为目的破坏了该地区混凝土市场正常竞争机制,侵害了消费者知情权、公平交易权,损害了社会公共利益。

但如果将行业自治规范定位为以社会公共利益为本位,那将会影响团体成员利益和行业整体利益的保护,这不仅可能造成行业自治组织的运行机制的混乱,还可能造成团体成员普遍认为行业自治规范并非良法而拒绝遵守,最终在"离心力"的作用下导致行业自治规范彻底失去实际效力。因而,在坚持团体利益和行业利益优先的原则下,寻找行业利益和社会公共利益的交集就成为可能消解这一冲突的途径。具体来说,可以根据行业发展规划和行业特点自主选择通过自治规范参与社会治理的内容,并在参与社会治理的同时提升行业绩效。如有行业协会制定了污染防治自律倡议书,在推动绿色发展和节能减排的同时,也能够促进产业转型升级。

(二)　规范的内部性与效力溢出

政会脱钩后,行业协会的自治权不再来自政府授予,而是来自社会个体对权利的让渡,行业自治规范的性质由国家制定法的延伸转向自主契约,因而行业自治规范的效力通常只限于行业自治组织成员以及行业内部自治事务。行业自治组织通过自治规范对行业内部的营业活动进行控制,包括固定交易习惯、分配资源等,对外的效力通常限于防范外地人、外行人、政府或其他组织对本行业利益的不正当侵害,主要基于维护同业利益。但社会治理却是行业自治规范效力向社会公共领域的一种溢出过程,其间接地影响着团体组织外社会主体的行为选择。如行业协会所自主制定的团体标准属于一种"推荐性标准",其要求高于国家强制性标准,企业可以选择性执行,但处于该地

---

〔1〕　参见《江西省市场监督管理局行政处罚决定书》(赣市监反垄断处〔2021〕4号)。

域和该行业领域的交易双方为使产品和服务的质量明确化，减少交易的不可控性风险，在"有法可依"的情况下通常会选择执行相应的团体标准，这就发生了内部自治规范的效力外溢，并产生了提升行业服务质量的社会治理作用，但这与行业自治规范的内部性相悖。

因而，行业自治规范的制定和实施都应当充分做到自愿性和民主性，即声明行业自治规范效力的内部性并明确告知团体外主体可自愿执行，同时在行业自治规范的制定过程中尽量邀请团体外利益相关者参与，给予利益相关者充分发表意见和看法的机会，使制定过程更加趋向于民主。如《Y 市知识产权行业自律公约》明确声明"本公约适用于 Y 市知识产权保护协会会员单位及公约签署成员单位，也是倡议我市知识产权行业从业者应共同遵守的行业规范"。又如 Y 市家电协会在走访调研了全市家电维修企业网点、听取各方反映后制定公示了《家电维修收费指导目录》《家电售后服务网点名录》并多次修订，以民主公开的制定过程避免了行业自治规范效力在由团体内部向社会公共领域溢出的过程中被质疑。

五、结语

通过研究发现，行业自治规范的社会治理作用是较为独特且具有不可替代性的，能够在社会自组织的秩序建构中完成政府单一主体所无法完成的社会治理目标。当前，我国行业协会正在经历从"二政府"向"店小二"的转型，伴随着公权力对资源配置控制强度的逐步消减，行业协会的组织基础和生命力源泉正在悄然转变。总体性社会向多样性社会的转变也是行业协会等多元力量在社会治理领域逐渐重新崛起的契机。更加充分地揭示行业自治规范的社会治理作用，有利于重申自治的品格和地位，夯实行业自治的基础，推动社会治理向社会自我管理和自我服务的方向长久发展。

第八章

内部管理与外部提升：学校自治规范的作用

——以华中师范大学附属惠州大亚湾小学、惠州大亚湾区外语实验学校为对象

▲

岳东冉

一、引言

2012 年 11 月，教育部颁布《全面推进依法治校实施纲要》，从全面推进依法治校的重要性与紧迫性、全面推进依法治校的指导思想和总体要求、加强章程建设、健全学校依法办学自主管理的制度体系等 9 个方面，全面地提出了各级各类学校推进依法治校的目标要求和主要任务，对学校按照法治精神与原则，转变管理理念和手段、方式提出了系统要求，对推动我国学校行政管理体制和内部治理机制改革具有重大的现实意义和深远的历史意义。

2017 年 12 月，教育部颁发了《义务教育学校管理标准》，明确了 6 大管理职责、22 项管理任务和 88 条具体内容。《义务教育学校管理标准》是对义务教育学校管理的基本要求，适用于全国所有义务教育学校。所有义务教育学校应切实做到"一校一案"，全面改进和加强义务教育学校管理工作，促进学校规范办学、科学管理，整体提高教育质量和办学水平，加快推进教育治理能力和治理水平现代化。

学校自治规范作为管理学校内部秩序和行为的重要工具，不仅是教育管理的基础，也是促进学生全面发展的关键因素。随着教育环境的复杂化和多样化，学校自治规范不仅仅是一套简单的规则，更是为学校提供了稳定的运

行框架和教学环境。学校自治规范与其他自治规范的显著区别在于涉及调整多方的关系，其制定立足于学校实际情况，涵盖了学校日常运作、教师、学生和家长等方方面面。本章将聚焦于两所具有代表性的学校——华中师范大学附属惠州大亚湾小学和惠州大亚湾区外语实验学校，立足于两所学校在自治规范试点运行过程中的鲜活材料和实际效果，着重分析学校自治规范在学校运行和治理过程中发挥的作用。

惠州大亚湾区外语实验学校（广东外语外贸大学原附设大亚湾外语实验学校）成立于 2016 年，2017 年 9 月正式开学。是由深圳市君跃投资有限公司创办的一所 12 年一贯制的全寄宿国际化外国语学校。教育学段涵小学、初中、高中三个层次。学校以双语教学和国际课程为主要特色，定位为现代化、国际化教育创新型学校。学校于 2023 年 7 月开展学校自治规范试点工作，完善学校章程和管理制度，将尊重和维护教师、学生的合法权益作为自治规范试点工作的出发点和落脚点，不断探索学校自治规范实施的有效路径。[1]

华中师范大学附属惠州大亚湾小学位于深圳市坪山区、惠州市大亚湾区两区融合部。学校始建于 2014 年 9 月 1 日，由惠州市大亚湾区管委会、华中师范大学惠州和东圳房地产公司三方合作办学。学校在自治规范试点工作中，根据学校实际情况修缮自治规范，形成了规范自治与共治建设和美学校教育生态的经验，通过监督问效、明确重点等一系列举措提升学校自治规范的实施效果。[2]

本章将以两所学校现有的自治规范为切入点，详细阐明学校自治规范的具体内容，通过从内部管理和外部提升两个角度，深入分析学校自治规范在实际运作中的作用。在内部管理方面，将探讨自治规范如何维护学校内部秩序、规范学生行为和优化老师家长互动。在外部提升方面，将研究自治规范在增强学校社会影响力、吸引优秀人才和资源和促进教育政策的完善与实施等方面的积极作用。

二、学校自治规范的内容

学校自治规范是学校依据自身的教育理念、办学目标、发展需求以及内

---

〔1〕 参见《惠州大亚湾区外语实验学校自治规范试点工作阶段性报告》初稿。
〔2〕 参见《规范学校自治共建和美学校教育生态——华中师范大学附属惠州大亚湾小学自治规范和修缮运行工作报告》初稿。

部特点，自主制定并实施的一整套系统化、规范化的准则和规定。学校自治规范内容丰富多样，以学校章程为基础性依据，包含教育教学管理、学生管理、师资管理等方方面面。在实践中，每所学校的自治规范存在一定的差异性，但整体而言主要内容为学校章程、教师考核奖励规范、学生日常行为规范、平安校园建设制度和家委会制度等。

（一）学校章程

学校章程是学校根据国家法律法规和教育方针政策，结合自身实际情况，制定的内部管理规范，章程是学校自治的重要依据和基础性规范。学校章程一般会明确学校的基本宗旨、管理结构、运行机制、权利义务等方面的内容，为学校的管理和发展提供了法律和制度上的保障。

学校章程开篇通常会明确学校的办学宗旨和使命。这一部分是学校的核心价值观和长期发展方向的体现，通常包括对教育质量、学生发展和社会责任的承诺。章程会详细列出学校的管理架构，包括校长、各级管理层、教师委员会和学生会等组织机构的设置及其职责分工。章程明确了学校、教师、学生以及其他利益相关者的权利和义务，有助于维护学校内部的和谐与稳定。根据各校的具体情况，章程可能还会包括对学校文化建设、校园安全、学术自由等方面的规定，以全面保障学校的健康发展。

《华中师范大学附属惠州大亚湾小学章程（2023）》分为总则、分则和附则三部分。总则部分规定了学校名称、地址、办学宗旨、育人目标、校徽、校旗、校歌、校庆纪念日等内容。分则部分包括举办者与学校、组织机构与管理体制、学校与教职员工、学校与学生、教育教学管理、学校安全管理、经费与资产管理、学校与家庭、学校与社区、学校办学监督等内容。附则则是实施时间等规定。[1]《惠州大亚湾区外语实验学校章程》在总则部分规定了学校名称、性质、主管单位、地址等内容。总则之后采取按章分类的方式，规定了党的建设、举办者、办学资金和办学结构、组织管理制度、学校的法定代表人、学校资产、财务管理及劳动用工制度、办学结余及分配、章程的修改、终止程序及终止后资产处理等内容。附则部分除了规定章程的实施时间，还规定了解释权的归属。在章程最后还有学校理事会和监事会成员签

───────────────

〔1〕 参见《华中师范大学附属惠州大亚湾小学章程（2023）》。

名。[1]

(二) 教师考核奖励规范

教师考核奖励规范是学校自治规范的重要组成部分，旨在科学、客观、公正地评价教师的工作表现和教学成果，激励教师积极进取，提升整体教学质量。教师考核奖励规范的实施，不仅能有效激发教师的工作热情和创造力，还能促进教师专业发展，提升学校整体教学质量和管理水平，推动学校教育事业的持续健康发展。

教师考核奖励规范通常会设置考核指标与标准，明确教师考核的具体指标和标准。指标通常涵盖教学能力、科研成果、师德表现、学生反馈等多个方面。考核标准则依据不同职称、不同学科的特点进行设定，确保考核的公平性和科学性。考核程序与方法规定了教师考核的程序和方法。考核一般包括自评、学生评教、同事评议、主管评定等环节。通过多角度、多层次的评价，全面、客观地反映教师的实际工作情况。奖励机制规范中明确了教师奖励的方式和内容。奖励机制通常包括物质奖励和精神奖励两种形式。物质奖励如奖金、补贴、晋升机会等，精神奖励如表彰、荣誉称号、进修机会等，以激励教师不断提升自身素质和教学水平。

华中师范大学附属惠州大亚湾小学教师考核奖励制度较为完善，为优化绩效考评，激发教师工作热情，学校修缮完善了《教师工作实绩量化评估方案及细则》《争先创优绩效奖评选细则》和《年度专业技术人员（教师）岗位竞聘量化积分细则》。[2]《教师工作实绩量化评估方案及细则》根据岗位职责和所承担的工作任务，从德、能、勤、绩、廉五个方面全面考核评估教师工作实绩情况，各占 20%、18%、18%、24%、20% 比重。[3]《"争先创优"实施细则》主要分为奖励细则和评估办法两个部分，奖励细则部分规定了教师综合素质、教师赛课（上课与说课等学科素养比赛）、教师作品发表、教师论文、案例、经验交流、课题研究成果等方面的奖励办法。评估办法规定了上述奖励的认定规则和程序，保证了奖励认定结果的公平公正性。[4]《年度专

[1] 参见《惠州大亚湾区外语实验学校章程》。
[2] 参见《规范学校自治共建和美学校教育生态——华中师范大学附属惠州大亚湾小学自治规范和修缮运行工作报告》初稿。
[3] 参见华中师范大学附属惠州大亚湾小学《教师工作实绩量化评估方案及细则》。
[4] 参见华中师范大学附属惠州大亚湾小学《教师工作实绩量化评估方案及细则》。

业技术人员岗位竞聘量化细则》采用表格得分量化的方式，规定了教师竞聘的指标和评分标准。从任职资格、荣誉表彰、教研成果、竞赛获奖和考核评估以及组织考评等方面细化竞聘标准。[1]惠州大亚湾区外语实验学校关于教师考核奖励规范主要体现在《人事管理制度》中，《人事管理制度》设专章规定考评制度、奖惩制度和晋升制度，实施模糊评价机制，规定原则性和程序性的规范。[2]

（三）学生日常行为规范

学生日常行为规范是学校为引导学生在校期间的行为举止而制定的具体规范。这些规范旨在培养学生的自律精神、集体意识和社会责任感，确保校园秩序井然，营造良好的学习和生活环境。学生日常行为规范涵盖了学生在学校内外的各种行为准则，促进学生全面发展，帮助他们养成良好的行为习惯和道德品质。通过制定和实施这些详细的学生日常行为规范，学校能够有效引导学生养成良好的学习和生活习惯，提升学生的整体素质。这些规范不仅有助于学生自律和自我管理，还为学校的教育教学活动提供了保障，营造了一个安全、文明、健康的校园环境。

学生日常行为规范对学生的纪律提出了明确要求，涵盖课堂纪律、课间纪律和考试纪律等方面。规范明确了学生应具备的学习态度和学习方法：学生应端正学习态度，积极主动，按时完成作业，积极参与课堂讨论和课外活动。学生日常行为规范强调文明礼貌的养成：学生应尊敬师长，友爱同学，礼貌待人，使用文明语言，注意仪表整洁。规范对学生的卫生习惯提出了具体要求：学生应保持个人卫生，勤洗手，勤换衣，保持教室和宿舍的整洁，参与学校组织的卫生劳动，养成良好的卫生习惯，确保校园环境的整洁和健康。学生日常行为规范强调安全教育，学生应遵守学校的安全规定，不进行危险活动，不携带危险物品，遇到紧急情况应及时报告老师或学校管理人员。学校通过安全教育和演练，提高学生的安全意识和自我保护能力。

华中师范大学附属惠州大亚湾小学制定了《学生"文明行为"检查值周规范》，主要是针对学生文明行为的检查规范，通过学生检查学生的方式，规范学生日常文明行为。惠州大亚湾区外语实验学校制定了《高中生在校守则》

---

〔1〕　参见华中师范大学附属惠州大亚湾小学《年度专业技术人员岗位竞聘量化细则》。

〔2〕　参见《惠州大亚湾区外语实验学校人事管理制度》。

和《义务教育阶段在校守则》，规定了小学、初中和高中学生的行为规范。《高中生在校守则》较为详细地规定了出勤行为规范、教学区行为规范、集体活动行为规范、宿舍行为规范、禁止使用手机等内容，同时对于德育量化的具体规则、学校违纪管理办法及其处罚等，都进行了具体的规定。相较于《高中生在校守则》，《义务教育阶段在校守则》的规范内容多为原则性的规定，侧重学生对学生习惯和道德品质的培养。[1]

（四）平安校园建设制度

平安校园建设制度是学校为保障师生安全、维护校园秩序、预防和应对各种安全风险而制定的一系列规章制度和措施。该制度的核心目标是创建一个安全、和谐、健康的校园环境，确保学生安心学习、教师安心工作。平安校园建设制度涵盖了安全管理的各个方面，包括校园安全管理、突发事件应急预案、安全教育等，旨在全面提升学校的安全保障水平。

平安校园建设制度中明确了校园安全管理的具体措施，包括学校安全责任制、门卫制度、来访登记制度、校园巡逻制度等。学校通过设立安全管理岗位，明确各级安全责任人，确保安全管理职责落实到位。制度规定了各种突发事件的应急预案，如火灾、地震、暴力事件等。每种预案包括紧急情况下的应对措施、疏散路线、责任分工等详细内容。学校定期组织师生进行应急演练，提高全体师生的应急反应能力和自救自护能力，确保在突发事件中能够迅速、安全、有序地进行处理和疏散。平安校园建设制度强调对全体师生进行安全教育与培训。学校定期开展安全知识讲座、安全主题班会和安全宣传活动，提高师生的安全意识。学校还为教职员工提供专门的安全培训，提升他们的安全管理和应急处理能力，使其在日常工作中能够有效保障学生安全。

惠州大亚湾区外语实验小学制定了《防范暴力事件应急处置预案》《消防安全应急处置预案》《台风天应急预案》《校园欺凌事件预防与处理应急预案》等预案规范，明确了各种紧急情况发生时的应对措施，积极应对极端特殊情况。应急预案既有预防措施，也有应对措施，同时明确每种突发情况的领导小组和相关人员配置。以《地震应急预案》为例，明确地震发生时的组

---

[1] 参见惠州大亚湾区外语实验学校《高中生在校守则》和惠州大亚湾区外语实验学校《义务教育阶段在校守则》。

织机构，设置指挥小组和应急工作小组，明确相关职责，制定安全预防措施以及应急处置措施。[1]

（五）三级家委会制度

三级家委会制度是学校为促进家长参与学校管理、增强家校合作、提升教育质量而设立的家长委员会组织结构。该制度将家长委员会分为班级家委会、年级家委会和学校家委会三级，通过分层管理和协同合作，确保家长在不同层面上参与学校事务，发挥积极作用。这种制度不仅加强了家校之间的沟通与联系，还为学生的全面发展提供了更好的支持。

班级家委会是家委会制度的基础层，由每个班级的家长代表组成。班级家委会的主要职责包括协助班主任组织班级活动，收集并反馈家长的意见和建议，参与班级管理与决策。年级家委会由各班级家委会推选的代表组成，负责协调和管理整个年级的家校合作事务。年级家委会的职责包括组织年级范围内的教育活动和家长会，统筹各班级家委会的工作，向学校家委会反映年级家长的需求和建议。学校家委会是三级家委会制度的最高层，由各年级家委会推选的代表组成，直接参与学校的管理与决策。学校家委会的职责包括参与学校重大决策的讨论和制定，监督学校管理和教学工作，组织全校范围的家长活动。

华中师范大学附属惠州大亚湾小学制定了《家长沟通管理规程》，建立了多种形式的家校沟通渠道，包括电话、纸质信件、电子邮件、网络平台等，使家校能够方便快捷地进行沟通。此外，学校通过家长会、QQ群、微信群、学校公众号，进行校务、班务公开，方便家长了解学校、班级教育教学工作。定期组织家长会，为家长提供了解学生学习情况和学校管理情况的机会，也为学校与家长沟通提供了交流的平台。[2]惠州大亚湾区外语实验小学制定了《班级家委会工作职责》《年级家委会工作职责》和《校级家委会工作职责》，三级家委会各司其职，积极带领学生、家长参加学校组织的各种活动，反映广大家长要求，让学校及时了解家长的心声，对学校、班级的各项工作进行

---

〔1〕　参见惠州大亚湾区外语实验学校《地震应急预案》。
〔2〕　参见《规范学校自治共建和美学校教育生态——华中师范大学附属惠州大亚湾小学自治规范和修缮运行工作报告》初稿。

有效的评价和反馈。[1]

三、内部管理作用：构建学校、学生、家长三位一体的规范体系

通过对学校自治规范内容的梳理可以发现，学校自治规范在实际运行过程中调整着多方的关系，形成了学校、学生、家长三位一体的规范体系。在学校的内部管理中，学校自治规范在学校治理方面起到关键作用，通过明确的管理架构和决策流程，确保学校运作的高效性和透明度。同时，规范学生行为则通过详细的行为准则和纪律要求，促进校园秩序和学习氛围的良好维护。自治规范还强调与家长的紧密沟通和合作，通过建立有效的沟通机制和参与平台，促进家校合作，共同关注学生的成长和发展。这种三位一体的规范体系，不仅有助于建立和谐的校园，还提升了教育质量和学校治理的整体效能。

（一）维护学校日常秩序，提升教师履职积极性

维护学校日常秩序是学校自治规范的首要任务，通过科学的管理制度和严格的执行措施，学校能够确保各项教学和管理活动有条不紊地进行。详细的规章制度和明确的流程规定，使得学校在教学管理、行政管理和安全管理方面都能有章可循，从而大幅减少了因管理混乱而导致的效率低下和安全隐患问题。通过制度化的管理，学校能够为师生提供一个稳定、有序、安全的工作和学习环境，这是学校健康运行的基础。

科学合理的自治规范也能够显著提升教师的履职积极性。通过明确的考核指标和公平的奖励机制，教师的工作表现得到了客观、公正的评价，这极大地激励了教师的工作热情和积极性。学校通过多样化的激励措施，如奖金、晋升机会、荣誉称号等，鼓励教师不断提升教学水平和科研能力。通过提供职业发展支持和培训机会，学校不仅增强了教师的专业素养，还提升了他们的职业认同感和归属感，在整体上提高了学校的教育质量和管理水平。

惠州大亚湾区外语实验学校建立"去中心化"的组织架构，推行项目负责制，让每位教师都成为领导者，最大限度发挥教师的价值。促进组织中的良性互动，相互影响，并带动发展，构成新型组织架构的基本特点。在课程

---

〔1〕 参见《惠州大亚湾区外语实验学校自治规范试点工作阶段性报告》初稿。

设置方面，制定学校课程实施路径，通过小班化教学—跨学科融合制—高年级选课走班制—导师制，精准为学生提供定制化的学习方式。学生根据自己的发展优势进行选科组合，学校根据每个学生的选科组合，采取行政班分层教学、分类走班相结合的教学组织。在教师考核评价方面，教师发展中心发放匿名模糊评价调查表，让每个老师从德、能、勤、绩、廉等方面，对全体教职员工进行评价，评价只设置满意和提醒两个选择项，破除传统精细化评价机制，不断完善教师评价和薪酬管理制度。[1]

华中师范大学附属惠州大亚湾小学在日常管理中给予相应的自主管理管理权，将课后服务、课务协调的工作安排交给年级组，为弹性上班奠定基础。提倡教师专业发展自主，建立自主学习机制，开展灵活多样校本培训，给教师课程开发的自主权与自由度，教师自主管理、自主调控、自主激励、自主评价。实施发展性评价，完善教师自主发展途径，把评价与教师自主发展有机结合起来，调动教师"我要发展"内驱力，在评价过程中享受"我在发展"乐趣。[2]

（二）规范学生在校行为，发挥学生管理能动性

规范学生在校行为是学校自治规范的重要内容，通过明确的行为准则和管理措施，引导学生养成良好的学习和生活习惯。具体的行为规范涵盖课堂纪律、课间活动、考试规则等方面，确保学生在校期间的行为有章可循。严格的纪律要求和公平的奖惩制度不仅有助于维护校园秩序，还能有效促进学生自律和遵纪守法的意识。通过系统的行为规范，学校能够营造一个有序、安全、积极的学习环境，促进学生全面健康发展。

学校自治规范还致力于发挥学生在管理中的能动性，鼓励他们参与学校治理，增强自我管理能力。学校通过设立学代会、学生会、班级委员会等自治组织，为学生提供参与管理和决策的平台。这些组织不仅让学生有机会在实践中锻炼领导力和团队合作能力，还能通过参与制定和执行校规校纪，增强他们的责任感和主人翁意识。学生不仅是规范的遵守者，更是校园文化和管理的积极参与者。这种管理模式不仅提高了学生的自主性和积极性，还促

---

〔1〕　参见《惠州大亚湾区外语实验学校自治规范试点工作阶段性报告》初稿。
〔2〕　参见《规范学校自治共建和美学校教育生态——华中师范大学附属惠州大亚湾小学自治规范和修缮运行工作报告》初稿。

进了学校管理的民主化和科学化。

华中师范大学附属惠州大亚湾小学涉及学生工作的由学校大队部组织，大队辅导员组织少先队中队学习、讨论、征集意见，修订通过后，传达并落实。学校层面进行"二次分权"，面向学校的二级机构和社团组织，如学生代表大会、学生会等。二次分权减少了学校行政权力对于教育教学等专业事务的过多干涉和不当干预，使学代会、学生会等真正成为代表和维护师生利益的民主参与平台，提升学校管理的民主化水平。[1]

惠州大亚湾区外语实验学校制定班级公约，创造了良好的学习环境和竞争氛围，提高了学生自我约束能力。班级公约是建立在《中小学生守则》等一系列要求之下的，学校将组织最小化，发挥最小单位的组织能动性。班级公约的制定有助于维护班级的秩序和纪律。公约作为共同遵守的规则，为班级成员提供了一个明确的行为准则。通过遵守公约，学生能够养成良好的行为习惯，减少违规行为的发生，从而营造出一个安静、和谐的学习环境，不断增强学生的集体意识和责任感。[2]

（三）搭建家长交流平台，增强家长参与广泛性

学校自治规范强调家校合作，积极搭建家长与学校沟通交流的平台，形成教育合力。这一平台包括定期召开的家长会，通报学生在校表现和学习情况，听取家长意见和建议，促进家校互动。此外，通过家长委员会的成立，家长可以参与到学校的管理与决策中，共同关注学生的成长和发展。

通过实施三级家委会制度，学校能够有效调动家长参与学校管理的积极性，形成家校合作的强大合力。这种制度不仅增强了家长对学校工作的理解与支持，还提升了家长在教育过程中的参与感和责任感。三级家委会制度为学生提供了更加全面和有力的支持，促进了学生的全面发展和学校的持续进步。学校还建立了多种家校沟通机制，如家长开放日、家校合作讨论会和学校微信公众号留言等机制，方便家长随时了解学校动态和学生情况。这些措施不仅增强了家长对学校工作的理解与支持，还提升了学校教育的透明度和参与度，促进了家校之间的良性互动，最终形成了家校共育的良好局面。

---

〔1〕 参见《规范学校自治共建和美学校教育生态——华中师范大学附属惠州大亚湾小学自治规范和修缮运行工作报告》初稿。

〔2〕 参见《惠州大亚湾区外语实验学校自治规范试点工作阶段性报告》初稿。

华中师范大学附属惠州大亚湾小学《学校家长沟通管理规程》的实施和家校直通车的开通，在一些涉及学生利益、安全的事项上，家长能直接打开手机微信进行留言，留言后学生各级领导能直接阅读和处理，教育部门也能看到学校处理的过程和结果，大大减少了沟通的时间和精力。家长遇到一些小问题均可提出自己的意见，也无需担心意见不会被看到和处理，学校也因此使家校关系更亲密，减少了社会矛盾。在班级层面的决策涉及班干部推选、学生评优、排座位、班级公约、班级活动计划的制定，家委会如何产生、如何开会决策等事项上，家长也在一定层面上参与决策。[1]

惠州大亚湾区外语实验学校开展了以"自治规范"为主题的家校合作讨论，旨在促进家庭与学校之间的沟通与协作，提高家长对学校教育的参与度，加强学生自治能力的培养，提升家庭教育水平。通过开展线上讲座、家长会、亲子活动等形式，加强家校之间的互动。邀请家委会主要成员参与"校园驻校日"，为学校建言献策。开通校园校长信箱，让教师和学生能够充分参与到学校日常管理中，提出合理意见建议，共同维护校园的安定团结。[2]

四、外部提升作用：发挥学校、社会、公众三方联系的纽带作用

学校自治规范不仅在内部管理中发挥重要作用，还在外部提升中起到关键作用，成为连接学校、社会和公众三方的重要纽带。通过科学合理的自治规范，学校能够提升自身声誉和影响力，吸引更多优秀人才和资源，并推动教育政策的完善与实施，从而形成一个良性互动的教育生态系统。相比于内部管理作用的显而易见，学校自治规范的外部作用的发挥更需要时间的积累和学校发展过程中品牌的不断塑造，外部的提升作用会潜移默化影响着学校的发展。

（一）提升学校对外声誉，扩大教育影响力

学校自治规范的有效实施能够显著提升学校的声誉和社会影响力。通过科学的管理和高质量的教育教学，学校可以树立良好的社会形象，获得社会各界的认可和赞誉。学校积极宣传办学理念、教育成果和特色项目，将增强

---

〔1〕 参见《规范学校自治共建和美学校教育生态——华中师范大学附属惠州大亚湾小学自治规范和修缮运行工作报告》初稿。

〔2〕 参见《惠州大亚湾区外语实验学校自治规范试点工作阶段性报告》初稿。

公众对学校的信任和支持。学校通过参与各类社会公益活动和教育交流项目，进一步扩大了社会影响力，提升了品牌价值。良好的声誉不仅有助于吸引更多优秀学生和教师，还能为学校争取更多社会资源和支持，形成发展合力。

一套完善且严格执行的自治规范，能够确保学校在教育教学、学生管理、师资培养等方面展现出高度的专业性和规范性。例如，在教学质量保障方面，规范明确规定了课程设置、教学方法、考核评估等标准，使学校的教育教学活动始终保持在较高水平，从而赢得家长、学生和社会的认可。自治规范对于学校的社会责任担当也有明确要求。学校积极参与社区服务、公益活动，传播知识和文化，能展现出学校的社会责任感和使命感。这种积极的社会参与不仅提升了学校在当地的知名度和美誉度，还为学校树立了良好的社会形象，吸引更多的合作机会和资源。学校在遵循自治规范的过程中，注重培养学生的综合素质和社会责任感。学生在良好的教育环境中成长，具备优秀的品德、扎实的知识和创新的能力，他们在社会中的出色表现也成为学校声誉的有力证明。

学校通过宣传和推广自治规范所取得的成果，向社会展示其独特的教育理念和办学特色。这种宣传不仅能够增加学校的曝光度，还能让公众更深入地了解学校的教育价值，进一步扩大学校的教育影响力。通过详细介绍和展示学校自治规范的具体实施过程和实际效果，学校不仅展示了其在管理和教育方面的创新和成就，还展现了学校在教育质量、师资力量和学生发展方面的独特优势。这种良好的社会影响力不仅有助于吸引更多优秀的师生和教育资源，还能为学校的发展创造更有利的外部环境，推动学校教育事业的持续健康发展。

（二）吸引潜在优秀人才，获得教育资源

通过科学合理的自治规范，学校不仅提升了内部管理和教育质量，还在吸引优秀人才和获取教育资源方面取得了显著成效。规范的管理和良好的社会声誉使得学校成为优秀教师和教育工作者的理想选择，这些人才的加入进一步提升了学校的教学水平和教育质量。通过合理的自治规范，学校也能够吸引更多的社会资源和支持，为其教育事业的发展提供坚实的基础。

一方面，清晰明确且严格执行的自治规范能够向外界传递出学校管理有序、追求卓越的形象。对于优秀的教师来说，他们更倾向于选择一个有良好规章制度、能够保障教学质量和个人发展空间的学校。规范对教师的培训与晋升机制有明确规定，能够让教师看到在该校的职业发展前景，吸引他们投身其中。同时，规范对于教学研究的支持和鼓励政策，也能吸引那些热衷于学术探索的教师。

另一方面，良好的自治规范能够增强学校在教育资源分配中的竞争力。教育部门和社会各界在分配教育资源时，通常会优先考虑管理规范、发展目标明确的学校。而学校自治规范中关于学生培养的高标准和严要求，能够培养出更多优秀的学生，从而提升学校的声誉和影响力。这将吸引更多优秀的学生报考，形成良性循环，进一步吸引优秀的教师和更多的教育资源投入。

（三）促进教育政策完善，实现内外部互动

学校在执行自治规范的过程中，能够及时发现现行教育政策存在的不足之处。因为学校处于教育实践的第一线，对于政策在实际操作中的效果和问题有着最直接的感受。在教育政策的推行中，学校可能会发现某些课程设置和评价标准与学生的实际需求不匹配，或者在师资配备和教学资源分配上存在不合理的地方。通过对这些问题的总结和反馈，能够为教育政策的调整和改进提供有价值的依据。学校自治规范的创新实践可以为教育政策的制定提供有益的参考和借鉴。一些学校在自治过程中，可能会尝试新的教育模式、教学方法或者管理机制，并取得良好的效果。这些成功经验可以通过交流和推广，影响更广泛的教育领域，从而推动教育政策的创新和完善。

学校自治规范有助于加强学校与教育行政部门、家长以及社会各界的互动交流。通过定期向家长和社会公开自治规范的执行情况，接受他们的监督和建议，能够增进彼此的理解和信任，形成教育合力。同时，学校与教育行政部门之间围绕自治规范的沟通与协调，能够促进政策的精准落地和学校的特色发展，实现教育政策的宏观指导与学校自主创新的有机结合。华中师范大学附属惠州大亚湾小学与政府保持积极有效的互动，向政府争取合理的自主权空间，明确双方可支配的权力清单和责任清单制度（惠州市教育局提供工作清单），清单之外的事项由学校自主施行。[1]这样的互动明确了双方的职责和边界，学校的自治规范既接受监督，同时也最大限度发挥学校的自主性。

---

〔1〕 参见《规范学校自治共建和美学校教育生态——华中师范大学附属惠州大亚湾小学自治规范和修缮运行工作报告》初稿。

五、思考与总结

华中师范大学附属惠州大亚湾小学和惠州大亚湾区外语实验学校两所学校的实践经验体现了学校自治规范的重要的作用，同时也提供了一些可供思考的视角。学校自治规范从制定到实施，再到反馈和不断完善，需要多方主体的参与和共同努力，更需要相关制度的监督和保障。学校需要通过构建多层次的参与协调机制，加强实施中意见的动态反馈制度，更好调整规范的内容，并且优化实施监督机制，做好实施效果的评估。

（一）构建多层次参与协调机制

学校自治规范内容广泛，而且调整着多方主体之间的关系，因此在规范制定前，需要收集来自多方的意见，同时也要明确各方在规范制定过程中的角色与定位。从参与主体上看，这一机制应涵盖学校内部的各个层面，包括管理层、教师、学生以及职工。从职责分工上看，需要在规范定位、规范执行和规范效果等方面明确各方职责。

对于校长等管理层而言，需要制定整体的规划和策略，确保自治规范与学校的发展目标相一致。同时，要积极倾听来自各方主体的声音，以便作出更符合实际情况的决策。教师作为教育教学的直接执行者，应当在课程设置、教学方法选择等方面拥有一定的话语权。教师需要根据教学实践中的经验和问题，为自治规范的完善提供专业的建议。而学生作为学校的主体之一，其意见和需求不容忽视。可以通过建立学生代表大会等形式，让学生参与到学校事务的讨论中，同时增强对自治规范的认同感和遵守的自觉性。

学校自治规范的有效实施，需要多方主体的共同努力，广泛参与是前提，在实施中不断协调各方的利益也尤为关键。协调机制的基础在于各方对于规范所要实现的目标和效果形成广泛的共识。这包括教师、学生、家长、学校管理层以及社会各界对于规范的共同认知和认同。在此基础上，学校通过定期召开教育咨询委员会、家长委员会和学生自治组织等多种形式的会议和交流活动，收集各方的意见和建议，不断提升规范的科学性和合理性。

（二）加强动态反馈与及时调整机制

学校的发展是一个动态的过程，内外部环境时刻在变化，因此，学校自治规范必须具备灵活性和适应性，以应对这些不断变化的新情况。为此，建立和加强动态反馈机制成为确保自治规范有效性的关键步骤。通过这种机制，学校能够及时获取来自教师、学生、家长以及其他利益相关者的意见和建议，迅速响应并调整规范，确保其始终契合学校的发展需求和教育环境的变化。

一方面，要建立畅通的信息收集渠道。可以通过问卷调查、座谈会、在线意见箱等方式，广泛收集师生、家长以及社会各界对学校自治规范的看法和建议。另一方面，对收集到的反馈信息要进行及时、深入的分析。找出其中具有普遍性和代表性的问题，以及那些可能影响学校发展的关键因素。

基于形成的分析结果，学校应当迅速作出反应，对自治规范进行及时调整。这种调整不是随意的，而是在充分论证和权衡的基础上进行的，以确保调整后的规范既能解决当前的问题，又能保持整体的稳定性和连贯性。通过加强动态反馈与及时调整，使学校自治规范始终与学校的实际需求相契合，更好适应内部和外部环境的变化，不断推动学校的发展。

（三）优化实施监督和效果评估机制

有效的实施监督和科学的效果评估是确保学校自治规范顺利落实和持续完善的重要保障。通过建立严格的监督机制，学校能够实时监控规范的执行过程，及时发现和纠正偏差，确保各项规范严格按预定的标准和程序执行。科学的效果评估则通过系统的分析和反馈，对规范的实施效果进行全面评估，从而为后续的优化和改进提供依据。

在实施监督方面，要明确监督的主体和职责。可以成立专门的监督小组，由学校领导、教师代表、家长代表等组成，定期对学校各项工作是否符合自治规范进行检查。同时，要建立健全的监督制度和流程，确保监督工作的公正性和透明度。对于违反自治规范的行为，要及时发现并予以纠正，同时按照规定进行相应的处理。

在效果评估方面，要制定科学合理的评估指标体系。这些指标不仅要涵盖学校的教育教学质量、学生的综合素质发展等方面，还要关注学校的管理效率、社会满意度等因素。通过定期的效果评估，能够客观、全面地了解学校自治规范的实施效果，发现其中存在的优点和不足，为进一步优化规范提供依据。

华中师范大学附属惠州大亚湾小学和惠州大亚湾区外语实验学校两所学校在自治规范的制定和实施中提供了有益的实践经验，同时也看到了学校自治规范实施中的更多可能性。在推动自治规范实施过程中，两所学校在教学成绩、教师评价管理体系、家校合作等方面都取得了一定的成绩和提升。同时也应意识到，学校自治规范的制定和实施并非一劳永逸，而是一个动态的、不断完善的过程。学校需要根据内外部环境的变化，适时调整和优化自治规范的内容，以确保其合理性和有效性。未来的学校自治规范或可向深再进行探索，不断激发学校各主体的活力，推动学校教育不断迈向新的高度，培养出更多具有创新精神和实践能力的优秀人才，为社会的进步和发展作出更大的贡献。

第九章
社会自发组织规范的功能
——以大亚湾石化工业区业主委员会规范为对象

▲

唐 瑶

一、引言

中共中央 2020 年 12 月印发的《法治社会建设实施纲要（2020-2025年）》指出，"充分发挥社会规范在协调社会关系、约束社会行为、维护社会秩序等方面的积极作用……深化行风建设，规范行业行为。加强对社会规范制订和实施情况的监督，制订自律性社会规范的示范文本，使社会规范制订和实施符合法治原则和精神"，这强调社会成员要自我约束、自我管理和自我规范。"全面推进基层单位依法治理，企业、学校等基层单位普遍完善业务和管理活动各项规章制度，建立运用法治方式解决问题的平台和机制"，这强调要发挥行业协会、商会自律功能，探索建立行业自律组织。由此可见，全面推进依法治国需要发挥企业、行业组织在法治社会建设中的作用。大亚湾石化产业园区的各企业在发展之初就根据宪法和法律的规定，自发成立石化工业区业主委员会和常务理事会，制订石化工业区业主委员会章程等规范，通过多种方式依法自治，积极参与石化园区公共事务管理，促进企业的发展。

大亚湾石化产业园区是广东省重点发展的东西两翼两个石化工业基地之一，自 2001 年开发建设以来，炼油、乙烯项目顺利投产，石化中下游产业链发展态势良好，已成为惠州市经济发展的主要推动因素和广东省沿海石化产业带的重要组成部分。在石化园区初创阶段，也存在诸多的公用工程不够完善、园区工业废弃物处理、消防安全配套等影响企业发展的问题。为此，石化园区各企业自发组织，以问题为导向，定时召开会议，针对园区企业发展所面临的实际问题进行商讨，探寻解决途径，并于 2008 年初成立大亚湾石化工业区业主委员会，2009 年 8 月 1 日成立石化工业区业主委员会常务理事会，组织制订具有自治性的规范。

2023 年 7 月 17 日，笔者到石化区访问了参与业主委员会和常务理事会成立、运行及业主委员会章程等规范制订的三菱化学惠州公司张建国，[1]并从他处获得石化工业区业主委员会及其常务理事会的相关资料，对石化工业区业主委员会及其常务理事会这一社会自发组织有了基本的了解，对业主委员会及其常务理事会规范这一社会自发组织规范有了初步的认识。以田野调查为基础，本章以石化工业区业主委员会规范为对象，对社会自发组织规范的制订、内容和功能进行了初步探讨，以更全面地认识大亚湾地区自治规范的作用。

二、社会自发组织规范的制订

石化区开发是在海边几个小村庄搬迁后建设、发展起来的，各项基础设施和公用工程都需要从零起步。2002 年起，随着中海壳牌石油化工有限公司（CSPC）、惠州惠菱化成有限公司（三菱丽阳 MMA 项目）、广东惠州天然气发电有限公司、普莱克斯（惠州）工业气体有限公司和欧德油储（大亚湾）有限责任公司先后入驻并开始筹建，石化区的各项配套公用工程陆续建设起来。2004 年 7 月，为配合 CSPC 和 MMA 项目的建设，特别是涉及的需要同步建设的大亚湾石化区基础设施、公共工程项目，负责大亚湾石化区基础设施建设的惠州大亚湾石化工业区发展集团有限公司会同参与石化区基础设施、场地平整的"惠州联宏石化区开发投资有限公司"一起，与大亚湾管委会石化区协调小组、口岸办及多家入驻企业，除特殊事项随时沟通外，每周三下午到石化集团办公大楼定期召开协调会。根据《大亚湾石化区业主委员会概况》的记载，当时具体参会单位、企业和人员有：

---

〔1〕 按照学术惯例，本章的人名进行了化名处理，特此说明。

惠州大亚湾石化工业区发展集团有限公司（李红、王军、吴达、肖岭、张红、赵宏宇、许立潮、孙小军等）、惠州联宏石化区开发投资有限公司（黄祥达、张月、吴鹏、何海洋等）、CSPC（蒋效愚、王楠和、郭栋等）、BSF（CSPC 项目总承包商）、大亚湾管委会石化区协调小组（温小明、李向荣等）、MMA（三菱丽阳）、LNGPP（蒸汽）、惠州投资公司（供水、污水处理）、供电局（电力供应）、普莱克斯（工业气体）、欧德油储（码头）、中国电信（电话和网络通信）、口岸办（CSPC 重件码头对第三方开放许可，及对进出口货物实施联检的海关、海事、商检、边检）。[1]

为缓解协调会上焦虑情绪，融洽气氛，加强交流，加快解决问题，石化工业区几家主要公司发起了每月一次的会后聚餐，取得了较好的效果。

2007 年，惠菱化成时任总助的张建国去大亚湾区管委会付强副主任的办公室拜访时，谈起了石化区管委会与政府之间沟通协调一事。到任不久的大亚湾区管委会付强副主任建议借鉴他在管理德赛集团下属的十多家多种所有制性质的企业的经验成立业主委员会，通过石化区企业之间的互动，来解决石化区初期建设期间存在的各种建设工程协调问题，以更好地为企业做好协调服务，加强石化工业区的管理，维护企业合法权益，维护公共环境和秩序，打造安全和优良的营商环境，共同推进建设世界级石化基地的宏伟目标的实现。此建议得到了张建国等的赞同，表示愿意积极参与和推动业主委员会的成立和建设。

此后，中海壳牌、惠菱化成、欧德油储和普利司通橡胶等几家热心于石化区建设的公司会同大亚湾石化区管理处一起起草了有关文件。2007 年 8 月，大亚湾区管委会印发了《关于〈大亚湾石化产业园区业主委员会章程〉等文件的征求意见稿》，就《大亚湾石化产业园区业主委员会章程》《大亚湾石化产业园区业主公约》《大亚湾石化产业园区业主委员会议事规则》征求意见。2008 年初，大亚湾石化工业区业主委员会成立，业主委员会制定并通过了《大亚湾石化工业区业主委员会章程》《大亚湾石化工业区业主公约》《大亚湾石化工业区业主委员会议事规则》。

---

〔1〕《大亚湾石化区业主委员会概况》（2023 年 5 月 6 日），张建国 2023 年 7 月 19 日提供。以下材料均由张建国提供，不再一一注明。

业主委员会设立了中海壳牌常务委员会、中海炼油常务委员会和其他企业常务委员会，并召开了石化区内企业的首次会议，也逐步取代了原来的每周协调会。之后，业主委员会开始运作，大亚湾区管委会在石化区和西部工业区分别成立了管理处，参与两边的业主委员会的运作协调，并分别召开业主委员会会议。

2008年底召开了一次包括了大亚湾西部工业区企业在内的所有企业参加的业主委员会，但由于参会人员太多而造成议题无法集中，把本来成立业主委员会初衷的协调石化区建设中各企业之间的问题，变成了企业联谊会，导致目的性偏离，因而石化区企业普遍对业主委员会持消极态度，会议也无法继续。[1]

鉴于这一情况，在中海壳牌牵头下，以隔墙供应产业链为主轴，经过产业链各相关企业共同商讨，决定成立石化工业区业主委员会常务理事会，并于2009年8月1日正式成立。常务理事会成员为中海壳牌石油化工有限公司、中海油惠州炼油、普利司通（惠州）合成橡胶有限公司、惠州惠菱化成有限公司、惠州李长荣橡胶有限公司、欧德油储（大亚湾）有限责任公司、惠州凯美特气体有限公司、惠州忠信化工有限公司等8家企业的总裁（或副总裁或总经理或副总经理）。常务理事会设会长1名、副会长1名，每9个月改选一次。会议每2个月召开一次（后改为每年召开四次），地点设在会长企业并由会长主持。2009年8月8日，第一次常务理事会会议在中海壳牌会议室召开，上述8家公司代表参会，讨论了一些需要集中解决的问题。[2]常务理事会没有专门制订规范，基本上按照业主委员会的规范进行运作。

此后，根据工业区企业发展实际，常务理事会不断增加成员单位，至今已有54家工业区内企业成为成员。

为进一步有针对性地开展工作，业主委员会先后于2008年和2015年成立了HSE（安全和环保）小组和HR（人力资源）小组，作为业主委员会的下设工作小组。早在石化区成立不久的2005年年中，石化区内的惠菱化成、李长荣橡胶和忠信化工这三家企业在工厂筹建时的建设报建手续和安全、环保和职业病的"三同时"手续申报过程中，针对遇到的石化区初创时遇到的

〔1〕《大亚湾石化区业主委员会概况》（2023年5月6日）。
〔2〕《大亚湾石化区业主委员会概况》（2023年5月6日）。

各种政策、法规、程序和基础设施、公用工程等各种问题，三家企业既要合规申办，满足国家法律规范和企业要求，又要按照建设工期开工建设，因而期间遇到了各种想象不到的困难。在互相协商沟通信息的过程中，三家企业逐步形成了定期聚会和不定时沟通的机制。在此基础上，逐步吸收了后续进驻企业的相关筹建成员，其中大多数是安全、环保和职业病管理方面人员，用定期聚餐的方式活动，餐费由参与企业轮流承担，形成了 HSE 小组的雏形。2008 年初在中海壳牌召开的业主委员会常务理事会成立后的首届会议上，知悉有 HSE 小组活动的普利司通日方总经理提议将 HSE 小组列入常务理事会的下设机构，在每次的常务理事会会议前先行开会，形成会议记录，在常务理事会会议上向各家公司的总裁或总经理作汇报，这一做法得到了各公司的响应，活跃了常务理事会的气氛，也充实了常务理事会的内容，增加了常务理事会的信息量和功能。之后在 2015 年 9 月，因企业专业人员招聘困难、人才流失和石化区企业之间挖人等问题的困扰，为尽可能地回避这些问题，和谐石化区企业之间的关系，业主委员会参照 HSE 小组的经验和运作模式，发起成立了 HR 小组。HSE 小组和 HR 小组针对石化区企业间具体的安全、环保、人力资源等问题召开会议，共同讨论，达成共识。HSE 小组和 HR 小组没有专门制订规范，仅形成一些惯例性做法。

　　需要注意的是，为更好地服务企业、促进业主委员会的良好运行和发挥作用，业主委员会规范也进行了一定的修订。如 2012 年 7 月 3 日惠州惠菱化成有限公司印发的《大亚湾石化区业主委员会常务理事会纪要（13）》记载："会议首先表决通过并签名确认了《惠州大亚湾石化工业区业主委员会章程（修订版）》，进一步完善了业主委员会的运作机制。"相较于《大亚湾石化产业园区业主委员会章程》，业主委员会于 2012 年 6 月表决通过的《惠州大亚湾石化工业区业主委员会章程（修订版）》增加了 5 条，共为 18 条，并作了分章处理，共分为 5 章，还对规范内容进行了梳理、整合、调整。具体而言，修订版将第 3 条的成立宗旨调整为第 2 条，将第 2 条组织形式分为第 3 条和第 4 条作为第二章组织性质，将第 3 条业主委员会职责范围调整为第 11 条至第 16 条构成第四章职责范围，删除第 4 条指导、监督和协调，第 5 条业主委员会经费的筹集和第 6 条业主委员会成立，第 7 条至第 12 条的内容在《惠州大亚湾石化工业区业主委员会章程（修订版）》中作了细化和调整。[1]

三、社会自发组织规范的内容

自成立以来，石化工业区业主委员会先后制定并通过了《大亚湾石化产业园区业主委员会章程》（2007 年 8 月）、《大亚湾石化产业园区业主公约》（2007 年 8 月）、《大亚湾石化产业园区业主委员会议事规则》（2007 年 8 月）、《惠州大亚湾石化工业园区公共区域管理规定》（2011 年 12 月 1 日）、《大亚湾经济技术开发区石化区企业信息发布工作规定》（2011 年 11 月）、《惠州大亚湾石化工业区业主委员会章程（修订版）》（2012 年 6 月 21 日）、《惠州大亚湾石化区业主委员会参与园区项目准入评审管理实施办法（试行）（征求意见稿）》（2012 年 11 月 15 日）等自治规范。这些规范的内容涉及业主委员会组织规范、职责规范、运行规范等。

（一）《惠州大亚湾石化工业区业主委员会章程（修订版）》

《惠州大亚湾石化工业区业主委员会章程（修订版）》共 18 条，分为总则、组织性质、组织机构、职责范围、附则等五章。

第一章为"总则"，含第 1 条、第 2 条两条。第 1 条即业主委员会的组织名称为"惠州大亚湾石化工业区业主委员会"，简称"业主委员会"。没有修改前称"大亚湾石化产业园区业主委员会"。第 2 条明确了业主委员会成立的宗旨，即：

在政府和企业之间起桥梁和纽带作用，让政府和企业互帮互助，共同繁荣；为石化区的管理、建设及健康发展作贡献；为石化区业主提供服务，商议并解决企业面临的问题，通报企业关注的重点工作进展情况；促进和加强石化区业主之间的联络和沟通，提高石化区的团结度和凝聚力，交流信息，总结经验，共同构建一个安全和谐的石化区。

第 3 条和第 4 条构成了第二章"组织性质"。第 3 条明确业主委员会是石化区各业主自愿联合组成的组织，其运行依据为中国法律法规；第 4 条指出了业主是已投产及在建项目的运营商，具体为"石油化工、电力能源及配套

---

[1] 《大亚湾石化区业主委员会常务理事会纪要（13）》（2012 年 7 月 3 日）。

公用工程、基础设施建设等项目的运营商以及为石化区企业提供相关服务的企业"。[1]业主享有在石化区的项目经营管理活动中的权利，并承担相应义务。

第三章"组织机构"共6条，即第5条至第10条，分别对业主委员会会长、副会长、会议的召集和主持、会议地点、秘书处和秘书、与会代表进行了规定。其中第6条规定业主委员会按照轮席表设会长、副会长各一人，本届副会长担任下届会长；第7条规定业主委员会大会每半年召开一次，会长和副会长一致同意或者1/3以上的成员于每季度的最后一周征集企业意见时提议，可以召开业主委员会专题会议；第8条明确了会议地点设在会长企业；第9条规定秘书处设在石化区管理处，由专门人员负责，并详细规定了秘书处的业务范围为：负责开展业主委员会日常工作，协助会长及副会长开展会务工作及跟进落实会议确定事项；对企业反映的困难和问题，政府相关职能部门会上给予答复；暂时无法答复的，企业可于会后将正式书面材料送石化区管理处汇总后，上报区管委会研究。[2]业主委员会秘书由会长指派本企业人员担任，具体工作职责为：负责会议相关事宜的通知和联系，准备会议议程和草拟会议纪要，并就会议相关事宜与政府沟通联络，建立并保管业主委员会档案；会议的召开应由业主委员会秘书提前两周收集议题并将会议通知及有关材料送达每位成员。[3]第10条规定了业主委员会的与会代表，包括企业负责人（或授权代表）、大亚湾区领导、石化区管理处领导及业主委员会成员、根据会议内容邀请的区相关职能部门领导以及受委托的代理人等。

第四章"职责范围"共6条，即第11条至第16条，分别从调查研究、意见建议、环境改善、规范业主行为、沟通协调、检察监督、协调配合等方面对业主委员会的职责进行了规定，具体内容如下：

第十一条　开展有关石化及相关产业发展的调查研究，提出有关产业发展和石化区建设方面的意见和建议。

第十二条　负责石化区公用工程、市政配套、安全生产、环保管理及石

---

[1]《惠州大亚湾石化工业区业主委员会章程（修订版）》（2012年6月21日）。
[2]《惠州大亚湾石化工业区业主委员会章程（修订版）》（2012年6月21日）。
[3]《惠州大亚湾石化工业区业主委员会章程（修订版）》（2012年6月21日）。

化区生产生活环境改善工作。

第十三条　规范业主行为，加强业主自律，促进石化区管理更加规范、有序，营造石化产品、公用工程供应的公平竞争环境。

第十四条　加强各业主的沟通协调，反映业主要求，维护业主的合法权益，协助解决园区各业主的热点、难点问题。

第十五条　检查物业管理公司的管理工作，监督公共建筑、公共设施的合理使用。

第十六条　业主委员会成员应当配合大亚湾区管委会，与政府各职能部门相互协作，在稳定生产、发展经济的同时积极推动园区的开发建设、安全环保、治安管理等各项相关工作。

第五章"附则"包括第17条和第18条，分别对实施日期和章程解释权进行了规定。

（二）《大亚湾石化产业园区业主公约》

《大亚湾石化产业园区业主公约》共20条，包括总则、业主的权利和义务、公共守则等三章。

第一章"总则"为第1条，规定了公约制定的目的、依据和效力范围，即以"加强石化区的管理，维护区内业主的合法权益，维护公共环境和秩序，打造安全和优良的营商环境"为制定目的，[1]根据国家有关法规政策制定，效力范围则是石化区全体业主及区内经营者。

第二章"业主的权利和义务"共2条，分别为第2条和第3条。第2条规定了业主依法享有的权利，主要包括制定和修改自治规范的建议、提议召开会议、参会、表决、监督建议等权利：

1. 有权提出制定和修改业主公约、业主委员会议事规则的建议；

2. 有权提议召开、参加业主委员会会议；

3. 对石化区业主委员会的重大事项享有表决权；

4. 有权监督业主委员会的工作，并向业主委员会就石化区的建设、管理提出意见或建议；

---

〔1〕《大亚湾石化产业园区业主公约》（2007年8月）。

5. 法律、法规规定的其他权利。

第 3 条规定了业主应当履行的义务，主要有自觉维护公共场所秩序、参会、开展活动、执行会议决议决定、配合调查研究、提出意见建议等义务，具体如下：

1. 自觉维护石化区公共场所的整洁、美观、畅通及共用设施设备的良好运行；

2. 积极参加业主委员会会议及开展的各项活动；

3. 执行业主委员会的决议、决定；

4. 积极配合业主委员会开展有关石化及相关产业发展的调查研究，提出有关产业发展和石化区建设方面的意见和建议；

5. 法律、法规规定的其他义务。

第三章"公共守则"共 16 条，即第 4 条至第 19 条，是《大亚湾石化产业园区业主公约》的主体部分，分别对石化区内业主应当遵守的规范、禁止性规范、违规处理、争议解决和损害赔偿进行了明确。

其一，应当遵守的规范包括第 4 条至第 6 条，第 8 条至第 11 条和第 18 条，共 8 条。主要约定了：石化区管理处或其委托企业负责石化区内公用设施、设备、环境卫生、公共秩序、保安、绿化等管理，全体业主和区内经营者应遵守石化区管理处按有关法规、政策制定的各项管理规章制度，并承担必须的公共费用分摊；全体业主和区内经营者应积极配合石化区管理处及物业管理企业的各项管理工作；业主开展各项大型活动，须向石化区管理处提出申请；自觉遵守有关安全防范的规章制度；配合做好各项安全防范工作及治安管理工作；及时向有关主管部门报告安全隐患；进行项目施工建设时，应遵守有关管理制度，并将注意事项和禁止行为告知业主或区内经营者；在紧急情况（发生重大自然灾害、重大事故）下，服从政府及相关部门的应急安排和调配，有条件的企业要积极协助抢险救灾等。[1]

其二，禁止性规范为第 15 条至第 17 条，共 3 条，主要为维护公共场所和

─────────────────

〔1〕《大亚湾石化产业园区业主公约》（2007 年 8 月）。

公用设施的内容，即：

第十五条　未经许可不得占用绿化用地、公共场所、道路两侧。

第十六条　不得在公共部位乱搭、乱贴、乱挂、设立广告牌。

第十七条　不得擅自损坏、拆除或改造供电、供水、通信、有线电视、排水、排污、消防等公用设施。

其三，违规处理、争议解决和损害赔偿的约定为第7条、第12条至第14条和第19条，主要涉及对石化区管理的意见建议可直接向管理处提出，发生争议通过管理处或业主委员会协调解决；业主或经营者妨碍其他企业正常生产经营建设、妨碍公共安全或他人利益、损坏公用设施等行为，应当及时纠正、修复并赔偿损失。

此外，根据第20条的规定，《大亚湾石化产业园区业主公约》自经业主委员会表决通过之日起实施。

(三)《大亚湾石化产业园区业主委员会议事规则》

《大亚湾石化产业园区业主委员会议事规则》共17条，分为总则、业主委员会、议事方式和表决程序等四章。

第一章"总则"共4条，即第1条至第4条，主要规定了《大亚湾石化产业园区业主委员会议事规则》制定的目的、依据、业主委员会的组成、决议效力等内容。具体而言，根据第1条的规定，《大亚湾石化产业园区业主委员会议事规则》作为业主委员会运作的基本准则和依据，其制定目的是"保障大亚湾石化产业园区业主委员会的规范设立和良好运作"；[1]制定依据是《大亚湾石化产业园区业主委员会章程》和《大亚湾石化产业园区业主公约》。根据《大亚湾石化产业园区业主委员会议事规则》，业主委员会由石化区全体业主组成，依法作出的决议、决定对石化区内的全体业主均具有约束力，全体业主都应当严格遵守，业主依据《大亚湾石化产业园区业主委员会章程》《大亚湾石化产业园区业主公约》及本规则行使权利和履行义务。

第二章"业主委员会"共两条，即第5条和第6条，主要规定了业主委员会的议事内容，包括制定修改自治规范；决定业主委员会专项基金的筹集

----

〔1〕《大亚湾石化产业园区业主委员会议事规则》（2007年8月）。

和使用；改变、撤销业主委员会的决议、决定；审议业主委员会的机构设置、提出建议等。

第三章"议事方式"共5条，为第7条至第11条，主要为业主委员会议事的方式、时间、临时会议、会议召集以及议案的提出等内容。其中第7条对业主委员会议事进行了界定，明确业主委员会议事是指"业主委员会对议案的讨论及表决"，[1]业主委员会议事方式分为会议集体讨论和书面征求意见两种方式，定期每月召开一次；第9条规定，业主提交提议召开业主委员会会议的建议书、业主签名文件和议案文件，可以召开业主委员会临时会议；第10条规定，业主委员会主席召集会议时，应当在会前通知会议时间、地点和议案。第11条规定了议案提出的时间，即应当在会议举行前15日内提出。

第四章"表决程序"包括6条，即第12条至第17条，内容主要为参会人员、投票表决权重、会议记录以及生效时间等。根据第12条的规定，业主按一企一票行使投票权或表决权，议案由业主委员会主席以召集会议或书面方式提交业主委员会讨论和表决，并由与会业主50%以上通过，如果是"制定和修改《业主委员会章程》、《业主公约》、《业主委员会议事规则》、专项基金的筹集及使用方案"[2]等重大事项表决时，则需要经全体业主所持投票权2/3以上通过，当赞成票和反对票相等时，主席有两票投票权。此外，业主委员会应当对会议所议事项作出的决议、决定制作会议记录，出席会议的委员和记录员须在会议记录上签名。根据第17条的规定，《大亚湾石化产业园区业主委员会议事规则》经业主委员会表决通过后生效。

此外，业主委员会、常务理事会还先后于2011年11月通过了《惠州大亚湾石化工业园区公共区域管理规定》和《大亚湾经济技术开发区石化区企业信息发布工作规定》，于2012年12月表决通过了《惠州大亚湾石化区业主委员会参与园区项目准入评审管理实施办法（试行）（征求意见稿）》。

《惠州大亚湾石化工业园区公共区域管理规定》以"加强石化工业园区公共区域内的建设与管理，保障工程项目顺利进行，提高安全生产和文明施工水平，保护园区企业及公民的合法权益，维护园区交通秩序和环境卫生"为目的，规范"在石化工业园区公共区域内进行工程施工活动以及对工程施工

---

〔1〕《大亚湾石化产业园区业主委员会议事规则》（2007年8月）。
〔2〕《大亚湾石化产业园区业主委员会议事规则》（2007年8月）。

活动实施监督的有关单位和个人"。[1]

《大亚湾经济技术开发区石化区企业信息发布工作规定》以"加强区管委会与企业、企业与群众的信息沟通，做好大亚湾石化区新闻宣传与舆情工作，确实保障群众的知情权、参与权和监督权"为目的制定，[2]严格执行《突发事件应对法》《国家突发公共事件总体应急预案》《突发环境事件信息报告办法》《广东省突发事件应对条例》等法律法规及有关规定，做到规范、及时、有效，对重大事项、突发事故、日常信息的发布内容、方式进行了详细规定，以规范石化区企业信息发布工作。

业主委员会为进一步健全大亚湾石化区业主委员会管理制度，提高业主委员会在石化区项目准入评审管理中的参与度，在更高标准上发挥业主委员会的功能作用，进一步规范石化区投资项目准入评审管理，加快推动大亚湾石化区建设成为世界级石化产业基地，依据《关于印发惠州大亚湾石化区风险隐患排查防控工作责任分工表的通知》（惠湾办〔2012〕216号）、《惠州大亚湾石化工业区业主委员会章程（修订版）》、《惠州大亚湾石化区第13次业主委员会常务理事会纪要》等结合石化区的工作实际，制定并通过了《惠州大亚湾石化区业主委员会参与园区项目准入评审管理实施办法（试行）（征求意见稿）》。业主委员会成员单位根据园区总体规划，按照"质量招商、产业招商、绿色招商"的原则，从产业关联度、"五个一体化"、项目安全性、项目技术先进性以及用地合理集约性等五个方面对投资项目进行评估和审核，对项目准入提出意见和建议，以适应园区总体规划，发展碳二、碳三、碳四、芳烃及精细化工产品系列的产业链。[3]

四、社会自发组织规范的功能

石化工业区初创阶段自发成立的业主委员会，基于石化区建设实际情况，以解决问题、促进企业发展为导向，制订了较为完善的业主委员会自治规范。在热心人士的参与下，特别是成立常务理事会后，通过轮值会长制度、固定

---

[1] 《惠州大亚湾石化工业园区公共区域管理规定》（2011年11月）。
[2] 《大亚湾经济技术开发区石化区企业信息发布工作规定》（2011年11月）。
[3] 《惠州大亚湾石化区业主委员会参与园区项目准入评审管理实施办法（试行）（征求意见稿）》（2012年12月26日）。

的会议制度，石化工业区业主委员会的这些规范得到了较好的遵行，发挥了积极的作用。

业主委员会成立以来，已先后有九任常务理事会会长，第一任由中海壳牌公司的负责人于 2009 年 8 月 8 日担任，第二任由中海炼油公司负责人于 2010 年 1 月 22 日担任，第三任由欧德油储公司负责人于 2011 年 7 月 21 日担任，第四任由惠菱化成公司负责人于 2012 年 4 月 28 日担任，第五任由中海能发公司于 2013 年 10 月 28 日担任，第六任由李长荣橡胶公司负责人分别于 2016 年 1 月 29 日、2017 年 1 月 12 日担任，第七任由乐金化工公司负责人于 2018 年 1 月 30 日担任，第八任由科莱恩化工公司负责人于 2020 年 1 月 10 日担任，第九任由国能惠电公司负责人于 2022 年 11 月担任。常务理事会会长的正常轮任，使业主委员会这一自发组织能够如常运行，这保证了业主委员会规范的遵行。

在常务理事会的主持下，业主委员会按照相关规范通过会议讨论问题，商量办法，达成共识，并通过会议纪要形式确认下来。以下为业主委员会第十七届四次会议纪要：

石化区业主委员会
第十七届四次会议纪要

时间：2015 年 3 月 19 日 9：00-12：00

地点：管委会附属楼三楼 2 号会议室

一、石化区业主会议提出问题的落实情况：

1. 杂草问题。厂区内杂草企业自行负责处理，园区内公共区域的杂草由公用事业局处理；

2. 东马港区的安全问题。

二、区属职能部门对企业的要求：

1. 工贸局：

（1）《惠州大亚湾石化基地总体发展规划》，石化产业专篇编制工作希各家企业积极协调配合。

（2）2015 年企业节能降耗目标任务，需各家企业完成，确保通过考核。

（3）希望各企业广泛开展扩产增效，节能技术改造，提升能源利用效率，提高企业产品竞争力。

2. 环保局：

（1）加强污染物总量减排工作。将继续重点推动国华电厂、中海壳牌、中海油、忠信化工等主要排污企业脱硫、脱硝，进一步削减大气污染物，也希望这些纳入减排计划的企业加强环保管理、加大环保投入，确保完成市政府下达的减排任务。

（2）强化污染防治工作及污染源管理。发现盛和、宙邦、乐金、海能发六厂、清源等企业存在污水处理设施异味加盖收集处理不完善，长润发、鑫双利、盛和、宙邦、景江化工等企业存在无组织废气收集处理不完善等方面的问题，需加快整改进度，减少污染物对外环境的影响。

（3）需要石化区各企业配合继续开展污染减排和清洁生产，共同推动以下工作：

一是加强固体废物综合利用，最大限度减少其排放量。二是加强工业废水污染防治，削减水污染物排放量。三是加强区域的集中供热，提高企业大气治理设施脱硫、脱氮（？硝）效率，降低现有企业的污染物排放量，加强无组织废气排放控制，保障区域良好空气质量。

3. 安监局：

（1）存在问题：石化区部分企业，重生产轻安全，安全管理混乱，安全生产不到位，且从业人员素质参差不齐，需要加强监管指导。

（2）开展石化区危险与可操作性分析（HAZOP）工作。中海油惠州炼化（已完成）、中海壳牌、忠信化工、中创化工、普利司通、李长荣、中海油乐金共7家公司须在2015年10月前完成此项工作。2016年在石化区内企业中全面推行。

（3）要求各企业尽快建立适合本企业的化工过程安全管理体系。

（4）2015年中海油二期马上启动，希望加强建设期间的安全管理工作。

在2014年的检查中，存在多家企业存在问题需要整改。（后由邵国章常务副主任宣布名单）。

丁公明书记强调：对石化企业而言，报警装置不能报警是巨大隐患。所有发现的问题都要开诚布公地讲出来，以便探讨如何解决，通过什么程序？安监局要加大力度，每月发出检查结果通报给政府及企业，详细列明应对整改期限及要求。

4. 石化管理服务中心：

(1) 希望企业方能确立固定联系人与服务中心联络。

(2) 企业诉求建议以书面形式呈现。

(3) 将进一步完善对接机制及服务流程。

项坤望主任简要讲了三点内容：

一、要求企业认真学习新环保法，尽到企业的责任。

二、业委会不但协助宣贯法规政策，还督促企业落实到位，高标准地推进了环保工作。

三、会上提出的海域，东联和马鞍洲码头的安全管理，政府职能部门将尽快地落实解决办法。

区委常委，管委会常务副主任，邵国章同志讲话：

一、首先回顾2014年安全生产隐患排查存在问题的企业。希望能作为前车之鉴，敲响警钟。

1. 三家没有依法办理手续、违法建设，责令停工的企业彩田化工、中信化工、中创化工都已整改。

2. 五家安全生产管理制度超过三年没有及时修订，部分制度与实际情况不符：海能发工程技术惠州公司、盛安化工、智盛石化、凯美特气体、景江化工。

3. 两家部分动火和现场作业管理不严、票证审批不严：盛和化工、长润发。

4. 八家危化品生产储存设置的可燃气报警装置部分或全部失效，四家是其他区域的小企业，石化区四家：彩田化工、景江化工、长发涂料、可隆公司。

5. 两家可燃气体报警控制器失效：可隆公司、盛和化工。八家企业已整改，但报警器的整改要持续进行，所有石化区企业引以为鉴。

6. 两家对安全连锁管理不够重视，系统参数随意、无审批，无修改、变更、档案记录不对应安全措施：海能发工程技术惠州公司、惠菱化成有限公司。

上述企业都已给予积极整改，但要引以为鉴，希望2015年的检查中不再出现类似问题。

今后的检查方式也将从政府请专家检查改为由企业自查，政府指导。要求企业高度重视

二、新安法实施第一年，虽已做了大量宣传但要认识到对政府和企业都有了更高要求，所以计划推广实施 HAZOP 体系，属于当前行业内最行之有效的系统，希望在石化区全面推广。

三、绿化保洁做好。公共区域政府负责，红线范围内的绿化由企业负责，希望企业与园区共同提升。将发正式倡议书，要求企业三包，与政府共同努力，提高园区管理水平。

四、《石化区总体规划》的编订需要企业的支持与配合。前期有调研专家组前往企业收集信息，希望通过群策群力以形成更好的方案。

五、进一步完善政企沟通机制，由管理服务中心负责，定期对联系情况收集整理。在当前化工行业低迷的背景下更需要加强政企沟通。不仅中央政府出台了一系列的扶持政策，省、市、区都有具体的支持企业的办法。种种优惠政策将通过管理服务中心的机制、业委会的平台，以多种方式共享。逐步建立园区业主无纸化的信息共享平台。

区委副书记、管委会刘诗博主任讲话：

一、对 2014 年业委会在石化区管理的参与和贡献充分肯定，同时对未来的表现提出了更高的要求。

二、东马港区的安全问题，建立海上联合执法，划定区域。把安全管理落实到位。

三、公用工程方面，大亚湾的污水处理价格处于国内居中（与上海、南京对比），原因在于有一大块成本出在排海费用。接下来会继续关注水处理的问题，希望找到更合理的方案。

三、当前整个化工市场形势低迷，希望企业积极应对、谋划发展、增效扩能。

要求石化区管理服务中心尽快完成区内标识牌的双语改造，6 月底前完成。

丁公明书记讲话：

石化区业委会的机制好、业绩佳。在 2014 年协调解决了许多安全环保问

题、加强了公众与企业的沟通。在此代表政府感谢业委会的支持与配合。企业代表在会上提到的问题将由相关部门一一落实解决。暂时无法解决的，也要调查研究合理方案。新一年的期望和要求：

一、希望业委会继续发挥积极作用，代表企业与政府一起把园区管好。

二、希望企业挖潜增效、加大科技创新。

三、建立集约式发展模式，现有资源有限，要善加利用、提高使用效率，比如说土地。

四、切实履行好社会责任、安全环保责任以及石化宣传的职责。对于不遵守法律法规的情况，将按照四个一律的方式处置：发现问题，一律立案；一律追究责任，顶格从重处罚；一律问责（职能部门失责的情况）以及一律公开曝光。

要求全区各级各部门，全力做好企业服务工作，提供主动、超前、跟踪服务，树立服务企业出效率的理念。为企业排忧解难，针对有关企业提出的审批的程序复杂的问题，政府的目标是提供更加便利和高效的服务，让企业的申请在必经环节上，在依法依规的前提下尽快地办好。

白会长总结发言：

丁书记对业委会工作的肯定，为今后业委会开展工作增加了极大的信心。各职能部门在会上对企业诉求的回复，体现了当地政府高效而务实的工作作风。业委会代表业主承诺一定会落实好政府需企业配合的工作，为建设园区良好的氛围、环境作出自己的贡献。相信在政企的共同努力下，一定会把大亚湾建设成一流的石化园区。

业主委员会、常务理事会按照规范建立起了石化工业区业主、经营者与大亚湾区管委会、石化区管理处、石化区管理服务中心、大亚湾区各部门的沟通桥梁，也加强了石化工业区业主、经营者之间自身的联系。参加业主委员会的各企业按照规范就共同关注的问题进行协商，如政府服务质量、园区封闭管理、治安防范管理、道路交通整治、事故应急互助、公用工程价格和稳定供应等问题，建立解决问题跟踪机制，及时通报问题的落实情况。业主委员会成员与政府职能部门相互协作，全力配合优化石化区基础设施配套建设、提高公用工程供应竞争力、确保安全生产和环保管理，共同改善石化区生产、生活环境。[1]常务理事会会议效率更高，信息沟通更具时效性，为石化区企业提供了更好的服务。[2]这为石化工业区的交通设施建设、交通安全防范、公共绿化建设、消防安全保障、污水处理、公共急救医疗、人才招聘等石化工业区的建设起到了极大的促进作用，也对石化工业区公共秩序的正常运行作出了巨大贡献，进而促进了石化工业区各企业的发展、推进了大亚湾经济社会的发展。

笔者通过梳理收集到的 26 份会议纪要、14 份会议要求落实情况（答复）、2 份工作进展和年度工作计划、会议征集议题、工作建议、会议简报、会议议程和会议材料等，发现石化工业区业主委员会通过遵行业主委员会自治规范主要解决了业主所面临的交通设施建设、道路交通拥堵、公共场所绿化、费用收取、消防安全、公共急救医疗、人才招聘、码头建设、污水处理等问题，发挥了推进石化园区建设、促进产业发展、实现企业顺利生产等积极作用。

第一，解决交通设施建设问题。基于企业发展和石化工业区建设中遇到的交通设施建设问题，2010 年 7 月 27 日，在惠州炼油分公司综合办公楼 212 会议室召开的常务理事会第六次会议，关于兴达厂东边 K2 路口问题，决定"由石化区管理处与交警部门沟通，到兴达石化现场研究解决厂区门口道路交通问题。对于澳霞大道至西二路的修补问题，由石化管理处督促动工修补"。随后石化区管理处抓紧落实，与区交警大队设施股人员现场勘查，将 K2 路原来不准调头的双实黄线改为准许调头的虚线。此外，关于 K2 路与石化大道交接路口，已由区规划局和区公用事业局按区管委会指示："为减少路口，确保道路交通安全，近期将封闭此路口，改为中央绿化带。"[3]滨海四路转北环路转弯处双向行车路面较窄，转弯过急；且道路横断面由内向外倾斜，增加了车辆侧翻的可能性。经会议协商，区公用事业局及时将该问题纳入北环路扩建工程。[4]

又如 2013 年 10 月 28 日下午，在海油发展石化公司海油大厦四楼多功能

---

〔1〕《惠州大亚湾石化工业区业主委员会年度工作计划》（2012 年 12 月 26 日）。
〔2〕《大亚湾石化区业主委员会会议纪要（17-1）》（2013 年 11 月 6 日）。
〔3〕《常务理事会第六次会议落实情况》（2010 年 7 月 27 日）。
〔4〕《10 月 28 日石化区业主委员会第 17 届 1 次会议要求落实情况》（2013 年 10 月 28 日）。

厅召开的惠州大亚湾石化工业区业主委员会第 17 届 1 次会议（常务理事会成员企业会议），提出了疏港大道施工安全的问题，即：疏港大道在海油大厦附近的施工对道路通行造成影响，存在安全隐患。施工现场在海油大厦出入口，此处车辆集中，转弯较多，施工导致路面狭小，路面破损，施工机具停放和作业影响视线，容易引发交通事故。会上海油石化发展公司建议合理施工组织，加快海油大厦出入口附件的施工进度，消除隐患。

再如 2014 年 1 月 15 日下午，在区管委会附属楼三楼 2 号会议室召开的惠州大亚湾石化工业区业主委员会第 17 届 2 次会议，决定"区公用事业局抓紧与区供电局协调该路段电缆迁改事宜，明确电缆迁改和道路通车具体时间"。[1]会议还建议"增设警示牌和夜间照明路灯，消除道路安全隐患"。[2]关于石化大道惠炼家园大门口的横穿人行道，会议决定"请大亚湾石化管理处督促大亚湾公用事业局落实执行，把中间的隔离带去除，规划一条人行横道"。[3]关于油城东路惠州炼油仓库路段安全设施问题，大亚湾石化管理处将"发正式信函给中国海油惠州炼油分公司允许其自己设立交通警示牌"。[4]

第二，解决石化工业区交通拥堵的问题。如上班高峰期，石化区东、西门楼处存在因未及时办理石化区通行证的重型卡车长时间停靠路边，石化工业区尚未设有公用停车场，及石化区东、西门楼公交换乘站迁移导致交通拥堵的问题。针对这一情况，石化工业区业主委员会向大亚湾区提出了意见和建议。据此，根据区委、区管委会的工作部署，石化工业区西门计划整体西迁，并由区石化集团牵头建设石化工业区公用停车场。石化工业区业主委员会会议还要求，"石化综合管理大队要加强对高峰期重型车辆的管控，联合企业根据实际问题研究制定相关的管理方案；各企业要加强内部管理，切实提高预约管理人'精准预约'能力水平以及装卸货相关工作人员的工作效率"。[5]石化集团、公安石化综合管理大队采取了具体解决措施，并作出了详细回复。区公安石化综合管理大队加强对高峰期重型车辆的管控，上下班高峰期将未及时办理通行证的重型车辆疏散到非交通道路停放；加强与企业的沟通，根

---

〔1〕《大亚湾石化区业主委员会会议纪要（17-2）》（2014 年 2 月 17 日）。
〔2〕《大亚湾石化区业主委员会会议纪要（17-2）》（2014 年 2 月 17 日）。
〔3〕《常务理事会第五次会议会议纪要》（2010 年 5 月 20 日）。
〔4〕《常务理事会第五次会议会议纪要》（2010 年 5 月 20 日）。
〔5〕《石化区业主委员会提出相关问题落实情况》（2020 年 7 月 22 日）。

据实际问题研究管理对策，并要求企业管理人提高"精准预约"能力水平以及装卸货相关工作人员的工作效率。根据惠湾管纪〔2019〕40 号和惠湾管办函〔2019〕41 号文件的要求，已经编制完成《大亚湾石化区配套公共停车场及危运车辆临时避险停车场特许经营项目方案研究报告》，并征求了相关单位意见，各单位均基本同意本项目方案。经协调，区公用事业局于 2020 年 6 月 22 日回函同意作为该项目业主单位，拟上报管委会采用特许经营（BOT）的模式推进项目建设，项目已纳入大亚湾 2020—2022 年区政府投资采购服务类项目三年滚动计划。现根据惠湾委纪〔2020〕4 号文件的要求，该项目中的危运车辆临时避险停车场已经完成场地勘察、平整、强夯工作，正在开展方案设计、施工工作，争取在 2020 年 9 月 15 日前建设完成。[1]现已如期完成，解决了交通拥堵问题。

第三，解决污水排放问题，做好石化工业区环境保护。如适逢雨季，石化工业区的污水排放问题突出，2015 年 11 月 5 日上午，在海油发展石化公司四楼多功能厅召开的惠州大亚湾石化工业区业主委员会第 17 届 6 次会议上，业主委员会针对石化区事故应急池报建手续及污水管网对接问题进行了分析探讨：截至 11 月 2 日，事故污水应急系统工程建设已投资完成 94%，未在本次污水应急池设计范围内的新落户企业，区石化集团正在加紧办理申报手续；忠信化工、智盛化工、LNG 电厂等十家企业已提供应急连接管段方案图纸电子版至区住建局，审核公示后，可直接办理工程规划许可证；并要求各企业抓紧时间按照区住建局审核意见修改完成施工图设计工作。[2]关于石化区废水收费及污染因子接管标准问题，清源环保公司所设定电导率《接管标准》经过严格的方案论证、技术核定和环评审批，以此为上限。接到业主委员会的意见和建议后，大亚湾区公用事业局积极落实部署，按内涝整治一期施工图完成电厂北路 810 米 DN2000 管道和石化大道西门楼至柏岗河段 DN800 管道和明渠。然后，增加连接滨海三路雨水接入新建排水管沟，同时将滨海四路路口现状 DN1500 雨水管改造为 DN2200 雨水管道。[3]

又如 2013 年 10 月 28 日下午，在海油发展石化公司海油大厦四楼多功能

---

〔1〕《石化区业主委员会提出相关问题落实情况》（2020 年 7 月 22 日）。
〔2〕《大亚湾石化区业主委员会会议纪要（17-6）》（2015 年 11 月 12 日）。
〔3〕《石化区业主委员会提出相关问题落实情况》（2015 年 11 月 12 日）。

厅召开的惠州大亚湾石化工业区业主委员会第 17 届 1 次会议（常务理事会成员企业会议）中，就滨海十一路和碧海路道路清洁维护、排水设施检查问题进行了讨论，会议要求："区石化集团尽快与公用事业局办理滨海十一路的移交工作，11 月中旬完成碧海路（国华段）竣工验收，争取 11 月底移交区公用事业局；对石化区道路积水问题，需园区内各企业的配合支持方能彻底解决，业主需完善项目场地内排水系统。"〔1〕随后区公用事业局和区环卫局分别作出答复，〔2〕根据《10 月 28 日石化区业主委员会第 17 届 1 次会议要求落实情况》，具体内容如下：

区公用事业局答复：

（一）建议区石化集团尽快办理移交工作。

（二）关于出现积水问题，我局已完成对该路段雨水井管道清疏检查工作，目前管道进水井顺畅，同时在强降雨期间，我局会加强该路段排水设施巡查力度，发现积水问题及时处理，保障行人、车辆通行。

区环卫局答复：

（一）滨海十一路我局已安排人员、机扫车对该道路加强清扫保洁。

（二）经查，碧海路没有纳入我局清扫、保洁范围，相关移交手续请区石化集团尽快联系我局办理。

第四，加强消防安全巡查，排除安全隐患。业主委员会通过常任理事会、专题会议和 HSE 小组等方式，分析消防安全问题，定期巡查排除安全隐患。业主委员会通过业主委员会专题会议，积极整合各方力量，有效防范、应对和处置石化区各类突发事件，当石化区发生重大情况、突发事件、事故时，通过该项会议对突发的相关事件做好充分解释、研究落实解决措施，稳定企业信心及员工人心等。〔3〕

2009 年 9 月 18 日下午，在中海壳牌行政办公楼 6009 会议室召开的常务理事会第一次会议，决定成立一个 HSE 工作小组，"小组由常务理事会各成员企业指派一名人员构成。HSE 工作小组的任务包括企业发生紧急事故时的

〔1〕《大亚湾石化区业主委员会会议纪要（17-1）》（2013 年 11 月 6 日）。

〔2〕《10 月 28 日石化区业主委员会第 17 届 1 次会议要求落实情况》（2013 年 10 月 28 日）。

〔3〕《惠州大亚湾石化工业区业主委员会年度工作计划》（2012 年 12 月 26 日）。

互相帮助以及消防培训等内容"。[1]HSE 小组会议每年召开 4 次，主要内容是："协商各企业提交的 HSE 问题、对政府职能部门的要求准确与否予以评价并统一做法、共享 HSE 经验和案例学习、建立应急救援物资共享平台、中控室和 HSE 应急联络网、相互参观学习交流等。"[2]仅 2019 年，HSE 小组就召开了 3 次会议，与大亚湾区安全生产协会合作规范园区企业的探伤作业；发布石化区控烟要求，设置公共吸烟区；与安监部门协作，推进落实安全管家工作，组织开展园区企业安全交流分享会。[3]

此外，关于石化区消防力量的整合问题。2010 年 7 月 27 日召开的常务理事会第六次会议提出，石化区内消防资源应进行整合，统筹管理和使用，以实现资源共享、费用共担，有效提升整体消防能力和反应能力。2010 年 12 月 8 日，在惠州炼油分公司综合办公楼 212 会议室召开的大亚湾石化区业主委员会常务理事会决定，请区消防中队整合陆地、马鞭洲岛上的消防力量，请港务局整合海上消防力量，统一制定"组团式消防力量"的实施方案，首先对马鞭洲的消防进行整合，委托设计单位深圳准信企业于 8 月底制定初步方案，9 月 3 日由马鞭洲消防整合工作小组进行评审。设计院于 9 月 15 日前将评审意见落实后的设计方案，消防改造工程预算上报。陆地消防管道、泡沫管道的整合，原则上以组团、地块整合为主。以马鞭洲为试点，马鞭洲整合完成后，开始根据设计单位拟定的整合方案实施陆地上的整合。[4]对周边构成安全隐患的作业，实施方有责任和义务提前向石化区管理处汇报，以便及时告知周边企业规避风险，确保安全。[5]

第五，完善人力资源交流平台，增强人力资源服务。中海油能源发展股份有限公司惠州分公司于 2013 年 11 月 6 日印发的《大亚湾石化区业主委员会会议纪要（17-1）》记载，2013 年 10 月 28 日下午，在海油发展石化公司海油大厦四楼多功能厅召开的惠州大亚湾石化工业区业主委员会第 17 届 1 次会议（常务理事会成员企业会议），提出业主委员会将借助 HSE 小组成功运作的经验，征求园区各业主意见，进一步完善 HR 小组筹建方案，筹建 HR 小

---

[1] 《常务理事会第一次会议会议纪要》（2009 年 9 月 18 日）。

[2] 《惠州大亚湾石化工业区业主委员会年度工作计划》（2012 年 12 月 26 日）。

[3] 《惠州大亚湾石化区业主委员会会议纪要（2019 年第 2 期）》（2019 年 10 月 22 日）。

[4] 《常务理事会第六次会议落实情况》（2010 年 7 月 27 日）。

[5] 《大亚湾石化区业主委员会常务理事会纪要》（2010 年 12 月 15 日）。

组，以"搭建石化区企业人力资源管理人员之间交流、互通、合作的平台，使园区内企业的正常生产不受影响，促进园区人力资源合理配置和有序流动"[1]"区公安局、人力资源和社会保障局、宣教局、卫计局等职能部门支持推进园区企业员工户口办理、人员招聘、干部档案管理、社会保险、子女就读、卫生医疗等工作的落实，更好地为园区企业服务"。[2]HR小组于2015年9月正式成立，积极开展活动。如2019年，石化工业区业主委员会HR小组组织召开了3次小组会议，会议中提出的人员招聘、子女就读、户口和居住证办理等关切问题，均得到了政府职能部门的专业解答；开展了2项活动，即参观党群服务中心，邀请知名讲师进行促动式领导力培训。[3]石化工业区业主委员会HR小组的建立和运行，建立了企业人才交流平台，加强了企业人才交流，开展石化工业区各类专业培训，推进了企业人才队伍建设，为石化工业区的健康可持续发展提供了可靠的人力资源保障。

在运行过程中，业主委员会和常务理事会也注重运用一定的激励手段。如2013年8月，由于惠菱化成公司在业主委员会上的贡献，业主委员会和大亚湾管委会给惠菱化成公司的总经理颁发了"优秀会长"的牌匾，也给为业主委员会和常务理事会活动作出实际贡献的惠菱化成公司张建国颁发了"优秀HSE组长"的奖牌。[4]

随着石化工业区的不断发展和日渐成熟，尖锐的矛盾越来越少了，石化

---

〔1〕《大亚湾石化区业主委员会会议纪要（17-1）》（2013年11月6日）。HR小组是当时企业之间挖人之后，企业出现问题了才有人想起来提议的，目的是防止区内互相挖人，以及协助政府服务企业中的人才招聘、当地居民就业。人才流动本属正常，企业招聘同行业人才，招聘过来就能用，是件好事。但问题是弱小企业好不容易培养的技术骨干，经不起大企业、名企业的各种诱惑（平台知名度、技术实力、企业文化、薪资待遇等），附近有吸引力的企业招聘时很容易走掉（考虑住房、照顾老人、子女就学、生活圈子），所以小型企业就很苦恼。因为化工企业培养一个合格的人才需要好多年的时间，即使是操作员工也需要几年才能成熟。张建国访谈录，2023年10月11日。

〔2〕《惠州大亚湾石化区业主委员会会议纪要（17-5）》（2015年7月28日）。

〔3〕《惠州大亚湾石化区业主委员会会议纪要（2019年第2期）》（2019年10月22日）。

〔4〕客观上看，由于热心人士的积极参与，惠菱化成公司担任业主委员会会长期间做得最红火，以至于9个月的任期被延长了几次，其间业主委员会协同区管委会、石化管理处一起组织过企业代表赴华东地区参观石化区（上海、宁波、苏州）的活动，还协助石化区管理处开展石化区企业开放日活动。2010年至2013年大亚湾石化区三年发生三次大火，由于周边居民对石化产业不熟悉、不理解，看见大火后就争先恐后地恐慌逃离，业主委员会协助石化区管理处采取了分批分类邀请石化区外围（包括惠阳区）居民和企业、学校、机关等代表来石化区参观，普及石化知识的措施，取得了较好的效果。张建国访谈录，2023年10月11日。

工业区业主的自治空间受到一定的影响，业主委员会和常务理事会的作用就越来越弱了，业主委员会的规范的效力就相应的趋弱了。虽然业主委员会和常务理事会仍在运行，但活跃度远非早期可比；[1]政府方面介入过多后，业主委员会、常务理事会的自主性也受到影响，企业参与的积极性也今非昔比。[2]

HSE 小组和 HR 小组目前也在按照业主委员会的规范正常开展活动，[3]但也出现某种偏离自治、自主的倾向。

五、简短的结语

大亚湾石化工业区企业为解决项目建设中遇到的实际问题、企业发展中的困难，自发、自愿成立石化工业区业主委员会、常务理事会，并在业主委员会下成立了 HSE 和 HR 两个工作小组，制订了业主委员会章程等规范进行制度化运行，实现了在政府和企业之间桥梁和纽带的作用、为业主提供服务并解决面临的问题、促进和加强业主之间的交流和沟通的宗旨，促进了企业的发展，促进了石化工业区的发展，提升了政府的服务能力。

石化工业区业主委员会这一自发设立、自主运行的社会自发组织的成立和持续运行，得益于热心人士的无私奉献，得益于骨干企业的积极参与，[4]得益于规范的健全和遵行，得益于政府部门的全力支持。业主委员会的民间性、自治性、公益性，奠定了其存在基础，保障了其存在价值，维持了其正

---

〔1〕 目前业主委员会会议和常务理事会会议已有一年多没开会了，可能大亚湾区管委会领导们比较忙，可能轮值企业领导忙于工作和理解不同，可能是年中的管委会机构改革后部门人员和职责刚定位，重新调整的政府人员还没时间顾及；也可能是石化区发展逐渐成熟，没有了当初建设期间的各种问题需要一起沟通协商。不过，新时代总有新问题，新问题少的话也可以发掘其他共同要素进行协商、联谊。现在石化工业区的一些企业有小范围私下的交流、聚餐，似乎逐步回到了最初的民间特色。张建国访谈录，2023 年 10 月 11 日。

〔2〕 张建国访谈录，2023 年 7 月 17 日。

〔3〕 如 2023 年 8 月 23 日上午，大亚湾石化区业主委员会 HR 小组在中海壳牌召开 2023 年第 3 次会议，50 余人参会，大亚湾区石化能源产业局局长和石化区管理服务中心主任参会。会议围绕大亚湾区《关于高质量打造人才集聚新高地的实施意见》，探讨如何创新研究制定石化产业人才专项支持政策。与会人员从引、育、留、用等方面进行了热烈的讨论。会上中海壳牌培训部高级主管还分享了中海壳牌 2022 年继任者领导力学习发展项目。张建国访谈录，2023 年 10 月 11 日。

〔4〕 业主委员会会议和常务理事会这一自治性组织发挥作用最关键的是人和人的意识，需要有那种参与社会贡献想法的人的存在，还需要有热心参与的官员和企业领导。张建国访谈录，2023 年 10 月 11 日。

常运行。

　　业主委员会规范的合法性、合理性、全面性、可操作性，为业主委员会、常务理事会和两个专门小组的运行提供了制度保障，使业主委员会、常务理事会和两个专门小组有章可循、有规可依，为业主委员会、常务理事会和两个专门小组的长期、正常、连续的发挥作用奠定了制度基础。

　　对石化工业区业主委员会规范这一得到政府支持的社会自发组织的规范进行总结，有助于我们更全面地认识自治规范的生成路径和作用机制，更深入地理解社会自发组织规范的具体内容和独特价值，以充分发挥社会自发组织的主体性和积极性，进一步推进我国的法治国家和法治社会建设。

第十章

通过房东代表成立物业公司的自治

——以广东河边地片区为对象

▲

李明道　高其才

一、引言

广东省惠州市大亚湾区西区街道老畲村河边地片区位于老畲村与深圳市坪山区龙田街道竹坑社区茜坑村交界处，深圳界线内合计 133 485 平方米。根据初步统计，片区建成房屋区域共计 73 141 平方米，有居民自建房 220 栋，以出租为主，居住人口约 21 000 人，商户 203 家。

河边地片区土地权属为深圳市坪山区龙田街道竹坑社区茜坑村，但与惠州市大亚湾区西区街道老畲村双龙村民小组紧邻。由于历史形成的原因，河边地片区的行政界线与土地权属错位导致一直没有村（社区）管理，目前该区域内无基层群众性自治组织单位管理，一直没有得到过有效管理，为典型的"脏乱差"三不管地带，长期以来存在责任主体缺失、环境卫生较差、安全隐患突出、基础设施配套不足等问题。

2021 年 12 月 22 日，经大亚湾区西区街道党委决定，成立老畲村河边地临时党支部；2022 年 4 月 7 日，经大亚湾区西区街道党工委研究决定，成立老畲村河边地综合整治工作站。[1]河边地片区的状况得到了一定的改善。

为解决河边地片区居民的实际问题，在惠州市大亚湾区西区街道的指导

---

〔1〕 根据学术惯例，本章的人名进行了化名处理，特此说明。2024 年 5 月份，河边地综合整治工作站被摘牌，公章被回收。

下，河边地片区居民自 2023 年 6 月开始自发以房东代表身份成立物业公司进行自我管理，探索出了一种新型的自治路径。

二、通过房东代表成立物业公司的自治过程

河边地片区居民通过房东代表成立物业公司进行自治的具体过程，是在西区街道指导下，在综合整治工作站支持和参与下，由热心居民在个别交流、商量基础上，面向全体房东征求意见和意愿，通过投票选举房东代表成立房东代表委员会，并组建物业公司具体进行管理和服务。

2022 年，惠州市大亚湾区西区街道倡导学习老畲村三大屋村民小组模式进行城中村围闭管理，河边地综合整治工作站就开始了物业公司的筹备。2023 年 6 月 24 日，由工作站牵头召开了房东会进行物业公司意向调查，通过实名投票一致同意自建物业，会议还确定通过全民选举成立房东代表委员会。

2023 年 7 月 22 日，由工作站牵头发动全民投票选举房东代表，实名书面投票日期是 7 月 22 日至 7 月 28 日。本次选举应投票 220 票，实际投票 234 票，其中有效票 205 票，无效票 29 票（重复票 23 张，无法辩论地址票 3 张），投票率 93.18%。刘金全、向群华等 23 名原房东当选金牛村第一届房东代表，任期 5 年。2023 年 8 月 2 日进行公示，7 个工作日后没有人提出异议。

在房东代表委员会和工作站的主持下，2023 年 8 月 19 日召开了房东代表大会，会议选举产生房东代表委员会主任，向群华任金牛村房东代表委员会主任。会议决定成立物业筹备组具体负责组建物业公司，推举了向群华、刘金全、李岳海、廖葵环、颜锡光五人为物业公司筹备小组成员，向群华为组长。详见下面的会议纪要。

大亚湾区西区街道老畲河边地（金牛村）房东代表大会会议纪要[1]
（惠州市福运管理有限公司章）

2023 年 8 月 19 日，老畲河边地召开第一次房东代表大会，会议由老畲河边地综合整治工作站党支部书记廖少明同志主持，23 名当选房东代表参会，会议内容：

---

〔1〕 河边地片区的房东将所在区域自己命名为"金牛村"。

一、支部书记宣布老畲河边房东代表正式成立。

二、传达上周街道会议精神，做好人居环境整治工作，各房东做好"门前三包"工作，加强居民反诈意识。

三、关于物业合围管理的方向，提升城中村人居环境、社会治理等重点工作。

四、房东代表发言：

汪思波：房东代表是通过民主投票选举得出的，如有重大决议，均需通过民主决议，今后会通过网络宣传将金牛村打造成全国文明村。

五、经房东代表一致同意，在23名代表中推选出5名房东作为物业合围管理前期准备运营人员，制定物业合围方案，协助工作站做好物业合围工作。

筹备组组员：向群华、刘金全、李岳海、廖葵环、颜锡光。

房东代表大会对上述决议进行了民主投票。

全体房东代表签字（按捺）：（23人签名按手印）

2024年1月22日，河边金牛村的物业公司惠州市福运管理有限公司（以下简称"福运公司"）依法注册成立，李岳海为公司法人（董事长）、刘金全为经理，廖葵环为财务负责人。根据西区街道指示精神和工作便利的实际，河边189号一楼101商铺为公司注册地址，河边83号工作站为公司员工办公地址。

由工作站和房东代表委员会于2024年3月9日组织召开2024年第一次房东代表会。

会议表决通过如下决定：（1）人事任命：李岳海为法人董事长兼任保安部负责人；刘金全为经理负责公司各方面协调；廖葵环为财务负责人兼任出纳；张秋菊为文员资料员；郑锦标为保洁部负责人；陈贤为会计（外聘专业会计师）。招聘保洁8名（包括负责人），工资待遇为基本工资3500元+奖励工资500元；保安5名（包括负责人），工资待遇为基本工资4000元+奖励工资500元。（2）上班时间确定：办公室人员3月15日开始上班；员工4月1日上班。（3）确定房东入股方案并确定进行全民投票，会议表决通过以下股份分配方案的提案：第一方案：以已建房屋占地面积入股；第二方案：以占地面积入股（包括未建房屋空地）；第三方案：以建筑面积入股；第四方案：以已建房屋的地块块数入股；第五方案：以地块块数入股（包括未建房空地）；第六方案：50%以已建房屋地块块数，50%以建筑面积入股；第七方案：40%以地块块数（包括未建房空地），60%以建筑面积入股。（4）确定合围后车辆管理费收费标准及卫生费的收取方案；（5）表决通过公司的各项制度：《财务管理制度》《保安制度》《保洁制度》。

2024年4月2日，《福运公司股份分配方案》进行全民书面投票。内容如下：

根据公司章程，河边金牛村福运公司是以全民参股方式成立，对于股份分配方案需全体房东投票表决，采纳得票多的方案，除备选方案外，也可以提出新方案，依次排在备选方案后面进行投票。房东参股以自愿为原则，股东的权利和义务是对等的，如有个别不参与股份分配的房东，其股份稀释在全体股份中，不许私下转让（如遇房屋买卖时，买卖双方需持相关证件进行股权变更）。

投票规则：

1. 一栋一票，由房屋登记人投票。

2. 每票只选择一个方案，望慎重考虑好再投。

3. 投票时间：2024年4月2日至2024年4月18日。

4. 投票表决以书面形式，2024年4月2起在工作站领票填写。

5. 届时无法到现场领票的可以在原房东群里下载表决投票表格、填写完整按好手印，邮寄到惠州大亚湾区西区街道老畲金牛村083号工作站。

2024年4月8日，河边地金牛村福运公司举行揭幕仪式，得到大亚湾区西区街道、老畲村民委及工作站的大力支持。大亚湾区西区街道党工委副书记、大亚湾区西区街道人大工委副主任（也为河边驻村领导）、大亚湾公安分局新西派出所副所长、老畲村委总支部书记和副书记、大亚湾区西区街道农林办主任和全体房东代表参加，对金牛村福运公司的成立给予了高度期待。

2024年4月17日召开房东代表和福运公司管理会议。会议讨论通过了《金牛村村规民约》《福运公司入股协议书》《门前三包》《外环路应急消防通道贯通决议》《卫生费收取方案决议》《福运公司启动资金预算》《管理人员工资确定》等。

2024 年 4 月 19 日，在工作站、房东代表及公司全体工作人员共同见证下，《金牛村福运管理有限公司股份分配方案》验票结束。计票情况：应投票数 288 票，已投票 245 票，有效票 243 票，无效票 2 票（重复票），投票率 84.375%，七个方案分别得票：方案一 27 票，占比 11.11%；方案二 18 票，占比 7.4%；方案三 29 票，占比 11.93%；方案四 9 票，占比 3.7%；方案五 47 票，占比 19.34%；方案六 5 票，占比 2.06%；方案七 108 票，占比 44.44%，根据《金牛村福运公司股份分配方案投票规则》，方案七即 40% 以地块块数（包括空地块数）、60% 以房屋建筑面积入股为金牛村福运公司股东入股方案。

2024 年 6 月 7 日召开管理小组会，参加对象是河边党群服务站全体人员、房东代表及福运公司全体人员。会议决议成立"福运公司财务管理小组"负责公司报销签名批字，成员是非公司工作人员的房东代表，分别是：黄少雄、易得顺、龙亚荣、颜锡光，管理组人员不拿工资。

2024 年 6 月 8 日，《关于老畬河边（金牛村）片区出入车辆管理费的公示》对外公示。

2024 年 6 月 15 日召开福运公司管理会议，会议讨论了道闸落闸时间、收费告示铁牌制作、龙河路转角处挡视线的处理、私人车位的确定方案等。

2024 年 6 月 20 日召开菜地边区域房东会，经过对公司运作模式的介绍，消除了大家的疑虑，使谣言不攻自破，与会房东一致支持公司工作，并当场签订公司房东入股协议。

由此，河边地片区通过房东代表成立物业公司的自治正式完成，开始具体运行。

三、通过房东代表成立物业公司的自治内容

河边地片区通过房东代表成立物业公司的自治，具体内容为根据实际情况，按照居民（主要为房东）意愿，在国家法律和政策许可范围内确定。具体通过《福运公司章程》《金牛村村规民约》《福运公司入股协议书》等书面文件来明确。

《福运公司章程》规定：福运公司是以金牛村全体房东为股东，以房东代表委员会为原始管理者，公司性质是公益性的，配合政府维护居民生产、生

活秩序，提升河边金牛村的整体环境，提高居民生活质量。收益主要用于基本管理支出和环境整治，公司接受街道、工作站的监督、领导。这表明河边地片区通过房东代表成立物业公司的自治，主要为"配合政府维护居民生产、生活秩序，提升河边金牛村的整体环境，提高居民生活质量"，自治的目标为提升河边地片区的整体环境、提高居民生活质量，自治的具体内容涉及居民生产秩序、生活秩序的维护，如环境卫生、交通秩序、治安秩序等。

经村房东代表委员会和金牛村福运公司讨论通过的《金牛村村规民约》的一些内容也表明了河边地片区通过房东代表成立物业公司自治的具体内容，如第 10 条"村民应自觉遵守公共秩序，不乱停放车辆，不占道经营，全体房东有义务劝导教育租客遵守公共秩序，电瓶、电动车不得入户"；第 13 条"村民需配合福运公司开展全域无垃圾整治工作，做到垃圾不落地。与公司签订门前卫生'三包'责任书，保证自家门前道路畅通，同时自觉保持公共场所的环境卫生"；第 8 条"村民应当爱护公共财物；保护路灯、道路设施、公共通讯、供电等线路设施，不得进行毁坏及人为破坏"；第 9 条"村民不得私接乱拉电线，因私接乱拉电线引发火灾或人身伤亡的，需自行承担相应的赔偿责任"；第 12 条"严禁从事黄赌毒等危害群众身心健康的活动"；第 16 条"严禁引诱、教唆、欺骗、强迫、容留他人吸毒；要远离毒品，严禁吸毒、贩毒、制毒、非法持有毒品"；第 5 条"村民需自觉维护社会秩序和公共安全，不得无理取闹，妨碍、阻挠或威胁公务人员正常的执行公务活动"；第 4 条"村民邻里之间要和睦相处、和衷共济、和谐发展，严禁侮辱、诽谤他人，损害他人形象；严禁造谣惑众、搬弄是非、扰乱人心；严禁在微信群等媒体交流平台发布违背国家政策、法律法规及不利于团结、涉黄涉赌涉暴、人身攻击等言论"等。这些涉及公共秩序维持、公共设施保护、交通秩序保障、治安秩序维护、生活秩序维持等。

《福运公司入股协议书》也间接涉及河边地片区通过房东代表成立物业公司自治的内容。《福运公司入股协议书》第 3 项为入股期间股东相应权益，共有三方面：（1）享有每年按比例纯利润分红及相应免费车位；（2）金牛村房东按当时公司市值和所配额的股份入股，并自入股之日起享受股东权益，履行相对应的义务；（3）对甲方有监督、建议权。第 4 项为股东职责，也为三方面：（1）积极带头遵守《村规民约》维护群众利益；（2）积极协助公司落实各项措施，配合甲方执行各项工作；（3）按时缴纳各项分摊费用，全力保障公司正常运营。这里提到了"维护群众利益""免费车位""所配额的股份入股""缴纳各项分摊费用"等，也从一个方面表明了自治的内容，房东入股、分摊费用，共享收益，共建共治共享。

就河边地片区通过房东代表成立物业公司后自治具体开展的几个月看，河边地片区通过房东代表成立物业公司自治的内容主要包括以下几方面：

（1）进行围闭管理。物业公司秉承公益性质进行河边地片区自治自理；主要以进出车辆的管理费以及卫生费作为日常运营收入，结余部分也将保留在公账内，作为片区基础设施提升或年终民俗活动经费。

（2）停车收费管理。物业公司发布了《关于老畲河边（金牛村）片区出入车辆管理费的公示》，对进入河边地片区的车辆进行收费管理。

关于老畲河边（金牛村）片区出入
车辆管理费的公示

为规范片区车辆管理，解决环境卫生，维护居民生产生活秩序，现河边片区已成立福运管理有限公司（进行片区自治、自理管理）且聘用相应人员对片区进行管理；为确保公司正常运营，进入片区的车辆将收取相应的费用作为保安员、保洁员及公司运营管理的成本支出来源，现将收费标准进行公示（详情以图表为准），如对此公示有异议可在 15 日内与 0752-55×××69 联系。

惠州市福运管理有限公司

2024 年 6 月 8 日

机动车停放收费公示牌（30分钟内免费）				
类型＼标准	时间	计量单位	收费标准	按天收费
小型车	全天	元/次单位	5元	超过30分钟
		元/次单位	10元	全天最高收费10元每小时增2元
	月卡	元/次单位	150元	按月
大型车（限3吨以下）	全天	元/次单位	10元	超过30分钟
		元/次单位	20元	全天最高收费20元每小时增2元

停车须知
为了规范有序停车，保障车辆安全，制定本须知请大家遵守：
1. 实行一车一杆通行，严禁一杆多车通行，对因此造成的财产损失由当事人照价赔偿。
2. 办理月卡车辆请于每月8日前扫公司对公账户二维码，临时停车请扫闸机旁边二维码缴费。
3. 本区域只提供车辆停放场地，不承担车辆保管责任，请车主自行保管好贵重物品及财产，若发生车辆被盗或车内物品被盗、丢失等财产损失，与本公司无关，由车主自行负责。
4. 如遇自然灾害（地震、台风、洪水等）请各位车主自行留意当时具体情况及时转移车辆，由此造成的一切损失均与本公司无关。
5. 危化品车辆、大型货车不得入内停放，特殊情况须征得本停车场同意后方可进入。
联系电话：0752-55×××69　　　惠州市福运管理有限公司

（3）卫生保洁。物业公司发布了《门前三包》《卫生费收取方案决议》等，向房东收取卫生费；聘请保洁人员进行河边地片区环境卫生的清洁、垃圾清运、道路保洁等。

（4）交通和社会秩序维护。物业公司聘请保安进行河边地片区日常巡逻，落实防范措施，预防治安事故，维护治安秩序，保护公共财产。

总体上看，物业公司按照全体股东即全体房东的意思进行运营，较为全面地维护了河边地片区（金牛村）居民的生活秩序和生产经营秩序。

四、通过房东代表成立物业公司的自治效果

自 2024 年 4 月 1 日物业公司正式运作以来，通过房东代表成立物业公司的自治产生了积极的效果，河边地片区的面貌有了明显的变化，路面整洁，环境卫生保洁效果较好；车辆乱停乱放现象得到改变，交通开始井然有序；房东和其他居民的凝聚力有了提升。

今后，物业公司期望通过向政府反映诉求推进成立金牛村居民委员会；进一步做好河边地片区的合围管理和服务，优化车辆停放，加强环境保洁和卫生清洁；努力推动消防安全隐患消除；燃气用气安全隐患消除；在社会治安管控和流动人口管理方面能够有所推进，为河边地片区的所有居民创造越来越美好的生活环境。

五、结语

作为历史形成的特殊社区，河边地片区根据房东和其他居民的需求，通过全体房东选举房东代表成立房东代表委员会并组建物业公司，建立自我管理、自我教育、自我发展、自我服务并自觉接受政府监督的通过房东代表成立物业公司的自治机制，探索适合本地的基层治理模式，破解长期形成的"三不管"区域治理难题，产生了一定的积极效果。

通过房东代表成立物业公司的自治是由存在极大利益的房东为维护自身利益而在政府指导下自发进行的，体现为少数热心房东出面动员、全体房东形成共识、房东入股成立公司、物业公司专业经营的模式，自主为河边地片区居民提供基本物业管理和准公共服务，以公益性物业强化服务保障，以专业化、市场化维持长期经营，呈现基层治理的共有共建共治共享特点。

实践表明，通过房东代表成立物业公司的自治在提升河边地片区（金牛村）的整体环境、提高居民生活质量方面发挥了积极的作用。这一内生产生、外部推动的自治路径值得进一步观察和深入总结。

第十一章
秩序、解纷与文化：自治规范作用视角的思考[1]

▲

陆俊材

一、引言

如何真正读懂当代中国社会？这是社会科学领域的基础性问题。在法学领域，研究当代中国自治规范及其作用不失为一种认识当代中国社会的重要途径。运用适当的研究方法、进路是我们客观、准确解读当代中国自治规范现象的基本前提。埃利希曾说过，"任何一个独立的研究者都必须像任何一个原创性艺术家创造其技巧一样来创造自己研究的方法"，使用别人方法的人也只是作徒弟而已。[2]笔者也许无法达到埃利希笔下的能创造自己研究方法的艺术家，更多的是一个延续前人研究方法的学徒，但结合自身的阅读及自治规范等习惯法研究经历，冷静地去反思、琢磨，也能获得些个人的体会。

高其才教授曾对自治规范等习惯法研究的兴起背景、习惯法研究的路径、习惯法的分析框架、习惯法研究的特点、习惯法研究的不足及习惯法研究的深入等方面进行了初步的总结，提出要通过"范式"构建以及中国化、本土化努力的方式来推进中国习惯法研究的更大发展。[3]法律人类学界关于研究范式的讨论对于习惯法研究而言是具有启发性的。法律人类学有两个主要的

---

〔1〕 根据学术惯例，本章的人名进行了化名处理，特此说明。

〔2〕 参见［奥］欧根·埃利希：《法社会学原理》，舒国滢译，中国大百科全书出版社2009年版，第522页。

〔3〕 参见高其才：《习惯法研究的路径与反思》，载《广西政法管理干部学院学报》，2007年第6期，第17~24页。

研究范式，一个是以规范发现为中心的"规则中心范式"，另一个是以过程分析为中心的"过程中心范式"，20 世纪 60 年代至 70 年代，法律人类学的"一个重要转向"是"规范中心"向"过程中心"的转向。[1]在纠纷解决研究领域，20 世纪 70 年代，日本学者棚濑孝雄提出纠纷解决研究要"从制度分析"转向"过程分析"，认为纠纷解决研究的聚焦点只有从"作为社会规范体系的制度移向个人行动层次的社会过程"，才能不错失对具有丰富内涵的纠纷解决过程的探索，提倡探究促使卷入纠纷之中的"活生生个人"进行"行为选择"的因素。[2]人类学家科马洛夫与罗伯茨进一步发展了前人的观点，认为以规则为中心的研究范式侧重探讨社会秩序中的制度规范，以过程为中心的研究范式侧重探讨"社会冲突的内在性质""规则的谈判协商过程"及人的功利性行为；不能片面地偏向"规则范式"或者"过程范式"，而是要在整体的"社会文化系统逻辑中"进行解读。[3]

受此启发，笔者主要结合自身的自治规范等习惯法研究经历，从秩序、解纷与文化三个维度对当代中国自治规范等习惯法的研究视角进行探讨，以期能引起学界对自治规范等习惯法研究领域的进一步重视。秩序、解纷与文化视角并不是孤立的，而是相互融通的，只是各自的侧重点不一样。秩序视角侧重对自治规范等习惯法整体规则体系的探讨；解纷视角侧重透过纠纷解决的过程、场景去理解自治规范等习惯法；文化视角侧重从整体的文化维度对自治规范等习惯法进行深层次的解读，同时还能引出对自治规范等习惯法研究的中国化、本土化方面的一些讨论。由于笔者的阅读面和自治规范等习惯法研究经历有限，以下仅仅是笔者个人的一些初步思考。

二、秩序：自治规范作用的整体呈现

根据高其才教授对习惯法的定义，"习惯法是独立于国家制定法之外，依

---

〔1〕 过程中心范式"注重事件和个案在一定的时间维度和场域中发生、发展和结局的过程"及"在这个过程中各种社会力量的相互关系、博弈细节和控制过程的手段"。参见张晓辉、华袁媛：《20世纪 70 年代以来西方法律人类学研究对象及范式的转变》，载《广西民族大学学报（哲学社会科学版）》2019 年第 2 期，第 97~107 页。

〔2〕 参见 [日] 棚濑孝雄：《纠纷的解决与审判制度》，王亚新译，中国政法大学出版社 1994 年版，第 6、7 页。

〔3〕 参见 [美] 约翰·科马洛夫、[英] 西蒙·罗伯茨：《规则与程序——非洲语境中争议的文化逻辑》，沈伟、费梦恬译，上海交通大学出版社 2016 年版，第 275-283 页。

据某种社会权威和社会组织，具有一定的强制性的行为规范的总和"。[1]从高教授的定义中我们可以读出，自治规范等习惯法除具有强制性、规范性等属性外，还具有浓厚的"生活气息"，也即自治规范等习惯法是从社会中产生并"活"在民众生活之中的法，颇有埃利希所称"活法"的意蕴。[2]而"活法"本质上乃是一种社会秩序。[3]

　　人类社会秩序是人与人之间关系的制度化和规范化。[4]"秩序表示在社会中存在着一定的组织制度、结构体系和社会关系的稳定性、有规则性和连续性，秩序为人们在社会生活中相互作用的正常结构、过程或变化模式，它是作为主体的人互动的状态和结果。"[5]习惯法作为一种人类社会秩序，是社会群体内各类关系的制度化与规范化，是作为主体的人在社会生活中互动而形成的模式化状态和结果。可以说，"秩序"具有稳定性、整体性、自洽性的特点。"秩序"的研究视角要求研究者从人们的现实生活中去观察自治规范等习惯法现象，并以一种整体性、系统性的思维去分析，同时关注生成秩序的各类互动关系。一般而言，我们既要考察当下的静态的自治规范等习惯法秩序，还要洞察变迁中的自治规范等习惯法秩序。

　　对当下静态的自治规范等习惯法秩序的考察主要包括两个方面的工作：一是对新的自治规范等习惯法内容进行体系性的、白描式的挖掘、总结，为更进一步的自治规范等习惯法研究提供素材；二是对已经被总结出来的自治规范等习惯法内容素材进行法理上的研究，以期获得对自治规范等习惯法现象的更深入认知。

　　田野调查方法是发现、总结当代中国自治规范等习惯法的较为重要的研究方法，即研究者扎入自治规范等习惯法存续的某一地区，通过参与观察、访谈调查、文献查阅等方式获取自治规范等习惯法具体内容的一手资料，然后再将整个自治规范等习惯法体系归纳提炼出来。对于某一地区某一种类自

　　〔1〕　参见高其才：《中国习惯法论》（第3版），社会科学文献出版社2018年版，第3页。

　　〔2〕　参见［奥］欧根·埃利希：《法社会学原理》，舒国滢译，中国大百科全书出版社2009年版，第545页。

　　〔3〕　参见［奥］欧根·埃利希：《法社会学原理》，舒国滢译，中国大百科全书出版社2009年版，第25、61页。

　　〔4〕　参见邢建国、汪青松、吴鹏森：《秩序论》，人民出版社1993年版，第3页。

　　〔5〕　参见高其才：《法理学》（第3版），清华大学出版社2015年版，第164页。

治规范等习惯法体系的总结者而言，其所要研究的是"当下""当地"的静态的自治规范等习惯法秩序，最重要的便是要做到"实"与"全"。所谓"实"简单说便是要客观实在地反映现实，研究者要冷静地观察，不能夹杂自己的臆断。所谓"全"是指要尽可能全面地将该自治规范等习惯法体系勾勒出来，不遗漏也不多添。"实"和"全"是相互联系的，不"全"说明还有未调查到的自治规范等习惯法内容，还不能"如实"反映出该自治规范等习惯法体系全貌；不"实"意味着所记录的自治规范等习惯法内容中有"虚"的成分，部分真实的内容未获得而无法"全面"地描述出该自治规范等习惯法体系状貌。"全"与"实"是还原整体性、系统性的自治规范等习惯法规范内在要求。

在关于自治规范等习惯法内容的田野调查过程中，"秩序"之研究视角有助于更好地做到"实"与"全"。秩序的基本构成要素一般包括社会实体、社会规则及社会权威；社会实体作为人类秩序的物质载体，是处于一定社会关系中的人的集合，各类型的社会实体总要生成某种与之相应的秩序，各类型社会实体之间经常存在互动关系，社会实体的演变会造成与之对应的社会秩序的变迁；社会规则是指规范、调整人们社会关系和行为关系的准则；权威表现为具有某种令人信服的力量与威望的人或物，社会权威强调其对社会机制的建立并使人们在该社会机制中能服从某种协调统一的社会评价与行为模式的作用。[1]

自治规范等习惯法秩序的社会实体要素是生成该自治规范等习惯法秩序并形成一定社会关系的人的集合，通过对社会实体要素的关注能够快速找准田野调查对象，从而保证了所研究自治规范等习惯法物质基础之"实"。比如，笔者对广西南部地区的宗族习惯法内容进行研究时，首先要去寻找能生成一定宗族习惯法秩序的某一姓氏的宗族群体并确定此宗族群体为田野调查对象，然后再深入该姓氏宗族群体中去，通过田野调查的方法收集该姓氏宗族习惯法的一手材料；有了某一稳固的宗族群体作为依托，宗族习惯法秩序就能稳定存在，对于宗族习惯法的研究者而言也就有了长期的"观察点"及实打实的宗族习惯法"素材库"。

---

〔1〕 参见邢建国、汪青松、吴鹏森：《秩序论》，人民出版社 1993 年版，第 23、25、27、29、39、46 页。

从社会规则要素去考察静态习惯法秩序时，要注重融合运用"规范""关系"及"体系"思维。学者凯尔森指出："规范表示这样的观念：某件事应当发生，特别是一个人应当在一定方式下行为。"[1]关于规范的定义，凯尔森强调的是一个人行为的"应当性"；规范的"应当性"意味着规范对其所调整的个人"有效力"或者"有约束力"。因此，在研究习惯法时，首先要注意区分有一定外在约束力的习惯法及缺乏相应外在强制性的个人习惯，而这个外在的强制力又与社会权威息息相关（关于社会权威下文还会再讨论）。"关系"思维强调关系利益与关系理性，[2]强调各主体之间和谐包容的状态而非敌对的状态。[3]为了维持关系在某种意义上的和谐状态，就要依靠习惯法等规范去调整。关系实质上便是主体之间的依赖与互动，不同的互动内容决定了其所需的规范内容。我们以某一社会群体内部各类关系为线索来搜寻、总结调整这些关系的自治规范等习惯法规范，又以所总结出的自治规范等习惯法规范观照习惯法秩序的整体性，如此循环反复便能获得较"全"的、具有某种内在逻辑的习惯法体系状貌，这便是"体系"思维。比如，若要总结某一村庄的结婚习惯法，可以婚礼中所涉及的新郎与新娘的关系、新郎新娘与各方父母的关系、主家与媒人的关系、主家与宾客的关系、村民与祖先之间的关系等各类关系为线索，然后再根据婚礼的流程从头到尾地搜寻、记录下调整各类关系的习惯法规范，然后再将所获得的习惯法内容素材进行类型化整理，从而构建一个较为完整的、具有一定内在逻辑的结婚习惯法体系。

从笔者的自治规范等习惯法研究经历看，社会群体内的关系包括人与人之间关系、人与自然之间关系、人与"他方世界"的关系以及此三类关系下的各类子关系。在人与人之间的关系上，中国传统儒家提出夫妇、父子、君臣、兄弟、朋友这五种人伦关系；学界对当代中国社会中的人伦关系也有不少新的总结，比如有研究提出改革开放40年来中国的社会大众形成了"新五伦"的"文化共识"，"新五伦"是指"父母子女、夫妻、兄弟姐妹、个人与

---

〔1〕［奥］凯尔森：《法与国家的一般理论》，沈宗灵译，中国大百科全书版社1996年版，第39页。

〔2〕参见赵汀阳：《深化启蒙：从方法论的个人主义到方法论的关系主义》，载《哲学研究》2011年第1期，第90~93页。

〔3〕参见赵汀阳：《全球化之势：普遍技术和关系理性》，载《探索与争鸣》2017年第3期，第46~48页。

社会、个人与国家"。〔1〕调整人与人之间关系的自治规范等习惯法是比较常见的。在屏竹村结婚习惯法体系中有调整新郎与新娘的亲属长辈关系的习惯法，比如新郎到新娘家接亲时，新郎要在新娘家的祖厅依次向新娘的亲属长辈行礼问候以表敬意。〔2〕人与自然之间的关系中，"自然"包括天气时节、川河地理、植物生态等在内的民众所接触到的天然物理环境，还包括有些地区民众所相信的"风水"。〔3〕为了维护人与自然之间关系的和谐，当地往往会有生态环境保护习惯法、"风水"习惯法等。在广西南部某些村落村民的观念世界中，与现实世界并存的还有"他方世界"，且在"他方世界"里存在着与现实世界村民生活命运有某种特定关联的天神、地神、先祖及其他众生，村民不仅要处理好现实世界中人与人、人与自然的各种关系，也要处理好村民与"他方世界"诸众生的关系。为了维系村民与"他方世界"众生的互敬关系，当地往往会有各种祭祀习惯法等。

社会权威是社会机制的建立以及人们服从共同行为模式的基础，也是自治规范等习惯法的强制性的来源。根据韦伯对于权威的理想类型分类，权威包括合法型权威、传统型权威与魅力型权威，当然现实中的社会权威也可能是此三种类型权威的结合。〔4〕在田野调查过程中，研究者在识别哪些习惯（往往是不成文的）能称得上民众生活中实实在在的"法"时，关键在于考察该习惯背后是否有某种社会权威的支撑而形成了对当地民众普遍的强制性。比如屏竹村李氏宗族没有制定成文的族规，但笔者观察到该宗族族人普遍都

---

〔1〕 参见樊浩：《中国社会大众伦理道德发展的文化共识——基于改革开放 40 年持续调查的数据》，载《中国社会科学》2019 年第 8 期，第 24~44 页。

〔2〕 屏竹村李珠先生访谈录，2019 年 5 月 16 日。笔者分别于 2017 年 7 月 2 日至 2017 年 7 月 10 日、2019 年 2 月 12 日至 2019 年 4 月 29 日这两个时间段，对广西南部屏竹村李氏宗族分支进行了田野调查。

〔3〕 "风水"是纠纷解决实践中不可忽视的重要因素。中国传统风水理论蕴涵了"天人合一"文化理念，其中的地理学思维更是传达了中国古人对人与自然和谐之至高境界的追求。在李氏族贤看来，好风水是人与自然和谐共融的体现。参见马文：《风水纠纷的解决——兼论民间法适用的程序规则》，载《河北法学》2015 年第 8 期，第 145~154 页；王秋月：《论习俗的法源地位及实现路径——以赣南村庄风水纠纷解决为例》，载《华中科技大学学报（社会科学版）》2018 年第 1 期，第 97~107 页；姚渊：《民事习惯在民间司法实践中的运用及其启示——以风水习惯为例》，载《北京理工大学学报（社会科学版）》2018 年第 3 期，第 132~142 页；杨卡：《风水理论中的地理思维》，载《周易研究》2006 年第 4 期，第 92~96 页。

〔4〕 参见［德］马克斯·韦伯：《经济与社会》（第 1 卷），阎克文译，上海人民出版社 2010 年版，第 322 页。

会交"人丁钱"用于每年九月九重阳集体祭祖，不少族人还会交"份子钱"用于九月九重阳集体祭祖活动结束后的聚餐活动。但通过调研会发现，不交"人丁钱"的族人会被该宗族理事会从宗亲微信群中拉至黑名单，族中有各种宗族活动时理事会也不再通知该族员参加，该族员将会丧失享受族中包括通过宗族解决纠纷在内的各项权利，由此可以感知到交"人丁钱"这一义务背后是有整个李氏宗族权威作为支撑的，对每一个宗族族员都形成强制力，可以看成该宗族的不成文习惯法。虽然每年都有许多李氏族人在交"人丁钱"的同时一并交了"份子钱"，但不交"份子钱"的族人不会受到来自宗族的"惩罚"，不会丧失任何宗族权利，只是不能参加聚餐而失去了与族亲增进感情的良好机会。因此，交"份子钱"也就不能称得上是屏竹村李氏族人的宗族义务，算不上宗族习惯法。

　　"秩序"的视角除可以帮助我们去发现、描述某一地区较为真实、全面的静态习惯法体系之外，还可以运用"秩序"的"整体性""系统性"思维对某一习惯法体系进行更深入的研究。比如可以将某一自治规范等习惯法体系与其他具有可比性的自治规范等习惯法体系进行整体性的比较研究；比如可以进一步分析该自治规范等习惯法秩序背后的整体文化内涵等。下文在讨论解纷及文化的研究视角时，还会提及这种"整体性""系统性"思维的运用，这里不再展开。

　　自治规范等习惯法的变迁研究是从历史的维度纵向去考察的，注重探究社会转型过程中自治规范等习惯法的生成、运作以及演变的规律、趋势、机制、动力等问题。[1]以"秩序"的视角去研究变迁中的自治规范等习惯法时，同样需要关注变迁中自治规范等习惯法的整体性，可从社会实体、社会规则及社会权威这三个基本要素进行切入分析。

　　社会实体的演变会造成由其生成的秩序的变迁。因此，受到某一自治规范等习惯法体系约束的社会群体的变化是该习惯法体系发生变化的根本因素，而从"社会群体之变化"这一根本因素出发又能进一步揭示、预测该自治规范等习惯法体系整体的演变规律、趋势、动力等。社会群体的变化，主要包括该社会群体的物质生活条件的变化与价值观念的变化。对社会群体物质生

---

〔1〕　高成军：《转型社会的习惯法变迁——学术理路的考察及反思》，载《甘肃政法学院学报》2018 年第 6 期，第 44~57 页。

活条件变化的观察，主要是观察社会经济发展对民众生活行为模式所带来的客观变化，进而观察民众生活行为模式的变化所造成的约束该民众的自治规范等习惯法的变化。比如笔者在对广西南部荔平李氏宗族分支进行田野调查时发现，该宗族分支制定有《荔平李氏宗族宗亲微信群规》，而该关于微信群的宗族习惯法便是现代信息科技发展给当地族众生活行为模式带来变化后才新生的；从中我们可以进一步预测，随着科技的进一步发展，该宗族分支的习惯法体系会融入更多的与现代科技息息相关的"新元素"。[1]社会群体价值观念的改变会导致其对习惯法之认识与信仰的改变，从而对习惯法的存续与发展造成影响。比如根据屏竹村李氏宗族的传统祭祀习惯法，逢年过节族人在祠堂祭祀需行跪拜叩首礼；而现在除在某些重大节日节点（如重阳节集体祭祖时）需行大礼外，族人在祠堂祭祖时鞠躬即可；对此习惯法的演变现象，族中的老人评价说是现在族人的思想观念改变了，"敬意"变少了；从中我们可以进一步思考，当地族人今后对祭祖的重视程度、对"敬"的理解等观念意识的变化会对该宗族整体的祭祀习惯法的发展带来哪些影响。[2]

秩序的社会规则要素提示我们在考察自治规范等习惯法变迁时要关注如下几个方面。一是自治规范等习惯法强制性的变化会影响其"法"之属性的变化。二是可以考察社会群体中人与人、人与自然等诸类关系的和谐状态的更新所带来的自治规范等习惯法的变。三是需要运用"整体性"思维来研究自治规范等习惯法规范体系的变化，而不能仅仅局限于自治规范等习惯法规范体系中的某一部分；同时，我们还要基于一种动态平衡的整体性思维去推断自治规范等习惯法规范体系的发展趋势。也即，对于某一地区民众而言，每一个时代都会有适应该时代该地区社会发展及人民生活需要的自治规范等习惯法规范体系，自治规范等习惯法规范体系的变迁总处于一种动态的平衡状态中，我们可以关注的是打破自治规范等习惯法规范体系平衡状态的力量以及平衡恢复后所形成的新状态。

社会权威是观察自治规范等习惯法变迁的一个重要窗口。社会权威的变化决定着与之相应的自治规范等习惯法强制力的变化，旧权威的衰弱与新权

---

〔1〕 笔者曾于2020年6月8日至2020年6月24日、2020年6月30日至2020年8月6日、2021年1月25日至2021年2月3日这三个时间段，对广西南部荔平李氏宗族分支进行了田野调查。

〔2〕 屏竹村李新先生访谈录，2019年3月1日。

威的树立往往对应着旧的自治规范等习惯法的消亡与新习惯法的生成，从而对整个自治规范等习惯法体系造成影响。比如，按照屏竹村李氏宗族的旧族规，族长对于犯偷盗等严重越轨行为之族人可以将其处死；新中国成立后，族权被大幅度削弱，新的国家法律之权威在族中树立，族长可以将族人处死之旧习惯法失去效力，而族长对于犯事族员需根据国家法律规定处置之新习惯法生成；族权的衰弱不仅仅改变族长可将族人处死这一习惯法，还会削弱宗族习惯法体系的整体强制力。

另外，当代中国社会中的自治规范等习惯法秩序不是孤立地存在的，而是与国家制定法秩序紧密地互动着。我们可以关注国家制定法秩序与习惯法秩序之间的关系，以及国家制定法秩序对于自治规范等习惯法秩序的发展所起到的作用。"秩序"视角的整体性、关系性思维要求研究者通过局部的自治规范等习惯法规范与国家制定法规范之间的冲突与平衡，观察整个自治规范等习惯法秩序与国家制定法秩序之间的碰撞与交融。可以说，习惯法秩序与国家制定法秩序同样处于某种动态衡平状态中，抑或国家制定法促使与之存在较大冲突的自治规范等习惯法发生变化而消除冲突，抑或国家制定法基于对自治规范等习惯法的尊重与顺应而发生修改，抑或新生的自治规范等习惯法较好地补充了国家制定法的空白，抑或习惯法与国家制定法将长期保持某种融洽的状态，抑或习惯法与国家制定法一时难以完全契合而存在某种程度上的"紧张关系"。

三、解纷：自治规范作用的场景展开

纠纷及纠纷的化解是人类社会发展所要面临的重要问题。纠纷的地方性决定了纠纷解决规范的地方性，纠纷解决规范的特殊性折射出了解纷规范秩序背后不同文化屋檐下人群的意义世界。[1]与婚姻、祭祀等生活场景不同，纠纷解决场景可以看成社会群体进行"法实践"的生活场景。一方面，从"秩序"的视角看，纠纷解决习惯法是人们在长期纠纷解决实践中形成的关于解纷活动的生活秩序，我们可以通过田野调查，运用白描的方式对纠纷解决习惯法秩序进行整体性、系统性的描述，从而为学界提供原始素材。比如，

---

〔1〕高成军：《当代中国纠纷解决习惯法研究的知识理路及反思》，载《西南民族大学学报（人文社会科学版）》2020 年第 5 期，第 74~80 页。

基于对桂南三处李氏宗族分支的田野调查，笔者可以对桂南李氏宗族的纠纷解决习惯法进行初步总结，从宗族纠纷解决的根本宗旨与基本原则、受案规范、主体规范、程序规范、依据规范以及效力规范来勾勒宗族纠纷解决习惯法规范体系。[1]另一方面，在纠纷解决的"法实践"场景中，我们还可以观察习惯法在纠纷解决过程中的动态适用，从而探求当地民众对习惯法的深层认知，进而揭示当地民众在习惯法层面上的规范世界与意义世界。

比如，在桂南李氏宗族纠纷解决场景中，解纷的依据规范既包括宗族族规、地方习惯等民间习惯法，又包括国家制定法；当民间习惯法与国家制定法出现冲突时，通过观察解纷人在适用依据规范时的抉择及当事人、其他纠纷解决参与人对解纷人适用依据规范的价值评价，我们可以感知当地民众关于民间习惯法与国家制定法之间的关系的规范意识。试举如下案例进行说明。

案例 1

故事发生在 2000 至 2010 年之间，具体时间信息提供者已经记不清了。荔平李氏宗族分支内一对青年男女族人自由恋爱后各自向父母提出要和对方结婚。一开始，双方父母受到传统族规的影响都不同意自己子女所提出的结婚要求，便都找到了李宗明族长寻求解决的办法。[2]当时，李宗明和双方父母共同商议了很多办法来阻止这对年轻族人结婚，比如男方父母给男子介绍其他更漂亮的女生，比如女方父母将女儿关在家中，但最后都失败了。后来男子的父母找到李宗明并提议说，如果自己儿子一定要和对方结婚的话就报派出所把自己儿子抓起来。这时，李宗明便依据国家法律法规对男子的父母进行劝教，告知在法律上这对年轻的族人是可以结婚的。后来，李宗明认为

---

〔1〕 桂南三处李氏宗族分支为广西南部屏竹村李氏宗族分支、广西南部荔平李氏宗族分支及广西南部的清风县陇西和谐会。对屏竹村李氏宗族分支及荔平李氏宗族分支的调研时间，前文已经有所交代，不再赘述。笔者是于 2020 年 8 月 7 日至 2020 年 8 月 10 日、2021 年 4 月 13 日至 2021 年 5 月 9 日这两个时间段对清风县陇西和谐会进行田野调查的。

〔2〕 在新中国成立前，荔平李氏宗族分支有族内不能通婚的传统族规，违反该族规者会被抓到祠堂执行杖刑。我国 2001 年修正的《婚姻法》第 7 条规定"直系血亲和三代以内的旁系血亲"禁止结婚。所以，只要族内男女双方不属于"直系血亲和三代以内的旁系血亲"情形的，族内不能通婚的族规便是违法了。因此，如今的荔平李氏宗族分支已经没有了这样的族规。然而，族内不通婚的传统规范性意识还是传承了下来，从实际看，荔平李氏宗族分支很少有族内通婚的情况出现。

这对年轻族人既然铁了心要成婚就不能强迫他们分开，要尊重他们的婚姻自由。于是，李宗明族长反过来劝教双方父母：同姓不结婚是怕因为近亲血缘关系导致生育的后代不健康，这对年轻族人之间相隔超过五代，不存在此问题；如今法律允许这对年轻族人结婚，传统的族内不通婚的族规因为与国家法律法规相冲突而不能适用，不能禁止这对族人结婚；还是成全了这婚事吧，这样两家人喜事临门、和和睦睦多好。双方父母后来也接受了李宗明族长的劝教并同意了这门亲事。[1]

从案例1的宗族纠纷解决场景中，我们得知荔平李氏宗族分支存在族内不得通婚的传统族规。本案例中，青年男女族人向各自父母提出要和对方结婚后，双方父母一开始坚决不同意，甚至不惜采取"把女儿关在家中""报派出所把自己儿子抓起来"这样的极端方式来阻止双方的婚事。从这里可以看出，在当地族人的规范意识中，族内不得通婚的习惯法依旧具有一定强度的约束力，而后来笔者了解到的荔平李氏宗族分支较少出现族内通婚的情况也印证了这一点。李宗明族长作为解纷人，在族内不通婚的传统族规与国家婚姻法存在冲突时，还是选择不适用传统族规而适用国家婚姻法。李宗明族长表示："我看过婚姻法，知道一些法律的，像他们这种情况法律是允许他们结婚的。父母逼子女结婚或者强制干涉子女婚姻是违法的。"[2]当事双方父母最终也认可了李宗明族长的调解，同意遵循国家法律法规而成全子女的婚事。从中我们可以看出，在李氏族人的规范意识中，国家法律法规之效力高于民间习惯法效力。李宗明族长虽然促成了这桩婚事，但也向笔者说出了自己的顾虑："现在他们唯一的麻烦是，如果（当事）双方父母回祠堂，是叫（称呼）兄弟还是叫（称呼）亲家？"[3]从中我们又能感受到，虽然族内不得通婚的族规在存在"强制干涉族人婚姻"的情形时与国家婚姻法相冲突，但这并不表示族内不得通婚的族规就此失去效力。也就是说，虽然如今荔平李氏宗族已经没有明文的族规规定不能族内通婚，但只要不出现本案例中的当事双方非要成婚的情形，还是可能会倾向于认可李氏族人在族内不通婚的规则。

---

〔1〕 案例来源于对荔平李氏宗族分支族长李宗明先生的访谈。李宗明访谈录，2020年7月10日。
〔2〕 李宗明访谈录，2020年7月10日。
〔3〕 李宗明访谈录，2020年7月10日。

也即，在族人的规范意识中，族内不得通婚的传统族规与当下国家婚姻法并存且保持着某种紧张的关系。从中，我们也能更进一步地观察到自治规范等习惯法与国家制定法之间所存在的某种带有一定张力的平衡状态。

再比如，笔者在桂南荔平李氏宗族分支进行田野调查时收集到如下这样一个解纷案例：

案例 2

2012 年夏，荔平李氏宗族分支某族员认为，族中总祠堂后墙排水沟排水时浸到他用于种植农作物的旱地，所以就把总祠堂的排水沟的出水口用泥沙封堵了。这样一来，因排水障碍导致的雨水累积会让祠堂的墙体遭受雨水浸泡。管委会得知此事后决定派出李宗明等族贤处理。李宗明首先到现场进行勘察，发现祠堂后墙的排水口确实被封堵住了；李宗明还仔细查看了排水沟封堵之前排出之水所流过附近旱地的痕迹，发现排水沟所排之水正好从附近旱地的排水沟流过，不会影响旱地上农作物的生长。了解清楚案件的基本事实后，李宗明等族贤便找到该犯事族员，代表宗族集体对该犯事族员进行再三劝教，让其疏通祠堂的排水沟，但该犯事族员拒绝族贤的要求。后来，李宗明等族贤先后两次对该犯事族员发出警示，但该族员仍坚持不肯疏通排水沟。于是，李宗明等族贤决定对该犯事族员采用"向祖认错"的惩罚。没过多久，李宗明便叫来两三个年轻力壮的族员将该犯事族员拉到祠堂头座内，强压其跪下向先祖认错。该犯事族员跪下了，但还是不肯认错，而这时，执行"家罚"的族人也没有办法强迫其认错。受到了惩罚后，该犯事族员很快便到了当地派出所报案，称李宗明叫人打他；但该犯事族员拿不出证据，因为执行"家罚"的族员确实没有打人。当地派出所了解了事情的来龙去脉后认为李宗明叫人打人的罪名不成立，还说该犯事族员是"犯众恶"。后来，李宗明等族贤又多次对该犯事族员进行劝教。最终，该犯事族员同意疏通祠堂后墙的排水沟并保证以后不再有类似的行为。[1]

---

[1] 2020 年 6 月 12 日，在李宗明族长的带领下，笔者前往族中总祠堂后墙排水沟的位置进行察看。笔者观察发现，如今排水沟已经正常运作，且从排水痕迹看，祠堂后墙排水沟排出的水基本能顺着犯事族员旱地的排水沟排出去，仅影响到该旱地边缘上的较少部分；笔者还发现，如今该旱地上种植的农作物长势良好。

这一案例中，荔平李氏宗族分支犯事族员因为损害了族中的总祠堂而与宗族集体产生纠纷。据调查，该宗族分支的《荔平李氏宗祠规则章程》第1条规定了"修身爱族，爱我中华"的内容。第2条规定："奉行孝道，报德感恩。弘扬祖德宗功，光大李氏文化，倡导修祠、修墓、修德、修谱，宗亲要慷慨捐资，共襄义举，此乃功在当代，福荫后裔。"第10条规定："义务权利，相辅相成。本族宗亲有祭祖、扫墓和交费的义务，有享受族中选举、监督、调解和福利的权利。"在该宗族分支李氏族人看来，祠堂乃先祖神灵之所依，是集体祭祀先祖、慎终追远、怀念祖德的重要公共场所。结合《荔平李氏宗祠规则章程》的第1、2、10条族规看，案例2中的犯事族员因对宗族祠堂造成损害，违反了族规中爱族、护祠、敬祖等规定。然而，《荔平李氏宗祠规则章程》并没有明文规定族长对违犯族规之族人的惩罚权。据笔者了解，该宗族族长可能对族员执行"家罚"的方式主要包括发出警示、向祖认错、开除出族等，具体采用哪种惩罚手段由族长根据犯事族员的"罪重"程度来权衡抉择。本案例中，李宗明族长再三劝教该犯事族员无效后决定对其执行"家罚"，先是对该族人发出警示，警示无效后便强制该犯事族员在祠堂里跪下向先祖认错；该犯事族员虽然被强制性地压着在先祖牌位面前跪下了，但该犯事族员内心并不服，不认可族贤们所作出的"判决"与"处罚决定"，事后该族员便向当地派出所报案称自己受到伤害，用法律的武器保护自己；相应的，李氏族贤这边也很清楚自己的"权限"，在执行"家罚"的过程中不能给犯事族员进行任何的李氏族贤所认为的非法性惩罚措施，不能打伤犯事族员，将犯事族员强压面向先祖牌位跪下后犯事族员仍不肯认错的也就"没办法了"，所以最后当地派出所也没有支持犯事族员的请求。

从本案的解纷场景中，我们同样可以观察到自治规范等习惯法与国家制定法之间的紧张。解纷人李宗明表示："像这种情况如果发生在新中国成立前，那该犯事族员要被拉到祠堂里打的；现在不能打人了，当时我们很明确，只能把他（犯事族员）拉到祠堂里，压他跪下认错，不能打他伤他，不能违法；他虽然跪下了，但他不肯认错，那我们也没办法了。"[1]在李宗明族长看来，他要努力在传统族规与当下国家法律之间寻求一种平衡，要在国法的

_____

[1] 李宗明访谈录，2020年6月10日。

框架下尽可能找寻执行"家罚"的自由度，从而回应族众对传统家规发挥规范性作用的最起码期待。另外，据李宗明族长介绍，本案的犯事族员是族中为数不多的对集体祭祀活动不够重视且十分自私的族员。我们能感受到，在该犯事族员的规范意识中，族规的规范性要让步于自家的利益性，至于其通过运用国家法律来对抗族规很可能也只是出于对自家利益的考虑而已。

笔者在荔平李氏宗族分支还收集到了另外一个李宗明族长执行"家罚"的案例——即下文的案例 3。将案例 2 与案例 3 的宗族解纷场景进行对比，我们能感受到宗族习惯法在适用过程中的"补偿效应"以及宗族族众法意识中的"整体性"思维。先简要介绍一下案例 3。

案例 3

2020 年 7 月 17 日傍晚，荔平李氏宗族分支族长发现有人偷用了宗族集体的水来灌溉田地，之后便通过见证人李德族贤口中得知是族中的"黑佬"偷用水来培育秧苗。李宗明族长与李德族贤都十分生气，认为"黑佬"偷用宗族集体的自来水。同时李宗明族长也认为，考虑到"黑佬"曾对宗族有所贡献，即宗族建文化楼时征了'黑佬'的地，加上"黑佬"这次偷用的水也就值十几块钱，所以不能为此事和"黑佬"撕破脸皮。最终，李宗明与李德没有直接找到"黑佬"当面训斥警戒，而是采用了相对温和的"警示"方式，直接把"黑佬"接上的偷水用的水管给扯脱，通过此行为告诫"黑佬"不要再"偷水"了。2020 年 7 月 23 日，李宗明族长对笔者说："昨天下午我回祠堂的时候碰到'黑佬'了，他说这几天天气旱，不天天浇水的话太阳会把秧苗晒死的，所以早、晚都要淋水，他主动提出说要补些钱给我，当时我就教育他说：'你不是给我钱，你是给集体钱，这些水是族中集体的，你事先不经过我们同意是对我们的不尊重，以后不要这样了。'这件事我打算等'黑佬'灌溉好他的田地后我再找人查一下水表，然后再结数，宗族集体的钱要算清楚的。"

上述案例 3 中，"黑佬"偷用宗族集体自来水的行为同样违反了"爱族"之族规。李宗明族长得知此事后一开始十分恼火，想要当面训斥犯事族员，施以严厉警示之"家罚"，同时要求犯事族员进行经济补偿；但转念一想，

"黑佬"对于宗族集体文化楼的建设有过贡献，对其不能太过强硬，转而采取了相对温和的警示方式。

将案例3与案例2进行比较我们发现，一方面荔平李氏宗族族长在适用"家罚"族规时，会"就事论事"地根据犯事族员过错大小来施加不同强度的"家罚"措施。案例2中犯事族员对祠堂墙体损坏的过错大于案例3中犯事族员偷用宗族集体价值十几元的自来水的过错，所以族长对案例2中犯事族员施加的处罚手段更重。从这里我们能感受到李氏族人习惯法意识中"罪罚相适应"的成分。

另一方面，通过对这两个解纷场景进行比对，我们还可以观察到荔平李氏宗族分支惩罚性族规的适用还可能遵循"非就事论事"的"补偿原则"，也即族长会综合犯事族员日常生活中的德行表现来考虑是否对其"从轻处罚"。在李宗明族长看来，案例2中的犯事族员一直对祠堂、对宗族集体都是十分"不敬"的："他（案例2中的犯事族员）之前有二三十年没交过香火费了，对祖先没有什么孝心的；我们祠堂重建之前，祠堂所占的那块地是当地一所小学在管理，现在祠堂后墙排水沟后五六米宽的土地原来都是学校管的，（祠堂后墙排水沟后五六米宽的土地）也就是原祠堂所管辖的土地，后来学校丢荒（祠堂所占的土地）不管了，他又往这（祠堂后墙排水沟后五六米宽的）地上种上树，意思是想占这块地；当时我们族委还砍过他在这块地上种的树，他也不好意思出声；因为我们去砍树的时候没将树头砍了，所以后来这些树又重新长起来了，就这样他就把那片（祠堂后墙排水沟后五六米宽的）土地给强霸过来了；我们后来要求他还地，但他不肯，我们知道他不讲理就不再理他了，他连祠堂的便宜都要占，真的是私心贪心太重了；这次他还要堵祠堂排水沟，直接损害到祠堂和整个宗族（的利益）了，这件事不能任他胡来，必须制止。"[1]所以，李宗明族长不仅要求案例2的犯事族员在祠堂向祖认错，还叫来几个年轻力壮的族人强压其在祠堂面向先祖牌位跪下，以此更能达到警示族人不要再出现类似情况的效果。但案例3"黑佬"的待遇就不同了。2020年7月17日傍晚，笔者问李宗明族长，为什么不直接找到"黑佬"当面把事情说清楚？李宗明族长这样回答："我虽然知道他住哪里，

---

[1] 李宗明访谈录，2020年7月10日。

但我还是不好意思直接找他的，宗族建设文化楼时还征了他的地，不能就为了这十几块水费直接找到他家里针对他、和他搞对立。我把水管拔了，警示一下他就行了，赔偿的事哪天碰到他再给他说，这样温和一些。"所以，李氏宗族族长只是温和地警告了"黑佬"，既教育了"黑佬"，也对"黑佬"的贡献进行了肯定。

也即从案例 2 与案例 3 的比较中我们可以看出，李氏族人的习惯法规范意识中有一种"整体性""系统性"的思维。李氏宗族族人祭拜同一先祖、遵循同一宗族规范而有序地、紧密地生活在一起，有着共同的敬祖尊宗、和亲睦族的精神皈依；族人出生于一个有秩序的世界，每个人都有属于自己的位置和与该位置相连的关系及规范，人的本分便是顺着这些关系及规范去生活，生活中的种种场景又都是相互关联的。在李氏族人看来，每一条自治规范等习惯法并不是孤立地存在，而是融入整个自治规范等习惯法秩序而存在，并与日常生活紧密结合起来；自治规范等习惯法的适用并不是单维度的、时空单一式的，而是多维度的、连接过去现在与未来的。宗族纠纷解决场景的出现从来就是李氏族人生活中多重因素叠加作用的结果。自治规范等习惯法在宗族解纷场景的适用，勾连过去、评断当下、示范未来，从中我们能体会到自治规范等习惯法规范在李氏族人意识世界中的整体性、系统性、牵连性呈现。

四、文化：自治规范作用的深层意涵

了解当代中国自治规范等习惯法背后的文化意义，关键就在于从中国人的文化观念去解读。从中国文化的视角去解读中国自治规范等习惯法需要注意两方面内容：其一，文化作为一种自治规范等习惯法的研究视角；其二，中国文化的特殊性决定了以中国文化视角研究中国自治规范等习惯法方法的特殊性。

要从文化的层面对自治规范等习惯法进行解读，首先要对文化的概念有一个基本的认识。梁漱溟先生对文化概念的定义给笔者较大启发。在梁漱溟先生看来，文化是"吾人生活所依靠之一切"。[1]梁漱溟先生阐述道，文化

---

[1] 参见梁漱溟：《中国文化要义》，上海人民出版社 2011 年版，第 7 页。

是"民族生活的样法"；而无止尽的"意欲"和"满足与不满足"构成了我们的生活。[1]因此，在梁先生看来，文化的解读关键在于从"生活"入手，也即从人的"意欲"入手。从梁漱溟先生对于文化的定义来看，文化有相对性、地方性的特点，不同地区的人因为有着不同的"意欲"而形成了不同的"生活样法"，因而文化也就不同。梁漱溟先生对文化的看法与本尼迪克特的文化模式理论相近，也即一个民族因为进行了"文化选择"而形成了属于该民族所特有的"文化模式"。[2]于是，文化通过人们的实际"生活样法"而得到表达，或者说文化的本质在于生活实践。正如学者埃尔曼所言："作为一种对社会生活的构想，文化对生活于其中的个体的行为起到潜在的和实际的引导作用。"[3]亦如孝费通先生所说："所谓文化，我是指一个团体为了位育处境所制下的一套生活方式。"[4]

本章认为，文化是一定地区人们为适应该地区的各类型环境而形成的一定的生存样式，包括生活方式、生产方式与思维方式，是人类认识自身及自身所处环境所积累的物质上的与精神上的智慧财富的总和。该定义强调了文化的属人性与地方性。所谓的属人性指的是文化是人创造的，也即如学者梁治平所提出的"文化乃是人造之物"。[5]所谓的地方性指的是不同地区的文化呈现出一定程度的特殊性特征，因为文化是一定地区的人们适应该地区的生存样态，所以文化便有了"地方特殊性"。自治规范等习惯法是一种"活法"，是一定地区人们在生活实践中积累的智慧财富，也可以看成一种文化。一定地区文化的特殊性造就了该地区自治规范等习惯法的特殊性。

梁漱溟先生强调的从"意欲"来探究文化与西方学者格尔茨提出的从"意义"来探究文化遥相呼应。格尔茨认为，文化是由人自己编织的意义之网，文化的分析是对意义的解释；文化的解释是"深描的过程"，"是（或者应该是）对意义的推测，估价这些推测，而后从较好的推测之中得出解释性结

---

〔1〕　参见梁漱溟：《东西文化及其哲学》，商务印书馆1999年版，第32页。

〔2〕　参见梁治平编：《法律的文化解释》，生活·读书·新知三联书店1994年版，第27~30页。

〔3〕　[美]埃尔曼：《比较法律文化》，贺卫方、高鸿钧译，生活·读书·新知三联书店1990年版，第18页。

〔4〕　费孝通：《乡土重建》，岳麓书社2012年版，第1页。

〔5〕　参见梁治平编：《法律的文化解释》，生活·读书·新知三联书店1994年版，第8页。

论"；[1]文化解释的关注中心不是规则，也不是事件，而是意义，要将"尼尔森·古德曼（Nelson Goodman）所说的'世界观念'（world versions），和他人所谓的'生活的样式'（forms of life）、'认识'（epistemes）、'感觉贯联'（Sinnzusammenhange）或者'认知系统'（noetic systems）作为研究中心"，关注人们"通过把行为置于更大的分类甄别意指系统（frames of signification）……之内而促使其行为具有意义的方式，是他们通过根据那些大的意义系统去组织行为而维持或力图维持那些系统的方式"。[2]通过探求"意欲"之方式来考究一个地区的文化时主要就是探究该地区民众的精神世界。正如梁漱溟先生通过探求"意欲"之方法来思维"西方化"的文化内涵时提到了，"西方化是以意欲向前要求为其根本精神的"。[3]可以说，习惯法的文化研究视角主要就是对习惯法进行文化的解释，通过对社会群体"意欲"的探究来揭示习惯法深层的文化机理及本质内涵。

中国是一个有着厚重历史文化积淀的文明古国，中国传统文化至今仍深刻影响着人们的生活并融在了习惯法之中。因此，要对当代中国自治规范等习惯法进行文化的解释，应当兼顾中国传统文化的延续性及其在当下社会环境中的实效性，可以通过整体系统式研究法、见微知著式研究法及亲历实践式研究法来进行。

整体系统式研究法强调将自治规范等习惯法置于整体的文化秩序中去考察，将"法"的元素与非"法"的元素联系起来综合研究。以桂南屏竹村李氏宗族的祭祀习惯法为例，每年的农历九月初九重阳节，屏竹村李氏宗族会举行盛大的集体宗族祭祀活动，整个祭祀过程遵循宗族集体祭祀习惯法。要对这套宗族集体祭祀习惯法进行文化层面上的分析，就不能仅仅着眼于祭祀习惯法规范内容本身，还要将祭祀过程中族人的心理状态（观念文化）、与祭祀相关的器物（器物文化，如祠堂建筑的设计、祭品的样式等）等各类型的文化元素结合起来考察，这样才能对宗族集体祭祀习惯法做出一个较为饱满的文化层面上的解读。

---

〔1〕 参见［美］克利福德·格尔茨：《文化的解释》，韩莉译，译林出版社 2014 年版，第 5、17~18、26 页。

〔2〕 参见梁治平编：《法律的文化解释》，生活·读书·新知三联书店 1994 年版，第 89~90 页。

〔3〕 参见梁漱溟：《东西文化及其哲学》，商务印书馆 1999 年版，第 33 页。

见微知著式研究法强调研究者对社会群体生活细节的关注,以小见大,在朴素平凡的生活行为与事件中洞见深远微妙的义理。见微知著式研究法也是文化解释法所蕴含的整体性理念所决定的,具体来说便是要求研究者通过人们生活行为的一些细节把握其背后的宏大的法文化秩序。比如笔者在对屏竹村进行田野调查时曾遇到过这样一件小事:

2019 年 2 月 12 日,笔者刚到屏竹村时李憨先生邀请笔者到他家做客。笔者在李憨先生家用午餐时,把一双多余筷子摆在饭桌上,李憨先生见状急忙把筷子收了起来。后来笔者才知道,按当地规矩,人们在吃饭时不能把多余的筷子摆在桌上。因为在当地村民的观念世界中,桌上多余的筷子是给"他方世界"的众生使用的,招惹是非。从这件小事中,我们能直接地发现当地关于信仰方面的习惯法规范,但这一规范是镶嵌在一个宏大的关于村民信仰的整体法文化秩序中的,而对该宏大的法文化秩序的了解一方面需要研究者通过对许多诸如"放筷子"这样的细事的分析来整合与建构,另一方面又要将所建构出的宏观法文化秩序置于人们现实生活中的各种细小的事件、场景中去检验,以此来获得对该法文化秩序的确信并将之转译给读者。

亲历实践式研究法是契入中华优秀传统文化的一种重要研究方法。有许多当代中国自治规范等习惯法蕴涵了中华优秀传统文化的哲理,研究者只有按照中华优秀传统文化的要求去实践,才能从实践中真正领悟到其中妙道。

费孝通先生曾指出,传统社会学的实证主义思路难以深入研究中国文化传统中"我""心"等概念;中国传统思想的演化的一个重要特征是它的实践性;我们需要将"心"比"心"地理解中国社会,"意会"中国传统文化,梳理中国传统的宝贵文化遗产。[1]"切实做到把中国文化里边好的东西提炼出来,应用到现实中去",实践"文化自觉"。[2]格尔茨提倡的文化的解释方法,强调对人的意义世界的关注,要从主体人而非从规则与事实这些客体出发来理解文化。可以说,费孝通先生所强调中国传统文化的实践性、将"心"比"心"的理念以及格尔茨提出的关注主体性的思想与中国传统文化的哲理

〔1〕 费孝通:《试谈扩展社会学的传统界限》,载《北京大学学报(哲学社会科学版)》2003年第 3 期,第 5~16 页。

〔2〕 费孝通:《论人类学与文化自觉》,华夏出版社 2004 年版,第 197 页。

内涵相契合。[1]

要理解中国传统文化，就要懂得中国传统文化的哲理。[2]方东美先生认为，中国哲学融会儒、释、道三学，其通性是"一贯之道"，"以宇宙真相、人生现实的总体为出发点，将人生提升到价值理想的境界，再回来施展到现实生活里，从出发到归宿是一个完整的体系，其中的过程是'机体的程序'"。[3]牟宗三先生曾多次强调中国哲学的实践性特质：中国传统的儒、释、道三家是实践的智慧学；[4]中国人重视德性，一开端便从实践上来关心自己的生命；[5]中国的哲学是成圣的实践与成圣的学问合一的东方式哲学，以生命为中心，传统中国文化走的是主观性与客观性并重的道德实践之路。[6]由此可知，中国传统文化十分重视主体人对于人性、真理的体悟并将"悟处"运用于现实生活之中，研究者从"实践经验"中得来的领悟是解读当代中国习惯法中所蕴含的优秀传统文化的关键。

比如桂南李氏宗族族规中一般都会有敬老孝亲的内容。如何去理解"孝"？一种重要的方式便是研究者自己去尽孝。我们在日常生活中按照孝道的要求去孝敬父母，慢慢地就能体会到"父子有亲"，体会到父母与子女之间天然的、无私的亲爱。这种真诚的亲爱穿越时空且永恒不变，表现在里面是仁慈，表现在外面是礼敬，纵向上可以扩展到祖父母、曾祖父母、孙子女、重孙子女乃至一切先祖、一切后代而世代延续，从横向上可以扩延至亲邻、整个家族、整个村落乃至一切人而广大无边，最后融合为一种广大的和谐境界。于是乎，从族规中关于孝老、敬亲、尊贤、敬祖、睦族、爱国等内容中，我们便能从"我"出发，领会到其中的"孝文化"与"和文化"及生生不息的生命真谛。

---

〔1〕 参见牟宗三：《中国哲学的特质》，上海古籍出版社 2008 年版，第 4 页。

〔2〕 牟宗三先生认为："凡是对人性的活动所及，以理智及观念加以反省说明的，便是哲学……任何一个文化体系，都有它的哲学。否则，它便不成其为文化体系。因此，如果承认中国的文化体系，自然也承认了中国的哲学。"参见牟宗三：《中国哲学的特质》，上海古籍出版社 2008 年版，第 3 页。

〔3〕 参见方东美：《方东美文集》，武汉大学出版社 2013 年版，第 160、165 页。

〔4〕 牟宗三：《四因说演讲录》，上海古籍出版社 1998 年版，第 102 页。

〔5〕 牟宗三：《中国哲学十九讲》，上海古籍出版社 1997 年版，第 47 页。

〔6〕 牟宗三：《中国哲学的特质》，上海古籍出版社 2008 年版，第 5、37~46 页。

五、结语

费孝通先生说过："我有一种想法，在我们中国世世代代这么多的人群居住在这块土地上，经历了这样长的历史，在人和人中和位育的古训的指导下应当有丰富的经验。这些经验不仅保留在前人留下的文书中，而且应当还保存在当前人的相处的现实生活中。怎样发掘出来，用现代的语言表达出来，可能是今后我们社会学者应尽的责任。"[1]中国世世代代的文化传统已经融入了人们的生活之中，规范人们生活行为的自治规范等习惯法便是这世代相传的文化传统的一种表现形式。本章从秩序、解纷及文化三个视角去思考、分析如何更好地总结、解读当代中国自治规范等习惯法。这三个研究视角是相互关联的，不能涵盖自治规范等习惯法研究的所有维度，只能说是笔者对如何体察中国人的生活逻辑与思维方式，发掘、表达中国经验与智慧的一种尝试性的探索。

---

〔1〕 费孝通：《个人·群体·社会——一生学术历程的自我思考》，载《北京大学学报（哲学社会科学版）》1994年第1期，第7~17页。

自治规范的类型与作用

——当代中国自治规范研究综述

▲

王　牧

一、引言

1978 年改革开放以来，我国社会主义市场经济建设使具有一定自主权的"公民社会"加快形成。公民社会是国家和个人之间的一个中间性社会领域，由经济、宗教、文化、知识、政治活动及其他公共领域中的自主性社团和机构所组成。[1]这些社会团体、社会组织通过自治规范在不同的社会领域中发挥了扩大公众参与、提供社会服务、推动民主协商、化解社会矛盾、传承地方良善文化、参与基层社会等作用，保障或增进社会成员的利益或价值。不断完善的自治规范在法治社会建设、法治精神培育中发挥了重要的作用。中共中央 2020 年 12 月印发的《法治社会建设实施纲要（2020-2025 年）》提出，"加强居民公约、村规民约、行业规章、社会组织章程等社会规范建设，推动社会成员自我约束、自我管理、自我规范"。

基于此，我国学术界开始越来越多地关注自治规范，涉及自治规范研究的作品数量越来越多，研究范围不断扩大。对当代中国自治规范的已有研究进行回顾、归纳和总结，一方面可以厘清学界对于自治规范领域的关注热点、焦点，梳理学界关于自治规范所关切的问题、研究的方向、提出的理论以及形成的共识，从而有利于推动自治规范研究的深化，推动提升自治规范研究

---

〔1〕　参见高其才：《法社会学》，北京师范大学出版社 2013 年版，第 85 页。

学术水准；另一方面，通过对自治规范现实和理论问题的关切与探讨，探索自治规范如何能够更好地满足人的需要、保障人的权利、推进社会的发展，揭示自治规范所具有的生机与活力，从而为自治规范在推进法治社会和法治国家建设、进行国家治理和基层治理中更具有实践价值而做出努力。

本章以自治规范研究的中文文献为对象，对期刊论文、学位论文、会议论文等的检索主要使用中国知网的 CNKI 数据库进行检索，对图书资料的检索主要使用国家图书馆联机公共目录查询系统（OPAC）、国家图书馆文津搜索引擎、清华大学图书馆水木搜索引擎、当当网商城搜索工具进行检索。〔1〕根据 2024 年 6 月 1 日对中国知网的 CNKI 中文库检索，篇名包含"自治规范"或"自治规则"的文章共有 66 篇，主题包含"自治规范"或"自治规则"的文章共有 435 篇，发表时间分布在 1998 年到 2024 年。其中《涉外合同意思自治规则的解释与完善——以罗马条例Ⅰ为参照》（焦燕，《南京大学法律评论》2013 年第 2 期）等 8 篇文章因主要研究内容为意思自治而不属于本章研究对象。〔2〕关键词中有"自治规范"或"自治规则"的文章共有 64 篇，其中新检索到 2 篇有效文献。在此 437 篇有效文献中，篇名中包含有"自治规范"或"自治规则"的期刊论文有 42 篇，博士学位论文有 0 篇，硕士学位论文有 11 篇；主题包含"自治规范"或"自治规则"的期刊论文有 234 篇，博士学位论文有 20 篇，硕士学位论文有 104 篇；关键词中有"自治规范"或"自治规则"的期刊论文有 44 篇，博士学位论文有 2 篇，硕士学位论文有 15 篇。以正题名包含"自治规范"或"自治规则"的条件进行检索，共检索到

---

〔1〕　如无特别声明，本章中"自治规范"与"自治规则"通用，"村规民约"与"乡规民约"通用。

〔2〕　这 7 份文献分别为：杨巍：《禁止诉讼时效协议之检讨及规则构建——兼论诉讼时效领域中意思自治的边界》，载《暨南学报（哲学社会科学版）》2023 年第 3 期；刘婷、王振晔：《国际商事仲裁快速程序：规则优先与意思自治的背离》，载《现代商贸工业》2022 年第 13 期；钟言：《意思自治视角下的企业内部劳动规则适法性研究》，载《中国工运》2019 年第 6 期；汪洋：《共同担保中的推定规则与意思自治空间》，载《环球法律评论》2018 年第 5 期；肖永平、张弛：《论一般侵权法律适用规则中意思自治的限制》，载《苏州大学学报（法学版）》2014 年第 1 期；焦燕：《涉外合同意思自治规则的解释与完善——以罗马条例Ⅰ为参照》，载《南京大学法律评论》2013 年第 2 期；邵慧慧：《论我国涉外民商事合同法律适用中意思自治原则——魁北克合同法律适用规则比较研究》，载《现代商贸工业》2009 年第 22 期；戴小冬：《国际私法上意思自治原则新探》，载《吉首大学学报（社会科学版）》2005 年第 2 期。

中文图书 10 本，出版时间分布在 1985 年到 2024 年。[1]

除此 383 篇有效文献之外，在检索中可发现学界围绕"公司章程""公司自治""村规民约""村民自治""业主自治""管理规约""平台治理""行业协会""大学治理""党内法规"这些主题的专门性自治规范研究较多。但是，这些专门性自治规范研究主题广泛，其中包含"自治"主题的文献对本章较有裨益，且关于"社会组织规范""社会团体规范"和"团体法"的研究也与自治规范具有强相关性。于是，为使文献基础更加充实，本章对"社会组织规范""社会团体规范""团体法""公司章程+自治""村规民约+自治""业主公约+自治""行业规范+自治""大学章程+自治""党内法规+自治""平台规则+自治"等主题词进行了补充检索，共录得有效文章 2448 篇，[2]有效图书 38 本，[3]发表或出版时间分布在 1984 年到 2023 年。

在自治规范这一研究领域发表论文可统计总被引次数最高的 3 位作者分别是清华大学的高其才（54 篇文章，共被引 2471 次）、北京大学的姜明安（6 篇文章，共被引 1361 次）、山东大学的谢晖（12 篇文章，共被引 1264 次）。在以"自治规范"或"自治规则"为研究主题的文章中，引用率最高的 3 篇文章为崔智友的《中国村民自治的法学思考》（《中国社会科学》2001 年第 3 期，被引 509 次），江必新、王红霞的《法治社会建设论纲》（《中国社会科学》2014 年第 1 期，被引 313 次），徐靖的《论法律视域下社会公权力的内涵、构成及价值》（《中国法学》2014 年第 1 期，被引 252 次）。在主要主题为"社会组织规范"的文章中，引用次数最高的是王名的《非营利组织的社会功能及其分类》（《学术月刊》2006 年第 9 期，被引 583 次）；在主要主题为"社会团体规范"的文章中，引用率最高的是雷兴虎、陈虹的《社

---

　　[1] 其中《全国供用电规则广西壮族自治区实施细则》（广西人民出版社 1985 年版）因主题与自治规范无关而排除。

　　[2] 其中，"社会组织规范"检索录得有效文献 2 篇，"社会团体规范"录得 1 篇，"团体法"录得 108 篇，"公司章程+自治"录得 408 篇，"村规民约+自治"录得 1030 篇，"业主公约+自治"录得 476 篇，"自治+行业规范"录得 15 篇，"高校（大学）章程+自治"录得 415 篇，"党内法规+自治"录得 99 篇，"平台规则+自治"录得 68 篇。

　　[3] 其中，"社会组织规范"检索录得有效图书 4 本，"社会团体规范"录得 1 本，"团体法"录得 13 本，"公司章程+自治"录得 4 本，"村规民约+自治"录得 16 本，"业主公约+自治"录得 9 本，"自治+行业规范"录得 8 本，"高校（大学）章程+自治"录得 3 本，"自治+党内法规"录得 18 本，"自治+平台规则"录得 7 本。

会团体的法律规制研究》（《法商研究（中南财经政法大学学报）》2002 年第 2 期，被引 234 次）；在主要主题为"团体法"的文章中，引用率最高的是叶林《私法权利的转型——一个团体法视角的观察》（《法学家》2010 年第 4 期，被引 281 次）。

在各种类型自治规范的专门性研究中，都存在高被引率的具有代表性的论文。在主要主题为"公司章程＋自治"的文章中，被引次数最高的是朱慈蕴的《公司章程两分法论——公司章程自治与他治理念的融合》（《当代法学》2006 年第 5 期，被引 358 次）；在主要主题为"村规民约＋自治"的文章中，被引次数最高的是陈寒非、高其才的《乡规民约在乡村治理中的积极作用实证研究》（《清华法学》2018 年第 1 期，被引 448 次）；在主要主题为"业主公约＋自治"的文章中，被引次数最高的是陈方秀的《我国现代住宅小区物业管理中的业主自治》（《法学杂志》2006 年第 5 期，被引 68 次）；在主要主题为"行业规范＋自治"的文章中，被引次数最高的是黎军的《基于法治的自治——行业自治规范的实证研究》（《法商研究》2006 年第 4 期，被引 127 次）；在主要主题为"大学章程＋自治"的文章中，被引次数最高的是湛中乐、徐靖的《通过章程的现代大学治理》（《法制与社会发展》2010 年第 3 期，被引 210 次）；在主要主题为"党内法规＋自治"的文章中，被引次数最高的是姜明安的《论中国共产党党内法规的性质与作用》（《北京大学学报（哲学社会科学版）》2012 年第 3 期，被引 478 次）；在主要主题为"平台规则＋自治"的文章中，被引次数最高的是刘权的《网络平台的公共性及其实现——以电商平台的法律规制为视角》（《法学研究》2020 年第 2 期，被引 504 次）。值得注意的是，相较于 2023 年 5 月统计数据，主要主题为"村规民约＋自治""行业规范＋自治"与"平台规则＋自治"的高被引率文章在 2024 年 5 月统计中被引次数显著增加，同比增长均在 30% 以上。

围绕自治规范，本章分别从自治规范的内涵、类型、发展、效力、作用、施行、与国家法的关系等方面较为全面地展现我国自治规范研究的状况，介绍当前研究的焦点和热点，并对研究的整体特点和深入进行展开初步思考。需要指出的是，基于各种条件限制，本章显然无法穷尽所有相关文献资料，可能存在遗漏的情况，有待进一步补充。

二、自治规范的内涵

开展关于自治规范的学术研究，应当首先对研究对象有清楚的认识。从哲学的视角看，概念是人思维的基本单位，概念是一种抽象的、普遍的观念，概念可以指明实体、事件、类别或关系等。概念研究通常包括对内涵和外延两个方面的研究，关于自治规范外延的研究主要在于类型化方面，将在后文加以阐述，而关于自治规范内涵的讨论，主要可从自治规范的定义、特征和性质三方面来概括。通过对这三方面研究的总结，能够探知学界在"何为自治规范"这一问题上，产生了哪些共识以及有哪些还可以进行探讨之处。

（一）自治规范的定义

任何关于自治规范的研究，都需要对自治规范的定义进行理解和阐释。不少学者从词义出发理解，如戴剑波认为"自治规范即自我形成并可自我实施的规范"，[1]这是相对于由外在的机构或人员制定并主要依靠外在力量保证实施的"他治规范"定义来界定的。也有学者认为自治规范即"自治章程、自治协议、自治约定"，是自治组织或自治团体就自治事项由全体成员一致通过的协议或章程。[2]

出于自治规范在制定主体上与其他规范的区别，更多的学者主张以此界定何为自治规范，普遍认为由"社会自治组织"作为制定和实施主体的规范即是自治规范，如朱最新认为"自治规范也称自治规则，是指社会自治组织行使社会公权力制定或认可的，调整自治事项的规范的总和"。[3]薛刚凌、王文英从社会自治组织的职能出发，认为自治规则是"社会自治组织行使社会公权力、规定自治事项、规范其组织成员行为的载体和集中体现"，并认为"社会自治规则是就自治事项所作的规定以及为其成员设定的行为规范"。[4]但也有学者认为社会自治组织制定的规范只能算作狭义上的自治规范，提出

〔1〕参见戴剑波：《当代中国新商人法研究》，法律出版社 2016 年版，第 63 页。
〔2〕参见王圣诵：《中国自治法研究》，中国法制出版社 2003 年版，第 15 页。
〔3〕参见朱最新：《法律多元与府际合作治理双重视角下的自治规范研究——兼论自治规范与国家法的关系》，载《法治社会》2017 年第 1 期，第 1~11 页。
〔4〕参见薛刚凌、王文英：《社会自治规则探讨——兼论社会自治规则与国家法律的关系》，载《行政法学研究》2006 年第 1 期，第 1~8 页。

对自治规范的理解应分为狭义和广义层面上的，狭义上的自治规范是社会团体的内部规章，这些规章属于社会法规范体系中民间自治规范的一部分；而广义上的自治规范则是包含整个社会存在的人类群体作为社会团体的内部规范，也就是人类社会成员所自发遵守的传统观念、风俗习惯等都对全体成员具有约束力，不遵守者将被整个社会以不同于法律的自治方式予以惩罚，所以这些内容就是广义上的自治规范。[1]

此外，还有学者从自治规范的产生和确立出发，对自治规范有类似非国家法意义上习惯法的定义。张镭认为，自治规则是指基层社会主体在长期的生产生活中自发形成的，具有一定稳定性和规制力，对基层社会整体利益具有重要意义，能够被基层主体普遍认同并自愿尊崇的行为规则。[2]这一定义主要强调了自治规范是"基层社会主体"经过长期实践逐渐自发形成的，而不是被外部强制力所认可和保证的，即主要将自治规范在非国家法意义上进行定义。高其才则在定义中重点强调了自治规范的民主性，认为自治规范是由自治组织或社会团体全体成员或多数成员商议、通过而形成的，是成员共同意志的体现，且旨在调整自治组织、社会团体的民主选举、民主决策、民主管理、民主监督等过程中的社会关系，当然他也指出广义的自治规范同样包括社会成员在长期的生产生活中俗成的规范。[3]

总的来说，从既有研究来看，虽然界定自治规范内涵的视角不同，但学界对自治规范的定义已经基本形成共识，即自治规范是一种由社会自治组织就自治事项由全体成员一致通过的、具有一定强制力的调整自治事项的规范的总和。

（二）自治规范的特征

学界关于自治规范特征的探讨多集中于一般性研究中。朱最新认为自治规范具有规范性、普遍性、权义利导性、公开性和强制性的特征。具体来说，自治规范因其主要由规范或规则构成而具有规范性；自治规范因其调整对象

---

〔1〕　参见朱斌：《社会法规范体系的构成研究——从社会法概念角度考察》，载《山西师大学报（社会科学版）》2009年第S1期，第49~51页。

〔2〕　参见张镭：《论基层自治规则的主导作用及其法律保障》，载《法学》2018年第9期，第149~156页。

〔3〕　参见高其才：《导言》，载高其才主编：《当代中国的自治规范——以广东省惠州大亚湾经济技术开发区为对象》，中国政法大学出版社2024年版，第6页。

是社会自治组织内一般的而非具体的人和事，且能够反复适用没有例外而具有普遍性；自治规范因其主要以权利和义务为内容分配利益、调整社会关系而具有权义利导性；自治规范因其会以公众普遍知悉的途径和方式公之于众而具有公开性；自治规范因其由社会自治组织负责强制执行而具有强制性。[1]薛刚凌、王文英认为，相对于国家法律的国家性、普遍性、强制性来说，社会自治规则具有地域性、专业性和契约性。[2]魏静认为，商会自治规范具有专业性和针对性，因为其制定主体相对于国家立法机关来说更具有信息上的优势和成员的专业背景，同时其还具有效率性，因为自治规范没有繁复严格的制定和修改程序，且搜寻制定或修改自治规范所需信息的成本也较低，所以自治规范具有效率性。[3]刘孝光也从和国家法的比较出发，认为自治规范从制定主体来说具有民间性，而不像国家法的制定主体具有正式性；从权力来源来说具有多元性，因为自治规范制定权既可以来自社团成员的契约意志，也可以来自国家法的授权；从效力指向来说具有内部性，自治规范调整范围是单一且狭窄的社团内部事务。[4]

对自治规范特征的探讨重要焦点在于自治规范的特征在包含内部性的同时，是否还包含外部性。大部分学者认为内部性是自治规范的重要特征，而内部性应从，自治规范从自治组织内部产生和效力限于自治组织内部两个维度来理解，前者也可被认识为"内源性"。崔智友指出，自治规范只能由内部产生，而不能由外部产生，更不能由政府强行规定。[5]关于自治规范效力的内部性与外部性研究，后文将有进一步梳理，此处不再赘述。但也有学者未从效力角度而从经济学中描述溢出效应的"外部性"来理解制度的外部性，并据此认为自治规范具有外部性。如马辉认为，自治规则在对内部成员进行约束的同时，其对于联合体之外的社会成员同样会具有或正或负的外部性。

〔1〕 参见朱最新：《法律多元与府际合作治理双重视角下的自治规范研究——兼论自治规范与国家法的关系》，载《法治社会》2017年第1期，第1~11页。

〔2〕 参见薛刚凌、王文英：《社会自治规则探讨——兼论社会自治规则与国家法律的关系》，载《行政法学研究》2006年第1期，第1~8页。

〔3〕 参见魏静：《商会自治的基石：商会自治规范研究》，载《西南农业大学学报（社会科学版）》2009年第4期，第28~32页。

〔4〕 参见刘孝光：《社团自治规范的法源属性研究》，吉林大学2013年硕士学位论文，第12~13页。

〔5〕 参见崔智友：《中国村民自治的法学思考》，载《中国社会科学》2001年第3期，第129~140页。

例如，行业协会成员对于产量或价格的联合协议可能会损害消费者的合法权益，而对社会公众产生负外部性。[1]自治规范的特征应是自治规范区别于其他社会规范的征象和标志，是在与其他社会规范的比较中表现出来的。所以虽然有研究提到自治规范具有外部性，但从对社会团体的外界产生正向或负向影响来说，任何社会规范都具有外部性，尚未见到研究指出外部性是自治规范区别于其他社会规范的特征。当然，也尚未见到研究着眼于自治规范的外部性是否需要以及如何能够被"内部化"，即自治规范所溢出的社会收益或社会成本，是否需要以及怎么转化为内部的制度收益或成本的问题。

（三）自治规范的性质

学界对自治规范性质讨论上的分歧主要集中于其是否属于法的范畴以及属于何种法的范畴这两个问题上。我国学界有不少关于自治规范是否属于法的范畴的探讨，刘宇认为自治规范与国家法都是旨在通过实体与程序的规则来指引和规范人们行为并解决纠纷的，所以应当是法律体系的一个组成部分。[2]王圣诵认为，国家法律是"大法"，自治组织或自治团体的自治章程和自制约定则应是一种"小法"，并提出其具有集体意志性、规范性和强制性。[3]但也有相反看法，龚隽认为"法"的概念如果泛化到能够包括各行各业的规章制度，就是一种"泛法治化"的表现，会在一定程度上威胁到国家法律的构建和权威。[4]伍坚认为"在一国法律体系中并不存在自治法规这一层次"。[5]董玉明、孙磊认为，自治规范虽不属于国家法律，但可以将其看作法律规范的延伸和补充。[6]薛刚凌、王文英则认为应当将自治规范分为授权性规则和自主性规则来分别探讨其属性，其中授权性规则是法律的延伸，这类规则虽然不是国家直接制定，但为国家认可并由国家强制力保障实施，因而

---

〔1〕　参见马辉：《自治规则在民事司法裁判中的作用——基于对最高院公报侵权案例的梳理》，载《法制与社会发展》2012 年第 5 期，第 65~75 页。

〔2〕　参见刘宇：《浅析行规行约的法律效力》，载《经济师》2004 年第 5 期，第 68 页。

〔3〕　参见王圣诵：《中国自治法研究》，中国法制出版社 2003 年版，第 6 页。

〔4〕　参见龚隽：《高等院校规章的法律效力分析——兼谈大学章程的价值》，载《政治与法律》2004 年第 6 期，第 45~47 页。

〔5〕　参见伍坚：《章程排除公司法适用：理论与制度分析》，华东政法大学 2007 年博士学位论文，第 15 页。

〔6〕　参见董玉明、孙磊：《试论我国行业管理法的地位与体系》，载《法商研究》2004 年第 1期，第 88~95 页。

具有法的属性；而自主性规则则更接近公法契约，不属于法的范畴。[1]总的来说，学界对自治规范是否属于法的范畴仍未达成一致，但主流观点认为其具有法的属性。

在属于何种法规范的问题上，学界从不同视角出发有许多不同的看法。一部分学者将其定义为"社会法"，如方洁认为自治规范是典型的"内在制度"，即"群体内随经验而演化的规则"，并认为其不同于法律法规等被定义为"外在地设计出来并靠政治行动由上面强加于社会的规则"的"外在制度"。[2]这种以"内在制度"为形式的"社会法"的特性在于，其对社会团体成员的管辖较为快捷，因为规范的制定者需要从试错中得到信息，而在社会自治组织内部对自治规范的试错成本相对国家法律来说小很多。

以"团体法"为视角进行研究的学者则认为自治规范属于"团体法"这一私法范畴，是社会成员结成私人团体后所遵循的特别私法，主要调整团体内部关系，只在团体内部发生效力，因而认为其属于私法范畴并区别于个人法，提出团体法是从对主体的约束出发，规范有组织的全体成员的法律，带有自治法的属性，是自治规范和组织法。[3]但也有研究认为，"团体法"不等同于"自治规范"，虽然团体是个体自愿结成的，但是团体法主要强调内部性而不强调自主性，团体法可以由团体自主制定，也可以由国家制定。如吴高臣也指出，以公司法、合伙企业法为代表的商事主体法也是典型的团体法。[4]从团体法相关研究中可看出，"团体法"的概念不仅包含自治规范，也可以包含国家法，因而只有"团体自治法"与"自治规范"的概念是近似的。李志刚则指出，从理论指导实践的角度来看，团体法还是一种理论分析和法律适用的方法。[5]

更多学者则从民间法、软法、习惯法的范畴来认识自治规范的性质。如钱锦宇则从自治规范的制定和执行保障出发来进行认识，认为其是"通过集

---

〔1〕 参见薛刚凌、王文英：《社会自治规则探讨——兼论社会自治规则与国家法律的关系》，载《行政法学研究》2006 年第 1 期，第 1~8 页。

〔2〕 参见方洁：《社团罚则的设定与边界》，载《法学》2005 年第 1 期，第 47~54 页。

〔3〕 参见叶林：《私法权利的转型——一个团体法视角的观察》，载《法学家》2010 年第 4 期，第 138~154 页。

〔4〕 参见吴高臣：《团体法的基本原则研究》，载《法学杂志》2017 年第 1 期，第 10~18 页。

〔5〕 参见李志刚：《公司股东大会决议问题研究——团体法的视角》，中国法制出版社 2012 年版，第 43~44 页。

体行动而获得的一种权威无涉型的规则秩序", 即人们在自愿基础上通过"博弈—合作"的过程而形成的一种自生规则和自发秩序, 由于自治规范的实施保障并不依靠权威强制, 所以是"权威无涉型的规则秩序", 是一种"民间法"。[1]此外, 有学者将自治规范纳入"软法"的范畴, 认为社会组织、团体的章程、村规民约等自治规范对人们行为的规范和对社会关系的调整是通过个人、组织的自我约束和相互约束以及舆论约束和利益机制, 而非由国家强制力保障实施, 因而属于软法的一部分。[2]而张镭则指出, 自治规则的概念与学术界提出的习惯法、民间法等概念有联系, 但也有所区别, 主要在于习惯法、民间法的概念包含了调整个体行为和整体秩序、利益的规则, 而自治规则重点在于调整特定基层社会的整体秩序和利益。[3]这一观点将自治规范排除在习惯法和民间法的范畴之外, 却没有给自治规范的性质下一个定义。而习惯法研究者高其才对习惯法的定义较为宽泛, 他认为习惯法是独立于国家制定法之外, 依据某种社会权威和社会组织, 具有一定强制性的行为规范的总和。[4]从这个层面上看, 自治规范应是落入习惯法之集合中的。

三、自治规范的类型

自治规范的种类繁多, 类型多样, 学界对其进行分类的方式也是多样的。大部分学者从制定规范的自治组织进行分类, 如刘亚萍认为, 自治规范可分为行业组织规范、基层群众自治组织规范、社会团体规范、学校等其他社会组织规范四个类型。[5]这种分类方式是罗列式的, 就会面临容易遗漏的问题, 且面对一些新兴的社会自治组织时, 对其制定的自治规范就无法进行分类。王圣诵同样以自治组织为分类标准, 但他认为基层社会民主自治法与社团组

---

〔1〕　参见钱锦宇、赵海怡:《集体行动与民间集体自治规则——诺贝尔经济学奖得主奥斯特罗姆理论对民间法研究的可能贡献》, 载《民间法》2010年第1期, 第82~88页。

〔2〕　参见姜明安:《完善软法机制, 推进社会公共治理创新》, 载《中国法学》2010年第5期, 第16~24页。

〔3〕　参见张镭:《论基层自治规则的主导作用及其法律保障》, 载《法学》2018年第9期, 第149~156页。

〔4〕　习惯法的概念参见高其才:《中国习惯法论》(修订版), 中国法制出版社2008年版, 第3~4页。

〔5〕　参见刘亚萍:《关于社会自治规范与国家法规范衔接的思考》, 中南财经政法大学2018年硕士学位论文, 第15~17页。

织自治法是自治法的两个不同的种类，其中社团组织自治法又分为政治团体自治法、社会团体自治法和民间组织自治法。[1]这种分类方式较前种就更宽泛，防止遗漏的同时，也可以有效应对新兴的社会自治组织所制定的自治规范的分类难题。

此外，还有从自治领域、表现形式或效力差异的不同等作为区分标准进行分类的。如薛刚凌、王文英从不同的社会自治领域出发，认为存在基层社会管理、行业或职业管理、高校管理和利益团体管理等四个领域的自治规范。[2]刘孝光从自治规范的内容、表现形式和效力差异几个标准，将自治规范分为转接规范和自主规范、基本规范和普通规范、强行规范和指导规范、管理规范和惩戒规范四组类型。[3]董淳锷则就商事自治规范进行了分类研究，他认为按性质和效力的不同，商事自治规范可分为契约型自治规范、惯例型自治规范、行规型自治规范。其中，契约型商业自治规范包括公司章程、合伙协议等，其适用于特定的商事主体之间（如股东或合伙人）；惯例型商业自治规范即交易习惯，常适用于不特定主体之间；行规型自治规范包括商业行业规范、行业公约、行业标准、行业规则等，主要适用于商会、行业协会的成员。[4]

当然，还有一部分学者关于习惯法、社会规范的分类研究，也为自治规范的类型化提供了具有参考价值的分类标准。如高其才根据所依据的社会权威和社会组织的不同，将中国习惯法分为宗族习惯法、村落习惯法、行会习惯法、行业习惯法、宗教寺院习惯法、秘密社会习惯法和少数民族习惯法七种。[5]这种分类标准较为全面，完全可以应用于自治规范的分类中，除了能够包含常见的依据"社会组织"的自治规范，还可以囊括不常见的依据"社会权威"的自治规范，如依据神的权威形成的宗教自治规范等。张镭则提出了对基层社会规则的五种类型化方式，即可以按照规则产生和发展的历史进

---

[1] 参见王圣诵：《中国自治法研究》，中国法制出版社 2003 年版，第 227 页。

[2] 参见薛刚凌、王文英：《社会自治规则探讨——兼论社会自治规则与国家法律的关系》，载《行政法学研究》2006 年第 1 期，第 1~8 页。

[3] 参见刘孝光：《社团自治规范的法源属性研究》，吉林大学 2013 年硕士学位论文，第 10~11 页。

[4] 参见董淳锷：《商事自治规范司法适用的类型研究》，载《中山大学学报（社会科学版）》2011 年第 6 期，第 171~180 页。

[5] 参见高其才：《中国习惯法论》（第 3 版），社会科学文献出版社 2018 年版，第 11~14 页。

程，将自治规则分为传统民间规则、现代民间规则；按照规则作用的主体类型，可以分为市民公约、乡规民约、行业习惯、宗教规则等；按照规则调整主题活动的不同领域，可以分为生产规则、交易规则和生活规则；按照规则与民族之间的关联程度，可以分为少数民族习惯规则和汉族地区民间规则；从规则与基层秩序相关程度的不同，可以分为个体规则、自治规则和法律规则。〔1〕这五种方式虽然不是针对自治规范的种类划分，但前四种分类方式都对自治规范的分类具有参考意义。

四、自治规范的发展

自治规范在中国具有悠久的历史，许多固有的自治规范在社会历史进程中经历了发展和变迁，一些学者关注该过程中自治规范所产生的变化及其原因。大多数学者认为，自治规范的实施在变迁中逐渐减弱，如高其才、张华认为，具有内源性特质的乡土法秩序并不是田园牧歌式的"无需法律的秩序"，其在现代化进程中的影响力正在不断减弱。数千年的乡村自治实践已然清楚地表明纯靠自我衍生、自我复制、自我传承、自我改良的自然演进主义无法适应剧烈变革的社会并走向现代化，甚至会因为缺少自我批判、自我反思而变得自我封闭、阻碍自身发展甚至走向窒息，难以实现自我超越、培养现代公民意识。若不引入他组织与建构主义逻辑的变量，自组织与自我演进式的乡土法的实施效果将会越来越孱弱。〔2〕周铁涛认为，在乡政村治体制下，传统村规民约得以复苏并开始现代转型，部分村规民约被改造后失去了最初的价值和功能，形同虚设；部分村规民约转型为法律、政策的地方化版本，重获新生。〔3〕

也有学者认为固有自治规范在当代得到了传承，如谈萧着眼于商会自治规范的变迁，认为近代以来中国商会在会员规则、会董规则、监督规则等自治表达上的变迁，以及在选举规则、议事规则、公断规则等自治实践上的变迁，虽然有过断裂，但一经承续就又开始形成一定的以秩序为依归的制度均

---

〔1〕 参见张镭：《论基层自治规则的主导作用及其法律保障》，载《法学》2018 年第 9 期，第149~156 页。

〔2〕 参见高其才、张华：《乡村法治建设的两元进路及其融合》，载《清华法学》2022 年第 6期，第 42~63 页。

〔3〕 参见周铁涛：《村规民约的历史嬗变与现代转型》，载《求实》2017 年第 5 期，第 89~96 页。

衡，为转型中国社会治理提供了可资利用的制度资源。[1]在他看来，商会自治规范虽然变迁较大，但仍以承续固有自治规范为主，且具有转型特色的自治秩序正在形成。高其才则在田野考察报告中系统地展现了包含自治规范的广西金秀瑶族地区习惯法的现代传承、弘扬和吸纳，有些是沿袭传统，有些是延续至今，有些则在市场经济条件下有所改良，但是总体上仍然保持了大多传统的规范内容，并仍发挥着积极的功能。

需要指出的是，关于自治规范发展变迁的研究更多是事实描述类型，展现的是固有自治规范在当代得到传承发展或发生变迁的事实，辅以背景和原因方面的分析，但较少见到进一步阐述自治规范如何能够得到更好的传承与发展，以及如何发掘固有自治规范的现代价值之思考，这一方向同样具有研究价值。

五、自治规范的效力

作为一种社会规范，自治规范具有约束力和强制力，即自治规范对什么人、在什么时间和什么地方适用，包括对人的效力、时间效力和空间效力。自治规范是相对国家法律的，因而其效力范围也可能与国家法律是相对的，国家法律效力范围具有国家性、普遍性和强制性，而自治规范的效力范围就可能具有内部性、专门性和契约性，学界主要围绕自治规范效力的这几方面展开探讨。

自治规范效力的内部性通常指自治规范效力仅限于自治组织内部，"协会应该称之为一种达成一致的团体，它按照章程规定的制度，只能对个人加入的参加者适用"。[2]自治规范的内部性表现为其主要约束自治组织内部成员，如王爱军认为公司章程不仅约束制定章程的设立者或者发起人，而且当然约束公司机关及新加入的公司组织者，[3]而二者同属公司内部成员。此外，自治规范的内部性还表现为其主要调整自治组织内部性事务。有学者对何为内部性事务进行了细化，薛刚凌、王文英认为，社会自治规则主要调整技术规

---

〔1〕 参见谈萧：《制度变迁中的自治秩序——以近代以来中国商会自治规则为例》，载《山东大学学报（哲学社会科学版）》2009年第6期，第54~62页。

〔2〕 参见［德］马克斯·韦伯：《经济与社会》（上卷），林荣远译，商务印书馆1997年版，第80页。

〔3〕 参见王爱军：《论公司章程的法律性质》，载《山东社会科学》2007年第7期，第143~145页。

程等专业类事务、社区管理等利益类事务和竞争规则、行业标准等行业事务。同时认为"社会自治规则必须遵循法律保留原则，不得进入必须由法律调整的领域，也不得与宪法和法律相抵触"，这些事务分别是"宪法保障事项""法律保留事项"和"法规规章保留事项"。[1]在自治规范是否具有强制力上，苏西刚认为，自治规范实施的理想渠道是非强制的、自愿的自治。[2]黎军认为，经批准或备案的自治规范，其效力不仅来源于社会团体成员的认可，还来自国家的认可，甚至认为经国家机关批准的自治规范其效力与国家制定法区别不大，因而具有"法律和契约的双重功效"。[3]

　　学者们还针对自治规范的效力是否具有"外部性"进行了探讨，有学者指出自治规范并不能突破"自治"，"自治规范应当仅对加入社团而自愿服从这些规则的人有效"，[4]而不对未加入者产生效力。薛刚凌、王文英也认为，社会自治规则的效力主要体现在对社会自治组织成员的约束。[5]魏静也有相同看法，她认为"自治的核心含义在于自治的治理者和被治理者应该是同一的，当它们发生分离，即被治理者出现治理者以外的主体时，这种治理就转化成了他治"。[6]但也有观点相反者，朱最新认为"自治不仅仅是人的自治，更是领域（区域）自治""自治规范对自治范围内的事项具有普遍的法律效力，其调整对象主要是其成员，但不仅仅针对其成员"。[7]也就是说，自治规范对这一领域内的所有人都具有约束力，不论其是不是自治团体的成员。朱慈蕴则将企业自治规范的内容分为两种类型，他认为公司章程可以分为调整公司外部事务的部分和调整内部事务的部分，调整内部事务的部分可以包括

　　〔1〕　参见薛刚凌、王文英：《社会自治规则探讨——兼论社会自治规则与国家法律的关系》，载《行政法学研究》2006年第1期，第1~8页。
　　〔2〕　参见苏西刚：《社团自治及其法律界限的基本原理》，载罗豪才主编：《行政法论丛》（第8卷），法律出版社2005年版，第113页。
　　〔3〕　参见黎军：《基于法治的自治——行业自治规范的实证研究》，载《法商研究》2006年第4期，第47~54页。
　　〔4〕　参见吴志攀：《单位规则——我国社会存在的"第三种规则"》，载北京大学法学院编：《江流有声：北京大学法学院百年院庆文存之民商法学·经济法学卷》，法律出版社2004年版，第233页。
　　〔5〕　参见薛刚凌、王文英：《社会自治规则探讨——兼论社会自治规则与国家法律的关系》，载《行政法学研究》2006年第1期，第1~8页。
　　〔6〕　参见魏静：《商会自治的基石：商会自治规范研究》，载《西南农业大学学报（社会科学版）》2009年第4期，第28~32页。
　　〔7〕　参见朱最新：《法律多元与府际合作治理双重视角下的自治规范研究——兼论自治规范与国家法的关系》，载《法治社会》2017年第1期，第1~11页。

公司内部机关的权力配置、决策权的形式、利润分配等，调整外部事务的部分包含公司名称住址条款、目的条款、资本条款、责任条款等。[1]马辉也有同样的视角，且他进一步对内部性和外部性规范的内涵和外延做了界定，即纯粹为了维持特定内部秩序的自治规范因不可能转换为注意义务因而不具有外部性，如校规校纪对于上放学的时间规定。而如果自治规范的保护对象既包括受约束的成员，也包括受约束主体从事交易行为的相对人，乃至包括与受约束主体无直接关系的第三人，且"以保护他人为目的"，那么其遵守与否会影响他人的利益，因而就具有外部性。[2]此类具有外部性的自治规范如淘宝网《用户行为管理规则》中"禁止用户发布侵犯他人知识产权的商品信息"的规定等。

关于这一问题的探讨在行业自治规范的相关研究中尤其多见，争议主要集中于行业自治规范的效力范围是否只限于行业自治组织成员以及行业内部自治事务。通常认为，行业自治规范的效力范围仅限于行业自治组织成员，原因是行业协会章程等行业自治规范的制定和执行都是基于行业自治组织内部成员的权利让渡，其内容也是行会自治规则。[3]谈萧将其归纳为自治表达和自治实践两方面，自治表达包括会员规则、会董规则、监督规则等内容，自治实践包括选举规则、议事规则、公断规则等内容。[4]谭九生认为，自治规则还应当包含保障成员申诉、控告等基本的诉讼权、申辩权等内容。[5]基于行业自治规范的内容主要是行业自治组织成员共同拟定的开展生产经营活动需要遵守的行为准则，以及违反执业纪律、职业道德的惩戒规则等，很多论者认为行业自治规范具有鲜明的内部性，并不具有外部性。如江国华、符迪认为，出于契约的相对性与行业自由之准则，因而自治规则一般仅适用于调整内部

---

〔1〕 参见朱慈蕴：《公司章程两分法论——公司章程自治与他治理念的融合》，载《当代法学》2006年第5期，第9~16页。

〔2〕 参见马辉：《自治规则在民事司法裁判中的作用——基于对最高院公报侵权案例的梳理》，载《法制与社会发展》2012年第5期，第65~75页。

〔3〕 参见谭九生：《职业协会惩戒权界之界定》，载《法学评论》2011年第4期，第84~92页。

〔4〕 参见谈萧：《制度变迁中的自治秩序——以近代以来中国商会自治规则为例》，载《山东大学学报（哲学社会科学版）》2009年第6期，第54~62页。

〔5〕 参见谭九生：《职业协会惩戒权边界之界定》，载《法学评论》2011年第4期，第84~92页。

成员，对于非协会商会成员的行为不应有所约束。[1]但也有学者认为，由于行业自治组织承接了一部分政府行业管理职能的转移，所以其自治规范包含很多程序方面的规范，其中就有程序的监督和制约内容以及包含行业标准的行规行约，而这部分内容显然具有外部性。因此，有论者提出，在某些情况下自治规范的效力范围可以有所扩张，如屠世超认为，如果非协会商会成员以明示方式表示愿意接受自治规则之约束或者适用自治规则对其更为有益时，可以将自治规则的效力范围外扩。[2]周林彬则提出，在我国自由贸易区的贸易监管中，可以从主要适用行政管理规范扩大到主要适用行业自治规范，自贸区商事纠纷案件也可扩大到适用行业自治规范的调解和仲裁。[3]

自治规范在既有研究中产生是否具有外部性这一分歧的原因在于，对自治规范效力的来源认识不同。认为自治规范效力具有不具有"外部性"者认为自治规范的约束力是来源于社会团体的强制力，而认为其"外部性"者认为社会自治规则带有契约的色彩，其因契约性而具有约束力。对自治规范是不具有外部性的研究可以在弄清其产生效力的基础上，论证其是否基于社会团体成员的"自愿"，因这些成员通过让渡自身权利而换取所需利益而产生效力，由此就可以进一步论证自治规范对那些未自愿加入社会团体或未自愿认同并遵守自治规范的人，能否产生约束力。

六、自治规范的作用

自治规范的作用是指自治规范对人们的行为、社会生活和社会关系所产生的影响，而价值则是自治规范的作用能否与主体的需要相一致的关系，是其作为客体的"事实属性"对于"主体需要"的效用性。[4]既有研究从不同方面讨论了自治规范的作用与价值，主要是自治规范对于社会自治、基层治

---

〔1〕　参见江国华、符迪：《行业协会商会自治规则的性质、效力及其合法性规制》，载《南海法学》2018 年第 2 期，第 7~16 页。

〔2〕　参见屠世超：《行业自治规范的法律效力及其效力审查机制》，载《政治与法律》2009 第 3 期，第 65~74 页。

〔3〕　参见周林彬、陈晶：《行业自治规范在我国自贸区的扩大适用初探》，载《法治论坛》2018 年第 1 期，第 234~244 页。

〔4〕　马克思指出，《价值便是客体的事实属性对于主体需要的效用性》，参见《马克思恩格斯全集》（第 26 卷），人民出版社 1972 年版，第 326 页。

理、民主建设和法治建设的作用和价值。

学界普遍十分重视自治规范在社会自治方面的作用与价值，并认为自治规范对于维系社会自治有关键作用。汪世荣认为，基于村规民约、社区公约等自治规范为主体的社会规范，建立在广泛参与、民主协商和充分沟通基础上，并依循公开程序，贯穿了直接民主形式的治理方式是一种"契约化治理"，此处的"契约"指特定地域、行业等范围内公众群体的合意。这种契约化治理中的社会规范是公共意志的体现，强调了治理中的多元主体充分参与、平等协商和相互尊重，强调了基层群众自我管理、自我教育、自我服务，对推动基层群众自治制度的实施意义深远。[1]崔超认为，居民公约的出发点和归宿点都是居民自身利益和意思表达，充分体现"以居民为中心"的社区理念。让社区纠纷的主体自行设计公约、自愿认同公约、主动履行义务、积极承担责任，更能节约社会资源和各种成本，更能发挥社区居民内心意思自治，更能促进纠纷主体乐于主动解决问题，更能满足有效化解社区纠纷现实需要。[2]

学者们大多认为自治规范在基层治理中有独立发挥作用的空间，特别是基层群众性自治组织规范在基层治理中的作用十分重要。有学者认为作为自治规范的村规民约在乡村治理中的积极作用在政治、经济、文化、社会及生态等各领域都有所体现，是对乡村社会关系较为全面的调整，能够促进乡村经济社会发展，提高农民生活水平，并认为其具体作用主要涉及保障基层民主、管理公共事务、分配保护资产、保护利用资源、保护环境卫生、促进团结互助、推进移风易俗、传承良善文化、维护乡村治安以及解决民间纠纷等方面。[3]有学者从治安维护和纠纷化解的作用出发，专门论证了自治规范的秩序价值，高其才以魁胆村为例，指出通过重视治安村规制定、完善治安村规保障制度及严格治安村规执行机制，能够实现社会治安的有序和谐。[4]有

---

〔1〕 参见汪世荣：《"枫桥经验"视野下的基层社会治理制度供给研究》，载《中国法学》2018年第6期，第5~12页。

〔2〕 参见崔超：《论居民公约化解社区纠纷的可实行性与构建路径》，载《贵州警官职业学院学报》2017年第6期，第68~71页。

〔3〕 参见陈寒非、高其才：《乡规民约在乡村治理中的积极作用实证研究》，载《清华法学》2018年第1期，第62~88页。

〔4〕 参见高其才：《规范、制度、机制：村规民约与社会治安维护》，载《学术交流》2017年第5期，第93~107页。

论者提出，作为自治规范的村规民约在经济生产方面的价值主要在于平等、自由、公正和效率，而在社会生活方面则主要在于自由、安全、秩序和正义。[1]还有学者提出自治规范可以促进基层治理中的耦合协同，如赖先进认为这一作用的主要体现是促进多元主体之间的耦合协同、促进多种治理机制之间的耦合协同和促进多种制度工具之间的耦合协同。[2]

也有学者对自治规范作用的认识更偏向于内部视角，从其对自治组织内部的作用来加以解读。如王海平认为，企业自治规范主要作用在于平衡股东权益，公司股东通过公司章程对内产生效力的平衡机制来对其遭受损害的权利加以补偿。[3]常健认为，作为自治规范的公司章程，其功能包含保障公司参与人权益和预期安全的"安全阀"功能、促进公司内部人员以及公司与国家的衔接的"连通器"功能、保障公司组织与公司法律的和谐并促进公司创新的"润滑剂"功能。[4]崔超认为，作为自治规范的居民公约是从社区纠纷主体——社区居民的主观意愿和利益诉求的角度考量问题，是一种追根溯源寻求解决社区纠纷的长久之计。[5]

关于自治规范对于我国法治建设的作用，学界主要在自治与法治的关系中进行探讨。黎军认为，自治是基于法治的自治，但是在推行法治现代化的过程中，人们应将目光重新投向自治规范，自治规范应当从法治大潮逼迫下"狭小的胡同"之中走出来，自治制度的建设能帮助人们建立理性的法治观念，防止"法治万能主义倾向"。[6]薛刚凌、王文英认为法治与社会自治相辅相成，没有成熟的市民社会，就难以真正实现法治，因为自主自律的社会自治规则及运行构成了民主与法治的内在根据和重要推动力量。[7]

---

[1]　参见冯爽：《村规民约的制度逻辑与价值取向研究》，西南政法大学 2021 年硕士学位论文。

[2]　参见赖先进：《发挥村规民约在社会治理中的耦合协同效应和作用》，载《科学社会主义》2017 年第 2 期，第 120~124 页。

[3]　参见王海平：《公司章程性质与股东权益保护的法理分析》，载《当代法学》2002 年第 3 期，第 92~94 页。

[4]　参见常健：《论公司章程的功能及其发展趋势》，载《法学家》2011 年第 2 期，第 76~90 页。

[5]　参见崔超：《论居民公约化解社区纠纷的可实行性与构建路径》，载《贵州警官职业学院学报》2017 年第 6 期，第 68~71 页。

[6]　参见黎军：《基于法治的自治——行业自治规范的实证研究》，载《法商研究》2006 年第 4 期，第 47~54 页。

[7]　参见薛刚凌、王文英：《社会自治规则探讨——兼论社会自治规则与国家法律的关系》，载《行政法学研究》2006 年第 1 期，第 1~8 页。

这些研究充分肯定了自治规范在社会自治、基层治理、民主建设和法治建设中的积极作用与重要价值，但较少见到对自治规范能否正常发挥积极作用以及能否实现价值的探讨。高其才、张华将基层群众性自治组织规范难以发挥作用的原因归结为主体虚化、内容泛化、实施弱化、效果散化等，其中既有其自身的局限，也有国家力量的过度介入，并进一步提出了两元主体恪守互相尊重的原则，国家法应当保持必要的谦抑与包容的思考。[1]

事实上，关于国家法应当怎样为自治规范留出发挥作用的空间的研究是极有价值的，因为对自治规范的作用和价值研究重点不仅应聚焦于应然层面，更应关注实然层面，对自治规范难以发挥作用和实现价值的现象进行考察，剖析其中原因，并对如何"找回"自治规范的作用和价值提出见解，这类研究相较对自治规范进行作用与价值的分析来说更具有深远的意义。

七、自治规范的施行

自治规范的实施也是学界的关注点之一，学界普遍关注到了自治规范的实施困境，但对此问题的分析路径却不同，有人认为应从实施方式进行分析，有人则认为问题在于其权威性的来源。对于自治规范的实施困境，贺雪峰指出"虽然村民自治制度提供了乡村治理的基本架构，在大多数中国乡村，却没有真正成为决定乡村治理状况的决定性力量""在某些乡村，以及一些乡村的某些时候，村民自治制度不过是浮在乡村治理水面上的一层油，看似热热闹闹，实则作用甚微"。[2]对该问题，从实施方式对这一困境进行分析的论者，其争论点在于自治规范的罚则中是否可以包含强制性惩罚措施。有支持者认为其较之道德的软约束力更能起到维持秩序、保护社会结构完整的作用。[3]而相反的声音如崔智友则提出，村民自治章程和村规民约等自治规范的实施主要靠自治组织自身的力量，并且以公共舆论和说服教育为主要手段，

---

〔1〕 参见高其才、张华：《乡村法治建设的两元进路及其融合》，载《清华法学》2022 年第 6 期，第 42~63 页。

〔2〕 参见贺雪峰：《什么农村，什么问题》，法律出版社 2008 年版，第 241 页。

〔3〕 参见刘建刚：《法律多元视野下的村规民约实证研究——以贵州省雷山县西江千户苗寨为例》，中央民族大学 2013 年博士学位论文。

因此对村民自治章程和村规民约中的有关惩罚性措施，就必须做出原则性限定。[1]对于该问题，还应有进一步研究阐明如果自治规范包含强制性惩罚措施，那么这种原则性限定具体是怎样的，如果规定超出原则性限定时有何救济。

但还有论者提出，自治规范实施困境的症结在于，当前自治规范的权威性并非来源于民众间的契约。如于建嵘认为，造成基层群众性自治组织规范无法体现民众真实合意、国家在进行制度安排时的民主承诺无法兑现的原因是中国社会普遍缺乏契约精神。[2]方洁也认为，自治规范的实施过程应含有极大的契约自由成分，其公法性特征也不言而喻。[3]这些论述主要认为，当前我国的自治规范，其权威性不是来自民众为公共秩序的需要进行的权利让渡，而是以国家法制权威为直接的依托，是国家权力的一种延伸，这是造成自治规范实施困境的根本原因。

循此逻辑，就可发现学界所关注的第二个关键问题是自治规范的实施在某些情况下是否可以有国家强制力作为保证。大部分学者认为，自治规范应当由自治主体实施，主要是基于社会强制力的保证。如崔智友认为，国家法律的实施以国家所拥有的合法强力为后盾，而自治规范的实施主要是由自治体的成员和自治机关自我实施，并且是以说服教育为主的方式予以实施。[4]汪世荣认为，作为自治规范的村规民约主要依靠基层群众自治组织监督实施，采取以舆论、信誉尤其是信任为基础的社会性的救济措施和途径，辅之以官府的后盾，其实施调动了村民参与社会事务的积极性，满足了村民能力发展和个性发展的需要，改善了村民思维方式和行为方式。[5]在这种实施方式下，有可能带来自治规范实施弱化的问题，高其才、张华指出，以自治规范为主的乡土法存在实施弱化与效果散化的不足，如部分村庄在实践中存在着班子

---

[1]　参见崔智友：《中国村民自治的法学思考》，载《中国社会科学》2001年第3期，第129~140页。

[2]　参见于建嵘：《失范的契约——对一示范性村民自治章程的解读》，载《中国农村观察》2001年第1期，第64~69页。

[3]　参见方洁：《社团罚则的设定与边界》，载《法学》2005年第1期，第47~54页。

[4]　参见崔智友：《中国村民自治的法学思考》，载《中国社会科学》2001年第3期，第129~140页。

[5]　参见汪世荣：《"枫桥经验"视野下的基层社会治理制度供给研究》，载《中国法学》2018年第6期，第5~12页。

软、产业弱、村庄乱、民心散的问题，影响了村组层面的乡土法实施效果；部分村庄的"三务"（党务、村务、财务）公开避重就轻、村务监督流于形式；且不少自治规范的执行方式不断软化，强制性措施渐少、劝导性口号渐多。[1]

另外，也有学者认为，行政机关和法院都可以在一定情况下援引自治规范。在胡若溟所做的基于裁判文书实证研究中，行政机关在优先援引国家法的同时援引自治规范的情况时有出现，并将自治规范作为补充国家法的"相关规定"进行援引；而法院对自治规范的援引则体现在从"合法性判断到适用"的两步法中，且曾有法院在行政诉讼中判定行政机关参照自治规范的行为属于"适用地方性法规正确"。[2]马辉则聚焦于违反自治规范对社会公众造成损害的能否通过国家强制力获得救济的问题，他认为应将自治规范引申为作为成员的行为人的注意义务，因此受自治规范约束的成员，即使在不违反国家法的情况下，因不遵守自治规范造成的损害也应得到救济，法院可以在自治规范与注意义务之间建立关联，适用自治规则作为行为人过错判断的标准而作出侵权裁判。[3]

既有研究关注了自治规范被行政执法机关和司法机关实际施行的情况，但较少看到对自治规范的实施是否应当以国家强制力为保障进行学理分析，也很难见到类似马辉所提出的自治规范"适用标准"。因此，对自治规范的实施研究还应在为什么可以或不可以由国家强制力保证实施，以及在何种情况下可以由何种国家强制力以怎样的方式保障实施等方面进一步深入。

八、自治规范与国家法律的关系

对于自治规范与国家法的关系，学界较为关注的是国家法对自治规范的调整、规范、干预问题。学界已经关注到自治规范很大程度上并不是民众的真实合意，而事实上成了国家主导下的制度性范本的问题。这一问题在起到"小宪法"作用的村民自治章程、居民自治章程的实施中尤为严重，如张明新

---

〔1〕 参见高其才、张华：《乡村法治建设的两元进路及其融合》，载《清华法学》2022 年第 6 期，第 42~63 页。

〔2〕 参见胡若溟：《国家法与村民自治规范的冲突与调适——基于 83 份援引村民自治规范的裁判文书的实证分析》，载《社会主义研究》2018 年第 3 期，第 98~109 页。

〔3〕 参见马辉：《自治规则在民事司法裁判中的作用——基于对最高院公报侵权案例的梳理》，载《法制与社会发展》2012 年第 5 期，第 65~75 页。

认为，村民自治章程几乎都不是产生于村庄的内部，而是国家政权机关（主要是基层民政部门）在村民自治示范活动中统一制定，自上而下引入的。[1]有学者指出，在国家主义的权威导向下，村民自治章程中的村民委员会是一种符合基层政府意志的"自治组织"，村委会的设置和权力及村党支部的领导地位等方面并不存在实际意义的约定和更改，基层政府和村级组织实际上就是国家的代表者或代理人，这些问题反映了目前的村民自治存在一种制度性缺陷。[2]因此，就有学者主张国家法对自治规范的干预应是一种间接的引导，如高其才指出在村民自治与法治关系的研究上，主要有"有限自治说""法律介入说"和"协调与互动关系说"等观点，而国家运用法律，通过间接的方式，从外部引导调整村组内部的自我治理，同时通过道德规范等非正式规则，在内部协助其实现自我治理，是达成乡村社会善治的途径。[3]常健则呼吁国家法减少对自治规范的直接干预，他指出："当公司力图通过各种手段摆脱国家规定的强制性章程条款的束缚，并且公司章程的强制性记载事项作用虚化已成为不争事实的条件下，国家理应以务实的态度减少或简化公司立法中有关公司章程的强制记载事项。"[4]

关于自治规范与国家法的调整边界问题，学界有一致性认识的是，自治规范与国家法的调整范围应当是有边界的。但对于边界在何处，学界有不同看法。薛刚凌从国家—社会的二元结构视角出发，认为自治规范的调整范围主要是基层社区管理、行业或职业管理、高校管理和利益团体管理，即自治规范调整对象主要集中在专业类事务、行业类事务和利益类事项三类。[5]而朱最新则从"府际合作治理"的场景下认识，认为政府与社会自治组织合作治理的广泛领域，也可以纳入自治规范的调整范畴中。[6]崔智友则认为国家

---

〔1〕　参见张明新：《从乡规民约到村民自治章程——乡规民约的嬗变》，载《江苏社会科学》2006 年第 4 期，第 169~175 页。

〔2〕　参见于建嵘：《失范的契约——对一示范性村民自治章程的解读》，载《中国农村观察》2001 年第 1 期，第 64~69 页。

〔3〕　参见高其才：《走向乡村善治——健全党组织领导的自治、法治、德治相结合的乡村治理体系研究》，载《山东大学学报（哲学社会科学版）》2021 年第 5 期，第 113~121 页。

〔4〕　参见常健：《论公司章程的功能及其发展趋势》，载《法学家》2011 年第 2 期，第 76~90 页。

〔5〕　参见薛刚凌、王文英：《社会自治规则探讨——兼论社会自治规则与国家法律的关系》，载《行政法学研究》2006 年第 1 期，第 1~8 页。

〔6〕　参见朱最新：《法律多元与府际合作治理双重视角下的自治规范研究——兼论自治规范与国家法的关系》，载《法治社会》2017 年第 1 期，第 1~11 页。

法中授权性规范、任意选规范和强制性规范与自治规范的边界是不同的，所谓自治规范不得与国家法律相抵触应有两方面，即国家法律所确定的强制性规范不得由自治规范予以变更；凡国家法律授予或赋予个人的权利，不得由自治规范予以剥夺。[1]刘亚萍则区分了国家法规范调整的领域、自治规范与国家法共同调整的领域以及自治规范独自调整的领域，如国家法不禁止的领域或是对国家法调整领域的细化，以及"与社会的有序化发展密切相关的公共生活领域及私人生活领域"就是共同调整的领域，而涵盖人们的思想、信仰或某些私生活领域不宜由国家法调整的领域就是由自治规范单独调整的。[2]郭奕提出对界限的划分应当分情况讨论，比如作为自治规范的公司章程中内部事项自治程度大于外部事项，普通事项自治程度大于基本事项，公司章程订立的自由大于修改的自由。[3]这些边界划分的研究，要么是基于实然情况进行描述，要么是基于应然层面的宏观论述，却鲜少从需求层面进行分析，没有指出哪些方面应当被自治规范所调整却还未被调整，或是国家法在哪些方面未给自治规范留出空间。

自治规范与国家法关系的另一研究重点则是自治规范对国家法的补充与合作。对此，学界几乎达成一致的是，在很多国家法难以发挥作用的领域，自治规范起着对国家法拾遗补缺的作用。不少论者认为，在自治规范对国家法的补充与合作中，国家法占主导地位，国家法不仅影响自治规范的制定，还为自治规范提供支持与保障。薛刚凌、王文英认为，在社会自治领域由国家法律设计总体框架，具体的内容要靠社会自治规则填充。[4]时建中认为，作为自治规范的公司章程与作为国家法的公司法规范，其关系有补充型的、细化型的和替代型的（或排除适用）三种。[5]高其才、张华从乡村法治建设的二元进路进一步提出了多元规范的互纳，即国家应当制定完善涉农法律法

〔1〕 参见崔智友：《中国村民自治的法学思考》，载《中国社会科学》2001年第3期，第129~140页。

〔2〕 参见刘亚萍：《关于社会自治规范与国家法规范衔接的思考》，中南财经政法大学2018年硕士学位论文，第22页。

〔3〕 参见郭奕：《论公司章程自治的界限》，载《浙江社会科学》2008年第4期，第51~55页。

〔4〕 参见薛刚凌、王文英：《社会自治规则探讨——兼论社会自治规则与国家法律的关系》，载《行政法学研究》2006年第1期，第1~8页。

〔5〕 参见时建中：《公司法与公司章程在公司治理中的协调》，载《中国发展观察》2006年第2期，第56~58页。

规，国家法应重视对乡土法的认可、吸收、转化、整合，同时国家法也应当保持必要的谦抑和包容，为社会规范在乡村生存、生长、生效留下足够的弹性空间。[1]

此外，学界已经关注到当前自治规范存在的可能与宪法、法律、法规和国家的政策相抵触、相互冲突的情况，或者其制定和修改可能被基层政府或自治组织中的少数人控制，从而可能侵犯个人的人身权利、民主权利和合法财产权利的问题。对此，有的学者提出自治规范需要经过有权机关的效力认定，有的学者提出应当设置自治规范的监督机制。屠世超提出，国家应建立对自治规范的效力审查和认定机制，一是在审查认定上应当有明确的标准，如行业自治规范不得不合理地限制竞争；二是应当有完善的效力审查机制，这就包括行政备案机制和包含通过公益诉讼和自治规范无效之诉两方面途径的司法审查机制。[2]张镭认为，应以国家法律规则作为自治规范的权威性保障，这种保障主要体现在具有合法性的自治规则，立法上和司法上可以对其效力予以充分确认，尤其是对处理结果予以认定。[3]薛刚凌、王文英则提出，应当从立法、行政和司法三个方面对自治规范进行"有效监控"，即首先为社会自治规则的制定设定底线，其次由社会自治组织的管理部门对自治规范实施行政监控，最后通过司法审查程序来进行救济。崔智友也提出，对于自治规范的合法性应当由依法享有立法权的地方政权机构来进行监督，同时自治规范也可以被诉，如村民应当有权就村民自治章程和村规民约侵犯村民合法权益的事项向人民法院提起侵权诉讼。[4]孟刚、阮啸提出了审查的范围和方法，即以自治为界进行审查，通过行政诉讼和民事诉讼进行个案审查，以及司法机关可行使司法建议权。[5]不过，学界对此讨论并不深入，在对自治规范

---

[1]　参见高其才、张华：《乡村法治建设的两元进路及其融合》，载《清华法学》2022 年第 6 期，第 42~63 页。

[2]　参见屠世超：《行业自治规范的法律效力及其效力审查机制》，载《政治与法律》2009 第 3 期，第 65~74 页。

[3]　参见张镭：《论基层自治规则的主导作用及其法律保障》，载《法学》2018 年第 9 期，第 149~156 页。

[4]　参见崔智友：《中国村民自治的法学思考》，载《中国社会科学》2001 年第 3 期，第 129~140 页。

[5]　参见孟刚、阮啸：《村规民约的司法审查研究》，载《国家行政学院学报》2011 年第 3 期，第 82~86 页。

进行效力确认的理论依据、确认标准以及确认程序方面，都还有值得深入之处。

九、自治规范研究的思考

我国学界对自治规范研究总体看是较为全面的，既有对自治规范概念的系统性研究，也有对自治规范内容的分类呈现，不仅有对自治规范文本进行静态的规范分析，也有对其效力、作用、实施所进行的动态分析；除了对法理基础的理论分析，还有基于事实材料的实证考量。总体来说，现有研究虽有一定分歧，但都怀着对中国问题的现实关怀和找回自治的立场自觉，回答了何为自治规范、有哪些自治规范以及自治规范在什么范围内有效的问题。同时，自治规范研究需要反思研究视角和研究立场，也存在可以继续开展深入研究的议题，以推动自治规范研究更加深入。

(一) 中国问题的现实关怀

学者对自治规范的研究，大都具有一种对中国问题的现实关怀。有的学者出于对自治规范运行景况的真实呈现，开展有深度和广度的田野调查来收集和考证资料，将调查中发现存在且传承较好的自治规范较详细地记录和保留下来。有的学者着眼于国家法与自治规范的冲突问题，在开展实证分析的基础上寻求对两者关系的"法治化调适"。还有的学者则担心自治规范在法治大潮下被逼入"狭小的胡同"，或是出于对他人"自治已死"之论断的忧虑而展开研究，探索自治规范的内在价值和自治的有效实现形式。可见，学者们的研究都饱含着对中国问题的现实关切，围绕着当前法治与自治的关系之命题，企盼通过自治规范的相关研究，展现出社会中实际发挥着作用的多元规范，分析自治规范是如何规范人们行为、引导社会组织发展，从而满足人们需求和实现人权保障，推进中国的社会治理和法治建设。

(二) 自治的立场自觉与独立的学术品性

虽然自治规范广泛存在于我国各地各行各业，但多数自治规范中见不到"自治"二字，对于自治规范的研究更鲜于提出"自治"应是自治规范的应然价值追求。自治规范应是一道边界之墙，隔离来自外界的无权干预、越权干预，自治精神则应是根植于自治规范中的追求。但在当代中国语境下，自治团体的独立自主总是"求之不得"，关于自治规范的研究对于自治之精神也是"欲说还休"，这与我国历史传统及对自治的固有理解分不开。

我国历史上对"自治"的理解则主要是从社会治理的主体上来区分的，认为治理可分为自治和他治。"自治"顾名思义即"自己治理自己"，是个人或群体对于自身事务的处理并对其行为负责的一种制度和行为。《现代汉语词典》中对"自治"的释义为"民族、团体、地区等除了受所隶属的国家、政府或上级单位领导外，对自己的事务行使一定的权力"。[1]《三国志·魏书·毛玠传》中写道"太祖叹曰：用人如此，使天下人自治，吾复何为哉"。《上道君太上皇帝》也提到："杜牧所谓上策莫如自治，而以浪战为最下策者，诚为知言"。正如孙中山先生所言"官治之者，政治之权，付之官僚……民治则不然，政治主权在于人民，或直接行使之，或间接以行使之……是以人民为主体，人民为自治者"，中国长期"官本位"思想造成对"自治"的理解近似于"民治"，是和"官治"相对的概念。

这种固有理解影响了我国自治规范研究的立场遵循，在某种程度上更是窒息了"自治"作为一项制度和一种精神的生长环境。关于自治规范的研究通常是在国家法治建设或国家政权建设视角下，认为在中国的现代国家建构中，首先是建立起高度集权、上下统一的纵向治理体制，这就依托于政权、政党和国家法的纵向延伸。基于这一视角，大多数研究都围绕"法治下的自治"这一观点进行论述，其内核是将"自治"视为"官治"之下的"民治"，讨论自治在人类治理活动中对国家力量的补充作用，而没有以"国家—社会"的二元范式展开，明确自治作为依靠社会内生力量进行自我治理的独立于国家治理价值。

事实上，对于自治规范的研究应当建立在自治是在人类治理活动中起到基础性作用的治理方式的认识上，更应意识到现代国家奉行的民主和法治都需要依托自治加以有效实现。"自治"的古英语词汇"Autonomy"的释义为自治、自治权、自主权，包含个人自主或独立之意，[2]自主是自治的题中之义，

---

〔1〕　参见中国社会科学院语言研究所词典编辑室编：《现代汉语词典》（第7版），商务印书馆2016年版，第1741页。

〔2〕　《韦伯词典》对该词解释为"self-directing freedom and especially moral independence"，即自主的自由，尤指道德上的独立；《剑桥词典》对该词解释为"the ability to make your own decisions without being controlled by anyone else"或"the right of an organization, country, or region to be independent and govern itself"，即"个人在不受任何人控制的情况下自己作决定"或"一个组织、国家或地区独立和自我管理的权利"，其中既包含个人的自主权利，也包含在公共领域进行自行治理的权利。

自治应是个体在思想和行为上的自治，是"自己为自己做主"。马克斯·韦伯有过陈述："自治意味着不像他治那样，由外人制定团体的章程，而是由团体的成员按其本质制定章程。"[1]对自治规范的研究应当意识到自治内含着民主的要素，自治也是民主的根基。明末清初启蒙思想家黄宗羲主张以代表民众意志的"天下之法"代替反映君主意志的"一家之法"，并指出"天下之法"的优越性在于"法愈疏而乱愈不作，所谓无法之法也"。[2]黄宗羲的见解阐述了以"天下之法"取代"一家之法"是结束封建君主专制从而走向民主的有效措施，"天下之法"也被他称为"天下之公器"，是反映百姓要求且百姓自愿遵守的法，具有一定的自治规范属性，这正说明了民主应当是建立在自治基础上的。自治是人类追寻民主的必经阶段，也是实现民主的一种制度形式，自治规范正是社会自治的主要制度依据。只有在通过凝聚了公民意志的自治规范进行治理的社会中才能实现有效的民主，缺少自治的民主，就如同建立在流沙上而不能稳固。

所以，在"自治失落"的当下，学者们研究自治规范，应当站在独立的自治规范本身的立场上，讨论自治自主的本然和实现民主的应然，通过对自治规范的呈现和研讨来"找回自治"，而不是站在国家力量的立场上，依附于政权、政党或受制于现实桎梏，去解释自治不自主的实然。研究应认识到即便在基于国家强制力的他治占据相当重要地位的当下，自治仍然是不可或缺的，自治规范仍然是真实发挥着作用的。正是自治特殊的价值和力量让学者们孜孜不倦地在特定的历史条件下寻求自治的实现方式，自觉地站在找回自治、发扬自治的立场上，而不是消灭自治、削弱自治的立场上开展研究，这样的研究将有助于有生机和活力的自治之回归和复兴。

（三）关注自律性与关注自主性

当下我国正处于快速的现代化进程中，特殊的历史时期和强大的制度惯性，使得治理领域的国家力量远大于社会力量，且越来越深入地渗透到市民社会的每个角落。自治规范基于"依据国家法的管制"和"实现自治自主的

---

〔1〕 参见［德］马克斯·韦伯：《经济与社会》（上卷），林荣远译，商务印书馆1997年版，第78页。

〔2〕 参见陈淑珍：《"天下之法"与"一家之法"——黄宗羲法律思想评述》，载《法学》1986年第9期，第60~62页。

途径"两种定位而呈现出"自律性"和"自主性"两种性质。既有研究常常着眼于自治规范的"自律性"，建立在自治规范是对于国家法规范体系的填补的认识上，强调自治规范需要服从并服务于国家法，强调自治规范起到对国家法"拾遗补缺"的作用，或是强调自治规范反映特定社会历史传统、风俗习惯从而矫正国家法可能存在的偏颇等，常把自治规范看作一种辅助国家法调整内部性事务的工具。

在当前，虽然自治规范在国家法的主导下服务于国家法是广泛存在的客观事实，自治规范在国家法难以企及的"硬法的缝隙"中形成了对国家法的漏洞补充和价值补充，但这不是自治规范最重要的价值所在。自治规范的研究不应只着眼于"规范性"，而应当更多关注其"自主性"，应当更多关注"以规范实现自治和自主"，而不是只关注"用以自治的规范"。应当走出"硬法的缝隙"来研究自治规范，显示出自治规范作为一种内生性规范的生机与活力，发掘出自治规范对于实现自治和自主所具有的强大内在价值。自治规范不仅是一种对行为作出指引的自我规范和自我约束，更是一种在权利义务、管理和发展方面的自我控制、自我做主、自我实现。质言之，自治规范对于实现自治的重要价值不在于自律，而在于自主。事实上，自治规范其本身就是一种民主秩序，它昭示着一个社会的民主化进步程度。所以，聚焦于自治规范的"自主性"，对于自治规范如何实现自主之价值的研究，是对维持社会秩序基础性内在力量的探寻，这是"找回"自治以及实现法治之下的自治都需要做的重要研究。

（四）关注固有自治规范的传承与发展

中国古代是一个有着高度信任的社会，在"皇权不下乡"的传统中国社会中，自治规范通常以舆论、信誉等作为实施保障，是中国传统社会信任机制的基础之一。自治规范是与习惯粘在一起的，习惯是自治规范的基因所在，是人们普遍认同的行为模式，自治规范能够最大限度地体现地方或组织传统，弥补了国家法在基层治理和社会组织中的无力，蕴含了专门性和地方性智识的自治规范是一种局部范围的共识，在这种共识下，它长久以来在潜移默化中规范和引导着人们的社会行为，且能够在没有支持的情况下自我运行、发挥作用，所以我国固有的自治规范对于相应的自治团体及其成员有着根深蒂固的影响力。历史上固有的自治规范在构建良好的人际关系、族群关系、社群关系乃至社会风尚中都有重要的作用，对传统的、良善的自治规范的承续和发展，能够有助于减少国家法的立法、执法、司法成本，能够提高化解矛盾和维护社会秩序的效率。

但是，由于市场经济的发展、国家法治建设的推进和民众观念的变化，加上固有自治规范本身存在一些对社会治理产生消极效应的条款，或是难以适应时代的局限和不足，导致现阶段我国存在对传统自治规范的承续和发展不足的问题。特别是在时代精神和法治浪潮的"驱赶"下，固有自治规范甚至被作为"清理"的对象。既有研究对我国历史上固有自治规范的传承所遇到的挑战性有所认识，但少有强调应当传承固有自治规范的研究，难以见到对固有自治规范符合现代社会需要进行论证或是提出固有自治规范应如何随着时代发展而发展的研究。因此，在未来的自治规范研究中，应当就如何承续固有自治规范中的良善内容、秩序价值，如何扬弃固有自治规范中落后、丑陋的部分，如何处理好传承与发展的关系、矫正与升华的关系等问题开展更多研究。

（五）政府与市场、国家与社会的视角

党的十八届三中全会指出，市场在资源配置中起决定性作用。自改革开放以来，我国涌现出许许多多的经济性自治组织，这些自治组织通过制定自治规范，在一定领域内进行自我服务、自我管理、自我监督，在我国经济市场化的进程中发挥了重要作用。这些自治组织之所以能够实际发挥重要作用，是因为政府对市场的调控是有限度的，政府调控经济的触手不能伸得过长，不能越位和错位。良好运行的市场经济体制必然应当正确处理政府与市场的关系，即市场自我调节机制有发挥作用的充分空间，政府的干预则是有边界和有限度的。在自治的运行过程中，必然会出现自治团体内部因素与国家对自治制度化的取向不一致或相背离的情况，也一定会出现国家力量扭曲自治规范、违背自治精神的情况。从政府与市场的视角来看，纵然政府"有型的手"之力量十分强大，但它并不是万能的，市场经济一定需要有自治，没有自治的市场经济一定是不牢固的。

现代国家的理想治理体制是纵向统一和横向多元的有机结合，以便既保障主权国家的一致性，又促使社会充满活力。自治的强大力量让人们从未间断地追寻自治，并总是在特定的历史时期寻求特定的自治形式。关于自治规范的研究应当在政府与市场、国家与社会的视角下进行，探寻自治规范与国家法的边界，其实就是探寻政府与市场、国家与社会、公权力与私权利的边界。自治规范的研究应关注社会自治是如何与市场经济相适应和相推进的，关注改革开放以来自治组织的发育、自治规范的完善如何推动了市场经济的发展，而市场经济的发展又怎样要求自治组织和自治规范的相应发展。由此揭示出自治作为一种依靠社会内在力量的治理，如何发挥着对国家治理强大的补充作用，乃至在市场经济中发挥着基础性的治理作用。

（六）自治规范的有效实施

现有研究十分关注自治规范的内容、作用，也较关注自治规范的效力范围和司法适用情况，但对如何保障其有效实施的探讨则较少。有很多研究都关注到了自治规范虽然具有很大价值，但因为缺少有效的实现形式而只能被"悬空"的问题。对于自治规范的司法适用，现有研究多出于自治规范的合法性确认角度来探讨，包括对自治规范进行司法审查的监督机制建构等，主要探讨在何种情况下应对自治规范的效力进行限缩。但是，鲜有研究讨论自治规范怎样才能得到更加有效的实施。围绕这一问题，应有研究讨论如何培育使自治规范能够有效实施的"社会土壤"，如何提升文化认同、自愿程度、自治能力等，以及自治规范的实施是否具有灵活性，何种类型、样式的自治规范更易于实施等问题。当然，关键的是国家法应在何处为自治规范留出空间，司法实践中直接适用上位法而不触及自治规范的情况是否需要探讨，自治规范的"司法适用标准"是什么等问题，都还需要进一步的调查研究。

十、简短的结语

总体上看，我国的研究较集中在自治规范的"本然"方面，在自治规范"实然"方面也有较多关注，而对自治规范应为何的"应然"探讨较为薄弱，有待进一步的强化。

学者应解放思想、实事求是，脚踏实地，从我国社会的问题出发，秉持独立研究的品性，通过持续努力，进一步拓展自治规范研究的领域，提升自治规范研究的水准，为完善社会组织的内部治理、加强社会基层治理和实现国家治理体系和治理能力的现代化、推进我国法治社会法治国家建设提供意见和建议。

后 记

━━━━━━━━━━━ ▲ ━━━━━━━━━━━

本书为《大亚湾自治规范修订与运行实践报告》的下册，为我们承担的
"大亚湾自治规范修订完善与研究"项目的最终成果之一。

在大亚湾自治规范修订完善调查的基础上，本书主要以大亚湾为对象，
对村规民约、居民公约、企业规范、行业协会规范、学校规范等社会自治规
范在社会治理中的作用进行了探讨，也讨论了大亚湾石化工业区业主委员会
规范的作用、通过房东代表成立物业公司的自治，并分析自治规范在依法治
国中的定位与功能，讨论自治规范在秩序维持、纠纷解决、文化传承等方面
的功能，以较为全面地揭示法治社会建设中以诚信守约为内涵的自治规范的
意义。

本书由我和李箫担任主编，共同确定基本思路和主要内容；由潘香军、
李明道和杨建莉担任执行主编，由廖小慧、庄伟栋担任副主编。

在大亚湾调查和大亚湾部分自治规范修订报告的基础上，潘香军、池建
华、李明道、马立晔、赵健旭、岳东冉、陆俊材、王牧等撰写了本书文稿，
感谢本书各位作者的支持和配合。根据全书体例要求，我对一些初稿进行了
修改。全书的质量由我承担全责。

感谢在我们进行大亚湾调查时给予大力支持和全力配合的大亚湾区党工
委管委会政法信访办等单位和个人。大亚湾区党工委管委会政法信访办领导
的信任为本书的完成奠定了良好的基础。

感谢大亚湾区党工委书记管委会主任郭武飘先生的大力支持和统筹

指导。

　　由于我们水平所限，本书仅为对村规民约等自治规范在基层社会治理中发挥作用的初步探讨，可能存在错漏问题，敬请读者诸君提出批评意见。

高其才

2024 年 8 月 16 日于明理楼